Derleyenler
ESRA AKGEMCİ - KÂZIM ATEŞ
Dünyanın Ters Köşesi

İletişim Yayınları 2951 • Araştırma-İnceleme Dizisi 478
ISBN-13: 978-975-05-3008-1
© 2020 İletişim Yayıncılık A.Ş. / 1. BASIM
1. Baskı 2020, İstanbul

EDİTÖR Tanıl Bora
KAPAK Suat Aysu
KAPAKTAKİ ÇİZİM Joaquín Torres García, "Ámerica Invertida" (Makus Amerika), 1943
UYGULAMA Hüsnü Abbas
DÜZELTİ Remzi Abbas
DİZİN Berkay Üzüm
BASKI Sena Ofset · SERTİFİKA NO. 45030
Litros Yolu, 2. Matbaacılar Sitesi, B Blok, 6. Kat, No: 4NB 7-9-11
Topkapı, 34010, İstanbul, Tel: 212.613 38 46
CİLT Güven Mücellit · SERTİFİKA NO. 45003
Mahmutbey Mahallesi, Devekaldırımı Caddesi, Gelincik Sokak,
Güven İş Merkezi, No: 6, Bağcılar, İstanbul, Tel: 212.445 00 04

İletişim Yayınları · SERTİFİKA NO. 40387
Cumhuriyet Caddesi, No. 36, Daire 3, Seyhan Apartmanı,
Harbiye Mahallesi, Elmadağ, Şişli 34367 İstanbul
Tel: 212.516 22 60-61-62 • Faks: 212.516 12 58
e-mail: iletisim@iletisim.com.tr • web: www.iletisim.com.tr

Derleyenler
ESRA AKGEMCİ - KÂZIM ATEŞ

Dünyanın Ters Köşesi

Latin Amerika: Tarih, Toplum, Kültür

Yazarlar

ESRA AKGEMCİ • KARABEKİR AKKOYUNLU
KAVEL ALPASLAN • MERT ARSLANALP
KÂZIM ATEŞ • SERDAL BAHÇE • DİLAN BOZGAN
GÜNEŞ DAŞLI • ELİF TUĞBA DOĞAN • FIRAT DURUŞAN
ERTAN EROL • ESRA ÇEVİKER GÜRAKAR • TOLGA GÜRAKAR
ÖZGE KEMAHLIOĞLU • CELAL ORAL ÖZDEMİR
İLHAN ÖZGEN • BARIŞ ÖZKUL • GÖZDE SOMEL
AYLİN TOPAL • NEJAT ULUSAY
MARIA L. URBINA • SİBEL UTAR
OYA YEĞEN • METİN YEĞİN

iletişim

Deniz'e ve Öykü'ye,
Gerçekteki büyüyü yitirmemeleri dileğiyle...
(KA)

Aysel'e ve Mahmut'a,
Birlikte yürüdüğümüz yollara...
(EA)

İÇİNDEKİLER

LATİN AMERİKA TARİHİNDE
ÖNEMLİ DÖNÜM NOKTALARI 19

GİRİŞ
ESRA AKGEMCİ - KÂZIM ATEŞ 23

BİRİNCİ KISIM
Sömürgecilikten Küreselleşmeye 33

BİRİNCİ BÖLÜM
LATİN AMERİKA'DA SÖMÜRGECİLİK VE MİRASI
GÖZDE SOMEL 35
    Giriş 35
    Sömürgeciliğin başlangıcı 36
    Sömürge ekonomisi ve emek sömürüsü 38
        □ Sömürgeci şiddetin ortasında "vicdanlı" bir rahip:
        Bartolomé de Las Casas 39
    Sömürgelerde devlet ve toplum 43
    Bağımsızlık süreci 46
        □ Latin Amerika bağımsızlık sürecinin iki lideri:
        Simón Bolívar ve José de San Martín 48
    Sömürge sonrası Latin Amerika toplumları 48

İKİNCİ BÖLÜM
MONROE DOKTRİNİ'NİN İZİNDE: LATİN AMERİKA'DA ABD MÜDAHALECİLİĞİNİN TARİHSEL GELİŞİMİ
ESRA AKGEMCİ 53
   Giriş 53
   Monroe Doktrini: Anlamı, uygulanması ve gelişimi 54
      □ Pan-Amerikancılık 54
   Birinci Dünya Savaşı'ndan Soğuk Savaş'a:
   Monroe ve komşuları 57
   "Komünizm tehdidi" altında: Monroe ve ötesi 59
      □ Guatemala'nın "On Yıllık Bahar"ı: 1944 Devrimi'nden 1954 Darbesi'ne 60
      □ Trujillo ve Teke Şenliği 61
      □ Akbaba Operasyonu *(Operation Condor)* 63
      □ Sandinista Devrimi 64
      □ Nikaragua davası 65
   "Yeni dünya düzeni", yeni tehditler 65
      □ 1989 Panama işgali *(Operation Just Cause)* 67
      □ 1994 Haiti işgali *(Operation Uphold Democracy)* 67
      □ Chávez'e darbe girişimi 68
   Obama'nın Latin Amerika'sı: Monroe Doktrini'nin sonu mu? 68
   Trump ve Latin Amerika: Monroe yaşıyor! 70
   Sonuç 72

ÜÇÜNCÜ BÖLÜM
LATİN AMERİKA'DA BAĞIMLILIKTAN NEOLİBERAL YENİ-KALKINMACILIĞA KRİZ DİNAMİKLERİ
AYLİN TOPAL 75
   Giriş 75
   "Bağımsızlık" ve "serbest" ticaret yılları 75
   Büyük Bunalım ve ticaret ilişkilerinin daralması 76
   Kalkınma tartışmaları: CEPAL ve Bağımlılık Okulu 77
      □ Haya de la Torre - Mariátegui tartışması 78
   Neoliberalizm, sanayisizleşme, yeni kalkınma arayışları 81
      □ Yeni-ekstraktivizm 85
   Sonuç 85

DÖRDÜNCÜ BÖLÜM
LATİN AMERİKA'DA NEOLİBERALİZM: BAĞIMLILIĞIN GELİŞMESİ VE GELİŞMENİN BAĞIMLILAŞMASI
SERDAL BAHÇE 89
   Giriş 89
   Neoliberalizmin özgüllüğü 90

Tarihsel arka plan: Latin Amerika'nın iradesi 91
- İthal ikameci sanayileşme 93

Latin Amerika'da neoliberalizmin iktidara gelişleri 94

Latin Amerika'da neoliberalizm: Latin Amerika'nın kaderi 96
- Washington Konsensüsü 97
- Neoliberalizmin ekonomi performansı 99

Sonuç: Latin Amerika'da kadere bir defa daha başkaldıran irade 100

BEŞİNCİ BÖLÜM
LATİN AMERİKA'DA BÖLGESEL ÖRGÜTLER VE BÖLGESELLEŞME

ERTAN EROL 103

Giriş 103

Bölgeselleşme ve entegrasyonun yerel ve bölgesel dinamikleri 103

Latin Amerika'da erken entegrasyon
ve "korumacı bölgeselleşme" dönemi 104

Kayıp on yıl ve "açık bölgeselleşmenin" ekonomi politiği 107

Karşı-hegemonik ya da post-liberal bölgeselleşmenin
yükselişi ve krizi 110

Sonuç: Açık bölgeselleşmenin konsolidasyonu mu? 113

İKİNCİ KISIM
Rejimler ve Siyasal Çatışmalar 115

ALTINCI BÖLÜM
BAĞIMSIZLIKTAN 21. YÜZYILA LATİN AMERİKA'DA ANAYASALAR VE ANAYASA YAPIM SÜREÇLERİ

OYA YEĞEN 117

Giriş 117

Latin Amerika'da anayasacılığın doğuşu 119
- 1833 Şili Anayasası 120

Latin Amerika'da 20. yüzyıldaki anayasal gelişmeler 121
Sosyal anayasacılık 121
- Meksika Devrimi ve 1917 Anayasası 121

*Askerî rejimlerin otoriter anayasaları
ve demokrasiye geçiş sonrası anayasal değişiklikler* 122

1988 Brezilya Anayasası 122
- Şili 1980 Anayasası 123

Yeni anayasacılık 125
- 1991 Kolombiya Anayasası 125
- Latin Amerika'da anayasal denetim 126

Güncel anayasal meseleler 127
Hiper-başkanlık ve başkanın görevden azli 127
Başkanın tekrardan seçilmesine dair sınırlamaların yok oluşu 129

Sonuç ve araştırma önerileri 132

YEDİNCİ BÖLÜM
REJİM DEĞİŞİKLİKLERİ, AKTÖRLER VE DEMOKRATİKLEŞME SÜRECİNİN HASSASLIĞI: ŞİLİ ÖRNEĞİ
ÖZGE KEMAHLIOĞLU 137
- Giriş 137
  - □ Latin Amerika'da bir vaha: Kosta Rika 137
- Otoriter askerî rejimler 139
  - *Arjantin, 1976-1983* 141
  - *Brezilya, 1964-1985* 142
  - *Peru, 1968-1975* 143
  - *Şili, 1973-1989* 144
- Siyasal şiddet 145
- Genel olarak askerî rejimlere bakış 145
- Siyasi rejimler arasında geçiş: Demokratikleşme ve otoriterleşme 146
- Demokratikleşme sürecinin bir örnekle incelenmesi: Şili, 1982-2005 148
- Son tespitler ve araştırma önerileri 151

SEKİZİNCİ BÖLÜM
TEORİYLE PRATİK ARASINDA LATİN AMERİKA'DA POPÜLİZM
KÂZIM ATEŞ 155
- Giriş 155
- Klasik popülizm 156
  - □ Maria Eva Duarte de Perón (1919-1952) 161
- Neo-popülizm 161
  - □ Neoliberal popülizm mi neopopülizm mi? 163
- Radikal popülizm 165
- Sonuç 170

DOKUZUNCU BÖLÜM
UMUDUN VE İSYANIN COĞRAFYASINDA TARİHİ SOKAKTA YAPANLAR: LATİN AMERİKA'DA TOPLUMSAL HAREKETLER
SİBEL UTAR 173
- Giriş 173
  - □ Toplumsal hareket nedir? 174
- Latin Amerika'da toplumsal hareketlerin tarihsel gelişimi 176
- Ekvador Yerli Uluslar Konfederasyonu (CONAIE) 179
- Topraksız Kır İşçileri Hareketi (MST) 182
- Sonuç yerine 184

ONUNCU BÖLÜM
LATİN AMERİKA'DA KENTLEŞME VE YOKSULLARIN KENTSEL SİYASETİ
MERT ARSLANALP 187
- Giriş 187
  - □ Katılımcı bütçe 189
- Oligarşik dönemde modern metropollerin doğuşu 189
- Sanayileşen Latin Amerika'da gecekondu siyaseti 191
- Neoliberal kentleşmenin çelişkileri ve çatışmaları 195
  - □ Arjantin İşsizler Hareketi / *Piquetero* Hareketi 198
- Sonuç yerine 199

ON BİRİNCİ BÖLÜM
KADINLAR VE DEVRİMDEN KADINLARIN DEVRİMİNE: LATİN AMERİKA'DA KADINLARIN GÜNDEMİ
DİLAN BOZGAN 203
- Giriş 203
  - □ Latin Amerika'dan Abya Yala'ya düşüncenin sömürgesizleştirilmesi 204
  - □ Bolivya'da *chola*lardan *cholita*lara sömürgesizleştirme 205
- LasTesis: Kadınların müşterek öfkesinin sesi 206
  - □ Valparaíso (Valpo) 206
  - □ *Feminicídio* - Kadın kırımı 206
  - □ Maço - maçizm 207
- "Şiddet ahlâkı"ndan türeyen "tecavüzcü maço devlet" 207
  - □ Juárez: Meksika'nın "kadın cinayeti makinesi" 208
- "Bizler, yaka yaka bitiremediğin cadıların torunlarıyız!" 209
  - □ *Cosmovisión*: Kozmik-görüş 210
  - □ *La Victoria*: "Zafer" mahallesi 212
- Tabandan feminizmler: Halk feminizmi 212
- "Feminizm herkes içindir": Arjantin'de kadınların kitlesel kampanyaları ve medyatik feminizm 213
  - □ Hakikat savaşçıları: Plaza de mayo anneleri ve nineleri 214

ÜÇÜNCÜ KISIM
Ülke ve Bölge Dinamikleri 219

ON İKİNCİ BÖLÜM
KÜBA DEVRİMİ VE SOSYALİZMİN İNŞASI
GÖZDE SOMEL 221
- Giriş 221
- Devrim öncesi: "Küba'nın özgünlüğü" 222
- Sosyalist inşa 226
  - □ Küba'da siyasi katılım ve seçim mekanizması 229

 Özel dönemden günümüze Küba'da yaşanan değişimler 230
  ▫ Yeni Küba Anayasası 231
  ▫ Küba'da sağlık sistemi 234
 Sonuç yerine 235

ON ÜÇÜNCÜ BÖLÜM
VENEZUELA'DA POST-NEOLİBERALİZM: BOLİVARCI DEVRİM SÜRECİNİN KAZANIM VE SINIRLILIKLARI
ESRA AKGEMCİ 237
 Giriş 237
 "Venezuela istisnası" 238
 Latin Amerika'da ilk post-neoliberal ayaklanma: *El Caracazo* 241
 "Popülist kopuş": Chávez'in yükselişi
 ve Bolivarcı Devrim'in kökenleri 242
  ▫ Bolivarcılık 243
 Chávez dönemi: Bolivarcı Devrim'in inşası 244
  ▫ Misyonlar 245
  ▫ 21. yüzyıl sosyalizmi 246
 Maduro dönemi: Derinleşen çelişkiler ve oligarşinin saldırısı 248
 Sonuç 250

ON DÖRDÜNCÜ BÖLÜM
BOLİVYA'DA HAREKETTEN PARTİYE: SOSYALİZME DOĞRU HAREKETİ (MAS)
CELAL ORAL ÖZDEMİR 253
 Giriş 254
 Sömürge karşıtı hareketler 254
  Etno-kültürel talepler 254
  ▫ Katarismo 255
  İşçi hareketleri 256
  ABD karşıtı hareketler 257
  ▫ 1964 Darbesi 257
  Koka hareketi 257
 Neoliberalizm karşıtı isyan 258
 Morales ve MAS iktidarı 260
 2009 Anayasası ve Bolivya çokuluslu devleti 261
 Seçim sandığı ve darbe 262
 Sonuç 265

ON BEŞİNCİ BÖLÜM
MEKSİKA'DA DEVLET-TOPLUMSAL SINIFLAR İLİŞKİSİ: KURUMSAL SİYASETİN ÇÖKÜŞÜ VE LÓPEZ OBRADOR'UN YÜKSELİŞİ

AYLİN TOPAL 267
   Giriş 267
   AMLO'nun biyografisi ve parti siyaseti 268
      □ #Yosoy132 hareketi 269
   Devrimden korporatizme 270
   Öğrenci hareketleri ve kuzey sermayesi 273
   Neoliberal dönemde tarımsal yapılarda dönüşüm ve Zapatista hareketi ...275
      □ Zapatista hareketi 276
   ...Ve platform siyasetine geçiş 276
   Sonuç 277

ON ALTINCI BÖLÜM
SESSİZ DEVRİMİN GÜRÜLTÜLÜ SONU: BREZİLYA İŞÇİ PARTİSİ'NİN YÜKSELİŞİ VE DÜŞÜŞÜ

KARABEKİR AKKOYUNLU 281
   Gelmeyen devrimin kıvılcımı 281
   Lulismo'nun iki ayağı: Reform ve uzlaşmacılık 282
   Kriz ve darbe: Sessiz devrimin sonu 286
   Çöküşün ardından 288

ON YEDİNCİ BÖLÜM
PEMBE DALGA SONRASI DÖNEMDE YENİ LATİN AMERİKA SAĞI

MARIA L. URBINA 291
   Giriş 291
   Neoliberal Latin Amerika'da Pembe Dalga'ya meydan okumak ...293
   Latin Amerika siyaseti dönüşürken 296
   Son değerlendirmeler ve araştırma soruları 300

ON SEKİZİNCİ BÖLÜM
FUJİMORİSMO: PERU'DA NEOLİBERAL POPÜLİZM, OTORİTERLİK VE GÜNÜMÜZE MİRASI

ESRA ÇEVİKER GÜRAKAR - TOLGA GÜRAKAR 303
   Giriş 303
   Neoliberal politika, popülist strateji ve otoriterliğin bileşimi olarak *Fujimorismo* ...305
      Peru'da neoliberal restorasyon: Fujishock ve iktisadi popülizm ...306
      Autogolpe ve rekabetçi-otoriter rejimin sağdan inşası ...309
      □ Autogolpe 309

Günümüz Peru'sunda Fujimori hayaleti ve anti-Fujimorismo ... 312
   Neo-Fujimorismo'nun yükselişi ... 313
   Peru'da Fujimorismo açısından devamlılık mı, değişimin başlangıcı mı? ... 314

ON DOKUZUNCU BÖLÜM
KOLOMBİYA VE GEÇİŞ DÖNEMİ ADALETİ: KALICI BİR BARIŞA DOĞRU MU?
GÜNEŞ DAŞLI ... 317
  Giriş ... 317
  Kolombiya'da iç savaş ... 317
  Kolombiya'da barış süreci ... 317
    ☐ Kolombiya Devrimci Silahlı Güçleri *(Fuerzas Armadas Revolucionarias de Colombia/FARC)* ... 319
  Geçiş dönemi adaleti, hafıza ve hakikat ... 320
    Geçiş ... 322
    Liberal barış anlayışı ... 323
    Özne-odaklı yaklaşım ... 324
    Ulusal Tarihsel Hafıza Merkezi ... 325
    Kolombiya Hakikat Komisyonu ... 329
    ☐ Hakikat Komisyonu ... 330
  Sonuç yerine ... 331

YİRMİNCİ BÖLÜM
YOKSULLUĞA LATİN AMERİKA USULÜ ÇÖZÜM: BREZİLYA VE ARJANTİN ÖRNEKLERİNDE NAKİT TRANSFERİ UYGULAMALARI
FIRAT DURUŞAN ... 335
  Giriş: Latin Amerika'da yoksullukla mücadele gündeminin ortaya çıkışı ... 335
  Toplumsal yeniden üretim ve Latin Amerika'da refah devleti ... 337
  Brezilya ve Arjantin'de nakit transferleri ... 341
    ☐ Bolsa Família ... 343
  Sonuç ... 345

YİRMİ BİRİNCİ BÖLÜM
ORTA AMERİKA'DAN KUZEYE GÖÇÜN ARKA PLANI VE GÜNCEL GÖÇ KRİZİ
ELİF TUĞBA DOĞAN ... 349
  Giriş ... 349
  20. yüzyıldan bugüne Orta Amerika'da göçü tetikleyen unsurlar ... 350
  Göçlerin başlangıcı ... 351
  Güncel göçlerin nedenleri ... 352
    Yoksulluk ... 352
    Şiddet ... 352
    ☐ Los Angeles'tan ithal çeteler: M-18 vs MS-13 ... 353
    Doğal afetler ve iklim değişikliği ... 353
    ☐ Kahve pası ve göç ... 354

  Göç koridoru Meksika 354
  Hedef ülke ABD 357
  Sonuç 358

DÖRDÜNCÜ KISIM
Kültür ve Siyaset 361

YİRMİ İKİNCİ BÖLÜM
GABRIEL GARCÍA MÁRQUEZ VE KOLOMBİYA TARİHİ
BARIŞ ÖZKUL 363
  Modern öncesinden moderne Kolombiya 364
  La Violencia 367
  Narko-kapitalizm ve *Bir Kaçırılma Öyküsü* 370
  Sonuç 371

YİRMİ ÜÇÜNCÜ BÖLÜM
LATİN AMERİKA'DA SİNEMA VE SİYASET
NEJAT ULUSAY 373
  Yeni Latin Amerika Sineması 374
  Devrimin sineması 376
  Cinema Novo (Yeni Sinema) 377
  "Allende sineması" ve *Şili Savaşı* 379
  Peronizm, *Fırınların Saati* ve "Üçüncü Sinema" 382
  Ve sonrası… 386

YİRMİ DÖRDÜNCÜ BÖLÜM
LATİN AMERİKA'NIN ORTAK KÜLTÜR MİRASI VE KÜBA'NIN DEVRİMCİ MÜZİĞİ
KAVEL ALPASLAN 391
  Ortak Latin Amerika kültürü üzerine 391
    □ Kandomble 393
  Belde silah, elde gitar 394
    □ Casa de Las Américas 394
    □ *Fusil Contra Fusil* (Tüfeğe karşı tüfek) 395
    □ *El Necio* sözleri [Şarkının bulunduğu albüm: Silvio, 1992] ... 397
  Sonuç yerine 399

YİRMİ BEŞİNCİ BÖLÜM
LATİN AMERİKA'DA FUTBOL: BİR OYUNDAN FAZLASI
İLHAN ÖZGEN 401
  La Garra Charrua 402
  La Nuestra 403
    □ Hollandalı 405
  Ginga 405
    □ Jorge Ben 409

Rütbeli katiller 409
    □ Futbol savaşı 411
Corinthians demokrasisi 410
No! 412
Kirli zafer 413
Rütbesiz katiller 415
Sorular, sorunlar... 416

YİRMİ ALTINCI BÖLÜM
LATİN AMERİKA'DA SİYASAL KÜLTÜR VE DİN ÜZERİNE İZLENİMLER
METİN YEĞİN 419
    Pachamama'yı savunmak 421
    "Öteki" din: Kurtuluş Teolojisi 422
    Kurtuluş Teolojisi ve Topraksızlar 423
    Yerlilerin öğrettiği 425
    Sömürgecilik döneminde isyancı din adamları 426
    El Salvadorlu bir monsenyör 427
    Yükselen evanjelizm 428
    Direnen değerler 429

SÖZLÜK 431
YAZARLAR 439
DİZİN 445

Latin Amerika siyasî haritası.

LATİN AMERİKA TARİHİNDE ÖNEMLİ DÖNÜM NOKTALARI

Pre-hispanik Dönem

MÖ 7000-5200	Orta Amerika'da yerleşik yaşama geçiş ve tarımcılık
MÖ 1800-MS 150	Preklasik evre: Orta Amerika'da Olmek ve Maya gibi klasik uygarlıkların çekirdekleri olan yerleşim bölgelerinin kurulması
MÖ 1200-400	Orta Amerika'da Olmek uygarlığı dönemi
MÖ 800-600	Orta Amerika'da klasik Maya uygarlığının doğuşu
MÖ 900-200	İnkaların selefi olarak bilinen Chávin uygarlığı dönemi
750-800	Maya uygarlığının çöküş dönemi
900-1500	Maya uygarlığının Post-klasik dönemi
1345	Bugünkü Meksika'da Aztek uygarlığının doğuşu
1438	Bugünkü Peru, Bolivya ve Ekvador sınırlarında İnka uygarlığının doğuşu

Sömürgecilik Dönemi (16. yüzyılın başlarından 19. yüzyılın başlarına)

1492	Kristof Kolomb'un Amerika'yı fethi (*Conquista*)
1494	Tordesillas Antlaşması'yla Papa'nın Yeni Dünya'yı İspanyol ve Portekizliler arasında paylaştırması
1500	Portekizlilerin Brezilya'ya, bugünkü Salvador da Bahia şehrine ayak basmaları
1519	Maya bölgesinin İspanyollar tarafından fethedilmesi ve yıkılması
1521	Aztek hanedanının Cortés tarafından ortadan kaldırılması
1533	Pizarro'nun İnkaların başkenti Cuzco'yu ele geçirmesi ve İnka uygarlığına son vermesi
1542	İspanya Krallığı'nın, Las Casas'ın önerileri doğrultusunda "Yerlilerin İyi Muamele Görmesi ve Korunması için Yerliler Hakkında Yeni Yasa"yı yürürlüğe koyması

Bağımsızlık Mücadelesi Süreci (1810'lardan 1820'lere)

1791-1804	Haiti Devrimi
1808	Napolyon'un Madrid'i işgaliyle İspanyol Kralına karşı isyanın fitilinin ateşlenmesi
1815	Símon Bolívar'ın "Jamaika Mektubu" ile siyasi birlik hayalini dile getirmesi
1816	Arjantin'in bağımsızlığını ilanı

1819	Símon Bolívar'ın Büyük Kolombiya Cumhuriyeti'ni kurması
1821	Peru, Nikaragua, Honduras, Guatemala, El Salvador ve Kosta Rika'nın bağımsızlığını ilanı
1822	Brezilya'nın bağımsızlığını ilanı
1825	Bolivya ve Uruguay'ın bağımsızlığını ilanı
1831	Büyük Kolombiya Cumhuriyeti'nin dağılması

Caudillo Çağı (19. yüzyıl boyunca)

1823	Monroe Doktrini
1846-1848	Meksika-ABD Savaşı
1864-1870	Paraguay ile Arjantin-Brezilya-Uruguay arasında Üçlü İttifak Savaşı
1868-1878	Küba'da On Yıl Savaşı
1879-1884	Şili ile Bolivya-Peru arasında Pasifik Savaşı
1881-1893,	
1904-1914	Panama Kanalı'nın inşası
1888	Brezilya'da köleliğin kaldırılması
1898	İspanyol-Amerikan Savaşı
1898-1934	"Muz Savaşları": ABD'nin Latin Amerika'ya sert askerî müdahaleleri
1902	Küba'nın bağımsızlığı
1903	ABD'nin dayatmasıyla Küba Anayasası'na Platt Yasası'nın eklenmesi
1904	Theodore Roosevelt'in Monroe Doktrini'ne sonuç bölümü eklemesi
1910-1920	Meksika Devrimi
1919	Emiliano Zapata öldürüldü

Klasik Popülizm - İthal İkameci Sanayileşme (1930'lardan 1960'lara)

1930	Daha sonra Kurumsal Devrimci Parti (*Partido Revolucionario Institucional*/PRI) adını alacak olan Ulusal Devrimci Parti (*Partido Nacional Revolutionario*/PNR) kuruldu
1930	İlk kez düzenlenen Dünya Kupası'nda Uruguay kupanın ilk şampiyonu oldu
1930-1943	Yüz kızartıcı on yıl (*década infame*)
1930-1964	Brezilya'da Getúlio Vargas iktidarı
1934	Franklin D. Roosevelt'in İyi Komşuluk Politikası
1934-1940	Meksika'da Lázaro Cárdenas iktidarı
1937	Diktatör Rafael Trujillo döneminde Dominik Cumhuriyeti'nde yaşayan 20 binden fazla Haitili katledildi
1937-1945	Brezilya'da *Estado Novo* dönemi
1940	Havana Sözleşmesi imzalandı
1944	Guatemala Devrimi
1946-1952,	
1952-1955	Arjantin'de Juan Perón iktidarları
1947	Rio Paktı
1948	Jorge Eliécer Gaitán öldürüldü
1948	OAS'ın kurulması
1948	CEPAL'in kurulması

1948-1958	Kolombiya'da *La Violencia* dönemi
1951	Orta Amerika Devletleri Örgütü (*Organización de los Estados Centroamericanos*/ODECA) kuruldu
1952	Bolivya Devrimi
1952	Eva Perón'un ölümü

Askerî Darbe ve Diktalar Dönemi
(1950'lerin ortalarından 1980'lerin sonlarına)

1954	Guatemala Darbesi
1955	Arjantin Darbesi
1958	*Punto Fijo* Paktı
1959	Küba Devrimi
1960	Guatemala'da 36 yıl sürecek iç savaşın başlangıcı
1961	Kennedy Doktrini ve Domuzlar Körfezi Çıkarması
1964	Brezilya Darbesi
1965	ABD'nin Dominik Cumhuriyeti'ne müdahalesi ve Johnson Doktrini
1966 ve 1976	Arjantin Darbeleri
1967	Ernesto "Che" Guevara öldürüldü
1967	*Yüzyıllık Yalnızlık* yayınlandı
1968	Peru Darbesi
1970	Şili'de Salvador Allende devlet başkanı seçildi
1973	Şili Darbesi
1973	Uruguay Darbesi
1973	Juan Perón yeniden devlet başkanı seçildi
1974	Juan Perón öldü. Başkan yardımcısı ve karısı Isabel Perón devlet başkanı oldu.
1976	Arjantin Darbesi
1979	Nikaragua'da Sandinista Devrimi
1982	Falkland Savaşı
1983	ABD'nin Grenada'yı İşgali

Kayıp On Yıl (1980'ler)

1982	Latin Amerika Borç Krizi
1984	Brezilya'da Topraksız Kır İşleri Hareketi'nin (MST) kurulması
1989	ABD'nin Panama'yı işgali
1989	Washington Konsensüsü
1989	Brady Planı

Demokratikleşme - Neoliberalizm - Neoliberal Popülizm
(1980'lerin sonları ve 1990'lar)

1988	Şili Plebisiti'yle Pinochet iktidarının son bulması
1994	ABD'nin Haiti'yi işgali
1994	NAFTA'nın imzalanması
1994	Zapatista hareketinin doğuşu

1994	FTAA müzakerelerinin başlaması
1995	Mercosur'un kurulması
1995	Peso krizi

Post-neoliberalizm - Radikal Popülizm
(2000'lerin başlarından günümüze)

"Pembe Dalga" Süreci

1989	*El Caracazo*: Venezuela'nın başkenti Caracas'ta kitlesel protestolar
1998	Venezuela'da Hugo Chávez'in seçilmesi
2000	Bolivya'da "Su Savaşları"
2001	*El Argentinazo*: Arjantin'de ülke genelinde kitlesel protestolar
2002	Chávez'e darbe girişimi
2002	Brezilya'da Luíz Inácio Lula da Silva'nın seçilmesi
2003	Arjantin'de Nestor Kirchner'in seçilmesi
2003	Bolivya'da "Gaz Savaşları"
2004	ALBA'nın kurulması
2005	Bolivya'da Evo Morales'in seçilmesi
2005-2010, 2015-2020	Uruguay'da Tabaré Vázquez dönemi
2006	Ekvador'da Rafael Correa'nın seçilmesi
2006	Nikaragua'da Daniel Ortega'nın seçilmesi
2006	Şili'de "Penguen Devrimi": Öğrenci hareketi öncülüğünde kitlesel protestolar
2006-2010, 2014-2018	Şili'de Michelle Bachelet dönemi
2007-2015	Arjantin'de Cristina Fernández de Kirchner dönemi
2010-2015	Urugay'da José Mujica dönemi
2011	"Şili Kışı": Ülke genelinde kitlesel protestolar
2018	Meksika'da López Obrador'un seçilmesi
2019	Şili'de ülke genelinde kitlesel protestolar

"Pembe Dalga Sonrası" Süreç

2009	Honduras'ta Manuel Zelaya'nın devrilmesi
2010	Şili'de Sebastián Piñera'nın seçilmesi
2012	Paraguay'da Fernando Lugo'nun devrilmesi
2015	Arjantin'de Mauricio Macri'nin seçilmesi
2015	Venezuela'da parlamento seçimlerinde Maduro hükümetinin çoğunluğu kaybetmesi
2016	Brezilya'da Dilma Rousseff'in azledilmesi
2017	Şili'de Sebastián Piñera'nın seçilmesi
2018	Brezilya'da Jair Bolsonaro'nun seçilmesi
2019	Venezuela'da Juan Guaidó'nun kendisini devlet başkanı ilan etmesi ve Trump tarafından tanınması
2019	Bolivya'da Morales'in darbeyle iktidardan uzaklaştırılması

GİRİŞ

ESRA AKGEMCİ - KÂZIM ATEŞ

I.

"Bu dünyada Güney de var!" demişti, Uruguaylı şair Mario Benedetti. Şaire göre, Güney, "aşağılarda bir yerde", "unutmayanların, ölüme meydan okuyanların, kendini başkalarına adayanların, birlik olup imkânsız denilen şeyleri başaranların olduğu" bir yerdi (Benedetti, 2001). Güney'i anlayabilmek için, onu Kuzey'le karşıtlık ilişkisi içinde konumlandırmayan yeni bir bakış açısına ihtiyaç vardı. Yine Uruguaylı bir sanatçı, Joaquín Torres García, 1935 tarihli "Güney Okulu" (*La Escuela del Sur*) başlıklı manifestosunda geleneksel bakış açısına şu sözlerle meydan okudu: "Bizim Kuzey'imiz Güney'dir!"

Kitabın kapağında, Torres García'nın 1943 tarihli "Makûs Amerika" (*América Invertida*) adlı eseri yer alıyor. Sanatçı, Güney Amerika'yı neden baş aşağı çevirdiğini şu sözlerle anlatıyor (Vicuña ve Livon-Grosman, 2009: 107):

> Bu dünyada bizim için de bir Kuzey olmalı. Bizim Güney'imizin zıddı olan Kuzey değil, başka bir Kuzey. İşte bu yüzden şimdi haritayı tersyüz ediyoruz. Bundan böyle Amerika'nın ucu Güney'e uzanıyor, yani bizim Kuzey'imize.

"Latin Amerika" olarak tanımladığımız siyasi coğrafyayı, olduğu gibi anlayabilmek için tam da böyle "ters" bir bakış açısına ihtiyacımız var. Aslında bu terslik, Latin Amerika'nın doğasında mevcut. Latin Amerika'da büyülü gerçekçilik, sadece bir hikâye anlatma tarzı değildir; orada sosyal-siyasal süreçler fanteziyle nesnelliğin, olağanüstüyle sıradanın, kurguyla olgunun, imgeyle gerçeğin ayırt edilemediği bir zaman akışı gibidir. Hem büyülüdür hem gerçek... Daha doğrusu büyülü olan da gerçekliğin inşasının bir parçasıdır. Bu nedenle Güney'deki sert gerçek, bir Kuzeyli için imkânsız bir hayal olarak görülebilir ancak büyülü olması gerçeklikten kopuk olduğu anlamına gelmez. Latin Amerika'da yaşandığında aşırı görülen, bir zaman sonra dünyanın kaderi oluverir. Latin Amerika'da küresel süreçlere aykırı olarak gelişen her şey bir anda küresel eğilim haline geliverir. Bunun için darbelerin ve otoriter rejimlerin, demokratikleşme süreçlerinin, neoliberalizmin, yoksulluğun görünümlerinin, popülizmin, radikal siyasal mücadelelerin, toplumsal hareketlerin tarihine bakmak yeterlidir. Güney'in ters imgesi belki de dünyanın ayna imgesi olmasındandır. Evet, imgedir ama gerçek dışı değildir. Metaforu biraz daha zorlayarak ve psikanalizden yardım alarak söyleyecek olursak: İmge, dünyanın benliğini (yansıtan değil) kurandır. Hâsılı, Karl Marx'ın İngiliz kapitalizmine bakarak Almanya için "de te fabula narratur" derken anlatmak istediği gibi, Latin Amerika'da "anlatılan bizim hikâyemizdir."

Latin Amerika, hem küresel siyasetin dinamiklerini anlayabilmek hem de kendi siyasi coğrafyamızı karşılaştırmalı bir bakış açısıyla inceleyebilmek için önemli imkânlar sunan bir çalışma alanı. Türkiye'de son yıllarda Latin Amerika çalışmalarına ilgi giderek artıyor. Latin Amerika'da saha çalışması yapılmasını kolaylaştıran yurtdışı araştırma burslarına ve bu alanda açılan yüksek lisans programlarına artan bir ilgi olduğunu gözlemliyoruz. Bu süreçte yazılan kitap, makale ve tezlerin artmasıyla Latin Amerika çalışmaları alanında yavaş yavaş bir Türkçe literatür oluşmaya başladı. Bu kitabı, literatüre katkıda bulunması umuduyla, sadece öğrenci, akademisyen ve araştırmacıların değil Latin Amerika ile ilgilenen herkesin yararlanabileceği temel bir başvuru kaynağı olacak şekilde hazırladık. Hem Türkiye'de bu alanda çalışan akademisyenleri hem de farklı sektörlerde çalışsalar da Latin Amerika'yla yolları kesişen araştırmacıları bu çalışmada bir araya getirmeye çalıştık. Farklı yaklaşım ve perspektiflerin, bilgi birikimimizi büyütecek ve zenginleştirecek çok önemli bir katkı sunduğunu düşünüyoruz. Kitap, bu bakımdan da kolektif bir emeğin ürünü.

II.

"Latin Amerika için ilk ders, her zaman tarihtir" denir. Kıtanın tarihi, elbette sömürgecilikle başlamıyor. Pre-hispanik döneme ilişkin başlı başına bir bölüm ayıramamış olsak da, sömürgecilikten bu yana tarihin her döneminde her türlü baskı ve şiddeti en ağır şekilde yaşayan yerli halkların korumayı başardıkları geleneklerinin etkisini kitabın genelinde görebilirsiniz.

Latin Amerika, Alain Rouquié'nin (1986: 20) ifadesiyle "türdeş olmayan toplumların içyapılarıyla türdeş bir dış çevrenin birbirini tamamlamasına" dayanır. Türdeş olan dış çevreyi anlamak, her bir toplumun kendine özgü yapısal özelliklerini incelemeden önce atılması gereken ilk adım olmalıdır. Bu doğrultuda Birinci Kısım'da, sömürgecilik geçmişinden ABD etkisine, bağımlılıktan neoliberalizme kadar dış çevreyi belirleyen temel unsurlar inceleniyor. Birinci Bölüm'de Gözde Somel, Latin Amerika'da hayatın her alanında kendini gösteren eşitsizliklerin temel kaynağı olan sömürgecilik mekanizmalarını detaylı olarak inceliyor. Modern Latin Amerika siyasetini belirleyen temel dinamikler olan keskin sınıf ayrımı, toprak mülkiyetindeki yoğunlaşma ve etnik hiyerarşi, kıtanın üç yüz yıllık ortak tarihinden geriye kalan kolonyal miras temelinde anlaşılabilir. Bu bölüm, sadece sömürgecilik döneminin değil, 19. yüzyılın başlarında gelişen bağımsızlık sürecinin mirasını da ele alıyor. İkinci Bölüm'de Esra Akgemci, Latin Amerika ülkelerinin bağımsızlıklarını kazanmalarının hemen ardından ilan edilen Monroe Doktrini'nin izini bugüne kadar sürerek ABD müdahaleciliğinin tarihsel gelişimini mercek altına alıyor. Akgemci, Latin Amerika'nın ABD için klişeleşmiş tabirle bir "arka bahçe" olmanın ötesinde, ABD'nin önce "süper güç" olarak yükselmesini ardından küresel hegemonyasını perçinlemesini sağlayan daimi bir "hareket noktası" olduğunu gösteriyor. Üçüncü Bölüm'de Aylin Topal, sömürge sonrası dönemden günümüze kadar Latin Amerika'da kalkınma tartışmalarının tarihsel izleğini takip ederek, her dönemin kendine özgü siyasi ve iktisadi bağlamı içerisinde gelişen kalkınma politikalarının temel tezlerini değerlendiriyor. Böylelikle, 21. yüzyılda iktidara gelen sol hükümetlerin yeni-kalkınmacılık olarak nitelenen politikalarının anlaşılması için tarihsel bir perspektif sunuyor. Dördüncü Bölüm'de Serdal Bahçe, kader (bağımlılık, sömürü, baskı) ile iradenin (devrim, bağımsızlık, sosyalizm, reform, kopuş) mücadelesine sahne olan Latin Amerika'da neoliberalizmi "kader ile iradeyi buluşturan bir deneyim" olarak ele alıyor. Bahçe, bu bölümde öncelikle neoliberalizmin nasıl iktidara geldiğini inceleyerek Latin Amerika'yı özgün bir örnek haline getiren tarihsel süreci mercek altına alıyor, ardından "neoliberalizmin son perdesinin oynandığı" 1990'ların ikinci yarısından itibaren borç krizleri ve ülke iflaslarıyla gelişen süreci ayrıntılarıyla ele alıyor. Son olarak, beşinci Bölüm'de Ertan Erol, Latin Amerika'daki bölgeselleşme dinamiklerini hem her tarihsel dönemin kendine özgü sosyoekonomik koşulları içerisinde hem de farklı coğrafi ölçekler bağlamında inceliyor. Bölgeselleşmeyi, küresel kapitalizme eklemlenme biçimlerinin geçirdiği dönüşümler temelinde ele alan Erol, öncelikle sanayileşme ve büyümeye odaklanan İkinci Dünya Savaşı sonrasındaki erken entegrasyon dönemini inceledikten sonra, 1990'larda neoliberal süreçle ortaya çıkan yeni bölgeselleşme dinamiğini ve 2000'lerden itibaren bölgede solun iktidara gelmesiyle şekillenen karşı-hegemonik bölgesel entegrasyon modelini inceliyor.

İkinci Kısım, Latin Amerika'nın türdeş olan dış çevresini incelemeye, siyasal rejimlerin ve siyasal çatışmaların dinamikleri ekseninde devam ediyor. Rejim tartışmalarının en önemli öğelerinden bir tanesi kuşkusuz anayasalar ve anayasa yapım süreçleridir. Son otuz yılda neredeyse bütün Latin Amerika ülkeleri sosyal-siyasal yeniden yapılanmayı anayasalar aracılığıyla gerçekleştirmiş ya da konsolide etmeyi amaçlamıştır. Öte yandan anayasa yapımı, Latin Amerika siyaseti tartışılırken en fazla ihmal edilen ama en temel meselelerden birisidir. Dolayısıyla Altıncı Bölüm'de Oya Yeğen, "Latin Amerika ülkelerindeki temel anayasal özelliklere, toplumsal ve siyasal gelişmeleri ve değişen sosyal dinamikleri takiben yaşanan anayasa değişikliklerine ve güncel anayasal meselelere dair geniş kapsamlı bir inceleme" sunuyor. Yedinci Bölüm ise, yine Latin Amerika tarihinin yıkıcı bir sorununu ele alarak askerî darbeleri ve otoriter rejimleri, rejimler arası sert gidiş gelişleri analiz ediyor. Bu bölümde Özge Kemahlıoğlu, darbelerin benzerliklerinin (ordunun kurumsal yapısı, darbe rejiminin baskıları ve insan hakları ihlalleri, darbe sonrasında devletin kamusal hizmetlerden çekilmesi ve serbest piyasaya geçiş gibi) yanı sıra ülkeler arasındaki sosyal siyasal farklılıklara ve bunun darbe rejiminde ürettiği farklılıklara da dikkat çekiyor. Bu bölüm sadece darbe anlarını ve darbelerin ürettiği otoriter rejim tiplerini değil Şili örneğinde darbe rejimlerinden çıkış ve demokratikleşme süreçlerini de inceliyor.

Anayasa ve rejim tartışmalarını takip eden üç bölümü, siyasal çatışma dinamikleri olarak okumak mümkün. Bu dinamiklerden bir tanesi kıtanın kadim ve güçlü popülizm geleneğidir. Latin Amerika tarihini ve güncel siyasal süreçlerini popülizme başvurmadan anlamak neredeyse imkânsızdır. Bununla birlikte bugün Batı Avrupa ve ABD'yi de içine alacak şekilde küresel bir mesele olmasına rağmen popülizmin teorik düzeyde işlevsel bir kavram olarak tanımlanması konusunda derin farklılıklar bulunmaktadır. Aynı zamanda, 20. yüzyıl Latin Amerika'sının zamansal ve mekânsal olarak birbirinden oldukça farklı deneyimlerini, heterojen bir alanı popülizm kavramıyla ortaklaştırmanın zorlukları da vardır. Bu iki zorluğu dikkate alarak Kâzım Ateş, Sekizinci Bölüm'de, Latin Amerika'nın popülist dönemlerini, hem her bir dönemin temsili örnekleri (Juan ve Eva Perón Arjantin'i, Carlos Menem Arjantin'i ve Hugo Chávez Venezuela'sı) hem de bu dönemlerde üretilen kuramsal tartışmalar ışığında aktarmayı amaçlıyor. Dokuzuncu Bölüm, Latin Amerika'da siyasal çatışma eksenlerinin bir diğerine, toplumsal hareketlere yoğunlaşıyor. Sömürge mirasının ve tarihsel kapitalizmin gelişme dinamiklerinin sonucu olan derin sınıfsal çelişkilerin ve bu çelişkilerin yerlilere, siyahlara, kadınlara yönelik dışlamayla örtüşmesinin kıtaya özel görünümleri, yine kıtaya özel toplumsal hareketler üretmiştir. Bu bakımdan Latin Amerika, geçmişte de bugün de ağır baskı ve sömürü koşulları ile bu koşullara teslim olmayan toplumsal mücadelelerin siyasal coğrafyasıdır. Bu bölümde Sibel Utar, kıtada toplumsal hareketlerin genel bir fotoğrafını çekmenin yanı sıra Ekvador Yerli Uluslar Konfederasyonu (CONAIE) ve Topraksız Kır İşçileri Hareketi'nin (MST) örgütlenme, talepler ve sol hükümetler karşısındaki özerklik dereceleri bakımından karşılaştırmalı bir analizini sunuyor. Onuncu Bölüm'de Mert Arslanalp, bir başka siyasal gerilim/çatışma eksenini, kent yoksullarının konut/barınma hakkı ve kent/yurttaşlık talepleri üzerinden yürüyen siyasal mücadele (ya da iş birliği) süreçlerini analiz ediyor. Bu bölüm, sınıfsal eşitsizliklerin kentsel mekân üzerindeki görünümlerini tarihsel olarak incelemekle kalmıyor, mekânın örgütlenmesinin, kentsel dönüşüm süreçlerinin sınıfı nasıl kurduğunu da gösteriyor. Makalenin öne sürdüğü gibi, Latin Amerika'da bu süreç, bir tarafta iktidarların klientelist ilişkileri üzerinden uzlaşmacı diğer yandan iktidarlarla uzlaşmaz ilişkiler kurarak toplumsal hareket dinamiği kazanan çatışmacı özellikler kazanıyor. Bu bölüm, başlı başına bir çalışma konusu olması gereken ve bu bölümün sınırlarını aşan kentsel şiddetin (Latin Amerika başka bölgelerle karşılaştırılamaz bir suç/cinayet oranına sahiptir) faillerinin de kurbanlarının da kent yoksulları olduğunu göstermesi bakımından da önemlidir. İkinci Kısım'ın son bölümü olan On Birinci Bölüm, sosyal ve siyasal örgütlenmesi "maçizm" üzerine kurulu Latin Amerika toplumlarında kadın direniş dinamiklerini ele alıyor. Dilan Bozgan bu bölümde, erkek şiddetinin kurumsallaştığı, "şiddet ahlâkı"nın her geçen gün daha fazla kadının tecavüz ve cinayet kurbanı haline gelmesine yol açtığı bu toplumlarda kadınların mücadele pratiklerini, "beyaz feminizme" karşı sınıfsal eşitsizlik ve ırksal dışlamanın kaynaklarıyla kadın bedenine yönelen şiddetin kaynaklarını ortaklaştırma başarısı gösteren "halk feminizmi"ni, bu hareketlerin gündelik dilin anlamsal dönüşümünü mümkün kılan hegemonik kapasitelerini aktarıyor.

Üçüncü Kısım, türdeş dış çevrenin ardından, her toplumun kendine özgü yapısal özelliklerinin daha iyi anlaşılması için ülke ve bölge dinamikleri üzerine odaklanıyor. On İkinci Bölüm'de Gözde Somel, devrim tarihi içerisinde benzersiz bir yeri olan Küba deneyimini mercek altına alıyor. Somel, öncelikle sosyalist devrimin nasıl başarılı olduğunu anlayabilmek için, sömürgecilik döneminden bu yana Küba'nın tarihsel gelişiminin bölge ülkelerinden nasıl farklılaştığını ortaya koyuyor, ardından Soğuk Savaş koşullarında devrimin nasıl inşa edildiğini inceliyor. Somel, ayrıca, Soğuk Savaş'ın ardından sosyalist blokla beraber çökeceği beklenen devrimin, ayakta kalmak için nasıl bir dönüşüm sürecinden geçtiğini gösteriyor. On Üçüncü Bölüm'de Esra Akgemci, bir diğer özgün ülke örneği olan Venezuela'da Chávez'in iktidara gelmesiyle başlayan Bolivarcı Devrim sürecinin kazanım ve sınırlılıklarını ele alıyor. Akgemci, Punto Fijo Paktı döneminde (1958-1998) Venezuela'nın tüm Latin Amerika ülkelerine örnek olarak gösterilen "istisnai demokrasi"sini sorguluyor ve 1989'da *El Caracazo* ayaklanmasıyla başlayan post-neoliberal dönemde Bolivarcı Devrim'in nasıl inşa edildiği ve neoliberalizme ne ölçüde alternatif bir model oluşturulabildiği gibi temel sorulara cevap arıyor. Bu sorular, Maduro iktidarında tarihinin en büyük krizlerinden birini yaşayan Venezuela'da neoliberalizme karşı mücadelenin nasıl gelişeceğini tartışabilmek açısından önem taşıyor. On Dördüncü Bölüm'de Celal Oral Özdemir, Bolivya'da önce bir hareket olarak örgütlenen, daha sonra partiye dönüşen MAS'ın (Sosyalizme Doğru Hareket) bünyesinde, sömürge karşıtlığı, Amerikan karşıtlığı ve neoliberalizm karşıtlığının farklı mücadeleleri nasıl buluşturduğunu inceliyor. Özdemir, Evo Morales'in bu üç karşıtlık üzerinden gelişen talepleri temsil etme iddiasıyla iktidara geliş sürecini ve "eski düzeni yıkma iddiasında olan MAS'ın yeni olanı kurma mücadelesini" inceledikten sonra, Morales'i iktidardan uzaklaştıran darbe sürecine de odaklanıyor. On Beşinci Bölüm'de Aylin Topal, kıtada her zaman ayrıksı bir konuma sahip olan Meksika'da, tam da pembe dalganın sönümlendiği bir dönemde sol popülist lider Andrés Manuel López Obrador'un nasıl iktidara geldiğini açıklıyor. Öncelikle, López Obrador'u iktidara taşıyan süreci, 19. yüzyılın sonundan 1980'lere kadar devlet-toplum ilişkisini belirleyen tarihsel koşullar temelinde inceleyen Topal, ardından 2000'lerin başından itibaren kurumsal siyasetin geçirdiği dönüşümü değerlendiriyor. Topal, böylelikle, López Obrador'un "dönüştürücü bir toplumsal iktidar kurabilme" potansiyelini, eleştirel ekonomi politik perspektifle tartışmaya açıyor. On Altıncı Bölüm'de Karabekir Akkoyunlu, sadece Brezilya değil, Latin Amerika siyaseti açısından da çok kritik dönüm noktaları olan, İşçi Partisi'nin yükseliş ve düşüş süreçlerini inceliyor. Latin Amerika'nın en büyük ülkesi ve en güçlü ekonomisi olan Brezilya, bölge siyasetinin dinamiklerini belirleyen ve bu açıdan ilgiyle izlenmesi ve mutlaka anlaşılması gereken bir ülke. Bu bölümde, Brezilya'nın sömürgecilikten bu yana tarihsel gelişimine dikkat çeken Akkoyunlu, İşçi Partisi'nin iktidara gelişini "sessiz devrim" olarak tanımlıyor ve 14 yıl süren iktidar hikâyesini "gürültülü bir son" ile bitiren nedenlerin peşine düşüyor. Akkoyunlu, öncelikle, Brezilya siyasetinin yapısal bir özelliğini, yolsuzlukların önünü açan patronaj mekanizmasını ele alıyor ve Lula da Silva'nın bu mekanizmayı değiştirecek siyasal reformlar yapmak yerine oyunu kurallarına göre oynadığını ve yoksulluğa karşı mücadele ederken hâkim sınıfları hoş tutmaya çalışan bir denge siyaseti yürüttüğünü vurguluyor. Lula'nın hatalarına rağmen, İşçi Partisi iktidarının çöküşünün kaçınılmaz olmadığının altını çizen Akkoyunlu, Dilma Rousseff'in azledilmesi ve Jair Bolsonaro'nun iktidara gelmesiyle sonuçlanan süreçte yargı ve medyanın oynadığı rolü inceliyor ve Brezilya'da toplumsal değişimin koşullarını sorguluyor.

Üçüncü Kısım On Yedinci Bölüm, özellikle "pembe dalga"nın yarattığı etki dolayısıyla Latin Amerika soluna gösterilen ilginin üzerini örttüğü bir gerçekliğe dikkatimizi çekiyor: hâlâ güçlü ve etkili Latin Amerika sağına. Maria L. Urbina, bu bölümde, Latin Amerika sağındaki çeşitliliği, pembe dalgaya gösterdikleri farklı tepkileri, geleneksel sağ ile yeni sağ arasındaki farkları, Arjantin, Brezilya, Şili, Honduras ve Guatemala örnekleri üzerinden karşılaştırmalı bir analize tabi tutuyor. Bu bölüm, ayrıca, özellikle Brezilya ve Guatemala'da daha görünür hale gelen Protestan-Evanjelist muhafazakârlığın siyasal sonuçlarını görmemizi sağlayacak ipuçları sunuyor. On Sekizinci Bölüm'de Esra Çeviker Gürakar ve Tolga Gürakar, Peru tarihinin en özgün dönemlerinden birini, Alberto Fujimori'nin başkanlık dönemini ve *Fujimorismo*'nun güncel görünümlerini analiz ediyor. Fujimori dönemi hem popülizm tartışmaları hem de yeni otoriter rejimler tartışmaları bakımından temsili örnek sayılabilecek bir deneyimdir. Dolayısıyla Peru'nun, Fujimori'nin ilk defa başkan seçildiği 1990 yılından bugüne olan dönemini tartışmak ve yazarların ayrıntılı olarak aktardığı gibi siyasal alanın yeniden şekillenmesine neden olan güncel gelişmeleri incelemek, bugün birçok farklı ülkede görülen otoriter popülizm ve rekabetçi otoriter rejim pratiklerini anlamamıza ve sonuçlar çıkarmamıza yardımcı olacaktır. On Dokuzuncu Bölüm, Latin Amerika'nın kanayan bir yarasına, Kolombiya'da yüz binlerce insanın ölümüne, milyonlarca insanın yerinden edilmesine yol açan elli yılı aşan iç savaşa odaklanıyor ve savaşı sonlandıran barış sürecini analiz ediyor. Bu bölümde Güneş Daşlı, Kolombiya örneği üzerinden, çatışma çözümü ve barışın inşası konusundaki teorik tartışmaları da gözden geçirerek, liberal yaklaşımın yetersizliklerini ortaya koyuyor ve barışın kalıcılaşması için diğer adaletsizlik/eşitsizlik biçimleriyle de yüzleşmek gerektiğini savunduğu için "özne-odaklı" yaklaşımın sağladığı imkânlara dikkat çekiyor. Bu bölüm, barışın inşasının açık ya da gizli, elitler arası diyalog ya da yasal zeminde bir anlaşmadan çok yerel dinamikleri, aktörleri, hatta çatışmadan doğrudan etkilenmeyen toplumsal kesimleri de kapsayan bir hareketin sonucunda mümkün olacağını öne sürüyor, kısaca barış sürecini siyasal bir süreç olarak okumaya davet ediyor. Yirminci Bölüm, Latin Amerika'nın "sosyal sorunu"nu, Arjantin ve Brezilya örnekleri üzerinden inceliyor; kapitalizmin yapısal olarak ürettiği artık nüfus meselesi olarak yoksulluk sorununu ve toplumsal yeniden üretim için bu sorunu çözmeye yönelik sosyal politikaları ele alıyor. Bu çerçevede Arjantin ve Brezilya'da yoksullara yönelik nakit transferleri programlarını karşılaştıran Fırat Duruşan, iki ülke arasındaki farkın, birincisinde bu yardımların işçi sınıfına tanınan bir hak olarak yasal güvenceye kavuşmuş olmasıyla, ikincisinde bu yardımların geçici ve iktidarın inisiyatifine bağımlı olması arasındaki farkta aranması gerektiğini savunuyor. Duruşan, bu farkı yaratan unsurun, iki ülke yoksullarının kentsel ve kırsal karakteri ile aktif işçi sınıfı mücadelesiyle bağ kurup kuramaması olduğunu öne sürüyor. Bu kısmın son bölümü olan Yirmi Birinci Bölüm'de Elif Tuğba Doğan, özellikle 2018-2019 yıllarında binlerce Orta Amerikalının Kuzey'e hareket etmesiyle "göçmen katarı" olarak tanımlanan, Trump'ın ve ABD'li ırkçıların hedefi haline gelen ve uluslararası gündemin ilk başlıklarından birisi olan göçmen sorununun arka planına ışık tutuyor. Bu bölümde Latin Amerika'dan (özellikle Kuzey Üçgeni ülkeleri El Salvador, Honduras ve Guatemala'dan) Kuzey'e göçün nedenlerini açıklayan Doğan'ın makalesi, sömürgecilik mirasının ürettiği toplumsal eşitsizlikler, ABD'nin müdahaleleri, neoliberalizmin yol açtığı yoksulluk, işsizlik, ekonomik olanakların yetersizliği, iklim krizinin yol açtığı sosyoekonomik sonuçlar (doğal afetler, gıda güvencesizliği vs.), "dünyanın en kanlı bölgesi" olarak tanımlanabilecek bölgede iç savaşlar ve takiben çetelerin uyguladığı aşırı şiddet birlikte düşünüldüğünde ekonomik nedenlerle göç ve siyasi nedenlerle göç ayrımının anlamını kaybettiğini gösteriyor.

Dördüncü Kısım, her biri Latin Amerika'yı anlamak için başlı başına önemli alanlar sunan edebiyat, sinema, müzik, futbol ve dinin, toplumsal ve siyasal dönüşüm süreçleriyle ilişkisini inceleyen makalelerden oluşuyor. Yirmi İkinci Bölüm'de, Barış Özkul, ünlü yazar Gabriel García Márquez'in anavatanı Kolombiya'ya dair görüşlerini belirleyen tarihsel dönüm noktalarına ışık tutuyor. Muz Katliamı, Bin Gün Savaşı ve İç Savaş (*La Violencia*) gibi büyük çatışmaların doğurduğu sancıların ve uyuşturucu kartellerinin yaydığı şiddetin, yazarın eserlerinde nasıl tezahür ettiğini gösteren Özkul, Márquez'in benzersiz bir "gerçekçilik" üretmesinde ve destansı bir anlatım tarzı oluşmasında, bu deneyimlerin oynadığı role dikkat çekiyor. Yirmi Üçüncü Bölüm'de Nejat Ulusay, 1960'ların başlarından itibaren Latin Amerika'da sinemanın siyasal gündemle doğrudan ilişkisini ele alıyor ve Yeni Latin Amerika Sineması olarak anılan dönem sinemasının kapsamlı bir analizini yapıyor. Ulusay, kıtadaki diğer ülkelerin yönetmenleri için model oluşturan Küba sinemasını, "dünyayı değiştirmek sevdasıyla" yapılan filmlerden oluşan Brezilya'nın "Yeni Sineması"nı, Şilili genç sinemacıların ülkedeki tek 35mm kamerayı sırayla kullanarak ilk uzun film projelerini gerçekleştirmeleriyle ortaya çıkan "Allende sinemasını" örnekleriyle inceliyor. Son olarak, Ulusay, Yeni Latin Amerika Sineması'nın "militan dönemine" işaret eden ve "sömürgeciliğin yarattığı imgenin yıkılmasını" amaçlayan "Üçüncü Sinema"nın doğuşunu ve gelişimini analiz ediyor ve bu geleneğin günümüz Latin Amerika sinemasının pratik ve kurumsal zeminindeki izlerine dikkat çekiyor. Yirmi Dördüncü Bölüm'de Kavel Alpaslan, Latin Amerika'nın ortak kültür mirasından izler taşıyan bir sanat dalı olarak müziğin toplumsal dönüşüm süreçleriyle ilişkisine odaklanıyor. Alpaslan, kıtanın yerli halklarının miras bıraktığı kültürle, sömürgecilerin Avrupa'dan getirdikleri kültürlerin ve Afrikalı halkların bunlarla karşılaşmasından doğan çatışmanın, Latin Amerika'da ortak bir kimliğin oluşmasına katkısını inceliyor. Latin Amerika'da "müzik kültürünün hamurunun" bu üç kaynaktan beslendiğine dikkat çeken Alpaslan, Silvio Rodríguez'in müziğinde, bu hamurun 1960 ve 70'lerin Küba'sında devrim ruhuyla nasıl yoğrulduğunu gösteriyor. Alpaslan, Rodríguez'in yazdığı şarkılarda kıtadaki farklı kültürel geleneklerin kesişmesiyle şekillenen büyülü gerçekçiliğin izlerini sürüyor ve bu izlerle donanmış duyguları, mücadeleyle buluşturan Latin Amerika müziğinin çatışmanın müziği olduğunu dile getiriyor. Yirmi Beşinci Bölüm'de İlhan Özgen, Latin Amerika'da "futbol denkleminin" nasıl kurulduğunu, yani ülkeler arasında ve ülkeler içinde takımlar arasında gelişen, zaman zaman şiddete varan rekabetin tarihsel kaynaklarının neler olduğunu, Uruguay'da *Garra Charrua*, Arjantin'de *La Nuestra*, Brezilya'da *Ginga* olarak karşımıza çıkan kendine özgü futbol kültürlerinin nasıl geliştiğini ve Perón'dan Videla'ya, Pinochet'den Médici'ye siyasi liderlerin ve diktatörlerin futbolu nasıl kullandıklarını inceliyor. Özgen'in bölümü, siyasetçilerin, mafyanın ve Pablo Escobar gibi uyuşturucu baronlarının futbol üzerindeki (Dünya Kupası'na kadar ulaşan) etkisini anlamak için temel bir kaynak sunmakla kalmıyor, aynı zamanda futbolun Latin Amerikalıların hayatında ne anlama geldiğini de açıklıyor. Kitabın son bölümü olan Yirmi Altıncı Bölüm'de ise dinin önemli toplumsal dönüşüm süreçlerinde oynadığı rolü inceleyen Metin Yeğin, tamamen kendi tanıklıklarından ve görüşmelerinden yola çıkarak, sömürgecilik döneminden bu yana zorla Hıristiyanlaştırılmalarına rağmen inançlarını korumayı başaran yerlilerin geleneklerinin izlerini sürerken, Kurtuluş Teolojisi ile birlikte devrimci ve isyankâr bir Hıristiyanlığın nasıl ortaya çıktığını anlatıyor.

İlk üç kısımda, her bölümün sonunda ilgili alanda yapılabilecek çalışmalara yol gösterebilecek araştırma soruları ve öneriler yer alıyor. Böylelikle, Latin Amerika çalışmaları alanında yüksek lisans ya da doktora yapmak isteyen ancak araştırma konusu bulmakta güçlük çeken öğrenciler, bu sorulardan yola çıkarak kendileri için bir çerçeve oluşturabilirler. Yeni sorular sorulmasını sağlayabilmek, bu kitabın ortaya çıkmasındaki temel motivasyonumuz. Latin Amerika'ya dair bütün sorun alanlarını tartıştığımız, bütün yanıtları tükettiğimiz iddiasında değiliz. Kuşkusuz kitabın eksikleri, kapsamına alamadığı konular bulunmaktadır. Bu eksikliklerin zaman içinde başka çalışmalarla giderilmesini, bu çalışmanın başka çalışmalar için bir zemin olmasını temenni ediyoruz.

III.

İlk günden itibaren desteklerini esirgemeyen ve önerileriyle bize yol gösteren değerli hocalarımız Tanıl Bora ve Aylin Topal'a özel bir teşekkür borçluyuz. Edebiyat ve futbol gibi Latin Amerika'nın "olmazsa olmaz" alanlarının bu kitapta yer almasını Tanıl hocamız sağladı. Aylin hocamızın önerisiyle, kendisinin anabilim dalı başkanı olduğu ODTÜ Latin ve Kuzey Amerika Çalışmaları programının ev sahipliğinde, 4 Mayıs 2019'da düzenlediğimiz "Latin Amerika Siyasetine Giriş" adlı çalıştayda, kitaptaki bölümlerin içeriğiyle ilgili fikir alışverişinde bulunarak hazırladığımız ilk taslakları birlikte geliştirme fırsatı bulduk. Kitabın muhtemel eksik ve hatalarının sorumluluğu ise elbette bütünüyle bize ait. Umarız bu kitap, Türkiye'de Latin Amerika çalışmalarının gelişmesine ve Türkiye-Latin Amerika ülkeleri karşılaştırmalı çalışmalarına katkıda bulunsun.

Ankara, 2020

KAYNAKÇA

Benedetti, M. (2001), *El Sur También Existe*, Buenos Aires: Editorial Sudamericana.

Rouquié, A. (1986), *Latin Amerika'da Askeri Devlet*, Ş. Tekeli (çev.), İstanbul: Alan Yayıncılık.

Vicuña, C. ve Livon-Grosman, E. der. (2009), *The Oxford Book of Latin American Poetry: A Bilingual Anthology*, Oxford: Oxford University Press.

BİRİNCİ KISIM
Sömürgecilikten Küreselleşmeye

Birinci Bölüm

LATİN AMERİKA'DA SÖMÜRGECİLİK VE MİRASI

GÖZDE SOMEL

Giriş

Sömürgecilik, Latin Amerika toplumları için uzak bir geçmişin puslu bir anısı değil. Siyasi platformlarda, sanatsal anlatımlarda, bilimsel araştırmalarda, toplumsal algıda ve günlük hayatta sık sık hatırlanmaya devam ediyor. Denebilir ki, Latin Amerikalılar bu geçmişle birlikte, onunla iç içe yaşıyorlar. Basit bir nedenle... İberyalı[1] sömürgeciler, 19. yüzyılda kıtayı aşamalı biçimde terk etmek zorunda kalsalar da, oluşturdukları sömürge kurumlarından miras kalan eşitsizlikler, sınıfsal sömürü ve ırkçılık tüm canlılığıyla gözler önünde duruyor. Yine de onları kıtadan ayrılmaya mecbur eden bağımsızlık mücadeleleri olmasa ve 20. yüzyılın anti-emperyalist, halkçı, sosyalist çıkışları toplumsal karşılık bulmasa, sömürgecilik geride bıraktığı trajik mirasa rağmen bu denli hatırlanmaz ve sorgulanmazdı.

Latin Amerika toplumlarının aralarındaki tüm farklara rağmen sahip oldukları ortak sorunlar kıtada sömürge sonrası gerçek bir özgürleşme yaşanmadığına işaret ediyor. Aynı nedenle sömürge mirasıyla kavga da bu topraklara damgasını vurmaya devam ediyor. Miras deyince hem üç asır kadar değişip dönüşüme uğrasalar da ayakta kalmayı başaran sömürge kurumlarına hem de bu kurumların gölgesinin sömürge sonrası döneme nasıl düştüğüne bakmak gerekecek.

---

[1] İber Yarımadası ya da İberya, İspanya ve Portekiz'in bulunduğu, Avrupa kıtasının Akdeniz'e uzanan üç yarımadasından biri.

Sömürgeciliğin başlangıcı

Latin Amerika'nın ilk bakışta insanı en fazla çarpan yönü ölçeklerin büyüklüğü ve engellerin aşılmaz gibi görünmesidir. Dev büyüklüklerdeki nehir havzaları, uçsuz bucaksız tropikal ormanlar, ovalar ve çöller, aşılması zor dağ sıraları insanın tahayyülünü zorlayan ölçek ve çeşitlilikte bir coğrafyanın şaşırtıcı unsurlarıdır (Gonzalez, 1998: 21-22). *Conquistador* olarak anılan İberyalı fatihler,[2] varlığından daha önce habersiz oldukları topraklara ayak bastıklarında[3] bu coğrafi engellerin kendilerine sunduğu tuzaklardan habersizdiler.[4] Ne de karşılaştıkları yerli halkın bütün kıtaya yayılmış milyonlarca yerli içinde küçük bir topluluk oluşturduğunu bilebilirlerdi. Latin Amerika'nın coğrafi ve iklimsel çeşitliliği çağlar boyunca kıtada çok farklı toplumsal geleneklerin, siyasi örgütlenme biçimlerinin ve ekonomik faaliyetin gelişmesine yol açmıştı. Kıta hem tarıma dayalı yerleşik toplumların üzerinde yükselen haraççı imparatorluklara ev sahipliği yapıyordu, hem de avcı-toplayıcı, göçer, yarı göçer, daha az hiyerarşik irili ufaklı topluluklar coğrafyanın dört bir yanına yayılmıştı. Ticaretin, kent yaşamının, önemli bilimsel buluşların, sanatsal, estetik gelişimin, inanç sistemlerinin, gelişmiş mimari tasarımın ve ileri tarım pratiklerinin kendini gösterdiği nüfus yoğunluğu fazla, büyük medeniyet merkezleri dev Latin Amerika coğrafyası içinde görece dar bir alana sıkışmışlardı. Meksika'nın yüksek platoları, Guatemala ve Andlar'ın orta bölgesinin hâkimi Aztek, Maya ve İnka uygarlıkları kendilerini önceleyen binlerce yıllık siyasi ve toplumsal birikimin son temsilcileriydiler[5] (Vázquez ve Díaz, 1990: 33-82).

---

2 Aztek İmparatorluğu'na son veren Hernán Cortés ve Peru'yu işgal ederek İnkalara son veren Francisco Pizarro, en ünlü *conquistador*lar arasındadır.

3 Aslen Cenevizli bir tüccar olan Kristof Kolomb, keşifler çağının nimetlerinden yararlanmak üzere keşiflerin öncü ülkesi Portekiz kralını "sürekli batıya giderek doğuya ulaşma" stratejisine ikna edemeyince Kastilya kraliçesi Isabel'e başvurdu. *Reconquista* olarak anılan "yeniden fetih" süreciyle Endülüs bölgesindeki son Müslüman direnişini ortadan kaldırmış olan Kraliçe, zaferin verdiği güçle İspanyol monarşisini yüceltmek ve Doğu'nun zenginliklerinden hak ettiği payı almasını sağlayacak yeni bir fetih (*conquista*) başlatmak üzere Kolomb'un projesine yatırım yapmaya hazırdı. İspanya'nın maddi desteğini alan Kolomb zorlu Atlantik yolculuğunu Karayip adalarında noktaladı. Yeni bulunan adaların mülkiyeti Papa VI. Aleksandr'ın onayı ile İspanya'ya verildi. Portekiz ve İspanya arasında böylece kızışan keşif rekabeti 1494'te yapılan Tordesillas Anlaşması ile geçici olarak çözüme kavuştu. Anlaşmadaki paylaşımdan gelen hakla daha sonradan Portekizli denizcilerin ayak basacağı aşağı yukarı bugünkü Brezilya'yı teşkil eden Güney Amerika topraklarının önemli bölümüne Portekiz tarafından el kondu (Diaz ve Vazquez, 1990: 91-100).

4 İspanya'nın Latin Amerika'yı fetih hareketi (*Conquista*) pek çok sanatsal esere konu oldu. Uruguaylı ünlü yazar Eduardo Galeano, Ateş Anıları adını taşıyan üçlemesinin ilk cildi olan *Yaratılış*'ta Kolomb öncesi Amerikalı yerli grupların yaşantıları, mitleri, Avrupalıların kıtaya gelişi ve ilk iki asırlık sömürgeleştirme sürecini edebi bir dille anlatır (Galeano, 2016). Latin Amerika'nın İspanya tarafından ele geçirilmesi sürecinin ilk yıllarında sömürgecileri harekete geçiren koşulları, ruh hallerini ve karşılaştıkları güçlükleri benzersiz şekilde beyaz perdeye aktaran, Werner Herzog'un yönettiği, 1972 yapımı *Aguirre, Tanrının Gazabı* da bu bağlamda anılmaya değerdir.

5 Onların egemenliği dışındaki geniş bir coğrafyada nüfus yoğunluğu oldukça düşük, yaşam sade ve toplumsal yapılar daha az karmaşıktı. Alçak düzlüklerin ve geniş ovaların bulunduğu yerlerde ilkel tarımla uğraşan kabileler halinde örgütlenmiş çok sayıda topluluk yaşıyordu. Şili'nin orta bölgesinden, Brezilya'nın iç bölgelerine, bugünkü Bolivya, Peru, Ekvador, Kolombiya, Venezuela ve Guyana-

İberya'dan büyük servetler biriktirme hırsıyla kıtaya akan fetihçiler ve onların torunları, kabaca üç asır süren sömürgeci dönemde hiçbir zaman kıtanın bütünüyle kontrolünü ellerine geçirmeyi başaramadılar (Eakin, 2004: 31). Bunun en uç örneği, uzunca bir süre Portekiz sömürgesi olan bugünkü Brezilya topraklarının % 98'inin, Atlantik kıyılarındaki sınırlı bölgeyi saymazsak, sömürgecilerin bütünüyle kontrolü dışında olmasıydı (Eakin, 2004: 37). 1821'de Portekiz kralının veliahtı Dom Pedro Brezilya'nın Portekiz'den bağımsızlığını ilan ettiğinde Brezilya'da hâlâ yeni yönetimin erişiminin uzağında çok geniş topraklar bulunuyordu. Mesele, topraklar üzerindeki siyasi ve askerî kontrolden ibaret değildi, sömürgeciler geniş kıtanın önemli bölümünde yerli topluluklar ve belli bölgelerde giderek ağırlığı artan Afrika kökenli nüfus üzerinde kesin bir hukuki, siyasi, iktisadi ve kültürel tahakküm kurmayı hiçbir zaman tam olarak başaramadılar. Eski imparatorluk alanlarının dışındaki bölgelerde artan işgücü ihtiyacına rağmen sömürgeciler bir türlü zapturapt altına alamadıkları yerli toplulukların direnişi nedeniyle kronik işgücü sorunu yaşıyordu (Schwerin, 1998: 41).

İberyalıların Latin Amerika sömürgeleri ile bağlarını İspanya ve Portekiz krallıklarının iki temel unsuru belirliyordu. Tüm güçlü Avrupa devletleri gibi İspanya ve Portekiz monarşilerinin ekonomik temelini ticaret ve merkantilist politikalar teşkil ediyordu (Brown, 2000: 127). Diğer önemli unsur patrimonyalizmdi.[6] Merkantilist politikalarla biriken zenginlik, patrimonyal iktidar ilişkileri sayesinde toplumun küçük bir azınlığının elinde birikirken uzak mesafelerde bile geniş bir nüfusu kontrol altında tutabiliyordu (Brown, 2000: 128). Sömürge idaresi hem kraliyet hazinelerine hem de kıtadaki sömürgecilere akan servetin ana kaynaklarının bulunduğu yerleri kendine merkez üs edindi. Kolomb ve takipçilerinin Karayip bölgesini kontrol altına aldıkları birkaç on yılın ardından, 1519-21'de Aztek hanedanlığı ve Mayaların, 1533'te ise İnkaların ortadan kaldırılmasıyla, bugünkü Orta Meksika ve Orta Amerika toprakları ile Peru ve And dağları bölgesinde sömürgeciliğin ana merkezleri ortaya çıktı. Tarımsal üretime yatkın geniş bir nüfusun varlığının yanında 16. yüzyılın ortasında Peru'da Potosi ve Meksika'da Zacatecas ve Guanajuata gibi merkezlerde büyük ölçekli gümüş rezervlerinin keşfi bu bölgeleri sömürgeciliğin merkez üsleri haline getirmişti.

Karayip bölgesi ilk fatihleri heyecanlandıran altın madeninin hızla tükenmesinin ardından başka değerli madene sahip olmasa da stratejik konumu ve zamanla değeri anlaşılacak ticari tarım açısından sunduğu imkânlar nedeniyle önemli bir sömürge merkezî olarak kaldı. Brezilya'da ise geniş şeker plantasyonlarına ev sahipliği yapan kuzeydoğu kıyıları uzunca süre Portekiz sömürge-

---

ların önemli bölümünün dâhil olduğu büyük Amazon havzası böyle gruplara ev sahipliği yapıyordu. Bu tür ilkel tarım topluluklarının varlığı Venezuela ve Kolombiya'dan daha kuzeye Orta Amerika'ya ve Antillere uzanıyordu. Nüfusu daha seyrek olan avcı ve toplayıcı gruplar ise Arjantin'in belli bölgeleri ile Uruguay ve Brezilya'nın batı kıyı bölgelerinde varlık gösteriyordu (Schwerin, 1998: 40).

6 Weber'in geleneksel hükmetme yöntemleri arasında saydığı patrimonyalizm, bir yanda liderin kişisel otoritesi ve bürokratik gücüne diğer yanda ise yöneticiye tam itaati sağlayan geleneksel norm ve değerlere dayanır.

ciliğinin can damarını teşkil etti. 17. yüzyılın sonunda güneyde sonradan Minas Gerais adı verilen bölgede altının bulunması ile Latin Amerika'daki Portekiz sömürgeciliğinin merkezî Brezilya'nın kuzeydoğusundan güneye doğru kaydı (Chasteen, 2012: 87).

Sömürge ekonomisi ve emek sömürüsü

Kolomb'un Karayip Denizi'ndeki Hispaniola Adası'na[7] seferleri sırasında beraberindeki sömürgecilerin baskılarını yatıştırmak için icat ettiği ve *repartimiento* olarak adlandırdığı artık çekme yöntemi, sömürgeciliğin yayılmasıyla birlikte kıtaya yayıldı ve kurumsallaştı. Kolomb'un sayıları azalmakta olan Arawak halkını sömürgeciler arasında vergi ödettirilmek ve çalıştırılmak üzere pay etmesi uygulamasından genelleşen sisteme, emanet etme anlamına gelen *encomienda* dendi (Keen ve Haynes, 2009: 77). Bu sistem uzun süre tarihçilerin varsaydığının aksine toprak üzerinde herhangi bir yasal hak doğurmuyordu. Yerliler kendi topraklarının özel ya da kolektif mülkiyetine sahipti. Dolayısıyla sömürgeciliğin olgunluk evresinde ortaya çıkan ve *hacienda* adı verilen malikâne sistemiyle arasında doğrusal bir bağlantı söz konusu değildi (Lockhart, 1969: 411). Bu sistemde *encomendero* ismini alan sömürgeci, çalıştırma ve vergisini alma hakkını üstüne geçirdiği yerli grubun yaşadığı topraklardaki Katolik din görevlisini finanse etme, dolayısıyla din değiştirmeye destek olma ve sömürgenin savunulmasına yardımcı olma sorumluluğunu üstleniyordu. *Encomendero* kendisine "emanet edilen" halk üzerinde fiili siyasi bir ağırlığa sahip olsa da yerli toplumla ilişkiler *cacique* adı verilen yerli şefler üzerinden sürüyordu (Keen ve Haynes, 2009: 77).

Encomienda, İspanya'da ikinci fetih döneminde Endülüs bölgesinde işgücünün denetim altına alınması pratiğini çağrıştırsa da daha çok sömürge öncesi yerli imparatorluklardan devralınan haraç sisteminin devamı niteliğindeydi. Yerli halkın emeğinin sömürüsü için var olan düzenlemelere alternatif bir sistem geliştirilmedi (Keith, 1971: 435). Ancak halkın sömürge öncesi imparatorlara ve soylulara emek gücü ya da mal olarak ödedikleri vergiler asla İspanyolların talep ettiği düzeyde değildi. Haraç geleneksel yasayla sınırlanmıştı ve ticaretin konusu değildi. İspanyolların sınırsız zenginlik arzusu geçmişle karşılaştırıldığında yerlilerin alışık olmadığı düzeyde sömürüyü arttırmıştı (Haynes, Keen, 2009: 84). *Encomienda* özellikle Karayip bölgesinde ölümcül sonuçlar yarattı. Milyonlarca yerli ağır çalışma koşulları, salgın hastalık, isyan ve toplu intiharlar sonucu hayatını kaybetti. Karayipler'in yerli nüfusu birkaç on yıl içinde milyonlardan binli sayılara düştü. Yeni fethedilen Aztek ve İnka topraklarında Karayipler'deki kadar dramatik olmasa da yerli kırımı sürdü.[8]

İspanya krallığı fethin ilk yıllarından itibaren sömürgecilerin yerlileri kölelik şartlarında çalıştırma talebiyle kraliyet hazinesine vergi veren geniş bir yer-

---

7   Bugünkü Dominik Cumhuriyeti ve Haiti'nin bulunduğu ada.
8   "Yabancı fatihler ufukta görüldüğünde Amerika'daki yerlilerin toplamı en az 70 milyondu. Bir buçuk yüzyıl sonra toplam yerli nüfusu üç buçuk milyona düşmüştü" (Galeano, 2009: 62).

li nüfusu koruma isteği arasında bocalıyordu. En nihayetinde sömürgecilik faaliyeti kıtanın zenginliğinin ana ülkenin seçkinleriyle sömürgeye yerleşik seçkinler arasında pay edilmesine dayanıyordu. Bu paylaşım dinamik ve gerilimliydi. Krallık sömürgecilerin yerlilere muamelesine hem hızla nüfusu yok ettiği için karşıydı, hem de onların Avrupa'daki feodal sınıfa benzer bir şekilde bağımsız hareket eden bir sınıf haline gelmelerinden çekiniyordu (Keith, 1971: 440).

> ### Sömürgeci şiddetin ortasında "vicdanlı" bir rahip: Bartolomé de Las Casas
>
> 16. yüzyılın ilk yarısında Karayip Adaları'ndan başlayarak karşılaştıkları yerli halkları en acımasız yöntemlerle köleleştiren sömürgecilere itirazlar gelmekte gecikmedi. O günün genel algısında yerliler Avrupalı Katolik beyazlara göre aşağı bir insan kategorisi teşkil ediyor, Avrupalılar tarafından medenileştirilmeyi bekleyen barbarlar olarak görülüyorlardı. Bu algıya karşı "tüm insanoğlunun bir olduğunu" savunan seslerin en kuvvetlisi Bartolomé de Las Casas oldu. Las Casas ilk seferler sırasında Karayipler'e gelmiş bir *encomienda* sahibiydi. Yıllar boyunca yerlilere dönük zulme tanıklık ettikten sonra bir dönüşüm yaşadı. Dominiken tarikatına girdi, İspanya'ya dönerek *encomienda* sahipleri karşısında yerlilerin haklarını savunmaya girişti. 1520'lerde ve 1530'larda yerlilere nasıl muamele edilmesi gerektiğine ilişkin önerilerle dolu yazılar yazdı. Las Casas'ın yerlilerin tamamen özgür bırakılması, yalnızca gönüllü bir vergiyi kraliyete kendilerini Hıristiyanlık inancıyla buluşturduğu için hediye olarak vermeleri, yerlilerin eski devletlerinin ve yöneticilerinin restore edilmesi gibi radikal fikirleri savundu. Venezuela'da İspanyollar ve yerlilerden oluşan yeni bir medeniyet yaratmak üzere koloni kurma girişimi başarısızlıkla sonuçlandı. Ancak yerlilerin hakları için mücadelesine devam eden Las Casas'ın önerileri doğrultusunda, 1542'de İspanya Krallığı "Yerlilerin İyi Muamele Görmesi ve Korunması için Yerliler Hakkında Yeni Yasa"yı yürürlüğe koydu. Las Casas'ın İspanya Kralı Şarlken'e 1542'de sunduğu, Türkçeye *Yerlilerin Gözyaşları: Yerlilerin Yok Edilişinin Kısa Tarihi* (İmge, 2009) olarak çevrilen rapor, fethin ardından İspanyolların gerçekleştirdiği kıyımı tüm şiddetiyle gözler önüne sermektedir. Diğer yandan, Las Casas'ın yerlilerin Hıristiyanlaştırılmasını sömürgeciliği meşrulaştırabilecek tek yol olarak görmesi ve yerlilerin köleleştirilmesini önlemek için Afrika'dan köle getirilmesini önermesi, bugün onu bir "insan hakları savunucusu" olarak anmadan önce düşünülmesini gerektirir.

Krallık ve sömürgeciler arasındaki gerilimli ilişkiye kilisenin itirazları eşlik ediyordu. Hem kraliyet çevresi hem de kilise yüksek hiyerarşisi açısından sömürgecilerin İncil'deki milenyum inancına uygun olarak kendilerine yüklendiğini düşündükleri Hıristiyanlaştırma misyonunu gölgede bırakacak derecede cürümler işlemesi meşruiyet sorunu yaratıyordu. Bu soruna, hâkim kanaatten farklı olarak yerlilerin kendileri ile eşit insanlar olduğunu savunan bölgedeki Katolik papazlar yeni bir boyut kazandırdı. Hıristiyanlığı yayma misyonuyla Karayipler'e gelen Dominiken papazları yerlilere dayatılan koşulların iyileştirilmesi için lobi faaliyetleri yürüten ilk din görevlileri oldular. Onları Fransiskan ve Augustinian tarikatları izledi. Bu tarikatlara mensup papazlar sömürgelere yayılarak kurdukları misyonlarda milyonlarca yerliyi vaftiz ettiler (Bakewell, 2000: 66).

Kraliyet *encomienda* sistemine bir süre daha göz yumsa da ipleri daha fazla eline almak için önlemler aldı. Kraliyetin vergi memurları yerlilerden alınan vergileri düzenlediler, köleleştirmeyi yasakladılar. Vergi gelirlerini merkeze bağladılar. *Encomienda*ların, sahiplerinin ölümü ile ortadan kalkacağı yönünde emir ise isyana varan tepkiler nedeniyle uygulanamadı. Yine de zaman içinde *encomienda*ların sayısı azaldı. Kârlı olmaktan çıktılar. Özellikle önemli sömürge merkezlerinin çevresinde 16. yüzyılın ortalarına doğru sistem ağırlığını yitirmeye başladı. Çok sayıda *encomienda* krallığın eline geçti. Tüm bu önlemler yerlilerin rahatlamasını sağlamadı. Kraliyetin mali krizi vergilerin orantısızca arttırılmasına neden olmuştu (Haynes, Keen, 2009: 79).

Yerlilerin ağır vergi yükümlülüklerine, kraliyet tarafından getirilen zorunlu çalışma uygulaması (*repartimiento*) eklendi. Buna göre yerli yetişkin erkekler yılın belli dönemlerinde rotasyon halinde İspanyol madenlerinde ve atölyelerinde çalışmaya zorlanıyordu. Bu sistem azalan işgücü karşısında *encomienda* sahibi olsun olmasın İspanyolların işgücü ihtiyacını karşılamak için düşünülmüştü. Bu sistemde yerliler belli bir ücret alsa da *encomienda* gibi bunun da özünde kölelikten bir farkı yoktu. Çünkü çalışmaktan kaçınanlar ağır şekilde cezalandırılıyorlardı. Yerlilerin koşullarının Meksika'ya göre daha kötü olduğu Peru'da *mita* adı verilen aynı sistem ölümcül sonuçlar yarattı. Potosi gümüş dağı tam bir emek cehennemi idi (Galeano, 2009: 65). Peru ve Bolivya'da sömürge döneminin sonuna kadar *mita* sistemi yürürlükte kaldı.

Yerli işgücünün hızla yok olması, gıda ve değerli maden akışını azaltmış ve tahıl ve et üreten *hacienda*ların (İspanyol malikâneleri) yayılmasına neden olmuştu. *Encomienda*, zorunlu çalışma ve ayni vergiye dayanan haraç sistemi yerini düşen işgücüyle birlikte ticari tarım ve besi çiftliklerine bırakıyordu. *Encomienda* sisteminde ekonomi ağırlıklı olarak kendine yeterli geçimlik ekonomiydi. Özellikle de sömürge merkezlerinin çeperinde kalan yerlerde. İstisnalar dışında *encomienda* sahipleri küçük topraklarla yetiniyor, yerli köylerini haraca bağlıyorlardı. *Hacienda*lar ise ekonomik olarak kârlı bölgelerde yerli ekonomisini tamamen yok ederek ilerlediler (Keith, 1971: 438). Yerlileri kendi özerk alanlarından çıkartıp doğrudan İspanyol toprak sahiplerinin denetiminde yarı serf/kiracı ya da ücretli işçi konumunda çalıştıran ve ağırlıklı olarak bir yerel pazara dönük üretim yapan çiftlik sistemleriydi (Donghi, 1993: 4).

Malikâne sisteminin genişlemesi, sömürgeciliğin ilk zamanlarından itibaren İspanyol krallığının hukuken ortak mülkiyet olarak korunmasına karar verdiği toprakların önemli bölümünün İspanya kökenlilere dağıtılmasının önünü açtı. Ağırlıklı olarak çiftlik sahipleri satın alma ya da gasp yoluyla yerli grupların topraklarına bizzat el koyuyorlardı. 17. yüzyılda mali bunalım yaşayan kraliyet resmen yerli komünal topraklarının koruyucu kimliğini bir kenara bırakmayı göze alarak gasp işlemlerini krallığa belli bir ücret ödenmesi karşılığında yasallaştırdı. Toprak gaspı ücretli emek gücüne erişimin de bir yoluydu (Haynes, Keen, 2009: 86).

Zaman içinde yerel pazarlardan çıkıp İspanya aracılığıyla Avrupa piyasaları ile etkileşime giren *hacienda*lar büyüdü, büyük kârlar elde eden plantasyonlara dönüştüler. Klasik anlamda *hacienda* daha çok kendine yeterli, başında bir aile reisinin olduğu, dışarısıyla bağı sınırlı, yerli pazarlara üretim yapan Avrupa geç Ortaçağ malikânesini andırırken, plantasyonlar büyük ölçeklerde uluslararası pazarlar için üretim yapıyor, karmaşık ticari ilişkilere dâhil oluyordu. Brezilya'nın 16. ve 17. yüzyıl, Karayipler'in 18. ve 19. yüzyıl şeker plantasyonları böyleydi (Burns, 1998: 71). Latin Amerika ekonomisi giderek uluslararası kapitalist piyasaların şeker, kakao, kahve, muz ve çeşitli hayvan ürünleri ihtiyacını karşılayacak şekilde evrilen plantasyon tarımı ile karakterize olmaya başlayacaktı.

16. yüzyıl ortalarında Meksika'nın orta bölgesinde ve Yukarı Peru'da büyük gümüş rezervleri keşfedildi. Gümüş, giderek İspanyol Amerikası'nın en büyük servet kaynağına dönüştü. Değerli madenlerin beşte birine el koyan kraliyet, gümüş madenlerini özel koruması altına aldı. Büyük gümüş merkezleri sömürgelerin merkezî haline geldiler. Olağanüstü büyüklüklere ulaşan servetler, lüks yaşam, gümüşün zengin ettiği kentlerin ihtiyaçlarına göre şekillenen bölge ekonomileri bu döneme damga vurdu.[9]

Gümüş madenciliğinin keşfiyle doğan yeni ekonomi ve büyüyen kentlerin ihtiyaçlarını karşılamak üzere pazarlar oluştu ve buralara dönük üretim yapan *hacienda*lar hızla çoğaldı. Başka yerlerde örneğin Karayipler'de, Brezilya'nın kuzeydoğu kıyılarında Afrikalı köle emeği ile şeker, kakao gibi ürünlerin tarımını yapan ve plantasyonlara dönüşen *hacienda*lar, ya da Arjantin'den Meksika'ya uzanan geniş bir coğrafyada besicilik yapan ve dolayısıyla görece az emek gücüne ihtiyaç duyan *hacienda*lar da mevcuttu.

Ticari tarımla uğraşan *hacienda*ların ve maden sahiplerinin işgücü ihtiyacı zorunlu çalışma sistemi ile karşılanamadığı oranda ücretli emek yaygınlaşmaya başladı. Kimi yerliler kendi köylerinden çalışmaya gidip geliyor, kimileri ise çiftliklerde *peon* haline geliyordu (Bakewell, 2000: 64). Ağır vergilere 17. yüzyılın ikinci yarısında eklenen *repartimiento de mercancías*[10] yükü ücretli çalışan yerlileri patronlarına borçlu hale getiriyor, genelde o borcu ödemek için çalışıyorlardı (Donghi, 1993: 5). *Peon*luk tüm ağırlığına rağmen yerli köyleri üzerindeki baskılar nedeniyle avantajlı hale gelmişti. En azından sürekli vergi baskısı altında ezilmiyor ve zorunlu mal almak zorunda kalmıyorlardı.

Yerlilere yönelik zorunlu çalıştırma pratikleri ve borçlandırılarak çalışma-

---

9 Gümüş zenginliğinin ilk parlattığı merkez, Yukarı Peru bölgesindeki Potosi tepesi oldu. "Gümüşün bulunmasıyla birlikte tepenin etrafında gelişen Potosi kentine buğday, kurutulmuş et, deri ve şarap sağlayan Şili ekonomisi, sürü hayvanıyla kumaş satan Cordoba ve Tucuman çoban ve zanaatkârları, Huancavelica'nın cıva madenleri ve gümüşün o yıllardaki yönetim merkezi olan Lima'ya yollanmak üzere yüklendiği Arica bölgesi, bu tepenin çevresinde dönen birer uydu gibiydiler" (Galeano, 2009: 54).

10 Yerli köylerine getirilen, bölge valisinden belli bir miktarda mal alma zorunluluğu.

ya mecbur bırakılan ücretli emek kategorilerinin yanı sıra, 16. yüzyıldan itibaren özellikle yerli nüfusun büyük oranda yok edildiği Karayip Adaları'nda şeker üretiminin başlaması ile birlikte işgücü ihtiyacı İberyalıların aşina olduğu Afrika'dan yapılan köle ticareti ile karşılanmaya başlandı. 16. yüzyılın başlarından 19. yüzyılın sonlarına kadar, dört yüz yıl boyunca, Atlantik Ticaret Üçgeni olarak adlandırılan bölgede Afrika'dan Amerika'ya getirilen kölelerin sayısı, bu alandaki araştırmacıların tahminlerine göre 12 ila 15 milyon arasındaydı (Curtin, 1969: 4-13). Bu, o zamana kadar yaşanan en büyük göç hareketiydi ve insanlık tarihinin en büyük trajedilerinden biri olarak tarihe geçti. Haritada görüldüğü gibi, köle ticaretinin en önemli merkezlerinden biri olan Brezilya'ya bu süreçte getirilen köle sayısı, 5 milyonun üzerindeydi.

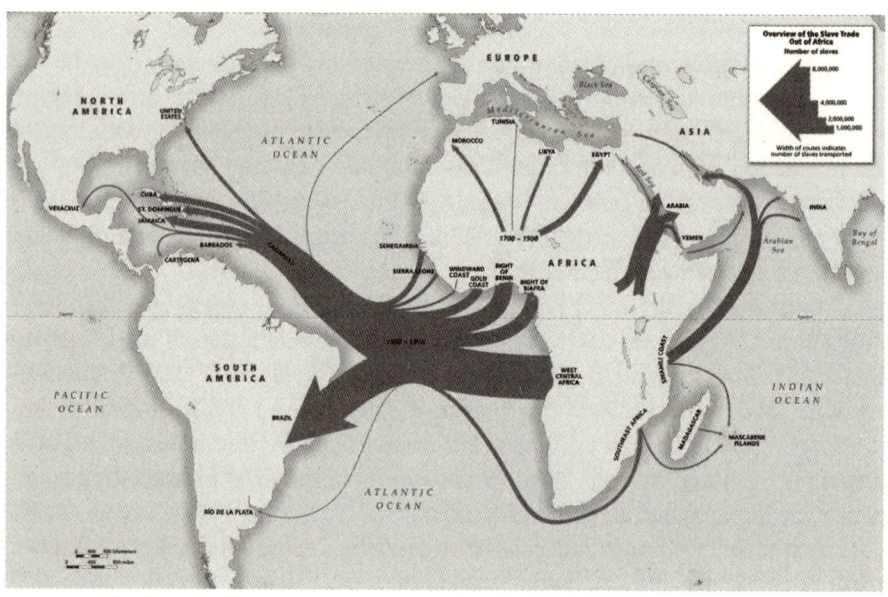

1500-1900 *Atlantik Ticaret Üçgeni* (Kaynak: Eltis ve Richardson, 2010).

Sömürge ekonomisi, İspanya'nın ağırlıklı olarak kölelik ve zorlamaya dayanan emek rejimi, ekonomik faaliyetin büyük bölümünün parasal olmayan karakteri, sanayi ve teknolojinin geri kalmışlığı, sermaye birikimi ve yatırımı yokluğu ile kapitalist ögeler barındırmakla birlikte feodal bir ekonomiydi. Sömürge zenginliği İspanya'nın savaşlarını, diplomasi pratiklerini ve aristokrasinin lüks yaşamını finanse eden verimsiz bir ekonomiye akıyordu. İspanya'nın bu pozisyonu sömürge ekonomisinin giderek Avrupa'nın gelişen sanayisinin ve pazarlarının gereksinimlerini gidermek üzere ticarileşmesinin ve yeniden yapılanmasının önünü açtı. Sömürge ekonomisinin Avrupa piyasasına bağlanması Latin Amerika'da ya da İspanya'da olmasa da Kuzey Avrupa'da sermaye birikimine hız kazandırdı (Haynes, Keen, 2009: 94).

Brezilya'dan 16. yüzyılın ortalarında başlayan ihracata yönelik şeker üretiminden elde edilen servet sömürgenin başlıca zenginliğini oluşturdu. İşgücü ihtiyacı Afrika'dan getirilen yüzbinlerce köle tarafından karşılanıyordu. 18. yüzyıl başından itibaren ise keşfedilen altın ve elmas yatakları sömürge ekonomisinin bel kemiği haline geldi. Kuzeybatıdaki şeker plantasyonlarında çalıştırılmak üzere yarı göçer Tupi yerlileri ve kaçak kölelerin peşinde çete faaliyeti yürüten *bandeirantes* adı verilen yerleşimciler tarafından keşfedilen altın madenlerinin bulunduğu ülkenin güneybatısındaki bölgeye, hem şeker plantasyonları bölgesinden, hem de Atlantik'in öte yakasından, Portekiz'den büyük bir nüfus akımı başladı (Chasteen, 2012: 85). O ana kadar şeker plantasyonlarının çevrelediği köy ve kasabalarda sade bir hayat sürmeye alışmış sömürge toplumu ilk kez ciddi bir nüfus artışı, kentleşme ve modern yapılarla tanışıyordu.

Sömürgelerde devlet ve toplum

İlk fetih döneminde fetihçilerin elinde toplanan muazzam siyasi güç İspanya krallığının mutlakıyetçi kurumlarının sömürgelere taşınması ile ortadan kaldırılmıştı. Hint Kraliyet ve Yüksek Konseyi, yasama, yargı ve yürütme erklerini elinde toplamış ve sömürgeciliğin neredeyse sonuna kadar etkili bir organ olmayı sürdürmüştür (Haynes, Keen, 2009: 96).

Sömürgelerde kraliyetin başlıca üç temsilcisi vardı: Genel valiler, genel yüzbaşılar ve *audiencia* adı verilen kraliyet meclisleri. Genel valiler adeta İspanya kralının bir sureti gibi, İspanya'dan oldukça uzak bir coğrafyada neredeyse mutlak güç olarak iktidar sürüyorlardı. Her ne kadar Hint Kraliyet Yüksek Konseyi'nin çıkardığı kanunlara bağlılık yemini olsa da uygulamada geniş bir bağımsızlık alanı buluyorlardı (Bakewell, 1998: 59). Venezuela Genel Yüzbaşılığı örneğinde olduğu gibi genel yüzbaşılar genel valilik kadar stratejik olarak önemli olmayan bölgelerdeki yönetimi temsil ediyordu. Genel valiliğe resmen bağlı olsalar da büyük oranda özerk hareket ediyorlardı. *Audiencia*lar ise krallık tarafından atanan ve valilerin danışman meclisi gibi çalışan ve bulundukları bölgede yargı işlevini yerine getiren meclislerdi ve pek çok başka yönetsel işlevi de yerine getiriyorlardı (Bakewell: 1998: 61).

Yerel bölgeleri yönetmek için ise belli başlı sömürge kentlerinde ikamet eden ve valiye bağlı çalışan *corregidor* denen memurlar atanıyordu. Bunun yanı sıra, Amerika doğumlu, İberya kökenli beyaz elitlerden (kreol/*creole*) oluşan kent meclisleri de çeşitli görevler üstlenmişti. *Cabildo* olarak anılan kent meclisleri, *corregidor*lar tarafından denetim altında tutuluyordu. Bu meclisler zaman içinde yetkilerini yitirdiler. Ancak ileride bağımsızlık mücadelelerinin başlamasında önemli bir rol oynayacaklardı (Donghi, 1993: 27). Tüm bu yapıların birlikteliği, kurumların birbirini denetlemesi ve hiçbirinin kraldan aldığı yetkiyi aşan bir güce erişmemesi için düşünülmüşken, üst üste binen yetki ve sorumlulukları nedeniyle karmaşık ve çatışmalara yol açan bir sömürge yönetim yapısı ortaya çıkmıştı.

Latin Amerika'da sömürge yönetimi, ekonomik değerin en fazla yaratıldığı merkezleri aynı zamanda siyasi merkeze dönüştürmüştü. Bu açıdan İspanyolların ilk kurduğu iki sömürge valiliğinin Meksika'da Yeni İspanya ve İnka imparatorluğunun topraklarında Peru genel valilikleri olması şaşırtıcı değildi. Yeni İspanya başkenti Mexico City olmak üzere Panama Kıstağı'nın kuzeyindeki tüm topraklarını kapsıyordu. Peru genel valiliğinin ise başkenti Lima idi ve Venezuela kıyısı dışında tüm güneydeki İspanya toprakları bu valiliğe bağlıydı. Bunlara 18. yüzyılda Kolombiya bölgesinde altının bulunması ile Yeni Granada genel valiliği (1739) ve Atlantik ticaretinin artan önemi nedeniyle bugünkü Arjantin topraklarındaki Rio de la Plata genel valiliği (1776) eklendi (Bakewell, 1998: 61).

Portekiz krallığı Brezilya'da azami hız ve verimde sömürgenin zenginliğini merkeze aktarma mantığı üzerine kurulu İspanyol sömürge idaresine benzer bir idari sistem inşa etti. Brezilya iki genel valilik altında örgütlendi. Buradaki genel valiler ancak savaş zamanı İspanyol genel valilerinin geniş yetkilerine kavuşabilirdi (Chasteen, 2012: 68). Başlangıçta sömürgenin merkezî şeker üretiminin yoğunlaştığı kuzeydoğu kıyı bölgesindeki Bahia idi. 17. yüzyıl sonunda altının bulunması ile Portekizlilerin odağı ülkenin güneyine kayarken 18. yüzyıl ortasında artık yeni bir başkenti vardı Brezilya'nın: Rio de Janeiro. Portekizliler hiçbir zaman sömürgeleri üzerinde İspanya kadar etkin bir tahakküm kuramadı. İspanya kadar güçlü bir devlete sahip değillerdi. Üstelik işgücü kaynakları İspanya'nın gerisinde kalıyordu ve altın bulunana kadar Brezilya'nın zenginliği İspanya Amerikası'nın gümüş zenginliğinin gerisindeydi (Bakewell, 1998: 62).

Portekiz sömürgeciliği göreli zayıflığına rağmen tıpkı İspanya sömürgeciliği gibi kıtada üç yüzyıldan uzun bir süre tutunmayı başarmıştı. İberyalıların bu başarıları kıtadaki askerî varlıklarının gücünden ileri gelmiyordu. Büyük devletler arasında süren rekabet ve çatışma ortamı silahlı gücün ağırlıklı olarak Avrupa'da muhafaza edilmesini zorunlu kılıyordu. Sömürgeciliğin ayakta kalabilmesi, devlet ve toplum ilişkileri bağlamında gelişen bazı yapısal özelliklerin ürünüydü.

Merkez ülkeden binlerce kilometre uzakta yönetsel düzeyde bir yandan sömürge merkezlerinde İspanya'dan gönderilen aristokrat memurlar aracılığı ile tam bir kontrol sağlanması diğer yandan kreollerle iktidar ve servet paylaşımına dayalı esnek bir politika izlenmesi İspanyol sömürgeciliğinin en güçlü yanlarından birini teşkil ediyordu. Zaman zaman kraliyet meclisinden çıkan kararlar yerel elitler arasında rahatsızlığa ve gerilime yol açsa da yerel çıkarlara büyük bir darbe vurulmadıkça elitlerin krala bağlılığı sürdü.

Toplumun daha geniş kesimlerini sömürge yönetimine bağlı kılmak için güçlü ideolojik argümanlar yürürlükteydi. İspanya'yı ülkenin "genişleme çağı" olarak geçen 16. ve 17. yüzyıl boyunca yöneten Habsburg hanedanı paternalist bir devlet inşa etmişti. Tüm tebaasına eşit mesafede olan bir "baba" figürü olarak İspanya kralının himmeti ve yüce gönüllülüğü öne çıkarılıyor, tüm İspanya topraklarındaki halkla kendini eşit sayan sömürge toplumuna kralın koruyucu şemsiyesi altında olduğu mesajı veriliyordu. Kralın görevlendirdiği genel valilerin görünürdeki temel misyonu sömürge toplumu içindeki karşıtlıkları ve çatışmaları engellemekti (Graham, 2013: 7). Habsburgların denizaşırı toprakları İspanya kralına bağlı krallıklar olarak bölünüyor ve her biri ayrı bir meclis tarafından temsil ediliyordu. Hint Kraliyet Yüksek Konseyi'nin varlığı İspanyol Amerikası'nda yaşayan halkın sömürge değil eşit tebaa olarak görüldüğünün göstergesi kabul ediliyordu (Hamnett, 1977: 283).

Kralın meşruiyetinin temel kaynağı geniş bir coğrafyayı yönetme yetkisini Tanrı'dan aldığı yönündeki iddiasıydı. Reformasyon çağında Katolik Hıristiyanlığın koruyuculuğuna soyunmuş olan İspanya Krallığı Papalıkla yakın iş birliği içindeydi. İspanyol kilisesi devlet politikalarının itirazsız taşıyıcısı olarak engizisyonu da krallığın çıkarları için sömürgelerde etkin biçimde uyguluyordu. İlk fetih döneminden itibaren Katolikliğe bağlı çeşitli tarikatların kurdukları misyonlar sömürgecilerin denetim altına aldıkları bölgelerdeki yerli nüfusun hızla din değiştirmesini sağladı. Bu din değişikliği yerli toplumun eski inançlarına ait kültleri Katolik dinine entegre etmeleri biçiminde gelişmişti (Chasteen, 2012: 76-77). İspanyol kilisesinin bu konuda gösterdiği esneklik sömürge merkezleri ve çevresinde yerlilerin katı dinî kurallarca biçimlendirilen geleneksel bir toplumsal yapıya entegre olmalarını kolaylaştırdı.

Öte yandan kast düzenini andıran bir katılıkta işleyen ırk ayrımcılığı, insanları ailevi kökeni ve dış görünüşüne göre sınıflandırmaktaydı. Davranış, giyim-kuşam, ekonomik faaliyet, eğitim gibi kişileri karakterize eden tüm alanlarda ırkçı yasalar işler vaziyetteydi. Irksal ayrımcılık bazı istisnai durumlar dışında sınıfsal ayrımcılıkla örtüşmekteydi. Kreollerin toplumsal hiyerarşinin tepesini işgal ettiği sömürge toplumlarında yoksul beyazlar kökenlerinden dolayı belli ayrıcalıklara sahip olsalar da yaşamları boyunca sınıfsal hiyerarşinin üst basamaklarına tırmanmaları düşük bir olasılıktı. Afrika kökenliler, bu toplumsal hiyerarşinin en altında yer alıyordu. Onların hemen üstünde yerliler vardı. İberyalılarla yerlilerin melez çocukları (*mestizo*) göreli avantajlı konumlarına rağmen ten renkleri çoğu zaman önemli siyasi ve askerî görevler almalarının önünde engel teşkil ediyordu. Melezlerin arasında da hiyerarşi söz konusuydu; *mestizo*lardan daha koyu renkli olan siyah-beyaz melezleri (*mulatto*) ile siyah-yerli melezleri (*zambo*) daha altlarda yer alıyordu. Sömürge toplumlarında ırksal karışma arttıkça uygulanan ayrımcı kurallar da giderek daha karmaşık bir hal almıştı. Sömürge döneminin sonuna gelindiğinde Latin Amerika'nın Meksika ve Orta Amerika gibi bazı önemli bölgelerinde melez nüfus toplumun ağırlıklı kesimini teşkil ediyordu (Brown, 2000: 155-159).

Sömürge toplumunun temel karakteri katı hiyerarşiler ve yoğun emek sömürüsüydü. Sömürge krallıkları sömürge toplumundaki değişimlere rağmen egemenliklerini yüzyıllarca korumayı başardılar. Sömürge yönetimleri kilisenin de desteğiyle Latin Amerika'da yerli toplumun taleplerine duyarlı görünen paternalistik bir anlayış ve yerel elitlere verilen siyasi ve ekonomik tavizler sayesinde Latin Amerika'da oldukça etkin kontrol mekanizmaları inşa etmişlerdi.

Ancak bu mekanizmalar değişen koşullar karşısında yetersiz kaldı. Sömürgeciliğin son yüzyılında sömürge yönetimini yeniden etkili hale getirmek için alınan önlemler istenmeyen sonuçlar yarattı. Yine de sömürge toplumlarının metropolden kopuşunu sağlayan, sömürge ile merkez arasındaki çelişkilerden ziyade bu çelişkileri harekete geçiren dış gelişmeler oldu.

Bağımsızlık süreci

18. yüzyıl başında İspanya tahtına Bourbon hanedanının geçmesi hem İspanya hem de sömürgeler için bir dönüm noktası kabul edilir (Keen, 1992: 120). Fransız yönetim modeline uygun olarak hantal kraliyet bürokrasisini rasyonel temellerde yeniden kurmak ve Kuzey Avrupa ekonomileriyle baş edebilecek bir sınai temel inşa etmek amacıyla yürürlüğe sokulan ve Bourbon reformları olarak anılan bir dizi düzenleme Latin Amerika'da sonuçları bir yüzyıl sonra görülecek önemli değişimlerin önünü açtı. Söz konusu reformların önemli bir boyutu giderek daha Kuzey Atlantik dünyasına entegre olan Latin Amerika sömürgelerindeki kontrolü yeniden sağlamlaştırma isteğiydi[11] (Hamnett, 1977: 283).

Yönetimin kurumsal ve hukuki temellerinin güçlendirilmesine dönük çaba sömürgelerde kralın kişisel koruyuculuğuna ve ona gösterilen sadakate darbe vurarak sömürge yönetiminin en önemli meşruiyet kaynaklarından birini ortadan kaldırdı (Hamnett, 1977: 283). Sömürge yönetimindeki yetki karmaşasını dağıtmak ve kaynak akışını doğrudan hale getirmek için Bourbonların atadığı müfettişler büyük tepki toplayan ve halk isyanlarını tetikleyen vergi reformunu etkin biçimde yürürlüğe soktular (Graham, 2013: 10). Bourbonlar ayrıca Amerikan doğumlu kreollerin yönetimdeki etkisini krallığın otoritesinin önünde bir engel olarak görmeye başlamışlardı (Hamnett, 1977: 285). Ticari alanda yapılan düzenlemeler Latin Amerika ticaretinin önünü açmakla birlikte metropolle sömürge elitleri arasındaki gerilimi tırmandırdı. Tüm İspanyol limanlarına erişimin mümkün hale gelmesi bazı ticari ürünlerin olağanüstü değer kazanmasını sağlamıştı. Pek çok toprak sahibi bölgesel pazarlara üretim yapmaktan vazgeçip kendilerini Avrupa pazarlarına uyarladı. Bu durum şeker, kakao, kahve üzerine kurulu mono-kültür ekonomilerin ortaya çıkmasına neden oldu. Öte yandan ihracat ve ithalat üzerinde İspanyol tekelini sıkılaştırmaya ve Avrupa ile doğrudan ticaretin önünü kesmeye dönük önlemler kreollerin kazançlarına darbe anlamına geldi. Sömürgelerin 18. yüzyıl itibariyle Avrupa'ya açılması ile ticaret yerel tüccarların elinden İspanyol tüccarların hâkimiyetine geçmişti (Keen, 1992: 138).

Değişen siyasi tutum, idari önlemler ve yeni ekonomi politikaları ile metropole yabancılaşan kreoller eğer İberya Napolyon işgalleri ile sarsılmasa ve Portekiz ve İspanya krallarının devrilmesiyle büyük bir siyasi boşluk doğmasa belki

---

11 Brezilya'nın güneyinde altın bulunması ile dikkatini bölgeye çeviren ve kaynak akışı için daha merkezî bir yönetim kurmaya karar veren Portekiz kralının desteklediği Marquiz de Pompal de kendi adıyla anılan reformları uygulamaya koydu (Keen, 1992: 151-152).

hiçbir zaman krala bağlılıklarını sorgulamayacaklardı. Metropoldeki siyasi çalkantı Latin Amerika sömürgelerinin 20 yıl gibi kısa bir zaman içinde bağımsızlık yoluna girmesine neden oldu.

Bölgesel olarak farklı seyirler izleyen bağımsızlık mücadelelerinin liderliğini hemen her yerde kreol liderler üstlenmişti. Bu liderlerden en ünlüsü Venezuelalı büyük toprak sahibi bir aileden gelen, sömürge sonrası döneme tüm kıtanın siyasi olarak bütünleştirilmesi vizyonunu miras olarak bırakan Simón Bolívar'dı. Bu vizyonla kurduğu Büyük Kolombiya Cumhuriyeti (*Gran Colombia*) çok geçmeden dağılsa da Bolívar 20. yüzyılın anti-emperyalist mücadelelerinde önemli bir referans noktası olmaya devam etti.[12]

Kreoller her yerde bağımsızlık için eşit derecede istekli ve cesaretli değillerdi. Özellikle yerli halk hareketinin güçlü olduğu Peru ve Meksika'da bu kesimler uzun süre krala sadık kaldılar. Latin Amerika topraklarında, metropol ile sömürgeler arasında doğan çelişkiler kadar sınıfsal tahakkümün, kastın ve köleciliğin hâkim olduğu bir ortamda toprak sahiplerine dönük öfke de belirleyiciydi. Bu öfke kreolleri korkutuyordu. Sömürgeciliğin son çeyrek yüzyılında Haiti'de başarıyla sonuçlanan köle isyanı, Cuzco ve Yukarı Peru'da uzun süre durdurulamayan yerli isyanları ayrıcalıklarını kaybetme korkusu yaşayan zengin kreolleri harekete geçme konusunda tereddütte bırakıyordu (Graham, 2013: 89).

Bu korkunun en fazla belirleyici olduğu yerlerden biri ekonomisi büyük oranda köle emeğine dayanmaya devam eden Brezilya oldu. 1808'de sömürge ekonomisinin İngiltere'ye entegre olmasına karşı büyük zorluk çıkarmayan ve İngiliz sarayı ile ilişkilerini hep iyi tutan Portekiz Kralı João İngilizlerin yardımı ile Rio de Janeiro'ya geçti. Böylece Portekiz devletinin de merkezi Brezilya'ya taşınmış oldu. 18. yüzyıl idari ve ekonomik değişimlerinden İspanya Amerikası'na göre daha az zarara uğrayan Brezilyalı elitler krala karşı inisiyatif almak yerine Portekiz hanedanının bir üyesinin, Kral João'nun oğlu Dom Pedro'nun gelmesine göz yumdular (Chasteen, 2012: 117). Brezilya'nın tarihsel gelişimi böylece bir kez daha kıtanın diğer bölümünden radikal biçimde ayrılmıştı. Brezilya'da monarşinin ve köleliğin sona ermesi yüzyıl sonunu bulacaktı.

İspanya Amerika'sı ise Küba ve Porto Rico istisna olmak üzere 1825 itibariyle tümüyle İspanya'nın kontrolünden çıkmış, bölgede çok sayıda yeni cumhuriyet kurulmuştu. Bu cumhuriyetlerden Orta Amerika ve Büyük Kolombiya, bölgesel ve egemen sınıf içi çatışmalar neticesinde kısa sürede parçalandı. Arjantin'in benzer nedenlerle yaşadığı iç savaş ulusal birliğin sağlanmasını geciktir-

---

12 *Libertador* (Kurtarıcı) olarak anılan Simón Bolívar'ın Latin Amerika tarihindeki en tartışmalı kişiliklerden biri olduğu söylenebilir. Karl Marx, Bolívar'ı "Kreol soylu sınıfından kaynaklanan gücünü korumaya çalışan bir sahtekâr" olarak tanımlamıştır. John Lynch'e göre (2011), Bolívar, "liberalizmi reddeden bir 'libertador', militarizmi kötüleyen bir asker ve monarşiye hayran bir cumhuriyetçi"dir. Antonio Cabellero ise "kâh liberal, kâh despotik" olarak tanımladığı Bolívar için "O, yeni dünya paradokslarının ve çelişkilerinin tümünün ifadesidir. Bolívar her şeyi kapsar ve her şeye yarar," demiştir. Bolívar'ın daha iyi anlaşılması için şu eserlere başvurmak faydalı olacaktır: Gabriel García Márquez, *Labirentindeki General*, Can, 1990; John Lynch, *Simon Bolivar*, Türkiye İş Bankası Yayınları, 2011; Norbert Rehrmann, *Simon Bolivar: Latin Amerika'yı Özgürlüğüne Kavuşturan Adamın Hayat Hikâyesi*, İletişim, 2012.

di. Nihai olarak kurulan 16 anayasal rejimin bağımsızlık sürecinde ortaya çıkan siyasi ve toplumsal talepleri karşılamak, sömürge geçmişini geride bırakmak ve birer modern ulusa dönüşmek konusunda ciddi yapısal sorunlarla karşı karşıya olduğu kısa bir sürede açıklık kazandı.

> **Latin Amerika bağımsızlık sürecinin iki lideri:**
> **Simón Bolívar ve José de San Martín**
>
> Simón Bolívar ve José de San Martín Latin Amerika'nın İspanya'dan bağımsızlık sürecinde belirleyici rol oynamış iki büyük askerî liderdir. Bolívar, Venezuelalı çok zengin bir kreol ailesinin mensubu olarak Avrupa'da eğitim almış, Aydınlanma düşüncesinden ve Fransa'daki devrim deneyiminden fazlasıyla etkilenmişti. Arjantinli José de San Martín ise İspanyol kökenli bir askerin oğluydu ve kendisi de uzun süre İspanya kraliyet ordusuna hizmet etmişti. 1812'de bağımsızlık hareketine katılmak üzere Buenos Aires'e dönmeye karar verdiğinde İspanya'da Napolyon'un işgal ordusuna karşı savaşıyordu.
> Bolívar ve San Martín'in yolları 1822'de Ekvador'un Guayaquil limanında kesişene kadar her iki lider biri kuzeyde ve diğeri güneyde Krallık ordularına karşı bağımsızlık savaşına liderlik ettiler. Venezuela'da kısa ömürlü bağımsız cumhuriyet denemelerinin ardından Bolívar, kraliyet ordusu ile kabaca bugünkü Venezuela, Kolombiya ve Ekvador topraklarını kapsayan Yeni Granada'nın merkezinde karşı karşıya gelmeye karar verdi. 1819'da dünya tarihinin en zor ve ustaca yönetilmiş askerî operasyonlarından biri kabul edilen Yeni Granada saldırısının ardından 1830'a kadar başkanlığını yürüteceği Büyük Kolombiya Cumhuriyeti ortaya çıktı. Bu cumhuriyet Bolívar'ı Latin Amerika'nın siyasi birliği hayaline yaklaştıran bir girişimdi. Bolívar hayalini gerçekleştirmek üzere güneye doğru seferlerine devam edecekti. Peru'nun bağımsızlığının Latin Amerika'nın bütünüyle sömürgecilikten çıkışı için anahtar rolde olduğunu düşünüyordu.
> Arjantin'in bağımsızlığına kavuşmasından sonra Şili'ye ardından Peru'ya yönelmiş San Martín de aynı görüşteydi. Ancak Bolívar Latin Amerika için otoriter başkanlık sistemine dayalı cumhuriyet öngörürken San Martín siyasi olarak monarşi yanlısıydı. Peru'da İspanyol kraliyet güçleriyle mücadelede yaşadığı zorluklar ve ihtiyaç duyduğu askerî, siyasi ve finansal destekten mahrum kalması onu Guayaquil'e ulaşmış olan Bolívar'la iş birliğine girme fikrine sevk etti. Guayaquil'de iki büyük lider arasındaki görüşmede geçenler tarihi bir sır olarak kaldı. Ancak sonuçta San Martín tüm görevlerinden istifa ederek küskün biçimde Avrupa'ya giderken Peru'yu özgürleştirme misyonu Bolívar'a kalmış oldu. Ancak Bolívar'ı da sonunda küskünlük ve yalnızlık bekliyordu. Sonunda "denizi yarıp geçmeye benziyor" diye kabul ettiği Latin Amerika birliğini gerçekleştiremedi. Üstelik rejim tartışmaları, egemen sınıf içi çıkar çatışmaları ve toplumsal huzursuzluğun ortasında, kurduğu Büyük Kolombiya da uzun ömürlü olmadı. Bolívar'ın ölümünden kısa bir süre sonra 1831'de dağıldı.

Sömürge sonrası Latin Amerika toplumları

Brezilya dışında Latin Amerika'ya bağımsızlık liberal anayasalara dayalı cumhuriyet rejimlerini getirse de bu rejimler hızla otoriterleşti. Toprak sahibi kreoller İspanyol idarecilerin ve tüccarların yokluğunda tek egemen güç haline gelip yükseldi. Bağımsızlık sırasında fazlasıyla öne çıkan ordular, kreollerin himayesinde yeni toplumun denetimi için Latin Amerika'nın en önemli kurumları haline geldiler.

Bağımsızlık bir uluslaşma sürecinin üzerine bina edilmediği gibi bağımsızlık sonrasında da çoğu bölgeye siyasi istikrarsızlık egemen oldu. Aşağı sınıfların siyasete ve yönetime katılımı *caudillo* denen otoriter şeflerin başında bulunduğu yolsuz yönetimlerce engellendi. Kast sistemi yasal olarak kalksa da mülkiyet ilişkilerinde sınıf içi el değişmeler dışında hiçbir dişe dokunur değişiklik yaşanmadı. Servet, güç ve prestij, beyaz olmakla övünen bir yönetici sınıfın elinde kaldı ve ırksal ayrımcılık ve ön yargılar olduğu gibi devam etti. Kölecilik tedrici biçimde son bulurken kıtada özgür siyahlar köleliğe benzeyen çalışma koşullarıyla baş başa kaldılar.

İberya'ya kaynak aktarmaktan kurtulan yerel toprak sahibi sınıf üretim biçiminde dikkate değer bir değişikliğe gitmeden Avrupa'yla ölçeği giderek genişleyen eşitsiz ticari ilişkilerden büyük servetler elde etmeye devam etti. Bağımsızlık öncesi başlayan toprakta tekelleşme ve yerli halkın ortak topraklarına el konması süreci hızlanarak devam etti. Bağımsızlık savaşları sırasında tahrip olan üretim altyapısının yeniden inşası ve iktisadi modernleşme Avrupa sermayesinin Latin Amerika'nın zengin doğal kaynaklarının ihracatını ve Avrupa mamul mallarının kıtaya ulaşımını kolaylaştıracak biçimde gelişti. Avrupa ticareti bakımından öne çıkan kentler modernleşirken kıtanın büyük bölümü yoksulluğun ve geri kalmışlığın pençesinde kaldı.

Bağımsızlıktan kısa bir süre sonra Latin Amerika'nın taze cumhuriyetlerinin güçlü kapitalist merkezlerle olan ilişkileri giderek emperyalizm olgusu etrafında değerlendirilebilecek bir biçime kavuştu. Bugün elimizde bu ilişkilerin doğası, gelişimi ve Latin Amerika toplumları üzerindeki etkilerini inceleyen geniş bir literatür var. Bu literatürün önemli bir bölümünü ABD ile ilişkiler oluşturuyor. Dışsal bir faktör olmaktan çok, bölgenin tüm 20. yüzyıl tarihine damga vurmuş bir "iç mesele" olarak ele alınması gereken Latin Amerika'nın güçlü kuzey komşusu ile ilişkileri elinizdeki derlemede ayrıca inceleniyor. Bu yazı kapsamında bölgenin emperyalizm ile ilişkileri, bundan bağımsız düşünülemeyecek ve güçlü kapitalist çıkarlar temelinde yükselen siyasi iktidar mekanizmaları, bu iktidar mekanizmalarının döndürdüğü birbiriyle iç içe geçmiş sömürü, ayrımcılık ve şiddet çarklarına ilişkin söylenebilecek şey bunlarla sömürgeci pratikler arasındaki sürekliliktir. Bağımsızlıktan bu yana toplumsal mücadelelerin konusu olmuş Latin Amerika'nın kronik sorunlarına ilişkin güncel veriler bu açıdan çarpıcı bir değerlendirmeye imkân sunmaktadır.

OECD verilerine göre Latin Amerikalıların % 25'i yoksulluk sınırının altında yaşamaktadır. Geri kalanların % 40'ı son 15 yılda yoksulluktan kurtulmuş görünse de çoğunlukla geçici ve enformel işlerde çalışan en kırılgan kesimin parçası haline gelmiş, her an yeniden yoksulluk sınırının altına düşme tehdidi ile karşı karşıyadır. Bu veriler Latin Amerikalıların % 65'inin ya yoksulluk içinde ya da her an yoksullaşma tehdidi altında yaşadığını göstermektedir (OECD/CAF/

ECLAC, 2018). Latin Amerika gelir eşitsizliğinin en yüksek olduğu bölgelerden biri olma özelliğini korumaktadır. 2014 rakamlarına göre Latin Amerika'nın en zengin % 10'u bölge toplam servetinin % 71'ine sahiptir. Gelir dağılımındaki adaletsizlik toprak mülkiyetinde de kendisini göstermektedir. 20. yüzyıl boyunca Latin Amerika ülkelerinde toprak reformu en önemli toplumsal taleplerden biri oldu; pek çok ülke toprak mülkiyetindeki tekelleşmeyi sınırlayan, yoksul köylüye toprak dağıtan reformlara imza attı. Bugünün verileriyle bakıldığında toprak reformu çabalarının Latin Amerika'da bir parantez olarak kaldığı görülüyor. Bölgedeki tarım çiftliklerinin en büyük % 1'lik dilimi tüm toprakların yarısından fazlasını işgal etmekte (A. B. Ibarra, W. Byanyima, 2016). 20. yüzyıl ithal ikameci sanayileşme denemelerinin elde ettiği kısmi başarılar bölgenin emtia ticaretine olan bağımlılığını kıramamış gözüküyor. Latin Amerika'da bazı ticari tarımsal ürünler ile madenler hâlâ milli gelirin ana kaynağını teşkil ediyor. Pek çok bölge ülkesinde petrol, metaller, kereste, et ve tarımsal ürün ihracatı toplam ihracatın yarısından fazlasını oluşturuyor. Şili ve Ekvador gibi ülkelerde bu oran % 80'i geçiyor. Bu durum uluslararası emtia fiyatlarına karşı kırılgan ekonomiler, toplumun sınırlı bir kesimindeki muazzam servet artışları ve toplumun büyük bölümü için her an yoksullaşma tehdidi yaratıyor (OECD/CAF/ECLAC, 2018). Bu eşitsiz tabloda yerli ve Afrika kökenli nüfus sınıf hiyerarşisinin en altında yer almaya devam ediyor. Irksal ve etnik ayrımcılık hâlâ Latin Amerikalıların hayatını belirleyen başlıca faktörlerden biri (Telles E., Bailey S., 2013: 1560).

İçinde yaşadığımız yüzyılın başından itibaren kıtada yaşanan politik gelişmeler Latin Amerika'nın kaderinin nihayet değişebileceği yönünde pek çok insanı umutlandırdı. 20. yüzyılın bağımsızlık, kalkınma ve toplumsal adalet arayışları adeta yeni bir soluk buluyordu. 1998'de Venezuela'da Hugo Chávez'in iktidara gelişi ve onu takip eden çeşitli ülkelerdeki sol iktidarlar sömürgecilik mirasını açıkça tartışmaya açtı; Simón Bolívar'ın hayal ettiğine benzer bir Latin Amerika birliği, kıta sakinlerinin imgelemini yeniden doldurmaya başladı. Ancak çok geçmeden ekonomik krizin, güçlü sermaye muhalefetinin, ABD'nin bölgeye dönük yenilenen ilgisinin tetiklediği gelişmeler yeni sol iktidarların kıtanın kadim sorunlarını aşmak konusundaki programatik yetersizliklerini ortaya koydu. Üstelik aynı süreç içinde, 2009'da Honduras'ta gerçekleşen Amerikan destekli askerî darbe Soğuk Savaş yıllarıyla ilişkilendirilen ve geride kaldığı varsayılan müdahale biçimlerinin güncelliğini koruduğunu gösterdi. Son yıllarda şiddeti artan ABD ve Venezuela arasındaki kriz yaptırımlardan dış müdahaleye kadar bir dizi seçeneğin bölgedeki siyasi istikrarı nasıl ortadan kaldırabildiğini gösteriyor. Son olarak Brezilya'da açık bir ayak oyunu ile iktidarı altından çekilen İşçi Partisi'nin ardından Bolsonaro'nun yükselişi faşizan söylemlerin toplumsal karşılık bulması bakımından geleceğe ilişkin kaygıları arttırıyor.

Bu tablo, Latin Amerika'da daha uzun süre sömürge geçmişinin siyasi ve toplumsal hayatın bir parçası olmaya devam edeceğini gösteriyor.

> **ARAŞTIRMA SORULARI**
> - Sömürge toplumlarının gelişimi ile sömürge ekonomisinin yeni gelişen uluslararası kapitalist pazarlara entegre olması arasında nasıl bir ilişki kurulabilir?
> - Latin Amerika'nın sömürgecilikten kurtuluşu sonrası sancılı bir ulus-devletleşme süreci yaşamasının nedeni ne olabilir?
> - Sömürgeci yapıların izleri çağdaş Latin Amerika'da en çok hangi alanlarda kendilerini göstermektedir?

KAYNAKÇA

A. B. Ibarra, W. Byanyima (2016), "Latin America is the world's most unequal region. Here's how to fix it", *World Economic Forum*, https://www.weforum.org/agenda/2016/01/inequality-is-getting-worse-in-latin-america-here-s-how-to-fix-it/

Bakewell, P. (1998), "Colonial Latin America", Black, J. K. (der.), *Latin America: Its Problems and Promises* içinde, Oxford: WestViewPress, s. 59-68.

Brown, J. C. (2,000) *Latin America: A Social History of the Colonial Period*, Orlando: Harcourt College Publishers.

Burns, E. B. (1998), "The continuity of the national period", Black, J. K. (der.), *Latin America: Its Problems and Promises* içinde, Oxford: WestViewPress, s. 69-90.

Chasteen, J. C. (2012), *Latin Amerika Tarihi*, E. Duru (çev.), İstanbul: Say Yayıncılık.

Curtin, P. H. (1969), *The Atlantic Slave Trade: A Census*, Madison: University of Wisconsin Press.

Donghi, T. H. (1993), *The Contemporary History of Latin America*, Londra: The Macmillan.

Eakin, M. C. (2004), "Does Latin America have a common history?", *Journal of Luso-Hispanic Studies*, 1: 29-49.

Eltis, D., Richardson, D. (2010), *Atlas of the Transatlantic Slave Trade*, New Haven.

Galeano, E. (2009), *Latin Amerika'nın Kesik Damarları*, A. Tokatlı, R. Hakmen (çev.), İstanbul: Çitlembik Yayınları.

—, (2016), *Ateş Anıları I: Yaratılış*, S. Doğru (çev.), İstanbul: Say Yayınları.

Gonzalez, A. (1998), "Physical landscape and settlement patterns", Black, J. K. (der.), *Latin America: Its Problems and Promises* içinde, Oxford: WestViewPress, s. 21-39.

Graham, R. (2013), *Independence in Latin America: Contrasts & Comparisons*, Teksas: University of Texas Press.

Hamnett, B. R. (1997), "Process and pattern: A re-examination of the Ibero-American independence movements, 1808-1826", *Journal of Latin American Studies*, 29(2): 279-328.

Keen, B. (1992), *A History of Latin America*, Boston: Houghton Mifflin Company.

Keen, B, Haynes, K. (2009), *A History of Latin America*, Boston: Houghton Mifflin Company.

Keith, R. G. (1971), "Encomienda, hacienda and corregimiento in Spanish America: A structural analysis", *The Hispanic American Historical Review*, 51(3): 431-446.

Lockhart, J. (1969), "Encomienda and hacienda: The evolution of the great estate in the Spanish Indies", *The Hispanic American Historical Review*, 49(3): 411-219.

OECD/CAF/ECLAC (2018), *Latin American Economic Outlook 2018: Rethinking Institutions for Development*, OECD Publishing, Paris.

Schwerin, K. H. (1998), "The indian populations of Latin America", Black, J. K. (der.), *Latin America: Its Problems and Promises* içinde, Oxford: WestViewPress, s. 40-58.

Telles, E., Bailey, S. (2013), "Understanding Latin American beliefs about racial inequality", *American Journal of Sociology*, 118 (6): 1559-1595.

Vázquez, G., Díaz, N. M. (1990), *Historia de América Latina*, Madrid: SGEL.

İkinci Bölüm

MONROE DOKTRİNİ'NİN İZİNDE: LATİN AMERİKA'DA ABD MÜDAHALECİLİĞİNİN TARİHSEL GELİŞİMİ

ESRA AKGEMCİ

Giriş

Latin Amerika, ABD hegemonyasının siyasi ve ekonomik temellerinin en güçlü olduğu bölgelerin başında gelir. Bu temellerin dayandığı esas zemin ise en başından beri Monroe Doktrini olmuştur. 1823'te, Latin Amerika ülkelerinin bağımsızlıklarını kazanmalarının hemen ardından ilan edilen Monroe Doktrini, ABD'nin bölgeye defalarca müdahale etmesine imkân vermiştir. Doktrinle ortaya çıkan ve her tarihsel dönemde kendine özgü yeni bir biçim ve boyut kazanan müdahalecilik anlayışı, ABD'nin Latin Amerika'ya yönelik politikalarını belirlemeye devam etmektedir. Venezuela'da Maduro ve Bolivya'da Morales hükümetlerinin karşı karşıya kaldığı müdahaleler, bunun son örnekleri olarak görülebilir. ABD Devlet Başkanı Donald Trump'ın Ulusal Güvenlik Danışmanı John Bolton'ın, Venezuela'ya müdahale konusunda sarf ettiği "Bu yönetimde, Monroe Doktrini ifadesini kullanmaktan korkmuyoruz,"[1] sözleri, tüm kıtaya yönelik bir meydan okumadır. Bu açıdan Monroe Doktrini'nin ABD Başkanlarının doktrinleri arasında en uzun süre ayakta kalanı olduğunu söyleyebiliriz. Bu bölüm, 19. yüzyıldan bugüne dek Monroe Doktrini'nin izini sürerek, ABD'nin Latin Amerika'ya yönelik politikalarını belirleyen müdahalecilik anlayışının nasıl geliştiğini inceliyor.

---

1 John Bolton: "In this administration, we're not afraid to use the phrase Monroe Doctrine", *Washington Post*, 4 Mart 2019, https://www.washingtonpost.com/world/2019/03/04/what-is-monroe-doctrine-john-boltons-justification-trumps-push-against-maduro/?utm_term=.dc2b7ab2837f

Monroe Doktrini: Anlamı, uygulanması ve gelişimi

Latin Amerika'nın "makûs talihi", ABD Kongresi'nde Monroe Doktrini'nin ilan edildiği 2 Aralık 1823 günü bir kez daha kendini gösterdi. ABD Devlet Başkanı James Monroe'nun adını taşıyan doktrin, Napolyon Savaşları'nın hemen sonrasında Avrupa'daki güç dengelerine bir karşılık olarak gündeme gelmişti. Doktrine göre, Avrupa ülkelerinin Amerika kıtasında yeni sömürge edinmesine izin verilmeyecekti. ABD, Latin Amerika'ya karşı özel bir sorumluluk üstlenerek bu toprakların "koruyucusu" olduğunu ilan ediyordu. Monroe Doktrini esas olarak "Amerika, Amerikanlılarındır" şeklinde özetlenen temel ilke üzerine kuruldu. 19. yüzyılın sonlarında bu ilkeye dayanarak geliştirilen Pan-Amerikancılık fikri, ABD müdahalelerinin meşrulaştırılmasında önemli rol oynadı. Batı Yarımküre'nin tamamı, artık ABD'nin istediği zaman istediği şekilde müdahale edebileceği bir "Amerikalar" bütünüydü. Bundan sonraki süreçte, Pan-Amerikancılık, Monroe Doktrini'ni muhafaza etmenin temel aracı haline geldi.

> ### Pan-Amerikancılık
>
> Pan-Amerikancılık kavramı ilk kez, 1888'de, *New York Evening Post* gazetesindeki bir makalede, 1889-1890'da Washington'da düzenlenecek olan Uluslararası Amerikan Devletleri Konferansı ile ilgili tartışmalara istinaden kullanıldı (Lockey, 1925: 104). Panslavizm ve Pan-Helenizm gibi kavramlara referansla geliştirilen ve "pan" önekine sahip diğer kavramlarda olduğu gibi birlik ve bütünlük vurgusu taşıyan Pan-Amerikancılık, esas olarak Batı Yarımküre'deki devletler arasında ittifak, dayanışma ve iş birliğinin geliştirilmesine dayanıyordu. Ancak ABD'nin bölgedeki üstünlüğü, Pan-Amerikancılık fikrine dayanan girişimlerin ne kadarının gerçekten kıtanın bütünü lehine olduğunu, en başından beri tartışmalı hale getiren bir unsur oldu.

ABD'nin Monroe Doktrini'ne dayanarak bölgeye yaptığı ilk müdahaleler, çoğunlukla Meksika, Küba ve Orta Amerika ülkeleri üzerine yoğunlaştı. Coğrafi olarak uzak ve kontrol edilmesi zor olan Güney Amerika ülkeleri, bu dönemde ABD için herhangi bir tehdit teşkil etmediği gibi özel bir imkân da sunmuyordu (Gilderhus, 2006: 8-9). En sık tekrarlanan klişelerden biri haline gelen "arka bahçe" ifadesi, 20. yüzyılın başlarından itibaren Latin Amerika'nın geneli için kullanılmaya başlandıysa da ABD'nin esas etki alanı Orta Amerika ve Karayipler'di. Bu bölge, tarihin her döneminde ABD için öncelikli bir stratejik değere sahip oldu. Coğrafi konumunun çok önemli sonuçları olan bir diğer ülke ise, ABD'nin kapı komşusu Meksika'ydı. ABD'nin 1845'te Teksas'ı ilhak etmesiyle başlayan 1846-48 Meksika-ABD Savaşı, 2 Şubat 1848'de Guadalupe Hidalgo Antlaşması'nın imzalanmasıyla sonuçlandı. Buna göre, bugünkü New Mexico, Nevada, Arizona ve Kaliforniya eyaletlerini oluşturan topraklar 15 milyon dolar karşılığında ABD'ye bırakıldı. Bu anlaşmayla Rio Grande nehri, sadece ABD ile Meksika arasındaki sınırı değil, gelişmişlikle azgelişmişliğin, ezenle ezilenin ve baskıyla başkaldırının taraflarını da belirlemiş oldu. "Coğrafya kaderdir" görüşü belki de en iyi şekilde, bir diğer klişede karşılığını bulur: "Zavallı Latin Amerika, Tanrı'ya ne kadar uzak, ABD'ye ne kadar yakın..."[2]

ABD'nin doğrudan müdahalelerine en çok maruz kalan ülkelerden biri de Küba'ydı. Afrika köleciliğinin merkezlerinden biri olan ve yoğun baskı altında kalan Küba, Latin Amerika'daki bağımsızlık mücadelesi sürecinin dışında kalmıştı. Küba, hem stratejik konumu hem de şeker endüstrisi başta olmak üzere sunduğu geniş yatırım imkânları açısından ABD için önemliydi. 19. yüzyılın başlarından itibaren dünyanın en zengin kolonisi haline gelen Küba'nın en büyük ticaret ortağı, İspanya'yı geride bırakan ABD olmuştu (Bethell, 1993: 14). ABD Başkanlarından James K. Polk 1848'de, Franklin Pierce ise 1854'te Küba'yı İspanyollardan satın almak için çeşitli girişimlerde bulundu. Ada ekonomisi ABD sermayesinin kontrolü altında bulunduğundan zayıf bir İspanyol yönetimi sorun teşkil etmiyor, Küba'ya er ya da geç ABD'ye katılacak bir toprak parçası gözüyle bakılıyordu. Ayrıca Küba'yı ele geçirmek, 1861'de ABD iç savaşa girerken Güneyli siyasetçilerin köleciliği sürdürmek için yaslandığı bir umut olmuştu. Dolayısıyla ABD'nin Küba'nın bağımsızlık sürecine müdahale etmesi kaçınılmazdı. 1868-78 (On Yıl Savaşları) ve 1879-80'deki (Küçük Savaş) başarısız girişimlerin ardından 1895'te Küba, İspanya'ya karşı son bir bağımsızlık savaşı daha verdi. Ayaklanmayı yakından izleyen ABD yönetiminin 1898'de Havana Limanı'na gönderdiği *USS Maine* adlı savaş gemisinin bir patlamanın ardından batmasıyla birlikte İspanyol-Amerikan Savaşı başladı. On hafta süren ve İspanyolların yenilgisiyle sonuçlanan savaşın ardından, 10 Aralık 1898'de imzalanan Paris Anlaşması'yla İspanya, Küba'daki egemenlik hakkından vazgeçti, Porto Riko ve Filipinler'i de ABD'ye devretti (Bethell, 1993: 36). Böylece Karayip ve Pasifikler'de büyük bir güç haline gelen ABD, bağımsızlığını kazansa da "yarı-sömürge" olmaktan kurtulamayan Küba'da sınırsız yetkiler elde etti. 1903'te Küba anayasasına eklenen Platt Yasası,[3] ABD'ye, "Birleşik Devletler vatandaşlarının kişisel yaşamı, mal ya da özgürlükleri tehlikeye düştüğünde" Küba'ya askerî müdahalede bulunma hakkı tanıyordu. Ayrıca bu maddeyle ABD Guantánamo Koyu'nda deniz üssü kurma hakkı elde etti. 20 Mayıs 1902'de Küba'nın bağımsızlığını ilan ettiği gün, ABD ülkedeki birliklerini çekmeye başladı. Ancak bu, ABD'nin askerî hâkimiyetinin sona ereceği anlamına gelmiyordu. Kübalıların kendi kaderlerini belirleme mücadelesi asıl şimdi başlıyordu.

ABD'nin İspanyol-Amerikan Savaşı'nın ardından Latin Amerika'ya yaptığı müdahaleler Muz Savaşları (1889-1934) olarak anılır. Bu süreçte ABD Devlet Başkanı Theodore Roosevelt'in Monroe Doktrini'ne eklediği "sonuç bölümü" (*Roosevelt Corollary*), ABD'nin müdahale alanını genişletmekle kalmamış, ABD'ye bölgede bir nevi "polis gücü" oluşturma yetkisi tanımıştır. Monroe

---

2 Meksika'nın devlet başkanlarından Porfirio Díaz'a atfedilen bu cümlede aslında "Zavallı Meksika" ifadesi yer alıyordu, ancak zamanla tüm bölge için genelleştirildi.

3 2 Mart 1901'de ABD Kongresi'nde onaylanan Platt Yasası, 22 Mayıs 1903'te Küba ile imzalanan anlaşmanın ardından 1 Temmuz 1904'te yürürlüğe girdi.

Doktrini, sadece Avrupa devletlerinin herhangi bir sömürgecilik girişimi olduğunda devreye girmekteydi. Ancak Roosevelt'in 1904'te yaptığı ekleme ile ABD, Avrupa müdahalesi söz konusu olmasa dahi, olası bir müdahaleyi engellemek ve bölge ekonomilerine istikrar kazandırmak için Monroe Doktrini'ne başvurabilecekti. Roosevelt'i bu yönde bir "ekleme" yapmaya yönelten temel sorun, 1902'de Venezuela'nın Avrupalı devletlere olan borçlarını ödemeyi reddetmesi ve bunun üzerine İngiltere ve Almanya tarafından kuşatılmasıydı. Bu durumu fırsat bilen Roosevelt, bölgedeki ekonomik çıkarlarını muhafaza etmek ve gelecekteki ABD müdahalelerini meşrulaştırmak için önemli bir imkân buldu. Roosevelt'ten sonraki devlet başkanı William Howard Taft'ın "kurşunların yerine doları koyarak" geliştirdiği "dolar diplomasisi", ABD'nin finansal ve ticari çıkarlarının askerî müdahale yerine diplomatik araçlarla korunmasına dayanıyordu. Ancak dolar diplomasisi, ABD müdahalelerinin önüne geçemedi. Monroe Doktrini, bundan sonraki süreçte Latin Amerika'daki ABD yatırımlarının güvenliğini sağlamanın temel aracı haline geldi.

Nobel Barış Ödülü'nü kazanan ilk ABD Başkanı olan Theodore Roosevelt'in dış politikası, "kalın sopa" olarak anılan sert bir müdahalecilik anlayışına dayanıyordu. Roosevelt'in bir konuşmasında kullandığı "aba altından sopa göstermek" (*speak softly and carry a big stick*) deyimine dayanan "kalın sopa" politikası, ABD'nin Batı Yarımküre'nin polisliği rolünü üstlenmesinde ve Muz Savaşları'nın gelişmesinde etkili oldu. Burada iki noktaya dikkat çekmek gerekir. Birincisi, ABD'nin dünya siyasetinde büyük bir güç olarak yükselmesi, önce Karayipler'de, sonra tüm Batı Yarımküre'de kurduğu üstünlük sayesinde mümkün olmuştur. 1903'te Panama'nın Kolombiya'dan ayrılmasının ardından, Panama Kanalı'nın inşaatı ABD'nin kontrolüne geçmiş, 1914'te açılan kanal, ABD'nin Karayip Denizi'ne hâkim olmasını sağlamıştır. 1912'de Nikaragua, 1914'te Haiti, 1916'da Dominik Cumhuriyeti, 1917 ve 1922'de Küba'ya yapılan müdahaleler, bölgedeki Amerikan hegemonyasını güçlendirmiştir. Bu açıdan, bölgenin "arka bahçe"den ziyade ABD'yi dünya tarihinde yavaş yavaş yükselten bir "basamak" haline geldiğini söyleyebiliriz.

İkincisi, ABD'nin 20. yüzyıl boyunca Batı Yarımküre'deki hâkimiyet alanını Orta Amerika'dan Güney Amerika'ya doğru kolaylıkla genişletebilmesinin en önemli nedenlerinden biri, henüz bağımsızlıklarını yeni kazanan bölge ülkelerinin ABD müdahalelerine karşı zayıf ve savunmasız bir konumda olmalarıdır. Her ne kadar bağımsızlık, 1820'lerde diğer çevre ülkelere kıyasla çok erken bir dönemde kazanıldıysa da Latin Amerika ülkelerinde ulus-devlet inşa süreçlerinin başlaması 1920'leri bulmuştur. Arada geçen yüzyıl boyunca *caudillo* olarak anılan "savaş beyleri" zorbalıkla hüküm sürdüğünden iktidarın merkezileşmesi ve devletin kurulması zaman almıştır (Rouquei, 1986: 58). Monroe Doktrini, tam da "Caudillo Çağı" denen bu dönemde, devasa bir iktidar boşluğunu doldurmuştur.

Birinci Dünya Savaşı'ndan Soğuk Savaş'a: Monroe ve komşuları

Monroe Doktrini, ilan edildiği tarihten itibaren ABD'nin Latin Amerika'ya yönelik politikasını belirlemekle kalmadı, aynı zamanda ABD dış politikasının temel bir unsuru haline geldi. ABD'nin Batı Yarımküre'yi kendi egemenlik alanı ilan etmesi ve Avrupalıların nüfuzu altından kurtarmaya çalışması, ABD'nin de karşılığında Avrupa siyasetine mesafeli durmasını gerektiriyordu. Böylelikle "Avrupa'nın işlerine karışmayan" ABD, aynı şekilde Avrupalılardan da "Amerika kıtasının içişlerine karışmamalarını" bekleyebilirdi. Başka bir ifadeyle, Latin Amerika üzerinde baskı ve kontrol kurmak için temel oluşturan Monroe Doktrini, esasında ABD'nin dünya siyasetinden izole, içe kapanık bir dış politika anlayışı geliştirmesini öngörüyordu. Ocak 1918'de Birinci Dünya Savaşı sona ermeden önce açıkladığı "14 Nokta" ile geçen yüzyılın Aydınlanmacı değerlerine atıfta bulunan ve "idealist" bir dış politika yaklaşımı geliştiren ABD Başkanı Woodrow Wilson, Latin Amerika'ya "kalın sopalı" Roosevelt'ten daha çok müdahale etti.

Birinci Dünya Savaşı'nın ardından Milletler Cemiyeti'nin (MC) kurulması fikrini Avrupalılara kabul ettirmek için yoğun diplomatik girişimlerde bulunan Wilson, kendi ülkesinde sert bir muhalefetle karşılaştı. Zira Senato'daki yaygın görüş, ABD'nin MC'ye üye olmasının Avrupa'nın çatışmalarından uzak durulmasını öngören Monroe Doktrini'ne ters düşeceği yönündeydi. Savaşın ardından yeni bir dünya düzeninin kurulması yönünde adımlar atılırken ABD'nin Monroe Doktrini'ni muhafaza etmek için gösterdiği çaba bu açıdan dikkate değerdir. MC Misakı'nın 21. maddesinde bunun yansıması açıkça görülebilir: "Barışın süregitmesini sağlayan hakemlik andlaşmaları gibi uluslararası üstlenmeler ve Monroe Doktrini gibi bölgesel anlaşmalar, işbu Misakın hiçbir hükmüyle bağdaşmaz sayılmayacaktır". Wilson, bir yandan MC üyeliğiyle Monroe Doktrini'nin geçerliliğini yitirmeyeceği konusunda senatörleri ikna etmeye çalışırken, diğer yandan doktrinin "müdahaleci" yönüne vurgu yaparak ABD'nin "barış ve istikrar sağlamaya dair" sorumluluğuna dikkat çekti. Buna rağmen MC Misakı Kongre'de reddedildi ve Wilson'ın ardından ABD, iki savaş arası dönemde söylem düzeyinde de olsa yalnızcılık politikası izledi.

1929 Ekim'inde New York borsasının çökmesiyle başlayan Büyük Bunalım, Monroe Doktrini'nin uygulanma biçimini de değiştirdi. ABD'nin Latin Amerika'daki askerî varlığı eskisinden daha masraflı hale gelmiş, "kalın sopa" politikasının maliyeti ağırlaşmıştı. Bu doğrultuda ABD Başkanı Franklin D. Roosevelt, 1934'te Latin Amerika ülkelerine yönelik yeni bir politika belirledi. "İyi Komşuluk" adını taşıyan bu politikayla ABD-Latin Amerika ilişkilerinde yeni bir dönemin başlayacağı ve geleneksel ABD müdahaleciliğinin yerini karşılıklı güven ve iş birliğinin alacağı dile getiriliyordu. ABD aynı yıl Haiti ve Nikaragua'daki silahlı kuvvetlerini geri çekti ve Küba'ya devamlı müdahale hakkı sağlayan Platt Yasası iptal edildi. Amerika ülkeleri arasında bir "kader ortaklığı" yaratmaya çalışan Pan-Amerikancılık söylemleri bir kez daha gündemdeydi. Bu noktada ABD'nin "iyi komşularının" aslında kimlerden oluştuğuna ve "iş birliğinin" ne anlama geldiğine dikkat çekmek gerekir. 1930'lu yıllar sadece Avrupa'da değil Latin Amerika'da da faşizmin hızla yükselmesine yol açan koşullar yaratmıştı. Bu dönemde hüküm süren Küba'da Batista, Dominik Cumhuriyeti'nde Trujillo ve Nikaragua'daki Somoza diktatörlükleri, tarihin gördüğü en kanlı faşist rejimler arasındadır. ABD işte bu diktatörlerle iş birliği yaparak, doğrudan müdahale etmeden çıkarlarını savunmanın daha kolay ve daha az masraflı bir yolunu buldu. Batista'nın Fidel Castro önderliğindeki gerilla hareketi tarafından devrildiği 1959 yılına kadar, ABD bölgeye yönelik politikalarını faşist diktatörler aracılığıyla uygulamayı "iyi komşuluk" adı altında sürdürdü.

Monroe Doktrini, İkinci Dünya Savaşı'nın ardından yeni bir boyut kazandı ve Pan-Amerikancılık fikri, ABD himayesinde gelişen bir "kolektif güvenlik" anlayışının temeli haline geldi. 14 Haziran 1940'ta Fransa'nın Nazi Almanyası'nın işgaline girmesi, Batı Yarımküre'de kalan son birkaç Avrupa sömürgesinin (Karayipler'de Fransa, Hollanda ve İngiltere'ye ait bazı küçük adaların) Almanların eline geçme ihtimalini gündeme getirmişti. Bu ihtimal, ABD'nin bundan sonraki müdahalelerini meşrulaştırmak için sıklıkla başvuracağı "ortak meşru müdafaa hakkını" tartışmaya açtı. 21 Temmuz 1940'ta Amerika kıtasındaki devletlerin dışişleri bakanları ortak bir güvenlik ve savunma politikası belirlemek için Havana Konferansı'nda bir araya geldi. Konferans sonunda imzalanan Havana Sözleşmesi'ne göre, Batı Yarımküre'deki Avrupalı devletlere ait topraklardan birine saldırı olduğunda, bu saldırı bölgenin güvenliğine yönelik bir tehdit olarak kabul edilecekti. Bu doğrultuda Amerikan Cumhuriyetleri'nin temsilcilerinden oluşan bir "acil durum komitesi" kuruldu ve Avrupa sömürgelerinden birinde egemenlik değişimi, takas veya satın alma gibi bir durum söz konusu olduğunda komitenin geçici bir yönetim kurması ve sorunun çözümü için inisiyatif alması kararlaştırıldı.[4]

Havana Sözleşmesi, Rio Paktı'na zemin hazırlaması açısından kritik önem taşır. İkinci Dünya Savaşı'nın hemen ardından ABD Başkanı Harry S. Truman'ın girişimleriyle 2 Eylül 1947'de imzalanan Rio Paktı'nın 3. maddesine göre, "taraflardan birinin saldırıya uğraması durumunda bu saldırı tüm üyelere yapılmış kabul edilecek ve ortak meşru müdafaa hakkını doğuracaktı." Bu madde, 1948'de Amerikan Devletleri Örgütü'nün (OAS) kurulmasıyla sonuçlanan Bogota Paktı'na temel oluşturduğu gibi, 1949'da imzalanan NATO Anlaşması'na da model oldu. Bundan sonraki süreçte, OAS, Monroe Doktrini'nin tüm bölge geneline dayatılmasını sağlayan en önemli kurumsal araçlardan biri haline geldi. İkinci Dünya Savaşı sonrası dünya düzeninde güçlü bir hegemonya kuran ABD için, Latin Amerika artık adım adım yükseleceği bir basamak değil, hızla ileriye atılmasına yarayacak bir sıçrama tahtasıydı.

---

4 Arjantin, sözleşmeye çekince koyarak, Malvinas/Falkland üzerindeki egemenlik iddiasını bir kez daha vurguladı ve sözleşmenin "Arjantin toprağı olan Malvinas" için geçerli olamayacağını belirtti.

"Komünizm tehdidi" altında: Monroe ve ötesi

1959 Küba Devrimi, Latin Amerika'nın siyasi tarihinde yeni bir sayfa açtı. ABD'nin "iyi komşusu" Batista'nın komünist bir gerilla hareketi tarafından devrilmesi, Soğuk Savaş koşullarının Latin Amerika üzerinde en ağır biçimiyle hissedilmesine yol açan bir dizi askerî müdahaleyi beraberinde getirdi. Soğuk Savaş boyunca ABD'nin Batı Yarımküre'deki çıkarlarının komünizm tehdidine karşı korunması gerektiğini ileri süren Kennedy, Johnson ve Reagan Doktrinleri, Monroe Doktrini'ni bir adım daha ileri taşıdı. Küba Devrimi'nin hemen ardından, 1960'ların başında ABD Başkanı John F. Kennedy, Latin Amerika'yı "dünyanın en tehlikeli bölgesi" ilan etti ve Küba'yı "Sovyetler'in Batı Yarımküre'ye ayak basmasını sağlayacak bir basamak" olarak tanımladı (Rabe, 1999: 546). ABD'nin komünizmin yayılmasını durdurmak için geliştirdiği çevreleme politikası, 1961-63 arasında Kennedy'nin Latin Amerika'ya uyguladığı politikaları belirleyen temel çerçeve oldu. "Kennedy Doktrini" olarak anılan bu politika çerçevesi, esas olarak Truman ve Eisenhower Doktrinlerinin genişletilerek çevrelemenin Latin Amerika'ya uygulanmasından ibaretti. Mart 1961'de Kennedy yönetiminin hazırladığı Latin Amerika ülkelerine 20 milyar dolarlık ekonomik yardım yapılmasını öngören İlerleme için İttifak (*Alliance for Progress*) programı, Marshall Planı'nın Latin Amerika versiyonuydu. İkinci Dünya Savaşı'nın ardından ABD'nin Batı Avrupa ülkelerine uyguladığı Marshall Planı'nda olduğu gibi, İlerleme için İttifak programında da esas hedef, komünist devrimlerin yayılmasına zemin hazırlayan güç yaşam koşullarını sosyal yardımlarla iyileştirmek ve ABD'nin bölgedeki yatırımlarını riske atan ekonomik istikrarsızlıkları gidermekti. Yine Mart 1961'de başlatılan Barış Gönüllüleri (*Peace Corps*) girişimi, ABD'nin az gelişmiş ülkelerde uyguladığı sosyal ve ekonomik kalkınma programlarında çalışmak üzere gönüllü Amerikan gençlerinin eğitilmesini sağladı.

Bununla birlikte Kennedy'nin komünizme karşı mücadelede en etkin aracı kuvvet kullanmaydı. 17 Nisan 1961'de ABD yönetimi, Küba'nın Domuzlar Körfezi'ne çıkarma yaptı. ABD'nin 1954'te Guatemala'ya yaptığı müdahalenin bir benzeri olan bu hareât, CIA tarafından eğitilmiş yaklaşık 1.400 Kübalı karşı-devrimciden oluşan paramiliter bir birliğe dayanıyordu. Ancak Fidel Castro yönetimindeki silahlı birliklerin güçlü bir şekilde direnmesi ve uluslararası tepkilerin ardından Kennedy'nin harekâtın ikinci gününde hava desteğini kesmesiyle, CIA birlikleri kısa sürede ağır bir yenilgiye uğradı. Castro, 48 saat içerisinde saldırıyı bertaraf etti ve istilacılardan 1.180'ini esir aldı (Bethell, 1993: 102).

Castro'ya büyük bir prestij kazandırırken Kennedy'nin fiyaskosu olarak görülen Domuzlar Körfezi Çıkarması'nı, dünyayı nükleer savaşın eşiğine getiren Füze Krizi izledi. ABD müdahalesinin ardından, Temmuz 1962'de Moskova'ya giden Savunma Bakanı Raúl Castro, Sovyetler'in Küba'ya yerleştirmek istediği füzelerle ilgili anlaşmaya vardı. Ekim 1962'de, 42 orta menzilli balistik füze Küba'ya konuşlandırılmış durumdaydı. Bir Amerikan U-2 uçağının çektiği fotoğrafla füzelerden haberdar olan Kennedy yönetimi, 22 Ekim'de Küba'yı abluka

Guatemala'nın "On Yıllık Bahar"ı: 1944 Devrimi'nden 1954 Darbesi'ne

Guatemala'da, Diktatör Jorge Ubico döneminde (1931-1944), yabancı sermayeye, özellikle de United Fruit Şirketi başta olmak üzere ABD'li yatırımcılara birçok ayrıcalık tanınmıştı. Dünya muz pazarının lideri olan United Fruit, Guatemala'daki muz plantasyonlarının % 85'ine sahipti ve ayrıcalıklı konumundan dolayı hiç vergi ödemiyordu. 1944'te tarım işçileri ve öğretmenlerin öncülüğünde, genel grev ekseninde gelişen "Ekim Devrimi" ile Ubico devrildi ve işçi sınıfının temsil edilebileceği demokratik bir dönem başladı. Nobel ödüllü yazar Miguel Ángel Asturias, "Muz trilojisi" olarak da bilinen üçlemesinin son kitabı *Gözleri Açık Gidenler*'de (Yordam, 2016) devrim sürecini anlatır.

"On yıllık bahar" dönemi olarak anılan devrim yıllarının en önemli lideri, 1951'de iktidara gelen Jacobo Árbenz Guzmán'dı. Guatemala tarihindeki seçilmiş ilk başkan olan Guzmán, ilk iş olarak radikal bir Tarımsal Reform Yasası hazırladı ve United Fruit'in topraklarının bir kısmını kamulaştırarak 100 bin aileye dağıttı. Çıkarları sarsılan şirket, ABD yönetimi ile yakın bağlarını kullanarak darbe için lobi oluşturdu. United Fruit'in de müşterileri arasında olduğu New York merkezli bir hukuk firmasının ortakları olan CIA Başkanı Allen Dulles ve kardeşi Dışişleri Bakanı John Foster Dulles bu süreçte etkin rol oynadılar (Cullather, 1999: 29-36). Eisenhower yönetimi 1953'te Guzmán'ın devrilmesi için 3 milyon dolar bütçeli bir CIA girişimi başlattı. Darbe sırasında öldürüleceklerin listesinin yer aldığı detaylı bir suikast planı da içeren PBSUCCESS adındaki bu girişim, CIA ajanlarının yanı sıra ABD'deki sürgün Guatemalalıların da darbede kullanılmasına dayanıyordu. 1954'te Guzmán'ı deviren PBSUCCESS, Domuzlar Körfezi Çıkarması başta olmak üzere birçok ABD müdahalesine model oluşturdu.

altına aldı. Füze parçaları taşıyan Sovyet gemilerinin ablukaya rağmen Küba'ya yaklaşması, iki süper gücü karşı karşıya getirmiş ve Soğuk Savaş'ı doruk noktasına taşımıştı. SSCB lideri Kruşçev'in 27 Ekim'de Kennedy'ye bir mektup göndererek, ABD'nin Türkiye'deki füzelerini sökmesi karşılığında Sovyetler'in Küba'daki füzelerini sökeceğini açıklamasıyla, pazarlık koşulları oluşmaya başladı. İki süper güç arasında yapılan pazarlığın Küba açısından bir olumlu bir de olumsuz sonucu oldu. Kennedy, füzelerin sökülmesi karşılığında Castro rejimine karşı kuvvet kullanmayacağına dair güvence verdi. Böylelikle Soğuk Savaş koşulları, ironik bir şekilde ABD'nin "arka bahçesinde" radikal bir devrim sürecinin gelişmesine imkân vermiş oldu. ABD'nin askerî müdahale yerine Küba ekonomisi üzerinde ezici bir ambargo uygulamaya başlaması ise pazarlığın olumsuz sonucuydu.

Küba üzerinde Sovyetler'le varılan uzlaşı, ABD'nin komünizme karşı mücadelede kuvvet kullanma yoluna bir daha başvurmayacağı anlamına gelmiyordu. 24 Nisan 1965'te Dominik Cumhuriyeti'nde bir grup genç asker ayaklanma çıkardı. Ayaklanmadan dört gün sonra ABD Başkanı Lyndon Johnson, ülkenin başkenti Santo Domingo'ya 20 bin askerden oluşan dev bir birlik gönderdi. Yaklaşık iki ay sürecek olan bu işgal, ABD'nin son otuz yılda gerçekleştirdiği Latin Amerika'ya yönelik en büyük askerî müdahaleydi. 1961'de ABD'nin "iyi komşularından" Trujillo'nun öldürülmesinin ardından ülkedeki karışıklıklar dinmemiş, Dominik Cumhuriyeti'nin ikinci bir Küba olmasından duyulan korku, Johnson yönetimini harekete geçirmişti. 2 Mayıs 1965'te Johnson, kendi adıyla anılacak olan doktrinini açıkladı: "Amerikan ulusları Batı Yarımküre'de komünizmin kurulmasına bir daha asla izin veremez, vermemelidir, vermeyecektir" (Rabe, 2006: 48). İzleyen süreçte ABD'nin komünizmle mücadele politikası, Latin Amerika'da askerî dikta rejimlerinin yerleşmesi ve güçlenmesinde başat rol oynadı.

> ### Trujillo ve Teke Şenliği
>
> "Teke" lakaplı Diktatör Rafael Trujillo, hüküm sürdüğü 31 yıl boyunca yaklaşık 50 bin insanın ölümüne neden oldu. Buna, Ekim 1937'de Dominik Cumhuriyeti'nde yaşayan 20 binden fazla Haitilinin katledilmesi de dâhildir. Dominikli askerler, emin olamadıkları durumlarda, kurbanlarını ayırt etmek için bir demet maydanoz göstererek "Bu nedir?" diye sordukları için (Haitililer maydanoza *perejil* yerine *pési* diyordu), bu katliam, "Maydanoz Katliamı" olarak anılmaktadır.
>
> Trujillo'nun öldürülmesinin ardından "Teke'yi öldürdüler" adında bir *merengue* (Dominik Cumhuriyeti'nin ulusal dans müziği) bestelendi. Şarkıda yer alan "Büyük coşkuyla kutluyor halk, Teke Şenliğini, Otuz Mayıs'ta" sözleri, Nobel ödüllü yazar Mario Vargas Llosa'nın *Teke Şenliği* (Can, 2003) adlı romanına da ilham vermiştir. Julia Alvarez'in Trujillo'ya direnen Mirabal kardeşlerin hikâyesini anlattığı *Kelebekler Zamanında* (Doğan Kitap, 2004) ve Junot Díaz'ın Pulitzer ödüllü *Oscar Wao'nun Tuhaf Kısa Yaşamı* (Everest, 2009) adlı romanları da bu karanlık dönemle hesaplaşan önemli eserler arasındadır.

1960 ve 70'ler, Latin Amerika'daki çoğu ülke için askerî darbe ve diktatörlük yılları oldu. Başlı başına faşist rejimler olan bu diktatörlükler, kimi tarihçilere göre sömürgecilik sürecinden sonra ortaya çıkan anarşik yapı ve düzenin (*caudillismo*) kalıntısı iken, kimilerine göre Pentagon tarafından geliştirilen emperyalist "savaş oyunlarının" ürünüydü[5] (Rouquié, 1986: 12-18). ABD'nin Latin Amerika askerî rejimleri üzerindeki etkisi aşikârdır. Ancak bu etki, ordunun sınıf ilişkileri ve birikim süreçlerinde oynadığı merkezî rol temelinde anlaşılabilir. Gücünü Latin Amerika'nın bağımsızlık mücadelesindeki öncü konumundan alan ordu, üstlendiği "ulusal çıkarların savunucusu" rolüyle, sınıf mücadelesinin bastırılmasında hâkim sınıflarla her daim iş birliği içerisinde olmuştur.[6] Sömürgecilik döneminden miras kalan büyük toprakları (*latifundia*) elinde tutan oligarşinin hedefi, Küba Devrimi'nin ardından ortaya çıkan "komü-

---

5 Kıtadaki militarizmin temelleri, bu yazının kapsamını aşan derin tartışmalara konu olmuştur. Latin Amerika'ya taşınan İspanyol kültürünü suçlayan özcü açıklamalardan militarizmi azgelişmişliğe bağlayan Modernist gelişme kuramlarına kadar birçok farklı yorum söz konusudur (Rouquié, 1986: 11-15).

6 Burada ordunun üst kademeleri kastedilmektedir. Ordunun içerisinde, özellikle alt kademelerde devrimci genç askerlerin de olduğu göz ardı edilmemelidir. Örneğin 1920'lerde Brezilya'daki genç teğmen (*tenentes*) ayaklanmaları siyasi-militer bir hareketin doğmasına yol açmıştır.

nizm tehdidi"ni bastırmaktı. Bölge genelinde toprağın yeniden dağıtılmasına dayanan reform taleplerinin yükselmesi ve toprak mücadelesinin ivme kazanması, hâkim sınıf konumunu kaybetmekten korkan oligarşiyi harekete geçirdi. 1964'te Brezilya ve Bolivya'da ve 1966 ve 1976'da Arjantin'de gerçekleşen askerî darbeler, ordunun bu süreçte oligarşiyle (ve onu destekleyen orta ve üst-orta sınıflarla) yaptığı iş birliğini gösteren tipik örneklerdir. Sermaye birikim sürecini hızlandırmak ve güvence altına almak ve bu sürece direnen toplumsal hareketler üzerinde baskı kurmak, Latin Amerika askerî rejimlerinin ve ardındaki ABD desteğinin temel motivasyonu olmuştur.

ABD'nin Soğuk Savaş boyunca Latin Amerika'ya yaptığı en sert ve en doğrudan müdahale, Şili'nin seçimle işbaşına gelmiş sosyalist Devlet Başkanı Salvador Allende'yi deviren 1973 darbesidir. ABD yönetimi, Allende'yi devirmek için ekonomik boykot uygulamak ve askerî darbe planlamakla kalmamış, darbeden sonraki süreçte de ülkenin kurumsal, siyasi ve ekonomik yeniden yapılanmasında aktif rol oynamıştır. 4 Eylül 1970'te Şili'de iktidara gelen Allende öncülüğündeki Halkın Birliği (*Unidad Popular*) hükümetinin amacı, büyük sektörlerin kamulaştırılmasını, gelirin yoksullar lehine yeniden dağıtılmasını ve halkın siyasi karar alma süreçlerine aktif olarak katılmasını sağlayacak radikal bir toplumsal ve ekonomik dönüşüm sürecini hayata geçirmekti. Latin Amerika'nın seçimle iktidara gelen ilk sosyalist lideri Allende'nin inşa etmek istediği model, Küba'dakine alternatif, demokratik bir sosyalizm modeli sunuyordu. Nixon döneminin Dışişleri Bakanı Henry Kissinger'a göre Şili'de başarılı bir sosyalizm deneyiminin yaratacağı "domino etkisi", Küba'nınkinden çok daha büyük olabilirdi ve bu yüzden ABD'nin bu sürece seyirci kalması düşünülemezdi.

Kissinger, Allende'nin seçim zaferinin hemen öncesinde, 27 Haziran 1970'teki Kırklar Komitesi (*The 40 Committee*) toplantısında ABD'nin kaygısını açıkça dile getirdi: "Sırf insanları sorumsuz diye bir ülkenin komünist olmasına neden izin verelim?" (Lewis, 1975: 35). Kırklar Komitesi, CIA'in girişimlerini denetleyen ve üst düzey hükümet yetkililerinden oluşan gizli bir gruptu ve Şili'deki darbe sürecinde ABD eylemlerini bizzat bu komite yönetti (Livingstone, 2009: 56). 16 Eylül 1970'te Kissinger ve komitenin içindeki çok küçük bir grubun bilgisi dâhilinde, Allende yönetimini zayıflatarak askerî darbe için elverişli bir ortam yaratmayı amaçlayan Fubelt Projesi başlatıldı (Kornbluh, 2013: 14-18). 1975'te dönemin CIA Başkanı William Colby, Kırklar Komitesi'nin başında Kissinger'ın olduğunu itiraf etti ve komitenin talimatlarıyla CIA'in Allende'yi devirmek için üç yıl boyunca 8 milyon dolar harcadığı ortaya çıktı (Wise, 1975: 181; Livingstone, 2009: 56). ABD Senatosu'nun CIA'in Şili'deki gizli faaliyetleri üzerine hazırladığı 1975 tarihli raporda bu harcamanın detaylarına ve Kırklar Komitesi'nin süreci nasıl yönettiğine ilişkin detaylar bulmak mümkündür.[7] Raporda, ABD'nin 1970'ten itibaren Allende'yi devirmeye yönelik bir politika izlediği ve darbe planlayan askerler dâhil olmak üzere Şili ordusuyla iletişim içerisinde

---

7   *Covert Action in Chile 1963-1973*, tam metni için bkz. https://www.intelligence.senate.gov/sites/default/files/94chile.pdf

olduğu açıkça ifade edilmiştir. Ancak rapora göre, 11 Eylül 1973'te Şili Başkanlık Sarayı La Moneda'nın bombalanması ve 2 bin kişinin öldürülmesiyle sonuçlanan askerî darbeye ABD yönetimi doğrudan müdahil olmamıştır.

Darbenin arkasındaki Washington desteğinin tüm açıklığıyla ortaya çıkarılması için insan hakları örgütlerinin yaptığı girişimler 1999'da sonuç vermiş ve Clinton hükümetinin başlattığı projeyle (*Chile Declassification Project*) Dışişleri Bakanlığı, CIA, FBI ve Savunma Bakanlığı arşivlerinden yaklaşık 6 bin belge kamuoyuyla paylaşılmıştır. 1970-1990 dönemine ait 24 binden fazla belgenin açıklanmasına rağmen, ABD'nin darbe sürecindeki gizli eylemleri bugün hâlâ tam olarak aydınlatılabilmiş değildir[8] (Livingstone, 2009: 58). Ancak, Şili'yi ABD'nin doğrudan müdahale alanı haline getiren asıl süreç, darbeden sonra başlamış; General Augusto Pinochet'ye verilen ABD desteği, David Harvey'in (2007: 27) ifadesiyle "neoliberal devlet oluşumunun ilk büyük deneyi"ni hayata geçirmiştir.

> ### *Akbaba Operasyonu* (Operation Condor)
> 1970'lerde Şili, Arjantin, Brezilya, Bolivya ve Paraguay'da hüküm süren askerî diktatörlükler, dünyanın neresine giderlerse gitsinler ülkelerini terk eden Marksistlerin izini sürmeye devam ettiler. Adını And dağlarında yaygın olarak rastlanan akbabalardan alan operasyonlarla, solcu öğrenci, aktivist, sendikacı ve entelektüelleri öldürmek üzere dünyanın birçok ülkesine kiralık katiller gönderildi. Allende döneminin bakanlarından Orlando Letelier'in 1976'da Washington'da arabasına yerleştirilen bir bombayla öldürülmesi, bu operasyonların en çok ses getirenidir. CIA'in bu suikastta, Pinochet'nin Gestapo'su olarak anılan Şili gizli polisi DINA ile beraber çalıştığına dair belgelerle birlikte, genel olarak Akbaba Operasyonlarının CIA'in bilgisi dâhilinde gerçekleştiğini doğrulayan belgeler de ortaya çıkmıştır (Kornbluh, 2013: 331-363).

ABD'nin Soğuk Savaş boyunca Latin Amerika'daki en büyük korkusu, ikinci bir "Küba vakası" yaşanmasıydı. Bu korku, tam da Soğuk Savaş'ın son on yılına girerken, 1979'da Orta Amerika'nın küçük ülkelerinden birinde, Nikaragua'da gerçekleşti. Marksist Sandinista gerillaları, ABD'nin "iyi komşuluk" günlerinden kalan son müttefikini devirerek 42 yıllık Somoza diktatörlüğüne son verdi. Sandinista Ulusal Kurtuluş Cephesi (FSLN) lideri Daniel Ortega, iktidara gelir gelmez, eğitim, sağlık ve tarımda uyguladığı sosyal adalet reformlarıyla hızlı ve radikal bir dönüşüm süreci başlattı. Sandinista hükümeti bir yandan Sovyetler ve Küba'yla yakın ilişki kuruyor, diğer yandan komşu ülke El Salvador'da ABD destekli rejime karşı mücadele eden gerilla hareketi Farabundo Martí Ulusal Kurtuluş Ordusu'na (FMLN) silah satıyordu. ABD'nin en başından beri kendi egemenlik bölgesi olarak gördüğü Orta Amerika'da komünizmi yayma çaba-

---

8 Bu belgelerin çoğu Kornbluh'un (2013) eserinde bulunabilir. Ayrıca Şili'deki CIA eylemleri üzerine CIA'in kendi raporuna bakılabilir. "CIA Activities in Chile", 18 Eylül 2000, tam metin için bkz. https://www.cia.gov/library/reports/general-reports-1/chile/index.html

> **Sandinista Devrimi**
>
> 1979'da Nikaragua'da gerçekleşen ve tüm dünyada devrimciler tarafından umutla karşılanan Sandinista Devrimi, ayaklanma sürecinde 13-19 yaş arası gençlerin oynadığı etkin rolden ötürü "Çocukların Devrimi" olarak da anılır. Devrime adını veren, 1927-33 yılları arasında ABD işgaline karşı çıkan ulusal kahraman, Augusto C. Sandino'dur. Ayrıca Nikaragua'nın bir diğer önemli ulusal kahramanı olan şair Rubén Darío'nun şiirleri de devrim fikrinin yerleşmesinde etkili olmuştur. Sandinista yönetimi 12 yıl ABD baskılarına karşı direnmiş, 1990'da devrilen Daniel Ortega, 2007'de iktidara geri dönmüştür. Gioconda Belli'nin *Tenimdeki Ülke Nikaragua: Aşk ve Savaş Anıları* (Metis, 2007) adlı eseri, devrim sürecini bir kadının gözünden aktarması açısından önemlidir.

ları elbette karşılıksız kalmayacak, 1980'de Ronald Reagan'ın iktidara gelmesiyle Soğuk Savaş'ın en karanlık günleri yeniden canlanacaktı.

Reagan'a göre, 1979 devrimleriyle Nikaragua ve İran'ın kaybedilmesinden, Jimmy Carter dönemindeki zayıf Demokrat yönetimi sorumluydu. Reagan, Sandinista Devrimi'nin ABD'nin ulusal güvenliğini tehdit ettiğini vurguluyor, "Orta Amerika'da kendimizi savunamazsak başka hiçbir yerde galip gelmeyi bekleyemeyiz," diyordu (McPherson, 2016: 161). Ancak Vietnam'daki ağır yenilginin ardından ABD'nin sınır ötesi kuvvet kullanması ancak hayati bir tehdit olduğunda söz konusu olabilirdi ve Kongre'deki çoğunluk açısından Sandinista Devrimi büyük bir kaygı unsuru değildi. Bu koşullarda Reagan, anti-komünist mücadelede yeni bir dönem başlattı. "İkinci Soğuk Savaş" olarak da anılan bu yeni dönemde ABD, çevre ülkelere askerî birliklerini göndermek yerine, buradaki sol ya da SSCB yanlısı direniş hareketlerine karşı mücadele eden gruplara yardım edecekti. Reagan Doktrini olarak anılan bu politikanın Latin Amerika'daki uygulama alanı Nikaragua'ydı. Sandinista hükümetine karşı çoğunluğu eski Somoza askerlerinden oluşan Kontra gerillaları (*contra-revolucionarios*/karşı-devrimciler) hâlihazırda Arjantin'deki askerî rejim tarafından finanse ediliyor ve El Salvador, Guatemala ve Honduras'ta eğitiliyordu. 23 Kasım 1981'de Reagan, Kontraların örgütlenmesi, eğitilmesi ve silahlanmasını sağlayan CIA operasyonlarını başlattı. Reagan'ın desteğinden önce Kontraların sayısı 500'ü bulmazken, 1984'e gelindiğinde 15 bini aşmış; 1985'te Kontraların öldürdüğü sivil sayısı 4 bine yaklaşmıştı (Livingstone, 2009: 77). Kontra Savaşı'yla birlikte, Sandinista hükümetine uygulanan ağır ABD ambargosu, Nikaragua'yı içinden çıkılması mümkün olmayan bir şiddet ve yoksulluk sarmalına soktu.

Nikaragua'daki Kontra Savaşı sürerken, 1983'te, ABD, eski bir İngiliz sömürgesi olan Karayip ülkesi Grenada'yı işgal etti. Doğrudan kuvvet kullanma yerine kontra-gerilla eliyle müdahaleye dayanan Reagan Doktrini'ne ters düşen bu işgal, ABD'nin Vietnam Savaşı'ndaki yenilgisinin ardından yaptığı ilk çıkarmaydı. Ayrıca ABD, Karayipler'de ilk kez Commonwealth (İngiliz Devletler Topluluğu) üyesi bir ülkeyi işgal ediyordu. Bu da hem ABD ile İngiltere arasındaki tarihi uzlaşıya hem de Reagan ve Thatcher arasındaki "dostane" ilişkiye gölge dü-

> **Nikaragua davası**
>
> Nikaragua, 1986'da Uluslararası Adalet Divanı'nda ABD'ye karşı dava açarak, ABD'nin Kontralara verdiği destekle ülkesinin içişlerine karıştığını ve haksız yere kuvvet kullandığını dile getirdi. Nikaragua ayrıca ekonomik ambargo ve Kontra Savaşı'nın toplam maliyetinin 17,8 milyar dolar olduğunu belirtti (Livingstone, 2009: 76). ABD ise Nikaragua'nın El Salvador'daki isyancı örgüte destek verdiği, bu yüzden ABD'nin de El Salvador'la birlikte "ortak meşru müdafaa hakkını" kullandığı yönünde bir savunma yaptı. Ancak Divan, Nikaragua'nın El Salvador'daki gruplara silah yardımı yapmasının "silahlı saldırı" kapsamına girmediğine, dolayısıyla ABD'nin iddia ettiği "ortak meşru müdafaa hakkının" doğmadığına karar verdi. Divan, bu tarihi kararıyla, ABD'nin Latin Amerika'daki müdahalelerini meşrulaştırmak için kullandığı, Pan-Amerikancılık fikrinden türeyen "ortak meşru müdafaa hakkının" sorgulanmasına yol açmıştır.

şürdü. Grenada'da Marksist çizgideki Yeni Mücevher Hareketi (*New Jewel Movement*/NJM) 1979'da kansız bir devrimle iktidarı ele geçirmiş, hareketin lideri Maurice Bishop, kısa süre içerisinde toprak reformu yapmış, eğitim ve sağlığı ücretsiz hale getirmiş, bunun yanı sıra Küba ve Sovyetlerle yakın ilişkiler kurmuştu. 95 bin nüfuslu bu küçük ada ülkesi, Reagan'a göre "Sovyetler için büyük bir askerî üs olmaya hazırlanıyordu" (McPherson, 2016: 166). Adada inşaatı süren havalimanının Sovyetler'in füze üssü olacağını ileri süren Reagan, Grenada'ya müdahale için fırsat kolluyordu. 1983'te bir darbeyle Bishop'un devrilmesi ve ardından öldürülmesi üzerine beklediği fırsatı yakalayan Reagan yönetimi, "düzen sağlamak ve demokrasiyi yeniden kurmak üzere" 8 bin kişilik bir birlikle adaya çıkarma yaptı.[9]

"Yeni dünya düzeni", yeni tehditler

Muz Savaşları'ndan bu yana ABD'nin Latin Amerika'ya yönelik tüm müdahalelerine açık çek veren Monroe Doktrini, Soğuk Savaş boyunca "komünizm tehdidi" temelinde yerleşti. 1989'da Berlin Duvarı'nın yıkılışının ardından, 11 Eylül 1990'da ABD Başkanı George H. W. Bush "yeni dünya düzeni"ni ilan etti. Bu düzen, ABD müdahalelerine yeni bir zemin kazandırıyordu: İnsan hakları ve serbest piyasa ekonomisini korumak. Bu iki unsur aynı zamanda, ABD'nin "yumuşak gücünün" (*soft power*) temeli olarak görülüyordu. Bir diğer 11 Eylül'e ve diğer Bush'un 2001'de başlatacağı "teröre karşı savaş"a kadar, ABD dış politikasının temel ekseni, yeni dünya düzeninin inşası üzerine kuruldu. Sermaye birikim sürecinin koşullarının neoliberal politikalarla yeniden düzenlenmesine dayanan "yeni ekonomik düzen", ABD'nin Soğuk Savaş sonrasında hegemon güç konu-

---

9 Adada bulunan ABD vatandaşlarının güvenliği, Reagan'ın Kongre'den müdahale yönünde karar çıkmasını sağlamasında etkili olmuştur. Reagan, bu yönde bir tehdit olmasa da 600'ü tıp öğrencisi olmak üzere Grenada'da bulunan yaklaşık bin ABD vatandaşının rehin alınabileceğini vurgulamıştır. 1979-81 arasında Tahran'daki ABD Büyükelçiliği'nde gerçekleşen 444 günlük rehin alma eyleminin yarattığı şok, Reagan'ın istediği desteğe kavuşmasında önemli rol oynamıştır.

munu sürdürmesinin ilk koşuluydu. Bu açıdan gerek Baba Bush gerekse Clinton dönemlerinde dış politikada öncelik, ekonomik sorunlara verildi. Latin Amerika piyasalarının dünyaya açılması ve ticaretin serbestleştirmesi, bundan sonraki süreçte ABD'nin bölgeye yönelik politikalarını belirleyen temel mesele oldu.

Soğuk Savaş'ın sona erişini, Latin Amerika'da en çok hisseden ülkelerin başında, kuşkusuz Küba geliyordu. Ezici ABD ambargosuna karşı Sovyet desteğiyle ayakta duran Küba için, gerçekten de bu, bir dönemin sonu demekti. 1980'den itibaren ülkedeki ekonomik koşulların kötüleşmesiyle Küba'dan Florida'ya büyük bir mülteci akını başlamış, Castro yönetimi giderek ağırlaşan bir yükün altında ezilmeye başlamıştı. Clinton, bu koşulları bir fırsat olarak kullanarak 1996'da Helms-Burton Yasası ile Küba'ya yaptırımları ağırlaştırdı. İronik bir şekilde "Özgürlük ve Demokratik Dayanışma" (*The Cuban Liberty and Democratic Solidarity/Libertad Act*) adını taşıyan bu yasa, 1995'teki D'Amato Yasası ile İran ve Libya'ya uygulanan yaptırımların Küba'ya da uygulanması anlamına geliyordu. Buna göre, Küba'yla ticaret yapan yabancı bir şirkete ABD'de dava açılabilecekti. Yasanın temeli, ABD vatandaşlığına kabul edilmiş Kübalıların el konulan malları üzerindeki iddiaya dayanıyordu. El konulan mallar üzerinde tasarrufta bulunan yabancı kişi ve şirketler, yasadışı ticaretle suçlanacak ve ABD pazarından men edilecekti. Clinton yönetimi böylelikle hem diğer devletleri Küba'ya yatırım yapmaktan caydırıyor hem de ABD'ye kaçan devrim karşıtı Kübalıların oyunu garanti altına alıyordu. Avrupa Konseyi tarafından şiddetle kınanan yasaya İngiltere, Kanada, Brezilya, Meksika ve Arjantin gibi Küba'yla ticaret yapan birçok ülke de karşı çıkmıştır.

Soğuk Savaş sonrası dönemde ABD'nin Latin Amerika'ya yönelik müdahalelerinde iki temel mesele öne çıkıyordu: Uyuşturucu kaçakçılığı ve yasadışı göç. ABD'nin 1989'da Panama'ya yaptığı müdahale uyuşturucuya karşı savaşta bir zafer olarak sunulurken, 1994'teki Haiti müdahalesi demokrasiyi yeniden tesis etmek ve böylelikle mülteci krizini çözmek için atılan bir adım olarak gösterildi. Buna göre, uyuşturucu kaçakçıları ve ABD sınırına dayanan mülteciler, geçiş sürecindeki Latin Amerika demokrasilerini kırılganlaştıran ve böylece ABD müdahalelerini meşrulaştırmaya yarayan temel unsurlardı. Özellikle de bölgedeki uyuşturucu kaçakçılığı, 1980'lerden itibaren ABD'ye giren kokain miktarının artması ve Kolombiya'da büyük çetelerin ortaya çıkmasıyla, ABD'nin "ulusal güvenliği" açısından öncelikli bir mesele haline geldi. 11 Eylül saldırılarının ardından, Bush'un "terörizmle savaş" stratejisi, ABD'nin Latin Amerika'ya yönelik politikalarını belirleyen güvenlik algısının da dönüşmesine yol açtı. Bush Doktrini olarak anılan yeni Amerikan ulusal güvenlik stratejisiyle birlikte, anti-komünizme dayalı bir güvenlik anlayışı yerine "terörizmle mücadele" ve "uyuşturucu kaçaklığı ve organize suçlarla mücadele" temelinde yeni bir ulusal güvenlik algısı oluşturuldu. Bu süreçte "uyuşturucuya karşı savaş", ABD'nin Kolombiya ve Peru gibi Latin Amerika ülkelerine müdahale etmesini sağlamakla kalmadı, aynı zamanda bu ülkelerde ABD'ye bağlı askerî üsler kurulmasını gerekçelendiren temel faktör oldu.

1989 Panama işgali (Operation Just Cause)

ABD, 20 Aralık 1989'da Panama'ya 25 bin kişilik birlik göndererek, Vietnam Savaşı'ndan sonraki en büyük askerî operasyonunu başlattı. Operasyonun amacı, 1983'ten bu yana süren Diktatör Manuel Noriega liderliğindeki *de facto* askerî yönetime son vererek demokrasiyi yeniden kurmak, uyuşturucu trafiğini sonlandırmak ve kanalın güvenliğini sağlamaktı. "Haklı sebep" (*Just cause*) kod adlı operasyon, ABD'nin Panama'ya yaptığı yirminci askerî müdahaleydi. Bu müdahaleler, en temelinde, Pasifik ve Atlas okyanuslarını birbirine bağlayan Panama Kanalı'nın, ABD'nin bölgeyi kontrol etmesini sağlayan temel "platform" olmasından kaynaklanıyordu.

Noriega, Soğuk Savaş boyunca ABD yönetimine sağladığı istihbarat karşılığında CIA'den 1 milyon dolardan fazla para almıştı (Lindsay-Poland, 2003: 110). CIA, Noriega'nın uyuşturucu ticaretine girdiğini, 1972'den beri biliyordu (Lindsay-Poland, 2003: 111). Dahası, Noriega'nın uyuşturucu bağlantıları, İrangate skandalına kadar uzanıyordu. 1986'da Reagan yönetiminin Kontraları yasadışı bir şekilde finanse ettiği, üstelik finansmanı İran'a gizlice silah satarak sağladığı ortaya çıkmıştı. Bunun ardından CIA'daki belirli bağlantılarını kaybeden Noriega, ABD yönetiminin gözünden düşmeye başladı. Bush döneminde Noriega'ya karşı karalama kampanyası başlatıldı ve ABD'nin eski müttefiki, 1989'da yapılan operasyonun "haklı sebebi" haline geldi. BM Genel Kurulu işgali kınadı ve Amerikan güçlerinin çekilmesini istedi. Ancak Noriega'nın kısa sürede devrilmesine rağmen, ABD bir aydan uzun süre işgali sürdürdü.

1994 Haiti işgali (Operation Uphold Democracy)

31 Temmuz 1994'te, BMGK kararı ile yetkilendirilen 25 bin kişilik ABD birliği, Haiti'deki cunta lideri Raoul Cédras'a karşı askerî operasyon başlattı. 1991'de, Haiti'nin seçilmiş ilk devlet başkanı Jean Bertrand Aristide'yi askerî bir darbeyle devirerek yönetime koyan Cédras'ın, darbe öncesinde CIA'e istihbarat sağladığına dair belgeler vardı (Whitney, 1996: 320). Bu da demek oluyordu ki, Panama örneğinde olduğu gibi, ABD, eski bir müttefikini daha devirerek demokrasiyi yeniden tesis etmek amacıyla operasyon düzenliyordu. Operasyondan dört gün önce Clinton, Haiti müdahalesinin şart olduğunu çünkü ülkedeki dikta rejimi yüzünden Haitililerin, "tıpkı Kübalılar gibi" akın akın ABD'ye göç etmeye yeltendiğini açıkladı (Girard, 2004: 29). 1991'deki darbenin ardından ABD'nin Haiti'ye uyguladığı ekonomik ambargo yüzünden, *boat people* olarak anılan 40 binden fazla Haitili mülteci botlarla Florida'ya ulaşmaya çalışmış, çoğu Küba'daki Guantánamo üssünde yakalanmıştı. ABD işgalinin ardından Aristide'nin iktidara geri dönmesiyle Guantánamo'da tutuklu bulunan mülteciler serbest bırakıldı ve mülteci krizi bir süreliğine hafifledi. 1997'deki yeni göç dalgası, insanları göçe zorlayan yoksulluk ve şiddetin, ABD müdahalesiyle ortadan kalkmadığını gösteriyordu.

11 Eylül 2001'de New York'un İkiz Kulelerine yapılan saldırı, ABD'nin tek taraflı ve önleyici (*pre-emptive*) askerî gücünü öne çıkarması açısından önemli bir dönüm noktasıydı. Ancak Latin Amerika açısından değişen, sadece müdahalelerin dayandırıldığı meşruiyet zemini oldu. 11 Eylül sonrası Latin Ameri-

ka'daki muhalif hareketlerle mücadele, "terörizmle savaş" çerçevesinde devam etti. Özellikle FARC (Kolombiya Devrimci Silahlı Güçleri) ve Aydınlık Yol gibi isyancı hareketlerle "uyuşturucu kaçakçılığıyla savaş" programına dayanarak mücadele edildi. Bu dönemde Bush Doktrini'nin Latin Amerika'daki varlığını en çok hissettiren Kolombiya Planı (*Plan Colombia*) olmuştur (Rodas Chavez, 2007: 91-104). Bu plan kapsamında 2002 seçimlerinde Miguel Uribe iktidara getirilmiş ve ABD'nin Irak işgalini destekleyen tek Latin Amerikalı lider olan Uribe, Bush yönetiminin önemli bir müttefiki olmuştur. Bunun yanı sıra Washington yönetiminin 2002'de Venezuela'da Hugo Chávez'e karşı düzenlenen darbe girişimini desteklemesi de Bush Doktrini'nin bölgeye yansıması olarak görülebilir (Prevost ve Campos, 2007: 3).

> ### Chávez'e darbe girişimi
>
> 11 Nisan 2002'de Venezuela Devlet Başkanı Hugo Chávez, askerî bir darbeyle görevinden uzaklaştırıldı. Beyaz Saray Sözcüsü Ari Fleischer, 12 Nisan'da yaptığı açıklamada, "Chávez hükümetinin barışçıl gösterileri bastırdığını, silahsız protestoculara ateş açtığını ve bu olaylar sonucunda Chávez'in başkanlık görevinden çekildiğini" belirtti ve ABD'nin yeni kurulan hükümeti desteklediğini açıkladı. Ancak aynı gün Chávez'in istifa etmediği anlaşılmış, darbe karşıtı gösteriler ülke geneline yayılmıştı. 13 Nisan gecesi, Chávez'in hapis tutulduğu karargâhtan alınarak helikopterle Miraflores Başkanlık Sarayı'na geri getirilmesiyle darbe iki günde çökmüş oldu. Bu iki günde neler yaşandığını ve medyanın süreci nasıl manipüle ettiğini görmek için, Kim Bartley ve Donnacha O'Briain'ın çektiği 2013 yapımı *The Revolution Will Not Be Televised* adlı belgesel izlenebilir.
>
> "Venezuela: Darbe Girişimi için Koşullar Olgunlaşıyor" başlıklı 6 Nisan 2002 tarihli CIA raporu, ABD yönetiminin darbe hazırlığını önceden bildiğini ortaya koymaktadır (Golinger, 2006: 61). Ayrıca Pedro Carmona gibi darbeci muhalefet liderlerinin aylardır Washington'la temas halinde olduğu, ABD Dışişleri Bakanlığı sözcüsü Richard Boucher tarafından onaylanmıştır. Daha da önemlisi, ABD'nin "demokrasi teşviki" için Uluslararası Kalkınma Ajansı (USAID) aracılığıyla Venezuelalı muhalif gruplara aktardığı fonlar, darbe girişimine katkıda bulunmuştur. Bu fonların darbe yanlısı muhaliflere aktarılması, Caracas'taki ABD Büyükelçiliği'nde kurulan "Geçiş İnisiyatifleri Ofisi" (OTI) aracılığıyla gerçekleşmiştir (Golinger, 2006: 88).

Obama'nın Latin Amerika'sı: Monroe Doktrini'nin sonu mu?

Brezilya Devlet Başkanı Lula da Silva, 2008'deki ABD başkanlık seçimlerinin hemen öncesinde heyecanını şöyle dile getirmişti: "Brezilya'nın bir metal işçisini (*kendisi*), Bolivya'nın bir yerliyi, Venezuela'nın Chávez'i ve Paraguay'ın bir rahibi seçmesi gibi, ABD de bir siyahiyi seçerse, bu olağanüstü bir şey olacaktır" (Weisbrot, 2011: 63). Latin Amerika'da "pembe dalga" olarak anılan sol dalga hâkimken ABD'de Barack Obama'nın "değişim" vaadiyle iktidara gelmesi, yeni bir dönemin başlayacağına dair umut doğurmuştu. 18 Kasım 2013'te, ABD Dışişleri Bakanı John Kerry, OAS'ta yaptığı konuşmada, "Monroe Doktrini döneminin bittiğini" söyledi.[10] Kerry'nin konuşması, ABD'nin Latin Amerika'ya yönelik politikalarını belirleyen neredeyse iki yüzyıllık bir anlayışın (Doktrin'in 190. yıldönümüydü) değişeceğine dair önemli bir iddia içeriyordu. Oysa Obama iktidarı, Latin Amerika açısından hiç de "olağanüstü" bir dönem olmadı. Obama'nın sembolik Küba ziyareti dışında her şey olağan sınırları içinde kaldı. Latin Amerika'da ABD'ye ait 76 askerî üs yerli yerinde duruyor, Kolombiya Planı ve onun Meksika'daki uzantısı olan Mérida Girişimi sürüyor ve en önemlisi Küba, Obama'nın başlattığı açılım sürecine rağmen ekonomik ambargo altında ezilmeye devam ediyordu.

Obama'nın iktidara gelmesinden çok kısa bir süre sonra, 28 Haziran 2009'da Orta Amerika ülkesi Honduras'ta Manuel Zelaya'yı deviren askerî darbe, ABD'nin Latin Amerika'ya yönelik politikasının değişmeyeceğini gösteren önemli bir işaretti. 2006'da iktidara gelen Zelaya, Chávez'in izinden giderek radikal bir toplumsal dönüşüm süreci başlatmış ve 2008'de Honduras'ın ALBA'ya üyelik anlaşmasını imzalamıştı. Zelaya'yı tam da yeni bir anayasa yapmak için referanduma gitmeye hazırlanırken deviren askerî darbe, pembe dalganın ABD'nin stratejik önem atfettiği Orta Amerika'ya uzanamayacağını gösteriyordu. BM Genel Kurulu ve OAS darbeyi ivedilikle kınadı ve Zelaya hükümetinin tekrar başa getirilmesini talep etti. Obama da ilk başta, darbenin yasal olmadığını ve Honduras'ın meşru devlet başkanının Zelaya olduğunu açıkladı. Ancak çok kısa bir süre içerisinde Obama yönetiminin pozisyonu değişmeye başladı. Dönemin Dışişleri Bakanı Hillary Clinton, Zelaya'nın iktidardan düşürülmesinin "askerî darbe" olarak tanımlanamayacağını, Honduras'ta yeniden seçimlere gidilmesi gerektiğini açıkladı.[11] Clinton ayrıca, sürgüne gönderilen ve ülkesine yeniden girmeye çalışan Zelaya'yı "düşüncesizlikle" suçladı ve Honduras'ın yeni bir lidere ihtiyacı olduğunu söyledi. Darbeden bir yıl sonra, 28 Kasım 2010'da WikiLeaks, ABD Dışişleri Bakanlığı ile dünyanın çeşitli yerlerindeki Amerikan elçilikleri arasındaki yazışmaları ortaya koyan 250 binden fazla belge sızdırdı. Bu belgeler arasında, Honduras'taki ABD Büyükelçisi Hugo Llorens'in darbeden kısa süre sonra çektiği bir telgraf da vardı. Büyükelçi, Zelaya'nın devrilmesinin anayasaya aykırı bir askerî darbe şeklinde gerçekleştiğini detaylarıyla açıklıyordu. Ancak belli ki Clinton bunu dikkate almamıştı. Zira WikiLeaks'in sızdırdığı belgeler arasında Clinton'ın şahsi hesabından gönderdiği elektronik postalar vardı. Bu belgeler, ABD'nin Honduras'ta seçime gidilmesi ve Zelaya'dan desteğin çekilmesi için OAS'a baskı yaptığını gösteriyordu. ABD'nin isteği doğrultusunda Honduras'ta 29 Kasım 2009'da yapılan seçimleri muhafazakâr aday Porfirio Lobo kazandı. Latin Amerika ülkelerinin çoğu "darbe ürünü" olarak gördükleri seçim sonuçlarını tanımazken, Lobo'nun zaferini ilk kutlayanlardan biri Obama'ydı.

---

10 Keith Johnson, "Kerry Makes It Official: 'Era of Monroe Doctrine Is Over'", *The Wall Street Journal*, 18 Kasım 2013, https://blogs.wsj.com/washwire/2013/11/18/kerry-makes-it-official-era-of-monroe-doctrine-is-over/

11 Nina Lakhani, "Did Hillary Clinton stand by as Honduras coup ushered in era of violence?", *The Guardian*, 31 Ağustos 2016, https://www.theguardian.com/world/2016/aug/31/hillary-clinton-honduras-violence-manuel-zelaya-berta-caceres

Obama'nın Latin Amerika'ya yönelik ABD politikalarında yeni bir dönem başlatabileceğine yönelik beklentiler, Küba ile ilişkilerin "normalleşme" sürecine girmesinden kaynaklanıyordu. Süreç kapsamında ABD'nin Küba'ya büyükelçilik açması, iki ülke arasında doğrudan uçuşların ve bankacılık faaliyetlerinin başlaması, ABD'den Küba'ya gelen turist sayısının artırılması ve ABD'li şirketlerin Küba'ya telefon, bilgisayar ve internet ihraç etmesi gibi adımlar vardı. Bu süreç elbette, Raúl Castro'nun "ekonomik modelin güncellenmesi" olarak adlandırdığı reformlarla hayata geçirdiği "yapısal dönüşüm"le yakından ilgiliydi. Castro'nun reformları, Kübalılar için birçok ilk anlamına geliyordu. Bu süreçte kamu görevlilerinin birden fazla iş yapabilmelerinin, konut mülkiyeti elde etmelerinin ve konutlarını miras bırakabilmelerinin önü açıldı, otomobil ithalatı ve ticareti serbestleştirildi. Küba'nın AB ve ABD ile ilişkilerinin normalleşme süreci de esasında Küba'nın küresel kapitalizme eklemleneceği yönündeki beklentinin ürünüydü. Küba'nın yaşadığı dönüşüm sürecini gözler önüne süren iki tarihi fotoğraf hafızalarda şimdiden yer etmiştir. İlki, Aralık 2013'te Nelson Mandela'nın cenazesinde Barack Obama ve Raúl Castro'nun ilk kez el sıkıştığı kareydi. İkincisi ise Mart 2016'da Obama'nın Havana ziyareti sırasında, İçişleri Bakanlığı'nın duvarındaki ünlü Che Guevara figürü önünde verdiği pozdu. Obama, yüzyıl aradan sonra Küba'yı ziyaret eden ilk ABD Başkanıydı. Bunlar, yeni bir dönemin işareti gibi görünse de ABD'nin "normalleşme" adımlarından hiçbiri ambargoya değinmiyordu.

Trump ve Latin Amerika: Monroe yaşıyor!

ABD Başkanı Donald Trump'ın Latin Amerika'ya yönelik söylem ve politikaları, Monroe Doktrini'nin tüm canlılığıyla yerli yerinde durduğunun en açık göstergesidir. Özellikle iki güncel meselede, Orta Amerika'daki göç krizi[12] ile Venezuela'ya yönelik baskı ve yaptırımlarda, ABD'nin tek taraflı, önleyici/önalıcı ve dönüştürücü müdahaleciliğini en sert şekliyle görmek mümkündür. Öyle ki Trump'ın Ulusal Güvenlik Danışmanı John Bolton açıkça Monroe Doktrini ifadesini kullanmaktan çekinmemiştir. Orta Amerika'dan yola çıkan göçmen kafilesini durdurmak için Meksika sınırına asker konuşlandırmakla tehdit eden Trump'ın, Venezuela ve Bolivya'daki siyasi krizlerde sergilediği tavır, ABD'nin tüm Amerika kıtasını "kendi bölgesi" olarak gördüğünü ve buradaki hegemonik gücünü ne pahasına olursa olsun koruyacağını göstermektedir.

Trump döneminde, ABD-Latin Amerika ilişkilerindeki en büyük kriz, Venezuela meselesiyle ortaya çıktı. Ağustos 2017'de Trump yönetimi, Venezuela Devlet Başkanı Nicolás Maduro'nun çoğunluğunu muhaliflerin oluşturduğu Ulusal Meclis'in faaliyetlerini askıya almasını ve yerine Kurucu Meclis kurmasını gerekçe göstererek Venezuela'ya ekonomik yaptırım uygulamaya başladı. Gittikçe derinleşen kriz ortamında Maduro, Mayıs 2018'deki başkanlık seçim-

---

12 Göç krizinin arka planı ve güncel göç kriziyle ilgili detaylı bilgi için bkz. Bu kitapta Yirmi Birinci Bölüm.

lerini kazanmayı başardı ancak muhalefet boykot ettiği seçimin sonuçlarını tanımadı. Dahası, Ocak 2019'da yeni Meclis Başkanı Juan Guaidó, kendisini geçici devlet başkanı ilan etti. Hemen ardından Trump'ın Maduro yönetimine karşı ikinci hamlesi geldi. ABD, Guaidó'yu Venezuela Devlet Başkanı olarak resmen tanıdı ve ülkeye yönelik yaptırımları adım adım ağırlaştırdı.

Guaidó, 2002'de Chávez'e karşı darbe girişimini destekleyen muhalefet lideri Leopoldo López'in 2009'da kurduğu Voluntad Popular (Halk İradesi) partisinin bir üyesiydi. Maduro hükümetine karşı şiddet olaylarını kışkırttığı gerekçesiyle 2014'ten beri ev hapsinde tutulan López, muhalefet içerisindeki darbeci kesimi temsil ediyordu. Dolayısıyla Trump'ın Guaidó'yu resmen tanıması, ABD'nin Venezuela'daki darbecilere verebileceği en büyük destek oldu. Bu destekten cesaret alan Guaidó, 30 Nisan 2019'da bir grup askerle birlikte Maduro yönetimine karşı darbe girişiminde bulundu. Ev hapsinden kurtarılan López, Guaidó'nun yanında yer alıyordu. Ancak kısa süre içinde darbecilerin iddia ettikleri gibi orduda sayıca üstün olmadıkları ve La Carlota askerî üssünü ele geçiremedikleri ortaya çıktı ve darbe girişimi aynı gün içerisinde kolaylıkla bastırıldı. López, İspanya Büyükelçiliği'ne sığınırken, Guaidó Maduro hükümetine karşı başlattığı "Özgürlük Operasyonu"nun (*Operación Libertad*) grev ve protesto gösterileriyle süreceğini açıkladı. Bu süreçte Guaidó'nun yanında yer alan Trump yönetiminin darbe girişimine verdiği destekte, bu desteğin "özgürlük ve demokrasi adına" ve "Venezuela halkı için" olduğuna dair vurgular dikkat çekiyordu. Darbe girişiminin hemen ardından, 1 Mayıs 2019'da ABD Dışişleri Bakanı Mike Pompeo "Venezuela'ya askerî harekâtın mümkün olduğunu, ABD'nin gerekirse bunu yapabileceğini" söyledi.[13]

Trump'ın Venezuela'ya yönelik darbe yanlısı ve müdahaleci politikalarında iki noktaya dikkat etmek gerekir. Birincisi, "Venezuela'da demokrasiyi koruma" gerekçesine dayalı olası bir ABD müdahalesi, uluslararası kamuoyunda büyük ölçüde meşru görülmüştür. ABD'nin hemen ardından AB ülkelerinin çoğu ve Kanada'nın yanı sıra Arjantin, Brezilya, Şili, Kolombiya, Kosta Rika, Guatemala, Honduras, Panama, Peru ve Paraguay gibi Latin Amerika ülkelerinden oluşan Lima Grubu, Guaidó'yu tanımakta gecikmemiş, ABD yaptırımları bu ülkeler tarafından desteklenmiştir. ABD'nin hegemonik güç konumunu sürdürmesi açısından bu rıza önemlidir. Bolivarcı Devrim süreci, 2000'lerin başlarında ABD hegemonyasının düşüşe geçtiğinin göstergelerinden biri kabul edilirken, Venezuela'daki kriz, ABD'nin Latin Amerika'daki hegemonyasını pekiştirmeye yaramıştır.

İkincisi, Trump yönetimi açısından Venezuela'ya müdahale etmek, sadece ABD'ye özgü bir hak olarak görülmektedir. Bu hakkın kaynağı ise elbette "Amerika, Amerikalılarındır" ilkesidir. "Burası bizim coğrafyamız, Rusların müdahale etmesi gereken bir yer değil," diyen Bolton'un doğrudan Monroe Doktrini'ne referans vermesi boşuna değildir. Trump, Maduro yönetimine destek ve-

---

13 Julia Limitone, "Military action possible in Venezuela, Pompeo says", *FOXBusiness*, 1 Mayıs 2019, https://www.foxbusiness.com/politics/military-action-possible-in-venezuela-pompeo-says

ren Rusya ve Çin'i "Venezuela'nın içişlerine karışmakla" suçlamış ve açıkça tehdit etmiştir. Rusya Dışişleri Bakanı Sergey Lavrov ise Rusya'nın "Washington'ın, Monroe Doktrini ruhuyla bölgeyi istediği gibi şekillendirmeye çalışmasını" kabul etmeyeceğini söylemiştir.[14]

Son olarak, Venezuela'daki siyasi krizden kısa bir süre sonra, Ekim 2019'da, Bolivya'daki tartışmalı başkanlık seçimlerinin ardından Evo Morales'i iktidardan düşüren darbenin arkasındaki ABD desteğinden de söz etmek gerekir.[15] ABD, Venezuela'da olduğu gibi, Bolivya'da da USAID bünyesinde kurulan OTI'ler aracılığıyla, 2004'ten bu yana muhalif gruplara "demokrasi teşviki" için fon aktarıyordu (Burron, 2012: 122-123). 2006'da Morales'in iktidara gelmesinin ardından, ABD, kullandığı yumuşak güç araçlarının yanı sıra, rejimi değiştirmeye yönelik sert bir strateji belirledi. ABD'nin fon aktardığı sivil toplum örgütleriyle (bazı ılımlı yerli örgütleri dâhil) Morales iktidarı arasındaki gerilim hiç bitmedi. Muhalif grupların yarattığı şiddet, darbe koşullarının oluşmasında başat rol oynadı. Morales'in devrilmesinin ardından, "Demokratik ve özgür bir Batı Yarımküre'ye artık daha yakınız," açıklamasında bulunan Trump, kendisini başkan ilan eden muhalefet lideri Jeanine Áñez'i desteklemekte gecikmedi.

Sonuç

Monroe Doktrini, yaklaşık iki yüzyıl boyunca ABD'nin Latin Amerika'ya yönelik politikalarını belirleyen bir çerçeve sunmakla kalmamış, aynı zamanda ABD dış politikasının temel yapıtaşlarından biri olmuştur. İster Demokrat ister Cumhuriyetçi olsun hiçbir ABD yönetiminde değişmeyen doktrine dayalı müdahalecilik anlayışı, kimi zaman "kalın sopa" kimi zamansa "iyi komşuluk" şeklinde ortaya çıksa da değişmemiştir. Latin Amerika, 19. yüzyıldan itibaren ABD'nin Monroe Doktrini'yle diğer emperyalist güçlere rest çekerek "kendine ayırdığı" öncelikli bir alan olarak kalmıştır. ABD için bu alandaki hegemonik konumunu korumadan, dünyanın geri kalanında hâkim güç olma iddiası taşımak mümkün değildir. Latin Amerika'nın bu açıdan ABD için bir daimî "hareket noktası" olarak işlev gördüğünü söyleyebiliriz: Önce "süper güç" olarak yükselmesini sağlayan bir basamak, ardından küresel hegemonyasını perçinlemek için kullandığı bir sıçrama tahtası... Bugün, bir yanda dünyada hâkim siyasal moment haline gelen otoriter sağ popülizmin yükselişi, diğer yanda Latin Amerika'daki sol iktidarların yaşadığı kriz, ABD müdahaleciliğini güçlendirmiş durumda. Yine de Monroe Doktrini bir gün miadını dolduracaksa, bu, kıtanın Güney'inden gelen tepkilerle mümkün olacaktır. Latin Amerika'da ABD müdahalelerinin tarihi, aynı zamanda karşı-hegemonik direnişlerin tarihidir.

---

14 "Russia Rejects New Monroe Doctrine of US in Latin America", 27 Mayıs 2019, *The Moscow Times*, https://www.themoscowtimes.com/2019/05/27/russia-rejects-new-monroe-doctrine-of-us-in-latin-america-lavrov-a65756

15 Darbeye giden süreçle ilgili detaylı bilgi için bkz. Bu kitapta On Dördüncü Bölüm.

> **ARAŞTIRMA SORULARI/ÖNERİLERİ**
> - ABD'nin Soğuk Savaş sonrasında Latin Amerika'ya yönelik müdahalelerinde "demokrasi teşviki"nin oynadığı merkezî rol, Venezuela ve Bolivya'ya yönelik son müdahalelerden yola çıkarak, tarihsel bağlamı içerisinde eleştirel bir bakış açısıyla incelenebilir. Ayrıca, ABD'nin Ortadoğu'ya yönelik müdahalelerindeki "demokrasi teşviki" ile kıyaslanarak karşılaştırmalı analizler yapılabilir.
> - ABD-Latin Amerika ilişkilerinin ekonomi politiği, yine karşılaştırmalı bir perspektifle incelenebilir. ABD'nin müdahalede bulunduğu ülkelerdeki sermaye grupları içinde hangi fraksiyonların ABD sermayeli şirketlerle doğrudan ya da dolaylı olarak bağlantılı olduğunu ve bu fraksiyonların devlette nasıl temsil edildiğini tespit etmek, dış politikanın devlet-sermaye ilişkileri ekseninde anlaşılmasını sağlayacaktır.

KAYNAKÇA

Bethell, L. der. (1993), *Cuba: A short History*, Cambridge: Cambridge University Press.

Burron, N. (2012), "Unpacking US Democracy promotion in Bolivia: From soft tactics to regime change", *Latin American Perspectives*, 39(1): 115-132.

Cullather, N. (1999), *Secret History: The CIA's Classified Account of its Operations in Guatemala, 1952-1954*, Stanford: Stanford University Press.

Gilderhus, M. T. (2006), "The Monroe Doctrine: Meanings and implications", *Presidential Studies Quarterly*, 36(1): 5-16.

Girard, P. (2004), *Clinton in Haiti: the 1994 US Invasion of Haiti*, Londra: Palgrave Macmillan.

Golinger, E. (2006), *The Chavez Code: Cracking US Intervention in Venezuela*, Northampton: Olive Branch Press.

Harvey, D. (2007), "Neoliberalism as creative destruction", *The ANNALS of the American Academy of Political and Social Science*, 610: 22-44.

Hitchens, C. (2001), *The trial of Henry Kissinger*, New York: Verso.

Kornbluh, P. (2013), *The Pinochet File: A Declassified Dossier on Atrocity and Accountability*, New York: New Press.

Lewis, A. (1975), "The Kissinger Doctrine", *New York Times*, 35.

Lindsay-Poland, J. (2003), *Emperors in the Jungle: The Hidden History of the US in Panama*, Durham: Duke University Press.

Livingstone, G. (2009), *America's Backyard: The United States and Latin America from the Monroe Doctrine to the War on Terror*, Londra: Zed Books.

Lockey, J. B. (1925), "The meaning of pan-Americanism", *American Journal of International Law*, 19(1): 104-117.

McPherson A., (2016), *A Short History of U.S. Interventions in Latin America and The Caribbean*, UK: Wiley Blackwell

Prevost, G. ve Campos, C. der. (2007), *The Bush Doctrine and Latin America*, Londra: Palgrave Macmillan.

Qureshi, L. Z. (2008), *Nixon, Kissinger, and Allende: US Involvement in the 1973 Coup in Chile*, Lanham: Rowman & Littlefield.

Rabe, S. G. (1999), "John F. Kennedy and Latin America: The "Thorough, Accurate, and Reliable Record" (Almost)", *Diplomatic History*, 23(3): 539-552.

—, (2006), "The Johnson Doctrine", *Presidential Studies Quarterly*, 36(1): 48-58.

Rodas Chavez, G. (2007), "Plan Colombia-A Key Ingredient in the Bush Doctrine", Prevost, G. ve Campos, C. (der.) *The Bush Doctrine and Latin America* içinde, Londra: Palgrave Macmillan, s. 91-104.

Rouquié, A. (1986), *Latin Amerika'da Askerî Devlet*, Ş. Tekeli (çev.), İstanbul: Alan.

Skidmore, T., Smith, P. (2005), *Modern Latin America*, New York: Oxford University Press.

Weisbrot, M. (2011), "Commentary: Obama's Latin America policy: Continuity without change", *Latin American Perspectives,* 38(4): 63-72.

Wise, D. (1975), "The secret committee called '40'", *The New York Times*, s. 181.

Whitney, K. M. (1996), "SIN, FRAPH, and the CIA: US covert action in Haiti", *Southwestern Journal of Law and Trade in the Amerias*, 3(2): 303-332.

Üçüncü Bölüm

LATİN AMERİKA'DA BAĞIMLILIKTAN NEOLİBERAL YENİ-KALKINMACILIĞA KRİZ DİNAMİKLERİ

AYLİN TOPAL

Giriş

Bu bölümde, sömürge sonrası dönemden günümüze kadar Latin Amerika'da kalkınma tartışmalarının tarihsel izleği takip ediliyor. Bu uzun dönem alt dönemlere bölündükten sonra her dönemin kendine özgü siyasi ve iktisadi bağlamı göz ardı edilmeden her döneme hâkim olan kalkınma politikalarının temel tezleri değerlendiriliyor. Son bölümde ise 2000'li yılların başından 2010'ların sonuna kadar iktidara gelen sol iktidarların yeni-kalkınmacılık olarak nitelenen politikalarına değiniliyor.

"Bağımsızlık" ve "serbest" ticaret yılları

Simón Bolívar, José de San Martín ve Miguel Hidalgo y Costilla gibi zengin ve ayrıcalıklı kreol (İberya kökenli ama sömürgelerde doğmuş) ailelerin çocukları olan önderlerin örgütlediği sömürge karşıtı hareket aslında yerli halkların ezilmesine ve toplumsal sınıflar arasındaki eşitsiz ilişkilerine karşı bir mücadele değildi (Marx, 1858). Öyle ki, Halperín Donghi'ye göre (1993: 42), bağımsızlık savaşları ticaret hatları ve limanlar üzerindeki sömürgecilerin merkezî kontrolünden kurtulmak ve böylece denizaşırı piyasalara daha yüksek kâr paylarıyla erişmek için İspanyol-Amerikalı kreol üreticilerin başlattığı bir mücadeleydi.[1] Bu dönemde yeni kurulmakta olan siyasi iktidarlar ticaret burjuvazisi, bü-

---

1 Ancak yine de bağımsızlık mücadelesinin en önemli siyasi mirasının Bolivarcılık olduğunu ve hem bağımsızlık fikrinin hem de Bolívar isminin daha sonraki dönemlerde güçlenecek halk hareketlerine ilham verici bir ideoloji olarak yeniden tanımlandığını vurgulamak gerek.

yük toprak sahipleri ve yabancı finans sermayesinden oluşan üçlü ittifakın çıkarlarını gözettiler.

18. yüzyılın son yıllarından 1830'lara kadar verilen mücadele ile bağımsızlığın kazanılması, İspanya ve Portekiz sömürgecilerinin uyguladığı ticaret kısıtlarının zayıflaması yani ticaretin "serbest"leşmesi ve başta İngiltere olmak üzere yeni ticaret hatlarının gelişmesi anlamına geldi. İktisadi liberalizm ideallerinin Avrupa'dan Latin Amerika'ya ihraç edilmesiyle birlikte, Latin Amerika serbest ticaret yoluyla kapitalist dünya ekonomisine eklemlenmiş oldu. Artan ticaret ilişkilerinin sonucu olarak ticaret sermayesi oluşmaya başladı. Latin Amerika ülkeleri maden, mineral, tarım ve hayvancılık gibi birincil sektörlerde ticari malları ihraç edip, sanayileşmiş Avrupa ekonomilerinin mamul mallarını ithal ediyordu. Bağımsızlık, yerli halkların kolektif topraklarına kavuşmasıyla sonuçlanmadı. Tam aksine, halkların elinde kalan son topraklar da verimlilik ve ölçek ekonomisi öne sürülerek toprak oligarklarının elinde toplandı. Bu dönemin hâkim paradigması olan neoklasik iktisada göre, kalkınma iktisadi bir problemdi ve büyümeden farklı değildi. Büyüme ise serbest dış ticaret yoluyla sağlanmalıydı.

Ticaret ilişkilerinin yanı sıra, bu dönemde para piyasalarıyla eklemlenme süreci de yaşandı. 1820'lerin ilk yıllarında Latin Amerika devletlerinin hazine bonoları Londra'ya, İngiltere Bankası'nın paraları Latin Amerika'ya akmaya başladı. Devletlerin hazinesinin en önemli gelir kaynağı gümrük vergileri olunca, ihraç ürünlerinin fiyatlarındaki dalgalanmalar kriz dinamikleri yaratır. Emtia fiyatlarındaki düşüş ile yaşanan ödemeler dengesi sorunları daha fazla hazine bonosu satarak borçlanma ile giderilmeye, daha doğrusu ertelenmeye çalışıldı. Yani borç döngüsü bağımsızlığın hemen ertesinde başlamış oldu. Öyle ki ilk borç krizi 1825 yılındaki Londra Paniği ertesinde 1826-27 yıllarında daha bölgenin tamamı bağımsızlığına bile kavuşmamışken yaşandı. Peru, Büyük Kolombiya (Kolombiya, Venezuela, Ekvador), Şili, Meksika, Arjantin, Brezilya ve Orta Amerika Federasyonu borçlarını ödeyemeyeceklerini ilan ettiler. Bir kısım borç karşılığında Latin Amerika'nın birçok ülkesinde maden işletmeleri, demir yolları ve diğer doğal kaynaklar İngiliz ve Kuzey Amerika şirketlerinin yönetimi ve işletimine verildi (Weaver, 2000).

Büyük Bunalım ve ticaret ilişkilerinin daralması

Latin Amerika ekonomilerinin üzerine kurulduğu temel eksenin savaş sonrası dönemde kaymasına neden olan küresel faktörler önemlidir. 1927-1928'de ABD Merkez Bankası (*Fed* veya *Federal Reserve*) sıkı para politikasına geçince, daha somut olarak, kredi miktarlarını azaltıp, faiz oranlarını yükseltince küresel para akışı keskin bir şekilde zayıfladı. Temmuz 1929'da önü alınamayacak daralma sonrasında borsalar teker teker çöktü. 1930-33 yılları arasında küresel ticaret sistemi yarı yarıya daralıp, İkinci Dünya Savaşı sırasında kıtalararası ticaret hatları kapandı. Bir yandan yabancı kredi akımının kesildiği, öte yandan emtia fiyatlarının düştüğü bir ortamda Latin Amerika ülkelerinde kamu maliyesi sorunları ve bankacılık krizi yaşanması beklenen bir sonuçtu. Bolivya, Brezilya, Şili, Kolombiya, Kosta Rika, Küba, Dominik Cumhuriyeti, El Salvador, Guatemala, Nikaragua, Panama, Paraguay, Peru ve Uruguay konkordato ilan ettiler.

Ekonomik krizle birlikte derinleşen siyasal istikrarsızlık Latin Amerika'da sosyal demokrasiden Marksizm'e uzanan sol bir repertuvarın zenginleşmesine ve yayılmasına fırsat verdi. Sol partiler Brezilya, Şili, Peru ve Küba'da önemli siyasal aktörlerken, Meksika, Arjantin, Uruguay, Kolombiya ve Venezuela'da ise en önemli aktörler arasında oldular. Büyük Bunalım'ın etkisiyle güç kaybeden serbest ticaret yanlısı kadroların yerini iktisadi bağımsızlık ve milli ekonominin güçlenmesini savunanlar aldı. Anglosakson ülkelerin deneyimlerini temel alan kuramların hâkimiyetini bilimsel sömürgecilik olarak değerlendiren Latin Amerikalı sosyal bilimcilerin çalışmaları yaygınlaşırken Latin Amerika kalkınma okulunun tezleri şekilleniyordu. Yapılan tartışmalarda, Latin Amerika ülkeleri ve emperyalist kapitalist ülkeler arasında kurulan ilişkilerin yeniden tanımlanması gerektiği, bunun için de devletin ulusal çıkarları savunan anti-emperyalist bir nitelik kazanmasının gerekli olduğu vurgulandı.

Kalkınma tartışmaları: CEPAL ve Bağımlılık Okulu

Latin Amerika kalkınma okulunun iki ana kolu olan Yapısalcılık ve Bağımlılık Okulu arasındaki ve her iki yaklaşımın kendi içindeki tartışmalar –ne yazık ki çok azı İngilizceye ve daha da azı Türkçeye çevrilmiş olan– oldukça zengin bir yazındır.

1943'te Paul Rosentein-Rodan'ın çerçevesini çizdiği, daha sonra Ragnar Nurkse, Tibor Scitovsky gibi diğer iktisatçılarca geliştirilen Büyük İtiş Modeli Yapısalcı Okul'un temel tezlerindendir. Buna göre, gelişmekte olan ülkelerde sanayileşme ancak devletin birbiri ile bağlantılı sanayileri eşzamanlı olarak teşvik edip, gelişmeye "itmesi" ile sağlanabilir (Chang ve Grabel, 2005: 102).

Bu tartışmalarla ilişkili biçimde 1948'de Birleşmiş Milletler bünyesinde Şili'nin başkenti Santiago'da kurulan Latin Amerika ve Karayipler Ekonomik Komisyonu (*Comisión Económica para América Latina - CEPAL veya Economic Commission for Latin America and the Caribbean - ECLAC*) yeni ekonomik kalkınma politikalarına yön vermeyi amaçlıyordu. Yapısalcı yaklaşımın kurumsal merkezi olan CEPAL kısa süre içinde Üçüncü Dünya kalkınmacılığının ana hatlarını belirledi. 1935-1943 yılları arasında Arjantin Merkez Bankası'nın başkanlığını yapmış olan Raul Prebisch başkanlığında çizilen çerçeve daha önce ithal edilen birincil malların yerli imalat sektörüne aktarılması, bu sırada iç piyasadaki talebin yeniden canlandırılmasını ve tüm bu yapısal dönüşümde devletin etkin bir rol oynamasını öne sürüyordu.

Kalkınma paradigmasındaki bu yeni yönelimin istikameti iki önemli çalışma ile perçinlendi. CEPAL Başkanı Raúl Prebisch, 1950 yılında detaylı bir görgül çalışma tamamladı. Bu çalışmada Prebisch (1950), uzun vadede ham madde

Haya de la Torre - Mariátegui tartışması

İkinci Dünya Savaşı ertesinde Latin Amerika kalkınma okulu içindeki savlar, 1920'lerde Perulu iki siyasetçi ve kuramcı arasındaki bir polemiğin etkisiyle şekillendi (Kay, 1989: 15). Victor Raúl Haya de la Torre ve José Carlos Mariátegui arasındaki bu polemik aynı zamanda 1919'da ilk kongresi toplanan Komintern (Üçüncü Enternasyonal) tartışmalarının da devamı niteliğindeydi. Victor Raúl de la Torre 1924'te Devrimci Amerika Halk İttifakı'nı (*Alianza Popular Revolucionaria Americana*-APRA) kurdu. O yıllarda gazetecilik yapan José Carlos Mariátegui de APRA içinde etkin olarak çalışmaya başladı. Ancak 1928'de Haya de la Torre ve Mariátegui arasında önemli fikir ayrılıkları belirdi. Mariátegui APRA'dan ayrılıp adı sonra Komünist Parti olacak Sosyalist Parti'yi kurdu.

Haya de la Torre'nin analizleri doğrusal tarih anlayışının izlerini taşır. Ona göre, Peru'yu ve diğer Latin Amerika ülkelerini feodal ilişkilerden ve emperyalist iktidar odaklarının kıskacından yalnız devrim kurtarabilir. Ancak bu devrim sosyalist bir devrim olamayacaktır; çünkü sosyalist devrimden önce Latin Amerika'da gelişmiş bir kapitalist sistemin yeşermesi gerekmektedir. Haya de la Torre, feodal iktidar ilişkileri tamamen sonlandırılmadan, Latin Amerika'da sosyalizme geçişin mümkün olmayacağını öne sürer. Yani tarihin merdiven basamakları gibi birbirini takip eden aşamaları vardır; toplumlar bu adımları teker teker atmalıdırlar ve atılacak her adımın devrimci öznesi farklıdır. İşçi sınıfının güçsüz, köylülerin ise feodal baskılarla geri kalmış halde olmalarından dolayı, atılacak bir sonraki adım olan milli devrime emperyalistlerle iş birliği içinde olmayan burjuvazi ve orta sınıflar önderlik edecektir (aktaran, Kay, 1989: 16). Bu yaklaşıma göre, aydın orta sınıflar ve küçük burjuvazi o tarihsel dönemeçte en ilerici ve devrimci unsurlardır. Milli burjuvazinin gelişmesini kolaylaştıracak ekonomi politikaları da uzun vadede işçi sınıfını güçlendirecektir. Dolayısıyla, milli devrim sosyalizmin başarıyla inşa edilebilmesi için gereklidir.

Bu iddialar, Mariátegui'nin Haya de la Torre ile yollarını ayırmasında etkili olmuştur. Latin Amerika'nın Gramsci'si olarak bilinen Mariátegui, Üçüncü Enternasyonal'in ilk kongresine de bizzat katılmıştır ve onun Latin Amerika analizlerinde bu tartışmaların etkisi görülür. Komintern içindeki tartışmalarda milli burjuvazinin, anti-feodal aşamada bağımsızlık hareketinin doğal bir müttefiki olacağı fikri ağır basar. Mariátegui, bu stratejinin özellikle Latin Amerika bağlamında etkili olmayacağını iddia eder. Feodal ve kapitalist ilişkiler arasında karşıtlık kuran bu yaklaşıma karşı Mariátegui, Latin Amerika'da feodal ve kapitalist üretim ilişkilerinin birbirine eklemlenerek tek bir iktisadi sistem oluşturduğunu öne sürer. Mariátegui'ye göre, sosyalist devrim kapitalizmin olgunlaşmasını beklemek zorunda değildir. Çünkü tarihin belirli bir akışı ve bu akışın belirlediği misyonları omuzlayan özneleri yoktur. Köylüler, işçiler ve aydın orta sınıflar hep birlikte bir işçi partisi önderliğinde hem emperyalizme hem de kapitalizme karşı sosyalist bir devrim gerçekleştirebilirler (aktaran, Kay, 1989: 17). Dolayısıyla Mariátegui, Haya de la Torre'nin milliyetçi anti-emperyalizmine karşı sosyalist bir antiemperyalizm fikrini benimser.

Haya de la Torre-Mariátegui tartışması, 1940'ların sonlarında yeniden önem kazandı. Bu dönemde, Haya de la Torre'nin tezleri yapısalcılığın ve reformcu bağımlılık yaklaşımının temel tezlerini şekillendirdi. Mariátegui'nin çalışmaları ise bağımlılık okulu içindeki neo-Marksist olarak nitelenen yaklaşımın tezlerine ilham kaynağı olmuş görünüyor (Kay, 1989: 17-18).

fiyatlarının artışı ile ithal sanayi mallarının fiyatlarındaki artışı karşılaştırdı. Bu artışın aynı düzeyde olmadığını gösterdi. Hammadde ve tarımsal ürünlerin fiyatlarındaki artış, sınai malların fiyatlarındaki artışından sürekli daha azdı. Dolayısıyla, hammadde ihracatı yapan ülkeler fiyatları her sene daha fazla artan ithal sınai mallara olan taleplerini aynı seviyede koruyabilmek için sürekli daha fazla hammadde üretmek ve ihraç etmek zorunda kalacaktı. Dolayısıyla, bu ticaret sisteminin sürdürülebilir olmadığı sonucuna varmak zor olmadı. Bu bulgulardan hareketle Prebisch'in temel tezi serbest ticaretin, zengin ve fakir ülkeler arasındaki eşitsizlikleri dengeleyeceğini öne süren Ricardocu neoklasik ticaret kuramının geçerliliği olmadığıydı. 1947-1969 yılları arasında Birleşmiş Milletler'de kalkınma iktisatçısı olarak çalışan Hans Wolfang Singer, Prebisch'le aynı zamanlarda ve ondan bağımsız olarak serbest ticaretin hammadde ve tarımsal ürün ihracatçısı olan ülkelerin yapısal olarak aleyhine işlediğini ve sanayi malları ihraç eden gelişmiş ülkelerin bu sistemden artan oranda fayda sağlayacaklarını öne sürer. Çalışmalarını birbirlerinden bağımsız yürüten Prebisch ve Singer'in aynı noktada buluşması nedeniyle bu tez, literatürde "Prebisch-Singer tezi" olarak anılır.

Latin Amerika bağlamında "içe dönük kalkınma/büyüme" (*desarrollo/crecer hacia adentro*) olarak adlandırılan ithal ikameci sanayileşme kısa sürede geniş toplumsal kesimler tarafından kabul edildi.[2] Latin Amerika ülkeleri sömürgecilik döneminden itibaren içine çekildikleri asimetrik ticaret ilişkilerinden kurtuldukları ölçüde kalkınabilirlerdi. İçe doğru kalkınmanın ithal ikameci sanayileşme politikalarıyla başarılabileceği iddiası kabul gördü (FitzGerald ve Valpy, 2000). Yapısalcılığa göre, ithal ikameci sanayileşme, milli sanayi burjuvazisi, orta sınıflar ve kentli işçi sınıfının koalisyonu ve kalkınmacı devlet politikaları ile başarılacaktı. Bu koalisyon, büyük toprak sahiplerinin, ülkelerin yeraltı kaynaklarını işleten yabancı şirketlerin ve ticaret burjuvazisinin hâkimiyetini zayıflatacak, modern ve etkin bir burjuva demokrasisi inşa edilebilecekti (Love, 1995). Yapısalcılığın az gelişmiş ülkelere, ileri kapitalist ülkeleri taklit ederek yakalama ve onlara benzeme hedefi çizdiğini söylemek haksızlık olmaz.

1960'ların sonlarında ve 1970'lerin ilk yıllarında kimi Latin Amerikalı sosyal bilimciler Bağımlılık Okulu adı verilecek tartışmaları başlattılar. Bu yaklaşımın içinde iki farklı kanat vardı; Biri CEPAL yaklaşımının izlerini taşıyan reformist kanat; diğeri CEPAL yaklaşımına karşı daha eleştirel bir tutum takınan neo-Marksist kanat. Reformist kanatın önemli isimleri Cardoso, Faletto ve Sunkel'di. Bu yazarlara göre, ithal ikamecilik ile Latin Amerika'nın dışa bağımlılığı azalmadı, aksine arttı. İhracatı destek kredilerine rağmen ihraç ürünlerinde çeşitlilik sağlanamayıp, hammadde ve tarımsal ürün ihracının ötesine geçilemedi. İhracatın kısıtlı olması nedeniyle döviz gelirleri yetersiz kalınca kalkınma politika-

---

2 Uygulanan bu politikalar her ülkede iç piyasaların büyüklüğüne göre üretici güçlerin dönüşümünde farklı etkiler yarattı. İç piyasaların büyük olduğu Meksika, Brezilya ve Arjantin, orta büyüklükteki Peru, Kolombiya ve Şili ve Orta Amerika'nın küçük ülkelerinde bu dönemde sanayi yapısı dönüşümü açısından ayrışma yaşandı.

larının finansmanı için dış borçlanma yoluna gidildi. Öte yandan, mevcut sanayi sektörü hâlâ yabancı şirketlerin kontrolü altındaydı (Sunkel, 1969: 29). Tüm bu eleştirilere rağmen, Sunkel ve diğer reformistlerde yapısalcı okulda olduğu gibi milliyetçilik vurgusu güçlüdür. İthal ikameciliğin başarısızlığı öncelikle yabancı sermayenin sömürüsü üzerinden açıklanır (Palma, 1981). Ancak reformistler yapısalcıların üstü örtük biçimde kabul ettiği bir ayrımı daha açık biçimde vurgularlar: Uluslararası sermaye ile iş birliği içindeki komprador sermaye gruplarının, orta sınıfların ve işçilerin, Birinci Dünya'ya, yani merkez ülkelerine olan bağımlılığı kıracak reformların uygulanmasını engellemeye çalışacaklarını ve bu reformların ancak yabancı sermaye ile bir şekilde entegre olmamış toplumsal sınıfların –bir diğer deyişle bağımlı kalkınmadan zarar görmüş milli burjuvazi ile kır ve kent emekçilerinin– iş birliğiyle başarılacağını öne sürerler.

Bağımlılık Okulu'nun neo-Marksist yazarları kendilerini CEPAL'in yapısalcı konumundan ve reformizmden ayırmaya özen gösterdiler. Neo-Marksist bağımlılık okulunun önde gelen yazarlarından André Gunder Frank, Yapısalcılık Okulu'nun ve Bağımlılık kuramının reformist kanadının savları ile modernleşme kuramının savları arasında önemli benzerlikler olduğunu vurgular (1974: 87). Diğer yandan, yapısalcıların ve reformistlerin ulusal burjuvaziye ilerici bir rol biçmekle nasıl yanlış yaptıklarını 1964 Brezilya Darbesi'ne atıfla gösterir. Milli burjuvazi, işçi ve köylü sınıfların muhalefetiyle karşı karşıya kaldığında cunta rejimleri gibi otoriter siyasi çözümlere meyleder. Frank'a göre, milli burjuvazi hiçbir zaman feodal toprak sahiplerinin iktidarına tehdit oluşturmamıştır. Dolayısıyla, milli burjuvazi ve komprador burjuvazi üzerinden yapılan ayrım olgusal olarak geçerli değildir. Sermaye bu iki rolü aynı anda oynayabilir. Üstelik komprador olmayan milli burjuvazi iç piyasaya yönelik üretim yaptığından kapitalist ilişkilerin yaygınlaşmasında onların da çıkarları vardır. Çin, Rusya ve Küba devrimlerinden esinlenen neo-Marksist bağımlılık kuramcıları, işçi-köylü dayanışmasının önderliğinde yapılacak sınıf mücadelesinin bağımlılığın kırılmasında en önemli unsur olduğunu öne sürerler (Frank, 1974).

Kendi içlerinde ortaklaşamayacak çok farklılıklar olsa da özellikle Brezilya'da Getúlio Vargas (1930-64), Meksika'da Lázaro Cárdenas (1934-1940) ve Arjantin'de Juan Perón hükümetleri başta olmak üzere Bolivya, Venezuela, Şili, Peru, Guatemala, El Salvador, Kolombiya ve Honduras'da hükümetler ithal ikameci politikalar benimsediler. Bu örnekler arasında Vargas'ın öncü bir konumu olduğunu vurgulamak gerekir. İç piyasaya yönelik yatırım yapan sanayi sermayesinin çeşitli mekanizmalarıyla desteklendiği bu uygulamaların sanayileşme açısından başarılı örnekleri olarak Brezilya, Meksika ve Arjantin gösterilir.

Literatürde bu hükümetler için popülist nitelemesi de yapılagelmekte. Popülizmi burjuva demokrasisi idealine ulaşamamış az gelişmiş kapitalist ülkelere dair bir anomali olarak tanımlayan (Di Tella, 1965) yaklaşımların bu döneme ilişkin bir diğer Batı merkezli kuramsallaştırma denemesi olduğunu ifade ederek tartışmanın detaylarını kitabın ilgili bölümlerine bırakalım.[3]

---

3 Latin Amerika'da popülizm üzerine bkz. Bu kitapta Sekizinci Bölüm.

1960-1970 arası dünya ekonomisinin durgunluk yılları olmasına rağmen Latin Amerika bağlamında bu durgunluk ithal ikameciliğin ve bu politikaları uygulayan hükümetlerin başarısızlığıymış gibi tartışıldı. Kapitalizmin küresel krizinin o coğrafyadaki etkileri, İçe Doğru Büyüme/Gelişme politikalarının sonuçları olarak tanımlandı. Bu tartışma Guillermo O'Donnell'ın (1973) çizdiği çerçevede gelişti. O'Donnell, Brezilya ve kısmen Arjantin üzerinden geliştirdiği açıklamasında, ithal ikameciliğin kolay evrelerini popülizm ile eşleştirilirken, ithal ikameciliğin yol açtığı ekonomik darboğazın aşılması için bir kopuşa ve daha otoriter devlet biçimlerine ve hatta askerî rejimlere gereksinim olduğunu iddia ediyordu. Her ne kadar Şili, Uruguay ve kısmen Arjantin gibi örnekler bu açıklamaya uymasa da, literatürde oldukça kabul gören O'Donnell'a göre, sanayileşme düzeyinin derinleşmesi (*deepening*) için popülizmin terk edilmesi ve bürokratik otoriter rejimlerin tesisi zorunlu hale gelmişti. Bir bakıma Batı kapitalizmine entegre olmanın önündeki engelin kurumsal az gelişmişlik, yani bürokratik rasyonalitenin eksikliği olduğunu ima ediyordu. Kavramdaki bürokratik vurgusuyla rasyonel, akılcı bir yönetim anlayışının geleceği imleniyordu.[4]

Neoliberalizm, sanayisizleşme, yeni kalkınma arayışları

Latin Amerika neoliberalizme geçişin askerî darbelerle yaşandığı, ardından gelen sivil rejimler eliyle toplumsal muhalefetin disiplin altına alınarak, neoliberal reformların en ortodoks biçimde uygulandığı bir coğrafyadır. O'Donnell'ın sözünü ettiği bürokratik otoriterliğin başat örneklerinden biri Şili'dir. ABD hükümetinin iş birliğiyle General Pinochet 11 Eylül 1973'te Başkan Salvador Allende içindeyken hükümet binasının savaş uçaklarıyla bombalanması emrini verir. Allende o gün o binada ölür ve Pinochet'nin 17 yıl sürecek cunta rejimi başlar. Cunta hükümetinin ekonomi politikaları "Chicago Oğlanları" olarak ünlenecek serbest piyasacı bir ekip tarafından şekillendirilir. Böylece neoliberal politikaların ilk denemeleri yapılmış oldu. Ardından Brezilya ve Arjantin örneklerinde olduğu gibi askerî rejimler neoliberal politikaların ilk uygulayıcıları oldular. Ancak tüm bölgede neoliberalizme geçiş 1980'lerin ilk yıllarında ABD Merkez Bankası'nın sıkı para politikasına geçişiyle sürdürülemez hale gelen borç krizinin ertesinde yaşandı.[5]

Kalkınma tartışmalarının yerini fiyat istikrarı ve büyümeyi hedefleyen politikaların aldığı 1980'lere, süren ekonomik istikrarsızlık, artan işsizlik ve kriz eğilimleriyle, kayıp on yıl (*la década perdida*) denir. Kayıp on yıldan sonra 1990'ların başında siyasal iktidar birçok ülkede el değiştirdi. Bir diğer deyişle, kayıp on yılla birlikte neoliberal politikaların ilk uygulayıcısı olan partiler ve koalisyonlar da iktidarı kaybettiler. Ancak buna rağmen, Peru'da Alberto Fujimori, Arjantin'de Carlos Menem ve Brezilya'da Fernando Collor de Mello örnekleriyle ha-

---

4 Popülizm ve bürokratik otoriterlik tartışmalarının kapsamlı analizi için bkz. Yalman (1985).
5 Burada, 1979'da ABD Merkez Bankası Başkanı olan Paul Volcker'ın uyguladığı plan, borç krizinin ana hatları ve neoliberal programın çerçevesi için bkz. Bu kitapta Dördüncü Bölüm.

tırlayacağımız (sağ popülist olarak da nitelenen) liderler neoliberal reformları hız kesmeden uyguladılar.

1980'den itibaren neoliberalleşme ile birlikte Latin Amerika ülkelerinde sanayisizleşme eğiliminin belirdiğini vurgulamak gerekir (Barros, 1989). IMF yapısal uyum reformlarının sonuçları ithal ikameci yılların mirası imalat sektörünü zayıflatırken, aynı zamanda bu politikalara direnebilecek sendikaları da güçsüzleştirdi (Portes ve Hoffman, 2004; Martin ve Brady, 2007). İmalat sanayiinin toplam katma değer payının düşmesi fasonlaşma eğilimini gösteren bir veridir. Buna paralel olarak bölgedeki tüm ülkelerde 1985 yılında istihdamda imalat sektörünün payı azalmaya başlayıp, 1990'ların ortalarından itibaren hızlı bir şekilde düştü. Bu sektörlerden çıkan çalışanlar enformel sektörlere ve hizmet sektörlerine kaydı (Brady, Kaya ve Gereffi, 2011). Sanayisizleşme sürecine paralel olarak mineral ve maden ihracatı bu yıllarda artmaya başladı. 1990'ların ikinci yarısında Arjantin, Meksika, Bolivya, Ekvador, Peru'da giderek artan oranlarda ve çok kısa sürelerde yabancı şirketlere madenlerin ve minerallerin çıkarılma imtiyazları verildi. 17 Nisan 1994 tarihli *New York Times* gazetesi "Latin Amerika'nın dünyanın en büyük maden ekonomisi olma yolunda hızla ilerlediğini" duyuruyordu (Brooke, 1994). Bu yıllarda bölgede henüz hiçbir sol liderin/koalisyonun hükümette olmadığının altını çizelim ki, sanayisizleşmenin ve birincil malların ticaretine dayalı kalkınma stratejisinin bu hükümetlerin kendi siyasi gündemleri değil, neoliberal dönemde küresel birikim stratejisinin süreklilik gösteren bir özelliği olduğu ortaya çıksın.

1990'ların sonuna doğru gelinirken bölgenin siyasi gündemini halk isyanları, ayaklanmalar, grevler ve sokak eylemleri belirledi. Neoliberal reformların sebep olduğu krizler gelir dağılımı eşitsizliklerini daha da derinleştirmişti. Bölgenin neredeyse tüm ülkelerinde birikmekte olan genel bir hoşnutsuzluk vardı. Bu hoşnutsuzların semptomları olan tabandan yükselen halk hareketlerine paralel olarak sol/ilerici koalisyonlar art arda iktidara geldiler. 1998'de Venezuela'da Hugo Chávez, 2002'de Brezilya'da Luíz Inácio Lula da Silva, 2003'te Arjantin'de Nestor Kirchner, 2005'te Bolivya'da Evo Morales ve 2006'da Ekvador'da Rafael Correa bu sol dalganın liderleri oldular.[6] 1994'te Meksika'da, 1998'de Brezilya'da ve 2001'de Arjantin'de patlak veren ekonomik krizlerin ve bu krizlerin derinleştirdiği toplumsal eşitsizliklerle yayılan isyan dalgasının ertesinde gerçekleşen siyasi iktidar değişiklikleri kalkınma sorunsalını yeniden siyasa yapım sürecinin merkezî sorunsalı haline getirdi.

2000'li yıllarda iktidara gelen sol eğilimli hükümetler "neoliberalizme başka alternatif yok" söyleminin kırılmasında etkili oldu. Latin Amerika'nın birçok ülkesinde sivil toplum örgütleri, küreselleşme karşıtı hareketler, ilerici aydınlar ve işçi sendikaları nostaljik bir tavırla ulusal kalkınma stratejileri arayışına girdiler. Bu tartışmalar 1950-70 yılları arasındaki kadar derinleşmiş olmasa da 2000'li yıllarda iktidara gelen sol eğilimli partilerin politikaları ile birlikte an-

---

6 Nikaragua ve Paraguay'da da iktidarların sol partilere geçtiğini ve Meksika'da sol muhalefetin 2006 seçimlerini kıl payı kaçırdığını eklemek gerekir.

ti-emperyalizm tartışmaları yeniden gündeme geldi. Latin Amerika ülkelerinin sömürgeciliğe ve emperyalizme karşı ortak bir cephe olarak mücadele etmek zorunda olduğunu öğütleyen Bolivarcılık güçlü bir ideoloji haline geldi. Bölgenin sömürge tarihinden çekip çıkardığı bu kurtarıcı kahraman başta Chávez olmak üzere sol iktidarların kullandığı hegemonik bir politik pozisyon haline geldi. Kendini bir biçimde sol/sosyalist olarak niteleyen bu iktidarların ekonomi politikalarında önemli bir kopuş yaratacağı beklentisi "post-neoliberalizm" kavramı etrafında önemli bir tartışma yarattı (Silva, 2009; Springer, 2015).

Ne var ki, yeni-kalkınmacılık tartışmalarının hız kazandığı 2000'li yıllarda, neoliberal çerçeve ile radikal biçimde çatışmayacak makroekonomik politikalar uygulandığı iddia edilebilir. Dış borçların ve kamu borçlarının yeniden müzakere edilerek borçluluk döngüsünün kırılması bu hükümetlerin temel sorunsalı oldu. Sanayi politikalarında korumacılık yerine rekabet kurallarını tesis eden düzenlemeler önem kazanırken, denk bütçe, düşük faiz ve kur politikaları hedeflendi. Bunların yanı sıra kârlılık oranları ve sermaye birikiminin amaçlandığını söylemek haksızlık olmayacaktır. 2003'te Néstor Kirchner'in Arjantin ekonomisini neoliberalizmin yıkımından kurtarmak için "milli burjuvazimizi güçlendirmeden milli bir proje geliştirmemiz mümkün değildir," demesi dikkat çekicidir (aktaran: Chibber, 2005: 236).

Bu sırada 2003'ten itibaren artmakta olan emtia fiyatları 1990'larda başlamış olan birincil meta ticaretinde yoğunlaşma sürecini ivmelendirdi. 2001'de Çin'in Dünya Ticaret Örgütü'ne girişinin ardından birincil mallara olan talep arttı. Çin'in yanı sıra Hindistan'dan gelen talep ile birlikte Latin Amerika ülkelerinin büyüyen ihracat sepetindeki birincil malların ağırlığında önemli bir artış yaşandı. 1960'lardan 1980'lere kadar gerçekleşen ihracat mallarındaki çeşitlilik tersine dönerek doğal kaynakların çıkarılmasına ağırlık verildi. CEPAL 2003-2004 yıllarında beliren bu kalkınma stratejisine "yeniden birincilleşme/emtialaşma (*re-primarization/re-commoditization*) derken, aynı politikalar "yeni-*ekstraktivizm*" (çıkarıp-sömürmecilik diye Türkçeleştirmek mümkün) kavramı etrafında da tartışılıyor (López ve Vértiz, 2015). Dolayısıyla sol hükümetlerin "yeni-kalkınmacılık" olarak da tanımlanan programlarının ardında artan emtia fiyatları ve ona paralel olarak artan devletin gümrük ve ticaret gelirleri olduğunu tespit etmek lazım.

2008 küresel finans krizi yaşanırken aslında emtia fiyatlarındaki "süper-canlılık çevrimi" (*super-boom cycle*) devam etmekteydi.[7] Kriz yıllarına doğru gelinirken, Arjantin ve Venezuela başta olmak üzere Latin Amerika ülkeleri büyüyen ticaret gelirleri ile dış açıklarını kapatmıştı. 2003-2007 yılları arasında ödemeler dengesi fazlası veren bölge ülkeleri dolar rezervlerini ABD hazine bonolarına yatırarak bir bakıma Birleşik Devletler'in bütçe açığını fonlar durumdaydı.

---

7 Eylül 2008'de Lehman Brothers'ın batmasının hemen ardından emtia fiyatlarında kısa süreli bir düşüş gerçekleşmesine rağmen takip eden aylarda hızlı bir toparlanma ile fiyat artışları devam etti. Bu dönemde Çin'de bir talep daralması yaşanmaması fiyatlardaki artışın süregelmesinin en önemli nedeni oldu.

İşte bu dönemeçte, sol liderlerden önemli bir manevra geldi. Anti-emperyalist bir ideolojik hat ve Bolivarcı (Büyük Kolombiya) proje ilhamıyla Lula'nın inisiyatifiyle kurulan bölgesel iş birliği kurumu Güney Amerika Halklarının Birliği (UNASUR)[8] önemli bir deneyimdi. Bölge için olduğu kadar Asya-Pasifik ülkeleriyle de ticareti geliştiren bu birlik içinde hükümetlerin siyasal pozisyon farklarını yansıtan çatışmalar yaşandı. Bir yanda Venezuela, Bolivya ve zaman zaman Ekvador, Birliği "anti-neoliberal" entegrasyon konumuna çekmeye çalışırken, diğer yanda Brezilya etrafında kümelenen diğer ülkeler ise politik bir entegrasyon değil Mercosur tarzı bir ekonomik iş birliği yönünde bastırıyordu. Chávez 2004 yılında UNASUR ve ALBA içinde IMF ve Dünya Bankası'na alternatif olacak bir Güney Bankası kurma önerisini duyurdu. Ödemeler dengesi sorunları yaşanan üyelere kredi sağlama, ortak para politikası geliştirme ve kalkınma projelerine finansal destek verme amaçlarıyla kurulması önerilen bu banka fikrine Lula –arkasındaki sermaye kesimlerinden destek bulmayınca– itiraz etti.

2008 krizi sonrası Avrupa ve ABD Merkez Bankaları para miktarını genişletme stratejisi izlediler. Borçlanma koşulları kolaylaştırılır, faizler düşerken miktarsal genişleme/gevşeme (*quantitative easing*) ile sisteme pompalanan paranın önemli bir miktarı Latin Amerika ülkelerine aktı. Emtia fiyatlarındaki artışa rağmen 2008'in son çeyreğinde Latin Amerika'da yaşanan daralma 2009 yılı içinde de devam etti. Bu kısa süreli ödemeler dengesi açıkları faiz oranlarının da düşük seyrettiği kredi bolluğunun yaşandığı dönemde dış borçlanma yoluyla kapatıldı. Finansal piyasalara pompalanan trilyonlarca dolar Latin Amerika ülkelerini Fed politikalarına daha bağımlı hale getirdi. Ancak krizin etkilerinin bölge ülkeleri üzerinde eşit bir etki yarattığını söylemek pek mümkün değil. Arjantin ve Meksika devletleri borçlanma konusunda daha rahat davranırken, Brezilya, Venezuela ve Bolivya esas itibariyle kendi rezervleriyle krizi aşmayı tercih ettiler.

Uluslararası ticaret ve finans piyasalarının bu denli entegre olduğu bir bağlamda finansal krizin etkilerinden ayrılmanın (*decoupling*) pek mümkün olmadığı 2012'ye doğru anlaşılmış oldu. Finansal krizin etkilerinin küresel durgunluğa yol açacağı birincil mallara olan talebin düşmesi ve ticaret hacimlerinin daralmasıyla belirginleşti. Talebin düşmesine paralel olarak emtia fiyatlarında 2012'de belirginleşen aşağı yönlü hareketi, 2013-2014 kışında Çin ekonomisinin daralmasıyla birlikte 2014 ortalarında petrol fiyatlarında yaşanan hızlı düşüş takip etti.

Bu durum Latin Amerika ülkeleri açısından ciddi bir kamu açığı anlamına geldi. Üstelik Fed'in sıkı para politikasına geri dönme eğilimi ile birlikte küresel ticaret ve kredi kaynakları aynı anda daraldı. Fed'in sıkı para politikasına geçiş sinyallerinin etkisi doğrudan finansal piyasalarda krizlere yol açmadı ancak zamana yayılarak kendisini gösterdi. 2017 sonu ve 2018'de belirsizliğin artma-

---

[8] UNASUR gibi bu iktidarların çabasıyla kurulan ikinci bölgesel entegrasyon kurumu Latin Amerika için Bolivarcı İttifak - Halkların Ticaret Anlaşması (ALBA-TCP) oldu. UNASUR ve ALBA post-liberal bölgesel ittifakın kurumları oldular. Bu konuda kapsamlı bir değerlendirme için bkz. Sanahuja (2012).

Yeni-ekstraktivizm

Neoliberal dönemde sanayileşme yönündeki devlet harcamalarının ve yatırımlarının azaltılmasını, uluslararası ticaret ilişkilerinin önündeki korumacı politika engellerinin kaldırılmasını takiben, gelişmekte olan ülkeler açısından kalkınma politikalarına yeni bir yönelim çizilmesi gerekti. 1990'lı yılların ortalarına doğru, neoliberal politikaların vadettiği büyümenin, buna bağlı olarak yaratılacak istihdamın ve sonuçta toplumun en alt katmanlarına kadar süzülecek (*trickle down*) toplumsal refahın gerçekçi olmadığı geniş çevrelerce anlaşılmıştı. Latin Amerika ülkeleri başta olmak üzere, neoliberal politikaların olumsuz etkilerinin –en basit anlatımla yoksulluğun etkisinin– devlet bütçesinden fonlanacak neoliberal sosyal politikalarla azaltılması (*poverty alleviation*) amaçlandı. Sosyal kalkınmanın fonlanabilmesi için bir yandan uluslararası sermaye birikiminin önünü açacak, diğer yandan devlet bütçesine yeni bir gelir kaynağı olacak bir çözüm gerekliydi.

Yeni-ekstraktivizm, zengin doğal kaynaklara sahip az gelişmiş ülkeler için böyle bir bağlamda neoliberal kalkınma stratejisi olarak belirdi. Madenler, mineraller ve enerji kaynaklarının yanı sıra ticari ve sınai tarım ürünlerinin (mono-kültür tarım ürünlerinin de kökleriyle topraktaki mineralleri çıkardığı düşünülürse) ticaretinden elde edilen gelirin ekonominin merkezi ekseni haline gelmesi durumu 2010'ların ortalarından itibaren yeni-ekstraktivizm kavramı etrafında tartışılmaya başladı (Ayelazuno, 2014, Arsel vd., 2016). Latin Amerika ülkeleri üzerinden gelişen kavram yakın zamanda Türkiye gibi ithal ikameci enerji politikalarının ön plana çıktığı ekonomiler için de kullanılmaya başladı (Arsel vd., 2015).

Neoliberal tarım politikaları kırsal nüfusu geçimlik tarımdan veya küçük üreticilikten koparılırken, yeni-ekstraktivizm stratejisi bu toplumsal kesimleri uluslararasılaşmış maden ve enerji şirketlerinin istihdamına muhtaç yedek işgücü ordusu haline getiriyordu. Tarımsal üretimin tek geçim kaynağı olmaktan uzaklaştığı durumda kırsal nüfusun yaşamsallığının merkezine toprakla ve doğayla kurulan yeni proleterleşme süreci oturdu (Çelik, 2017; 2019). Ucuz ve örgütsüz işgücünün sömürüsünün yanı sıra her türlü ekstraktivizmin insanın doğayla ve toprakla daha sömürgen bir ilişki kurmasına sebep olduğunu da vurgulamış olalım.

sıyla doların değerlenmesi emtia fiyatlarına olumsuz yansıdı. "Küresel finansal koşulların sıkılaşması" Latin Amerika ülkeleri açısından özel ve kamu sektörü borç krizlerini tetikledi. İşte sol hükümetlere verilen desteğin yakın geçmişte sonuna gelinmesi böyle bir dönemece denk geliyor. 2013 yılındaki fiyatlardaki düşüşe kadar, sermaye çevrelerinin kendi kârlılıklarına tehdit oluşturmayan bu iktidarların uyguladığı politikalara pasif bir rıza göstermiş olduğu son yıllarda organize bir biçimde girişilen karşı hamlelerden anlaşılıyor.

Sonuç

Latin Amerika kalkınma tartışmaları üzerine yapılan tartışma, kalkınma kavramının nasıl her dönemde yeniden tanımlandığını ortaya koyuyor. Her kalkınma tanımının toplumsal aktörler için farklı sonuçları olduğu da aşikâr. Sömürgecilik sonrasından Büyük Bunalım'a kadar olan dönemde kalkınma Ricardocu serbest ticaret kuramından alınan ilhamla ticaret ilişkilerinin gelişmesi ve bölgenin ihracat mallarının piyasa payları üzerinden tanımlandı. Böylesi bir kalkınma perspektifinin hâkim olması *latifundia*ların oluşması ve yerli halkların kolektif topraklarının ellerinden alınması anlamına geldi. Büyük Bunalım etkisiyle savaş sonrasından 1970'lere kadar olan dönem sanayileşme ve içe doğru büyüme stratejilerinin hâkim olduğu yıllar oldu. Sanayi sermayesinin artan kârlılığından işçilerin ne kadar pay alacağı örgütlü mücadelenin dinamiklerine bağlıydı. Bu dönemde tarım ve kır kentli nüfusa ucuz gıda ve sanayiye ham madde üretme işlevi nedeniyle devlet desteklerinden pay alabildi. 1970'ler ve 1980'ler ise otoriter rejimlerin bir yandan neoliberal yapısal dönüşümü başlattığı diğer yandan da muhalefeti tamamen etkisizleştirdiği yıllar oldu. Fiyat istikrarı ve denk bütçe hedefleri, uluslararası ticaretin önündeki korumacı vergilerin kaldırılması ve para politikalarında serbestlik ile kalkınma yeniden uluslararası piyasalara eklemlenme ve büyüme ile eşitlendi. Ancak, bu yılların Latin Amerika açısından sonuçları beklendiği biçimde yaşanmadığı ölçüde, kalkınma paradigmasının yeniden tanımlanması gerekliliği belirdi. Bir yandan Washington Uzlaşısı diye bilinen çerçevede devletin rolü yeniden tanımlandı. Özellikle, yoksullukla mücadele konularında devletin yeni sosyal politika uygulamalarının büyümenin tüm toplumu içine alacak biçimde (*inclusive growth*) gerçekleşmesine imkân vereceği iddia edildi. Öte yandan, neoliberal politikaların ve bu süreçte yaşanan krizlerin gelir dağılımı eşitsizliklerini daha da derinleştirmesiyle bölgenin birçok ülkesinde aşağıdan yukarı isyan dalgası baş gösterdi. İsyan dalgasını iktidar değişiklikleri takip etti. Böylesi bir bağlamda, iç piyasa dinamikleri ve kalkınmanın sosyal etkileri hükümetlerin politika öncelikleri haline geldi. İktidarların ideolojik yönelimleri ve gerçekleşen makroekonomik dönüşüm birbiriyle uyumlu değildi. 1980'ler ve 1990'lar boyunca küresel piyasalarla eklemlenmenin geldiği hem finansal hem ticari boyut hükümetlerin manevra alanlarını da bir ölçüde daraltmış görünüyordu. Bu dönem birincil malların ihracatı artan emtia fiyatlarıyla birlikte devletin en önemli gelir kaynağı oldu.

2018 ve 2019 yıllarında daha da hissedilir hale gelen ekonomik krizler yeniden emtialaşma üzerinden "kalkınma" tanımlamaya çalışan bu ülkelerin yaşadığı tekil nitelikli sorunlar olmanın ötesinde uzun "krizler" sürecinin son halkası olarak görünüyor. Mevcut durum 2008 Finansal Krizi'ne verilen politika tepkileri, 2013 sonrasında yeni bir konjonktüre geçilmesi, nihayetinde son yıllarda finansal kaynaklara erişimin daha zor hale gelmesi ve emtia fiyatlarındaki artışın sonuna gelinmesi ile açıklanabilir.

> **ARAŞTIRMA SORULARI**
> - Kalkınma paradigmaları ve politikaları açısından Latin Amerika ülkeleri ile Türkiye ilk bakışta şaşırtıcı gelebilecek paralellikler gösterirler. Bu paralelliklerin karşılaştırılması henüz yeterince çalışılmamış araştırma soruları olabilir. Türkiye'nin devletçilik

> yılları ve ithal ikameci dönemin örneğin Brezilya ile karşılaştırması, Brezilya'nın sanayileşme yönünde Türkiye ile kıyasla daha hızlı ilerlemesi bir araştırma sorusu olarak kabul edilebilir. Sanayileşme politikalarının amaçlarına ulaşmasında bölgesel iş birliği ve ticaret ilişkilerinin önemi bu karşılaştırmada açıklayıcı bir unsur olarak düşünülebilir.
> - Türkiye'de 20. yüzyılın ortalarına doğru güç kazanan sol hareketin ideolojik kaynakları, politik strateji üzerine iç tartışmaları hakkında gelişkin bir literatür olsa da tüm bu tartışmaların Latin Amerika kalkınmacılığı ile birlikte değerlendirilmesi yeterince çalışılmamış bu konudur. Ortadoğu ve Latin Amerika antiemperyalist hareketlerinin karşılaştırılması hâlâ yazarını beklemektedir.
> - Neoliberal dönemde Latin Amerika ülkelerinin deneyimlerinden gelişen sanayisizleşme kavramı 2000'lerin başlarında Türkiye ekonomisi için de kullanılmaya başladı. Sanayisizleşme kavramının farklı biçimlerinin karşılaştırılması halen yeni araştırmalara muhtaç.
> - Son olarak, az gelişmiş ülke ekonomilerinin madencilik ve enerji politikaları yeni-ekstraktivizm etrafında çalışılıyor. Ancak bu tartışmanın Türkiye ekseni henüz yeterince sorunsallaştırılmadı. Latin Amerika ülkeleri ve Türkiye üzerinde yapılacak karşılaştırmalı çalışmalar yepyeni bir çalışma alanı olmaya aday görünüyor.

KAYNAKÇA

Arsel, M., Akbulut, B. ve Adaman, F. (2015), "Environmentalism of the malcontent: Anatomy of an anti-coal power plant struggle in Turkey", *Journal of Peasant Studies*, 42(2): 371-395.

Arsel, M., Hogenboom, B. ve Pelegrini, L. (2016), "The extractive imperative in Latin America", *The Extractive Industries and Society*, 3(4): 877-879.

Ayelazuno, A. J. (2014), "The 'new extractivism' in Ghana: A critical review of its development prospects", *The Extractive Industries and Society*, 1(2): 292-302.

Barros, J.G. (1989), *Deindustrialization in Chile*, Boulder, CO: Westview Press.

Brooke, J. (1994), "For U.S. miners, the rush is on to Latin America", *New York Times*, 17 Nisan 1994.

Chang, H. J. ve Grabel, I. (2005), *Kalkınma Yeniden: Alternatif İktisat Politikaları Elkitabı*, İstanbul: İmge.

Chibber, V. (2005), "Reviving the developmental state: the myth of the 'national bourgeoisie'", *Socialist Register*, s. 41.

Çelik, C. (2019), "Extractive industries and changing means of rural livelihood: Patterns of proletarianization and labour processes in Soma coal basin", Yayımlanmamış Doktora Tezi, Ankara: Orta Doğu Teknik Üniversitesi.

Çelik, C. (2017), "Kırsal dönüşüm ve metalaşan yaşamlar: Soma havzasında işçileşme süreçleri ve sınıf ilişkileri", *Praksis* 43 (1): 785-810.

Di Tella, T. S. (1965), "Populismo y reforma en América Latina", *Desarrollo Económico*, 4 (16): 391-425.

FitzGerald, E. K. Valpy (2000), "ECLA and the theory of import substituting industrialization in Latin America", Cardenas, E., Ocampo, J., Thorp, R. (der.), *An Economic History of Twentieth Century Latin America*, cilt 3, Londra: Palgrave Macmillan, s. 58-97.

Frank, A. G. (1974), "Dependence is dead, long live dependence and the class struggle: an answer to critics", *Latin American Perspectives*, 1(1): 87-106.

Halperín Donghi, T. (1993), *The Contemporary History of Latin America*, Durham ve Londra: Duke University.

Kay, C. (1989), *Latin American Theories of Development and Underdevelopment*, New York: Routledge.

Love, J. (1995), "Economic Ideas and Ideologies in Latin America since 1930", Leslie Bethell (der). *The Cambridge History of Latin America*, cilt 6, içinde, Cambridge: Cambrige University Press.

Marx, K. "Bolivar y Ponte", 7 Ocak 1858, marxists.org.

Martin, N. ve Brady, D. (2007), "Workers of the less developed world unite? A multi-level analysis of unionization in less developed countries", *American Sociological Review*, 72: 562-584.

O'Donnell, G. A. (1973), *Modernization and Bureaucratic-Authoritarianism: Studis in South American Politics, Politics of Modernization, Series No: 9*. Berkeley, CA: University of California.

Palma, G. (1981), "Dependency and development: A critical overview", Dudley Seers (der.), *Dependency Theory: A Critical Reassessment* içinde, Londra: Francis Pinter.

Portes, A. ve Hoffman K. (2003), "Latin American class structures: Their composition and change during the neoliberal era", *Latin American Research Review*, 38: 41-82.

Prebisch, R. (1950), *The Economic Development of Latin America and its Principal Problems*, New York: United Nations.

Sanahuja, J. A. (2012), "Post-liberal regionalism in South America: The case of UNASUR", *EUI working paper* RSCAS 2012/05.

Silva, E. (2009), *Challenging Neoliberalism in Latin America*, Cambridge: Cambridge University Press.

Singer, H. W. (1950), "The distribution of gains between investing and borrowing countries", *American Economic Review: Papers and Proceeding*, 40(2): 473-485.

Springer, S. (2015), "Postneoliberalism?", *Review of Radical Political Economics*, 47 (1): 5-17.

Sunkel, O. (1968), "National Development Policy and External Dependence in Latin America", *Journal of Development Studies*, 6 (1): 23-49.

Weaver, F. S. (2000), *Latin America in the World Economy*, Boulder, CO: Westview Press.

Yalman, G. L. (1985), "Popülizm, bürokratik-otoriter devlet ve Türkiye", *Onbirinci Tez*, 1: 16-69.

Dördüncü Bölüm

LATİN AMERİKA'DA NEOLİBERALİZM: BAĞIMLILIĞIN GELİŞMESİ VE GELİŞMENİN BAĞIMLILAŞMASI

SERDAL BAHÇE

Giriş

Tiyatro garip bir sahne sanatıdır; insan davranışı çevresinden koparılarak, daha damıtılmış ve daha yoğunlaştırılmış bir şekilde sahnelenir. Çevre sanatın icra edildiği mekânın sınırlılıklarından mütevellit yok edilir ve çevrenin bir karikatürü sahneye oturtulur. Böylece, sinema ve diğer görsel sanatların aksine, seyircinin algısını dağıtacak asli olmayan çevresel faktörler dışlanmış olur. Tüm dikkat oyuncunun, eylemli olan öznenin üzerinde yoğunlaşır. Aslında bilinçli tiyatro seyircisi oyunu defalarca izlemiş ve hatta biraz daha ilgili ise bir de okumuş durumda seyretmektedir kaçınılmaz tragedyayı. Dolayısıyla sırf bu nedenle tiyatro, gizem vaat etmez, merakı da tırmalamaz. Ancak daha insani bir şey yapar, gündelik hayatta bastırılan, es geçilen ve derinlere itilen duygular, haykırışlar, öfkeler, hayaller ve hayal kırıklıkları başka hiçbir yerde sergilenemeyecek ölçüde estetik bir formda ve bir o kadar da insani tarzda sergilenir. Böylece irade ile kader, diğer tüm bağlamlardan kurtulmuş bir şekilde, sadece kendileri olarak ve çıplak bir şekilde mücadele ederler. Seyirci damıtılmış ve yoğunlaştırılmış öfke ve coşkuyu, nefret ve sevgiyi, kanıksama ve reddetmeyi doyasıya yaşar. Seyirci oyuncu ile başka hiçbir sanatta tiyatrodaki kadar özdeşleşemez. Haykırır, nefret eder, sevinir ve coşkuya kapılır. Bir tür katharsis yaşar.

İnsanlığın bundan bir önceki yüzyıldaki hikâyesi bir tiyatro ise eğer en gözde sahnesi kuşkusuz Latin Amerika'dır. Aşağıda anlatılacak hikâye kuşkusuz hepimizin kendimizi bulacağımız fragmanlar sağlayacaktır. Bolívar'ın, San Martín'in ve diğer *liberertador*ların sömürgeciliği puslu tropikal ormanlardan, karlı dağlardan ve derin vadilerden süpürerek kurdukları bu koca, heybetli ve zengin kıta kuşkusuz irade ile kaderin o zamandan beri durmadan ve bıkmadan didiştikleri koca bir sahnedir. O zamandan beri kader (bağımlılık, sömürü, baskı) ile irade (devrim, bağımsızlık, sosyalizm, reform, bağımsızlık, kopuş) didişir dururlar bu kaynağı zengin, kaderi fukara kıtada. Burada anlatılacak olan hikâye parçası bu didişmenin son iki perdesi üzerine yoğunlaşacaktır.

Bir sonraki bölümde neoliberalizmin ne anlama geldiği tartışılacaktır. Kavram üzerinde tartıştıktan sonra Latin Amerika'da neoliberalizmin iktidara gelişini hazırlayan unsurlar ele alınacaktır. Daha sonrasında ise neoliberalizmin iktidara nasıl geldiği ve neoliberalizmin Latin Amerika'daki performansı ortaya konulacaktır.

Neoliberalizmin özgüllüğü

Neoliberalizmin neye işaret ettiğine dair farklı bakış açılarını iki ana başlık altında toplamak gerekmektedir. Öncelikle belirtilmesi gerekir ki, bu birbirine rakip gibi görünen iki bakış açısı neoliberalizmin tam olarak hangi nedenlerle, hangi gereklerin sonucu olarak ve hangi şartlar altında doğduğu ve hangi öznelerin bu lanetli doğumda etkili oldukları soruları üzerinden ayrışmaktadır. İktidara gelen neoliberalizmin neyi içerdiği sorusuna verilen cevaplardaki farklılıklar nasıl ve neden doğduğu sorularına verilen cevaplar arasındaki farklılıkların yanında çok azdır.

Birinci bakış açısı, siyasal ve toplumsal iradenin önceliğini vurgulayan siyasal/toplumsal iktidar tezidir. Bu teze göre sermaye yanlısı söylemler, düşünce kuruluşları ve hırsları gemlenen sermayenin belirli kliklerinin oluşturduğu gizil muhalefet Keynesyen/Kalkınmacı dönemde uygun zamanı bekleyerek örgütlendi ve adı geçen birikim rejimi kriz emareleri göstermeye başladığı anda yer altından yer üstüne çıktı. Yıllar süren düşünsel ve örgütsel çaba, 1970'lerin ortalarından itibaren hem emperyalist merkezlerde hem de azgelişmiş kapitalist ülkelerde sonuçlarını vermeye başladı. Bu dipten gelen dalgaya kriz ortamından ziyadesiyle etkilenen bazı sınıfların sınıfsal tepkisi de eklemlenince neoliberalizmin iktidarı kaçınılmaz hale geldi (Harvey, 2007; Domhoff, 2013; Feliz, 2014). Bu iktidara geliş, emperyalist/gelişmiş kapitalist merkezlerde en azından kurumsal düzeyde gelişmiş temsili burjuva demokrasisinin el verdiği ölçüde barışçıl bir şekilde gerçekleşirken azgelişmiş kapitalist ülkelerin büyük bir çoğunluğunda ve en fazla da Latin Amerika'da, faşizan askerî darbeler ve karşı devrimler aracılığıyla gerçekleşti. Bu tezden çıkarılacak siyasal sonuçlar kuşkusuz neoliberalizme karşı mücadelenin hattını da belirlemektedir. Keynesyen/Kalkınmacı dönem nasıl bir tür sınıflar ittifakı üstüne kuruldu ise neoliberalizm de başka bir tür sınıflar ittifakı üstüne kuruldu. Dolayısıyla neoliberalizm, yine başka türden sınıf ittifakları üstünden dize getirilebilir. Böylece neoliberalizm siyasal olarak siyasal alanda, hem de masayı devirmeden (kapitalizmi yok etmeden) yenilebilir.

İkinci tez sistemik/yapısal zorunluluk tezidir. Bu teze göre neoliberalizmden önceki birikim rejimi olağanüstü ekonomik, tarihsel ve toplumsal şartların bir araya gelmesi nedeniyle ortaya çıkan bir tür anomali idi. Dolayısıyla gelişmiş kapitalist ülkelerde Keynesyen birikim rejimleriyle azgelişmiş kapitalist ülkelerin ekserisinde yaşanan kalkınmacı dönemler sermayeden koparılan ödünler değildiler. Tam tersine İkinci Dünya Savaşı sonrası ortaya çıkan olağanüstü koşullarda sermaye birikiminin genişlemesinin zorunlu yolları idiler (Frank, 1985). Örneğin, aşağıda bahsedilecek, Latin Amerika örneğinde ithal ikamecilik ve yapısalcı iktisat politikaları sermayenin ufkunun ve çıkarlarının aleyhine değil, lehine uygulamalardı. Ancak bu anormal dönem kendi kriz dinamiklerini kendi içinde barındırmaktaydı ve 1960'ların sonu itibariyle bu dinamikler dizginlenemez ve gizlenemez duruma geldiler. Dolayısıyla kapitalizme bir şekilde saati geriye almaktan ve özüne, normaline dönmekten gayri bir yol kalmadı. Sistemik bir zorunluluk olarak öze dönüşe biz neoliberalizm demeliyiz. Asli ayarlara geri dönme süreci aslında bir politika seçeneği olarak değil, bir zorunluluk olarak ortaya çıktı. Sermaye birikiminin özüne, sistemik fütursuzluğuna ve pervasızlığına geri dönmesi aslında Keynesyen/Kalkınmacı ara dönemin kendi krizini yaşamasıyla birlikte olanaklı hale geldi.

Bu ikinci tez, kuşkusuz özneye ve iradeye manevra alanı bırakmayan daha yapısalcı bir bakış açısına sahiptir. Bu tezden doğacak siyasi çıkarımlar ise sol liberalleri ve reformistleri ürkütecek ölçüde karamsar çıkarımlar olacaktır. Bu teze göre Keynesyen/Kalkınmacı dönemin ve onun çalışan sınıfları gözeten dağıtım mekanizmasının yeniden hayat bulma şansı yoktur. Buradan hareketle sol reformist bir siyasi ve ekonomik programın özüne dönen kapitalizmin şartları altında hayat geçirilmesi neredeyse imkânsızdır. Geriye masayı devirmekten başka bir şey kalmamaktadır.

Latin Amerika deneyimi aslında neoliberalizmin hem sistemik zorunluluk hem de öznel irade boyutu olduğunu göstermektedir. Latin Amerika'nın neoliberal deneyimini değerli kılan da aslında öze ilişkin bu hafife alınamayacak tartışma ile ilgili olarak hüküm vermemizi sağlayacak önemli ipuçları sağlamasıdır. Latin Amerika deneyiminden çıkan sonuca göre şu açıkça vurgulanmalıdır; neoliberalizm sermayenin yapısal sorunlarını çözmek ve krizini aşmak için tutulması gereken zorunlu yoldur ancak bu yolun tutulabilmesi için siyasi iradenin, siyasallaşmış sermaye örgütlerinin ve bunlarla ittifak halindeki askerî/sivil bürokrasinin siyasi bir karşı-devrimi başlatması gerekmiştir. Dolayısıyla kader ile irade bir yerde buluşmuş ve Latin Amerika neoliberalizmini yaratmıştır.

Tarihsel arka plan: Latin Amerika'nın iradesi

Latin Amerika'yı özgün bir örnek haline getiren, neoliberalizmin orada ne yaptığı değil, nasıl iktidara geldiğidir. Bu tarihsel arka plan, iradenin kadere kafa tutmaya çalışmasının, sınırlı niteliksel dönüşümün, modernizasyon ve kalkınma çabalarının, bunlara eşlik eden toplumsal ve güçlü bir demokratik altyapıyı oluşturma azminin ve tüm bunların yarattığı hayallerin ve tüm bu hayallerin birden çöküşünün hikâyesidir. Yazının kapsamı ve sınırlarından dolayı çok uzun yer tutmayacak bu hikâyeyi aktarmakta yarar vardır.

Dünya ekonomisi 1930'ların başında çöktü. Çöküşün esas kaynağı parçalanan ve savaş dinamiklerine teslim olan emperyalist merkezlerdi. Bu süreçte kapitalist dünya ticareti ve ödemeler sistemi de çöktü. Böylece o güne kadar kapitalist dünya ekonomisine sadece birincil emtia (tarımsal ürünler veya madenler) satarak eklemlenen ve tüm toplumsal yapısı bu türden bir eklemlenme tarafından belirlenen Latin Amerika ülkeleri krize girdiler.[1] Bu kriz sadece ekonomik bir kriz değildi. Bağımsızlıktan o zamana değin ülkelerin toplumsal yapıları içinde iktidarda olan toprak sahibi (*latifundista*) sınıflar, yabancı sermaye ve ticaret burjuvazisi ittifakı ekonomik krizle birlikte ciddi bir meydan okumayla karşı karşıya kaldı. Güdük sanayi burjuvazisi bazı ülkelerde siyasi hayata egemen olan yapıları parçalayarak kendisine yer açtı ve siyasi kriz ortamında iktidara ortak oldu.[2] Bu ortamda 1920'lerin sonu ve 1930'ların başında pek çok Latin Amerika ülkesi ithal ikameci sanayileşme stratejisini (İİSS) uygulamaya yöneldi. İİSS aslında sınıfsal olarak sanayi burjuvazisinin diğer tüm sermaye klikleri karşısında zaferini temsil etmenin yanında basitçe dışarıdan alınamayanı içeride üretmek ve üretirken korumak anlamına gelen saldırgan bir sanayileşme politikasıdır.

İkinci Dünya Savaşı biterken özellikle ilk elden hafif sanayiyi hedefleyen İİSS hedeflerine büyük ölçüde ulaştılar. İktidara gelen sınıfın kendi kütlesini nitel ve nicel olarak büyütme kaygısı burada da kendisini gösterdi ve İİSS sonuçta ulusal sermaye birikimine yeni bir boyut ekledi. Bu sürece bir zorunluluk olarak belirli bir işçileşme de eşlik etti. Süreci sermaye birikimi açısından olumlu kılan diğer bir unsur ise reel ücretlerin oldukça düşük tutulmasıydı. Görünüşte burjuva demokrasisinin bazı unsurlarına izin veren siyasi sisteme sahip olanlar da dâhil tüm Latin Amerika ülkelerinde emekçilerin sınıfsal örgütlenmesi üstünde ciddi siyasal ve yasal kısıtlar vardı ve İİSS'nin ilk döneminde yeni yetme sanayi burjuvazisi bunun sağladığı olanakları sonuna kadar sömürdü. Savaş bittiğinde Latin Amerika ülkelerinin önemli bir bölümü 1920'ler ve hatta 1930'lara göre ciddi materyal ve ekonomik bir ilerleme kat etmiş durumdaydı. Amerikan emperyalizminin küresel kapitalizmdeki hegemonyasının tescillenmesi ve çok geçmeden başlayan Soğuk Savaş, Latin Amerika ül-

---

1 Blumer-Thomas'ın aktardığı verilere göre 1928'de ihracat gelirinin toplam ulusal gelir içindeki payı Arjantin için % 29,8, Şili için % 35,2 ve Peru için ise % 33 civarındaydı (Blumer-Thomas, 2003: 190). Yine Blumer-Thomas'a göre bu yıllarda ihracat gelirleri içinde tek bir ürünün payının % 50'den fazla olan ülkeler ise şunlardı: Bolivya, Brezilya, Küba, Dominik Cumhuriyeti, El Salvador, Honduras, Nikaragua, Venezuela.

2 Bunu yaparken köylülerin ve gelişmekte olan işçi sınıfının desteğini de bazı ülkelerde seferber etmeyi başardı. Örneğin Lazaro Cardenas döneminde Meksika'da bu destek İİSS'nin uygulanabilmesi açısından oldukça büyük bir kolaylık sağladı. Bkz. Hamilton, 1984. Brezilya örneğinde sanayi burjuvazisinin Vargas önderliğinde iktidara gelmesini ise Munck Gramsciyen tarzda bir pasif devrim olarak nitelemektedir (Munck, 1979).

> **İthal ikameci sanayileşme**
>
> Azgelişmiş kapitalist ekonomilerin önemli bir bölümünde, 1930'larda dünya ekonomisinin çökmesiyle birlikte uygulanmaya başlanan ve İkinci Dünya Savaşı sonrası dönemde 1970'lerin sonuna kadar uygulanan korumacı devlet müdahalesini öne alan sanayileşme stratejisi. Özünde ithal edilen mamul metaların önemli bir bölümünün içeride, yüksek koruma kalkanı altında yerli firmalar tarafından üretilmesini ve dış bağımlılığın azaltılması hedeflerine sahiptir. Bu anlamda saf bir ekonomik adım değildir. Devletin hem ekonomik hem de siyasal işlevlerinin de bu hedefe göre ayarlanmasını gerektirir. Diğer taraftan toplumsal olarak sanayi burjuvazisinin ekonomik ve toplumsal temelini güçlendirmek gibi dolaylı bir amacı da vardır. Ekonomik olarak ithalat kısıtlamaları, kotalar sabit döviz kuru, sermaye hareketleri üstünde sıkı denetim, üretimin acil ihtiyaçlarının (ara malı ve yatırım malı ithalatı gibi) görülmesi hedefine yönelik çoklu ve sabit döviz kuru, bütünleşik bir gelişme ve kalkınma için planlama türünden araçları içerir. Devletin örgütsel yapısının da bu adımlara uygun olarak dönüştürülmesi gerekir. Planlama ve kaynak tahsisi işlevleri için mutlak bir planlama örgütünün kurulması, icracı bakanlıkların güçlendirilmesi, özellikle yüksek eğitimin planlı sanayileşmenin acil gereklerine göre ayarlanması türünden yönetsel ve siyasal adımların atılmasını gerekli kılar. Ancak kurgusu itibarıyla dünya kapitalist siteminden kopuş anlamına gelip gelmediği hâlâ tartışılmaktadır. Bir görüşe göre ithalata bağımlılığı azalttığı ve sanayileşmeye cevaz verdiği için bir kopuş anlamına gelmektedir. Diğer bir görüş ise tam tersine gelişmiş kapitalist/emperyalist ülkelerden ara malı ve yatırım malı ithalatını arttırdığı ve yerli işletme kurulsa bile teknolojik olarak onu emperyalist merkezlere muhtaç hale getirdiği için bağımlılığı başka bir form üzerinden yeniden ürettiğini ima etmektedir.

kelerine dış finansman konusunda yepyeni olanaklar yarattı. Savaş sonrasında ABD, askerî, mali ve ekonomik yardımlarla kıtayı küresel emperyalist sistem içinde tutma konusunda başarılı oldu. Bu anlamda İİSS bazılarının iddia ettiği gibi emperyalist sistemden kopma anlamına gelmedi; tam tersine bazı yapısal unsurlarıyla merkezdeki sermaye birikiminin sorunlarının aşılmasına yardım etti (Chodor aslında İİSS'nin *Pax Americana*'ya uygun olduğunu iddia etmektedir, bkz. Chodor, 2015).

Savaş sonrası İİSS savaş öncesine nazaran daha derinleştirildi ve sözün kısası gerçek özünü ortaya koydu. Savaş sonrasında Latin Amerika ülkelerinin pek çoğu İİSS'nin gerekli kıldığı adımları tamamladılar: Sermaye kontrolleri, sanayileşmeyi körükleyecek çoklu sabit döviz kuru politikası, katı ve kısıtlayıcı dış ticaret rejimi ve ulusal sermaye birikiminin gereği olarak temel endüstrilerde ulusallaştırmalar (bazı ülkeler savaş öncesinde ve savaş sırasında bunu yapmışlardı). İİSS'nin materyal ve ekonomik getirisi ise neoliberal döneme kıyasla oldukça göz kamaştırıcıydı: Yüksek büyüme hızları, hızlı kentleşme, temel kamu hizmetlerinde hatırı sayılır bir artış ve eğitimli işgücünde artış. Bunun yanında toplumsal refah göstergelerinde de ciddi bir artış meydana gelmişti (Furtado, 1990). Tüm bunlar İİSS'nin namına yazılacak başarılardı kuşkusuz.

Latin Amerika'da neoliberalizmin iktidara gelişleri

1950'lerin sonunda kalkınma programları uzun bir süredir ilk defa kötü göstergelerle karşı karşıya kaldı (Furtado, 1990: 2). Bunların görünüşte çeşitli tali nedenleri vardı kuşkusuz (uzunca süredir Latin Amerika ülkelerinin lehine işler gibi görünen dış ticaret hadlerinin aleyhe dönmesi, dış ticaret ve ödemeler dengesi açıklarının yakıcı hale gelmesi gibi). Ancak özünde İİSS'nin yapısal kısıtlarının bağlayıcı olmaya başladığının göstergesiydi bu ilk sinyaller. Bu arada Soğuk Savaş ortamı da sola açılan her türden rejimi şüpheli hale getirmekteydi. Bu ortamda savaş sonrasında bir nebze sol reformizme açılan halkçı hükümetlerin de biletleri tek tek kesilmeye başlandı (1955'te Arjantin'de Perón, 1964'te Brezilya'da Goulart, darbe ile devrildi).

İİSS, özünde iç tüketimi pompalayan ve ulusal gelirin bir bölümünün çalışan sınıflar lehine yeniden dağıtılmasını özendiren bir politikalar bütünü olsa da egemen sınıflar sarkacın sol refomist cenaha doğru aşırı salınmasını askerî darbeler eliyle sürekli engellediler ve yeri geldiğinde "fine tuning" (ince ayar) yapmaktan geri durmadılar. Üstelik program zora girdiğinde, İİSS'nin ana ilkelerinden kopmadan yabancı sermayeye daha büyük alanlar açtılar. Bazı durumlarda IMF ve Dünya Bankası'na başvurdular ve neoliberalizmin erken sinyalleri olarak kabul edilebilecek bazı adımları attılar (örneğin daraltıcı maliye ve para politikaları, büyük devalüasyonlar, bazı durumlarda özelleştirmeler). Latin Amerika'nın neoliberalizmin has laboratuvarı olacağı o günlerden belliydi.

Ancak asıl çöküntü 1970'lerde geldi. Çöküntünün özünde İİSS'nin sınırlılıklarından ve sermaye birikiminin tüm dünyada etkisini hissettiren krizinden kaynaklandığı açıktır. Ancak bazı Latin Amerika ülkelerinde ekonomik çöküntü beklenmeden erken neoliberalizm siyasi bir karşı-devrimle iktidara geldi. Şili'de 1970'te, tarihinde ilk defa radikal tonalitesi yüksek solcu *Unidad Popular* (Halkın Birliği) hükümeti seçimle iktidara geldi. İİSS'nin müdahaleci ve yeniden dağıtımcılığını en ucuna kadar götüren Allende hükümeti Amerikan emperyalizmi ile bağımlı egemen sınıfların katlanamayacağı ulusallaştırmalar ile İİSS'ye en radikal görünümünü verdi. İrade ile kaderin savaşında bu kez irade galebe çalmış gibi görünmekteydi. Ancak hem egemen sınıfların hem de Amerikan emperyalizminin tepkisi çok şiddetli oldu ve 1973'ün 11 Eylül'ünde Allende Başkanlık Sarayı'nın balkonunda faşist Pinochet rejimi tarafından katledildi. Arjantin'de ise Perón 18 yıl aradan sonra 1973'te bir seçim zaferiyle iktidara geldi. Çok kısa bir süre sonra öldü ve görevi karısı Isabel Perón devraldı. Sol Peronizm, İİSS'yi daha radikal bir şekilde uygulamaya girişti ancak küresel kapitalizmin krizinin semptomları kendilerini iyice hissettirmeye başlamıştı. 1973 Petrol Şoku Arjantin ekonomisini kötü vurdu, bu dışsal şok İİSS'nin doğal sonucuna ulaşmasının yarattığı yapısal sorunlarla birleşince Peronizm'in Arjantin'deki iktidarı 1976'da General Videla'nın faşizan askerî darbesiyle yıkıldı. Uruguay'da da 1973'teki askerî darbenin ardından korumacı politikalara son verildi. Üç ülkede de neoliberalizm askerî darbelerle iktidara geldi. Şili'de Pinochet rejimi, Hayek ve Friedman'ın öğrencilerinden oluşan "Chicago Oğlanları" olarak adlandırılan Şilili iktisatçılara ekonominin yönetimini teslim etti (Winn, 1974). Arjantin'de askerî darbe, José Alfredo Martínez de Hoz'u ekonominin tepesine oturttu, Uruguay'da ise Alejandro Végh Villegas ekonomi bakanı oldu (Munck, 1985; Torre ve De Riz, 1991 ve Finch, 1991). Böylece neoliberalizm kapitalist dünyada ilk kez Şili'de, Arjantin'de ve Uruguay'da dört başı mamur bir şekilde iktidar oldu.[3]

Ancak bu, henüz adı konulmamış neoliberalizmdi. Diğer Latin Amerika ülkelerinin gerçek anlamda neoliberal bir program uygulamaya başlaması için 1980'lerdeki borç krizini beklemek gerekti. 1970'lerin öncesinde Latin Amerika ülkelerinde reel sektör yatırımları ulusal gelir içinde çok büyük oranlara ulaşmıyordu. 1970'lerde hem ithal ikamesini ara malı ve yatırım malları üreten sektörlere doğru genişlettiler, hem de küresel düzeyde buna yetecek finansmanı sağlayacak olanaklar ortaya çıktı.[4] Bu olanaklar petrol krizi ile alakalıydı. İki defa petrol varil fiyatına zam yapan OPEC ülkelerinin elinde dolar cinsinden muazzam bir gelir birikti. Petrol fiyatlarındaki artış Venezuela ve bir noktaya kadar Meksika (ki petrol üreticisiydiler) dışındaki tüm Latin Amerika ülkelerinin ithalat faturasını ve cari açıklarını büyütmüştü. Ancak OPEC üyesi ülkelerin elinde biriken petro-dolarlar ve Avrupa ülkelerinin elinde biriken Avrodolarlar Avrupa ve ABD menşeli bankalar aracılığıyla ve çok da yüksek olmayan faiz oranlarıyla azgelişmiş kapitalist ülkelere kredi olarak verilmeye başlandı. Böylece diğer tüm azgelişmiş kapitalist ülkeler gibi Latin Amerika ülkeleri de borç stoklarını hızla arttırmaya başladılar. Yeniden borçlanma faizleri çok düşük oldukça bir sorun yoktu. Ancak 1980'lerin başında her şey değişti. Reagan'ın Merkez Bankası'nın başına getirdiği Paul Volcker'in Amerikan ekonomisinde enflasyonu düşürmek için faizi yükseltmesi (o da her monetarist gibi enflasyonun talep kaynaklı olduğuna iman etmişti) küresel sermaye akımlarını merkez ülkelere çekti, küresel likidite sıkıntısı baş gösterdi. Böylece ucuz kredi döneminde borçlarını maliyeti düşük yeni borçlarla finanse eden Latin Amerika ülkeleri, diğer pek çokları gibi, borçlarını ödeyebilmek için giderek yükselen faiz oranlarıyla borçlanmaya başladılar. Ancak bu sürdürülemez bir ödeme sistemiydi. Nitekim Ağustos 1982'de Meksika Maliye Bakanı Silva Hertog, ABD hükümetine ve IMF'ye Meksika'nın borçlarını ödeyemeyecek durumda olduğunu beyan etti. Böylece özelde Meksika'nın, genelde ise Latin Amerika'nın iflasını ilan etmiş oldu. Artık neoliberalizmin apaçık iktidarı başlayabilirdi.

---

3   Peru da bu listeye eklenebilir. 1975'te General Juan Velasco Alvarado'nun halkçı askerî rejimi yine bir askerî darbe tarafından devrildi ve iktidara geçen General Francisco Morales-Bermúdez, Arjantin, Uruguay ve Şili'de olduğu gibi neoliberal bir programı uygulamaya koydu (Löwy vd., 1985).

4   Nitekim bütün Latin Amerika için 1950-2010 arasında yatırımların milli gelire oranın en yüksek olduğu dönem % 22 ile 1974-1980 dönemidir (Bertola ve Ocampo, 2012: Tablo 5.1). Ayrıca bkz. Kutu 3.

Latin Amerika'da neoliberalizm: Latin Amerika'nın kaderi

Latin Amerika'da borç krizinin patlak verdiği 1982 yılı, IISS'den geriye ne kaldı ise kazınarak yok edilmesinin başlangıcıdır. Öncelikle, 2001-2002'de neoliberalizmin açık yenilgisi ve geri çekilmesine kadarki tarihi, üç alt dönemde incelenebilir. Birinci dönem, yani adı konulmamış neoliberalizm dönemi 1970'lerin başından 1980'lerin başına kadar olan dönemdir. Belirtildi, askerî darbelerden sonra Arjantin, Şili ve Uruguay apaçık bir neoliberalizm uygulasalar da henüz adı konulmamış bir dönemdi.

Latin Amerika'nın neoliberalizmle imtihanının ikinci dönemi ise 1982 borç kriziyle açılır ve "kayıp on yıl" olarak adlandırılır. 1990'daki Brady Planı ile Amerikan emperyalizminin ve küresel sermayenin kıtayı ekonomik bataktan çıkarmak için adım atmasına kadar sürer. Bu dönem gerçekten neredeyse tüm Latin Amerika ülkeleri için küçülme, işsizlik oranında artış, hiperenflasyon ve sanayisizleşme anlamına gelecektir. Aslında 1982'nin hemen ertesinde IMF/Dünya Bankası kompleksi borç krizine giren tüm Latin Amerika ülkelerini yapısal uyum/istikrar programı kıskacına almıştır. Tüm ülkelerde bu programın temel adımları atılmıştır: Dış ticaretin önündeki tüm ekonomik, yasal ve siyasal engellerin kaldırılması (ki IISS'nin resmî ölümünün ilanı anlamına geldi), döviz kuru rejimini serbestleştirme, dünyadan önce sermaye hareketlerine yönelik tüm kısıtlamaların kaldırılması, işgücü piyasalarına siyasal müdahale ile reel ücreti düşük tutma çabası, müteakip devalüasyonlar ve fiyatların önce dondurulması sonra serbest bırakılması ve her şeyden önemlisi sıkı para ve maliye politikaları. Son ikisi hem kamunun borç stokunun artmasını engellemeye hem de reel faizi yüksek tutarak sermaye çekmeye yönelik adımlardı. Ancak bu ikisi ve agresif devalüasyonlar sorunları çözmek bir yana 1980'lerin ilk yarısında var olan sorunları daha da ağırlaştırdılar. Ardışık devalüasyonlar, Latin Amerika ülkelerinin güya ihracat kapasitelerini arttıracaktı çünkü ihraç emtiaları dünya pazarlarında daha ucuz hale gelmekteydi. Ancak beklendiği gibi olmadı çünkü hem peş peşe gelen devalüasyonlardan hem de dış ticaret hadlerinin Latin Amerika ülkelerinin sattığı birkaç çeşit malın aleyhine işlemesinden dolayı ihracat miktar olarak artsa bile değer olarak giderek küçüldü. Bunun yanında ithalat faturası da ulusal paraların değer kaybı ölçüsünde şişmeye devam etti. Ayrıca girdi, aramalı ve yatırım malı fiyatlarının devalüasyonlardan dolayı artması fiyatların da hızla artan maliyetlere endekslenmesi sonucunu doğurdu. Devalüasyonların süreklilik kazanması bu endekslemeyi sürekli hale getirdi. Böylece Arjantin, Meksika ve diğer bazı ülkelerde hiperenflasyonist bir süreç ortaya çıktı.

Bu süreci kontrol altına almak için dönemin ikinci yarısında bazı ülkeler heterodoks programlara geçiş yaptılar. Aslında bu programlar neoliberal programdan ciddi anlamda kopmayan, onun bazı unsurlarını ücret ve fiyat kontrolleriyle ve tek seferlik ve enflasyon oranından düşük devalüasyonla birleştiren programlardı. Arjantin'de Raúl Alfonsín yönetimi Austral Planı'nı, Brezilya'da José Sarney yönetimi Cruzado Planı'nı, Meksika'da Miguel de la Madrid hükümeti Pacto de Solidaridad Económica'yı yürürlüğe koydu. Ancak Meksika'daki kısmi başarı dışında bu planlar başarısız oldular. Bu dönemde sermaye yanlısı IMF/Dünya Bankası destekli programlara rağmen dış borç ve iç borç stokları arttı, ekonomik büyüme genellikle sıfıra yakın veya sıfırın altında gerçekleşti, dış ticaret açıkları kalıcılaştı ve dönemin sonunda artık Latin Amerika ülkeleri 1980'lerin başında başladıkları yere geri döndüler. Yeniden dış finansman ve borç sorunu yaşamaya başladılar. Üstelik yüksek reel faiz, değersiz ulusal para ve reel ücretlerdeki kesif aşınma iç talebi de çökertmişti. Bu dönemde neoliberal program bir tür "şok terapi" gibi uygulandı ve bu dönemdeki deneyimler Latin Amerika halklarının zihninde hem IMF'in hem de Dünya Bankası'nın demonize edilmesi (şeytanileştirilmesi) sonucunu doğurdu. Bu imaj 2000'lerin başında pek çok Latin Amerika ülkesinde iktidara gelen reformist sol hükümetlerin seçim başarılarında oldukça işe yarayacaktı.

Üçüncü dönem, Latin Amerika'da işlerin iyi gitmediğini anlayan Amerikan emperyalizminin "Brady Planı"nı devreye sokmasıyla başladı. Brady Planı, basitçe Latin Amerika'ya sermaye girişini arttırmak amacıyla Amerikan Hazinesi'nin ve Merkez Bankası'nın Latin Amerika borçlanma kâğıtlarının satılmasına öncülük ve aracılık etmesi üzerine kurulmuştu. Plan devreye girdiğinde olumlu sonuçlar elde edilmeye başlandı. Bu hem ABD kurumlarının garantörlüğüne hem de ABD'nin para ve maliye politikalarının küresel likiditeyi arttıracak şekilde Volcker döneminin tersine dönmesine bağlıydı. Bu ortamda Arjantin, Brezilya ve Meksika hazine bonoları uluslararası piyasalarda alıcı bulmaya başladı ve Latin Amerika ülkeleri dış finansman baskısından kurtuldular. Bunun bedeli ise yeniden ivme kazanan dış borç stoku artışıydı. İkinci bedel ise neoliberalizmin en olgun halinin ifadesi olan ve Bretton Woods kurumları ile ABD Hazinesi ve Merkez Bankası'nın hayata geçirdikleri Washington Konsensüsü'nün Latin Amerika ülkelerini tamamen teslim almasıydı.

Neoliberalizmin bir önceki döneminde bazı ülkeler özelleştirme ve kamu hizmetlerini serbestleştirme yönünde ciddi yol kat etmişlerdi ancak asıl kitlesel

> ### *Washington Konsensüsü*
>
> 1980'lerin sonuna kadar hem Bretton Woods kurumları hem de Amerikan emperyalizminin ekonomik kurumları neoliberalizmin ideal reçetesi konusunda arayış içindeydiler. Standart reçetenin neleri kapsayacağına 1989'da Washington'da Uluslararası Ekonomi Enstitüsü'nün ev sahipliğinde yapılan toplantıda karar verildi. Toplantıya IMF ve Dünya Bankası'nın yanında ABD Hazinesi ve diğer bazı ABD devlet kurumları katıldılar. Burada reçeteye son hali verildi. Reçete şunları kapsayacaktı: 1) Mali disiplin, 2) Kamu harcamalarının özellikle temel sağlık, ilköğretim ve altyapı yatırımlarına yönlendirilmesi gerekliliği, 3) Vergi reformu, 4) faiz haddinin serbestleştirilmesi, 5) Rekabetçi döviz kuru, 6) Dış ticaretin serbestleştirilmesi, 7) Yabancı doğrudan yatırım akımlarını düzenleyen rejimin serbestleştirilmesi, 8) Özelleştirme, 9) Serbestleştirme, 10) Mülkiyet haklarının garanti altına alınması (Panizza, 2009). Bu standart reçeteyi John Williamson "Washington Konsensüsü" olarak adlandırdı (Williamson, 1990).

özelleştirmeler ve serbestleştirmeler neoliberalizmin bu döneminde geldi. Üstelik bu dönem devlet yapılarının sermaye ile kurulan yeni ilişkiye uygun bir şekilde dönüştürüldükleri dönemdi.[5] İşler başlarda iyi gitti, yabancı sermaye akımlarının yeniden başlamasıyla birlikte büyüme oranı hatırı sayılır pozitif düzeylere çıktı. Bunun ötesinde hiperenflasyonist süreçler durduruldu. Ancak bedeli sanayisizleşmenin hızlanması[6] ve ulusal varlıkların yabancı doğrudan yatırımlar aracılığıyla yabancılara peşkeş çekilmesi oldu (bkz. French-Davis, 2005: Tablo III.2). Üstelik 1980'lerde başlayan reel ücret erimesi devam ediyordu ve bu da iç talebin sürekli zayıf kalması sonucuna yol açmaktaydı. Dahası daraltıcı maliye ve para politikaları ve vergi yükünü sermayeden alıp emeğin üstüne yerleştiren vergi politikaları bu sürece ek katkıda bulunuyordu. Hem sermaye akımları hem de ihracata yönelim Latin Amerika ülkelerini küresel ekonominin gelgitlerine karşı aşırı derecede hassas hale getirmişti. Ayrıca neoliberalizm, İİSS döneminde Latin Amerika ülkeleri için baskın bir özellik olan ihracatın temel emtialara bağımlılığını kaçınılmaz bir kader haline getirmişti. Brezilya ve Meksika dışında endüstriyel altyapısını çeşitlendiremeyen ve çeşitlendirse bile bunu ihracat performansına yansıtamayan Latin Amerika ülkeleri böylece Prebisch-Singer hipotezinin esiri haline gelmişti. Böylece Arjantinlinin kaderi soya ve sığır eti fiyatlarına, Bolivyalının kaderi doğal gaz fiyatına, Venezuelalının kaderi Brent petrol fiyatına ve Şililinin kaderi ise bakır ve kalayın fiyatına bağlı hale gelmişti (örneğin Paus 1980-2000 arasında Latin Amerika ekonomilerinin uygulanan programın tüm hedeflerine rağmen ihracatlarının yapılarını çeşitlendiremedikleri, belirtmektedir. Bkz. Paus, 2004). Tüm sistemin performansı yabancı sermaye girişlerinin büyüklüğüne endekslenmişti ki bu da sürdürülebilir değildi. Nitekim 1995 Meksika peso krizi erken uyarıydı. 1995'te Meksika, 1997'de Brezilya ve 2001'de Arjantin ekonomilerinin çöküşü Latin Amerika'da neoliberalizmin son perdesinin oynandığını da gösterdi.

Neoliberal dünyada sermaye girişlerinin artışı kısa dönemde iyi bir şey olsa ve büyüme oranlarını tetiklese de orta ve uzun vadede gizil bir lanetin tohumlarını ekmekteydi. Miktarı artan yabancı sermaye ulusal ekonominin içine sızarken ulusal paraya dönüştürülüyor ve yağmaya öyle katılıyordu. Bu da sistemin yapısı gereği ulusal parayı değerlendiriyor ve bunun soncunda ihracatın rekabet gücü düşerken ithalat yapmanın faturası düştüğü için cari açıklar dizginsiz bir şekilde büyüyordu. Bu da döviz kuru üstünde baskı yaratıyor ve yeni devalüasyonlara cevaz veriyordu. Devalüasyon baskısı ise zaten ulusal ekonomiye sızmış bulunan yabancı sermayeyi alarma geçiriyor, yeni yabancı sermaye girişlerini de engeller hale geliyordu. Böylece misliyle giren yabancı sermaye gelecekteki ser-

---

5 Silva (1998), bu ve bundan bir önceki dönemde Latin Amerika ülkelerinin iktisadi karar alma mekanizmalarının neoliberal teknokrasi tarafından ele geçirildiğini belirtmektedir.

6 Bertola ve Ocampo'nun verilerine göre, toplam katma değer içinde imalat sanayinin payı 1970'lerin başından itibaren düşüş göstermektedir (Bertola ve Ocampo, 2012: Grafik 4.4). Diğer taraftan Araujo'nun ECLAC verilerinden derleyerek oluşturduğu tabloya göre imalat sanayinin tüm Latin Amerika üretim yapısı içindeki payı 1960'ta % 25,7, 1970'te 24,9, 1980'de % 27 ve 1990'da 23,4 olarak gerçekleşmiştir (Araujo, 2013).

Neoliberalizmin ekonomi performansı

Tablo 4.1'den de anlaşılacağı üzere neoliberalizmin büyüme performansı genellikle diğer dönemlere göre fecaattir. Adı geçen dönemler içinde neoliberalizmin bir tür şok terapisi gibi uygulandığı 1982-1990 döneminde Latin Amerika'nın ortalama reel yıllık büyüme hızı (% 2,11) tüm performanslar içinde en kötüsüdür. Onu takip eden Washington Konsensüsü'nün tam anlamıyla hayata geçirildiği dönem olan olgun Neoliberal dönemde de (1991-2001) büyüme performansı İİSS döneminin ancak yarısı kadardır. Kişi başına reel gelirin büyüme oranı da aynı türden bir örüntü sergilemektedir. Burada ilginç olan sol reformist yönetimlerin iktidarda olduğu Pembe Dalga döneminde de büyüme hızının göz kamaştırıcı olmamasıdır (% 2,64). Diğer taraftan milli gelir içinde ücretin payı İİSS'den bu yana düşüş eğilimindedir. Gerçi Pembe Dalga, düşüşün önünü biraz almış gibi görünse de öyle radikal bir yükselişe de yol açmamıştır. Bu da sol reformist Pembe Dalga adına garip bir görüngüdür.

Brüt sabit sermaye oluşumunun milli gelir içindeki payının işaret ettiği birikim oranı ise en yüksek değerine İİSS'nin çöküş eğilimine girdiği ve kıtada ilk bütünleşik neoliberal programların uygulanmaya konulduğu 1973-1982 döneminde ulaşmıştır. Bunun en temel nedeni ise, bu dönemde tüm azgelişmiş kapitalistlere verilen faizi düşük bol miktarda kredidir ki 1980'lerin başındaki borç krizini bu hızlı genişleme yaratmıştır.

Net gelir transferi aslında cari denge altındaki net faktör gelirleri kalemidir. Bu kalemde Latin Amerika sürekli negatifte olduğu, daha doğrusu sürekli dışarıya yüklü miktarda borç faizi ve yabancı sermayenin içerideki yatırımları üstünden kâr aktardığı için bunu net gelir transferi olarak adlandırmayı tercih ettik. Latin Amerika'nın bağımlılığının ve yüksek dozda sömürülmesinin en çarpıcı göstergelerinden birisidir. Latin Amerika ülkeleri 1973-1982 döneminde yılda ortalama yaklaşık 23 milyar doları dışarı kâr payı ve faiz ödemesi olarak aktarmaktaydı, bu aktarım Pembe Dalga döneminde yaklaşık 114 milyar dolara çıktı. Aslında incelenen dönemde pek çok yılda Latin Amerika bir bütün olarak pozitif dış ticaret dengesi verdi, yani ithal ettiğinden daha fazlasını ihraç etti (hem de devalüasyonlara ve dış ticaret hadlerindeki aleyhte gelişmelere rağmen). Ancak dışarı net gelir transferi o kadar büyüktü ki dış ticaret fazlasını eritti ve cari dengeyi toplamda negatife itti. İşte Latin Amerika'nın bağımlılığının ve sömürülmesinin en kesif göstergesi budur. Bahsedilen nedenlerden dolayı Latin Amerika, bir bütün olarak incelenen dönemler içinde birkaç yıl hariç sürekli cari açık verdi. Cari açığın gelire oranın en yüksek olduğu dönem 1973-1982 dönemiydi ve petrol şoklarının burada çok önemli etkisi vardı. Dış borç stokunun en hızlı arttığı iki dönem ise 1973-82 dönemi ve 2002-2015 (Pembe Dalga) dönemidir. Pembe Dalga döneminde borç stokunun yüksek bir artış oranı göstermesi ilginçtir, anlaşılan sol reformist rejimlerin içerideki yeniden dağıtımı bir nebze borçlanma ile finanse edildi. Tam da bu noktada iki rakamı karşılaştırmak Latin Amerika'nın kaderinin yarattığı bağımlılığı gözler önüne serecektir. 2015 sonunda Latin Amerika'nın bir bütün olarak toplam dış borç soku 1,8 trilyon dolara ulaştı. Oysa 1960 ile 2015 arasında Latin Amerika ülkelerinin emperyalist merkezlere borç faizi ve kâr payı olarak yaptığı aktarımların toplamı 2,4 trilyon dolardı. Diğer bir ifadeyle Latinler dış borç stoklarının neredeyse 1,5 katını dışarıya aktarmalarına rağmen borç stokları büyümeye devam etti. Devrimci irade işte bu kadere kaşı çıkıyordu galiba...

TABLO 4.1
Latin Amerika'da Dönemlere Göre Ekonomik Performans

	İSS 1961-1972	İSS'de bunalım ve adı konulmamış neoliberalizm 1973-1982	Neoliberalizmin şok terapisi 1983-1990	Olgun neoliberalizm ve çöküşü 1991-2001	Pembe dalga 2002-2015	Tüm dönemler toplamı
GSYİH büyüme oranı (%)[a]	5.80	4.62	2.11	2.87	2.64	
Kişi başı GSYİH büyüme oranı (%)[a]	3.23	1.14	0.71	0.93	1.57	
Milli gelir içinde ücret payı (%)[b]	38.67	36.28	33.11	33.13	31.43	
Birikim oranı (%)[c]	14.56	22.79	16.83	19.00	19.92	
Net gelir transferi/cari denge[d]	0.91	0.67	9.06	0.91	2.05	
Net gelir transferi ort. (milyon $)[d]	1886	23280	35154	43304	114326	2455037
Cari denge/GSYİH (%)[d]	-1.22	-3.39	-0.93	-2.48	-0.86	
Dış borç stoku/GSYİH (%)[d]		30.98	46.66	33.09	27.07	
Dönem sonu dış borç stoku (milyon $)[d]		322344	433521	776675	1838299	
Dış ticaret hadleri (2010=100)[d]	99.61	110.49	75.93	68.34	91.86	
Net sermaye girişi/ GSYİH (%)[e]		3.92	-1.51	2.98	2.22	

a Dünya Bankası Dünya Gelişme Göstergeleri veritabanı.
b Verilerin çoğu ECLAC Statistical Yearbook for Latin America ve The Caribbean, çeşitli yıllardan derlenmiştir. Burada ücret payı Arjantin, Bolivya, Brezilya, Kolombiya, Şili, Ekvador, Meksika, Paraguay, Peru, Uruguay ve Venezuela ücret paylarının dönemlere göre ortalaması olarak hesaplanmıştır. Ancak bazı ülkeler için ciddi anlamda veri eksikliği vardır. Arjantin için Graña ve Kennedy (2008) ve Meksika 1990-2015 verileri için ise Ibarra ve Ros'dan (2017) faydalanılmıştır.
c GSYİH yüzdesi olarak brüt sabit sermaye oluşumu. Dünya Gelişme Göstergeleri veri tabanından derlendi.
d Veiler ECLAC Statistical Yearbook for Latin America ve The Caribbean, çeşitli yıllardan derlenmiştir.
e Uluslararası Para Fonu (IMF) World Economic Outlook veri tabanlarından derlenmiştir.

maye kaçışlarının ve ulusal paranın değerindeki ani çöküşlerin hazırlayıcısı oluyordu. 1995 peso krizi tam da bu evrimin bir sonucuydu. 1997'de Brezilya'nın çöküşü de öyle. Arjantin, bu çöküşten kaçınmak için 1990'ların sonunda para kurulu ve döviz kuru çıpası politikasını uygulamaya soktu (Cypher, 1998). Ancak yukarıda bahsedilen sürecin doğal sonucuna ulaşmasından kurtulamadı ve program 2001'de Arjantin'in daha önceki krizlerinde görmediği bir toplumsal ve insani maliyetle çöktü (çok ilginç Türkiye de aynı yıllarda aynı saiklere sahip bir uyum ve değişim programı başlattı ve bu program da 2001'de aynı hezimete uğradı). Böylece neoliberalizmin çöküş aşaması, Meksika'dan Arjantin'e kadar neredeyse tüm ülkelerde ortaya çıktı. Bu çöküş aynı zamanda yükselen toplumsal muhalefet ile birleşince hemen hemen tüm Latin Amerika'da neoliberalizme reddiyenin siyasal sonucu reformist sol hükümetler iktidara geldiler.

Sonuç: Latin Amerika'da kadere bir defa daha başkaldıran irade

2000'lerle başlayan süreç, Latin Amerika için yeni bir umut dalgasına işaret etmekteydi. Chávez, Morales, Kirchner, Lula ve diğerleri yeni bir sayfa açtılar. Kimileri bu dalganın "kızıl" olduğunu iddia ederken (daha radikal olan Chávez ve Morales'den hareketle), kimileri "pembe" bir dalga olarak adlandırmayı tercih etti. Bu kafa karışıklığı kuşkusuz yeni sol rejimlerin neoliberalizmin mirası ile ilgili olarak attıkları adımların çeşitliliğinin bir sonucudur. Daha radikal olanları sadece yeniden dağıtım mekanizmalarının ve kamu maliyesinin ötesine geçerek ulusallaştırmalara gittiler, mülkiyet ilişkilerinin tamamına değil ancak bir bölümüne çalışan sınıflar lehine müdahale ettiler. Diğerleri ise bu ölçüde radikal olmadılar, sadece özellikle ihracat gelirlerini çalışan sınıflar lehine yeniden dağıttılar ve işgücünü koruyan yasaları güçlendirdiler. Ancak hepsinin birden (daha "kızıl" olanından daha "pembe" olanına) sol reformist olarak adlandırılmalarına izin verecek temel bir ortak noktaları vardı. Oyunun kurallarını değiştirseler de, masadaki yerleri yeniden dağıtsalar da, hiçbiri radikal bir şekilde kapitalizmin ötesine geçmediler. Ne oyunu dağıttılar ne de masayı devirdiler. Diğer taraftan varoluşları iradenin kadere karşı bir kez daha başkaldırısı anlamına geliyordu.

> **ARAŞTIRMA/ÇALIŞMA SORULARI**
> - Latin Amerika ve Türkiye'de İİSS'nin toplumsal temelini oluşturan sınıf ittifakları arasında ne türden farklılıklar vardı? Bu farklılıklar neoliberalizme karşı toplumsal muhalefetin gelişimini nasıl etkiledi?
> - Latin Amerika'nın neoliberal deneyimi endüstriyel yapı ve endüstriyel ilişkileri nasıl ve ne yönde dönüştürdü?
> - Pembe Dalga olarak adlandırılan sol reformist tepki iktisadi ve toplumsal politikalar anlamında neoliberalizmden ne ölçüde koptu?

KAYNAKÇA

De Araujo, P. Q. (2013), "Productive structure and the functional distribution of income: An application of the input-output model", *CEPAL Review*, 109: 57-78.

Bertola, L. ve Ocampo, J. A. (2012), *The Economic Development of Latin America since Independence*, King's Lynn: Oxford University Press.

Blumer-Thomas, V. (2003), *The Economic History of Latin America since Independence*, Cambridge: Cambridge University Press.

Chodor, T. (2015), *Neoliberal Hegemony and The Pink Tide in Latin America - Breaking up with TINA?*, New York: Palgrave MacMillan.

Cypher, J. M. (1998), "The slow death of the Washington Consensus on Latin America", *Latin American Perspectives*, 25(6): 47-51.

Domhoff, W. (2013), *The Myth of Liberal Ascendancy*, Boulder: Paradigm Press.

Féliz, M. (2014), "The Neo-Developmentalist Alternative: Capitalist Crisis, Popular Movements, and Economic Development in Argentina since the 1990s", Spronk, S. ve Webber, J. (der.), *Crisis and Contradction: Marxist Perspectives on Latin America in the Global Global Political Economy* içinde, Leiden: Brill, s. 52-72.

Finch, H. (1991), "Uruguay since 1946", Bethell, L. (der.), *The Cambridge History of Latin America*, cilt 8 içinde, Cambridge: Cambridge University Press, s. 195-232.

Frank, A. G. (1985), "Kriz iktisadı ve iktisadın krizi", Mandel, E. ve Frank, A. G., N. Saraçoğlu (çev.), *Ekonomik Kriz ve Azgelişmiş Ülkeler* içinde, Istanbul: Yazın Yayıncılık: 7-51. .

French-Davis, R. (2005), *Reforming Latin American Economies*, Londra: Palgrave McMillan.

Furtado, C. (1990 [1976]), *Economic Development of Latin America*, Cambridge: Cambridge University Press.

Hamilton, N. (1984), "State-class alliances and conflicts: Issues and actors in the Mexican economic crisis", *Latin American Perspectives*, 11 (4): 6-32.

Harvey, D. (2007), *A Brief Hstory of Neoliberalizm*, New York: Oxford University Press.

Löwy, M., Sader, E. ve Gorman, S. (1985), "The militarization of the state in Latin America", *Latin American Perspectives*, 12 (4): 7-40.

Munck, R. (1979), "State intervention in Brazil: Issues and debates", *Latin American Perspecitves*, 6 (4): 16-31.

—, (1985), "The "modern" military dictatorship in Latin America: The case of Argentina (1976-1982)", *Latin American Perspectives*, 12 (4): 41-74.

Panizza, F. (2009), *Contemporary Latin America: Development and Democracy beyond the Washington Consensus*, New York: Zed Books.

Paus, E. (2004), "Productivity growth in Latin America: The limits of neoliberal reforms", *World Development*, 32 (3): 427-445.

Silva, P. (1998), "Neoliberalism, Democratization and the Rise of Technocrats", Vellinga, M. (der.), *The Changing Role of the State in Latin America* içinde, New York: Routledge, s. 75-92.

Torre, J. C. ve De Riz (1991), "Argentina since 1946", Bethell, L. (der.) *The Cambridge Hstory of Latin America* cilt 8 içinde, Cambridge University Press, s. 73-193.

Williamson, J. der. (1990), *Latin American Economic Adjustment: How Much Has Happened?*, Washington, DC: Institute for International Economics.

Winn, P. (1974), "The Economic consequences of the Chilean counterrevolution: An interim assessment", *Latin American Perspectives*, 1 (2): 92-105.

Veri Kaynakları

Dünya Bankası, Dünya Gelişme Göstergeleri web sitesi [http://datatopics.worldbank.org/world-development-indicators/]

ECLAC, Statistical Yearbook for Latin America and The Caribbean, çeşitli yıllar.

Graña, J.M. ve Kennedy, D. (2008), *Salario Real, Costo Laboral y Productividad*, Argentina 1947-2006, CPED No. 12 [http://209.177.156.169/libreria_cm/archivos/pdf_981.pdf].

Ibarra, C.A. ve J. Ros (2017), "The decline of the labour share in Mexico 1990-2015", UNU Wider Waorking Paper, No. 2017/183

IMF, World Economic Outlook veri tabanları.

Beşinci Bölüm

LATİN AMERİKA'DA BÖLGESEL ÖRGÜTLER VE BÖLGESELLEŞME

ERTAN EROL

Giriş

Ekonomik, politik ve kültürel alanlarda bölgesel entegrasyonun derinleştirilmesi, bu amaçla yerel mekanizma ve normların oluşturulması yönündeki politikalar, Latin Amerika açısından aslında uzun bir geçmişe sahiptir. Bölgedeki entegrasyon ve bölgeselleşme dinamiklerinin ise sadece kıtanın tamamına yönelik değil, aynı zamanda alt-bölgelerde farklı politik ve sosyoekonomik koşullar bağlamında ortaya çıktıklarını belirtmek mümkündür. Bölge, her ne kadar tüm kıtayı kapsayan ya da alt-bölgeleri merkezine alan birçok yerel mekanizmanın üretilmesine sahne olmuşsa da bu çabalar büyük çoğunlukla sınırlı kalmıştır. Bu bölüm, Latin Amerika'da farklı tarihsel ve ekonomik süreçler içinde ortaya çıkan, kalıcı etkiler bırakan ya da kısa bir süre içinde sönümlenen, bölgesel entegrasyonu farklı tanımlayan ya da aynı hedeflere sahip olan bölgeselleşme süreçlerini ve ortaya çıkan bölgesel yapıları incelemektedir.

Bölgeselleşme ve entegrasyonun yerel ve bölgesel dinamikleri

Latin Amerika, belki de bölgesel entegrasyon ve iş birliği çabalarının en fazla örneğine sahip coğrafyalardan biridir. Özellikle 1990'lardan itibaren, bölgede ekonomik, siyasi ve kültürel ilişkileri genişletecek birden fazla ulus-üstü mekanizmanın ortaya çıktığını ancak bunların çoğunun zamanla sönümlendiğini ya da âtıl kaldığını söylemek mümkündür. Bölgedeki bu çabaları tarihsel olarak farklı sosyoekonomik koşullar içerisinde değerlendirmek ve aynı zamanda farklı coğrafi ölçekler bağlamında incelemek ise bölgesel örgütleri ve bölgeselleşme inisiyatiflerini tek bir çatı altında değerlendirmekten daha doğru bir yaklaşım olacaktır. Tarihsel ve sosyoekonomik koşullarla birlikte bölgesel entegrasyon dinamiklerinin iki düzlemde ele alınması da önem arz etmektedir. Latin Amerika'daki bölgeselleşme dinamikleri bölgenin eklemlenmiş olduğu küresel kapitalizmin geçirdiği dönüşümlerden bağımsız bir biçimde ele alınamayacağı gibi, bölge ülkelerinin kendine özgü birikim formları ile ortaya çıkan sınıfsal kompozisyonlarının dışında da incelenemez. Bir başka deyişle, bölgeselleşmenin dönüşümü hem küresel hem de yerel ölçekte değerlendirilmesi gereken bir olgudur.

Bu bölümde, Latin Amerika'da bölgeselleşme ve bölgesel örgütlerin oluşma süreçleri, üç ana tarihsel dönemde ele alınacaktır. İkinci Dünya Savaşı sonrası dönemde, siyasi bir platform olarak ortaya çıkan Amerikan Devletleri Örgütü (OAS) dışında kalan, ekonomik ve ticari derinleşmeyi hedefleyen, korumacı alt-bölge örgütleri erken dönem bölgeselleşmenin içerisinde değerlendirilebilir. Bu örgütler birtakım yapısal koşullardan dolayı sınırlı kalırken 1990'larda neoliberal süreçle birlikte yeni bir bölgeselleşme dinamiğinin ortaya çıktığını iddia etmek mümkündür. Neoliberal yeniden yapılanmanın yarattığı tahribat ve krizle birlikte 2000'lerden itibaren bölgede sol-sosyal demokrat-sosyalist hükümetlerin iktidara gelmesiyle karşı-hegemonik bir bölgesel entegrasyon modelinin ortaya çıktığı iddia edilebilir. Çalışma, Latin Amerika'daki bölgeselleşmeyi farklı sosyoekonomik koşulların ve küresel kapitalizme eklemlenme biçimlerinin geçirdiği dönüşümün şekillendirdiği bu üç tarihsel dönem içerisinde değerlendirecektir.

Latin Amerika'da erken entegrasyon ve "korumacı bölgeselleşme" dönemi

İkinci Dünya Savaşı sonrasında Latin Amerika'da bölgesel entegrasyonun temel olarak iki motivasyonunun bulunduğunu söylemek mümkündür. Bunlardan ilki çevre kapitalizmini oluşturan alt-bölgelerin küresel ekonomideki varlıklarının önemli ölçüde kısıtlı kalması, ikincisi ise bu ülkelerin iç piyasalarının gelişiminin önündeki engellerin aşılamaması, ekonomik büyümenin sınırlı kalması olmuştur (Rivas, 1968: 134).

Aynı dönemde, Latin Amerika ülkelerinin ham madde üretimine dayalı üretim modelinden ithal ikameci sanayileşme modeline dönüşümü çabaları ile bölgesel entegrasyonun birbirini tamamlayıcı politikalar olabileceği özellikle Latin Amerika ve Karayipler Ekonomik Komisyonu (CEPAL) tarafından savunulur hale gelmiştir. 1950'lerin sonundan itibaren CEPAL'in bölgenin kronik iktisadi sorunları olarak tanımladığı dış kısıtlılık ile sermaye ve teknoloji yetersizliğine bağlı olarak sanayileşememenin bölgesel entegrasyon ile aşılabileceği güçlü bir biçimde ifade edilmekteydi. Dış ticaret açığının kalıcı hal alması, bölge ekonomilerinin ihraç ürünlerini çeşitleyememesi ve ham madde ihracatçısı konumunda kalmaları, üretkenliği arttıramayarak ekonomik büyümenin nüfus büyümesinin gerisinde kalması, ithalat gücünün zayıflaması başat sorunlar olarak tanımlanmıştır. CEPAL, bu sorunların aşılması ve yabancı sermaye girişinin arttırılmasının ekonomik entegrasyon sayesinde gerçekleşebileceğini savunmuştur (Tavares ve Gomes, 1998: 2). Bu bağlamda, bölge ülkeleri arasında "Korumacı Bölgeselleşme" (*regionalismo protector*) olarak adlandırılabilecek bir alt-bölge-içi (*intrasubregional*) bölgesel entegrasyon dinamiği ortaya çıkmıştır (Morales, 2007: 68). Bu tip bölgesel entegrasyon mekanizmalarına örnek olarak Orta Amerika Ortak Pazarı (*Mercado Común Centroamericano*/MCCA), Latin Amerika Serbest Ticaret Birliği (*Asociación Latinoamericana de Libre Comercio*/ALALC), And Paktı ve And Topluluğu (*Pacto Andina, Comunidad Andina de Naciones*/PA, CAN) ve Karayip Topluluğu'nu (*Carribean Community*/CARICOM) göstermek mümkündür. Tüm bu erken dönem bölgeselleşme inisiyatifleri, ekonomik büyümenin hızlandırılması, sanayileşme ve ihracat çeşitliliğinin arttırılması vasıtasıyla dış ticaret açıklarının önüne geçilerek ithalat gücünün arttırılması motivasyonu ile ortaya çıkmış, bölgesel entegrasyonun pazarın genişletilmesi ve üretim kaynaklarının artması ile ölçek ekonomisinin özelliklerinin ortaya çıkarılmasına yardımcı olacağı düşünülmüştür (Tavares ve Gomes, 1998: 3).

Orta Amerika bölgesi, Latin Amerika'daki alt-bölgelerin içinde hem siyasi hem de ekonomik birliğin sağlanmasına yönelik inisiyatiflerde en çok öne çıkan bölge olarak tanımlanabilir. Guatemala, El Salvador, Honduras ve Nikaragua arasında 1895 ve 1925'te iki defa Federal Cumhuriyet kurulması çabası başarısız olmuş, savaş sonrası dönemde ise, "ortak sorunlara müşterek çözümler üretme ve ekonomik, sosyal ve kültürel gelişimi iş birliği ve yardımlaşma yoluyla gerçekleştirme" amacıyla 1951'de Orta Amerika Devletleri Örgütü (*Organización de los Estados Centroamericanos*/ODECA) kurulmuştu. Ancak bu genel hedeflerin de bölge ekonomilerinin büyüme hızının arttırılamaması, iç pazarın güçlenerek sanayi yatırımlarının genişletilememesi ve ekonomik faaliyetlerde çeşitlenmenin sağlanamaması gibi yapısal sorunlara çözüm üretilmesi olanaklı değildi (Rivas, 1968: 136). 1960'ta Guatemala, Honduras, El Salvador, Kosta Rika ve Nikaragua arasında Managua Anlaşması ile merkezine ithal ikameci sanayileşme ve korumacı gümrük rejimlerini oturtan MCCA kurulmuştur. Birliğin finansmanı için ise Orta Amerika Ekonomik Entegrasyon Bankası (*Banco Centroamericano de Integración Económica*/BCIE) oluşturulmuştur. MCCA, bölge ülkelerinin ticari faaliyetlerinde artış sağlasa ve ölçek ekonomisi avantajlarını yaratmışsa da temel amaç olan sanayileşmeyi hayata geçirememesi, birbirine benzer üretim yapısına sahip olan ekonomiler açısından aynı zamanda gümrük vergilerinin kaybedilerek bütçelerde dengesizliğe sebep olmaya başlaması temel sorunlar olarak ortaya çıkmıştır. CEPAL'in bölgesel entegrasyon için temel önerisi birbirini tamamlayacak bir ithal ikameci program iken, yerli burjuvazinin serbest ticareti öne çıkarması özellikle sanayi alt yapısı daha geride olan Honduras ve Nikaragua gibi ülkeler için daha büyük ekonomik dengesizlikleri de beraberinde getirmiştir (Brinoli ve Martinez, 1983: 373-374).

1960'ta Montevideo Anlaşması ile Arjantin, Brezilya, Meksika, Paraguay, Peru, Şili ve Uruguay'ın arasında kurulan, aynı yıl Ekvador ve Kolombiya'nın daha sonra da Venezuela (1966) ile Bolivya'nın (1967) dâhil olduğu ALALC (İngilizcede LAFTA), ekonomik büyüme ve bölge içi ticaretin arttırılması amacıyla kurulmuş ve müzakere edilen ürünlerin 12 yıllık bir süre ile gümrüklerinin indirilmesi öngörülmüştür (Fajardo, 2007: 72). Ancak ALALC'ın MCCA'dan farklı olarak gevşek bir yapıya sahip olması, ortak bir dış gümrük mekanizmasına, ortak bir sanayileşme politikasına sahip olmaması, farklı ekonomik yapıya sahip ülkelerin farklı ihtiyaçlarının göz önüne alınmaması, Brezilya ve Arjantin'in müzakerelerdeki isteksizliği ve de mamul ürünlerin sisteme dâhil edilmesinin ülke içindeki yerli üreticiler tarafından tepkiyle karşılanması yüzünden anlaşmanın etkisi sınırlı olmuştur (Rivas, 2002: 3). 1970'lerde müzakerelerin yavaşlaması 1978'de anlaşmanın tekrar gözden geçirilmesi talebini ortaya çıkarmış, bu yeniden yapılanma sonucunda ise ALALC, 1980'de Montevideo Anlaşması ile ALADI'ye dönüşerek, zamanlama kısıtı olmadan ve üye olmayan ülkelerle ikili anlaşmalara da izin veren bir ticaret rejimini beraberinde getirmiştir (Fajardo, 2007: 73). ALADI de ALALC gibi sınırlı bir etki yaratsa da bölge içi ticarete olumlu bir etkide bulunmuştur.

Orta Amerika'ya benzer bir biçimde bağımsızlık sonrası dönemde bölgeselleşmenin siyasi ayağının öne çıktığı And bölgesinde de 1950'lerden sonra kronik ekonomik sorunların bölgesel entegrasyon vasıtasıyla çözülebileceği düşüncesi, ALALC'ın kurulması ile birlikte güç kazanmış, ALALC içinde geçiş niteliğindeki benzer alt-bölgesel projelerin gerçekleştirilebileceği kararlaştırıldıktan sonra, 1969 Cartegena Anlaşması ile Bolivya, Ekvador, Kolombiya, Şili ve Peru arasında And Paktı (*Pacto Andina*/PA) imzalanmış ve CAN kurulmuştur. Venezuela 1973'te CAN'a dâhil olurken Şili 1976'da ayrılmıştır. Topluluk, ALALC'ın başarısızlığa uğraması ile daha işlevsel hale gelirken Komisyon ve Zirveler vasıtasıyla üst düzeyde bir yürütme mekanizması oluşturmuştur (Malamud, 2001: 231). Diğer alt-bölgesel anlaşmalar gibi CAN, bölge içinde oluşturduğu gümrük birliği sayesinde oluşacak ölçek ekonomisinden faydalanarak büyümenin arttırılmasını hedeflemiştir. CAN aynı zamanda devletin sadece yatırımcı olarak değil ama aynı zamanda ekonomi politikalarının koordinasyonunda önemli bir aktör olarak rol oynadığı, ortak sanayileşme politikalarının ortaya konulmasını da kapsamıştır (Fajardo, 2007: 76). Bununla beraber CAN, siyasi entegrasyona yönelik bir yapı da oluşturmuştur. And Adalet Mahkemesi –1979'da kurulan ve 1984'te çalışmaya başlayan– topluluk normlarına üye ülkelerin uygunluklarını ele almakla görevlendirilmiş, karar alıcı bir parlamento ve merkezi Lima'da bulunan bir Genel Sekreterlik de oluşturulmuştur (Lima ve Maldonado, 2005: 45). Ancak 1990'lara gelindiğinde CAN ülkelerinin karşılıklı ticareti arttırmanın ötesinde anlamlı bir ekonomik ve siyasi başarı sağlayamadığını belirtmek mümkündür.

Siyasal entegrasyon çabalarından ekonomik entegrasyon çabalarına dönüşen örneklerden biri ise Britanya sömürgeciliğinin Karayipler'deki mirası olan Batı Hint Adaları Federasyonu[1] (1958) olmuş, ancak bu federatif yapı 1962'de Jama-

---

1 British Virgin Adaları, Bahamalar, Cayman Adaları, Turks ve Caicos Adaları, Jamaika, Trinidad, Montserrat, Anguilla, St. Vincent ve Grenadines, St. Kitts, Nevis, Tobago, Dominika, Barbados, Be-

ika ve Trinidad'ın bağımsızlığından sonra dağılmıştır. Bölgede bağımsızlık sonrası ilk ekonomik entegrasyon çabası ise 1965'te Karayip Serbest Ticaret Birliği (*Caribbean Free Trade Association*/CARIFTA) ile ortaya çıkmıştır (Bravo, 2005: 154). CARIFTA, bölge ülkelerin küçük ölçekleri ve ekonomik azgelişmiş yapısını aşmak için 1973 Chaguarama Anlaşması ile ekonomik entegrasyon, dış politikada koordinasyon ve işlevsel iş birliğinin kurulabilmesi amacıyla oluşturulan CARICOM'a dönüşmüştür (Bravo, 2005: 168). CARICOM ülkeleri en eski alt-bölgesel entegrasyon mekanizmalarından birine sahip olsalar da ölçek ekonomisi oluşturmakta başarısız olmuş, kronik sosyoekonomik sorunları aşabilecek bir program ortaya koyamamıştır.

Tüm bu erken dalga bölgeselleşme süreçlerinin temel dinamiğinin ölçek ekonomisi etkisi ile savaş sonrası dönemde Latin Amerika ülkelerinin kronik ekonomik sorunlarının çözülmesi, sanayileşme, büyüme, dinamik bir iç pazar oluşturma, ihracatta çeşitlenme ve dış ticaret dengesini düzelterek ithalat gücünün arttırılması olduğu söylenebilir. CEPAL'ci yaklaşım temelinde şekillenen politikaların ise bölge içi ve alt-bölge içi ticareti arttırdığı, imalat sanayine olumlu etkide bulunduğunu söylemek mümkünse de bunun etkisinin kısıtlı kaldığı gözlemlenmektedir. Bu bağlamda korumacı bölgeselleşme sürecinde her ne kadar yerli ticaret sermayesi kazançlı çıksa da gümrük vergilerinin düşürülmesine en çok karşı çıkan kesimler de yine bu gruplar olmuş, bölgeselleşme ile ölçek ekonomisi yaratılması merkezinde sanayileşme olan bir kapitalist birikim modeline dönüşümü de beraberinde getirmemiştir. 1970'lere gelindiğinde ise artık tüm bölge ülkeleri için derin bir borç krizi, ekonomik daralmaya eşlik eden yüksek enflasyon ve işsizlik temel sorun olarak ortaya çıkmaktaydı.

Kayıp on yıl ve "açık bölgeselleşmenin" ekonomi politiği

1980'lere gelindiğinde, Latin Amerika'da bölgesel ekonomik entegrasyon dinamiği önemli bir dönüşüm geçirecektir. İthal ikameci sanayileşme politikalarının çevre kapitalizminde hâkim birikim modeli olarak tüketildiği, 1970'ler boyunca yaşanan makroekonomik sorunların çözümü olarak başvurulan borçlanmanın artık sürdürülemez hale gelerek ekonomik ve politik bir krize dönüştüğü bu dönemde, krize çözüm olarak sunulan küresel yapısal reform programları ise alternatifi bulunmayan mucizevi formüller olarak gündeme gelmiştir. Bu reçeteyi uygulayacak olan siyasi aktörlerin teker teker bölgede iktidara gelmesi ile bölge ekonomilerinin ihracata dayalı bir üretim biçimine geçmesi –ve bunu sağlayabilmek için de emek piyasalarını hızla esnekleştirmesi– kamu eliyle ve kamu tarafından finanse edilen "içe kapanık" sanayileşmeye son verilmesi, finansal piyasaların ve dış ticaret rejimlerinin deregüle edilmesi gibi bir dizi ekonomik po-

---

lize ve Guyana İngilizce konuşan Karayipler'in Batı Hint Adaları alt-bölgesini oluşturan ülkeler olarak sayılmaktayken, Hollanda sömürgesi olan St. Maartens, St. Eustatius, Saba, Curacao, Bonaire, ve Aruba, Fransa sömürgesi olan St. Martin, Martinique ve St. Barthelemy ise bölgedeki diğer alt grupları meydana getirirler (Bravo, 2005: 154).

litikalar uygulanmaya başlamıştır. İşte tam da burada, bölgesel entegrasyon mekanizmalarının bu formülün bölgesel ölçekte uygulanabilmesi açısından önemli bir araç olabileceği ortaya çıkmış, korumacı ve eski bölgeselleşmeden, yabancı sermayeyi teşvik edecek, şeffaflık ve istikrar ile uluslararası ortamda bölgeye "özgün bir rekabetçilik" kazandıracak "açık bölgeselleşme" (*regionalismo abierto*) politikalarına doğru bir dönüşüm gerçekleşmiştir (Sanauja, 2007: 78). Aynı zamanda bu "yeni bölgeselleşmenin" küreselleşme ile doğrudan ilintili olduğu, sadece hükümetler arası değil, aynı zamanda sivil toplum ve piyasanın da dâhil olduğu, hedefleri dar ticari entegrasyon ile kısıtlanmayarak, çok yönlü ve derinlikli temaları da içeren bir dinamiğe tekabül ettiği de iddia edilmiştir (Gómez-Mera, 2008: 286).

Bu dönemde, mevcut entegrasyon mekanizmaları varlığını korumakla birlikte dış ticarette korumacı politikalar izlemenin büyüme, üretkenlik ve zayıf iç piyasa sorunlarının sebebi olduğu görüşü ile yeniden şekillenmişlerdir. Bununla birlikte, 1991'de ABD tarafından ortaya konulan Amerikalar İnisiyatifi ve bunu takiben oluşturulan Amerikalar Serbest Ticaret Bölgesi (*Free Trade Area of the Americas*/FTAA) ile Güney Ortak Pazarı (*Mercado Común del Sur/Mercosur*) yeni dönemdeki en önemli iki bölgeselleşme dinamiği olarak karşımıza çıkmaktadır. 1990'lardan itibaren her iki mekanizma da "yeni" ya da "açık" bölgeselleşme olarak adlandırılacak neoliberal yeniden yapılandırmanın bölgedeki referans noktası ve enstrümanı olarak işleyecektir.

1994'te Miami'de gerçekleştirilen ve Küba hariç bütün Amerikan ülkelerinin dâhil edildiği birinci "Amerikalar Zirvesi" ile ortaya çıkan FTAA (İspanyolcada ALCA), bölgeselleşmenin aslında karşıt sınıfsal konumlanmaların ve mücadelelerin alanı olabileceğini de ortaya koymuştur. Ana gövdesini kıtanın tamamını kapsayan bir serbest ticaret bölgesi yaratmak olan FTAA ile bölge ülkelerinin en başta Kuzey Amerika piyasasına tarımsal ürün ve ham madde ticareti bağlamında ulaşımının sağlanacağı ve ihracata dayalı sermaye birikimine dönüşümün güçlendirileceği iddia edilmiş, böylece bu ülkeler açısından kırılganlıkların ortadan kaldırılacağı savunulmuştur (Bustillo ve Ocampo, 2003: 10). Özellikle Doğu Asya ekonomileri örnek verilerek, korumacılığın önüne geçilmesi ile bölge ülkelerinin ihracat ve ithalatının kompozisyonunun değişeceği, yabancı sermaye yatırımlarının artacağı, ekonomik büyüme önündeki engellerin ortaya çıkan dinamik mamul ürün ithalat sektörü ile aşılacağı da FTAA'yı savunan sektörlerin ana savları olmuştur (Bustillo ve Ocampo, 2003: 18-19).

Bununla birlikte FTAA başından itibaren önemli ölçüde eleştiriye de maruz kalmış, farklı çıkar, strateji ve ulusal öncelikler, ekonomik yapılardaki ölçek ve yapısal asimetriler kıtanın tamamına yayılacak bir serbest ticaret bölgesi oluşturulması önündeki en büyük engeller olarak tanımlanmıştır (Bouzas, 2005: 15). İlk dört senedeki müzakerelerde temel ilkeler dahi belirlenememiş, ancak 1998'de Kosta Rika-San José zirvesinde, görüşmelerin nasıl yürütüleceği ve kararların nasıl alınacağı, ülkelerin ticaret bakan yardımcılarının oluşturduğu Ticari Müzakereler Komitesi'nin gözetiminde müzakere gruplarının oluşturulması, OAS, CEPAL ve Inter-Amerikan Kalkınma Bankası'nın (*Banco Interamericano de Desarrollo*/BID) dâhil olacağı üçlü komitenin oluşturulması gibi somut kararlar alınabilmiştir (Bouzas ve Svarzman, 2002: 78-79). Bu kurumsal yapının oluşturulmasına rağmen anti-damping ve tarımsal sübvansiyonlar gibi konuların ertelenmesi, Mercosur, CAN ve MCC gibi alt-bölgesel grupların farklı talepleri olması ve sürecin uzaması, hem FTAA'nın işlemeyeceği üzerine kanaatleri güçlendirmiş, hem de ülkelerin ABD ile birebir serbest ticaret anlaşmaları imzalaması yoluna itmiştir. 2003 Miami Toplantısı'ndan sonra ise halen temel konuların ele alınmaması somut bir anlaşmanın ortaya çıkmasının zor olduğunu belirgin hale getirmiş, FTAA projesi de önemli ölçüde ivme kaybetmiştir (Bouzas, 2005: 16).

Mercosur ise, FTAA'ya benzer motivasyonlara sahip, benzer kısıt ve sorunlarla büyük ölçüde başarısız olmuş bölgedeki diğer önemli entegrasyon sürecine örnek olarak gösterilebilir. 1986'da Brezilya ve Arjantin arasında müzakereleri başlayan Mercosur, 1991'de Fernando Collor de Mello ve Carlos Menem'in neoliberal ekonomik programları bağlamında tekrar ele alınması ve Uruguay ve Paraguay'ın da katılımı ile Asunción Anlaşması temelinde kurulmuştur. Alt-bölge arasındaki ticaret rejimin serbestleşmesinin karşılıklı üstünlükler ilkesi ile bölge içi bir iş bölümü yaratmasının bu ülkelerin küresel piyasalardaki rekabet gücünü arttıracağı düşüncesini merkezine yerleştiren Mercosur aynı zamanda üye ülkelerin demokratik kurumlara bağlılığını da mekanizmanın temel yapıtaşı olarak öne çıkarmaktaydı (Schvarzer, 2005: 25). Hiç şüphesiz, Mercosur'un en önemli işlevlerinden birisi, 1980'lerdeki borç krizlerine çözüm olarak sunulan yapısal reformların üye ülkeler tarafından uygulanmasının derinleştirilmesi olacaktı (Terra ve Vaillant, 2005: 46). 1995'e kadar sınırlı da olsa üye ülkeler arasında bir gümrük birliği oluşturmayı başarmış olan Mercosur'un 2000'lerin başına gelindiğinde önemini yitirmesi ya da moment kaybetmesinde ise iki önemli faktörün rol oynadığı öne sürülebilir. Bunlardan birincisi, önce Ocak 1999'da Brezilya'da, ardından 2002'de Arjantin'de yaşanan ekonomik kriz olmuştur (Gómez-Mera, 2008: 289). İkinci etken ise artık 2000'lerin başına gelindiğinde bölgede farklı bir politik iklimin hâkim olması, Mercosur'un en önemli iki ülkesi olan Brezilya ve Arjantin'de bölgesel entegrasyonda neoliberal ekonomik tahayyülün dışında bir seçeneğin var olabileceğini savunan politik öznelerin iktidara gelmesi olarak tanımlanabilir.

Bu dönemde, Latin Amerika ölçeğinin dışına çıkan ve tekil olarak ticaret rejimini açık bölgeselleşme olarak tabir edilen ilkelerle uyumlu bir biçimde dönüşüme uğratan ülkelerin de var olduğu dikkate alınmalıdır. Şili ve Meksika'daki hâkim neoliberal politik yapılar hem bölge ülkeleri ile hem de Kuzey Amerika ekonomileri ile birer serbest ticaret anlaşmaları müzakere etmeyi daha uygun bulmuşlardır. Meksika, 1994'te ABD ve Kanada ile imzaladığı Kuzey Amerika Serbest Ticaret Anlaşması (*North American Free Trade Agreement*/NAFTA) ile kuzey sermayesi ile bütünleşmiş ve neoliberal reformları kurumsallaştırmıştır. Bu açıdan bakıldığında NAFTA her ne kadar geniş bir kurumsal yapıya sahip olmasa da bir serbest ticaret anlaşmasının çok ötesinde ulusal ölçekte derin sosyoekonomik etkiye ve yapısal dönüşüme tekabül etmektedir (Malamud, 2011: 237). Meksika, ayrıca, 2001'de ortaya koyduğu *Plan Puebla Panamá* (PPP) ile bu neoliberal yeniden yapılandırmayı bölgesel entegrasyon aracılığıyla Orta Amerika ülkelerinde kurumsallaştırma inisiyatifini de gerçekleştirmişti. Her ne kadar 2001'den sonra birçok zirve ile PPP belirli bir kurumsal yapıya sahip olamamışsa da daha sonra da "Mezoamerika Projesi" olarak isim değiştirerek daha az kapsamlı bir proje olarak Kolombiya'yı da içine almıştır. Bölgede projeye karşı artan toplumsal muhalefet inisiyatifin düşük bir profil izlemesine sebep olurken en önemli ilerleme alanları enerji ve iletişim piyasalarının özelleştirmesi olmuştur.

Karşı-hegemonik ya da post-liberal bölgeselleşmenin yükselişi ve krizi

Latin Amerika'da 2000'li yıllara gelindiğinde 20 yıldır uygulanan neoliberal politikaların sosyoekonomik ve siyasal olarak beraberinde getirdiği yıkım, ortaya çıkan ekonomik krize ek olarak politik bir meşruiyet krizinin de altyapısını hazırlamıştır. Bu bağlamda ortaya çıkan sol ve ilerici dalga bölgeselleşme pratiğini de etkilemiş, "açık bölgeselleşme" dinamiği yerini "post-liberal" ya da "post-neoliberal" bölgeselleşme olarak tanımlanan ve merkezine Güney-Güney iş birliğini alan bir bölgeselleşme dönemine bırakmıştır. Bu dönemde ALBA ve UNASUR en önemli iki karşı-hegemonik bölgeselleşme inisiyatifi olarak tanımlanabilir.

Sanahuja (2009), bu yeni dönemde ortaya çıkan ve karşı-hegemonik, anti-sistemik ya da post-liberal bölgeselleşme olarak tanımlanan dinamiğin temel özelliklerinin; (1) politik programın, ekonomik ve ticari ajandadan daha önde olması, (2) "kalkınmacı gündemin" post-Washington oydaşı çerçevesinde geri dönmesi, (3) piyasa aktörleri ve özel sektör temsilcilerinin yerine kamusal aktörlerin ön planda olması, (4) pozitif entegrasyona, yani ortak politika ve kurumların oluşturulması ile ticari olmayan alanlarda –barış ve güvenlik konularında Güney-Güney iş birliği gibi– daha yoğun bir iş birliğini öncelemesi, (5) sosyoekonomik olgulara, yoksulluk, eşitsizlik ve sosyal adalet konularını ön plana çıkarması, (6) bölgedeki alt yapı sorunlarına ve enerji güvenliğine önem vermesi ve (7) entegrasyon süreçlerine toplumsal katılım ve meşruiyetin yollarını arıyor olması olarak tanımlamıştır. Bu özellikler göz önüne alındığında bu mekanizmalar en azından politik meşruiyetini kaybetmiş bulunan neoliberal programların ve küreselleşme kılığında ideolojik olarak eklemlendiği açık bölgeselleşmenin reddi anlamına gelmektedirler (Sanahuja, 2009: 23).

Bu özelliklere en çok sahip olan, anti-emperyalist ve anti-kapitalist bir entegrasyon modelini temsil ettiğini en çok vurgulayan proje ise 2001 yılında Karayip Devletleri Kurumu'nun 3. Zirvesi'nde Venezuela devlet başkanı Hugo Chávez tarafından ilan edilen Amerika Halkları için Bolivarcı Alternatif (*Alternativa Bolivariana para los pueblos de Nuestra América*/ALBA) olmuştur. ALBA, bölge için yardımlaşma, karşılıklı tamamlayıcılık ve iş birliğini merkezine alan ve özellikle 2002'den sonra açık bir biçimde kendisini FTAA'ya karşı tanımlayan bir mekanizma olarak ortaya çıkmıştır (Ruiz, 2013: 17). Aslında Chávez'in sosyoekonomik programları gibi dış politikadaki duruşu da başkanlığının ilk yıllarında daha orta yolcu bir çizgide, CAN içinde ama daha bağımsızlıkçı bir niteliğe sahipken, 2002 darbe girişimi ve 2004 referandum zaferinden sonra karşı-hegemonik bir duruşa dönüşmüştü (Sanahuja, 2009: 25). 2004'te Venezuela-Küba anlaşması ile ilkelerini belirleyen ALBA'ya 2006'da Bolivya, daha sonra Ekvador dahil olarak güçlü bir neoliberalizm karşıtı ideolojik vizyon belirlenmiştir. Bu politik vizyonun tamamlayıcısının ise Petroamérica ile Venezuela'nın petrol ihracatında ABD'ye olan bağımlılığının azaltılması, ALBA Bankası'nın kurulması ile de IMF ve Dünya Bankası'nın bölgedeki etkisinin kırılması olarak tanımlanmıştı (Gardini, 2010: 19). Emtia fiyatlarındaki artış ile Venezuela ALBA Bankası'nın neredeyse tek finansörü olmuş, diğer üye ülkelerden ithalatını arttırmış, özellikle Küba'dan aldığı sağlık ve eğitim hizmetlerine yüksek ödemeler yaparak Küba'daki ekonomik büyümeyi desteklemiştir (Arrellano, 2009: 15).

Eğitim ve sağlık iş birliğinin en somut örneği 2004'te başlatılan *Misión Barrio Adentro* programı olmuştur. Bu program dâhilinde Kübalı sağlık personelinin Venezuela'da toplumun sağlık hizmetinden yararlanamayan kesimlerine hizmet için ülkeye getirilmesi ve yine Kübalı tıp uzmanları tarafından toplamda 20 bin Venezuelalı doktor yetiştirilmesi hedeflenmiş, 2008'e kadar yaklaşık 30 bin sağlık uzmanı misyona dâhil edilmiştir (Cruz ve Perea, 2010: 119). Benzer bir misyon olan *Misión Milagro* bağlamında da 2006'da Küba ve Venezuela arasında Karayip Adaları ve Latin Amerika'da Kübalı oftalmologlar tarafından 6 milyon hastaya hizmet verilmesi planlanmış, 2012'ye gelindiğinde program 45 merkez ile 16 ülkeye yayılmıştır (Sotolongo vd., 2014: 28). Şüphesiz ALBA'nın başarıları arasında TeleSUR'un bölgede önemli bir alternatif haber alma kaynağı haline gelmesini de eklemek gerekmektedir.

Venezuela'nın, artan emtia fiyatları ile finanse edebildiği ALBA'nın en önemli sınırı tüm ülkeleri bağlayacak bir kurumsallaşmadan yoksun olması olmuş, ismi önce Amerika Halkları için Bolivarcı İttifak (*Alianza Bolivariana para los Pueblos de Nuestra América*) daha sonra da Bolivya'nın talebiyle bir ticaret anlaşmasının eklenmesiyle ALBA-TCP (*Tratado de Comercio de los Pueblos*) halini almıştır. Nikaragua, Honduras, Dominika ve Ekvador, ALBA'ya dâhil olurken örgüt küreselleşme karşıtı (*altermundist*) bir ideolojik konumlama geliştirmiş ve kendilerini yeni toplumsal hareket olarak adlandırılan ve neoliberalizme muhalefet eden grupların örgüte eklemlenmesini sağlamaya çalışmıştır (Ullan de la Rosa, 2012: 148). Ancak tüm bunlara rağmen somut bir ekonomik program ve onun nasıl uygulanacağı örgüt tarafından tarif edilememiştir. Özellikle 2014 ile birlikte % 60 değer kaybeden petrol fiyatları ile Venezuela ekonomisinin krize girmesiyle, ALBA'nın neredeyse tüm programları kesintiye uğramıştır. Önemli bir toplumsal eşitlik hedefini merkeze koyan böyle bir bölgesel kalkınma projesinin, üyelerinin eşitsiz bir biçimde dâhil olduğu, maliyet ve faydalanma kurallarının belirsizleştiği ve temel finansmanının Venezuela'nın petrol gelirlerine dayandığı yapısı ALBA'nın etkin ve sürekli bir karaktere kavuşmasını engellemiştir (Lorenzo, 2012: 218).

ALBA'nın karşı hegemonik ya da anti-sistemik olarak tanımlanabilecek pozisyonundan farklı ama hâlâ post-liberal tanımlamasına uygun düşebilecek başka bir mekanizma ise Brezilya önderliğinde ortaya çıkan UNASUR olmuştur. 2004'te Cuzco'da Ant ülkeleri ve Güney Amerika ülkelerinin dâhil olduğu Halkların Güney Amerika Topluluğu (*Comunidad Sudamericana de Naciones* - CSN), sadece bir ticaret anlaşması değil, aynı zamanda politik, ekonomik, sosyal, çevresel ve altyapı konularında bölgesel bir ortaklaşma öngörüsüyle kurulmuştur (Serbin, 2007: 187). Böylece, CAN ve Mercosur ülkeleri ile her ikisine de dâhil olmayan Şili, Surinam ve Guyana'nın tek bir bölgesel örgüt altında birleşmeleri mümkün olmuştur. 2007'den sonra da örgüt Güney Amerika Halkları Birliği (*Unión de Naciones de Suramericanas*/UNASUR) adını almış, 2008'de Kurucu Anlaşma kabul edilmiştir.

UNASUR'un oluşumunda önemli rol oynayan ilk zirve ve görüşmelerde ticari bütünleşme başat konu olarak ortaya çıksa da üye ülkelerin ayrışan tutum ve çıkarları enerji, güvenlik ve alt yapı konularını örgütün ana temaları haline getirmiştir (García, 2010: 33). Bu bağlamda Venezuela, Brezilya, Uruguay ve Arjantin'i bileştirecek boru hattı (*Gran Gasoducto del Sur*) projesi ve altyapı için de Brezilya, Bolivya, Uruguay ve Şili'yi birleştirecek okyanuslar arası bağlantı projesi gibi projeler ortaya konulsa da gerçekleştirilememiş, bu durum da örgütün ortak bir enerji ve altyapı programı olup olmadığı sorusunu gündeme getirmiştir (Sanahuja, 2012: 44).

Finansal olarak IMF, Dünya Bankası ve BID'in hâkim gücünü kırmak için bir bölge bankası oluşturulması da UNASUR'un önemli temalarından biri olmuş ve bu bağlamda Güney'in Bankası (*Banco del Sur*) kurulması düşüncesi ortaya çıkmıştır (García, 2010: 34). Bankanın mevcut finansal sisteme karşı bir alternatif olması düşüncesi, özellikle 2009'dan sonra gücünü yitirmiş, kalkınma projelerini finanse etmek için ek bir seçenek olarak sınırlaması öngörülmüştür (Sanahuja, 2012: 47).

Ancak UNASUR'un da ALBA'ya benzer biçimde kurumsallaşmada zayıflıklar taşıdığını iddia etmek mümkündür. Sol ve ilerici hükümetlerin siyasi iradelerine dayanan ve özellikle Brezilya'nın ve İşçi Partisi'nin inisiyatifin ana motoru olması, ulus-üstü bir pratiğin gelişememesi bu durumun ana sebeplerinden biri olmuştur. UNASUR sekreterliği, gündem belirleyen değil, zirvelerle ortaya çıkan gündemin idare mekanizması halinde kalmış, örgüt kurumsal bir program yerine hükümetler arası bir yapı ile kısıtlı kalmıştır (Diamint, 2013: 67). Bu nedenledir ki 2015'te Arjantin'de, 2016'da Brezilya'da yaşanan iktidar değişiklikleri, Ekvador'da başkanlığa gelen Lenin Moreno'nun ideolojik olarak sağa kayışı, Venezuela'daki ekonomik kriz gibi etmenler UNASUR'un kısa bir süre içinde âtıl kalması ve birçok üye ülkenin 2018'de örgütten ayrılma kararlarını açıklaması ve örgütün anlamını yitirmesiyle sonuçlanmıştır.

Sonuç: Açık bölgeselleşmenin konsolidasyonu mu?

Latin Amerika'da sol dalganın yerini, sağ iktidarlar tsunamisinin almasıyla sağın bölgesel konsolidasyonunun da kapısını aralaması beklenebilir. Bu açıdan bakıldığında, karşı-hegemonik bölgeselleşmenin, açık bölgeselleşme döneminin sorunlarını aşamadığı ve ortak bir politik, ekonomik ve sosyal program ortaya koyamayarak post-liberal olarak adlandırılan ulus-üstü mekanizmaları hayata geçiremediğini söylemek mümkündür. Bugün ise sağ iktidarların bölgesel olarak konsolide olması ve neoliberal açık bölgeselleşmenin Pasifik İttifakı ve PROSUR gibi yeni örgütlerle yeni bir ivme kazanması beklenebilir. Ancak her halükârda, yükselen sağ dalgayı arkasına alan açık bölgeselleşmenin dayandığı hegemonik program mevcut birikim modelinin ürettiği çelişkileri derinleştirmekten ve bu programı üreten iktidar kompozisyonunun nihai çözülmesinden başka bir sonuç doğuramaz.

ARAŞTIRMA SORULARI
- Kapitalizmin periferisinde yer alan ekonomiler açısından bölgesel entegrasyonun, merkez ülkelerdeki örnekleri ile aynı anlamı taşıdığı iddia edilebilir mi?
- Korumacı bölgeselleşme yoluyla yerli sanayinin güçlendirilmesi ve küresel ekonomik iş bölümünde farklı bir konumda yer almak mümkün müdür?
- Karşı-hegemonik bölgeselleşmenin başarılı veya başarısız sayılma ölçütleri nelerdir? Latin Amerika deneyimi hangi kıstaslar içerisinde değerlendirilmektedir?

KAYNAKÇA

Arrelano, F. G. (2009), *Nacimiento, Evolución y Perspectivas de la Alianza Bolivariana para los Pueblos de Nuestra América*, Quito: Friedrich Ebert Stiftung.

Bravo, K. E. (2006), "CARICOM, the myth of sovereignty, and aspirational economic integration", *North Carolina Journal of International Law and Commercial Regulation*, 33 (1): 145-206.

Bouzas, R. (2005), "El 'Nuevo regionalismo' y el área de libre comercio de las Américas: un enfoque menos indulgente", *Revista de la Cepal*, 7-18 Nisan.

Bouzas, R. ve Svarzman G. (2002), "El Área de Libre Comercio de las Américas: ¿dónde está y hacia dónde va?", *Comentario Internacional Revista del Centro Andino de Estudios Interncionales*, 3: 76-108.

Bustillo, I. ve Ocampo, J.A. (2003), "Asimetrías y cooperación en el Área de Libre Comercio de las Américas", *CEPAL, Serie Informes y estudios especiales*, No. 13.

Brignoli, H. P. ve Martinez, Y. B. (1983), "Growth and crisis in the Central American economies, 1950-1980", *Journal of Latin American Studies*, 15 (2): 365-398.

Cruz, E. R. B. ve Perea, R.S.S. (2010), "Un nuevo modelo formativo de médicos en la Universidad Barrio Adentro, República Bolivariana de Venezuela", *Educación Médica Superior*, 24(1): 111-135.

Diamint, R. (2013) "Regionalismo y posicionamiento Suramericano: UNASUR y ALBA, "*Revista CIDOB d'Afers Internacionals*", 101: 55-79.

Fajardo Morales, M. E. (2007), "Un repaso a la regionalización y el regionalismo: Los primeros procesos de integración regional en América Latina", *CONfines* 3/6 agosto-diciembre, s. 65-80.

García, C.A.C. (2010), "La inserción internacional de Sudamérica: la apuesta por la Unasur", *Íconos. Revista de Ciencias Sociales,* 38: 29-40.

Gardini, G. L. (2010), "Proyectos de Integración Regional Sudamericana: Hacia una Teoría de Convergencia Regional", *Relaciones Internacionales,* 15: 11-31.

Gómez-Mera, L. (2008), "How 'new' is the 'New Regionalism' in the Americas? The case of MERCOSUR", *Journal of International Relations and Development,* 11: 279-308.

Lima, Durán, J. ve Maldonado, R. (2005), *América Latina y el Caribe: La Integración regional en la hora de las Definiciones,* División de Comercio Internacional e Integración Comercio, Santiago de Chile.

Lorenzo, T. G. (2012), "El ALBA visto desde el Caribe. Entre la realidad y los sueños", *El regionalismo "post-liberal" en América Latina y el Caribe: nuevos actores, nuevos temas, nuevos desafíos, Anuario de la Integración Regional de América Latina y el Gran Caribe,* s. 207-231.

Malamud, A. (2011), "Conceptos, teorías y debates sobre la integración regional", *Norteamérica,* 6 (2): 219-249.

Rivas, Torres, E. (1968), *Interpretación del Desarrollo Social Centroamericano,* Instituto Latinoamericano de Planificación Económica y Social, Santiago de Chile.

Rivas, Angulo, A. (2002), "Integración y gobernabilidad en América Latina: ¿una conciliación imposible?", *VII Congreso Internacional del CLAD sobre la Reforma del Estado y de la Administración Pública,* Lizbon, Portekiz, 8-11 Ekim.

Ruiz, J. B. (2013), "Ejes y modelos en la etapa actual de la integración económica regional en América Latina", *Estudios Internacionales,* 175: 9-39.

Sanahuja, J. A. (2007), "Regionalismo e integración en América Latina: balance y perspectivas", *Pensamiento Iberoamericano,* s. 75-106.

—, (2009), "Del "regionalismo abierto" al "regionalismo post-liberal". Crisis y cambio en la integración regional en América Latina", *Anuario de la Integración Regional de América Latina y el Gran Caribe,* s. 12-54.

—, (2012), "Regionalismo post-liberal y multilateralismo en Sudamérica: El caso de UNASUR", *Anuario de la Integración Regional de América Latina y el Gran Caribe,* s. 19-71.

Schvarzer, J. (2005), "El Mercosur: un bloque económico con objetivos a precisar", Gerónimo de Sierra (der) *Los Rostros del Mercosur: El difícil camino de lo comercial a lo societal* içinde, Buenos Aires: CLACSO, s. 21-44.

Serbin, A. (2007), "Entre UNASUR y Alba: otra integración (ciudadana) es posbile?", *Anuario CEIPAZ,* s. 207-183.

Sotolongo, J. F., Socarrás, C.M.B., Romero, M.S., González, E.M.H., (2014), "Nuevo modelo de formación de especialistas en Oftalmología generado por la Misión Milagro'", *Educación Médica Superior,* 28 (1): 26-34.

Tavares, M. D. ve Gomes, G. (1998), "La CEPAL y la integración económica de América Latina", *Revista CEPAL,* No. RCEX01.

Terra I. ve Vaillant, M. (2005), "Comercio, fronteras políticas y geografía: un enfoque regional de la integración económica", Gerónimo de Sierra (der) *Los Rostros del Mercosur: El difícil camino de lo comercial a lo societal,* içinde, Buenos Aires: CLACSO, s. 45-64.

Ullan de la Rosa, F. J. (2012), "La Alianza Bolivariana para las Américas - Tratado de Comercio de los Pueblos (ALBA-TCP): análisis de un proyecto de integración regional latinoamericana con una fuerte dimensión altermundista", *Estudios Politicos,* 25: 131-170.

İKİNCİ KISIM

Rejimler ve Siyasal Çatışmalar

Altıncı Bölüm

BAĞIMSIZLIKTAN 21. YÜZYILA LATİN AMERİKA'DA ANAYASALAR VE ANAYASA YAPIM SÜREÇLERİ

OYA YEĞEN

Giriş

Latin Amerika ülkelerinin anayasa değişikliğine ve yeni anayasa yapımına sıkça başvurması, bölgenin anayasa yapımı konusunda adeta bir laboratuvar olarak addedilmesine sebep olmuştur (Corrales, 2018: 9; Negretto ve Couso, 2018; Nolte ve Schilling-Vacaflor, 2012). "Demokrasinin üçüncü dalgası" olarak adlandırılan dönemden günümüze geçen süreçte neredeyse tüm Latin Amerika ülkeleri anayasalarını yeniden yazmış veya Arjantin (1994), Şili (1989 ve 2005) örneklerinde olduğu gibi çok kapsamlı reformlarla değiştirmiştir (Negretto ve Couso, 2018). 1978'den beri sadece Meksika (1917), Kosta Rika (1949) ve Panama (1972) yeni anayasa yazmamıştır; Ekvador (1978, 1998, 2008) ve Peru'da (1979, 1993) ise birden fazla yeni anayasa yazılmıştır. Fakat bu dönemde yazılan her anayasayı demokratikleşmenin bir ürünü olarak nitelendiremeyiz. Şili Anayasası (1980) askerî rejim tarafından hazırlanıp, demokrasiye geçişten sonra da yürürlükte kalmıştır; Alberto Fujimori'nin Kongre'yi 1992'de kapatmasından sonraki süreçte kurucu meclis tarafından yapılan Peru Anayasası (1993) çeşitli değişiklikler geçirerek hâlâ yürürlüktedir.

Ekvador (1978), Honduras (1982) ve Brezilya'da (1988) yeni anayasalar demokrasiye geçişin bir aygıtı olarak değerlendirilebilir. Kolombiya'da (1991) ise yıllarca süren şiddetin altında yatan sorunlara çare bulmayı ve barış için gerekli anayasal zemini hazırlamak gayesiyle yeni bir anayasa yapılmıştır. Arjantin ve Uruguay'da askerî dönemde askıya alınmış anayasalar, yapılan değişikliklerle tekrar yürürlüğe girmiş; Şili'de ise geniş çaplı anayasa reformları (1989 ve 2005), askerî dönemde yazılan anayasayı büyük bir revizyondan geçirmiştir.

Kurucu meclis yöntemiyle yapılan Venezuela (1999), Ekvador (2008) ve Bolivya (2009) anayasaları güç dengelerini değiştiren, yeni haklar tanıyan ve siyasal sistemi yeniden kurma iddiasında anayasalar olduğu için dikkat çekmiştir (Nolte ve Schilling-Vacaflor, 2012: 3).

Son on yıla baktığımızda ise bazı Latin Amerika ülkelerinde yaşanan anayasal değişikliklerin iktidarda olan liderin tekrardan seçimini mümkün kılma ve başkanın yasama gücünü pekiştirme yönünde gittiğini gözlememiz mümkün (Negretto, 2011: 1778; Corrales ve Penfold, 2014). Bu bakımdan, anayasa değişikliği aygıtlarının (yeni anayasa yapımı, anayasa değişikliği, anayasal yorum) suistimal edilmesine çarpıcı bir örnek olarak 2017'de kurulan Venezuela Kurucu Meclisi'ni örnek verebiliriz.[1]

Bu bölümde Latin Amerika ülkelerindeki temel anayasal özelliklere, toplumsal ve siyasal gelişmeleri ve değişen sosyal dinamikleri takiben yaşanan anayasa değişikliklerine ve güncel anayasal meselelere dair geniş kapsamlı bir inceleme sunulacak, özellikle de son çeyrek asırda yaşanan anayasal değişikliklerin üzerinde durulacaktır. Latin Amerika ülkelerindeki anayasal değişikliklerin "demokrasiye ayar çekmek" için tercih edilen bir mekanizma olduğunu yakın zamanda yaşanan anayasal değişimlere baktığımızda da görebiliriz.[2] Mesela, Küba'da Şubat 2019'da referandum yoluyla onaylanmış olan yeni anayasa bir yandan ekonomik reformlara yasal alt zemini hazırlarken, Komünist Parti'nin siyasi, sosyal ve ekonomik alandaki merkezî rolünü de sağlamlaştırdı.[3] Peru ve Ekvador'da 2018'de yolsuzlukla mücadele etmek için çeşitli kurumsal reformlar referandum aracılığıyla onaylandı.[4] Latin Amerika'daki hemen hemen her ülkeyi etkilemiş olan Odebrecht skandalının pekiştirmiş olduğu kurumlara karşı güvensizlik ve seçmenlerin somut politika talep etmesi sonucu her iki ülkede de hükümetler anayasa değişikliğini referandum yolunu işleterek geçirdiler.[5] Aynı zamanda bu anayasa değişiklikleri, göreve yeni gelen başkanların (Peru'da Mar-

---

1 "Suistimal anayasacılık" kavramını ortaya atan David Landau (2013), Başkan Maduro'nun 2017 Kurucu Meclisi'nin 1999 Kurucu Meclisi aksine popüler meşruluktan da yoksun olduğunu ifade etmiştir (Landau, 2018: 162).
2 Corrales (2018: 9), özellikle 1980 sonrası dönemde anayasa değişikliği yoluyla, "demokrasiye ayar çekmenin" Latin Amerika ülkelerinin tercih ettiği bir yöntem olduğunu ifade eder.
3 Küba'da Şubat 2019'da referandumla kabul edilen anayasanın İngilizce tercümesi: https://www.constituteproject.org/constitution/Cuba_2019D.pdf?lang=en
4 Kolombiya'da Ağustos 2018'de yapılan ve yolsuzlukla mücadeleyi hedefleyen birtakım önerileri halkoyuna sunan istişare referandumu ise yeterli katılım sağlanamadığı için geçersiz sayıldı (O'Boyle, 2018).
5 Peru ve Ekvador'da gerçekleşen çok sorulu referandumlarda "yolsuzlukla mücadele" yapılan anayasa değişikliklerinin konu başlıklarından sadece biriydi. Ekvador'da, Şubat 2018'de onaylanan referandumda yolsuzluktan hüküm giymiş devlet görevlilerinin siyasi hayata katılımına engel getirmekten başka, devlet başkanı ve diğer seçilen devlet görevlileri için iki dönem sınırlaması, seçilmemiş bir yürütme organının (*Consejo de Participación Ciudadana y Control Social*) tekrar yapılanması, madenciliğin sınırlanması gibi çeşitli değişiklikler de onaylandı (Polga-Hecimovich, 2018). Bu değişikliklerle bir önceki başkan Rafael Correa'nın 2021'de siyasi hayata geri dönme planlarına engel olunmuş oldu. Peru'da Aralık 2018'de onaylanan anayasa değişikliğinde hâkim ve savcıların atama sisteminin düzenlemesi, seçim kampanyalarının finansmanının denetlenmesi ve kongre üyelerinin tekrar seçimine sınır getirilmesi Fujimorista kongre üyelerine karşı bir zafer olarak görülebilir.

tin Vizcarra ve Ekvador'da Lenín Moreno) siyasi rakiplerine karşı yürüttükleri güç mücadelesinde halkın desteğini aldıklarını ortaya koymuştur.

Yakın tarihten bu örneklerin de gösterdiği gibi, Latin Amerika ülkelerinin anayasal sistemini ve anayasal değişimini anlamak için salt anayasa metinlerine bakmak yetersiz kalacaktır. Dolayısıyla, bu bölümde Latin Amerika ülkelerindeki anayasal değişimin dinamikleri üzerine hem genel bir değerlendirme yapılacak hem de mercek altına alınan konu özelinde (başkanlık sistemi, haklar ve özgürlükler, askerî dönem ve demokrasiye geçiş anayasaları, yeni anayasacılık, kurucu meclis, başkanın gücü gibi), bazı ülkeler özelinde incelemelere de yer verilecektir.

Latin Amerika'da anayasacılığın doğuşu

Latin Amerika anayasacılığının iki yüzyıllık (1810-2010) tarihini en ayrıntılı ve kapsamlı biçimde inceleyen Roberto Gargarella (2013), bölgeyi bir bütün olarak ele alır ve Latin Amerika'nın neden toplumsal ve ekonomik eşitsizliğin hâkimiyetinden kurtulamadığının anayasal temellerini ortaya koyar.[6]

Latin Amerika'daki bağımsızlık hareketlerinin altında yatan çeşitli sebeplerden biri, sömürge topraklarında doğmuş İspanyol asıllı kreoller ile İspanya Krallığı tarafından sömürge topraklarını yönetmek için atanmış olan *peninsular*lar arasındaki güç mücadelesidir. Ekonomik güçleri ve sosyal etkileri artsa da merkezî üst düzey idari görevlere getirilmeyen kreoller zamanla bağımsızlıktan yana olmaya başlamıştı. Ancak bağımsızlık mücadelesinde kırılma noktası, Napolyon'un ordusunun İspanya ve Portekiz'i işgal etmesiyle (1807-1808) oluşan siyasi vakumda, Cádiz Anayasası'nın (1812) liberaller tarafından yazılıp kabul edilmesiydi.[7] Her ne kadar tahtına 1814'te dönen Kral Fernando VII mutlak monarşiyi yeniden ilan etse de liberallerin etkisi altındaki askerî ayaklanma sonrasında anayasa geri getirildi (1820-1823). Kıtadaki bağımsızlık hareketlerini sadece İspanya'daki liberal anayasacılıkla açıklamak elbette mümkün değildir. Ancak genel olarak baktığımızda bağımsızlık mücadelesinin büyük çaplı sosyal ve siyasal devrimler yaratan mücadeleler sonucunda değil, muhafazakâr değerleri ve eski sosyal hiyerarşiyi korumak isteyen kreol elitlerinin güç savaşı sonu-

---

6 Gargarella, Latin Amerika anayasacılığını beş tarihsel döneme ayırır: 1. Bağımsızlıktan sonraki ilk yıllar (1810-1850); 2. "Kurucu dönem" olarak tanımlanan ve sömürge sonrası hukuki yapı olan "düzen ve ilerleme" formülünün geliştirildiği (1850-1890) yıllar; 3. "Düzen ve ilerleme" nosyonlarının çatladığı ve sömürge sonrası hukuki düzenin çökmeye başladığı ama pozitivizmin baskın olduğu 19. yüzyıl sonu ve 20. yüzyıl başı arasındaki kriz yılları dönemi; 4. "Sosyal anayasacılık" olarak tanımlanan ve Büyük Bunalım sonrasından 20. yüzyıl ortasına kadar işçi sınıfının büyümesi ile "sosyal sorunlara" anayasal çözümler arandığı dönem ve 5. "Yeni Latin Amerika Anayasacılığı" olarak tanımlanan sosyal hakların ve sorumlulukların genişletildiği son çeyrek asır (Gargarella, 2013: ix).

7 İlk anayasalardan biri olan İspanyol Cádiz Anayasası'nın yapım sürecinde Latin Amerika'dan katılımcılar da önemli rol oynamıştır. Yürütmenin gücüne sınır getirmesi; parlamenter monarşiyi, sanık, sözleşme ve mülkiyet haklarını tanıması dolayısıyla, her ne kadar Katolik dinini resmî din olarak kabul etmiş olsa da zamanın en liberal anayasalarından biri olarak tanınır ve Latin Amerika'nın ilk anayasası olarak da kabul edilebilir (Mirow, 2015: 2).

> **1833 Şili Anayasası**
>
> İç savaşta (1829-1830) üstün gelen toprak sahipleri, ordu ve ruhban sınıfının oluşturduğu muhafazakâr koalisyonun değerlerini yansıtan 1833 Anayasası, merkezî güçlü otoritenin toprak sahibi ve okuma yazma bilen "erdemli" erkekler tarafından belirlendiği bir sistem kurdu. Muhafazakâr devlet adamı Diego Portales'in (1793-1837) siyasi gayelerini yansıtan bu anayasada Katoliklik resmî din olarak tanınmış, çok güçlü bir yürütme tesis edilmiş ve başkana geniş olağanüstü hal yetkileri tanınmıştır. Bağımsızlıktan sonra bitmeyen iç kargaşalara son veren ama baskıcı bir rejim ortaya koyan 1833 Anayasası, siyasi dengelerin değişmesiyle 20. yüzyılın başında Kongre'nin rolünün arttığı "parlamenter cumhuriyet" (1891-1925) rejimine de olanak sağlamıştır (Faundez, 2007: 55-77).

cunda elde edilmiş olduğunu görebiliriz (Kline vd., 2018: 23).[8] Bundan dolayı, bağımsızlık sonrası Latin Amerika ülkelerinde kabul edilen kanunların ve anayasaların muhafazakâr bir çizgide olması şaşırtıcı değildir.

Mirow (2015), liberal Cádiz Anayasası'nın siyasi gelişmelerin ardından askıya alınması ve uygulanmaması ile Latin Amerika'da anayasa hukukunu ve anayasacılığın siyasallaştırıldığını iddia eder. Bu sebeptendir ki, 19. yüzyılda siyasi çekişmelerin bir aracı ve ifadesi olarak yüzden fazla anayasa yazılmıştır. Fakat çok kısa zamanda bu kadar fazla anayasa üreten Latin Amerika ülkelerinde anayasaların kalıcı olamamasını sadece *caudillo*lar arasındaki güç mücadelesine bağlamak yanlış olacaktır. Günümüz anayasalarının izlerini sürebileceğimiz farklı anayasa modellerinin çekiştiği 19. yüzyılı "kurucu dönem" olarak tanımlayan Gargarella (2004: 142), 20. yüzyıla gelindiğinde genel kamu yararı ve halkın iradesine dayanan bir iradeyi temsil eden cumhuriyetçi/radikal anayasa modeline karşı liberal ve muhafazakâr anayasa modellerinin arasında bir uzlaşma/yakınlaşma olduğunu söyler.[9] Liberal ve muhafazakâr ideallerin bir arada ortaya konulduğu bu "füzyon anayasa" modelinde (1850-1910) her iki siyasi akımın hukuki beklentilerinin kusurlu bir sentezi ortaya konmuştur (Gargarella, 2014: 10).[10] Bu dönemin anayasalarının ortak özelliği, eşitsizlik ve yoksulluktan sıkıntı çeken kesimlere yönelik olabilecek sosyal hakları ve kamusal alana kitlesel katılımı sağlayacak siyasi girişimleri dışlıyor olmasıydı. "Düzen ve ilerleme" nosyonlarının öne çıktığı rejimleri kuran bu anayasalar dışlayıcı olmakla beraber, hem liberal hem de muhafazakâr güçlerin talep-

---

8 Özellikle Haiti ve Meksika'daki bağımsızlık mücadelelerini bu genellemeden ayrı tutmamız gerekir.

9 Gargarella (2004, 2013), muhafazakâr, cumhuriyetçi/radikal ve liberal model diye ayırdığı bu ideal tip anayasa modellerinin, 19. yüzyıl boyunca çekişme içinde olduğunu aktarır. Fakat bunu bir kaos ortamı olarak değil, iki farklı anayasal ideale (bireysel otonomi ve kolektif özerklik) cevap arayan farklı modeller arasında yaşanan bir gerginlik ve uzlaşma arayışı olarak nitelendirir.

10 Liberallerle muhafazakârlar arasındaki siyasi sözleşmeyi temsil eden bu dönem anayasalarında (1850-1910) liberal grubun beklentileri olan bireysel haklara tolerans ve özellikle dinî konularda devletin tarafsız olması gibi normlara yer verilirken, aynı zamanda muhafazakâr grupların taleplerine karşılık bölgesel merkezileşme ve ahlâki mükemmeliyetçilik gibi hukuki tercihler yer alıyordu (Gargarella, 2014: 10).

lerini karşılaması sebebiyle anayasa yoluyla çekişen elit gruplar için bir uzlaşma sunuyordu.

Monarşiyi devirmiş fakat güçlü bir yürütme organını tesis etmenin anayasal formülünü arayan Latin Amerika ülkelerinde, benzer koşullardan ortaya çıkmış ve en başarılı cumhuriyet olarak görülen ABD'nin kabul etmiş olduğu başkanlık sistemi kabul görmüştür. Bağımsızlık mücadelesinin en önemli liderlerinden Simón Bolívar'ın "Amerika'nın yeni devletlerinin... Başkan unvanına sahip krallara ihtiyacı vardır," diyerek işaret ettiği gibi (Sondrol, 1990: 426), hükümet sistemi olarak başkanlık modeli tercih edilmişse de fren ve denge mekanizmalarını sağlayacak kurumsal yapı inşa edilmemiştir (Gargarella, 2014: 11). ABD'deki prototipinden farklı olarak yürütme organında çok daha fazla güç toplanan başkanlık sistemleri kurgulanmıştır.[11] Başkanı "devletin iç güvenliğini" sağlamak uğruna "olağanüstü" durumlara müdahale etmek için geniş yetkilerle donatan bu anayasalar, hak ve özgürlüklerin sınırlanmasına ve sivillerin askerî mahkemelerde yargılanmasına olanak sağlamış ve sonraki yüzyılda kıtada tecrübe edilen askerî diktatörlüklerin anayasal temellerini atmıştır (Loveman, 1994: 6-9).

Latin Amerika'da 20. yüzyıldaki anayasal gelişmeler

Sosyal anayasacılık

Latin Amerika'da (aynı dönemde Avrupa'da da olduğu gibi) anayasalar ekonomi alanında sessiz bir tutum sergilemişlerdir. Fakat kapitalizme alternatif oluşturan başka ekonomik modellerin ortaya çıktığı Birinci Dünya Savaşı sonrası dönemde, serbest piyasa ekonomisinin yaratmış olduğu aşırılıkları dizginlemek ve daha geniş toplum kesimlerine refah sağlamak için anayasal çözümler aranmaya başlandı. Böylece 19. yüzyılda radikal bulunarak göz ardı edilen sosyal ve ekonomik haklar anayasalara bu dönemde ilk kez girmiştir (Couso, 2017: 345-349).

> **Meksika Devrimi ve 1917 Anayasası**
>
> 1910 Meksika Devrimi'nin en önemli kazanımlarından biri sosyal ve ekonomik hakları tanıyan yeni bir anayasanın ilan edilmesi olmuştur. Sendika hakkı, grev hakkı, sosyal güvenlik ve dinlenme ve eşit ücret gibi işçi haklarını tanıyan Meksika Anayasası, kadınlar ve çocuklar için özel koruma hükümleri getirmiş, tabii kaynakları millileştirmiştir. Hâlâ yürürlükte olan bu anayasada *sexenio* olarak adlandırılan kurala göre başkan tek seferliğine seçilir ve görev süresi altı yıldır (md. 83).

---

11 ABD Anayasası'nın (1789) 19. yüzyıl Latin Amerika anayasacılığının üzerinde önemli bir etkisi olmuştur. Venezuela (1811), Meksika (1824), Arjantin (1826) ve Ekvador (1830) anayasaları ABD modelinden esinlenerek başta başkanlık sistemi olmak üzere kimi kurumsal tercihleri bu modelden "ödünç" almışlardır. Federalist akımlar birçok ülkede anayasal tartışmaların unsurlarından biri olmuştur ve günümüzde Arjantin, Brezilya, Meksika ve Venezuela federal yapı ile yönetilmeye devam etmektedir (Ginsburg vd., 2011: 1710).

Sosyal ve ekonomik hakların ilk olarak tanındığı Meksika Anayasası (1917) diğer ülkelere örnek olmuştur (Bolivya 1937, Bolivya 1938, Uruguay 1942, Ekvador 1945, Kosta Rika 1949) (Negretto ve Couso, 2018: 31). Bu anayasal dönüşüm ("sosyal soru"nun anayasaya dâhil edilmesi) sosyal haklar ve kamusal hayata daha aktif katılım talep eden işçi sınıfının ithal ikameci sanayileşme ile büyümesi ve kentleşmesi sonucu ortaya çıkmıştır (Gargarella, 2013: 105-107). Fakat "sosyal anayasacılık" olarak bilinen bu yaklaşımın ürettiği sosyal ve ekonomik haklar, anayasal yargının gelenekselleşmediği Latin Amerika ülkelerinde daha çok sembolik olarak kalmışlardır (Couso, 2017: 350).

Askerî rejimlerin otoriter anayasaları ve demokrasiye geçiş sonrası anayasal değişiklikler

20. yüzyılda Latin Amerika ülkelerinde sıkça anayasa değişikliği yaşanmasının bir sebebi de askerî hükümetlerin mevcut anayasaları ortadan kaldırıp, kendi yeni anayasalarını yazma pratiği olmuştur. Latin Amerika'da askerin otoriter anayasa yapımındaki rolünü inceleyen Negretto (2013a: 83-84), 1900-2008 arasında yapılan anayasaların % 70'inin otoriter hükümetler tarafından yapıldığını ve otoriter anayasaların da % 67'sinin askerî hükümetler tarafından yazılmış olduğunu tespit eder. Bu çalışmanın ortaya koyduğu bir diğer bulgu ise, askerî dönemde yazılmış olan anayasaların ömrünün (14,9 yıl) sivil anayasaların ömrüne (18,6) göre daha kısa olmasıdır (Negretto, 2013a: 86).[12]

> **1988 Brezilya Anayasası**
>
> 19. yüzyılda parlamenter sisteme yakın bir anayasal deneyim (1824-1891) yaşayan Brezilya'da, askerî rejimin (1964-1985) sona ermesinden sonra anayasa yapımı sırasında karara bağlanamayan hükümet biçiminin ne olacağı sorusu, 1993'te yapılan referandumla belirlendi. Monarşi ve parlamenter sisteme karşı, cumhuriyet idaresi ve başkanlık sistemi tercih edildi. Dünyanın en uzun anayasalarından biri olan 1988 Anayasası, kamusal hayata dair birçok konuyu anayasallaştırmış olduğu için yıllar içinde çok sık değişikliğe uğramıştır (Couto ve Arantes, 2008).

Askerî dönem otoriter anayasaları çoğunlukla ya Ekvador (1978) ve Şili (1980) örneklerinde olduğu gibi hükümet komisyonları tarafından yahut Bolivya (1967) ve Brezilya (1967) örneklerinde olduğu gibi askerî üyelerin domine ettiği kurucu meclis/kongreler tarafından yapılmıştır. Askerî dönemde yürürlüğe giren anayasaların çoğunun ömrü bu dönemin sona ermesiyle bitmiştir. Mesela Paraguay'da General Alfredo Stroessner'in 35 yıl süren otoriter yönetiminin sona ermesinden üç sene sonra başkanın güçlerini zayıflatan ve görev süresine sınır getiren

---

12 Latin Amerika ülkelerinde otokratik dönemde (1950-2002) yazılan anayasaları inceleyen Albertus ve Menaldo (2012) ise otokratik koalisyonların kendi anayasalarını yaptıkları durumlarda, ömürlerini bu sayede uzattıklarını ortaya koyuyor.

1992 Anayasası, askerî rejim döneminde yapılan 1967 Anayasası'nın yerini almıştır. Brezilya'da 1964 askerî darbesinin kurduğu anayasal düzen (kurumsal kanunlar - *actos institucionales* ve 1967 Anayasası) 1985'te sona erdiğinde, askerî dönem anayasası da değişti. Kongre seçimlerine izin verilmesiyle 1974'te başlamış olan demokrasiye geçiş sürecinin ardından, iki yıllık katılımcı bir çalışma sonrası, kurucu meclis yoluyla sosyal hakları tanıyan, siyasi katılımı ve demokratik kurumları güçlendiren bir anayasa (1988) yapılmıştır (Martínez-Lara, 1996).

> ### Şili 1980 Anayasası
>
> İlk haliyle orduyu anayasanın garantörü olarak tanıyan ve siyasal haklara ve katılıma çeşitli kısıtlamalar getiren 1980 Anayasası, demokrasiye geçiş döneminde (1989) önemli değişiklikler geçirmişse de Garreton'un (2003) *enclaves autoritarios* diye ifade ettiği birçok otoriter unsuru barındırmaya devam etmiştir. Böylece anayasal kurumlar ve seçim kuralları, demokrasiye geçişten sonra iktidara gelen merkez sol hükümetlerin, sağ partilerin rızası olmadan değişiklik yapmasının önünde engel olmuştur. Bu otoriter unsurlardan en eleştirileni olan "seçilmemiş senatörler" 2005 anayasa değişikliği ile sona erdi (Fuentes, 2013). Fakat anayasanın askerî dönemde yazılmış olması, sadece neoliberal bir sosyo-ekonomik modele olanak vermesi ve kamu politikasında değişiklik taleplerine engel teşkil etmesi sebeplerinden ötürü, yeni anayasa talepleri sönmemiştir (Negretto ve Couso, 2018: 48-49).

Şili'de General Augusto Pinochet liderliğindeki askerî rejim (1973-1990), ordu içindeki güç dengesini düzenlemek için kendi otoriter gücüne de sınır koyan bir anayasa (1980) hazırladı (Barros, 2001). Öyle ki, Pinochet iktidarının 1988 referandumu ile sona ermesini sağlayan gene bu anayasa oldu.[13] Fakat 1980 Anayasası tasarlanırken, askerî rejim sonrası dönem de düşünülmüştü. Şili'deki otoriter anayasa yapım sürecinin en önemli aktörlerinden olan Jaime Guzmán'a göre, askerî rejim yönetiminin uyguladığı ekonomik model "kazanımlarının" kalıcı olması için "korumalı demokrasi" diye tarif edilen bir anayasal düzen kurulması hedeflenmişti (Couso, 2011). Nitekim Şili 1980 Anayasası birçok anayasa değişikliği geçirmiş olmasına rağmen hâlâ yürürlüktedir.[14]

---

13 1980 Anayasası'nın 29. geçici maddesine göre, Pinochet'nin sekiz yıllık döneminin sona ermesinden sonra askerî rejimin aday göstereceği bir kişi, plebisit formatında onaylanacak ve eğer rejimin sunduğu aday seçilmez veya Milli Güvenlik Kurulu kendi içinde anlaşamayıp bir aday gösteremezlerse Pinochet ve cunta rejimi bir yıl daha görevde kalacak ve sonraki yıl seçim yapılacaktı. 1988 referandumunda hayır oylarının % 56 almasından sonra, 1989 seçiminde merkez-solun bir araya geldiği Concertación'un adayı Patricio Aylwin'in başkanlık yarışını kazanmasıyla askerî dönem sona erdi.

14 Öğrenci hareketi başta olmak üzere toplumsal hareketlerin talebiyle, 2015'te Michelle Bachelet'nin başkanlığında yeni anayasa yazımı sürecine girildi. Fakat bu süreç yeni bir anayasa üretmeden rafa kaldırıldığından, 1980 Anayasası değiştirilmedi (Heiss, 2017). Ekim 2019'da başlayan protestoların dile getirdiği sosyal adaletsizlik sorunu ve bu sorundan çıkış yolu olarak görülen yeni anayasa talebi, hükümetin Nisan 2020'de referandum kararını almasını sağladı (Yegen, 2019). Koronavirüs salgını nedeniyle ertelenen ve 25 Ekim 2020'de gerçekleştirilen referandumda yüzde 78 Evet oyuyla kurucu meclis yoluyla yeni anayasa yapılması kararlaştırıldı.

TABLO 6.1
Latin Amerika'da Anayasal Değişimler

	Bağımsızlıktan beri anayasalar	1978-2019 anayasalar	Yürürlükteki anayasanın kabul edildiği tarih
Arjantin	4	0	1853
Bolivya	17	1	2009
Brezilya	7	1	1988
Dominik Cumhuriyeti	35	4	2015
Ekvador	20	3	2008
El Salvador	15	1	1983
Guatemala	7	1	1985
Haiti	23	1	1987
Honduras	14	1	1982
Kolombiya	7	1	1991
Kosta Rika	12	0	1949
Küba	8	1	2019
Meksika	6	0	1917
Nikaragua	12	1	1987
Panama	4	0	1972
Paraguay	6	1	1992
Peru	13	2	1993
Şili	7	1	1980
Uruguay	6	0	1967
Venezuela	26	1	1999
Toplam	249	21	

Kaynak: Güncellenerek, Negretto (2012: 752).

Askerî rejimin kendi anayasasını empoze etmediği Arjantin veya edemediği Uruguay[15] gibi, tek-parti sistemiyle yönetilen Meksika'da da demokratikleşme süreci ile beraber anayasa değişiklikleri yaşandı. Arjantin ve Meksika'da (1994) yargının bağımsızlığını güçlendiren ve anayasal yargının gücünü artıran reformlar gerçekleştiği gibi (Finkel, 2008 ve Rios-Figueroa, 2011), adem-i merkeziyetçiliği güçlendiren anayasa değişiklikleri yapılarak (1994 Arjantin ve 1996 Meksika) başkentin belediye başkanlarının başkan tarafından atanması son buldu.

Askerî rejim dönemlerinde yaşanan insan hakları ihlallerine bir tepki olarak, demokrasiye geçişi takiben yapılan reformlar anayasal hakları ve özgürlükleri genişletmiştir (Negretto ve Couso, 2018: 31-32). Örneğin, Arjantin'de 1994'te gerçekleşen değişiklikle birçok uluslararası insan hakları anlaşması anayasal statüye sahip oldu (Uprimny, 2011: 1591).

Latin Amerika hukuki geleneğinde, anayasayı yapmak üzere özel olarak oluşturulmuş kurucu meclis yönteminin yeri önemlidir (Negretto ve Couso,

---

15 Arjantin Anayasası 1853'te yürürlüğe girmiş, çeşitli otoriter dönemlerde askıya alınmasına ve değişikliğe uğramasına rağmen günümüze kadar resmî anayasa olarak varlığını sürdürmüştür. Başkan Carlos Menem ile muhalefet lideri Raúl Alfonsín arasında imzalanan Olivos Anlaşması sonrası kabul edilen 1994 Anayasa Reformu, başkanın tekrardan seçimine izin verirken, bazı güçlerini zayıflatmıştır (Negretto, 1999 ve 2013b: 138-165). Uruguay'da 1980'de askerî hükümet tarafından hazırlanan anayasa referandumda reddedilmiş, demokrasiye geçtikten sonra ise 1967 Anayasası, 1985'te yapılan değişikliklerle tekrar yürürlüğe girmiştir.

2018: 13). Diğer bölgelerle karşılaştırıldığında, Latin Amerika'nın bu anayasa yapımı yöntemine daha sık başvurduğunu görebiliriz.[16] Nitekim 1980 sonrası dönemde yapılan Nikaragua (1987), Kolombiya (1991), Paraguay (1992), Ekvador (1998, 2008), Peru (1993), Venezuela (1999), Bolivya (2009) anayasaları ve Arjantin'deki anayasa değişikliği (1994), kurucu meclis yoluyla yapılmıştır. Kurucu meclis yöntemi, toplumsal ve siyasal radikal bir dönüşüm sağlamak ve önceki dönemle ayrımı sembolize etmek için bir araç olarak da görülür.[17] Ancak Venezuela, Bolivya, Ekvador'da anayasa yapım süreçleri, siyasi partilerin güçsüzleştiği, yolsuzluk ve ekonomik eşitsizliğin yarattığı sosyal ve ekonomik krizin derinleştiği (Sánchez ve Welp, 2013) ve yakın ideolojiye sahip liderlerin iktidar olduğu bir ortamda kurucu meclis yöntemiyle yazılmış olmak gibi ortak özelliklere sahip olmalarına rağmen, başkanın elinde toplanan güç bakımından önemli farklılıklar göstermektedir. Corrales (2018), bu farklılığın anayasa yazılımı sürecinde iktidar ve muhalefet arasındaki güç asimetrisinin bir sonucu olduğunu iddia eder.

> ### 1991 Kolombiya Anayasası
>
> Kolombiya Anayasası, Latin Amerika'nın "yeni anayasacılık" akımının öncüsü kabul edilebilir (Nolte ve Schilling-Vacaflor, 2012: 21). Uzun yıllar şiddet sarmalından çıkamamış Kolombiya'da yeni bir anayasa ile hakların korunması devletin temel yükümlülüğü haline geldiyse de, bunlardan bazıları (barış hakkı - md. 22) pratikte bir etki yaratmamıştır. Buna karşın (anayasaya uygunluk denetimi ve *acción de tutela* yoluyla) Kolombiya Anayasa Mahkemesi'nin yargısal aktivizmi sayesinde sosyal haklar yelpazesini genişletmiş ve dışlanmış grupların (mahkûmlar, yerlerinden edilmiş insanlar, gey çiftler vb.) sorunlarını hak çerçevesinde ele almıştır (Jaramillo Pérez, 2012).

Yeni anayasacılık

Ran Hirschl (2007), yeni yüzyıla girerken, yargıyı güçlendiren ve insan haklarını geniş çapta anayasal güvence kapsamına alan, "yeni anayasacılık" olarak tarif edilebilecek, dünya genelinde bir akımın ortaya çıktığını iddia eder.[18] Hirschl'e göre, anayasallaşma yoluyla yargısal yetkilendirme, var olan neoliberal ekonomik düzende negatif hakların (mülkiyet hakları gibi) gelişmesine katkı sağlamıştır ama sosyal adalete yönelik ve devletin harcama yapmasını gerektirecek haklar bakımından etkisi zayıftır. Bu "yeni anayasacılık" dalgasının yaşandığı son

---

16 Latin Amerika'da 1900-2014 arasında gerçekleşen 83 anayasa yazımı sürecinden 23 tanesinde kurucu meclis yöntemi uygulanmıştır (Negretto, 2017).

17 Peru, Venezuela ve Ekvador'daki anayasa yapım süreçlerinde, kurucu meclis, "asli kurucu iktidar" olduğu iddiasıyla, bulunduğu anayasal düzenden kopuş yaşamıştır (Landau, 2019).

18 Hirschl (2007), hakların anayasallaşması ve anayasal denetimin kurulmasını demokrasiye geçişin ve demokrasinin pekişmesinin bir aracı olarak yorumlamaz. Öne sürdüğü "hegemonik koruma tezi"ne göre, bu anayasal değişiklikler, siyasi hegemonyalarını muhafaza etmek isteyen endişeli elitlerin bir ürünüdür.

çeyrek asırda Latin Amerika ülkelerinde de sosyal ve ekonomik haklar anayasal düzeye yükselmiştir. Ancak Hirschl'in incelediği ülkelerin aksine, Latin Amerika ülkelerinde sosyal, ekonomik ve kültürel hakların yargı organları tarafından korunabilir olduğu yönünde bir yaklaşım hâkimdir (Nolte ve Schilling-Vacaflor, 2012: 20-21). Dolayısıyla, Latin Amerika'da "yeni anayasacılık" kavramı, haklara bir bütün olarak yaklaşan, uluslararası insan hakları anlaşmalarını bağlayıcı kabul eden ve bunları koruma altına almak için gerekli kurum ve mekanizmaların oluşturulmasını gözeten tutumu işaret eder. "Yeni anayasacılık" akımının Latin Amerika'da temsilcileri olarak kabul edilen Venezuela (1999), Ekvador (2008), Bolivya (2009) anayasalarının ortak bir özelliği, önceden anayasaların dışında kalmış alanlarda hakların genişletilmiş (çevre hakkı, kültürel haklar, yerli halkların hakları gibi) olmasıdır. Bu anayasalar aracılığıyla, süregelen sosyal eşitsizliklere karşı devletin piyasaya daha güçlü müdahale etmesi ve serveti yeniden dağıtmak için politikalar üretebilmesi hedeflenmiştir (Wolff, 2012). Bu bağlamdan bakıldığında, anayasanın dönüştürücü bir rol oynaması gerektiğine dair siyasi bir irade olmuş olsa da bu haklar "faal olmayan hükümler" olarak kalmıştır (Gargarella, 2012). Mesela Ekvador Anayasası (2008) yerli halkların hakları, doğanın (*pachamama*) var olma hakkı, iyi yaşama (*buen vivir*) hakkı gibi yeni haklar tanımıştır, fakat bunların dönüştürücü etkisi sınırlı olmuştur (Müller-Hoff, 2012).[19]

> **Latin Amerika'da anayasal denetim**
>
> Kamu gücü üzerinde bir tür anayasal denetim aracı olan *amparo* ilk defa Meksika'da eyalet düzeyinde 1841'de uygulanmaya başlandı. Günümüzde yargı kararlarının ve eyalet makamları ile federal makamların işlemlerinin hukuka uygunluğunu denetlemek için federal mahkemelere *amparo* başvurusu yapılır (Pimentel, 2010). Zamanla diğer Latin Amerika ülkelerinin de benimsediği bu yöntem, Latin Amerika anayasa hukukunun en ayırt edilebilir unsurlarından biri olmuştur (Brewer-Carías, 2008). Prosedürleri farklılık gösterse de *recurso de protección* (Şili) ve *acción de tutela* (Kolombiya) anayasa ile güvence altına alınmış hakları yargısal mekanizmalarla korumayı amaçlar (İnceoğlu, 2017).

Toplumun birçok kesiminin siyasal olarak dışlanmasına tepki olarak bu yeni anayasalarda halkın demokratik katılımını genişletmek için doğrudan ve katılımcı demokrasi araçları olacak kurumlar inşa edildi.[20] Bu anayasal icatlardan biri olan geri çağırma referandumu (*revocatoria del mandato*) Venezuela, Ekvador, Bolivya anayasalarında dikey hesap verebilirliği güçlendirmeye yönelik bir aygıt olarak tasarlanmıştır (Wolff, 2012). Venezuela'da muhalefetin yeterince imzayı toplaması sonucunda gerçekleşen 2004 geri çağırma referandu-

---

19 Bolivya ve Ekvador anayasalarında "çok ulusluluk" (*plurinationalism*) kavramı ile yerliler ve devlet arasındaki ilişkiyi dönüştürmek ve yerli halkların otonom alanlarını genişletmek hedeflenmiştir. Schilling-Vacaflor ve Kuppe (2012), Bolivya'nın bu bakımdan Ekvador'a göre çok daha başarılı olduğu tespitinde bulunur.

20 Venezuela, Ekvador ve Bolivya anayasalarının tanıdığı katılımcı mekanizmalar arasındaki benzerlikler için, bkz. Corrales, 2018: 15.

munda Hugo Chávez'in başkanlığa devam etmesi yönünde bir sonuç çıkmıştı ama Nicolás Maduro'nun şaibeli başkanlığına bu anayasal yolla son verme girişimi 2013'ten beri gündemde olsa da işletilememiştir. Peru (1993) ve Kolombiya (1991) anayasalarında da mevcut olan bu mekanizmalar demokratik katılımı pekiştirmek ve kurumsal çıkmazlara çözüm aramaktan ziyade seçimi kaybedenlerin (Peru) ve partizan amaçları olanların (Kolombiya) başvurduğu bir mekanizma olarak karşımıza çıkar (Welp, 2016; Welp ve Milanese, 2018).

Güncel anayasal meseleler

Latin Amerika'daki güncel anayasal gelişmeleri birkaç paragrafta özetlemek mümkün değildir. O bakımdan, bu bölümde yalnızca Latin Amerika bölgesinin en belirleyici karakteri olan başkanlık hükümet sistemine dair meselelere yer verilecektir.[21]

Hiper-başkanlık ve başkanın görevden azli

Latin Amerika ülkelerinde demokratikleşme süreci sonucunda haklar ve özgürlüklerin kapsamı genişlemiş olsa da gücün ve sorumlulukların başkanda toplandığı hiper-başkanlık sistemi baki kalmıştır (Gargarella, 2013: 185; Nino, 1992).

Denge ve denetleme mekanizmalarının ayırt edici unsur olduğu ABD'deki başkanlık sisteminden farklı olarak Latin Amerika anayasaları geniş yetkilerin yürütme organında toplandığı güçlü başkanlık sistemleri kurmuşlardır. Latin Amerika başkanlarının kararname çıkarma, kanun teklifi, bütçe kanunu teklifi, anayasa değişikliği teklifi yetkisi gibi yasamaya dair oldukça geniş güçleri bulunur ve ayrıca olağanüstü durumlarda anayasayı askıya alma gibi yetkileri vardır. Latin Amerika'daki başkanlık sistemlerini inceleyen Cheihub vd. (2013: 3), "yürütmenin kural koyma gücü" diye özetledikleri bu ortak özellikler sebebiyle "Latin Amerika başkanlık sistemi"nden söz etmenin mümkün olduğunu iddia ederler. Başkanlar 19. yüzyılın başında sadece reaktif bir güç olan veto gücüne sahipken, zaman içinde başkanın yasama ve gündem belirlemedeki yetkileri genişlemiştir (Negretto, 2018: 26). Kimi ülkelerde yapılan reformlar, mesela Brezilya'da (1988) ve Kolombiya'da (1991), başkanın *de jure* yasama gücünü azaltmış olsa da başkanın fiili gücü başka birçok etkene daha bağlıdır. Kongre'de partizan bir desteğe sahip olan başkanlar, elbette çok daha fazla gücü ellerinde toplayabilirler. Bu bakımdan, başkanın nasıl seçildiği, seçim takvimi, başkanın görev süresi, tekrardan seçilmesine dair kısıtlamalar gibi etkenler de belirleyici olur (Negretto, 2018: 23).

---

21 Her ne kadar Türkiye'de 2017 anayasa değişikliği sonrası uygulanmaya başlanan ve "cumhurbaşkanlığı sistemi" diye adlandırılan sistem başkanlık sisteminden son derece uzak olsa da (Gözler, 2017), bu bölümde değerlendirilen gelişmelerin, karşılaştırmalı siyaset ve anayasa hukuku araştırmacıları için bilgilendirici olması amaçlanmıştır. Latin Amerika'daki başkanlık sistemi tecrübesinin daha kapsamlı bir değerlendirmesi için, bkz. Erdoğan, 2017.

Latin Amerika ülkelerinde başkan genelde iki-turlu seçimle göreve gelir. Sadece beş ülke (Honduras, Meksika, Panama, Paraguay ve Venezuela) başkanlarını çoğunluk oyu ile seçer (McClintock, 2018: 15). Başkan ve kongre seçimleri ülkelerin çoğunda aynı tarihte yapılır. Sadece Kolombiya, Dominik Cumhuriyeti ve El Salvador'da başkanın ve kongrenin seçimi ayrı tarihlerde gerçekleşir. Buna karşılık, Arjantin ve Meksika'da ara seçim uygulanır (McClintock, 2018: 15). Bu ve bunun gibi seçim ve parti sistemlerindeki farklılıklar sebebiyle, Başkan'ın Kongre'de ne kadar büyük bir partizan güce sahip olacağı ve böylece yasama üzerindeki yetkilerini ne ölçüde kullanabileceği farklılık gösterir (Negretto, 2018: 27).

Son yıllarda birçok Latin Amerika ülkesinde başkanların yasal süreleri bitmeden görevlerinden ayrıldığını gözlemleyebiliriz.[22] Halbuki başkanlık sisteminin tanımlayıcı özelliklerinden biri başkanın ve yasama organının görev sürelerinin sabit olmasıdır (Shugart ve Carey, 1992). Linz'in (1990), başkanlık sistemine dair getirdiği temel eleştirilerden biri, parlamenter sistemin aksine, başkanın görevde kalmak için yasamanın güvenine ihtiyaç duymadığı başkanlık sistemlerinde, yasama ve yürütme arasında çıkabilecek çatışmaları çözebilecek bir mekanizmanın olmamasıdır. Fakat Latin Amerika anayasalarında, yürütme erkinin istismarına karşı bir emniyet mekanizması olarak azil ve yetkisizleştirme ilanı gibi anayasal yöntemler de mevcuttur. 1990'lardan itibaren azledilme pratiğinin daha sık görülmeye başlanması, kimi yazarlar tarafından Latin Amerika'daki başkanlık sisteminin parlamenter özellikler kazanması ve kongrelerin yürütmeye karşı güçlerini ortaya koyabilmesi olarak yorumlanmıştır (Marsteintredet ve Berntzen, 2008; Pérez-Liñán, 2007).

Latin Amerika'daki örneklerine baktığımızda, bir yandan her "azledilebilir" suç işlemiş başkanın görevinden alınmadığını (ya da istifa ettiğini), diğer yandan ise her azledilen başkanın "azledilebilir" bir suç işlemiş olmadığını söyleyebiliriz. Sonu başkanın görevden ayrılmasıyla biten süreçlerde, anayasal gerekçelerin dışında birtakım başka ortak özellikler de mevcuttur. Yolsuzluk ya da görevi kötü kullanma gibi bir tür skandala karışmış olan başkan, ekonomik kriz veya başka sebeplerden kamuoyunun desteğini yitirir ve bu sebepten kitlesel protestolarla karşılaşırsa, azledilme tehlikesiyle karşılaşabilir. Ancak kongredeki desteğini kaybeden (veya hiçbir zaman böyle bir desteğe sahip olmayan) başkanlara karşı yapılan suçlamalar, azledilme veya istifaya sebebiyet vermiştir. Nitekim Brezilya Başkanı Dilma Rousseff'in bütçe açığını saklamak için mali kuralları ihlal ettiği iddiasına dayanan 2016 yılındaki azli, kongredeki koalisyonun yıkılması ve halk desteğinin azalmasıyla mümkün oldu. Ekvador'da başkan Abdalá Bucaram'ı akli kabiliyet yetersizliği sebebiyle 1997'de görevden alan kongreye bu fırsatı veren, ekonomik kriz karşısında başkanın toplumsal desteği yitir-

---

22 Pérez-Liñán ve Polga-Hecimovich (2017), Latin Amerika ülkelerinde demokrasiye geçiş dönemiyle beraber, darbe yoluyla başkanların görevden indirilmesinin daha az sıklıkla yaşanan bir olgu haline geldiğini ama bunun yerine yasal yollarla başkanı devirmenin mümkün olduğu mekanizmaların işletildiğini gözlemler.

TABLO 6.2
1992 Sonrasında Azledilen (veya istifa eden) Latin Amerika Başkanları

Ülke	Yıl	Başkan	
Bolivya	1985	Hernán Siles Zuazo	İstifa
Arjantin	1989	Raúl Alfonsín	İstifa
Brezilya	1992	Fernando Collor de Mello	Azledilme
Guatemala	1993	Jorge Serrano	İstifa
Venezuela	1993	Carlos Andrés Pérez	Azledilme
Dominik Cumhuriyeti	1996	Joaquín Balaguer	İstifa
Ekvador	1997	Abdalá Bucaram	Yetersizlik
Paraguay	1999	Raúl Cubas Grau	İstifa
Ekvador	2000	Jamil Mahuad	İstifa
Peru	2000	Alberto Fujimori	Azledilme
Arjantina	2001	Fernando de la Rúa	İstifa
Arjantina	2001	Adolfo Rodríguez Saá	İstifa
Bolivya	2003	Gonzalo Sánchez de Lozada	İstifa
Bolivya	2005	Carlos Mesa	İstifa
Ekvador	2005	Lucio Gutiérrez	Azledilme
Bolivya	2006	Eduardo Rodríguez Veltzé	İstifa
Paraguay	2012	Fernando Lugo	Azledilme
Guatemala	2015	Otto Pérez Molina	İstifa
Brezilya	2016	Dilma Rousseff	Azledilme
Peru	2018	Pedro Pablo Kuczynski	İstifa

Kaynak: Güncellenerek, Marsteintredet (2014: 175) ve Pérez-Liñán (2014: 43-44).

miş olmasıdır. Peru'da rüşvet aldığı gerekçesiyle azli istenen Başkan Pedro Pablo Kuczynski'nin geçirmiş olduğu iki ayrı azledilme girişimi (2017-2018), başkanın kongrede sahip olduğu desteğin bu soruşturmaların kaderini belirlemede ne kadar önemli olduğunu gösterir. Kuczynski, ilk azledilme girişimini bir siyasi pazarlık karşılığı atlatabilmişse de ikinci oylama öncesinde yardımcılarının muhalefete oy karşılığında devlet ihalelerini rüşvet olarak teklif ettiğinin görsel kanıtları ortaya çıkınca, istifaya mecbur kalmıştır.[23] Bu örneklerin de ortaya koyduğu üzere azletme yetkisi anayasal bir aygıt olmakla beraber, siyasi bir niteliğe sahiptir. Latin Amerika ülkelerinde bu mekanizmanın daha sık işletiliyor olmasının, olumlu veya olumsuz bir gelişme olduğunu anlayabilmek için, her bir süreci mümkün kılan koşullara bakmak en doğrusu olacaktır.

Başkanın tekrardan seçilmesine dair sınırlamaların yok oluşu

Latin Amerika ülkelerinde 19. yüzyıldan itibaren başkanın tekrardan seçilmesine ve görev sürelerine bazı sınırlamalar getirilmişti. Son yıllarda ise, bu anayasal gelenekten uzaklaşıldığını gözlemlemek mümkündür.

Bir taraftan, başkanların görev sürelerinin sınırlanmaması, başarılı ve popüler bir liderin tekrar seçilmesine ve seçmenin tercihi üzerindeki kısıtlamaların kaldırılmasına olanak vermek olarak yorumlanabilir. Hatta bunun hesap verilebilirliği olumlu yönde etkileyeceği iddia edilebilir (Ginsburg vd., 2011). Diğer

---
23 Peru'daki bu sürece dair, bkz. Bu kitapta On Sekizinci Bölüm.

taraftan ise başkanın tekrar seçimini yasal kılmak, yürütme erkinin gücünü istismar edebilmesinin önünü açabilir diye endişe yaratır (Carey, 2003: 131). Latin Amerika'nın yakın ve uzak tarihi bu kaygının haklılığını teyit etmektedir.

Başkanın görev döneminin sınırlanmasına dair Latin Amerika ülkelerinin benimsemiş olduğu dört yöntem bulunmaktadır: 1) Tekrar seçimi tamamen yasaklamak; 2) Arka arkaya gerçekleşmediği takdirde, tekrardan seçime izin vermek; 3) Arka arkaya seçime sınır getirmek; 4) Sınırsız tekrar seçime izin vermek (Corrales ve Penfold, 2014: 159). Demokrasiye geçiş döneminde Latin Amerika ülkeleri bu yöntemlerden birinci ve ikincisini tercih etmişlerdi fakat günümüzde çoğu ülke başkanın arka arkaya seçimine izin vermektedir (Corrales ve Penfold, 2014: 161). Sadece Meksika, Guatemala ve Paraguay'da başkanın tekrar seçimi tamamen yasaktır. Bu dönüşüm, Latin Amerika tarihinde *continuismo* diye tabir edilen başkanların yasal görev sürelerinde –anayasa değişikliği, seçim hilesi veya güç yoluyla– kalma eğiliminin geri dönmesi olarak okunabilir. Son yıllarda yaşanan bu değişiklikleri mercek altına alan Corrales ve Penfold (2014), sınırlamaların gevşemesinin iktidardaki başkanın tekrar ve daha güçlü bir şekilde seçilmesine olanak sağladığını bulmuşlardır.

Başkanın gücünü pekiştirmesini sağlayan bu değişikliklerin anayasal mekanizmalar kullanılarak gerçekleşmesinden ötürü, Landau (2003), bu girişimleri "suistimalci anayasal değişim" olarak tanımlar. Demokratik düzenin aşınması anayasal yollarla yasal kılıfa uygun bir şekilde gerçekleştiği için, yazara göre bu değişim anayasayı suiistimal eder. Latin Amerika ülkelerinde yeniden seçilme kuralının gevşemesinin veya sınırlamanın tamamen ortadan kaldırılmasının hangi anayasal mekanizmalar aracılığıyla gerçekleştiğine bakarak bir ayrım yapabiliriz. Örneğin, Venezuela ve Ekvador'da başkanın tekrar seçimine dair kısıtlamalar anayasa değişiklikleri ile aşama aşama gevşetilmiştir. Fakat bu süreçler anayasal krizleri de doğurmuştur. Venezuela'da başkanın iki kere seçilebilme sınırlamasını kaldıran anayasa değişikliği, 2007'deki referandumda reddedildiyse de 2009'daki anayasa değişikliği referandumu ile bu sefer dönem sınırını bütün seçim ile başa gelen makamlar (valiler, vekiller, belediye başkanları da dâhil) için kaldırarak geçti. Ekvador'da da dönem sınırları anayasa değişikliği (2015) ile kaldırıldı, fakat karşıt protestoları ve muhalefetin tepkilerini yatıştırmak için, sonradan eklenen geçici bir madde anayasa değişikliğinin 2017'den sonra (yani Rafael Correa bir dönem bekledikten sonra) yürürlüğe girmesini öngördü.[24] Başkanların dönem sınırlarını gevşetme girişimlerinin hangi koşullarda başarıyla sonuçlandığını inceleyen Corrales (2016), başkanların popülaritesinin belirleyici olduğunu ortaya koymuştur. Nitekim Paraguay'da başkan Horacio Cartes'in tekrar seçilmesini mümkün kılacak 2017'deki anayasa değişikliği girişimi, Kongre binasını ateşe vermeye kadar giden sert protestolara yol açtıktan sonra geri çekilmiştir.

Şeklen anayasa değişikliği yapmanın mümkün olmadığı veya tercih edilme-

---

24 Şubat 2018'de gerçekleşen referandumla başkanlık süresi tekrardan iki dönemle sınırlandı, bkz. 5. dipnot.

diği Honduras ve Nikaragua örneklerinde, yüksek mahkemelerin anayasal yorumları başkanın tekrardan seçilmesini mümkün kılmıştır. Dönem sınırına dair çok katı kurallar getiren Honduras Anayasası'na (1982) göre, başkanın görev süresi tek bir dönemle sınırlıydı ve bu dönem sınırı anayasanın değiştirilemez bir maddesiydi. Öyle ki bu yasağı kıran veya değiştirmek isteyen ve ona destek verenlerin hemen görevden alınmasını ve on yıl boyunca kamu görevinden men edilmelerini buyuruyordu (md. 239). Hatta Başkan Manuel Zelaya'nın bu kuralı değiştirme hazırlığı içinde olduğu iddiası, 2009'da bir darbeyle görevden alınmasının yasal dayanağı olmuştu. Fakat üyeleri görevden alınan ve yerine yeni üyeler atanan Yüksek Mahkeme, 2015'te bu sınırlama maddesinin seçmenin seçme hakkını kısıtladığı için anayasaya aykırı olduğuna hükmederek, sınırlamaları tamamen kaldırdı. Nikaragua'da da kongrede yeterli çoğunluğa sahip olamayan Daniel Ortega'nın yeniden seçilebilmesinin önü Honduras örneğinde olduğu gibi, Yüksek Mahkeme'nin yorumuyla mümkün oldu. İlk olarak 2009'da Yüksek Mahkeme Ortega'nın tekrar aday olma hakkına sahip olduğuna karar verdi ve 2014'te kongreden geçen anayasa değişikliği ise başkanın dönem sınırlarını tamamen ortadan kaldırdı.

Venezuela örneğinde olduğu gibi, Bolivya'da da dönem sınırlamalarındaki gevşeme kademe kademe gerçekleşti. İlk haliyle (2009), Bolivya Anayasası başkanın arka arkaya seçilebilmesini iki dönem ile sınırlamıştı. Fakat Anayasa Mahkemesi, 2013'te aldığı kararla Başkan Evo Morales'in ilk döneminde bir önceki anayasanın yürürlükte olduğuna ve bundan dolayı bir dönem daha başkan seçilebileceğine karar verdi. Morales'in dördüncü defa seçilebilmesi için sunulan anayasa değişikliğinin 2016 referandumunda halk tarafından reddedilmiş olmasına rağmen, 2017'de Anayasa Mahkemesi yaptığı tartışmalı bir yorumla dönem sınırlamalarını tamamen ortadan kaldırdı (Verdugo, 2017).[25]

Bu kısa özetin de ortaya koyduğu gibi, yakın zamandaki bu süreçler son derece çekişmeli gerçekleşti ve Honduras, Nikaragua ve Bolivya'da yüksek mahkemeler, dönem sınırlarını gevşeten tekliflere engel olmak yerine, sınırları tamamen ortadan kaldıran kararlar aldı. Yakın tarihte, bu süreçlerde yargının veto aktörü olarak (Corrales, 2016) rol aldığı yegâne örnek ise Kolombiya Anayasa Mahkemesi olmuştur. Mahkeme, Başkan Alvaro Uribe'nin üçüncü defa seçilmesini mümkün kılacak anayasa değişikliğini "anayasaya aykırı anayasa değişikliği" doktrinine dayanarak 2010'da reddetti.[26] Mahkeme, başkanın yüksek mahkeme yargıçları ve Merkez Bankası gibi kurumların üyelerini atama yetkisinin olması dolayısıyla, üç dönem başkanlık yapmanın denge ve denetleme pren-

---

25 Morales'in MAS partisinden bir grup vekil Anayasa Mahkemesi'ne (*Tribunal Constitucional Plurinacional*) başvurdu. Mahkeme, Amerikan İnsan Hakları Sözleşmesi'ne dayanarak, tekrar seçilme yasaklarının seçme hakkını ihlal ettiğine hükmederek 2016 referandum sonuçlarını geçersiz kıldı.

26 Kolombiya Anayasası (1991), ilk haliyle başkana bir dönem sınırı getiriyordu ama Uribe'nin ilk döneminin sonunda yürürlüğe giren anayasa değişikliği bunu iki dönemle sınırladı. Anayasa Mahkemesi, bu değişikliği incelemiş ve başkanın gücünü artıracak bir değişiklik olduğuna karar vermişse de, bu maddedeki değişikliğin anayasaya aykırı olmadığına ve iki dönem sınırının Latin Amerika ve dünya standartlarına aykırı olmadığına karar vererek, Uribe'nin tekrar seçilmesine olanak vermişti.

sibini ihlal edeceğine ve bu sebeple de anayasaya aykırı bir değişiklik olduğuna hükmetti (Bernal, 2013).

Kolombiya ve Ekvador'da dönem sınırlarını gevşeten başkanlardan sonra göreve gelen, eski müttefik-yeni muhalif başkanların (Juan Santos ve Lenín Moreno) döneminde gerçekleşen anayasa değişiklikleriyle dönem sınırları geri getirildi ve böylece eski başkanın iktidara dönüşü engellendi.[27] Bu bakımdan, başkanın tekrardan seçilmesine dair sınırlamaların gevşediği veya tamamen ortadan kalktığı diğer Latin Amerika ülkelerinde, iktidar değiştiğinde bu sınırların geri gelmesi olasıdır.

Sonuç ve araştırma önerileri

Sıkça anayasa değişikliğine ve yeni anayasa yapımına başvuran Latin Amerika ülkeleri için anayasalar, siyasi, ekonomik ve sosyal dönüşümde önemli rol oynamıştır. Bölge ülkelerinin geçirmiş olduğu anayasal sürece dair geniş bir çerçeve çizdiğimiz bu bölümün de ortaya koyduğu üzere, etkileşim karşılıklı olmuştur. Bu tarihsel süreci, Latin Amerika ülkeleri için anayasa hukukunun siyasallaşması olarak okumak mümkün olduğu gibi, anayasa yapımı ve değişikliğinin "demokrasiye ayar çekmek" için tercih edilen bir mekanizma olmasının kıtada hukuk kültürünün önemli bir yeri olduğuna da işaret eder.

Anayasal değişikliklerin dinamikleri ve anayasa yapım süreçleri ile ilgilenen siyaset bilimi ve anayasa hukuku disiplinlerindeki araştırmacılar için Latin Amerika niceliksel ve niteliksel araştırmalar yapmak için çeşitliliği ile bir fırsat sunar. Bu yazıda değinilen başkanlık sistemi, başkanın gücü, anayasal haklar ve özgürlükler, askerî dönem ve demokrasiye geçiş anayasaları, yeni anayasacılık, kurucu meclis, anayasal denetim ve doğrudan demokrasi pratikleri gibi konular dışında; yüksek mahkemeler ve yürütmenin ilişkisi, yargısal davranış ve uluslararası hukukun iç hukukla etkileşimi gibi konular da araştırmacılar için Latin Amerika çalışmalarının cazip bir alan olmasını sağlar.

KAYNAKÇA

Albertus, M. ve Menaldo, V. (2012), "Dictators as founding fathers? The role of constitutions under autocracy", *Economics and Politics*, 24 (3): 279-306.

Akgemci, E. (2019), "Sekiz soruda Venezuela Krizi", *Gazete Duvar*, 25 Ocak, https://www.gazeteduvar.com.tr/dunya/2019/01/25/sekiz-soruda-venezuela-krizi/

Barros, R. (2001), *Constitutionalism and Dictatorship: Pinochet, the Junta, and the 1980 Constitution*, Cambridge: Cambridge University Press.

Bernal, C. (2013), "Unconstitutional constitutional amendments in the case study of Colombia: An analysis of the justification and meaning of the constitutional replacement doctrine," *International Journal of Constitutional Law*, 11(2): 339-57.

---

27 Santos'un ikinci dönemindeyken 2015'te Kongre'den geçen bu anayasa değişikliği, Kolombiya'da başkanın görevini tek dönem ile sınırladı. Ekvador'da ise Moreno'nun göreve başlamasından sonra gerçekleşen 2018 referendumuyla 2015'te kaldırılan dönem sınırı geri geldi.

Brewer-Carías, A. R. (2008), *Constitutional Protection of Human Rights in Latin America*, Cambridge: Cambridge University Press.

Carey, J. (2003), "The reelection debate in Latin America," *Latin American Politics and Society*, 45 (1): 119-133.

Corrales, J. (2018), *Why Constitutional Change Often Fails to Enhance Democracy in Latin America*, Oxford: Oxford University Press.

—, (2016) "Can anyone stop the president? Power asymmetries and term limits in Latin America," *Latin American Politics and Society*, 58 (2): 3-25.

Corrales, J. ve Penfold (2016), "Manipulating term limits in Latin America", *Journal of Democracy*, 25 (4): 157-168.

Couto, G. ve Arentes, R. B. (2008), "Constitution, government and democracy in Brazil" *World Political Science Review*, 4(2): 1-33.

Couso, J. (2011), "Trying democracy in the shadow of an authoritarian legality: Chile's transition to democracy and Pinochet's Constitution of 1980", *Wisconsin International Law Journal*, 29 (2): 393-415.

—, (2017), "The 'economic constitutions' of Latin America: between free markets and socioeconomic rights", Dixon, R. ve Ginsburg, T. (der.), *Comparative Constitutional Law in Latin America* içinde, Cheltenham: Edward Elgar Publishing, s. 343-360.

Erdoğan, M. (Aralık 2016), "Başkanlık Sistemi, Latin Amerika Tecrübesi ve Türkiye", *Liberal Perspektif Analiz*, 3: 1-36.

Faundez, J. (2007), *Democratization, Development, and Legality: Chile, 1831-1973*, New York: Palgrave Macmillan.

Finkel, J. S. (2008), *Judicial Reform as Political Insurance Argentina, Peru, and Mexico in the 1990s Notre Dame*, IN: University of Notre Dame.

Fuentes, C. (2013), *El Pacto. Poder, Constitución y Prácticas Políticas en Chile: 1990-2010*, Santiago de Chile: Ediciones Universidad Diego Portales.

Gargarella, R. (2004), "Towards a typology of Latin American Constitutionalism, 1810-60", *Latin American Research Review*, 39(2): 141-153.

—, (2012), "Latin American constitutionalism then and now: Promises and questions", Nolte, D. ve Schilling-Vacaflor, A. (der.), *New Constitutionalism in Latin America: Promises and Practices* içinde, Londra: Routledge, s. 143-161.

—, (2013), *Latin American Constitutionalism,1810-2010: The Engine Room of the Constitution*, Oxford: Oxford University Press.

—, (2014), "Latin American Constitutionalism: Social Rights and the "Engine Room" of the Constitution", *Notre Dame Journal of International & Comparative Law*, 4(1): 9-18.

Garreton, M. A. (2003), *Incomplete Democracy: Political Democratization in Chile and Latin America*, Chapel Hill: The University of North Carolina Press.

Ginsburg, T., Melton, J. ve Elkins, Z. (2011), "On the evasion of executive term limits," *William and Mary Law Review* 52(6): 807-73.

Ginsburg, T., Cheibub, J.A. ve Elkins, Z. (2010), "Latin American Presidentialism in Comparative and Historical Perspective", *Texas Law Review*, 89(7): 1707-1731.

Gözler, K. (2017), "Cumhurbaşkanlığı Sistemi mi, Başkanlık Sistemi mi, Yoksa Neverland Sistemi mi? 16 Nisan'da Neyi Oylayacağız?" (http://www.anayasa.gen.tr/neverland.htm)

Heiss, C. (2017), "Legitimacy crisis and the constitutional problem in Chile: A legacy of authoritarianism", *Constellations* 24(3): 470-479.

Hirschl, R. (2004), *Towards Juristocracy: The Origins and Consequences of the New Constitutionalism*. Cambridge, MA: Harvard University Press.

İnceoğlu, S. (2017), *Anayasa Mahkemesi'ne Bireysel Başvuru Türkiye ve Latin Modelleri*, İstanbul: On İki Levha Yayıncılık.

Jaramillo Pérez, J. F. (2012), "Colombia's 1991 Constitution: A Rights Revolution", Nolte, D. ve Schilling-Vacaflor, A. (der.), *New Constitutionalism in Latin America: Promises and Practices* içinde, Londra: Routledge, s. 313-332.

Kline, Harvey F., Wade, Christine J., Wiarda, H. (2018), *Latin American Politics and Development*, Londra: Routledge.

Landau, D. (2013), "Abusive Constitutionalism", *University of California Davis Review*, 47: 189-260.

—, (2019), "Constituent power and constitution-making in Latin America", Landau, D. ve Ladd, M. (der.) *Comparative Constitution Making* içinde, Cheltenham: Edward Elgar Press.

—, (2018), "Constitution-making and authoritarianism in Venezuela: The first time as tragedy, the second as farce", Graber, M. A., Levinson, S. ve Tushnet, M. (der.), *Constitutional Democracy in Crisis?* içinde, Oxford: Oxford University Press.

Linz, J. J. (1990), "The perils of presidentialism", *Journal of Democracy*, 1(1): 51-69.

Loveman, B. (1994), *The Constitution of Tyranny: Regimes of Exception in Spanish America*, Pittsburg: University of Pittsburg.

Marsteintredet, L. (2012), "Explaining variation of executive instability in presidential regimes: Presidential interruptions in Latin America", *International Political Science Review*, 35(2): 173-194.

Marsteintredet, L. ve Berntzen, E. (2008), "Reducing the perils of presidentialism in Latin America through presidential interruptions", *Comparative Politics*, 41(1): 83-101.

Martinez-Lara, J. (1996), *Building Democracy in Brazil: the Politics of Constitutional Change, 1985-95*, New York: St. Martin's Press.

McClintock, C. (2018), *Electoral Rules and Democracy in Latin America*, Oxford: Oxford University Press.

Müller-Hoff, C. (2012), "How Does the New Constitutionalism Respond to the Human Rights Challenges Posed by Transnational Corporations?", Nolte, D. ve Schilling-Vacaflor, A. (der.), *New Constitutionalism in Latin America: Promises and Practices* içinde, Londra: Routledge, s. 333-346.

Negretto, G. (2017), "Constitution making and constitutionalism in Latin America: The role of procedural rules" Ginsburg, T ve Dixon, R. (der.), *Comparative Constitutional Law in Latin America* içinde, Northampton: Edgar Elgar, s. 17-56.

—, (2013a), "Authoritarian constitution making: the role of the military in Latin America" Ginsburg T. ve Simpser, A. (der.), *Constitutions in Authoritarian Regimes* içinde, Cambridge: Cambridge University Press, 83-110.

—, (2013b), *Making Constitutions: Presidents, Parties, and Institutional Choice in Latin America*, Cambridge: Cambridge University Press,

—, (2012), "Replacing and amending constitutions: The logic of constitutional change in Latin America", *Law & Society Review*, 46(4): 749-779.

—, (1999), "Constitution-making and institutional design. The transformations of presidentialism in Argentina", *European Journal of Sociology*, 40(2): 193-232.

Negretto, G. ve Couso, J. (2018), "Constitution-Building Processes in Latin America," International IDEA Discussion Paper 3 http://constitutionnet.org/sites/default/files/2018-05/Constitution-building%20processes%20in%20Latin%20America%20-%201978-2012.pdf

Nolte, D. ve Schilling-Vacaflor (2012), *A New Constitutionalism in Latin America: Promises and Practices*, Londra: Routledge.

Nino, C. S. (1992), "The debate over constitutional reform in Latin America", *Fordham International Law Journal*, 16(3): 635-651.

Pérez-Liñán, A. (2007), *Presidential Impeachment and the New Political Instability in Latin America*, New York: Cambridge University Press.

Pérez-Liñán, A. ve Polga-Hecimovich, J. (2017), "Explaining military coups and impeachments in Latin America", *Democratization*, 24(5): 839-858.

Pimentel, G. D. G. (2009), "Amparo ne içindir?", *Anayasa Yargısı*, 26: 163-220.

Rios-Figueroa, J. (2011), "Institutions for Constitutional Justice in Latin America", Helmke G. ve Rios-Figueroa, J (der.), *Courts in Latin America* içinde, New York: Cambridge University Press, s. 27-54.

Sánchez Sandoval, N. M.ve Welp, Y. (2013), "Legality and Legitimacy: Constituent Power in Venezuela, Bolivia and Ecuador", Mendez, F. ve Wheatley, J. *Patterns of Constitutional Design : The Role of Citizens and Elites in Constitution-Making* içinde, New York: Routledge, s. 103-118.

Schilling-Vacaflor, A. ve Kuppe, R. (2012), "Plurinational Constitutionalism: A New Era of Indigenous-State Relations?", Nolte, D. ve Schilling-Vacaflor, A. (der.), *New Constitutionalism in Latin America: Promises and Practice,* New York: Routledge, s. 347-370.

Shugart, M. S. ve Carey, J. M. (1992), *Presidents and Assemblies: Constitutional Design and Electoral Dynamics*, Cambridge: Cambridge University Press.

O'Boyle, B. (2018), "What A year of referendums says about Latin American politics", *Americas Quarterly*, 19 Aralık, www.Americasquarterly.Org/Content/What-Year-Referendums-Says-About-Latin-American-Politics

Polga-Hecimovich, J. (2018), "Constitutional change in Ecuador: Improving democratic accountability - and constraining a rival", 31 Mart, http://constitutionnet.org/news/constitutional-change-ecuador-improving-democratic-accountability-and-constraining-rival

Uprimny, R. (2011), "The recent transformation of constitutional law in Latin America: Trends and challenges", *Texas Law Review,* 89(7): 1587-1609.

Verdugo, S. (2017), "How the Bolivian Constitutional Court helped the Morales regime to break the political insurance of the Bolivian Constitution", Int'l J. Const. L. Blog, 10 Aralık, http://www.iconnectblog.com/2017/12/how-the-bolivian-constitutional-court-helped-the-morales-regime-to-break-the-political-insurance-of-the-bolivian-constitution/

Welp, Y. (2016), "Recall referendums in Peruvian municipalities: a political weapon for bad losers or an instrument of accountability? Democratization 23(7): 1-21.

Welp, Y. ve Milanese, J. P. (2018), "Playing by the rules of the game: partisan use of recall referendums in Colombia", *Democratization,* 25(8): 1379-1396.

Wolff, J. (2012), "New Constitutions and the Transformation of Democracy in Bolivia and Ecuador", Nolte, D. ve Schilling-Vacaflor, A. (der.), *New Constitutionalism in Latin America* içinde, Routledge, s. 183-201.

Yegen, O. (2019), "Şili'de yeni anayasa sözü: 1980 Anayasası ve temel sorunları," *Anayasa Gündem*, 19 Kasım, https://anayasagundemi.com/2019/11/19/forum-dr-oya-yegen-silide-yeni-anayasa-sozu-1980-anayasasi-ve-temel-sorunlari/

Yedinci Bölüm

REJİM DEĞİŞİKLİKLERİ, AKTÖRLER VE DEMOKRATİKLEŞME SÜRECİNİN HASSASLIĞI: ŞİLİ ÖRNEĞİ

ÖZGE KEMAHLIOĞLU

Giriş

Latin Amerika'daki ülkelerin büyük bir çoğunluğunun 19. yüzyılın ilk yarısından itibaren bağımsızlıklarını ilan etmelerinden bu yana siyasal rejimler arasında gelgitler yaşanmış, farklı partiler ve adaylar arasında rekabetin yaşanabildiği, anayasal düzenin sağlanmaya çalışıldığı sistemlerde katılımın genişletilmesi için girişimler olmuşsa da istikrarlı demokratik bir yaşam 21. yüzyıla kadar bölgenin birçok ülkesinde mümkün olmamıştır. Siyasal rejimler arasında yaşanan değişikliklerde ülkelerin özellikleri kadar bölgesel ve uluslararası dinamikler de rol oynamıştır.

Demokratik sistemi en dar anlamda rekabetçi ve adil seçimlerin düzenli olarak gerçekleştirilmesi olarak tanımladığımızda (Schumpeter, 1942), Latin Amerika üçüncü dalga demokratikleşmenin önemli bir parçası olmuştur. 1970 son-

---

Latin Amerika'da bir vaha: Kosta Rika

Bölgenin, özellikle de Orta Amerika ve Karayipler alt bölgesinin diğer ülkelerine kıyasla 1953'ten bu yana çok daha istikrarlı demokratik bir sisteme sahip olan Kosta Rika, araştırmacıların dikkatini çekmektedir. Önemli ekonomik krizler yaşamış olmasına ve özellikle kırsal alanda yoksulluğun yüksek olmasına rağmen bölgenin diğer ülkelerinde deneyimlenen askerî darbeler ya da tek parti otoriter rejimleri bu ülkenin siyasi yaşamında elli yılı aşkın zamandır etkili olmamıştır. Bu farklılığı açıklarken bazıları yerleşik ordusunun olmamasını vurgulamış (Harris, 1996; Lopez, 1996; Booth, 2008), bazıları ise Soğuk Savaş sırasında ABD'nin müdahalesini gerektirecek radikal bir hareketin olmaması üzerinde durmuştur (Booth, 2008).

rası dönemde kurulan demokratik sistemler önceki deneyimlere göre çok daha dayanıklılık göstermiştir. Örneğin 2000'li yılların başında yoksulluğu katlayan, orta sınıfı eriten çok ciddi bir ekonomik kriz yaşayan Arjantin'de demokratik çöküş yaşanmamış, önceki dönemlerde görüldüğü gibi ordunun siyasete girmesi bir çözüm olarak görülmemiştir (Schamis, 2002). Yıllarca hegemonik parti sistemine sahip olan Paraguay ve Meksika'da bile rekabetçi seçimler yaşanmış, iktidar değişimi gerçekleşmiştir.

Bu demek değildir ki, Latin Amerika'da demokratik sistem tam anlamıyla yerleşmiş ve herhangi bir tehlikeyle karşılaşmamaktadır. Medya bağımsızlığı, tüm vatandaşların ve farklı kimlik gruplarının siyasete etkili bir şekilde katılımı, güvenliğin sağlanması amacıyla devletlerin kişisel haklara müdahalesi ya da yolsuzluk gibi konularda bölgenin hemen hemen bütün ülkelerinde sorunlar devam etmekte, hatta artmaktadır. Son yıllarda, örneğin Brezilya'da yaşananlar, demokratik sistemin ekonomik sıkıntılara paralel olarak nasıl zorlanabileceğini gözler önüne sermektedir. Toplumdaki kutuplaşmayı besleyen bir şekilde Başkan Dilma Rousseff'in azledilmesi, popülaritesi son derece yüksek olan eski başkan Lula da Silva'nın yolsuzluk suçlamasıyla adaylık yarışının dışına itilmesi ve sonrasında aşırı sağcı aday Jair Bolsonaro'nun Ekim 2018'de başkan seçilmesi, en azından kutuplaşmanın devam edeceği ve böyle bir ortamda ekonomik çözümlerin de kolay sağlanmayacağına işaret etmektedir. Bolsonaro'nun kampanyasında yaptığı konuşmalarda ve başkanlık dönemi politikalarında en çok dikkati çeken konulardan biri, 1985 öncesi dönemdeki askerî rejime karşı aldığı tutum olmuştur. Bu dönemde devlet eliyle uygulanmış işkenceleri övmesi, göreve geldikten sonra da 1964 askerî darbesinin kutlanmasını istemesi, bu tartışmaları yeniden gündeme taşımıştır.

2019 yılı, Latin Amerika'daki demokratik sistemler için özellikle zor bir yıl olmuştur. Şili gibi demokrasinin yerleşmiş olduğunu düşündüğümüz bir ülkede Ekim 2019'da ulaşım ücretlerinin artışının protesto edilmesiyle başlayan toplumsal hareketler aylarca sürmüş, polisin sert müdahalesiyle karşılaşmış ve 1990 yılında yaşanan geçişten sonra kurulmuş olan ekonomik, siyasi ve anayasal düzenin kuvvetli bir eleştirisine dönüşmüştür. Ekvador, Kolombiya, Peru ve diğer ülkelerde de yaşanan toplumsal hareketler sisteme karşı duyulan memnuniyetsizliğin bir göstergesi olmuştur. Bolivya'da ise askerî güçlerin müdahalesi sonucunda Başkan Evo Morales görevini bırakarak ülkesinden ayrılmak zorunda kalmıştır. Sonrasında ordu doğrudan hükümeti kontrol etmese de ordu ve polis kuvvetlerinin desteklediği aşırı sağ, yönetimi ele geçirmiştir.

Özellikle 1970 ve 80'lerde bölgede hâkim olan askerî diktatörlükler bölgenin toplumsal hafızasında önemli bir yer tutmaktadır. Birçok ülkede devlet tarafından uygulanan şiddet toplumsal dinamikleri değiştirdiği kadar, farklı grupların demokratikleşme için örgütlenmelerine de yol açmıştır. Bu bölümde askerî rejimler hakkında kısa bilgiler verdikten sonra siyasi rejimler arası geçişleri açıklayan teoriler tartışılmakta, örnek olarak Şili'de 1988 sonrası yaşanan geçiş süreci incelenmektedir.

Otoriter askerî rejimler

Latin Amerika'da görülen otoriter rejimler, tabii ki Soğuk Savaş döneminde –özellikle de 1960-1990 arası dönemde– yaşanan askerî rejimlerle kısıtlı değildir. Hatta bu askerî rejimler öncesinde yer alan sistemleri bugünkü kriterlere göre demokratik olarak sınıflandırmak zordur. Birçok ülkede 20. yüzyılın başında yer alan oligarşik düzenin daha katılımcı, daha rekabetçi olması ve anayasal düzenle kısıtlanması gibi girişimler olmuş olsa da tam bir demokratik düzen sağlanamadan askerî darbelerle kesintiye uğramışlardır. Ordunun siyasete direkt müdahalesini engelleyebilmiş Meksika, Venezuela ve devrim sonrası Küba gibi örnekler de vardır.

Tablo 7.1'de 20. yüzyılda bölgenin farklı ülkelerinde yönetime gelmiş askerî diktatörlükler gösterilmektedir. Bazı istisnalar olsa da 20. yüzyılın başında yaşanan müdahalelerin oligarşik elitleri desteklemek, 20. yüzyılın ortalarından sonra yapılan müdahalelerin de bilhassa ekonomik kriz ve kutuplaşma dönemlerinde radikal solun siyasetteki etkisini kaldırmak amacıyla gerçekleştirildiği söylenebilir. Dolayısıyla yine istisnalar olsa da 20. yüzyılın ikinci yarısındaki askerî yönetimlerin ideolojik olarak sağda yer aldığı ve ekonomik alanda önemli değişiklikler yapmayı amaçladıkları düşünülebilir. Bu alandaki yöntemleri ve başarıları ise farklılıklar göstermektedir.

TABLO 7.1
Latin Amerika'da Siyasal Rejimler

Arjantin	1952-1955	Kişisel otoriter
Arjantin	1956-1958	Askerî otoriter
Arjantin	1959-1966	Dolaylı askerî otoriter
Arjantin	1967-1973	Askerî otoriter
Arjantin	1974-1976	Demokrasi
Arjantin	1977-1983	Askerî otoriter
Arjantin	1984	Demokrasi
Bolivya	1944-1946	Tek parti askerî otoriter
Bolivya	1947-1951	Oligarşi
Bolivya	1952-1952	Askerî otoriter
Bolivya	1953-1964	Tek parti otoriter
Bolivya	1965-1969	Kişisel otoriter
Bolivya	1970-1971	Askerî otoriter
Bolivya	1972-1979	Askerî kişisel otoriter
Bolivya	1980-1980	Geçici*
Bolivya	1981-1982	Askerî otoriter
Bolivya	1983	Demokrasi
Brezilya	1946-1964	Demokrasi
Brezilya	1965-1985	Askerî otoriter
Brezilya	1986	Demokrasi
Dominik Cumhuriyeti	1931-1962	Kişisel otoriter
Dominik Cumhuriyeti	1963-1963	Demokrasi
Dominik Cumhuriyeti	1964-1965	Askerî otoriter
Dominik Cumhuriyeti	1966-1966	işgal altında
Dominik Cumhuriyeti	1967-1978	Kişisel otoriter
Dominik Cumhuriyeti	1979	Demokrasi

TABLO 7.1 (devamı)

Ekvador	1945-1947	Kişisel otoriter
Ekvador	1948-1948	Geçici
Ekvador	1949-1963	Demokrasi
Ekvador	1964-1966	Askerî otoriter
Ekvador	1967-1968	Geçici
Ekvador	1969-1970	Demokrasi
Ekvador	1971-1972	Kişisel otoriter
Ekvador	1973-1979	Askerî otoriter
Ekvador	1980	Demokrasi
El Salvador	1932-1948	Askerî kişisel otoriter
El Salvador	1949-1982	Tek parti askerî otoriter
El Salvador	1983-1994	Dolaylı askerî otoriter
El Salvador	1995	Demokrasi
Guatemala	1945-1954	Demokrasi
Guatemala	1955-1958	Kişisel otoriter
Guatemala	1959-1963	Kişisel otoriter
Guatemala	1964-1966	Askerî otoriter
Guatemala	1967-1970	Dolaylı askerî otoriter
Guatemala	1971-1985	Askerî otoriter
Guatemala	1986-1995	Dolaylı askerî otoriter
Guatemala	1996	Demokrasi
Kolombiya	1935-1949	Demokrasi
Kolombiya	1950-1953	Tek parti otoriter
Kolombiya	1954-1958	Askerî kişisel otoriter
Kolombiya	1959	Demokrasi
Kosta Rika	1920-1948	Demokrasi
Kosta Rika	1949-1949	Kişisel otoriter
Kosta Rika	1950	Demokrasi
Meksika	1916-2000	Tek parti otoriter
Meksika	2001	Demokrasi
Nikaragua	1937-1979	Kişisel otoriter
Nikaragua	1980-1990	Tek parti otoriter
Nikaragua	1991	Demokrasi
Panama	1946-1949	Demokrasi
Panama	1950-1951	Kişisel otoriter
Panama	1952-1952	Geçici
Panama	1953-1953	Demokrasi
Panama	1954-1955	Kişisel otoriter
Panama	1956-1968	Demokrasi
Panama	1969-1982	Askerî kişisel otoriter
Panama	1983-1989	Askerî kişisel otoriter
Panama	1990	Demokrasi
Paraguay	1940-1948	Kişisel otoriter
Paraguay	1949-1954	Tek parti otoriter
Paraguay	1955-1993	Tek parti otoriter
Paraguay	1994	Demokrasi
Peru	1946-1948	Demokrasi
Peru	1949-1956	Askerî kişisel otoriter
Peru	1957-1962	Demokrasi
Peru	1963-1963	Askerî otoriter
Peru	1964-1968	Demokrasi
Peru	1969-1980	Askerî otoriter
Peru	1981-1992	Demokrasi
Peru	1993-2000	Kişisel otoriter
Peru	2001-2001	Geçici
Peru	2002	Demokrasi

TABLO 7.1 (devamı)

Şili	1933-1973	Demokrasi
Şili	1974-1989	Askerî kişisel otoriter
Şili	1990	Demokrasi
Uruguay	1943-1973	Demokrasi
Uruguay	1974-1984	Askerî otoriter
Uruguay	1985	Demokrasi
Venezuela	1946-1947	Geçici
Venezuela	1948-1948	Demokrasi
Venezuela	1949-1958	Askerî kişisel otoriter
Venezuela	1959-2005	Demokrasi
Venezuela	2006	Kişisel otoriter

(*) Geçici rejimler demokrasiye geçiş amacıyla seçimleri organize etmek görevi verilen hükümetlerin yönetimde olduğu durumlar olarak belirlenmiştir.
Kaynak: Geddes, Wright ve Frantz (2014).

Bu yönetimlerin ortak özelliklerini ve farklılıklarını tartışmadan önce sıkça incelenen dört örnek hakkında kısaca bilgi vereceğiz: Arjantin 1976-1983, Brezilya 1964-1985, Peru 1968-1980, Şili 1973-1980.

Arjantin, 1976-1983

1943 askerî darbesi liderleri arasında yer alan Albay Juan Perón'un önderliğinde kurulan Peronizm hareketi ve partisi, Arjantin siyasetinin en belirleyici aktörlerinden birisi olmuştur. Temsil ettiği ideolojik pozisyon farklı dönemlerde ve kendi içinde farklılık gösterse de en önemli özelliklerinden bir tanesi hareketin işçi sınıfı ile ilişkisidir. Perón'un ilk önce çalışma bakanlığı sonra da başkanlık döneminde uyguladığı işçi yanlısı politikalar bu bağın kurulmasında önemli rol oynamıştır. Perón, başkanlık döneminin özellikle ilk yıllarında halk arasında son derece popüler bir lider olsa da muhalefeti dışlayıcı ve özellikle basın özgürlüklerini kısıtlayıcı otoriter politikalar da sergilemiştir (Pinto, 2009). Peronist iktidara ilk kez 1955'te darbe ile son verilmiş, 1962 askerî müdahalesi ve 1966-1973 askerî yönetiminden sonra 1973'te seçimleri kazanması ile Perón yeniden iktidara dönmüştür.

1976 darbesi, Perón'la aynı listede başkan yardımcısı seçilen, 1974'te ölümünden sonra da yerine geçen karısı Isabel Perón'un hükümetine karşı gerçekleştirilmiştir. Darbe öncesi döneme özellikle hiperenflasyon ve siyasi şiddet damgasını vurmuştur. Peronistlerin de kendi içlerinde sağ ve sol gruplar arasında parçalanmış olmaları sivil hükümetin sorunları çözebilmesini engelleyen faktörlerden biri olmuştur. Daha önce Peronist işçi hareketine yakın olan ve etkili gerilla operasyonları yürüten *Montonero*lar ile Isabel Perón hükümeti birbirinden uzaklaşmış, hükümetin de desteklediği sağcı paramiliter gruplar ile *Montonero*lar arasındaki şiddet artmıştır.

23 Mart 1976'da yönetimi ele alan ordu başlıca iki hedef öne sürmüştür: Gerilla hareketini sonlandırmak ve ekonomik etkinliği sağlamak (Pion-Ber-

lin, 1985). Pion-Berlin'e göre (1985: 57), askerî cunta en yakın zamanda gerilla hareketini sonlandırmayı amaçlarken ekonomik, sosyal ve politik değişimi uzun sürebilecek bir "süreç" olarak sunmakta, iktidarda kalışlarını bu şekilde haklı çıkarmaya çalışmaktadır. General Videla yönetimindeki bu hükümetin Ekonomi Bakanı José A. Martinez de Hoz'un, Nisan 1976'da duyurduğu tasarruf tedbirleri ile serbest piyasa ekonomisine geçiş programının başlatıldığı düşünülebilir. Ticaret engellerinin kaldırılması, para biriminin değerinin zorunlu olarak düşürülmesi, yabancı sermaye girişlerinin desteklenmesi ise programının diğer önemi unsurlarını oluşturmaktaydı. Fakat ekonomik alanda istenilen başarı sağlanamamış, ekonomi 1982'de 14,9 oranında küçülmeye gitmiş, 1976'da % 7,1 oranında bütçe fazlası varken 1983'te % 12,7 oranında açık verilmiş, enflasyon üç haneli rakamların altına düşürülememiştir (Haggard ve Kaufman, 1995). Malvinas adalarında Büyük Britanya karşısında girişilen savaşın da üç ay gibi kısa bir sürede yenilgiyle sonlanmış olması askerî yönetimin çökmesine katkıda bulunmuş, yedi yılda dört hükümet başkanı değiştiren cunta Ekim 1983'te yapılan seçimlerle son bulmuştur.

Brezilya, 1964-1985

Brezilya'da ordu siyasetteki rolünü Paraguay savaşı sırasında arttırmış, Cumhuriyetin ilan edilmesinde önemli rol oynamış, siyasete ilk doğrudan müdahalesini 1930'da Getúlio Vargas'ın diktatörlüğüne yol açan darbesi ile gerçekleştirmiştir. Vargas'ın *Estado Novo* (1937-1945) yönetimi de 1946'da askerî darbe ile sonlanmıştır.

1946-1964 arasında katılım sınırlı olsa da başkanlar rekabetçi seçimler sonucunda göreve gelmiştir (Love, 1970). 1960'ta başkan seçilen Jánio Quadros'un bir yıl içinde beklenmedik şekilde istifa etmesiyle göreve gelen João Goulart, tarım alanını da içeren reformist politikalar uygulamaya başlamış, yüksek enflasyon ve artan kutuplaşma ortamında, 1964'te ordu darbe ile yönetimi ele geçirmiştir (Napolitano, 2018).

Goulart'ı görevden uzaklaştıran ordu, ilk önce Kongre, kurulmaya zorlanan iki yeni parti ve dolaylı yollarla seçilen vali ve belediye başkanları ile ülkeyi yönetmeye çalışmıştır. Ancak artan muhalefete karşı 1968'de Kongre kapatılmış, toplum üzerinde baskı arttırılmış, sosyal ve siyasi haklar sınırlandırılmıştır. Askerî rejimin destekçisi ARENA (Ulusal Yenilikçi İttifak) ve resmî muhalefet partisi MDB'nin (Brezilya Demokrasi Hareketi) katıldığı seçimler sonrasında devam etse de asıl siyasi açılım (*abertura*) 1974'te ARENA'nın kongre seçimlerinde yaşadığı başarısızlıkla başlamıştır (Napolitano, 2018).

Latin Amerika'da bu dönemde gördüğümüz diğer askerî rejimler gibi Brezilya'da da ekonomik alanda birçok değişiklikler uygulanmaya çalışılmıştır. Devletin üstündeki popülist baskıların azaltılması yoluyla ekonomik istikrarın sağlanması amaçlanmış (Hagopian, 1996) olsa da özellikle son dönemlerde askerî hükümetler de siyasi desteklerini kaybetmemek amacıyla doğrudan destek tarzı harcamalar (tarım desteği, emlak sağlama) da dâhil olmak üzere devlet giderlerini arttırmışlardır (Ames, 1987). Hatta Hagopian'a (1996) göre, yerel elitler vasıtasıyla patronaj ilişkilerine devam etmişlerdir.

İlk yıllarda ekonomik girişimler başarıyla sonuçlanmış gibi gözükse de olumlu sonuçlar sürdürülebilir olmamıştır. Özellikle 1968-1973 arası "ekonomik mucize" olarak adlandırılmıştır. Bu dönemde ortalama büyüme hızı % 10 olmuş, hızlı bir endüstrileşmenin yaşanması dışında tarımda da büyüme sağlanmıştır (Napolitano, 2018). Büyük yatırım projeleri, maaşlı çalışan orta sınıf ve vasıflı işçilerin maaşlarının artması, tüketim ürünlerine erişimin kolaylaşması ekonomik programdan memnuniyeti arttırmış olsa da ekonomik eşitsizlik bu dönemde artmış (Napolitano, 2018), 1973 petrol krizinden sonra enflasyonun artmasıyla ekonomik politikalarda değişikliğe gidilmek zorunda kalınmıştır.

1970'li yılların sonunda rejime karşı memnuniyetsizlik iyice artmış, özellikle işçi hareketi organize bir şekilde taleplerde bulunmaya başlamıştır. Özellikle endüstrinin merkezî São Paulo'da yaşanan işçi grevleri ilk başta ekonomik talepler üzerine yoğunlaşmış olsa da (Keck, 1995), organize olmuş diğer gruplarla birlikte rejim üzerindeki baskıyı arttırmış, açılımın demokratikleşmeyle sonlanmasına katkıda bulunmuşlardır (Collier, 1999).

Peru, 1968-1975

Peru'da askerî darbe öncesi dönemi, oligarşi ile popülist APRA (Popüler Devrimci Amerikan İttifakı) arasındaki ilişkinin şekillendirdiğini söyleyebiliriz. Seçmenler arasında desteği yüksek ve organize işçi sınıfıyla yakın bağları olan popülist APRA partisine karşı oligarşi ve ordu arasında gelişen siyasi ittifak, farklı dönemlerde APRA'nın iktidara gelmemesi için çaba göstermiştir (Graham, 1990; Philip, 1978).

APRA lideri Víctor Raúl Haya de la Torre'nin çok az bir farkla ikinci geldiği 1963 seçimlerinde birinci olan Fernando Belaúnde Terry, gerekli olan üçte bir oyu alamadığı için başkanlık seçimi Kongre'ye kalmış, Kongre tarafından oylanan Belaúnde 1968'de askerî müdahaleyle görevden uzaklaştırılmıştır. Standard Oil of New Jersey petrol şirketinin Peru'daki iştiraki ile imzalanmaya çalışılan antlaşmanın zemin hazırladığı bu askerî darbe ordunun siyasete müdahalesi açısından şaşırtıcı olmasa da uyguladığı ekonomik politikalar açısından farklılıklar göstermiştir.

Komünist partinin açıkça desteklediği askerî hükümetin ilk icraatlarından biri petrol şirketinin herhangi bir tazminat vermeden kamulaştırılması olmuştur. 1969'da hayata geçirilen tarım reformuyla önemli oranda toprak yeniden dağıtılmış, toprağın üretilmesine imkân sağlayacak suya erişim kolaylaştırılmış, 1971'de ise orta ve üst sınıflara uygulanan vergi oranları yükseltilmiştir (Lowenthal, 1974). Askerî yönetimin bir diğer önemli girişimi de korporatist bir yapıyla toplumun katılımını sağlamaya çalışmak olmuştur. İşçi organizasyonları, gecekondu bölgelerinde mahalle grupları, gençlik toplulukları, kırsal organizasyonlar, profesyonel ve kültürel topluluklar gibi farklı alanları içeren bir örgütlenmeyi amaçlayan SINAMOS (Ulusal Sosyal Seferberlik Destek Sistemi) kurulmuştur.

Temmuz 1977'de organize edilen büyük grevi takiben askerî hükümet, sivil bir anayasal meclis kurmak amacıyla seçimlerin yapılacağını anons etmiş ve Haziran 1978'de seçimler gerçekleşmiştir. 1992 yılında gerçekleşen öz-darbe (*auto-golpe*) ile bu dönem kısa sürmüş olsa da on dört yıl boyunca en azından seçimsel bir demokrasinin varlığından söz etmek mümkündür.

Şili, 1973-1989

Bölgenin birçok ülkesinde olduğu gibi Şili'de de ordu, 1973'ten önce de siyasete müdahale etmiştir. Ancak Şili'yi diğerlerinden ayıran bir özellik, 1932 sonrası dönemde ordunun genel anlamda siyaset dışında kalmış olmasıdır. Bu kırk bir yıl içinde anayasal düzene dayanan, rekabetçi seçimlerin hükümetleri belirlediği, partilerin önemli bir rol oynadığı bir siyasi sistemin kurulmuş olduğu söylenebilir.

1960'ların ortasından itibaren ise sol ve sağ arasında kutuplaşma hızla artmış, Soğuk Savaş ortamında ABD'nin de müdahalesiyle, 1970'te başkan seçilmiş olan Salvador Allende'nin yönetimine darbe ile son verilmiştir. Allende döneminde uygulanan kamulaştırma politikaları gibi önemli ekonomik değişikliklerin toplumun bir kısmı ve ekonomik elitlerden aldığı tepkiler, yükselen enflasyon, hükümet karşıtı protestolar ve artan siyasal şiddet ortamında ordu içindeki ayrımlara rağmen General Augusto Pinochet liderliğinde 11 Eylül 1973'te darbe gerçekleştirilmiştir.

Pinochet dönemi, özellikle devlet eliyle uygulanan şiddet ve ekonomik alanda yapılan değişikliklerle bilinmektedir. 1974 yılının ortasında kendisini cuntanın başına getiren ve ülkenin "yüce şefi" ilan eden Pinochet, kişisel bir yönetim kurmuş ve bölgenin yönetimde en uzun süre kalan askerî lideri olmuştur (Remmer, 1989). Yakın kişisel ilişkiler kurduğu, "Chicago Oğlanları" ismini almış teknokrat bir kadroyla devletin ekonomideki etkisi azaltılmış, ihracata öncelik veren serbest piyasa ekonomisi kurmak için önemli girişimlerde bulunulmuştur.

Askerî rejimin son yıllarına baktığımızda ekonomik büyüme, enflasyon gibi göstergelerde başarılı bir performans gösterse de önemli kriz dönemleri de yaşamıştır. Örneğin 1982'de yıllık % 14 oranında bir küçülme yaşanmış, işsizlik oranı % 30'lara kadar çıkmıştır. 1983'ten sonraki dönemde ise ekonomik idare kadrosunda önemli değişiklikler yaşanmış, ulusal şirketlerle daha yakın ilişkiler kurulmuştur (Silva, 1996). Sivil yönetime geçiş öncesinde yüksek büyüme (ortalama % 8 civarında) sağlanmış ve geçiş döneminde de korunmuştur.

Sivil yönetime geçişte Pinochet'nin devlet başkanı olarak göreve devam etmesini onaylamak için organize edilen referandumda "hayır" oyunu desteklemek için partiler arası kurulan muhalif ittifak (Hayır için Partiler Koalisyonu) önemli rol oynamıştır.

Siyasal şiddet

Bu dönemde incelediğimiz askerî rejimlerin ortak bir özelliği, farklı seviyelerle de olsa devlet eliyle uygulanan şiddet olmuştur. Özellikle gerilla hareketlerini bastırmayı, siyasi düzeni ve istikrarı sağlamayı gerekçe olarak öne süren, ekonomik gelişme için sendikalar ve sol hareket üzerinde baskı kurarak istikrarı sağlamayı hedef gösteren birçok askerî rejimin yönetimde kaldıkları süre boyunca işkence yaygın anlamda görülmüş, "zorla kaybettirilme"ler toplumlar üzerinde önemli izler bırakmıştır.

Sivil yönetime geçiş döneminin önemli tartışmalarından biri, otoriter rejim sırasında yaşanan insan hakları ihlalleri hakkında ne yapılacağıdır. Bu girişimler sırasında yayınlanan raporlar tam olarak olmasa da yaşanan şiddet hakkında bir nebze fikir verebilmektedir. Arjantin'de 1983'te kurulan CONADEP (Kişilerin Kaybolması hakkında Ulusal Komisyon) tarafından yazılan *Nunca Más* (Bir Daha Asla) raporuna göre 24 Mart 1976 tarihi sonrasında alıkonulmuş olan 8.960 kişi bir daha görülememiştir. Darbe döneminde zorla kaybettirilen kişi sayısının 30 bin civarında olduğu düşünülmektedir. Alıkonulduktan sonra doğan ve aileleriyle bağları kopartılan çocukları aileleri ile yeniden buluşturma çabaları hâlâ devam etmektedir. Askerî rejime karşı direnişleriyle dünyaca tanınan *Abuelas de Plaza de Mayo* (Mayıs Meydanı Nineleri) örgütünün de girişimleriyle kurulan genetik veri tabanı sayesinde bugüne kadar 130 torun bulunabilmiştir. Şili'de ise ilki 1991 (*Informe Rettig*, Rettig Raporu) son olarak da 2011'de yayınlanan (*Informe Valech II*, Valech Raporu II) dört farklı rapora göre, askerî darbe döneminde mağdur edilmiş kişi sayısı 40 bini geçmektedir. Tespit edilebilmiş olan "zorla kaybettirilen" ya da öldürülen kişi sayısı ise 3.065'e çıkmıştır.[1]

Genel olarak askerî rejimlere bakış

Kısaca üzerinde durduğumuz dört örnekte gördüğümüz gibi, 1960-1990 arasında Latin Amerika'da kurulmuş olan askerî rejimlerin bazılarında ordu kurumsal olarak iktidarı elinde tutmuşken (örneğin Brezilya) diğerlerinde (örneğin Şili) bir askerî liderin etrafında kişisel bir yönetim kurulmuştur. Peru gibi istisnalar olsa da genel olarak serbest ekonomiye geçiş, en azından ekonomik istikrarın sağlanması ve kalkınma önemli bir hedef olarak belirlenmiş, bazı ülkelerde istikrarlı bir şekilde bu politikalar uygulanmış olsa da (örneğin Şili), diğerlerinde ilk yıllarda yaşanan başarısızlıklar ekonomik politikalarda tersine dönüşlere yol açmıştır (örneğin Arjantin). Şili örneğinde görüldüğü üzere ekonomik alanda yaşanan başarılar sivil yönetime geçiş sırasında otoriter yönetimin elini güçlendirmiş, sivil yönetime geçişin şartlarını belirlemelerine imkân vermiştir (Haggard ve Kaufman, 1995). Arjantin'de ise ekonomik kriz üstüne bir de savaş yenilgisi yaşaması sonucunda ordu geçiş şartlarını belirlemede çok etkili olamamış olsa da ordunun kısa vadede siyasi etkisini hemen yitirdiğini söylemek zor

---
1 https://elpais.com/diario/2011/08/20/internacional/1313791208_850215.html

olacaktır. Örneğin otoriter dönemin yöneticilerine sağlanan affın kısmen kaldırılması söz konusu olmuşsa da cezalandırmalar çok yakın döneme kadar son derece kısıtlı olmuştur.

Genellikle siyasi sol ve işçi örgütlerine karşı baskıcı politikalar izlemiş olan askerî rejimler bazı ülkelerde bu grupların en azından siyasi olarak gücünü azaltmış olsalar da diğerlerinde farklı şekillerde örgütlenmiş yeni aktörler ortaya çıkmış, sivil yönetime geçişte ve sonrasında önemli rol oynamışlardır. Bu bağlamda Brezilya'daki işçi sınıfı hareketi önemli bir örnek olarak karşımıza çıkmaktadır. İlk başta ekonomik talepler etrafında örgütlenen işçiler, daha sonra ülkenin en etkili partilerinden birini –PT (İşçi Partisi)– kurup, 2002 ile başlayarak ardı ardına dört başkanlık seçimini kazanmış, 2016 yılına kadar ülkeyi yönetmiştir.

Siyasi rejimler arasında geçiş: Demokratikleşme ve otoriterleşme

Modernleşme ile birlikte siyasi sistemde de değişikliklerin gerçekleşeceği beklentisine sahip olan modernleşme teorileri için Latin Amerika ülkeleri önemli örnek teşkil eder. İkinci Dünya Savaşı sonrası dönemde etkili olan bu bakış açısına göre, "Üçüncü Dünya" ülkeleri –endüstrileşmeyi sonradan yaşayan ve Sovyet blokunun bir parçası olmayan– endüstrileşme ve kentleşme deneyimini yaşadıkça sosyal ve kültürel yapıları da değişecek, bu değişime paralel olarak siyasi açıdan da demokratikleşeceklerdir (Lipset, 1959). Özellikle demokratikleşme açısından bu yaklaşımın önde gelen yazarlarından olan Lipset (1959), analiz ettiği ülkeleri Avrupa ve İngilizce konuşan ülkeler ile Latin Amerika ülkeleri olarak iki gruba ayırmıştır. Latin Amerika ülkeleri içinde demokratik olan ya da diktatörlük ile demokrasi arasında geçiş yaşayan ama siyasi açıdan istikrarlı olmayan ülkelerin diğerlerine göre daha zengin, endüstrileşmiş, kentleşmiş ve daha yüksek eğitim seviyesine sahip ülkeler olduğunu göstermiştir. Zenginleşmenin radikal görüşleri daha az cazip kılacağı, orta sınıfın demokrasiyi destekleyeceği ve eğitimin içeriğine bağlı olarak toleranslı, seçimlerde rasyonel kararlar veren bireyler yetiştireceği öne sürülmüştür (Lipset, 1959).

Lipset'in daha demokratik olarak analiz ettiği yedi ülkeden oluşan, ekonomik olarak daha gelişmiş olan bu grubun önde gelen ülkelerinden, önce 1960'larda Arjantin ve Brezilya, sonra da 1970'lerde Şili ve Uruguay'da askerî darbelerin yaşanması da zaten teorik olarak eleştirilen modernleşme yaklaşımın terk edilmesi ya da revize edilmesine katkıda bulunmuştur. İlk olarak Bağımlılık Okulu, modernleşme teorilerine en etkili eleştirileri getiren bakış açılarından birisi olmuştur.[2] Siyasi rejim değişikliklerine odaklanan çalışmalar arasında en önde gelen açıklamalardan birisi, O'Donnell'ın (1973) geç endüstrileşmeyi vurgulayan analizidir. O'Donnell, Latin Amerika'nın yaşadığı iki ekonomik değişim dönemi üzerinde durmuştur. Tarım ürünleri ihracatına dayalı dönemde toprak sahibi elitin etkili olduğu oligarşik sistem, ithal ikameci sanayileşme-

---

2 Bağımlılık Okulu üzerine detaylı bilgi için bkz. Bu kitapta Üçüncü Bölüm.

nin özellikle ilk yıllarda ekonomik büyüme sağlamasıyla yerini seçimlerle gelen popülist hükümetlere bırakmıştır. O'Donnell, bu "seçim demokrasileri"nin çöküşünü, ithal ikameci sanayileşmenin sorunlarına bağlamıştır. Endüstrileşmeye daha önce başlamış olan ülkelerle rekabet eden Latin Amerika ülkeleri sanayileşseler de bu ülkelere bağımlılıklarından kurtulamamışlardır. Ara ve yatırım mallarının üretimine dayalı ikinci aşamaya geçmekte zorlanan bu ülkelerde büyüme durmuş, ödemeler dengesi bozulmuş, yabancı borçlanma artmış ve yüksek enflasyon büyük bir sorun olarak ortaya çıkmıştır. Hızlı büyümenin sağlandığı ilk dönemde yüksek maaşlar, devlet harcamaları ve işverenler için yüksek kâr mümkün olduğundan popülist bir koalisyon kurulmuş olsa da ortaya çıkan ekonomik sorunlarla bu koalisyonu bir arada tutmak mümkün olamamış, popülist demokrasiler yerlerini teknokratlar ve uluslararası şirketlerle yeni bir ortaklık kuran askerî yönetimlere bırakmışlardır.

Yapısal bakış açısıyla siyasi rejimler arası geçişi anlama çabası, başka bir koldan da devam etmiştir. Barrington Moore'un Avrupa'daki modernleşmeyi siyasi rejimlere etkisi açısından analiz ettiği çalışmanın (1966) da etkisiyle modernleşme, ekonomik sınıflar ve demokratikleşme üzerine yapılan analizler, Latin Amerika'daki siyasi gelişmeleri anlamamıza da katkıda bulunmuşlardır (Rueschemeyer, Stephens ve Stephens, 1992). Moore, sınıfların devletle olan ilişkilerine bakarken devletin üzerinde etkisini temsiliyetini sağlayarak arttırmaya çalışan burjuvayı vurgularken, Rueschemeyer, Stephens ve Stephens (1992), asıl etkili olan ve katılımı genişletmeye çalışan sınıfın işçiler olduğunu iddia etmiştir. Modernleşme, ekonomik gelişme ve endüstrileşme ise işçi sınıfının siyasi önemini arttırarak demokratikleşmeye katkıda bulunmaktadır. Bu yazarlara göre, Latin Amerika gibi endüstrileşmeyi sonradan yaşayan ülkelerde işçi sınıfı hem sayı hem de siyasi olarak daha az güçlü olduğundan orta sınıflarla olan koalisyonlar da demokratik sistemin kuruluşu ve yaşaması açısından etkili olacaktır.

Siyasi rejimler arası farklılıkları yapısal olarak açıklayan çalışmalara son yıllarda özellikle ekonomik eşitsizliği vurgulayan araştırmalar eklenmiştir (Boix, 2003; Acemoğlu ve Robinson, 2006). Bu çalışmalar Latin Amerika'ya odaklanmıyor olsa da özellikle Acemoğlu ve Robinson (2006), açıklamalarının bu bölgedeki rejim değişikliklerini anlamak için faydalı olduğunu düşünmektedir. Bu görüşe göre, ekonomik kaynakların yeniden dağılımını isteyen gruplar yeterli derece güçlendiğinde ekonomik ve siyasi elitler devrim yapılmasını engellemek için yeniden dağılımı kabul edecek, demokrasi de tüm grupların siyasete katılımını sağlayan bir kurum olarak bu düzenlemenin geri çekilmesini engelleyecek ve iki grup arasındaki anlaşmanın güvenilirliğini sağlayacaktır. Bu çalışmaya göre, Arjantin gibi yüksek gelir eşitsizliğine sahip olan Latin Amerika ülkelerinde demokrasiye geçiş sağlansa da askerî darbeler yaşanacaktır çünkü gelirin yeniden dağılımından kaybı çok olan elitler bu tür müdahaleleri destekleyecektir. Özellikle üçüncü dalgada (dar anlamda da olsa) demokratik sisteme geçiş yaşayan ülkelere odaklanan Haggard ve Kaufman (2012) ise ekonomik kaynakların yeniden dağılımı için organize olan toplum güçlerinin bu geçişlerde önemli bir rol oynamadığını göstermişlerdir.

Ekonomik gelişme, bu gelişmeye dayalı oluşan sınıfsal yapı ve ekonomik eşitsizlik gibi yapısal faktörlerle siyasi rejimler arası geçişleri açıklayan bu analizler daha çok uzun vadeli farklılıklara odaklanırken, geçişlerin "anlarını" (O'Donnell ve Schmitter, 1986) anlamaya çalışan aktör odaklı çalışmalar da ortaya çıkmıştır. Rejimin aktörler gözünde meşruiyetine odaklanan Linz (1978), önemli aktörlerin demokrasiye ne kadar sadık olduğunun demokrasilerin kırılma noktasındaki önemini vurgulamış, otoriter yönetim arasındaki bölünmeler (Przeworski, 1991) ve rejimin devamı hakkındaki farklı görüşlere sahip ılımlı grupların (O'Donnell ve Schmitter, 1986) varlığının önce liberalleşme sonra da demokrasiye geçişteki oynadığı rol açıklanmıştır. Farklı aktörlerin siyasi rejimler hakkındaki tercihlerini siyasi sistem içindeki oynadıkları role bağlayanlar olduğu gibi (Karl, 1990), yapısal faktörlerden bağımsız tercihlerin oluştuğunu ve bu tercihlerin siyasi rejimler arası farklılıkları açıklamakta faydalı olacağını düşünenler de olmuştur (Mainwaring ve Perez-Linan, 2013).

Demokratikleşme sürecinin bir örnekle incelenmesi: Şili, 1982-2005

Otoriter sistemden demokrasiye geçiş sürecinin başlangıcının, "otoriter devamlılıkla ilgili beklentilerin kırıldığı an" (Schedler, 2001) olduğu söylenebilir. Tabii ki, Pinochet yönetimindeki askerî rejim hakkındaki beklentilerin tam olarak ne zaman değiştiğini bilmek zordur. Daha önce bahsettiğimiz üzere Şili 1982'de önemli bir ekonomik kriz dönemi yaşamış olsa da otoriter rejim daha yedi yıl devam edebilmiştir. Ekonomik krizi takiben ülkede önemli protestolar ve grevler yaşanmış, 1985'te ise Katolik kilisesinin girişimiyle rejim içinde yer almış olan önemli aktörlerin de desteklediği, 11 farklı partinin imzaladığı[3] bir anlaşma (*Acuerdo Nacional para una transición a la democracia plena*/Tam bir demokrasiye geçiş için ulusal anlaşma) rejime sunulmuştur. Farklı muhalif grupların da kabul ettiği ve orduya sunduğu bu anlaşmanın önemli noktalarından biri, insan hakları ihlalleri için toplu yargıların olması yönünde çaba gösterilmeyeceğidir (*New York Times* arşivi, 9 Eylül 1985). 1986'ya gelindiğinde ise genel olarak toplum içinde de değişiklik için bir beklenti olduğu görülmektedir. Santiago'da yapılan bir ankette sadece % 13,2 oranında kişi Pinochet rejiminin devamının Şili için en iyi alternatifi oluşturduğunu söylemiştir (Remmer, 1989). Bu gelişmeler aslında askerî rejime olan desteğin azalmakta olduğunun göstergesi olsa, rejim içinde farklı görüşler ortaya çıkmış ve ayrılmalar yaşanmış olsa da Pinochet'nin 1988 plebisiti öncesinde hâla baskı mekanizmaları üzerinde kuvvetli bir kontrolü olduğu düşünülmekteydi (Remmer, 1989; LASA Raporu, 1988). 1980'de yapılan anayasaya göre dört komutan 1988'de başkanlık için bir aday

---

3 Bu anlaşmanın dışında kalan önemli bir aktör Komünist Parti'dir.

belirleyecek ve bu aday plebisit yöntemiyle halkın onayına sunulacaktı.[4] Geçiş döneminin en önemli sorularından biri neden Pinochet'nin "dürüst" bir seçim yaptığı ve sonrasında sonuçları kabullendiğidir (LASA Raporu, 1988). Dürüst bir seçimin yeni sisteme sağlayacağı meşruiyet, askerî rejimin elindeki olanaklar ve makroekonomik performans göstergelerinin son derece olumlu olması gibi faktörlerden dolayı askerî rejimin kendisine duyduğu güven sunulan açıklamalardan bazılarıdır (LASA Raporu, 1988). Seçim sonuçlarının doğru bir şekilde sayılabilmesi için muhalif partilerin yürüttüğü girişimler de önemli olmuştur. Sandık gözetmelerinin mobilizasyonu ve seçim sonuçlarının bir bilgisayar sisteminde toplanabilmesi için özellikle Hıristiyan Demokrat Parti büyük bir çaba göstermiştir (LASA Raporu, 1988). Seçim gecesi televizyon kanallarının uzun süre "evet" oylarının önde olduğuna dair yayın yapmasına rağmen siyasi partilerin elindeki oylar "hayır"ın çoğunlukta olduğunu göstermekteydi. Bu noktada önemli sağ partilerden Ulusal Yenileşme'nin (RN) liderlerinin de seçim sonuçlarının saptırılmaması için İçişleri Bakanlığı ile iletişime geçmiş ve aynı gece Hıristiyan Demokrat Parti lideriyle birlikte katıldığı televizyon programında yenilgiyi kabul etmiş olması, sivil yönetime geçişin kritik anlarından biridir. Bu durum, otoriter rejim içindeki ılımlı grupların varlığına ve muhalefetle işbirliklerinin önemine işaret etmektedir (LASA Raporu, 1988).

Plebisitte "hayır" oyu vermek için birleşen 16 parti, baskılardan dolayı güçlerini önemli derecede yitirmiş olsalar da sendika ve sivil toplum organizasyonlarının desteğiyle plebisitte % 54,71 oy almış, Aralık 1989'da Hıristiyan Demokrat Parti adayı Patricio Aylwin'in başkan seçilmesiyle sivil yönetime geçilmiştir. 1989'da otoriter dönemde yazılmış olan anayasa kapsamlı değişiklikler geçirmiş olsa da, Pinochet, ordu ve siyasi sağın yeni sistemde önemini korumasını sağlayacak önemli kurumsal kısıtlamalar getirilmiştir. Pinochet'nin 1998'e kadar Genelkurmay Başkanı olarak görev süresine sahip olması, sonrasında hayat boyu Senatör olma imkânının sunulması, seçilmiş başkanın ordu içindeki atama yetkilerinin son derece kısıtlı olması, Senato'da çoğunluğun sağın elinde kalmasını sağlayacak dokuz seçilmemiş sandalye bulunması ve sağın temsiliyetini arttırma amacıyla düzenlenmiş seçim sistemi (Rahat ve Sznajder, 1998) bu kısıtlamaların en önemlilerindendir (Silva, 2002).

Şili'deki sivil yönetime geçiş bu geçiş döneminin hassaslığını (Przeworski, 1991), insan hakları ihlalleri konusunda otoriter yöneticilerin yargılanmasının (Przeworksi, 1991) ve genel olarak ordu ile yeni sivil yönetim arasındaki ilişkilerin bu dönemdeki önemini açıkça gösteren bir örnektir. Daha 1978'de askerî rejim insan hakları ihlallerine karşı kendilerini koruyan af yasasını geçirmişlerdir. Önceden de bahsettiğimiz gibi 1985'teki muhalefet girişimlerinde bile askerî yönetimin bu konuda bir güvence almasının sivil yönetime geçiş için taşıdığı önem ortaya çıkmaktadır. İlk sivil başkan Aylwin döneminde bu konuda bir dengeye ulaşılmaya çalışılmıştır. Nisan 1990'da, Eylül 1973-Mart 1990 arasında yaşanmış olan insan hakları ihlallerini araştırmak üzere bir komisyon ku-

---

4 Detaylı bilgi için bkz. Bu kitapta Altıncı Bölüm.

rulmuştur. 8 Şubat 1991'de Aylwin'e sunulan raporda diktatörlük döneminde uygulanan şiddetin birçok örneği ortaya çıkmış olsa da sorumluların kimlikleri paylaşılmamış (*El Mercurio*, 11 Mart 1991: C2), o günlerde gündemi işgal eden terör saldırılarının da etkisiyle rapor kamusal alanda yeterli ilgiyi görmemiştir (Latin American Weekly Report, 9 Mayıs 1991: 4).

Askerî rejim döneminde gerilla taktikleriyle direnç gösteren bazı gruplar –özellikle Komünist Parti ile bağlantılı *Frente Patriótico Manuel Rodríguez*'den ayrılan bir grup ve Lautora Gençlik Hareketi– 1989 sonrası da saldırılarını sürdürmüşler (bkz. Grafik 1), özellikle 1991 baharında kamusal alanda önemli tartışmalara sebep olmuşlardır. Sivil yönetimin ordu üzerindeki kontrolünü arttırmaya çalıştığı bu dönemde askerî komutanlar, sağ partiler ve sağa yakın medya güvenlik konusunu özellikle vurgulamış, hükümete güvenliği sağlayamadığı konusunda ağır eleştirilerde bulunmuşlardır (Silva, 2002; *El Mercurio*, 11 Mart 1991: C3; 11 Nisan 1991, 3 Mayıs 1991: A2). Bu gelişmeler hükümeti güvenlik konusunda yeni düzenlemeler yapmaya itmiş olsa da askerin bilhassa terör karşıtı politikalarda daha çok kurumsal rol alma konusundaki girişimlerine Aylwin hükümeti karşı koymayı başarabilmiştir.

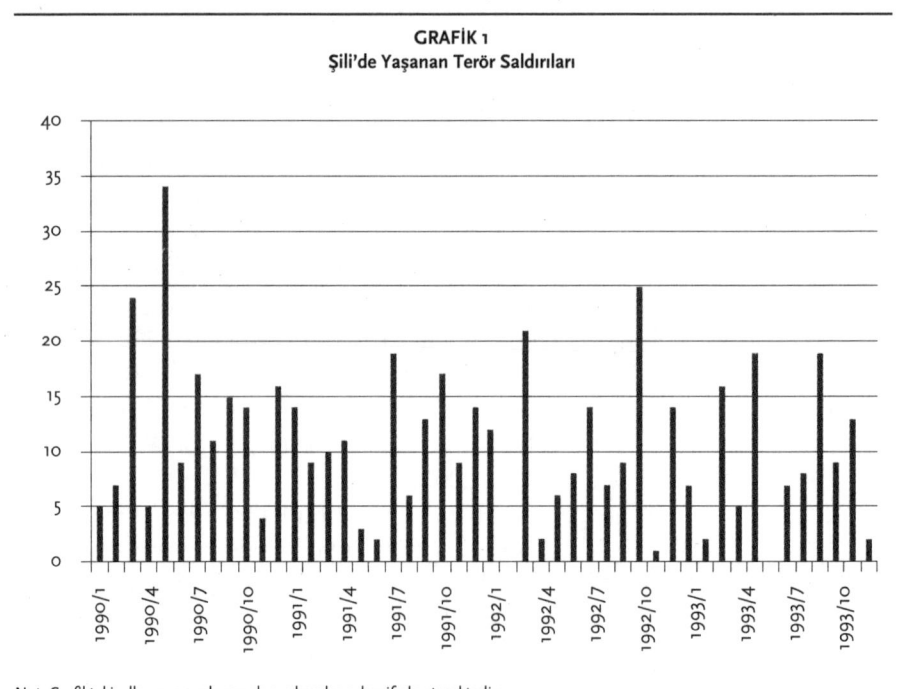

GRAFİK 1
Şili'de Yaşanan Terör Saldırıları

Not: Grafikteki yılların yanında yer alan rakamlar ayları ifade etmektedir.
Kaynak: Arı, Bayer, Kemahlıoğlu ve Kural (2019), Global Terrorism Database (Küresel Terör Veri Tabanı).

İlk sivil hükümet, orduyla iki açık kriz yaşamıştır. Sivil hükümetin hareket alanı, ordunun müdahalesiyle bazı konularda kısıtlanmış olsa da geçiş sürecinde geriye dönüş yaşanmamıştır. İki kriz de Pinochet'nin oğullarından birinin şüphe çeken finansal işlemlerinin araştırılma girişimiyle ilişkilidir. Hatta 1993'te Pinochet'nin kendisi de bu işlemlerle ilişkilendirilmiştir. Aralık 1990'da yaşanan ve *acuartelamiento* olarak adlandırılan bu olayda Pinochet, sivil hükümete haber vermeden en yüksek alarm durumu ilan etmiş ve tüm askerleri kışlalarına mobilize etmiştir. Mayıs 1993'te gerçekleşen ve *el boinazo* olarak adlandırılan ikici hadisede ise yine askerler Pinochet tarafından kışlalarına çağrılmış, başkanlık sarayı La Moneda'nın karşısında yer alan askerî binada üst komuta toplantısı yapılmış, bina önüne savaş üniformaları içinde çok sayıda asker yerleştirilmiştir.

Ordunun siyasetteki gücü Şili'de ancak zamanla azalmış, sivil hükümetlerin üzerindeki kısıtlamaları kaldıran kurumsal değişiklikler de yine uzun bir zaman içinde gerçekleştirilebilmiştir. Bu süreç içinde en önemli dönüm noktaları Pinochet'nin 1998'de İngiltere'de tutuklanması, sonrasında tam olarak cezalandırılamamış olsa da Şili'de yargılanması, 2005'te yapılan ve kurumsal değişiklikler içeren anayasa değişiklikleri ve son olarak da ancak 2015'te gerçekleştirilebilen seçim sistemi değişiklikleridir.

Son tespitler ve araştırma önerileri

Siyasi rejim geçiş dönemlerini yaşarken araştırmaya çalışan araştırmacılar daha çok aktör odaklı açıklamalar getirip, belirsizlikleri vurgularken, geçmişe bakan araştırmacılar daha çok genellemelerle, az sayıda faktörün etkisini anlamaya çalışmaktadır (Schedler, 2001). Bu bölümde Latin Amerika özelinde de iki tip bakış açısına sahip çalışmalar tartışılmış, kısaca tarihi örnekler üzerinden geçilmiştir.

Peki, bu tartışmalar Latin Amerika'da günümüz siyasetini anlamamıza ne kadar yardımcı olmaktadır? Ya da sorular ve araştırmalar nasıl geliştirilebilir? Örneğin iktidar içinde bir bölünme ve ılımlı gruplar arasındaki bir anlaşma, Venezuela'da mümkün müdür ve rejim değişikliğine yol açabilecek midir? Hangi durumlarda muhalefet birleşip, geçiş dönemi sonrası için otoriter liderlere yargılanmayacakları konusunda bir garanti verip, geçişi mümkün kılabilir? Ya da otoriter yönetimin liberalleşme sürecini başlattığı durumlarda niye bazı otoriter hükümetler ordu üzerindeki kontrollerini devam ettirebilirken, ordunun içinde taraf değişikliklerinin yaşanması ile bazı ülkelerde rejim değişikliği yaşanabilmektedir? Bu sorular Latin Amerika ülkelerini ve bölge dışındaki siyasi rejim tartışmalarını anlamamıza katkıda bulunabilir.

KAYNAKÇA

Acemoğlu, D. ve James, R. (2006), *Economic Origins of Democracy*, Cambridge: Cambridge University Press.

Ames, B. (1987), *Political Survival Politicians and Public Policy in Latin America*, Berkeley ve Los Angeles: University of California Press.

Arı, E., Bayer, R., Kemahlıoğlu, Ö. ve Kural, E. (2019), "Avoiding fallout from terrorist attacks: The role of local party organizations", yayınlanmamış metin.

Boix, C. (2003), *Democracy and Redistribution*, New York: Cambridge University Press.

Booth, J. (2008), "Democratic development in Costa Rica", *Democratization*, 15 (4): 714-732.

Collier, R. B. (1999), *Paths Toward Democracy: The Working Class and Elites in Western Europe and South America*, Cambridge: Cambridge University Press.

Geddes, B., Wright, J. ve Frantz, E. (2014), "Autocratic breakdown and regime transitions: A new data set", *Perspectives on Politics*, 12 (2): 313-331.

Global Terrorism Database (Küresel Terör Veri Tabanı), https://www.start.umd.edu/gtd/

Graham, C. (1990), "Peru's Apra Party in power: Impossible revolution, relinquished reform", *Journal of Interamerican Studies and World Affairs*, (32) 3: 75-115.

Haggard, S. ve Kaufman, R. R. (1995), *The Political Economy of Democratic Transitions*, Princeton: Princeton University Press.

—, (2012), "Inequality and regime change: Democratic transitions and the stability of democratic rule", *American Political Science Review*, 106 (3): 495-516.

Hagopian, F. (1996), *Traditional Politics and Regime Change in Brazil*, New York: Cambridge University Press.

Harris, G. (1996), "Military expenditure and social development in Costa Rica: a model for small countries?", *Pacifica Review*, 8 (1): 93-100.

Karl, T. (1990), "Dilemmas of democratization in Latin America", *Comparative Politics*, 23 (1): 1-21.

Keck, M. F. (1992), *The Workers' Party and Democratization in Brazil*, New Haven: Yale University Press.

LASA (1998), "The Chilean Plebiscite: A First Step Toward Redemocratization", https://www.lasaweb.org/en/publications/reports/

Latin American Weekly Report (1991), London, England: Latin American Newsletters Ltd.

Linz, J. J. (1978), *The Breakdown of Democratic Regimes*, Baltimore: The Johns Hopkins University Press.

Lipset, S. M. (1959), "Some social requisites of democracy: Economic development and political legitimacy", *American Political Science Review*, 53: 69-105.

Lopez, A. (1996), "Understanding Costa Rica's political stability", *Journal of Theoretical Politics*, 8 (1): 115-120.

Lowenthal, A. F. (1974), "Peru's ambiguous revolution", *Foreign Affairs*, 52 (4): 799-81

Mainwaring, S. ve Pérez-Liñán, A. S. (2013), *Democracies and Dictatorships in Latin America: Emergence, Survival, and Fall*, Cambridge: Cambridge University Press.

Moore, B. (1966), *Social Origins of Dictatorship and Democracy: Lord and Peasant in the Making of the Modern World*, Boston: Beacon Press.

Napolitano, M. (2018), "The Brazilian military regime, 1964-1985", *Oxford Research Encyclopedia*, Latin American History, oxfordre.com/latinamericanhistory.

O'Donnell, G. (1973), *Modernization and Bureaucratic-Authoritarianism: Studies in South American Politics*, Berkeley: Institute of International Studies, University of California.

O'Donnell, G. ve Schmitter, P. (1986), *Transitions from Authoritarian Rule*, cilt 4: *Tentative Conclusions about Uncertain Democracies*, Baltimore: Johns Hopkins University Press.

Philip, G. D.E. (1978), *The Rise and Fall of the Peruvian Military Radicals 1968-1976*, Bloomsbury Publishing.

Pinto, J. G. (2009), "Diffusing and translating watchdog journalism", *Media History*, 15 (1): 1-16.

Pion-Berlin, D. (1985), "The fall of military rule in Argentina: 1976-1983", *Journal of Interamerican Studies and World Affairs*, 27 (2): 55-76

Prebisch, R. (1950), "The economic development of Latin America and its principal problems", UN document no. E/CN.12/89/Rev.1. Lake Success, N.Y.: United Nations.

Przeworski, A. (1991), *Democracy and the Market*, New York: Cambridge Univ. Press

Rahat, G. ve Sznajder, M. (1998), "Electoral engineering in Chile: the electoral system and limited democracy", *Electoral Studies*, 17(4): 429-442.

Remmer, K. L. (1989), "Neopatrimonialism: The politics of military rule in Chile, 1973-1987", *Comparative Politics*, 21 (2): 149-170.

Rueschemeyer, D., Stephens, E. H. ve Stephens, J. D. (1992), *Capitalist Development and Democracy*, Chicago: The University of Chicago Press.

Schamis, H. (2002), "Argentina: Crisis and democratic consolidation", *Journal of Democracy,* 13 (2): 81-94.

Schumpeter, J. (1942), *Capitalism, Socialism, and Democracy*, New York: Harper Perennial.

Silva, E. (1996), "Dictatorship to democracy: The business-state nexus in Chile's economic transformation, 1975-1994", *Comparative Politics*, 28 (3): 299-320.

Silva, P. (2002), "Searching for civilian supremacy: The Concertación governments and the military in Chile" *Bulletin of Latin American Research,* 21 (3): 375-395.

Singer, H. W. (1950), *The Distribution of Gains between Investing and Borrowing Countries. In The Strategy of International Development: Essays in the Economics of Backwardness*, Londra: Macmillan.

Sekizinci Bölüm

TEORİYLE PRATİK ARASINDA LATİN AMERİKA'DA POPÜLİZM

KÂZIM ATEŞ

Giriş

Ne popülizm kavramını Latin Amerika deneyimlerini dikkate almadan tartışmak mümkün ne de Latin Amerika tarihini (ya da güncel siyasal durumunu) popülizm kavramına başvurmadan anlamak. Popülizm kuramıyla Latin Amerika politik pratiği o kadar iç içe geçmiştir ki biri olmadan diğerini anlamaya çalışmak imkânsızdır. Kuşkusuz Latin Amerika'nın politik gelişmeleri neredeyse bütün kuramsal tartışmalara sızar ama popülizmi anlamanın yolu mutlaka Latin Amerika'dan geçer. Bununla birlikte Latin Amerika'da popülizmi tartışmanın üç güçlüğü vardır. Birincisi, bizatihi popülizm kavramına içkin kuramsal sorunlar, kavramın tanımlanmasıyla ilgili süregiden akademik, medyatik tartışmalardır.[1] İkincisi, popülizmin Latin Amerika'daki tarihsel görünümlerinin adlandırılması ve bu farklı tarihsel görünümlerin politik rolünün ve içeriğinin belirlenmesiyle ilgili sorunlardır. Üçüncüsü, büyük bir kıtayı, barındırdığı ulusal/bölgesel çeşitlilikleri ihmal ederek, homojen süreçleri ve pratikleri barındırıyormuş gibi çalışmanın zorluğudur. Bu uyarıyı, Latin Amerika'da popülizm çalışacak her öğrencinin karşılaşması muhtemel sorunlar olarak vurgulamak gerekiyor ancak bu makale bu sorunları çözmeyi amaçlamıyor. Metnin dar sınırlarını dikkate alarak, daha çok, hem kuramsal hem pratik olarak Latin Amerika'da popülizm deneyimlerini çalışan sosyal bilim literatürünün bir fotoğrafını çekmeyi amaçlıyor. Bunun için, Latin Amerika'da popülizm başlıklı çok sayıda çalışma-

---

[1] Bunun yanı sıra kavramın Batı dışı dillerde kullanımıyla ilgili sorunlar da vardır. Ayrıntıya girmeden şu önemli noktayı belirtmek isterim: Bu makaleye göre popülizm ve halkçılık eş anlamlıdır. Kavramın Türkçe akademik ve politik kullanımı konusunda bkz. (Ateş, 2018).

nın aksine hem popülist pratikleri dönemselleştirmek hem de bu dönemler içinde bu pratikleri kavramsallaştırmaya çalışan yaklaşımları/isimleri bir arada, aynı fotoğraf karesine almaya çalışacağım. Yani belirli bir popülizm tanımından hareketle tarihsel-konjonktürel pratikleri anlamaya, açıklamaya çalışmak yerine, bu konjonktürel pratikleri, o konjonktürlerde üretilmiş kuramsal bilgiyle birlikte aktarmaya çalışacağım.

Latin Amerika'da popülizmi, tarihsel analizlerde genel kabul gördüğü haliyle üç dönem (buna üç konjonktür demenin daha doğru olduğunu düşünüyorum) üzerinden tartışmak mümkündür. Birincisi, 1930'lardan 1960'lara uzanan, dünya ekonomik krizinin ürettiği ekonomik ve politik sonuçlarla birlikte tartışılan, literatürde "klasik popülizm" olarak adlandırılan dönem. İkincisi, 1980'lerin sonunda ortaya çıkan ve 90'larda devam eden neoliberalizme geçiş ve bu geçişin ürettiği sosyal, politik sonuçlarla birlikte tartışılan "neopopülizm" ya da "neoliberal popülizm" olarak adlandırılan dönem. Üçüncüsü, neoliberalizmin yıkıcı sosyal-siyasal sonuçlarının ürettiği krize yanıt olarak 1998'de Hugo Chávez'in seçilmesiyle başlayan ve kıtayı saran "pembe dalga" sürecinin bir parçası olarak "radikal popülizm" ya da "sol popülizm" olarak adlandırılan dönem.[2] Metin bu üç dönemin kuramsal ve olgusal görünümlerini aktarmaya çalışacaktır.

Klasik popülizm

19. yüzyıldaki ve 20. yüzyıl başlarındaki erken örnekleri bir tarafa bırakacak olursak, kıtayı saran bir dalga olarak ilk popülizm deneyimlerinin 1930'larda başlayıp 1960'lara uzanan dönemde yaşandığını söyleyebiliriz. İktidara gelsinler ya da gelmesinler, bu dönemin öne çıkan isimlerini şöyle sıralayabiliriz: Meksika'da Lázaro Cárdenas, Arjantin'de Juan Perón, Brezilya'da Getulio Vargas, Peru'da Víctor Raúl Haya de la Torre, Ekvador'da José María Velasco Ibarra, Kolombiya'da Jorge Eliécer Gaitán ve Venezuela'da (1945-48 arası) *Acción Democrática*. Her birini öne çıkaran kritik kavşak noktaları, her birinin iktidar pratikleri, seslendikleri, destek aldıkları sosyal tabanlar farklı olsa da her birinin, bir konjonktürel krizin ürünü, ortak bir "popülist moment" ya da "popülist kopuş"un (Laclau, 1977) sonucu olduklarını belirtmek gerekir. Her birinin kendi toplumlarında belirli politik etkileri ve sonuçları olmakla birlikte hiçbirisinin Juan Perón ve Peronizm gibi, Arjantin toplumunu yeniden kuran ve kalıcı kurumsal etkileri bugüne kadar süren sonuçları olmamıştır. Dolayısıyla, Peronizmi anlamak, popülizmi anlamaktır diyebiliriz.

Klasik popülizmi anlamak için bu dönemde etkili üç önemli kuramsal yaklaşım olduğunu söylemek mümkündür. Bu yaklaşımların ikisi modernleşme kuramı içinden, üçüncüsü Marksist kuram içinden çıkmıştır. Popülizmi kuramsal olarak kavrayabilmek için geliştirilen bu yaklaşımların sahiplerinin üçünün de Arjantinli olması, diğerleriyle kıyaslandığında Peronizmin siyasal

---

2 Latin Amerika'da popülizm deneyimlerini dönemselleşme ve bu dönemleri adlandırma konusunda şu çalışmalara bakılabilir: Panizza (2000a); March (2007); de la Torre (2014) ve Barr (2017).

etkisinin ne kadar güçlü olduğunun bir başka örneği olarak da okunabilir. Birinci yaklaşım, İtalya'da doğan ve İtalyan faşizminden kaçarak Arjantin'e yerleşen Gino Germani'ye (1978; 1981) aittir. Germani'nin faşizmi orta sınıfların gerici otoriter bir hareketi, popülizmi ise, "işçi sınıfı otoriteryanizmi"[3] olarak görmesinde bu göç hikâyesinin etkisi vardır kuşkusuz. Germani'ye göre popülizm, emek hareketinin zayıf olduğu ve özerk bir hareket olarak gelişemediği yerde ortaya çıkar. Bu zayıflığın nedeni, normal bir modernleşme sürecinden, normal bir büyüme/gelişme modelinden sapma, sürecin üretmesi beklenen normal sanayileşme ve kentleşme dinamiklerinden mahrum olmaktır. Popülizmin ortaya çıktığı toplumlar, geleneksel ve modern yaşam biçimlerinin bir arada olduğu eşitsiz bir gelişme dinamiğine sahip, "asenkronik" toplumlardır. Modernleşme sürecinde yol almış ama tamamlayamamış, geleneksel toplum yapısının özelliklerini korumaya devam eden toplumlarda işçi sınıfı, örgütsüz/sendikasız, atomize ve modern kentsel hayatla uyum sorunu yaşayan bir gruptur. Bu gruplar, modern Batı ülkelerindeki ekonomik, siyasal standartlara sahip olma beklentisiyle kendi ülkelerindeki kurumsal modernleşmenin yetersizliğiyle malul gerçeklik arasında hayal kırıklığının ürettiği kişilik yapısıyla mobilize olmaktadır.

Arjantin bu asenkronik toplumsal yapının tipik bir örneğidir ve dolayısıyla Peronizmin ortaya çıkışını ve iktidar olma becerisini sanayileşme, kentleşme sürecindeki gecikme, modern öncesi toplumun değer ve davranış özelliklerinin korunuyor olması ile açıklamak mümkündür. 1930'dan önce Avrupa'dan, özellikle İtalya'dan gelen göçmenler vasıflı ve örgütlü bir işçi sınıfı oluştururken, Büyük Bunalım sonrasında Arjantin'in kırsal bölgelerinden ya da çevreden, kente ya da merkeze, özellikle Buenos Aires'e göç edenler, vasıfsız ve örgütsüz bir işçi sınıfı oluşumuna yol açmıştır. Peronizmi yani popülizmi destekleyenler bu ikinci kitledir. Bu kitle hem örgütsüz ve dağınıktır hem de politik ve sosyal hayata katılım talebiyle mobilize edilmeye açıktır. Ancak katılım taleplerini karşılayacak kurumların politik modernleşme süreci tamamlanmamış olduğu için kurum dışı ve karşıtı yeni elitlerin manipülasyonuna açık hale gelirler. Modernleşmiş Batılı toplumlarda görüldüğü gibi özerk örgütlü, sınıf bilincine sahip, kurumsal sosyal demokrat partilerin seçmen tabanı olması beklenen bu grup, Arjantin gibi toplumlarda karizmatik, otoriter liderlerin etkisine açık, onların kendi amaçlarına hizmet eder hale gelirler. Sonuç olarak ortaya çıkan, Batı'da görülen faşist rejimlerden belirli farklılıklar gösterse de bir otoriter rejimdir.

---

3 "İşçi sınıfı otoriteryanizmi" kavramı ve Peronizmi/popülizmi "solun faşizmi" ya da faşizmin gelişmekte olan ülkelere özgü biçimi olarak tanımlayan kaynak için bkz. Lipset (1960). Germani'nin popülizm kavramının oluşumunda, İkinci Dünya Savaşı sonrası ABD'de geliştirilen, Lipset'in de takipçisi olduğu, yapısal işlevselcilik ve bu paradigma içinde geliştirilen davranışçı yaklaşımın ve modernleşme kuramının çerçevesini çizdiği demokrasi ve popülizm kavramları etkili olmuştur. Popülizmin bugün de demokrasi karşıtı bir model olarak görülmesinde bu döneme Lipset'in yanı sıra Robert Dahl, Edward Shils, William Kornhauser, Walt Rostow, Gabriel Almond ve benzeri akademisyenler tarafından geliştirilen "çoğulcu demokrasi modelinin karşıtı olarak popülizm" nosyonunun belirgin etkisi vardır.

Germani'nin yapısal-işlevselci sosyolojiden ve modernleşme kuramından aldığı kavramlarla popülizmi/Peronizmi açıklama çabasının bir benzerini Torcuato di Tella'da görmek mümkündür. Di Tella'ya göre de popülizmin kaynağında, ulusal gelir ve politik katılım süreçlerinden pay isteyen köylülerin ya da kentli işçi sınıfının taleplerini karşılayacak kurumsal gelişimin yetersizliği vardır. Ancak benzer bir "gösteri etkisi", ki Di Tella (1965) haklı olarak "hayal kırıklığı etkisi" demenin daha doğru olabileceğini söyler, statüko karşıtı bir eliti de etkilemektedir. Avrupa'da, tarihsel olarak, yükselmekte olan orta sınıfları temsilen bir Liberal Parti'nin ortaya çıkması, daha sonra büyüyen işçi sınıfını temsilen ve bu sınıfın özerk sendikalarına yaslanan bir İşçi Partisi'nin ortaya çıkması biçiminde özetleyebileceğimiz örüntü Latin Amerika'da ya da diğer az gelişmiş ülkelerde yapısal olarak mümkün değildir. Bu ülkelerde ortaya çıkan, büyük ölçüde sınıf ittifaklarının oluşturduğu ve popülist olarak adlandırabileceğimiz politik hareketlerdir. Bu çerçevede popülizm, "kentli işçi sınıfının ve/veya köylülerin kitlesel desteğini alan fakat bu desteğin, bu sınıfların özerk örgütleri aracılığıyla olmadığı politik hareketler" (1965: 47) olarak tanımlanabilir. İşçi sınıfı (ya da gelişme sürecinin aşamasına bağlı olarak köylüler) iktidara ortaktır ama bu ortaklık Batı'da olduğu gibi işçi sınıfının sendika ya da parti gibi özerk örgütleri aracılığıyla değildir. Ancak hemen eklenmesi gereken bir koşul daha vardır: Bu hareketin, statüko karşıtı bir ideolojiye sahip, işçi sınıfı içinden gelmeyen bir elit grup tarafından desteklenmesi ve yönetilmesi gerekmektedir. Arjantin'de bu grup ordu ve sanayiciler içinden çıkmıştır.

Di Tella'nın, Germani'den farklı olarak orijinal diyebileceğimiz bazı katkıları olduğunu söylemek mümkündür. Popülist bir blokun ortaya çıkabilmesi için bu bloka öncülük edecek bir orta ya da orta-üst sınıf liderlik zorunludur. Popülizm, bu sınıfın "yükselen beklentiler devrimi"nin sonucu olarak mobilize olan kitleyle buluşmasının ürünüdür. Di Tella'ya göre az gelişmiş ülkelerde ve özellikle Arjantin'de liberalizm bir seçenek değildir çünkü statükoyu, mevcut oligarşik ittifakı temsil etmektedir. Statüko karşıtı bir ideoloji olarak işlevi yoktur. Popülizm, özsel olarak olumsuz değildir. Yapısal nedenlerden dolayı ortaya çıkması kaçınılmaz ve en önemlisi, Latin Amerika'da değişimin ve reformun tek gücüdür.

Yazıldıkları dönemdeki etkilerine rağmen her iki yaklaşımın da hem kendi içlerinde hem de yaslandıkları kuramsal modelden kaynaklanan sorunları vardır. Birincisi, her iki yaklaşıma göre de popülizm, modernleşme sürecinde bir aşamaya tekabül etmektedir. Bu aşama geçildikten sonra ya da modernleşmesini tamamlamış, gelişmiş ülkelerde popülizm mümkün değildir. Bu yaklaşım, popülizmin ithal ikameci birikim rejimine tekabül ettiği neoliberal birikim rejiminde popülizmin imkânsız olduğunu söyleyen politik ekonomi merkezli analizlere paraleldir ki tarihsel ve ampirik olarak bu iddianın yanlış olduğu ortadadır. İkincisi, modernist kuramın sınırları dolayısıyla, Germani'de vasıflı, bilinçli, örgütlü/sendikalı bir işçi sınıfının popülizmi/Peronizmi desteklemeyeceği ya da Di Tella'da yüksek okuryazarlık, kentleşme ve sanayileşmenin işçi sınıfına ve orta sınıflara kendi özerk örgütlerini yaratma imkânı vermiş olması dolayısıyla popülizmin mümkün olamayacağı savları da geçersizdir. Bizatihi Juan Perón ve partisi *Partido Justicialista*, vasıflı, sendikalı işçilerden de destek aldığı gibi, Arjantin'in eğitimli, kentli orta sınıflarından da destek almıştır.

Modernleşme kuramının kavramlarına ve kalkınma modellerine ya da birikim rejimlerine bağımlı analizlerin sınırlılıklarını aşan ve popülizmin politik doğasını teslim eden analiz, bir diğer Arjantinli kuramcı Ernesto Laclau'dan gelmiştir. Laclau'nun politik-teorik hayatını Marksist popülist kuramından post-Marksist popülist kuramına geçişin hikâyesi olarak okumak mümkündür. Sınıf indirgemeciliğinin bir eleştirisini yapmaya girişen erken dönem Marksist Laclau'ya (1977) göre bir ideolojinin sınıf karakteri içeriğe değil biçime bağlıdır. Örneğin milliyetçilik, Bismarck örneğinde olduğu gibi feodal bir sınıfın söyleminin bir parçası olabileceği gibi Fransız Devrimi örneğinde burjuvazinin, Mao ve Çin Devrimi örneğinde işçi sınıfı ideolojisinin bir parçası olabilir. Farklı sınıfların ideolojilerinde farklı anlamlar kazanır ama bunun için ortak anlam çerçevesi zorunludur. İdeolojik ve politik düzeyde sınıflar, ekonomik düzeyde var oldukları halleriyle değil, diğer sınıfların ideolojik öğelerinin ya da sınıfsal olmayan çelişki ve çatışmalarının eklemlenmesiyle var olur. Egemen sınıfın ideolojisi, o ideolojiyi diğer sınıflara dayattığı için değil diğer sınıfların ideolojik ve politik söylemlerini oluşturan parçaları ve sınıfsal olmayan çelişki ve çağırmaları eklemlemeyi, potansiyel çelişkileri antagonistik bir nitelik kazanmadan nötralize etmeyi başardığı için hegemoniktir. Eklemleme mücadelesi, her sınıfın, ideolojik ve politik düzeyde halkın/ulusun kendisi olmak amacına yöneliktir. Dolayısıyla herhangi bir sınıfın mücadelesi, mümkün olan en üst düzeyde popüler-demokratik çağırmaları sınıf ideolojilerine eklemlemek ve bu eklemleme sayesinde, iktidar bloku karşısında halkın kurulmasını sağlamaktır. Popülizm, bu iki koşulun buluşmasıyla ortaya çıkan söylemin adıdır.

Laclau'ya göre iki tür popülizmden söz etmek mümkündür: hâkim sınıfların popülizmi ve tabi sınıfların popülizmi. İlkinde, iktidar bloku içinde bir sınıf ya da sınıf fraksiyonunun diğer sınıflar karşısında kendi hegemonyasını tesis edebilmek için halka seslenmesi söz konusuyken, ikincisinde popüler-demokratik ideolojiyi kendi sınıf ideolojiyle buluşturan işçi sınıfıdır. Laclau'ya göre popülizmin en tam ve en radikal biçimi sosyalist popülizmdir çünkü bu, toplum ve devlet arasında radikal bir antagonizmanın oluştuğu ve mevcut kapitalist devletin aşılmasını gerektiren bir momenttir. Bunun aksine faşizm, popüler çağırmaları ırkçı ve korporatist içeriklere eklemleyerek, bu çağırmaların radikalleşmesini ve sosyalist bir yön almasını engellemiştir. Faşizm aynı zamanda, kendini sürdürebilmek için ideolojik homojenleşmeyi gerektirir. Bunu sağlamak için baskıcı olmak zorundadır. Peronizm, popüler demokratik çağırmaları radikalleşmeden nötralize etmenin, faşizmden farklı bir yoludur. Bu yol, devleti, birbiriyle çelişen ve çatışan farklı ideolojik gruplar (faşist gruplardan sosyalistlere, sendikal reformistlere, demokratik anti-emperyalistlere) üzerinde arabuluculuk rolüyle sınırlayan Bonapartist bir yoldur. Bu nedenle, faşizmin kendisine özel bir ideolojik yapısı varken, Bonapartist karakterinden dolayı Peronizme özel bir ideolojiden söz etmek mümkün değildir.[4]

Laclau açısından Peronizmin iki kritik önemi haizdir. Birincisi, Peronizm, teorik düzeyde Gramsci'nin çizdiği çerçevede karşı-hegemonik bir blokun başarısı ve ulusal-halkçı kimliğin inşasının nasıl mümkün olduğunu tüm açıklığıyla gösteren, teorik bir çalışmaya zemin olabilecek bir deneyimdir. İkincisi, Laclau'nun politik formasyonuyla ilgilidir. Peronizm, Arjantin'de sol-sosyalist gruplar arası politik tartışmanın ve gerilimlerin merkezindedir. Peronizmin burjuva pankart altında başlattığı anti-emperyalist devrimi sosyalistler işçi sınıfı devrimine dönüştürebilmeye çalışmalıdır. Bunun için yine Peronizmin mümkün kıldığı demokratik mücadeleler alanında işçi sınıfı adına hegemonya kurabilmenin yollarını aramalıdır. Arjantin'de ulusal bir devrim yaşanmaktadır ve Peronizm bu devrimin burjuva kanadıyken, sosyalistler işçi sınıfı kanadını oluşturmalıdır. Hâsılı Peronizmi faşizmin bir varyantı olarak gören ve buna bağlı olarak liberallerle ittifaka giren sola karşı Laclau, Peronizmde ve popülizmde sosyalistler için bir imkân gören ulusal devrimci solun bir parçasıdır (Laclau, 1990: 198-99).

Bu kuramsal tartışmalardan ve gerilimlerin dışında tarihsel bir olgu olarak Peronizm hakkında neler söylenebilir? Her şeyden önce bugün hâlâ etkileri olan bir siyasal hareket olarak Peronizmin tarihselleştirilmesi gerektiği açıktır. Ayrıca Peronizmin ortaya çıkışında ve hegemonyasını kurmasında, kuşkusuz, erkeklerden oluşan Latin Amerikalı popülistler panteonunun dışında yer alan tek kadının, Eva Perón'un karizmatik etkisinin de dikkate alınması gerekir. Peron-öncesi ve özellikle 1930-43 arası "yüz kızartıcı on yıl" (*década infame*), 1943-46 arası Peronizmin oluşum dönemi, 1955'e kadar süren ikinci başkanlık dönemi, darbe ve Juan Perón'un sürgün dönemi, 1973'te üçüncü başkanlığı ve ölümünden sonra, daha doğrusu Perón'suz Peronizm döneminde iç çatışmalar, sağ ve sol Peronizmler, her biri ayrıntılı analiz gerektiren dönemler ve konulardır. Bütün popülizmleri, tarihsel karmaşıklığı içinde, popülizmin hegemonik başarısını mümkün kılabilecek konjonktürel krizler, kopuş momentleri ve iktidar pratiklerinin bütünlüğü içinde anlamak gerekir. Peronizm, işçi sınıfının ve kent yoksullarının dışlandığı ve hatta damgalayan ifadelerle aşağılandığı[5] bir muhafazakâr, oligarşik rejime karşı, yurttaşlığı, politik ve sosyal haklarla birlikte yeniden tanımlayarak, işçileri birer birey olarak değil örgütlü sosyal bir güç olarak iktidarına ortak ederek başarılı olmuştur. Peronist söylemde "bölünmez bir topluluk" olarak halk ve ulusa bir çağrı olduğu doğrudur ancak bu topluluk içinde işçi sınıfının ayrıcalıklı bir konumu vardır. Perón'un söyleminde "'halk', 'çalışan halk'a dönüşür: halk, ulus ve işçiler, aynı anlama gelecek şekil-

---

4 Peronizmi birbirine karşıt yorumlarla, farklı ideolojik içeriklerle (faşist mi sosyalist mi?) tanımlamaya çalışmanın zorluğu bu Bonapartist karakteri olsa gerek. Bu farklı yorumlar için bkz. Buchrucker (1998).

5 Arjantin'de orta-üst sınıf Perón karşıtlarının kent yoksullarını ve Peronistleri aşağılamak için kullandığı klişeler (özellikle sık kullanılan bir ifade olan *cabecitas negras* (küçük kara kafalılar) üzerine bkz. Milanesio (2010).

> **Maria Eva Duarte de Perón (1919-1952)**
>
> Yoksul bir ailenin beşinci çocuğu olarak dünyaya gelmiştir. 15 yaşında, oyuncu olmak hayaliyle yaşadığı köyü ve yoksulluğu terk etmiştir. Bir oyuncu olarak pek de başarılı sayılmayacak bir kariyeri olmuştur. Hem kendi hayatının hem de Arjantin'in tarihinin akışını değiştirecek an Albay Juan Perón'la tanışmasıdır. Juan Perón'un ikinci karısı olarak, 1946'dan öldüğü tarihe (1952) kadar sadece Arjantin'in *First Lady*'si olmakla kalmamış, Peronizmin kitleselleşmesinde, popüler bir ideolojiye dönüşmesinde büyük rol oynamıştır. Diğer ünlü Arjantinliler, Ernesto "Che" Guevara ve Diego Armando Maradona ile karşılaştırılabilecek bir uluslararası tanınırlığa kavuşmuştur. Başta Andrew Lloyd Webber ve Tim Rice'ın ortak eseri *Evita* müzikali olmak üzere dünya çapında bilinen popüler kültür ürünlerinin kahramanıdır. Sevenleri için bir azizedir (İsa'yla yaklaşık aynı yaşta ölmüştür). Muhalifler için bir nefret objesidir (hastalığı olduğu öğrenildiğinde Buenos Aires duvarlarına *"Viva el cáncer* (yaşasın kanser)" yazılamaları yapılmıştır). Kadınların oy hakkını kazanmasında emeği büyüktür. Kadınların Peronist Partisi'ni kurmuştur. Başta yoksul ve çalışan kadınlar olmak üzere her Peronist kadının özdeşleşeceği idealdir. Muhafazakâr ve güçlü *caudillo* geleneğine yaslanan bir toplumda kadınlar için yol gösterici ve kurtarıcı bir figürdür. Ama aynı zamanda özerk bir kadın hareketinin gelişmesindeki en büyük engeldir. Feministler, sadece erkeklerden nefret eden, işçi sınıfı kadınları dikkate almayan, "oligarşinin kadınlarıdır" (Fisher, 2000: 340). Yoksullara yardım amacıyla Eva Perón Vakfı'nı kurmuştur. Vakıf, muhaliflere göre yolsuzluğun, patronajın merkezidir ama Arjantinli yoksullar ve işçi sınıfı için Evita, "Yoksulların Annesi"dir. Hâsılı hakkında söylenecek her şey, hakikatle efsane, nesnel bilgiyle öznel yargılar, sevgi/özdeşleşme ile nefret/inkâr arasındaki gerilimde şekillenmeye devam edecektir.

de kullanılır" (James, 1998). Ancak, anti-oligarşik ve demokratik moment aşıldıktan sonra iktidarını kurumsallaştırdıkça Peronizmin otoriterleştiğini, oligarşi karşıtı sendikalardan işçiler arasında hükümetin temsilcisi rolünde sendikalara dönüşüm yaşandığı gerçektir. Sadece Peronizm için değil genel olarak popülizm için şunu söylemek yanlış olmayacaktır: Popülist moment aşıldıktan sonra ve iktidarını kurumsallaştırdıkça, rutinleştikçe popülist hareketler oligarşik bir karakter kazanmakta, yeni oligarşiyi yaratmaktadır. Peronizmin post-popülist hikâyesi de genel hatlarıyla, budur.

Neo-popülizm

1960'larda başlayan ve 1980'lere kadar uzanan dönemde, askerî darbeler ve diğer otoriter rejimler altındaki Latin Amerika ülkelerinde popülist denebilecek hareket ya da liderlerin ortaya çıkması neredeyse imkânsızdır. Askerî darbeler büyük ölçüde klasik popülist lider ve hareketleri hedef almış, popülizmi mümkün kılacak bir kitle mobilizasyonunu, politik rekabeti, hegemonya mücadelesini imkânsız hale getirmiştir. Ayrıca, klasik dönemin son kalan popülist liderleri, Juan Perón, Víctor Raúl Haya de la Torre ve José María Velasco Ibarra da 1970'lerde ölmüştür. Bunların yanı sıra, 1980'lerde başlayan demokratikleşme sürecinin de popülizme imkân vermeyeceği çünkü popülizmin geride kalmış bir büyüme modelinin ürünü olduğu, ulusal kalkınmacı ya da ithal ikameci modelle birlikte popülizmin de tarihe karıştığı söylenecektir.[6] Bu tezin en iddialı sahiplerinden birisi olan Jeremy Adelman (1994), Peronizmin –yani hareketin kurucu lideri Perón'un yarattığı popülist ittifakın ve buna bağlı sosyal-ekonomik yapının– bizatihi bir Peronist, Carlos Menem tarafından ortadan kaldırıldığını ve bunun "popülizmin cenazesi" olduğunu söyleyecektir. 1989'da bir Peronist olarak Menem'in seçim başarısı Peronist popülizmin "son güç gösterisi" olarak değerlendirilecektir (Gibson, 1997) ya da bu süreç, popülizmin sonu neoliberalizmin başlangıcı kavramsallaştırılacaktır (Murillo, 2000).

Nihayetinde neoliberalizm sıkı bir kemer sıkma politikası, özellikle yoksulları ve işçi sınıfını etkileyen bölüşüme dayalı politikaların terk edilmesi ve kamusal hizmetlere yatırımların azaltılması demektir. Bu politikaların klasik popülist politikalarla uyumlu olmadığı açıktır. Popülizmi belirli bir büyüme/kalkınma modelinin ya da modernleşme/kapitalistleşme sürecinde bir geçiş aşamasının bağımlı bir değişkeni olarak okuyan her çalışma, yeniden canlanmasının mümkün olmayacağı görüşündedir. Başta Peru'da Alberto Fujimori ve Arjantin'de Carlos Menem olmak üzere, Brezilya'da Fernando Collor, Venezuela'da Carlos Andrés Pérez, Meksika'da Carlos Salinas, Ekvador'da Abdalá Bucaram gibi, daha sonra popülist olarak adlandırılacak pek çok liderin seçim başarısı, en fazla bir "seçim taktiği" olarak popülizme bağlanabilir ancak bu liderler seçim kazandıktan hemen sonra popülizmi terk edip neoliberal politikalar uygulamaya başlamışlar yani "sol gösterip sağ vurmuşlardır" (*bait-and-switch*) (Drake, 1991). Ancak durumun böyle olmadığı, dönemin kuramsal modelleriyle politik pratik ya da olgu arasında bir çatışma olduğu görülecektir. Popülizmi bir büyüme/kalkınma modeline, daha doğrusu ithal ikameci büyümeye indirgeyen yaklaşımlar neoliberal dönemde ortaya çıkan popülizm gerçeğini görememektedir. Popülizmi bir seçim taktiğine indirgeyen, seçim kampanyası döneminde "popülist" sloganlar kullanan ama seçim kazandıktan sonra sert ve radikal bir neoliberal şok programı uygulayan liderlerle sınırlayan yaklaşım ise bu liderlerin radikal neoliberal programlar uygulamalarına rağmen neden ve nasıl ikinci dönem seçilme başarısını gösterdiklerini açıklayamaz. Dolayısıyla, tanımın içeriği konusunda farklılaşıyor olmalarına rağmen "neoliberal popülizm" kavramını geliştirenlerin, hem birikim rejimlerinden ya da ekonomik politikalardan bağımsız bir popülizm tanımını hem de neoliberal politikaların popülizmi mümkün kılacak bir fırsat yapısı sunduğunu göstermeyi hedeflediklerini söyleyebiliriz.

Böylece 1990'ların ortalarından itibaren, 1980'lerin sonu ve 90'ların başında ortaya çıkan yukarıda isimleri sayılan liderler ya da hareketlerin popülist olarak kavranması gerektiğine, Latin Amerika genelinde yeni bir popülist dalganın or-

---

6 Bu durumu en yi anlatacak örnek, Michael L. Conniff'in iki farklı derleme kitabı olabilir. 1982 tarihli birinci kitap büyük ölçüde geçmişte kalmış ve yeniden dirilmesi zor bir olgu olarak Latin Amerika (klasik) popülizmlerini incelerken, 1999 tarihli ikinci kitap popülizmin yeni görünümlerini tartışmaktadır.

taya çıktığına dair yeni bir teorik tartışma başlamıştır. Bu yeni dalganın kavramsallaştırılabilmesi, popülizmi ekonomik büyüme modellerine (ithal ikameci rejime) ve (sanki Batı'da her sınıfın kendi partisi varmış ve partiler farklı sınıflara seslenmiyormuş gibi) sınıf koalisyonlarına indirgeyen tartışmaların reddini gerektirmiştir. Popülizm artık politik düzeyin bir kavramı olarak kullanılmalıdır. Buna bağlı olarak 1990'lı yıllarda artan sayıda çalışma popülizmin politik doğasını vurgulayacaktır. Bu dönemde popülizm ya "politik strateji" (Roberts, 1995; Weyland, 1996; 2003) ya "politik tarz/stil" (Knight, 1998) ya da Laclau'yu takiben "politik söylem" (Panizza, 2000b; Cammack, 2000) olarak kavramsallaştırılacaktır.

> ### Neoliberal popülizm mi neopopülizm mi?
>
> Bu noktada bizatihi literatürden kaynaklanan kavramsal karışıklığı engellemek adına bir açıklama yapmak zorunludur. Neopopülizmi neoliberal dönemde ortaya çıkan, sağ ya da sol fark etmeksizin bütün popülist hareketler için ve sadece bir tarihselleştirme gerekli olduğunda kullanmak; neoliberal popülizmi, popülist söylemin eklemleyen ilkesi neoliberalizm olduğunda ya da özellikle literatürde etkili olan Roberts ve Weyland'ın anladığı gibi, neoliberalizm ve popülizmin birbirini besleyen, güçlendiren yapısal ortaklıkları olduğunu anlatmak için kullanmak gerekmektedir. Bu anlamda, 1998'de devlet başkanı seçilen Hugo Chávez'i neopopülist olarak adlandırmak yanlış olmayabilir ancak neoliberal popülist olarak adlandırmak kesinlikle yanlıştır. Öte yandan, Chávez'in seçim başarısıyla başlayan yeni sol dalgayla ortaya çıkan popülist hareket ve liderler farklı bir tarihsel bağlamın ya da farklı bir konjonktürün ürünü olarak değerlendirilecekse, neopopülist dönemin neoliberal popülistler dönemi olduğunu söyleyebiliriz. Bu durumda da iki farklı kavrama, hatta "neoliberal neopopülizm" (Weyland, 2003) benzeri kavramlara hiç gerek yoktur.

Latin Amerika örneğinde neopopülizm ve neoliberalizmin simbiyotik ilişkisini ilk kavramsallaştıranlardan birisi olan Weyland'a göre popülizm, iktidar olabilmek ya da iktidarını sürdürmek için büyük ölçüde örgütsüz kitlelerle doğrudan, kurumsal aracılar olmadan ilişki kuran şahsileşmiş liderlerin politik stratejisidir. Neoliberalizm ve popülizm arasında, birbirini besleyen, güçlendiren bir ilişki vardır. Neoliberaller ve neopopülistler, özellikle piyasa reformunun önündeki politik ve ekonomik engellerin kaldırılması, eski politik sınıfın tasfiyesi konusunda ortaklaşmaktadır. Dahası hem neoliberalizm hem neopopülizm, özerk örgütlü yapıları dışlarken, enformel sektörlerde çalışan örgütsüz kitlelerin desteğini almaya çalışır. Her ikisi de iktidarın uygulanmasında yukarıdan aşağı, devlet merkezli bir strateji izler. Son olarak, her ikisi de toplumun diğer gruplarının hilafına yoksullar lehine programlar uygulamak zorundadır. Bir bakıma neoliberal popülizm, neoliberal programın uygulanmasını sağlamak için toplumun desteğinin alınmasını mümkün kılan politik strateji olmuştur. Bu tanımın her bir öğesinin tartışmaya açık olduğunu söylemek mümkündür. Eğer neopopülizmin popülizmden farklı bir kavram olduğu düşünülüyorsa, zaten zor ve karmaşık literatür iyice içinden çıkılmaz hale gelecektir. Neopopülizm, popülizmin belirli bir tarihsel dönemdeki (1990'lardaki) görünümü olarak kullanılıyorsa bu defa da sorunlu bir tanımlama girişimi olduğunu söylemek mümkündür. Örneğin Juan Perón hem iktidara gelirken hem de iktidarını uygularken kurumlara (parti örgütlerine ve sendikalara) yaslanmıştır. Bu aynı zamanda, popülist liderliğin zorunlu olarak örgütsüz kitlelere hitap ettiği iddiasıyla da çelişmektedir. Carlos Menem'in seçim başarısında ve hatta piyasa reformlarını uygulayabilmesinde Peronist sendikaların tartışmasız rolü vardır. Dolayısıyla popülizmi politik söylem olarak tanımlayan çalışmaların daha analitik bir değeri olduğunu söylemek mümkündür. Neopopülizm kavramını Laclau'nun kuramsal çerçevesi içinde geliştiren Panizza'ya göre popülizm, politik alanı, toplumun sembolik olarak "halk" ve halkın "ötekisi" arasındaki antagonizma üzerinden bölünmesiyle kuran, statüko karşıtı söylemdir. Hem halk hem de ötekisi nesnel, sosyolojik kategoriler değil sembolik olarak kurulan politik inşalardır. Söylemin politik içeriğine, yönüne bağlı olarak "öteki", oligarşi, yönetenler, siyasetçiler ya da hâkim etnik/dinsel grup olabilir.[7]

Juan ve Evita Perón çiftinin klasik popülizmiyle Carlos Menem'in popülizmi arasında bir süreklilik mi yoksa radikal bir kopuş mu olduğu tartışması hâlâ devam etmektedir ancak Peronizme sadakat ve bağlılık iddialarına rağmen Menem'in, ekonomik ve politik olarak Arjantin toplumunu yeniden yapılandırmayı hedeflediği açıktır. Ayrıca, bu yeni konjonktürün, Menem öncesi ve sonrasının, iktidar pratiklerinin daha ayrıntılı analizi gerekmektedir. 1989'da Carlos Menem'in seçimi kazanması ya da başka bir ifadeyle Peronistlerin yeniden iktidara gelmesi, Peronist karşıtı muhalefet ve liberal çevreler için endişe kaynağı olmuştur ancak 1980'ler boyunca yaşanan ekonomik ve siyasi krizlerin ürettiği "popülist moment" düşünüldüğünde son derece anlaşılır görünmektedir. Juan Perón'u iktidara taşıyan ve "yüz kızartıcı on yıl" (*década infame*) olarak adlandırılan sürece benzer bir istikrarsızlık ve kriz dönemi, "kayıp on yıl" olarak adlandırılan derin bir depresyon dönemi olarak 80'lerde de yaşanmıştır. 1982'deki Falkland Savaşı yenilgisini takiben borç krizi, hiperenflasyon ve Radikal Parti'nin (*Unión Cívica Radical*) süreci yönetmekteki başarısızlığı, Arjantin halkına "beni takip edin," diyen, karizmatik bir lider olarak Menem'i öne çıkarmıştır. Birçoklarına göre Menem, sanayileşmeci, yeniden bölüşümcü klasik popülist ilkelere sadık kalacağını beyan etmiş, ancak seçimi kazandıktan sonra neoliberalizme dönüş yapmıştır. Bu analiz doğru olsa bile esas dikkat edilmesi gereken nokta şudur. Menem, her şeyden önce hiperenflasyona karşı Arjantin toplumuna iki şeyin sözünü vermiştir: *salariazo* (ücretlerde yüksek artış) ve "üretim devrimi". İktidar olduğu dönemde Menem bu gösterenleri neoliberal uyum

---

7 Önemli ama genel olarak popülizm kuramında ihmal edilen bir noktaya dikkat çekmenin yeri olabilir bu nokta. Popülizmin temel öğesi, statüko, müesses nizam karşıtı olmasıdır. Göçmen, etnik/dinsel azınlık karşıtı olmak hiçbir partiyi, hareketi ya da lideri popülist yapmaz. Bu gruplara karşıtlık, verili sosyal, siyasal statükoya karşıtlıkla eklemlenebildiği ölçüde popülist olabilir.

programı içinde anlamlandırmıştır. Menem'in söyleminde Nisan 1991 tarihli Dönüşüm Planı'nın (*Convertibility Plan*) parçası olarak enflasyonla mücadele ve peso/dolar paritesini yakalamak *salariazo* hedefine, yapısal uyum, özelleştirmeler, liberalleşme, deregülasyon gibi kararlar üretim devrimi hedefine karşılık gelmektedir (Szusterman, 2000).

Menem bu hedeflerini sahiden de yakalamış, ücretlerdeki ve alım gücündeki artış ikinci dönem seçilmesini sağlamıştır ancak başarıyı getiren politikalar, ikinci döneminde yaşanan krizin nedenleri olmuştur çünkü yine bu politikaların sonucu olarak yoksulların toplam gelirden aldığı pay küçülmüş, gelir dağılımındaki uçurum büyümüş, işsizlik artmış ve siyasal elitler yolsuzluğa teslim olmuştur. Başkanlığı sonrasında Menem, silah kaçakçılığındaki rolünden ve rüşvet almaktan ceza almıştır. Bütün bunlar Menem'i iktidara taşıyan kriz döneminde Arjantin toplumunun taleplerini, beklentilerini eklemleme ve bu kritik kavşak noktasını hegemonize etme başarısının ihmal edilmesine yol açmamalıdır. Menem bu kritik anda dört temel tema etrafında bir söylem kurmuştur. Birincisi, İncil'de geçen anlatılara ve dinsel temalara başvurmak, ikincisi, sık sık Juan Perón ve Eva Perón'u anmak, üçüncüsü, politik projesinin kahramanı olarak sık sık halka çağrıda bulunmak ve son olarak, bölünmüş ve parçalanmış bir Arjantin'de barışı ve ulusal birliği sağlamanın sözünü vermek. Özellikle sonuncusu, Menem'i başkanlığa taşıyan kampanyanın temel motifi olmuştur. Menem, asker ve sivil arasında, gerilla gruplarıyla güvenlik güçleri arasındaki çatışmaları sona erdireceğini,[8] barış ve huzuru sağlayacağını, iş ve finans merkezi olan başkentin temsil ettiği görünen ve resmî Arjantin'le politik güçten mahrum, yoksul, dışlanmış gerçek Arjantin arasındaki bölünmeyi sona erdirerek ulusal bütünleşmeyi yeniden kuracağını vaat etmiştir (Arias, 1995). İktidar dönemindeki otoriterleşme ve yozlaşma, iktidara taşıyan kriz döneminin demokratik karakterinin görülmesini engellememelidir. Menem ve Fujimori,[9] derin bir sosyal krizin ürettiği demokratik talepleri otoriter-neoliberal bir hegemonya projesine eklemleyebilme başarısının ürünleridir.

Radikal popülizm

1998'de Venezuela'da Hugo Chávez'in devlet başkanı seçilmesi, literatüre "pembe dalga" olarak girecek sol-sosyalist hükümetler döneminin başlangıcı olmuştur. Latin Amerika tarihinde görülmemiş bu dalgayla birlikte post-komünist dünyada, üstelik 1990'lı yıllarını neoliberal dönüşüm süreci olarak geçirmiş bir dönemde ve 1960'ların ve 70'lerin radikal Marksist gerilla hareketlerinin yenilgisiyle sonuçlanan sürecin sonunda sol'un anlamı ve bu oldukça çeşitli ve hete-

---

8   1930'ların Büyük Bunalım döneminde yaşanan krize benzetilen Şubat 1989'da başlayan ve Mayıs 1989'da derinleşen ekonomik krize bir dizi askerî-siyasi kriz eşlik etmiştir. Aralık 1988'de ordunun radikal kanadının bir isyan girişimi olmuş, Şubat 1989'da Marksist bir gerilla grubu olan *Movimiento Todos por la Patria* (MTP) bir askerî garnizona saldırmıştır. Her biri geçmişin şiddet dönemini hatırlatan bu eylemler, Arjantin toplumunda derin bir şok etkisi yaratmıştır (Arias, 1995).

9   Fujimori popülizmi için bkz. Bu kitapta On Sekizinci Bölüm.

rojen sol evreni sınıflandırmanın önemi üzerine akademik ve politik tartışmalar başlamıştır. Bu çerçevede Latin Amerika'nın yeni solu, birbiriyle çatışan ikili bir karşıtlık üzerinden sınıflandırılmıştır. Jorge G. Castañeda'nın (2006) ünlü ayrımıyla Latin Amerika'da biri "doğru" diğeri "yanlış" olmak üzere iki sol vardır. Doğru sol, modern, açık görüşlü, reformist ve enternasyonelken yanlış sol, milliyetçi, gürültü yapan, esastan çok retoriğe dayanan, dar görüşlüdür. Doğru sol geçmiş hatalardan ders çıkarmışken yanlış sol Latin Amerika'nın popülist geleneğinden doğmuş, değişime direnen soldur. Alvaro Vargas Llosa (2007) tartışmayı daha da bayağılaştıracak ve popülizmin başarısını "aptalların dönüşü" olarak tanımlayacaktır. Akademik çalışmalar, daha teorik ve kavramsal olmakla birlikte, özünde aynı karşıtlığı paylaşmaktadır. Latin Amerika solunu ılımlılar ve radikaller üzerinden kurguladığı bir skalaya göre sınıflandıran Weyland'a (2009) göre en ılımlı uçta Şili'de merkez sol ittifak *Concertación* bulunurken, en radikal uçta Venezuela'da Hugo Chávez'in radikal popülizmi bulunmaktadır. Brezilya ve Uruguay, Şili'ye daha yakınken, Bolivya ve Ekvador, Chávez'i takip etmektedir. Arjantin, bunların ortasında bir yerde konumlanmaktadır.

Anlaşılacağı üzere sol dalganın iktidara taşıdığı partilerin sınıflandırılmasında bir uzlaşma yoktur ancak Hugo Chávez ve *Chavismo*'nun popülist olduğu konusunda kesin bir uzlaşma olduğu söylenebilir. Bununla birlikte popülizmin ne olduğu konusundaki uzlaşmazlık devam etmektedir. Üstelik popülizm tartışması artık Latin Amerika ya da çevre ülkelerle sınırlı değildir. 1990'larda ve özellikle 2000'li yıllarda Avrupa'da ve ABD'de sağ popülizmin güçlenmesi, popülizm tartışmasının hem politik hem kuramsal düzeyde kapsamını genişletmiştir. ABD ve Avrupa'da güçlenen ve demokrasiyi açık olarak tehdit eden aşırı sağcı popülist eğilimin kavranması konusundaki çalışmalar popülizm kuramını bugün de şekillendirmeye devam etmektedir. Hâsılı popülizmin, liberal demokrasinin karşıtı ve reddi olarak tanımlanması, liberal siyasal hakların, çoğulculuğun, demokratik kurumların, siyasal elitlerin karşıtı olarak görülmesi, karmaşık ve uzmanlık gerektiren sorunları basitleştiren ve toplumu "saf ve temiz halk" ile "yozlaşmış elitler" arasında bir antagonizmaya indirgeyen bir ideoloji ya da politik söylem olarak anlamlandırılması bu liberal bir perspektifin hegemonik başarısıdır (D'eramo, 2013; Jäger, 2017; Ateş, 2018). Bu perspektif içinde yürütülen Venezuela çalışmaları da *Chavismo*'nun çoğulculuk karşıtı, liberal haklar ve özgürlükleri, siyasal azınlığın haklarını sınırlayan ya da bastıran bir rejim olduğunu, denge-fren sistemini, kurumları yıkarak denetimsiz ve seçmene karşı sorumsuz bir siyasal karar alma sürecini inşa ettiğini öne sürecektir. Genel olarak popülizm ve buna bağlı olarak *Chavismo*, bütün sosyal sorunları ahlâkî sorunlar olarak yeniden tanımlar: Her şey İyi ve Kötü arasında bir mücadelenin parçasıdır (Roberts, 2012; Hawkins, 2010). Halk İyi'yi, erdemi temsil ederken, elitler (ya da Latin Amerika solunun ve özellikle Chávez'in dilinde oligarşi), Kötü'yü, yozlaşmayı, ahlâksızlığı temsil eder. Sosyolojik olarak heterojen bu iki alan ideolojik olarak homojenleştirilir ve ikisi arasında kaçınılmaz bir antagonizma olduğu vurgulanır. Bu çerçevede *Chavismo* bir "yarı-demokratik" rejimdir, ya da zaten kırılgan bir demokrasiyi kaçınılmaz olarak bir "rekabetçi otoriter rejime" (Levitsky ve Loxton, 2013) dönüştürmüştür. Öyle ki popülizm demokrasiyle her zaman bir gerilim içinde olacaktır ve ister sağdan gelsin ister soldan, demokrasiye açık bir tehdittir ancak bugün Latin Amerika'da ölümcül tehdit sol popülizmden gelmektedir (Weyland, 2013).

Liberal (sol) popülizm eleştirisinin üç temel sorunu olduğunu söyleyebiliriz. Birincisi, bu çalışmalar, aşağıda işaret edileceği gibi, Chávez'i iktidara taşıyan konjontürün analizini yapmamaktadır. 80'lerde ve 90'larda derin bir meşruiyet krizinin yaşanmış olduğu gerçeği ihmal edilmektedir. Venezuela'da kurumlar Chávez'den önce zaten çökmüştür, yani kurumları yıkan popülizm değildir, popülizm kurumsal siyasetin krizinin bir ürünüdür. Buna bağlı olarak ikincisi, Chávez öncesi Venezuela toplumunun sınıfsal ve ırksal olarak derin bir kutuplaşma yaşadığı ihmal edilmektedir. Popülist müdahale derinleştirmiş olabilir ancak Venezuela'da kutuplaşmayı yaratan popülizm değildir. Son olarak liberal eleştiri, serbest piyasayı ve liberal demokrasiyi normatif sabitler olarak görmekte, bunlara yönelik politik eleştirileri demokrasi karşıtlığı olarak görmektedir.

2000'li yıllarda popülizm tartışmasına bir başka katkı, popülizm tartışmasının akademik-teorik hayatının en önemli parçası olduğunu söyleyebileceğimiz Ernesto Laclau'dan (2005) gelmiştir. Laclau'nun popülizm tartışmasına üç noktadan dahil olduğunu söylemek mümkündür. Laclau'yu, birincisi, popülizm teorisinde artarak devam eden karışıklığı ortadan kaldırmaya yönelik bir kavramsal müdahale ve popülizmi demokrasi karşıtı bir politik tarz ya da ideoloji olarak okuyan kavramsallaştırmaya bir itiraz olarak; ikincisi, Marksist ve post-Marksist çevrelerde yürüyen özne tartışmasına (çokluk mu halk mı?) bir teorik müdahale olarak; son olarak, Latin Amerika'da iktidara gelen solun popülist olarak damgalanmasına ve olumsuzlanmasına karşı politik bir müdahale olarak okumak mümkündür. Laclau'ya göre popülizm bir tarz, bir söylem, bir strateji/taktik, bir ideoloji, bir lider, bir sosyal ya da siyasal hareket değildir, popülizm, bir mantıktır, siyasalın kurucu mantığıdır, siyasetin ta kendisidir çünkü siyaset hegemonya, hegemonya kolektif kimliklerin inşası, kolektif kimliğin inşası (bu durumda bir halkın inşası) popülizmdir. Popülizm içkin olarak iyi ya da kötü, ilerici ya da gerici, demokratik ya da otoriter değildir. Popülizmin politik yönü, ne tür bir politik projeye evrileceği, temel sosyal birimlerin, yani en temel sosyal taleplerin eklemlenmesine bağlıdır. Sosyal talepler özsel olarak demokratiktir ama eklemleyen politik söylem demokratik olmayabilir ki bu da Latin Amerika'da olduğu gibi sosyal adalet, eşitlik, siyasal katılımı hedefleyen bir halk inşası kadar Avrupa'da olduğu gibi etno-kültürel, yabancı düşmanı bir halk inşasının da mümkün olduğunu göstermektedir. Popülizm her durumda mümkündür ancak hegemonik başarısı kurumsal siyasetin krizine, mevcut düzenin demokratik talepleri karşılamaktaki başarısızlığına bağlıdır. Kurumsal müesses nizam tarafından dışlanmış talepler, ortak bir düşmana karşı bir "eşdeğerlik zinciri" oluşturmaya başlar. Bu zincirin kuruluş aşaması, taleplerden bir tanesinin bir "boş gösteren" olarak diğer bütün talepleri temsil etmeye başlamasıdır. Bir adım sonrasında, taleplerin bu gösteren etrafında yoğunlaşmasıyla zincir evrensel bir nitelik kazanır ve halkalar (tekil talepler) üzerinde kurucu bir etki yaratmaya başlar. Bu zincir halktır ve popülizm, kurucu özne olarak halkı inşa etmenin ya da "halk nedir?" sorusunun yanıtını hegemonize etmenin adıdır.

Venezuela'da popülizmi anlamaya yönelik kuramsal girişimlerin her birinin anlamlı katkısı olduğu açıktır ancak klasik popülizm ve neopopülizm için söylenenler radikal/sol popülist dönem için de geçerlidir, yani *Chavismo*'yu da popülist kopuş momenti, öncesindeki kriz dönemi ve sonrasındaki yeniden kurumsallaşma döneminin bütünlüğü içinde kavramaya çalışmak gerekmektedir. Popülizmi özsel olarak demokrasinin, siyasal haklar ve özgürlüklerin karşıtı olarak görmek, demokrasi krize girdiğinde, rejim bir meşruiyet krizi yaşadığında demokrasiyi demokratikleştirecek kolektif öznenin zorunluluğunu reddetmiş olmaktadır. Venezuela'da siyasal rejim, 1958'de varılan, *punto fijo* olarak adlandırılan[10] partiler arası bir uzlaşmaya dayalı bir demokrasi modeli uygulamıştır. Bu model, merkez sol Demokratik Hareket (*Acción Democrática* - AD) ve merkez sağ Sosyal Hıristiyan Parti'nin (*Comité de Organización Política Electoral Independiente* - COPEI) siyasal rekabetine dayalı ama büyük ölçüde ideolojik çatışmadan ve politik farklılıklardan uzak, seçmeni iki partiye ve hatta parti liderlerinin belirlediği adaylara mahkûm eden oligarşik bir uzlaşma rejimi üretmiştir. Petrol gelirine dayalı bir ekonomi olduğu için petrol fiyatlarının yüksek olduğu dönemde, ulusal gelirin bölüşümünde herkesin az çok pay alması krizin görünür hale gelmesini engellemiştir ancak 1970'lerin sonunda petrol fiyatlarının düşmesiyle başlayan ekonomik kriz iki partili sistemin meşruiyetinin tartışılmaya başladığı politik krizle birlikte genel bir toplumsal krize dönüşmüştür.

Yerel paranın çöktüğü, ekonomik stagflasyonun başladığı gün olarak bilinen Kara Cuma (18 Şubat 1983) krizin ve sistemin meşruiyetinin sorgulandığı kritik bir dönüm noktasıdır. Altı yıl sonra yine bir Şubat gününde (27 Şubat 1989) başkent Caracas'ta ulaşım zamlarını protesto ile başlayan ve diğer kentlere de yayılan halk isyanı ve isyanın yüzlerce insanın öldürülmesiyle bastırılması (*El Caracazo*) ikinci kritik dönüm noktasıdır. Üç yıl sonra birisi Hugo Chávez'in komuta ettiği askerlerin olmak üzere iki ayrı darbe girişimi olmuştur. Mayıs 1993'te yolsuzlukla suçlanan Carlos Andrés Pérez azledilmiştir. Aralık 1993'te yapılan başkanlık seçiminin iki güçlü adayının da AD ve COPEI dışından olması *Punto Fijo* rejiminin sonu demektir. Seçimi kazanan, COPEI'nin kurucusu olan ama istifa ederek bağımsız bir platformla seçime giden eski başkan Rafael Caldera'dır. Üstelik Caldera'nın seçim kampanyasında öne çıkardığı Anayasal reform, Pérez'in noeliberal uygulamalarının terk edilmesi ve adil bir yeniden bölüşüm vaatlerini başkanlık döneminde unutması "seçmende radikal bir değişim yanlısı tutuma yol açacak maddi ve duygusal koşulları" (Maya ve Panzarelli, 2013: 239) yaratmıştır. Ayrıca Chávez'in seçim kazandığı 1998'e gelindiğinde yoksulluk ve aşırı yoksulluk, 1983 ile kıyaslandığında üç katına çıkmış, 1979'da en zengin % 5 en yoksul % 5'in 41,59 katı gelir elde ederken, bu oran 1997'de % 53,11 olmuş-

---

10 Detaylı bilgi için bkz. Bu kitapta On Üçüncü Bölüm.

tur (Maya ve Panzarelli, 2013: 243). Venezuela tarihinin gösterdiği gibi popülist kopuşu önceleyen kriz dönemleri orta-üst sınıfların alt sınıflara, beyazların Afro-Venezuelalılara ve yerlilere karşı bastırılmış ırkçı, aşağılayıcı tutumlarının geri döndüğü dönemlerdir (Salas, 2005; Cannon, 2008).[11] Hâsılı Chávez, daha katılımcı bir demokrasi, adil bir bölüşüm, demokratik bir anayasa vaat ettiğinde, kendi dilinde "yoz oligarşik" sistemi değiştireceğini, Venezuela'yı ulaşılamaz siyasal elitlerden kurtaracağını söylediğinde toplumun büyük bir bölümünün, özellikle yoksulların ve yoksullaşan orta sınıfların özlemlerini dile getirmiştir. Chávez'in yaptığı derin bir sosyal krizin ürettiği demokratik talepleri anti-oligarşik bir söylemde eklemlemeyi başaran bir hegemonya projesi üretmek olmuştur.

Bu popülist moment aşıldıktan, Chávez iktidara geldikten sonraki dönemi yani post-popülist momenti de Buxton'u (2016) takiben üç dönemde analiz etmek gerekmektedir. 1998-2002 arası, ılımlı, demokratik sosyalist dönem ya da Chávez'in daha çok bir Üçüncü Yol lideri denebileceği, "Avrupa standartlarında oldukça makul ama Washington'da alarm zilleri çaldıracak" (Buxton, 2016: 9) politikalar dönemi. 2002'de kendisine yönelik darbe girişiminden sonra, 2002-2006 arasında, petrol fiyatlarının yüksekliğinin de katkısıyla, yoksullara yönelik ilerici bir sosyal politika, mahalle meclisleri ve kooperatifler aracılığıyla demokratik katılım mekanizmalarının kurulması dönemi. 2006'dan sonra petrole bağımlılığın artması, teknik ve idari yetersizlik ve petrol fiyatlarının düşmesine paralel olarak kamu yatırımlarında başarısızlık, kendi içinde ideolojik çoğulculuğa tahammülsüzlük, lidere bağımlı bir siyaset. Yine Peronizme benzer şekilde kent yoksullarının örgütlenmesi, siyasal katılım modellerinin hayata geçirilmesi bakımından demokratik bir süreçse de sosyal politika ve katılım mekanizmalarının kurumsallaştırılmaması, yurttaşlığın güçlendirilmemesi ve örgütlerinin özerkliğinin korunmaması, liderle destekçileri arasındaki ilişkiyi paternalist-klientelist ilişkisine dönüştürmüştür.[12] Bu ilişki biçiminin halkı değil lideri yücelteceği açıktır. Nitekim "kendi yaptığı" anayasaya göre görev süresi dolan Chávez'in yeniden seçilebilmesi için Aralık 2007'de yapılan anayasa değişikliği referandumunda hayır çıkması ve Chávez'in referandum sonucunun üzerinden atlayarak yeniden seçilmesini sağlayacak düzenlemeler yapması, 2009'da referandumun tekrarlanması ve Chávez'in sınırsız bir biçimde başkan seçilmesini sağlayacak değişikliğin kabul edilmesi (Brading, 2013: 147-8), *Chavismo*'nun kurumsallaştığı ve otoriter-oligarşik bir döneme geçildiğini göstermektedir.

---

11 *Chavismo* ve *Peronismo* arasındaki yeniden bölüşümcü, sosyal adaletçi politik benzerlik ve liderlerin karizmatik özellikleri kadar, *Chavismo* öncesi Venezuela ve *Peronismo* öncesi Arjantin toplumlarının sınıfsal, kültürel kutuplaşması arasındaki benzerlik de dikkat çekicidir. Hem Perón karşıtlarının hem de Chávez karşıtlarının işçi sınıfına ve kent yoksullarına karşı açık bir sınıf nefretiyle motive oldukları belirtilmelidir. Nihayet her iki liderin, popülist moment aşıldıktan sonra ve iktidarlarını kurumsallaştırdıkça, otoriter-oligarşik birer rejim kurdukları konusundaki benzerlikleri de eklenmelidir.

12 Venezuela (ve Bolivya'da da) anti-demokratik, yoksullara karşı bir sınıf nefretiyle motive olan, beyaz olmayanlara karşı bilinçli ya da bilinçdışı bir ırkçılıktan beslenen muhalefetin rolünü ihmal ediyor değilim. Buradaki tartışmanın çerçevesi, popülist hareketin başarı ve başarısızlıklarının ya da sınırlarının belirlenmesidir.

Sonuç

1990'ların sonunda başlayan sol dalga da geri çekilmeye başladığına göre Latin Amerika'da yeni bir dönemin başladığını söyleyebiliriz. Yeni dönemin ilk işareti 2015'te Arjantin'de Mauricio Macri'nin seçim başarısıydı. Bunu takiben Şili'de Sebastián Piñera *Concertación* iktidarına son vererek, devlet başkanı seçildi. Ancak neoliberal sağın zaferi Arjantin'de kalıcı olamamış, bu defa başkan yardımcılığı göreviyle eski başkan, Arjantin'in "yeni Evita"sı Cristina Fernández de Kirchner'in karizmasının etkisiyle sol Peronizm yeniden iktidara gelmiştir. Ekim 2019'da başlayan ve etkisi azalsa da hâlâ devam eden protestolar Şili'de de neoliberal ortodoksinin kabul edilmediğini göstermektedir. Neoliberal politikaları hedef alan benzer hareketler/protestolar Kolombiya ve Ekvador'da da etkili olmuş, Ekvador Devlet Başkanı Lenín Moreno, kemer sıkma politikalarından vazgeçildiğini açıklamak zorunda kalmıştır. Bu süreçte Venezuela'da kriz derinleşerek devam etmektedir. Bolivya'da ise karşı-devrimci bir darbe, Evo Morales hükümetini devirmiş, başkan ülkeyi terk etmek zorunda kalmıştır.

Latin Amerika tarihinden çıkarılabilecek temel derslerden bir tanesi de her yeni dönemin kendine özgü popülizmler ürettiğidir. Dolayısıyla yeni dönemin de yeni popülizm deneyimlerini göstereceğini söyleyebiliriz. Bunun ipuçlarını, neoliberalizm karşıtı toplumsal hareketlerin üretmesi muhtemel yeni kolektif öznelliklerde ya da 2018'de Meksika'da onlarca yıllık Kurumsal Devrimci Parti iktidarını deviren Andrés Manuel López Obrador'un seçim ve iktidar başarısında görebiliriz. Obrador'un başarısı, "sol popülizm"in her kriz döneminde mümkün ve güçlü bir alternatif olarak sahne alabileceğini göstermektedir. Öte yandan Jair Bolsonaro'nun Brezilya devlet başkanı seçilmesi, Latin Amerika'da Avrupa'ya benzer bir aşırı milliyetçi, neo-faşist popülizmin kendine alan açabileceğini de göstermektedir.

> **ARAŞTIRMA SORULARI**
> - Bugün popülizm, küresel düzeyde akademik ve medyatik tartışmaların, araştırmaların önde gelen başlıklarından bir tanesidir. Buna rağmen, Latin Amerika'da popülizm çalışmalarıyla Avrupa'da popülizm çalışmaları uzunca bir dönem birbiriyle temas kurmayan iki farklı alan olarak yürümüş, bir bölge çalışmasında üretilen bilgi birikiminin diğer bölge çalışmasına katkısı sınırlı olmuştur. Yakın zamanda bu sorunun aşılmasına yönelik Latin Amerika ve Avrupa merkezli karşılaştırmalı çalışmalar artmış olsa da yan yana dizilmiş örnekler olmanın ötesine giden çalışmalar hâlâ azdır. Kuramsal bilgiyi besleyecek biçimde Avrupa popülizminin Latin Amerika örnekleriyle benzerlikler ve farklılıklar üzerinden karşılaştırılması anlamlı bir araştırma, tartışma konusudur.
> - Latin Amerika'nın popülizm deneyimleriyle Türkiye'den örneklerin karşılaştırılması ilki kadar anlamlı bir çalışma olacaktır. Örneğin, çok partili hayata geçiş momentinde Demokrat Partinin, 1970'li yıllarda Bülent Ecevit'in politik yönelimi ve Ecevit CHP'sinin söyleminin, Turgut Özal'ın ya da bugün Recep Tayyip Erdoğan ve Adalet ve Kalkınma Partisi'nin Latin Amerika'dan hangi örneklerle karşılaştırılabileceği ve bu örneklerin Türkiye'de popülizmin anlaşılmasına nasıl katkı sağlayabileceği bir diğer araştırma eksenidir.

KAYNAKÇA

Adelman, J. (1994), "Post-populist Argentina", *New Left Review*, I/203: 65-91.

Arias, M. F. (1995), "Charismatic leadership and the transition to democracy: The rise of Carlos Saúl Menem in Argentine politics", *Texas Papers on Latin America*, paper no. 95-02.

Ateş, K. (2018), "Popülizm eleştirisinin eleştirisine giriş: Halkı savunmak gerekir", *Birikim*, 353: 54-65.

Barr, R. R. (2017), *The Resurgence of Populism in Latin America*, Londra: Lynne Rienner Publishers.

Brading, R. (2013), *Populism in Venezuela*, Londra: Routledge.

Buchrucker, C. (1998), "Interpretations of Peronism: Old frameworks and new perspectives", Brennan, J. P. (der.), *Peronism and Argentina* içinde, Wilmington: SR Books: 3-28.

Buxton, J. (2016), "Venezuela after Chávez", *New Left Review*, 99: 5-25.

Cammack, P. (2000), "The resurgence of populism in Latin America", *Bulletin of Latin American Research*, 19 (2): 149-161.

Cannon, B. (2008), "Class/race polarisation in Venezuela and the electoral success of Hugo Chávez", *Third World Quarterly*, 29 (4): 731-748.

Castañeda, J. G. (2006), "Latin America's left turn", *Foreign Affairs*, 85 (3): 28-43.

Conniff, M. L. (1982), *Latin American Populism in Comparative Perspective*, Albuquerque: University of New Mexico Press.

—, (1999), *Populism in Latin America*, Tuscaloosa: The University of Alabama Press.

De la Torre, C. (2014), "Populism in Latin American politics", *Research in Political Sociology*, 22: 79-100.

D'eramo, M. (2013), "Populism and the new oligarchy," *New Left Review*, 82: 5-28.

Di Tella, T. S. (1965), "Populism and reform in Latin America", Véliz, C. (der.), *Obstacles to Change in Latin America* içinde, Londra: Oxford University Press, s. 47-74.

Drake, P. (1991), "Comment", Dornbusch, R. ve Edwards, S. (der.), *The Macroeconomics of Populism in Latin America* içinde, Chicago: University of Chicago Press, s. 35-40.

Fisher, J. (2000), "Gender and the state in Argentina: The case of the sindicato de Amas de Casa", Dore, E. ve Molyneux, M. (der.), *Hidden Histories of Gender and the State in Latin America* içinde, Durham: Duke University Press, s. 322-345.

Edward L. Gibson (1997), "The populist road to market reform: Policy and electoral coalitions in Mexico and Argentina", *World Politics*, 49 (3): 339-370.

Germani, G. (1978), *Authoritarianism, Fascism, and National Populism*, New Brunswick: Transaction Books.

—, (1981), *The Sociology of Modernization*, New Brunswick: Transaction Books.

Hawkins, K. A. (2010), *Venezuela's Chavismo and Populism in Comparative Perspective*, Cambridge: Cambridge University Press.

Jäger, A. (2017), "The semantic drift: Images of populism in post-war American historiography and their relevance for (European) political science", *Constellations*, 24: 310-323.

James, D. (1988), *Resistance and Integration: Peronism and the Argentine Working Class, 1946-1976*, Cambridge: Cambridge University Press.

Kaltwasser, C. R. (2014), "Latin American populism: Some conceptual and normative lessons", *Constellations*, 21(4): 494-504.

Knight, A. (1998), "Populism and neo-populism in Latin America, especially Mexico", *Journal of Latin American Studies*, 30 (2): 223-48.

Laclau, E. (1977), *Politics and Ideology in Marxist Theory*, Londra: NLB.

—, (1990), *New Reflections on The Revolution of Our Time*, Londra: Verso.

—, (2005), *On Populist Reason*, Londra: Verso.

Levitsky, S. ve Loxton, J. (2013), "Populism and competitive authoritarianism in the Andes", *Democratization*, 20 (1): 107-136.

Lipset, S. M. (1960), *Political Man*, Garden City: Doubleday.

Llosa, A. V. (2007), "The return of the idiot", *Foreign Policy*, 160: 54-61.

March, L. (2007), "From Vanguard of the Proletariat to Vox Populi: Left-Populism as a 'Shadow' of Contemporary Socialism", *SAIS Review*, 27 (1): 63-77.

Maya, M. L. ve Panzarelli, A. (2013), "Populism, Rentierism, and Socialism in the Twenty-Frist Century: The Case of Venezuela", De la Torre, C. ve Arnson, C. J. (der.), *Latin American populism in the twenty-first century* içinde, Baltimore, MD: Johns Hopkins University Press, s. 239-68.

Milanesio, N. (2010), "Peronists and cabecitas: Stereotypes and anxieties at the peak of social change", Karush, M. ve Chamosa, O. (der.), *The New Cultural History of Peronism* içinde, Durham: Duke University Press, s. 53-84.

Murillo, M. V. (2000), "From populism to neoliberalism: Labor unions and market reforms in Latin America", *World Politics*, 52 (2):135-168.

Panizza, F. (2000a), "New wine in old bottles? Old and new populism in Latin America", *Bulletin of Latin American Research*, 19 (2): 145-47.

—, (2000b), "Neopopulism and its limits in Collor's Brazil", *Bulletin of Latin American Research*, 19 (2): 177-192.

Roberts, K. (1995), "Neoliberalism and the transformation of populism in Latin America: The Peruvian case", *World Politics*, 48 (1): 82-116.

—, (2012), "Populism and democracy in Venezuela under Hugo Chávez", Mudde, C. ve Kaltwasser, C. R. (der.), *Populism in Europe and the Americas: Threat or Corrective for Democracy?* içinde, Cambridge: Cambridge University Press, s. 136-159.

Salas, J. M. H. (2005), "Ethnicity and revolution: The political economy of racism in Venezuela", *Latin American Perspectives*, 32 (2): 72-91.

Szusterman, C. (2000), "Carlos Saúl Menem: variations on the theme of populism", *Bulletin of Latin American Research*, 19 (2): 193-206.

Weyland, K. (1996), "Neopopulism and neoliberalism in Latin America: Unexpected affinities", *Studies in Comparative International Development*, 31 (3): 3-31.

—, (2003), "Neopopulism and neoliberalism in Latin America: How much affinity?", *Third World Quarterly*, 24 (6): 1095-1115.

—, (2009), "The rise of Latin America's two lefts: Insights from Rentier state theory", *Comparative Politics*, 41 (2): 145-164.

—, (2013), "The threat from the populist left", *Journal of Democracy*, 24 (3): 18-32.

Dokuzuncu Bölüm

UMUDUN VE İSYANIN COĞRAFYASINDA TARİHİ SOKAKTA YAPANLAR: LATİN AMERİKA'DA TOPLUMSAL HAREKETLER

SİBEL UTAR

Giriş

Dünyanın her yerinde sosyal adaletsizliklere, baskıcı iktidarlara karşı kolektif mücadele çağrıları yükselmekte, toplumsal hareketler siyasi süreçlerden dışlanmış grupların siyasete etkin katılımını sağlamak, hükümetleri toplumsal reforma zorlamak ve hegemon yapılara karşı muhalif bir ağırlık oluşturmak için etkili bir yol olarak görülmektedir. Yaratıcı eylem repertuvarları, dinamik ve etkili mücadele tarzlarıyla Latin Amerika'da toplumu dönüştüren, milyonlarca insanı mobilize etme kapasiteleri sayesinde siyasal iktidarları sosyoekonomik reforma zorlayan ve hatta hükümetler deviren Latin Amerika toplumsal hareketlerinin, küresel ölçekte yükselen bu hareketlilik dalgası üzerindeki etkisi büyüktür.

Latin Amerika son çeyrek asırdır işçilerin, köylülerin, yerlilerin ve marjinalleştirilmiş tüm toplumsal kesimlerin ortak hak talepleri etrafında mobilize olduğu toplumsal direniş ve mücadelelere tanıklık etmektedir. Brezilya'da *latifundia*ları (büyük tarım arazileri) işgal ederek toprak reformu talep eden Topraksız Kır İşçileri Hareketi (MST/ *Movimento dos Trabalhadores Rurais Sem Terra*), Arjantin'de anayollara barikatlar kurarak, özelleştirmelere, emek piyasası politikalarına karşı çıkan işsiz işçilerin örgütlediği Yol Kesenler Hareketi (*Piqueteros*), Kolombiya'da köylü tabanına dayanıp *latifundia* sahiplerine, siyasal iktidara ve ABD'ye karşı gerilla mücadelesi yürüten Kolombiya Devrimci Silahlı Kuvvetleri (FARC / *Fuerzas Armadas Revolucionarias de Colombia*), Meksika'da yerli haklarını savunmakla birlikte neoliberalizme karşı çıkan ve aşağıdan yukarıya doğru örgütlenen yeni bir siyaset tarzını savunan Zapatista Ulusal Kurtuluş

Ordusu (EZLN/ *Ejército Zapatista de Liberación Nacional*), Bolivya'da koka üretiminin sınırlandırılmasına, suyun özelleştirilmesine ve petrol boru hattı yatırımına karşı çıkan yerli hareketlerinden biri olan Koka Çiftçileri Hareketi (*Cocaleros*) ve yerli toplulukların kültürel haklarının tanınması, toprak reformu ve çok kimlikli bir ülke talebiyle örgütlenen Ekvador Yerli Uluslar Konfederasyonu (CONAIE/ *Confederación de Nacionalidades Indígenas del Ecuador*) gibi hareketler bölgede tabandan yükselen toplumsal hareketlerin başlıca örneklerindendir. Toprak hakları, yerli hakları, işçi hakları, çevrenin korunması, neoliberalizm karşıtlığı ve ırkçılıkla mücadele gibi temalar etrafında örgütlenen bu hareketler, bir taraftan yarattıkları kolektif aidiyetler ve sivil toplumda inşa ettikleri yeni kimlikler aracılığıyla Latin Amerika'daki toplumsal yapıyı dönüştürürlerken, diğer taraftan siyasal iktidarlara karşı yürüttükleri kolektif mücadeleler aracılığıyla hükümetler devirerek ve dayanışma/iş birliği halinde oldukları sol ve merkez sol partileri iktidara taşıyarak Latin Amerika siyasetini yeniden biçimlendirmektedirler. Bu bağlamda Meyer ve Tarrow'un (1998) günümüz Batı demokrasilerinin "hareket toplumları" olma yolunda ilerlediklerine ilişkin temennilerinin/tespitlerinin Latin Amerika'da çok daha güçlü ve etkili bir şekilde gerçeğe dönüştüğü ifade edilebilir. Buna karşın Latin Amerika'daki hareketler, toplumsal hareketler literatüründeki genel tanımlamalar ve teorilerle doğrudan uyuşmamaktadır (Retier, 2011).

Batı Avrupa'daki ve Kuzey Amerika'daki toplumsal hareketleri merkeze alan literatürde hareketler, geleneksel toplumsal hareketler ve yeni toplumsal hareketler olarak kategorilendirilmişlerdir. Buna göre endüstriyel çağda işçi sınıfı önderliğinde ve ekonomik taleplerle mobilize olan, güçlü bir liderlik altında

---

Toplumsal hareket nedir?

Tarihi sömürgecilik ve sömürgeciliğe karşı mücadele çerçevesinde şekillenmiş olan Latin Amerika'da tahakküme karşı isyan, ayaklanma gibi anlık ve kurumsallaşmamış kolektif mücadele biçimlerinden silahlı devrimci hareket ve toplumsal hareket gibi örgütlü, normatif kolektif hareketlere varıncaya değin geniş bir toplumsal mücadele spektrumu mevcuttur. Dolayısıyla Latin Amerika'daki toplumsal hareketleri incelerken her kolektif hareketin toplumsal hareket olmadığını bilmek önemlidir. Toplumsal hareketler, mevcut sisteme karşı benzer talep ve şikâyetlere sahip olan toplumsal grupların ortak talepler etrafında mobilize olarak çatışmacı zeminde yürüttükleri örgütlü ve sürekli mücadelelerdir. Tarrow'a (2006: 4-5) göre, toplumsal hareketlerin; kolektif karşı çıkış, ortak amaçlara dayanma, sosyal dayanışma geliştirme, elitlerle veya otoritelerle etkileşime dayanma olmak üzere dört boyutu vardır. Charles Tilly'e (2008: 17) göre ise, bir kolektif hareketin toplumsal hareket olarak adlandırılması için şu üç unsura sahip olması gerekir:

1. Hedef otoritelere yönelik yapılan ortak hak talebi kampanyaları,
2. Özel amaçlı dernekler, halk mitingleri, medya demeçleri ve gösterileri içeren hak talebi girişimleri (Toplumsal Hareket Repertuvarları),
3. Amacın makul olması, birlik, sayı ve bağlılığı halkın temsil etmesi (MBSB Gösterileri).

hiyerarşik biçimde örgütlenen ve devlet iktidarını ele geçirerek toplumu yukarıdan aşağıya dönüştürmeyi hedefleyen sınıf eksenli hareketler, geleneksel toplumsal hareket olarak tanımlanmaktadırlar (Lelandais, 2009; Yıldırım, 2013).

1968'den itibaren kadın hakları, çevre hakları, kültürel haklar, savaş karşıtlığı, ırkçılık karşıtlığı gibi temalarla örgütlenen toplumsal hareketleri açıklamaya yönelen kuramcılar, sosyo-ekonomik taleplerden çok gündelik hayatın yaşamsal pratiklerine ve kimlik meselesine odaklanan, politik partilerden bağımsız, esnek ve parçalı bir örgütlenme yapısına sahip, toplumsal değişim için devlet iktidarını ele geçirmek yerine sivil toplumu güçlendirmeyi hedefleyen bu hareketleri ise yeni toplumsal hareketler olarak adlandırmışlardır (Scott, 1990; Offe, 1999). Post-endüstriyel toplumun ve post-materyalist değerlerin bir yansıması olan yeni toplumsal hareketlerin, sanayi toplumunun ve modernizmin iç çelişkilerinden doğan geleneksel toplumsal hareketlerden tamamen farklı, çağdaş hareketler olduğu iddia edilmiştir (Touriene, 1981).

Sınıf eksenli ve kimlik eksenli siyasetin iki karşıt pozisyon olduğu önkabulü üzerine inşa edilen yeni toplumsal hareketler teorisi, Latin Amerika'da kültürel taleplerle ekonomik taleplerin iç içe geçtiği, toplumun dışlanmış tüm kesimlerinin taleplerinin sahiplenilerek birlikte mobilize edildiği ve güçlü bir sivil toplum inşa etmeye çalışırken, politik iktidar mücadelesini de sürdüren "yeni" toplumsal hareketlerin gerçekleriyle bağdaşmamaktadır.[1]

Latin Amerika'daki toplumsal hareketlerin sahip olduğu bu özgüllük, bölgenin sömürge geçmişi ve bu geçmişten miras kalan sosyo-ekonomik, siyasal ve kültürel sorunlarla yakından ilişkilidir.[2] Dünyada yoksulluğun ve gelir dağılımı adaletsizliğinin en yüksek olduğu bölge olan Latin Amerika'da işçilerin, köylülerin ve milyonlarca işsizin temel gıda maddelerine, temiz suya ve sağlık hizmetlerine erişim imkânı sınırlıdır. Bu nedenle Latin Amerika'daki toplumsal hareketlerin katılımcıları için sosyal adalet, ücretlerin iyileştirilmesi, toprak reformu gibi sosyo-ekonomik konular mücadelelerinin hâlâ merkezindedir (Hellman, 1992: 52-53). Yerliler ve siyahilerin yaşadıkları ülkelerin en yoksul ve dezavantajlı kesimini oluşturmaları da, bu gruplarca örgütlenen hareketlerin gündemlerini kültürel haklar ve etnik kimliklerinin tanınması meselesinin ötesine taşımakta, hükümetlerin ekonomi politikalarına müdahaleyi hareketlerin başlıca amaçlarından biri haline getirmektedir.[3] Bu durum bölgede sınıfsal mücadele ile kültürel mücadelenin kaynaşmasına ve toplumsal hareketler arasındaki etkileşim ve işbirliklerinin artmasına neden olmuştur.

---

1 Latin Amerika'da 1980'lerin sonunda yerli hakları, toprak hakları, kadın hakları, ırkçılık karşıtlığı ve demokrasi temaları etrafında örgütlenen toplumsal hareketleri, yeni toplumsal hareketler teorisi çerçevesinde inceleyen yaklaşımlar da mevcuttur. Bkz. Alvarez ve Escobar, 1988; Escobar ve Alvarez, 1992.

2 Öyle ki, kültürel hak talepleri ve ırkçılık karşıtlığı temalarıyla örgütlenen yerli ve siyahi (Afro-Latino) hareketler, yeni hareketler olmanın aksine Latin Amerika'daki en eski hareketlerdendir. Bkz. (Özbudun, 2012; Reiter, 2011).

3 Yerli hareketlerin kültürel haklarının tanınması ve siyasal otonomi talepleri, bölgenin ekonomik kaynakları üzerindeki bölüşüm mücadelesini içeren ekonomik bir boyuta da sahiptir.

Özetle, sınıfsal mücadele ile kültürel kimlik mücadelesinin üst üste bindiği Latin Amerika'da, 1980'lerde yükselen "yeni" nesil hareketler aslında Latin Amerika'nın uzun toplumsal mücadele geçmişinin devamıdır. Yükselen "yeni" hareketleri atalarınkinden farklı kılan şey ise eylem pratiklerini ve örgütlenme stratejilerini geçmiş hareketlerin deneyimlerinden faydalanarak ve mevcut toplumsal koşullar çerçevesinde yeniden biçimlendirmeleridir (Prevost, Vanden ve Campos, 2012).

Latin Amerika'da toplumsal hareketlerin tarihsel gelişimi

Toplumsal hareketler ortaya çıktıkları tarihsel ve siyasal bağlamdan bağımsız değillerdir. Hareketlerin talepleri, katılımcı profilleri, örgütlenme stratejileri ve kurumsal siyasetle ilişkileri içinde doğdukları toplumun sosyo-ekonomik yapısına, politik koşullarına ve kültürüne göre şekillenmekte, bu yapıların dönüşümüne ve hareketlerin deneyimlerine paralel olarak da toplumsal hareketlerin talepleri, kimlikleri ve stratejileri değişmektedir (Tilly, 2008).

Latin Amerika ülkelerinin ortak tarihini oluşturan üç yüzyıllık sömürge geçmişi ve ardından sömürgeci güçlere karşı gösterilen toplumsal direniş, kıtadaki toplumsal hareketlerin üzerinde yükseleceği toplumsal ve kültürel zemini oluşturmuştur. Latin Amerika halklarının sömürgeciliğe ve sömürgeci güçlerin inşa ettikleri toplumsal düzene karşı verdikleri mücadelelerden edindikleri deneyimler çerçevesinde örgütlenen kıtadaki tüm toplumsal hareketler, süreç içerisinde kendi ülkelerinin makro-yapısal koşullarına göre taleplerini, kimliklerini ve örgütlenme stratejilerini şekillendirmişlerdir.

Latin Amerika'da toplumsal hareketler, ilk olarak sömürgeci devletlere karşı kazanılan bağımsızlık savaşının ardından kurulan cumhuriyet rejimlerinde yerli, köylü ve siyahi (Afrikalı-Latin) tabanlı hareketler olarak 19. yüzyılın sonlarında ortaya çıkmıştır. Bunun başlıca nedeni, Latin Amerika'nın bağımsız, ardından da cumhuriyetçi rejimlerinin, esas itibariyle sömürgecilikten devraldıkları tahakküm stratejilerini sürdürmeleri, Latin Amerika'da dış sömürgeciliğin adeta vahşi bir iç sömürgeciliğe dönüşmesidir (Özbudun, 2012: 83-85). Geleneksel toprak haklarının ilga/gasp/tasfiye edilmesine (yerlilerin köylüleştirilmesi politikalarına)[4] ve yerli kültürünün asimilasyon politikalarıyla yok edilmeye çalışılmasına karşı yerliler, büyük toprak sahiplerinin küçük aile çiftliklerini işgal etmesine ve onları serfleştirmesine karşı köylüler[5] ve "önce köleliğin kaldırılması istekleriyle, ardından da ırkçılık karşıtlığı ve eşit yurttaşlık hakkı talepleriyle Afrikalı-Latin Amerikalılar" (Retier, 2011), toprak hakları, yurttaşlık hakları, kültürel haklar, sosyal adalet ve eşitlik talepleri etrafında mobilize olarak

---

4 Latin Amerika hükümetleri yerliliği çözülmesi gereken bir sorun olarak görüyordu. Bu nedenle yerlilerin "uygarlaştırılması" adına yerlilerin ücretli emekçilere dönüştürülmeleri ve ulusal nüfus içerisinde eritilerek mestizolaştırılmaları yönünde politikalar geliştirip uyguladılar.

5 Latin Amerikalı köylüler Avrupalı köylülerden daha farklı özelliklere sahiptir. Sömürgeci geçmişin mirası olarak yerli-köylülerin isyanları hem ekonomik-toplumsal hem de etnik-kültürel karakterdedir (Löwy, 1998).

Latin Amerika'nın genç cumhuriyetlerine karşı kolektif mücadeleler örgütlediler. Bu hareketlerden bazıları kurumsal siyasal aktörlerle ittifak kurmayı reddedip, otonom ve çok parçalı bir örgütlenme yapısıyla mücadelelerini yerel ölçekte sürdürürken, özellikle 1930'lardan sonra çoğu yerli-köylü hareketi sendikalar, partiler, kilise ve hükümetle işbirlikleri geliştirerek toprak hakları ekseninde sürdürdükleri kolektif mücadeleyi ulusal ölçeğe taşıdılar. Lakin Büyük Buhran'ın ardından hammadde ve gıda fiyatlarındaki aşırı düşüş ve sonrasında ekonomik model olarak ithal ikameci sanayileşmeye dayalı kalkınmacılığın benimsenmesi, hâlihazırda zor durumda olan yerli-köylü kitlelerini daha da yoksullaştırmış, toprak hakları ve sosyal adalet yönündeki taleplerinin karşılıksız kalması kırdan kentlere doğru büyük bir göç akımının başlamasına neden olmuştur. Göç etmek zorunda kalan bu kesimlerin bir kısmı sanayide işçi olurken, geri kalanı şehir kenarlarında filizlenmeye başlayan gecekonduların sakinlerini oluşturmuşlardır.

Latin Amerika'da 20. yüzyılın ilk yarısındaki en etkili toplumsal hareket, sınıf eksenli bir mücadele yürüten işçi hareketidir. Toplumsal hareketler literatüründe geleneksel toplumsal hareket olarak kategorilendirilen işçi hareketleri kıtada sanayileşmenin gelişimine paralel olarak ortaya çıkmış ve büyük ölçüde Marksist düşüncenin etkisi altında biçimlenmiştir. Buna göre ekonomik ve toplumsal gelişme, sınıf ilişkilerinin yapısında ve siyasal iktidarın yapılanışında değişimler gerektirir. Toplumsal değişime giden yol ise siyasal iktidarın ele geçirilmesi ile mümkündür (Petras ve Veltmeyer, 2007: 18). Bu amaçla karizmatik bir liderin önderliğinde hiyerarşik biçimde örgütlenen hareketler, işçi sendikaları ve siyasi partiler ile organik bağlar kurmuşlardır.

Her biri kendi ülkesindeki toplumsal dinamiklere ve makro yapısal koşullara göre şekillense de bölgedeki yoksulluğa, ekonomik eşitsizliğe ve kaynakların dağılımındaki adaletsizliğe son vermeyi amaçlayan ve bunun için de devlet iktidarını bir araç olarak gören Latin Amerika'daki işçi hareketleri genel olarak iki yol izlemişlerdir:

1. İşçi hareketleri devlet iktidarına sistem içinden ulaşarak toplumu yukarıdan aşağıya dönüştürme stratejileri doğrultusunda kurumsal katılım biçimlerini benimsediler ve sendikalarla organik bağ kurup, reformist ve devrimci partilere kanalize oldular.[6]
2. İşçi hareketleri, popülist hareketler ve onların liderleriyle iş birliği yaparak birlikte hareket ettiler. Toplumsal hareketlerin Lázaro Cárdenas ve Juan Perón gibi popülist liderlerin iktidara gelmesine ve ardından politik güçlerini sürdürmesine yardımcı olmasına karşılık, bu liderler de işçilerin yaşam standartlarını arttırıcı önlemler alıp, onlara örgütlenme ve parti

---

6 Sol partilerin kitleleri mobilize etmek için kullandıkları taban örgütlenmeleri gibi çalışan, solu iktidara taşıyacak araçlara indirgenen bu hareketler zamanla partilerin bürokratik yapılarının ve seçim stratejilerinin içine hapsoldular. Buna rağmen, bütünleştikleri sol partilerin genellikle iktidara gelememiş olması bu hareketlerin siyasal iktidarlarla çatışmacı zeminde mücadele eden muhalif güçler olarak kalmasına neden olmuştur.

etkinlikleri konusunda kolaylıklar sağladılar[7] (Prevost, Vanden ve Campos, 2012: 2).

20. yüzyılın ikinci yarısında Latin Amerika'da ithal ikameciliğin çökmesi ve otoriterleşen hükümetlerin işçilerin toplumsal taleplerini şiddetle bastırmaya çalışması, toplumsal hareketlerinin bir kısmının radikalleşerek silahlanmasına yol açmıştır. Sınıf mücadelesinin devrimci boyutunun güçlendiği bu dönemde egemen sınıflar, krize giren hegemonyalarını yeniden tesis etmek amacıyla ordu ile işbirliğine gitmişlerdir. Bunun sonucunda Latin Amerika'daki pek çok devlet, askerî ve sivil otoriter rejimlere dönüşmüştür.

Yaklaşık yirmi yıl iktidarı elinde tutan askerî ve sivil dikta rejimleri, Latin Amerika ülkelerinin ekonomik yapılarını neoliberal politikalar çerçevesinde yeniden şekillendirmiştir. Latin Amerika'da uygulamaya konulan neoliberal ekonomi politikaları ülkelerin sınıf yapısında ve sosyo-ekonomik çevresinde büyük dönüşümlerin gerçekleşmesine neden olmuştur (Lievesle ve Ludlam, 2012: 33). Serbest ticaretin benimsenmesi ve ekonominin ucuz ithal mallara açılmasıyla birlikte, devletin üretim sektöründen elini çekmesi ve fabrikaların özelleştirilmesi ile Latin Amerika'da sanayileşme büyük bir yavaşlamaya uğramış sanayi işgücünde önemli derecede azalma yaşanmıştır. Neoliberal ekonomi politikaları uyarınca emek pazarında reforma gidilmesi ile birlikte istihdama ilişkin koruma tedbirleri azaltılmış, asgari ücretin artışı yavaşlamıştır. Bu süreçte emek pazarı kitlesel olarak kayıtdışılaşmıştır (Hoffman ve Portes, 2003). Tüm bu gelişmeler sonucu geleneksel işçi sınıfı mücadelesi büyük bir yara almıştır.

Latin Amerika'nın otoriter rejimlerce yönetildiği bu süreç kurumsal ve kurumsal olmayan politika biçimlerine de büyük zarar vermiştir. Askerî dikta yönetimleri siyasi partileri kapatmış, sendikal faaliyetleri durdurmuştur. Parti ve sendika liderlerinin, hareket önderlerinin ve hareketlerin aktivistlerinin sürgün edildiği, hapis edildiği, işkencelere maruz bırakıldığı ve hatta öldürüldüğü bu dönemde kitle hareketlerinde büyük bir gerileme yaşanmıştır (Stedile, 2008: 199-200).

1980'lerde dikta yönetimleri tarafından uygulanan neoliberal politikalar sonucunda Latin Amerika'nın sosyo-ekonomisi gelir adaletsizliği, aşırı yoksulluk, sosyal eşitsizlik, toplumda sosyal ve ırkçı dışlama, kadınların istismar edilmesi olguları ile betimlenmektedir. Geleneksel partilerin ve işçi hareketi gibi geleneksel toplumsal hareketlerin örgütlü kitlesel mücadele kapasitelerinin de ortadan kalktığı bu dönemde insan hakları, kültürel haklar, ekonomik haklar, sosyal adalet, toprak reformu gibi temalar etrafında örgütlenen yeni toplumsal hareketler ortaya çıkmıştır. Yerliler, kadınlar, topraksız köylüler gibi marjinalleştirilmiş toplum kesimlerinin önderliğinde gerçekleşen ve geleneksel hareketlerin aksine kültürel haklara vurgu yapan, etnik ve cinsi ayrımcılık da dâhil tüm ay-

---

7 Süreç içerisinde bürokratikleşen, devletle bütünleşerek nötralize olan ve kendi toplumsal tabanına yabancılaşan bu hareketler toplumsal direniş enerjilerini ve kitleleri mobilize etme güçlerini önemli ölçüde kaybettiler.

rımcılık biçimlerinin ortadan kalktığı tabandan inşa edilen demokratik bir yönetime geçiş ve hatta özyönetim talep eden bu hareketlerin kimliğe ve kültüre yaptıkları vurgu, hareketlerin sınıfsal karakterine zarar vermemiş aksine mücadelelerini zenginleştirmiştir.

Latin Amerika'da 1980'lerin ortalarında yükselen toplumsal hareketlerin genel olarak hepsi kültürel talepler ile ekonomik talepleri eklemleyerek neoliberalizmle mücadele etme, otoriter rejimlere direnme konularında ortaklaşsalar da hedefleri, katılımcı profilleri, örgütlenme yapıları, eylem repertuvarları ve kurumsal siyasetle/seçim politikaları ile ilişkileri konusunda ayrışmaktadırlar. Aşağıda detaylı bir şekilde incelenecek olan CONAIE ve MST'nin eylem stratejileri ve kurumsal siyasetle ilişkilerindeki farklılıklar da bu çerçevede ele alınmalıdır.

Ekvador Yerli Uluslar Konfederasyonu (CONAIE)

Ekvador'da toplumsal muhalefetin en önemli aktörlerinden biri olan ve ülke siyasetindeki radikal dönüşümlerde doğrudan etkisi bulunan CONAIE, farklı yerli gruplarının çok kimlikli/uluslu bir devlet inşa etme hedefiyle bir araya gelmesi sonucu 1986 yılında kurulmuştur.

Latin Amerika'nın en etkili toplumsal hareketlerinden biri olan CONAIE'nin kökleri 1920'li yıllarda kültürel tanınma, toprak reformu ve siyasal özerklik talepleri çerçevesinde devlet iktidarına karşı çatışmacı zeminde kolektif bir mücadele yürüten yerli hareketlerine dayanmaktadır. Bu hareketler amaçlarını gerçekleştirememiş olsalar da yerlilere bir başkaldırı ve mücadele geleneği kazandırmaları ve örgütlenme pratikleri konusunda deneyimler miras bırakmaları ile CONAIE'nin hedeflerinin ve örgütlenme stratejilerinin belirlenmesinde önemli rol oynamıştır.

1980'lerde uygulanan neoliberal politikalar sonucu ekonomisi bunalıma giren ve büyük bir borç kriziyle yüzleşen Ekvador'da, işsizlik ve enflasyonun hızla artması ve hükümet tarafından sağlanan sosyal hizmetlerde genel olarak kesintiye gidilmesi, yerlilerin de dâhil olduğu alt gelir gruplarını açlık ve sefalet riskiyle yüz yüze getirmiştir. Tüm bu olumsuz koşullara karşı tekil gruplar halinde mücadele etmenin başarı getirmeyeceğinin geçmiş mücadele deneyimleri sayesinde farkında olan ve zamanla bölgesel olarak örgütlenmiş olan Ekvador'daki yerli toplulukları CONAIE şemsiyesi altında birleşerek, "Ekvador'un çok uluslu bir ülke olarak tanımlanması, toprak, su ve sulama çatışkılarının çözümlenmesi, fiyatların dondurulması, yerli borçlarının tasfiyesi ve kırsal toprak vergilerinin tasfiyesi, iki dilli eğitime mali destek sağlanması" (Özbudun, 2012: 168) talepleriyle işçi sendikaları ve siyasi partilerden özerk şekilde, yerel toplulukların karar alma süreçlerine doğrudan katıldığı merkezsiz bir federasyon olarak örgütlenmiştir.

Devlete karşı toprak sorunu ve sosyal adaletsizlikler üzerinden sınıf mücadelesi, yerli toplulukların kültürel haklarının tanınması meselesi üzerinden ise kimlik mücadelesi yürüten CONAIE (Petras ve Veltmeyer, 2007), iki düzlemde gerçekleştirdiği toplumsal mücadelenin başarıya ulaşması için işçilerle, öğrencilerle ve toplumun dışlanmış tüm kesimleriyle işbirlikleri geliştirmiş, yerli olmayan halk kesimlerinin taleplerini de kendi programına ekleyerek[8] bu gruplarla eşgüdümlü eylemler gerçekleştirmiştir.

1990'ların ortalarına kadar kurumsal siyasetle ve siyasi aktörlerle arasına mesafe koyan ve doğrudan eylem stratejisiyle hareket eden CONAIE, şiddetli sokak eylemleri düzenlemiş, yerli ayaklanmaları örgütlemiş, anayollara kurdukları barikatlarla gündelik hayatı felç etmiş ve hükümet binalarını işgal ederek toplumsal reform taleplerini dile getirmiştir (Jameson, 2011). Örgütlediği eylemlerle Ekvador'da hükümetleri devirecek ölçüde büyük bir toplumsal güce erişmesine rağmen, siyasal iktidarlarca talepleri gerçekleştirilmeyen ve bu nedenle taktiksel bir değişime giden CONAIE, talepleri doğrultusunda toplumsal reform gerçekleştirmek için devlet iktidarını demokratik yollardan ele geçirme stratejisine yönelmiştir. CONAIE'nin sandıksal aygıtı olan *Pachakutik (Movimiento de Unidad Plurinacional Pachakutik)* 1995'te bu amaçla kurulmuştur. 1996'dan itibaren CONAIE'nin gösterdiği adaylarla yerel, bölgesel ve ulusal düzeydeki seçimlere katılan *Pachakutik*, özellikle belediye düzeyinde olmakla birlikte bölgesel ve ulusal düzeyde de politik temsil ve varlık kazanmış, başka siyasi partilerle ve siyasi aktörlerle seçim ittifaklarına girerek ulusal iktidarı biçimlendirmiştir (Petras ve Veltmeyer, 2007: 169-171). Öyle ki, 2000 yılındaki başkanlık seçimini Lucio Gutierrez, CONAIE ile kurduğu seçim ittifakı sayesinde kazanmıştır. Gutierrez'i iktidara taşımasının karşılığında Tarım Bakanlığı (Luis Macas) ve Dışişleri Bakanlığı (Nina Pacari) gibi icraatçı bakanlıklara CONAIE üyesi yerlilerin atanması yerlilerin ve tüm toplumsal kesimlerin taleplerinin gerçekleşeceğine dair toplumsal umudu arttırsa da Gutierrez'in neoliberal politikaları sürdürmesi hem CONAIE'yi ve hem de tüm Ekvador solunu büyük bir hayal kırıklığına uğratmıştır. İlerleyen süreçte CONAIE üyeleri hükümetten çekilip toplumsal muhalefet saflarına geçse de CONAIE'nin kendi içinde bölünüp, kitleleri mobilize etme gücünün azalmasının önüne geçilememiştir. 2006 seçimlerinin ilk turunda CONAIE'nin adayı Macas'ın % 2 gibi düşük bir oy almasının nedenlerinden biri budur. Seçimin ikinci turunda tabanının baskısıyla Rafael Correa'yı destekleyen CONAIE'nin, Correa hükümeti ile ilişkisi kimi zaman iş birliği içinde kimi zamansa çatışmacı bir zeminde gerçekleşmiştir. Bununla birlikte, CONAIE'nin ve tüm yerli hareketlerinin en büyük/tarihsel talebi olan Ekvador'un çok kimlikli/uluslu bir ülke olarak tanımlanması, 2008'de referandumla kabul edilen yeni anayasa ile yine Correa döneminde gerçekleşmiştir.

Neoliberalizmi reddederek eğitim, sağlık ve diğer sosyal hizmet alanlarına devletin daha fazla kaynak aktarmasını ilke olarak benimseyen yeni anayasa, yerlilerin kültürel haklarını tanımakta ve toplulukların kendi bölgelerinde yerli kültürüne uygun bir eğitim ve adalet sistemine sahip olmalarını onaylamaktadır (Becker, 2012: 118). CONAIE'nin tarihsel taleplerini gerçekleştiren yeni

---

[8] CONAIE'nin neoliberal politikalara ve emperyalizme karşıtlığı bu sayede daha güçlenmiştir.

anayasanın, yerlileri kendi topraklarıyla ilgili konulardaki karar alma süreçlerine dâhil etmesi ve tabandan örgütlenmiş katılımcı bir siyasal sistem benimsemesi, Ekvador'da hükümet ile yerli toplulukları arasındaki gerilimi sona erdirmemiştir. Aksine, dış borcunu ödeyemeyen Ekvador'un 2008'de temerrüde düşmesi üzerine Correa hükümetinin ekonomik krizden çıkmak ve ülke ekonomisini geliştirmek için doğal kaynakların sömürüsüne dayalı bir ekonomi programı benimsemesi ve Amazon bölgesindeki petrol ve madencilik yatırımlarını arttırarak ülkenin doğal kaynaklarını yabancı yatırımcılara açması, yerliler ile siyasal iktidarı tekrar karşı karşıya getirmiştir.

Hükümet üzerinde baskı kurmak için doğrudan eylem stratejisine geri dönen CONAIE, Amazonlar'daki yerli bölgeleri başta olmak üzere tüm ülkede kitlesel protesto gösterileri düzenlemiş ve işgal eylemleri başlatmıştır. Yerlilerin kitlesel direnişine Correa hükümetinin cevabı çok sert olmuş, eylemleri kolluk kuvvetlerinin sert müdahalesi ile bastırmakla yetinmeyen hükümet, yeni anayasa ile yerlilere tanınan bazı hakları da geri almıştır. Yerlilerin çok kültürlü/dilli eğitim sisteminin kontrolünün CONAIE'den alınıp eğitim bakanlığına verilmesi ve yerli toplulukların adalet sisteminin özerk yapısını zayıflatacak yasalar çıkarılması bunlardan sadece birkaçıdır. Ayrıca yerli topluluklar ile müzakere etmeksizin Amazon bölgesinde suyun özelleştirilmesi ve madencilik imtiyazları verilmesi uygulamalarına da hız verilmiştir (Becker, 2012: 124). Amazonlar'daki doğal kaynakların aşırı sömürüsü, ülkenin kaynaklarının başta Çin olmak üzere yabancı ülkelerin yatırımına açılması ve yerli hareketine karşı benimsemiş olduğu sert ve saldırgan tavra rağmen, iktidarı döneminde Ekvador'u ekonomik krizden çıkartıp, halkın genel refah seviyesini arttırmış olan Correa popülaritesini ve seçimlerdeki halk desteğini sürekli arttırmıştır. Dahası yerli hareket ile diğer sol gruplar arasındaki bölünme sonucu ülkedeki örgütlü toplumsal muhalefetin zayıflaması, Correa'nın gücünü daha pekiştirmesini sağlamıştır. Bu süreçte örgütsel kapasitesi ve kitleleri mobilize etme gücü gerileyen CONAIE protesto gösterileri ile direniş ruhunu devam ettirmeye çalışsa da iktidara karşı etkili bir toplumsal mücadele örgütleyememiştir.

Son yıllarda Latin Amerika'daki tüm hareketlere paralel olarak Ekvador'daki yerli hareketinin de yaşadığı bu toplumsal gerileme, Correa'nın halefi Lenín Moreno'nun 2019'da ülkeyi borç krizinden çıkarmak için IMF'den yardım alması ve bunun karşılığında da IMF'nin ekonomik reform paketini uygulamaya koyması ile yerini ülke çapında kitlesel bir ayaklanmaya bıraktı. Sosyal harcamalarda kesinti, memur maaşlarının % 20 oranında azaltılması, benzin sübvansiyonunun geri çekilmesi ve teknolojik ürünlerin ithalatında verginin kaldırılması gibi zaten yoksullaşan Ekvador halkını daha da yoksullaştıracak bu pakete karşı CONAIE'nin önderlik ettiği büyük bir isyan dalgası patlak verdi. CONAIE, işçi sendikaları, köylü hareketleri, öğrenci hareketleri ve feminist gruplar dâhil olmak üzere ülkenin içinde bulunduğu ekonomik, sosyal ve siyasal kriz halinden zarar gören tüm toplumsal kesimler ile ittifak kurarak ülkede bir genel grev çağrısında bulundu. Gündelik hayatı durduran genel grev dalgasını takiben düzenlenen hükümet karşıtı kitlesel protesto gösterilerine karşı polisin yüzlerce kişiyi tutuklaması ve göstericilere ateş açması sonucu onlarca kişinin yaralanması ise isyanı bastırmak bir yana toplumsal mücadeleyi daha da derinleştirip genişletti. Öyle ki göstericiler en sonunda ulusal meclisi de işgal ettiler. Yerli halklar kendi bölgelerinde olağanüstü hal ilan ederek, bölgedeki askerleri tutukladı. Tüm bu gelişmeler sonrasında hükümetin ülke çapında olağanüstü hal ilan etmesi ve ardından CONAIE ile müzakere çabasına rağmen, IMF'nin kemer sıkma programından ve ülkenin doğal kaynaklarını uluslararası sermayeye açan genel ekonomi politikasından vazgeçmeyen hükümete karşı kitlesel protesto gösterilerinin özellikle başkent Kito'da daha da yoğunlaşması sonucu başkan Moreno ülkenin başkentini geçici olarak Guayaquil'e taşıdı.

Solcu başkan Moreno'nun ne başkenti ülkede aşırı sağın kalesi olarak bilinen ve deniz kuvvetlerinin ana kışlasının bulunduğu Guayaquil'e taşıması ne de sokağa çıkma yasağı ile olağanüstü hal ilan etmesi toplumsal direnişi ve kolektif mücadeleyi durduracak gibi görünüyor. 2000'lerin başında iki devlet başkanını yerinden etmiş olan kitlesel gösterilerin ruhu bugün de Ekvador sokaklarında dolaşıyor. Ve CONAIE, son otuz yıldır tarihsel ve siyasal bağlama bağlı olarak geçirdiği tüm dönüşümlere ve iniş çıkışlarına rağmen bugün de Ekvador'un toplumsal ve siyasal yapısını şekillendirmede başat rol oynamaya devam ediyor.

Topraksız Kır İşçileri Hareketi (MST)

Dünyada gelir dağılımı adaletsizliğinin en yüksek olduğu ülkelerden biri Brezilya'dır. Toprak sahiplerinin % 1'inin ekilebilir toprakların neredeyse yarısını elinde bulundurduğu, köylü kitlelerin ya hiç toprak sahibi olmadığı ya da küçük bir parçasına sahip olduğu kırsal kesim, Brezilya'da ayrıcalıklı azınlık ile yoksul çoğunluk arasındaki uçurumun en yüksek olduğu yerdir. Topraksız Kır İşçileri Hareketi (MST), topraksız köylülerce Brezilya kırsalında "toprak onu işleyenindir" mottosuyla büyük toprak sahiplerine ait ekilmeyen tarım arazilerine ve kamu arazilerine yönelik spontane şekilde gerçekleşen işgal eylemlerini örgütlü ve sürekli mücadeleye dönüştürmek amacıyla, özerk bir kitle hareketi olarak 1984'te kurulmuştur.[9] Bu tarihten itibaren geliştirdiği mücadele stratejileri ve taktiksel repertuvarlarıyla tek bir eylemde yüz bin kişiyi mobilize etme kapasitesine ulaşan MST, 17 yıl gibi kısa bir sürede 1 milyonun üzerinde üyeye ulaşmış, Belçika'nın yüz ölçümünden daha büyük olan toprağı işgal etmiş ve 350 bin köylü ailesini bu topraklara yerleştirmiştir (Harnecker, 2006: 18).

Brezilya'da sayıları dört milyon aileyi bulan topraksız işçi için toprak reformu talep eden ve adil, eşitlikçi, özgür yeni bir toplum kurma idealine sahip olan MST, hedeflerini gerçekleştirmek ve hükümeti toprak reformuna zorlamak için toprağın zapt edilmesinin yeterli olmadığının ve sorunun asıl kaynağı olan ka-

---

9   Yürüttüğü mücadeleyi bir sınıf mücadelesi olarak tanımlayan Topraksız Kır işçileri Hareketi'nin ismindeki "kır işçisi" terimi neoliberalizme karşı kentsel emekçilerle gerekli bir ittifakın temelini oluşturmak ve "sınıfçı" ortak payda olarak emeğe vurgu yapmak için kullanılmıştır (Löwy, 2006: 210).

pitalist üretim tarzı ve neoliberalizmle mücadele etmesi gerektiğinin farkındadır (Stedile, 2002). Bu nedenle işgal ettiği topraklarda kurduğu yerleşkelerde kolektif üretim yapan, çok uluslu şirketlerin hibrit tohumlarına karşı organik tarımı savunan ve ürettiği organik tarım ürünleri ile hem Brezilya'da hem de uluslararası arenada kendi pazarını oluşturan, alternatif bir eğitim ve sağlık sistemi inşa eden MST, yerleşkelerinde neoliberalizmin dışında ve ötesinde yeni bir toplumsal ve siyasal alan oluşturmayı, "başka bir dünyayı mümkün kılmayı" başarmıştır (Martin, 2000). Bu başarı MST'yi aynı zamanda neoliberalizme karşı mücadelede başlıca ulusal referans noktası haline getirmiştir.

Siyasal iktidarı ele geçirmeden dünyayı değiştirme stratejisine sahip olan MST, toprak sorunu da dâhil olmak üzere Brezilya toplumunun içinde bulunduğu sosyo-ekonomik sorunların asli nedeni olarak gördüğü neoliberalizme karşı mücadelesini ulusal boyutta başarıya ulaştırmak, siyasal iktidarı tarım reformuna zorlamak için hükümetlerle talepleri konusunda müzakereler yürütmüş, siyasi partilerle ve sendikalarla ittifaklar kurmuş ama tabandan örgütlediği doğrudan eylem stratejisinden hiçbir zaman vazgeçmemiştir. Öyle ki, 2002'deki başkanlık seçimlerinde toprak reformu ve neoliberalizmle mücadeleyi vaat eden İşçi Partisi (PT) adayı Luiz Inácio Lula da Silva'yı açık şekilde destekleyen MST, Lula'nın zaferinde çok önemli bir paya sahip olmasına rağmen, hükümette temsilcilerinin görev almasını talep etmemiş, İşçi Partisi'nden özerk yapısını sürdürmüştür. Ekvador'da CONAIE'nin yaptığının aksine, sol bir parti iktidarda olsa dahi kurumsal siyaset ile arasına her zaman mesafe koyan MST'nin bu stratejisi, örgütsel yapısını ve topraksız işçileri mobilize etme kabiliyetini, Lula'nın iktidarı dönemindeki hayal kırıklıklarına rağmen, güçlü tutabilmesini sağlamıştır.

Ülkenin kırsalındaki toprak ve servet yoğunlaşması problemini çözmek için iktidara gelir gelmez tarım reformu yapacağını ve topraksızlara baş edemeyecekleri kadar çok toprak dağıtacağını vaat eden Lula'nın, başkan seçilmesinin ardından kamuya ve de şahıslara ait ekilmeyen tarım arazileri onbinlerce topraksız işçi tarafından toprak reformu hayali ile işgal edilmiştir. Ancak topraksızların bekledikleri tarım reformu bütçe kısıntıları ve Brezilya ekonomisinin genel durumu bahane edilerek hiçbir zaman gerçekleştirilememiştir. Öyle ki Lula'nın ilk döneminde toprak dağıtılan kişi sayısı neoliberal politikalar izleyen önceki sağ hükümetin bile gerisinde kalmıştır.[10] Bu süreçte Lula'nın iktidarına karşı duyulan büyük hayal kırıklığına rağmen MST toprak reformu talebini gerçekleştirmek için bir yandan seçimlerde İşçi Partisi'ni destekleyip[11] hükümetle

---

10 Cardoso hükümeti dönemi (1999-2002) toprağa yerleşen aile sayısı ortalama: 71.593, Lula hükümeti ilk dönem (2002-2005) toprağa yerleşen ortalama aile sayısı: 58.627.

11 PT'nin tarım reformu sözünü gerçekleştirmemesine rağmen MST'nin seçimlerde PT'yi hâlâ desteklemesinin en büyük nedeni PT'nin iktidar alternatifi olan Brezilya Sosyal Demokrat Partisi'nin (PSDB) tarım reformuna açıkça karşı olmasıdır. Bununla birlikte PT iktidarı kapsamlı bir toprak reformu gerçekleştirmese de MST'nin yerleşkelerini finanse etmiş, kırsal destek programları ile topraksız işçilerin şartlarını iyileştirmiş ve de MST'nin kırsalda örgütlenmesini zorlaştıracak politikalardan uzak durmuştur.

müzakereler yürütmeye devam ederken diğer yandan hükümete baskı uygulamak için toprak işgallerini ve kitlesel sokak gösterilerini sürdürmüştür. Dahası, İşçi Partisi iktidarı döneminde de uygulanmaya devam eden neoliberal politikaların yıkıcı etkilerine ve tahribatına maruz kalan tüm toplumsal kesimler ile ittifaklar kurmuş, Porto Alegre'deki Dünya Sosyal Forumu'na temsilciler yollayıp ulusal ve uluslararası toplumsal hareketlerle bağlantılar kurarak hem gücünü hem de kamuoyu desteğini arttırmaya yönelmiştir.

MST'nin örgütsel yapısını ve toplumsal ittifaklarını geliştirmeye yönelik çabalarının ne kadar önemli olduğu 2018'de aşırı sağcı popülist aday Jair Bolsonaro'nun başkan seçilmesi ile daha iyi anlaşılmıştır. Brezilya'dan sosyalizmin kökünü kazımayı vaat eden ve terörist olarak nitelendirdiği MST aktivistlerinin hak ettiğinin toprak değil de kurşun olduğunu ifade edip MST dâhil tüm sol hareketleri tehdit eden Bolsonaro'nun iktidarının ilk yılında solcu aktivistlerin, insan hakları savunucularının ve çevrecilerin faili meçhul cinayetlere kurban gitmesi, barışçıl toplumsal gösterilerin dahi polis şiddetiyle bastırılması ve MST'nin kamplarına ve aktivistlerine yönelik sistematik baskı uygulanması Bolsonaro'nun faşist söylemlerinin sadece seçim kampanyası konuşması olmadığını göstermektedir. Bolsonaro'nun toplumsal muhalefeti bastırma politikasına karşı demokratik taleplerinden vazgeçmeyen MST, 2019'u "direniş ve mücadele yılı" ilan ederek, işgal eylemlerine ve kitlesel protesto gösterilerine devam etmektedir. 35 yıllık örgütlü toplumsal mücadele deneyimiyle MST, geçmişte olduğu gibi bugün de baskı rejimlerine ve neoliberal politikalara karşı direniş umudunun simgesi olmayı sürdürmektedir.

Sonuç yerine

Tarihi, sömürgecilik ve sömürgeci güçlere karşı verilen toplumsal mücadele ile biçimlenmiş olan Latin Amerika'da eşitsiz ve adaletsiz sosyal düzene ve bu düzenin hâkim siyasal/toplumsal aktörlerine karşı daha eşit, adil ve özgür bir düzen talebiyle ve demokratik bir siyasal sistem için toplumsal hareketlerin verdiği mücadele hiç bitmedi. 21. yüzyılın başında sol partileri Latin Amerika'nın neredeyse tamamında iktidara taşıyan toplumsal hareketlerce örgütlenen kitlesel eylemlilik dalgası, son yıllarda yerini kitlelerin derin hayal kırıklığına bıraktı. Toplumsal hareketlerin talepleri doğrultusunda kitleleri mobilize etme ve iktidara karşı direniş örgütleme kapasitelerin azaldığı son yıllarda, Latin Amerika ülkelerine aşırı sağ en otoriter ve korkutucu yüzüyle geri döndü. "Otoriter popülizmin yükselişi" ve "yeni sağın yükselişi" gibi kavramlarla tanımlanan Latin Amerika ülkelerinde sağ partilerin iktidara gelişiyle birlikte neoliberalizme alternatif adil ve eşit bir düzen talep eden ve anti-kapitalist bir gündeme sahip olan toplumsal grupların mücadelesinde de bir gerileme/sönümlenme öngörülüyordu. Ancak bugün Ekvador, Şili, Honduras, Haiti başta olmak üzere Latin Amerika'nın dört bir yanında işsizlik, yolsuzluk ve yoksulluktan mağdur olan milyonlarca insan ekonomik ve sosyal krizin asıl sebebi olarak gördükleri neoliberal politikalara karşı kitlesel protesto gösterileri düzenliyor, hükümetleri istifaya zorluyorlar. 18 milyonluk nüfusa sahip olan Şili'de kolluk kuvvetlerinin silahlı müdahalesine ve ordunun ablukasına rağmen sayıları 1 milyonu aşan kalabalık, Latin Amerika'daki tüm hareketlerin ortak talepleri olan sosyal adalet ve neoliberalizme alternatif demokratik bir toplumsal düzen taleplerini hep bir ağızdan dile getirirken, Latin Amerika'daki toplumsal hareketlere faşizm dönemlerinde dahi direniş gücünü veren inançlarını hep birlikte haykırıyorlar:

"Örgütlü bir halkı hiçbir kuvvet yenemez!" (*El pueblo unido, jamás será vencido!*)

ARAŞTIRMA ÖNERİLERİ
- Latin Amerika'daki hareketlerin, toplumsal hareketler literatüründeki yerini tartışınız.
- Latin Amerika'nın sömürge geçmişinin bölgedeki toplumsal hareketler üzerindeki etkilerini tartışınız.
- Latin Amerika'da 1980'lerin ortalarında yükselen yeni toplumsal hareketlerin önceki hareketlerle benzerlikleri ve farklılıkları nelerdir?
- CONAIE ve MST'nin eylemleri ve kurumsal siyasetle ilişkileri hangi noktalarda farklılaşmaktadır? Tartışınız.

KAYNAKÇA

Alvarez, S. ve Escobar, A. der. (1988), *Cultures of Politics, Politics of Cultures: Revisiting Latin American Social Movements*, Boulder: Westview Press.

Becker, M. (2012), "Social movements and the goverment of Rafael Correa: Confrontation or cooperation?", Prevost, G., Vanden, H. ve Campos, C.A. (der.), *Social Movement and Leftist Goverment in Latin America Confrontation or Co-optaton?* içinde, New York: Zed Books, s. 116-136.

Harnecker, M. (2006), *Bir Hareket Yaratmak: MST Topraksız Kır İşçileri Hareketi*, D. Tuna (çev.), İstanbul: Kalkedon Yayınları.

Hellman, J. A. (1992), "The study of new social movements in Latin America and question of autonomy", Escobar, A ve Alvarez, S. (der.), *The Making of Social Movements in Latin America 'Identity, Strategy and Democracy'* içinde, Westview Press, s. 52-61.

Jameson, K. P. (2011), "The indigenous movement in Ecuador: The struggle for a plurinational state", *Latin American Perspectives*, 38 (1): 63-73.

Lelandais, G. E. (2009), "Sosyal hareket teorileri ve küreselleşme", Çoban, B. (der.), *Yeni Toplumsal Hareketler: Küreselleşme Çağında Toplumsal Muhalefet* içinde, Kalkedon Yayınları, s. 63-90.

Lievesle, G. ve Ludlam, S. (2012), "Giriş: 'Sola dönüş' mü?", Lievesle, G. ve Ludlam, S. (der.), *Latin Amerika'da Radikal Sosyal Demokrasi Deneyimleri* içinde, F. Çoban (çev.), Phoenix Yayınları, s. 19-48.

Löwy, M. (2008), *Latin Amerika Marksizmi*, I. Cüre (çev.), Belge Yayınları.

Martins, M. D. (2000), "The MST challenge against neo-liberalism", *Latin American Perspectives*, 27 (5): s. 33-45

Meyer, D. ve Tarrow, S. (der.) (1998), *The Social Movement Society: Contentious Politics for a New Century*, Oxford: Rowman & Littlefield.

Offe, C. (1999), "Kurumsal politikanın sınırlarının zorlanması", Çayır, K. (der.), *Yeni Toplumsal Hareketler* içinde, İstanbul: Kaknüs Yayınları, s. 53-80.

Özbudun, S. (2012), *Latin Amerika'da Yerli Hareketleri*, Ankara: Dipnot Yayınları.

Petras, J. ve Veltmeyer H. (2007), *Latin Amerika'da Devlet İktidarı ve Toplumsal Hareketler,* A. Demirhan (çev.), Kalkedon Yayınları.

Prevost, G., Vanden, H. ve Campos, C.A. (2012), "Introduction", Prevost, G., Vanden, H. ve Campos, C.A. (der.), *Social Movement and Leftist Goverment in Latin America Confrontation or Co-optaton?* içinde, Zed Books, New York, s. 1-22.

Retier, B. (2011), "What's new in Brazil's 'new social movements?'", *Latin American Perspectives,* 38 (1): 153-168.

Scott, A. (1990), *Ideology and the New Social Movement*, Routledge.

Stedile, J. P. (2008), "Brezilya'da sınıf mücadeleri: MST'nin bakış açısı", Panitch, P. ve Leys, C. (der), *Küresel Parlama Noktaları "Emperyalizme ve Neoliberalizme Karşı Tepkiler"* içinde, T. Öncel (çev.), Yordam Kitap.

Tarrow, S. (2006), *Power in Movement,* Cambridge: Cambridge University Press.

Tilly, C. (2008), *Toplumsal Hareketler 1768-2004,* O. Düz (çev.), İstanbul: Babil Yayınları.

Touraine, A. (1981), *The Voice and the Eye: An Analysis of Social Movements,* Cambridge: Cambridge University Press

Yıldırım, Y. (2013), *Sosyal Forum'dan Öfkeliler'e "Yeni Toplumsal Hareketlerin Kurucu Gücü"*, İstanbul: İletişim Yayınları.

Onuncu Bölüm

LATİN AMERİKA'DA KENTLEŞME VE YOKSULLARIN KENTSEL SİYASETİ

MERT ARSLANALP

Giriş

Latin Amerika toplumları geçtiğimiz yüzyılda çok hızlı bir kentleşme sürecinden geçerek dünyanın en büyük kentsel nüfusa sahip bölgelerinden biri haline geldi. 1950'lerin başında kentlerde yaşayan nüfusun bölgenin toplam nüfusuna oranı % 40 civarındayken sonraki 60 yılda ikiye katlanarak % 79,5'e çıktı (UN, 2014).[1] Son 30 yılda kentsel nüfus artışının hızı azalsa da 2050'de Latin Amerika nüfusunun % 86'sına tekabül edecek olan 673 milyon insanın kentlerde yaşayacağı tahmin ediliyor.[2] Dolayısıyla Latin Amerika siyasetinin yakın geçmişini, bugününü ve geleceğini bu büyük toplumsal dönüşümden bağımsız düşünmek mümkün değil. Bunun sebebi kentleşmenin siyasetin toplumsal arka planını oluşturan bir süreç olması değil sadece, kentleşmenin kendisinin siyasal bir süreç olması ve ürettiği kentsel siyasetin birçok toplumsal aktör için siyasetin ta kendisi olması.

Latin Amerika kentleşmesinin çok derin eşitsizliklerle ve bunların ürettiği çatışma hatlarıyla malul olduğu düşünülürse siyasal olanın kentsel boyutunun önemi daha iyi kavranabilir. Kentteki eşitsizliklere ve yoksulluklara karşı mücadeleler, Latin Amerika halklarının siyasallaşmasında bir yüzyıldır önem taşıyor ve önümüzdeki on yıllarda da taşımaya devam edecek gibi görünüyor. Bu süreçlerde edinilen pratik deneyimler ve üretilen söylemler ise sadece böl-

---

1 Aynı yıl Avrupa'nın kentsel nüfus oranı % 73,4 olarak hesaplandı.
2 Kentleşme, kentsel alanlarda yaşayan nüfustan şüphesiz çok daha fazlasını ifade ediyor (bkz. Brenner ve Schmid, 2013). Yine de bu istatistikler, bölgenin 20. yüzyılda geçirdiği baş döndürücü dönüşüme dair bir fikir veriyor.

ge halkları için değil, katılımcı demokrasiden, kent hakkına birçok küresel tartışma için de önem teşkil ediyor. Örneğin ilk kez Brezilya'nın Porto Alegre kentinde 1989'da uygulanmaya başlanan katılımcı bütçe uygulamaları, bugün farklı biçimlerde 1.500 kente yayılmış durumda (Baiocchi ve Ganuza, 2014). Keza "kent hakkının" uluslararası insan hakları hukukunun parçası yapılma mücadelesinde yine bölgedeki son yirmi yıldaki hukuki mücadele ve dönüşüm öncü rol oynuyor (Fernandes, 2007).

Bu bölümde işte bu ön kabullerden yola çıkarak, Latin Amerika'da kentsel siyasetin tarihsel gelişiminin ana hatlarını sunmaya çalışacağım. Yazının esas odak noktası, araştırma alanım olan kent yoksullarının barınma mücadelesi olacak. Bu siyasal süreçleri, bölgenin geçirdiği politik-ekonomik dönüşümler bağlamında inceleyeceğim. Yüzyıllık bir sürecin genel hatlarını özetlerken bölge içi farklılaşmaların üzerinde duramayacak olsam da değişik ülke ve kentlerden vereceğim örneklerle bu eksikliği bir nebze telafi edeceğim. Yine de ortaya çıkacak anlatının bölgedeki her ülkenin deneyimini birebir yansıtmadığını vurgulamak isterim.

Tarihsel anlatıya geçmeden önce kent yoksullarının siyasetinin literatürde nasıl sorunsallaştırıldığına kısaca değinmek gerekiyor. Zira Latin Amerika'nın hızlı kentleşmesi 1960'lardan itibaren özellikle ABD merkezli sosyal bilimlerde önemli bir tartışma nesnesi haline geldi, farklı kuramsal ekoller için laboratuvar olarak kullanıldı. 1960'larda modernleşme ekolünün çerçevesinde başlayan tartışmalar, kırdan gelen göçmenlerin siyasal yönelim ve davranışlarını odak noktası yaptı. Tartışmanın bir ucunda, kent yoksullarını modern ekonomi ve siyasetten dışlanmış, marjinal, pasif ve atomize bireyler olarak gören perspektif vardı. Bu yaklaşıma göre, yoksul göçmenlerin siyasetle ilişkisi en fazla orta sınıflardan gelen Perón gibi popülist liderler tarafından klientelist ilişkilerle manipüle edilmek olabilirdi. Tartışmanın karşıt ucunda ise yeni göçmenleri patlamaya hazır potansiyel devrimciler olarak gören hem soldan hem sağdan çalışmalar vardı (bu iki perspektife dair genel tartışma için bkz. Cornelius, 1975; Roberts, 1995; Bayat, 2000; Fischer, 2014). Meksika'dan Brezilya'ya birçok ülke üzerine yapılan ampirik çalışmalar bu iki perspektifi de yanlışladı.

Bu çalışmalara göre kır göçmenleri, Latin Amerika kapitalizminin bağımlı yapısının sonucu olarak formel olarak istihdam edilmese de formel sektöre son derece entegre inşaat işçiliği gibi enformel işlerde çalışıyordu ve dolayısıyla modern ekonomiden dışlanmış marjinal bireyler değildi (Perlman, 1976; Castells, 1983; Roberts, 1995). Siyasal olarak, siyasal partiler gibi yerleşik siyasal yapılara entegreydiler ve taleplerini hem bu ağlar hem de oluşturdukları mahalle örgütleri üzerinden iletiyorlardı. Onlardan devrimci kalkışma bekleyen perspektiflerin aksine, siyaseten pasif olmamakla birlikte oldukça pragmatiktiler, radikal dönüşümden ziyade mevcut siyasal sistem içerisinde çoğu zaman klientelist ilişkilerle, yeri geldiğinde de protesto ve toplumsal hareketlerle hayat koşullarını iyileştirmeye çabalıyorlardı (Cornelius, 1975; Perlman, 1976; Eckstein, 1977; Castells, 1983, Gilbert ve Gugler, 1992).

Castells'in (1983: 179) deyişiyle "kentsel popülizm her zaman klientelizm ile kentsel toplumsal hareketlerin tetiklenmesi arasındaki ince çizgide yürüyor" olsa da son 30 yıldaki literatür, bu iki siyaset biçiminden birini inceleme yönünde şekillendi. Bir yandan özellikle neoliberalizm ile yaygınlaşan klientelist ilişkileri inceleyen bir literatür oluştu (Gay, 1994; Auyero, 2001; Brusco vd., 2004; Holland, 2016). Diğer yandan özellikle Brezilya merkezli bir kentsel toplumsal hareketler çalışmaları ortaya çıktı (Mainwaring, 1987; Cardosa,1992; Assies, 1994; Schneider, 1995; Dosh, 2010). Bu iki siyaset biçiminin, yoksulların yurttaşlık haklarıyla ilişkisini nasıl şekillendirdiğine hem tarihsel bir pencereden hem de demokratikleşme sonrası dönemin katılımcı demokrasi uygulamaları çerçevesinde bakan çalışmalar da 2000'lerde çoğaldı (Baiocchi, 2005; Fischer, 2008; Holston, 2009; Murphy, 2015). Aynı dönemde, Latin Amerika kentsel siyasetinin çoğul ve çelişkili yapısını dışa vururcasına, yoksul mahallelerde artan kentsel şiddet üzerine bir araştırma alanı da ortaya çıktı (Arias, 2009; Auyero vd., 2014; Moncada, 2016).

> **Katılımcı bütçe**
>
> Katılımcı bütçe, ilk kez Brezilya'nın Porto Alegre kentinde uygulanmaya başlanan katılımcı demokrasi uygulamasıdır. Yurttaşlara, özellikle dezavantajlı gruplardan gelen yurttaşlara, belediye harcamaları üzerinde daha fazla söz ve karar alma hakkı vermeyi amaçlar. Yurttaşlar yıl boyunca semt, ilçe ve kent düzeyinde katıldıkları toplantılarda belediye harcamalarına dair ihtiyaç ve taleplerini müzakere ederek kamu harcamalarına dair önceliklerini belirler. Porto Alegre'deki modelde bu öncelikler belediye yönetimi için bağlayıcıdır ve bir sonraki yıl yöneticiler katılımcı bütçe meclislerine hesap verirler. Katılımcı bütçe uygulaması İşçi Partisi'nin belediye başkanlığını kazanmasıyla başlamış, 1990'lar boyunca partinin yönettiği diğer belediyelere yayılmıştı. Dünya Bankası'nın da desteğiyle 2000'ler boyunca birçok başka ülkeye de yayıldı fakat yaygınlaştığı ölçüde Porto Alegre modelinin taşıdığı daha radikal demokratik bir dönüşümü hedefleyen bazı kurumsal özelliklerini de yitirdi. Baiocchi ve Ganuza (2014), birçok uygulamada katılımcı bütçe meclislerinin istişare fonksiyonuna sahip olduklarını, alınan kararların bağlayıcılığının zayıf ya da bütçenin çok sınırlı bir kısmı üzerinde olduğunu söylemektedir.

Oligarşik dönemde modern metropollerin doğuşu

Latin Amerika'daki belli başlı metropollerin çoğunun kökeni, İspanyol ve Portekiz kolonyalizminin bölgedeki idari merkezlerine ve liman kentlerine uzansa da (Meksika ve Peru'da idari merkezler kolonyalizm öncesi kentlerin üzerine kurulmuştu) modern kentleşmenin başlangıcını Latin Amerika tarihinde "oligarşik" dönem olarak adlandırılan kabaca 1880-1930 arası döneme dayandırmak daha doğru olur. Kolonyal dönemin kentleri, üretim alt yapısı açısından zayıftı ve çok ufak bir nüfusa ev sahipliği yapıyordu (Roberts, 1995: 33). 19. yüzyılın ilk yarısındaki bağımsızlık savaşları ve ardından gelen yerel elitler arası iç savaşlar döneminde ise kentleşme düzeyi artmak bir yana azalmıştı (Roberts, 1995: 37). Birçok ülkede merkezî otoritenin görece güçlenerek asgari bir siyasi düzenin sağlanması ancak 1800'lerin ikinci yarısında gerçekleşti (Gibson, 1996; Skidmore ve Smith, 2005). Büyük toprak ve maden sahipleriyle, ticaret burjuvazinin çıkarlarına hizmet eden bu yeni oligarşik düzenler elitlerin temsiliyeti açısından farklılaşsa da (Şili'de çok partili düzen, Arjantin'de tek partili, Meksika'da Porforio Diaz'ın şahsileşmiş diktatörlüğü) hepsi geniş halk kitlelerinin siyasal alandan dışlanmasına dayanıyordu (Gibson, 1996).

1880'lerden itibaren tarım ve hayvancılık ürünleriyle doğal kaynakların ihracatına dayalı ekonomi, artan dış talep, görece siyasal istikrar ve İngiliz yatırımlarıyla genişleyen demiryolu ağı sayesinde yüksek oranlarda büyümeye başlayınca, kentleşmenin de ivme kazandığını görüyoruz (Roberts, 1995). Bölgenin genişleyen kentlerinde, üst sınıfların tüketim ve ticari aktivitelerine hizmet sunan orta sınıflar ve taşıma, inşaat, et paketleme ve zamanla tekstil gibi sektörlerde çalışan işçi sınıfları ortaya çıktı (Skidmore ve Smith, 2005). Bu dönemde Buenos Aires, São Paulo, Montevideo ve Santiago gibi kentler Avrupa'dan, özellikle yoksul İtalyan ve İspanyol kırsalından, çok yüksek oranlarda göçmen çekti (Roberts, 1995). 1920'lere gelindiğinde bu politik-ekonomik ve demografik değişimlerin sonucunda bölgede nüfusu 500 bin ile 2 milyon arası değişen metropoller ortaya çıkmış, bunların bazıları ülke nüfusunun % 20'sine yakının yaşadığı yerler haline gelmişti (Collier ve Collier, 1991: 66). Kısacası birçok bölge ülkesinde bugüne kadar devam edecek tek bir kentin baskınlığına dayalı eşitsiz kentleşme örüntüsü bu dönemde şekillenmişti bile (Roberts, 1995: 39-49).

Oligarşik dönemin büyüyen metropolleri, ait oldukları toplumsal düzenin eşitsizliğinin yansıdığı mekânlardı. Merkezleri şaşaalı *art nouveau* binaları, geniş bulvarları ve yemyeşil parklarıyla Avrupa mimarisinin ve kent planlamasının izlerini taşırken, sayıları her geçen gün artan işçi sınıfları, Arjantin'de *conventillo*, Brezilya'da *cortiço*, Meksika'da *vecindad* denilen ortalama 15 odalık ve her odasında bir ailenin yaşadığı sefil durumdaki binalarda yaşıyordu (Gilbert, 1998: 79). Aşırı yoğunluktan ve alt yapı yoksunluğundan son derece sağlıksız koşullara sahip işçi mahallelerinde, yüzyılın başından itibaren örgütlenme faaliyetleri de başladı (Buenos Aires için bkz. Ippolito O'Donnell, 2012: 43). Bu dönemde anarşistlerin ve sosyalistlerin önderliğinde sendikalaşan işçiler (Collier ve Collier, 1991), iş koşullarının yanı sıra konut koşulların üzerine de eylemler yapmaya başladı. Örneğin 1906'da anarşistlerin örgütlediği Buenos Airesli işçiler, kent nüfusunun % 25'inin yaşadığı *conventillo*larda yükselen kiralara karşı genel kira grevine gitti (Ippolito O'Donnell, 2012: 44). Bu eylemlerin saldığı siyasi korku, *conventillo*ların fiziki ve ahlâki çöküşe yol açtığına dair üst sınıf kamuoyundaki egemen görüşlerle de birleşince belediye ve sivil toplum örgütleri kentin ilk sosyal konut projelerini başlattı ve 1915'te sosyal konut üretmek için Ulusal Ucuz Konut Komisyonu kuruldu (Aboy, 2007: 497-502). Aynı dönemde, Rio de Janeiro'da, kenti "medenileştirme" amacıyla merkezde 37 bin kişinin yaşadığı 2.240'a yakın *cortiço*nun planlama yönetmeliklerine uymadığı gerekçesiyle yıkılması sonucu, Rio tarihinin en büyük kent protestolarından biri gerçekleşti (Fischer, 2008: 36). Oligarşik dönemin sonuna gelinirken, sınıfsal olarak ayrışmış bu genç metropollerin kâğıt üzerindeki planlama kurallarıyla, gündelik koşullar arasındaki makas açılmaya başlamıştı bile. Ortaya çıkmaya başlayan bu çelişkiler ve çatışmalar ileriki yıllarda olacakların habercisiydi.

Sanayileşen Latin Amerika'da gecekondu siyaseti

1929 kriziyle birlikte düşen dış talep, Latin Amerika ülkelerinin ihracata dayalı ekonomilerini derinden sarstı. % 48'e yakın düşen küresel emtia fiyatları, Batı piyasalarına bağımlı ekonomik modeli sürdürülemez kılarken, özellikle yerli sanayinin geliştirilmesi meselesini gündeme getirdi. İkinci Dünya Savaşı bu çabayı daha da hızlandıracaktı. 1930'lardan itibaren bölgenin özellikle geniş bir iç pazara sahip olabilecek ülkelerinde askerî darbeleri ve popülist hareketleri içeren son derece çalkantılı siyasal süreçler sonucunda ithal-ikameci sanayileşme politikaları farklı derecelerde uygulanmaya başlandı (Collier ve Collier, 1991). 1970'lere kadar devam edecek olan bu dönemde, birçok bölge ülkesinde sanayinin gayrisafi yurtiçi hasılaya katkısı, tarımınkini geçmiş ve bu durum her ülkede kırsaldan bir veya birkaç büyük şehre yönelen büyük bir göç dalgasını tetiklemişti (Roberts, 1995: 57). Örneğin 1950-1960 arası Bogota'nın nüfusu yılda ortalama % 7,2, Caracas'ınki % 6,6, São Paulo'nunki % 5,3, Mexico City ve Lima'nınki ise % 5 büyüdü (Gilbert, 1998: 31). 1930-1960 arası Buenos Aires metropolitan alanın nüfusu 2 milyondan 7 milyon civarına çıktı (Pirez, 2002: 148).

Gelişkin bir sosyal konut politikasının olmadığı, birçok göçmenin sanayide iş bulamadığı, imarlı arazi fiyatlarının yüksek, maaşların ise düşük olduğu ve konut piyasasındaki sermaye birikiminin zayıf olduğu koşulların sonuçlarına Türkiye'den tanığız. Ne piyasanın ne de devletin yeterince ucuz/erişilebilir konut üretmediği bir ortamda, göçmenler en azından ilk etapta alt yapıdan yoksun, çok kötü fiziki şartlara sahip enformel konut edinime yöneldi (Gilbert ve Gugler, 1992). Kentin her geçen gün genişleyen çeperlerinde ya da şehir merkezine daha yakın ama çeşitli sebeplerle varsıl kesimlerin yaşamak istemediği yerlerde, bizim gecekondu, Brezilyalıların *favela*, Arjantinlilerin *villa miseria*, Meksikalıların *colonias proletarias/populares*, Şililerin *campamentos* dediği enformel yerleşim alanları hızla büyümeye başladı. Her ne kadar tanım ve ölçüme dair ciddi anlaşmazlıklar olsa da Gilbert, 1980'lere gelindiğinde Mexico City nüfusunun % 50'sinin, Lima'nın % 30'unun, Caracas'ın % 60'ının, Bogota'nın % 30'unun bu tür mahallelerde yaşadığını söylüyor (Gilbert, 1996: 82). Ve çoğu zaman sanılanın aksine, birçok şehirde bu mahalleler sadece en yoksullarının değil zaman içerisinde kayıtlı işçilerin hatta alt orta sınıfların da yaşadığı yerler haline geldi (bkz. Mexico City; karşı bir örnek Buenos Aires). Bugün hâlâ, Latin Amerika nüfusunun % 25'inin, birçoğunun fiziki koşulları iyileşmiş olsa da enformel mahallelerde yaşadığı belirtiliyor (UN Habitat, 2011: 32).

Bu yazıda kısaca ve toptancı bir şekilde gecekondu mahallesi olarak nitelendirilen bu yerleşimlerin fiziki, hukuki ve sosyal şartlar açısından son derece heterojen, hem ülkeler arasında hem aynı kentin içinde farklılıklar gösteren bir olgu olduğunu unutmamak lazım. Mülkiyet bakımından mahalleler işgal edilmiş özel ya da kamu topraklarının üzerine yapılmış olabileceği gibi, sahiplerinden satın alınmış fakat imarsız ve kaçak olarak parsellenmiş topraklar üzerine de yapılmış olabilir (Gilbert ve Gugler 1992: 121-123). Çoğu mahalle, sakinlerinin fiziksel emeğiyle kurulsa da (*self-help housing/auto-construction*) birçok kentte gecekondulaşmanın yaygınlaşması ve var olan mahallelerin yerleşikleşmesiyle birlikte hem toprak arzına hem de inşaat süreçlerine aracılık eden enformel piyasalar neticesinde ortaya çıkmıştır (Cornelius, 1975: 30-34; Gilbert ve Gugler, 1992: 122). Hatta Fischer'ın (2008) Rio üzerine çalışmasında gösterdiği üzere toprak arzını enformel olarak kontrol eden aktörler, yeni gecekondulaşma süreçlerine öncülük etmiştir. Gecekondu mahalleleri, hem yapıların kalitesi ve kat sayısı hem de su, elektrik, ulaşım gibi temel kentsel hizmetlere erişim seviyesi ve biçimleri açısından farklılaştığı gibi, pratikte ne kadar güvenceye sahip olduğu açısından da mekânsal ve zamansal olarak farklılık gösterir. Zamanla mahalle sakinleri arasında gelir ve mülkiyet açısından tabakalaşmanın oluşması da yaygındır.

Bütün bu heterojenliğe rağmen, gecekondulaşma olgusunu her yerde ortaklaştıran unsur onun belki de hiçbir şekilde göz ardı edilemeyecek siyasallığıdır. Klientelizm ile toplumsal hareketlerin iç içe geçtiği, hak taleplerinin istisnaların parçalı ve keyfi müzakeresine dönüştüğü bu süreçler, gecekonduları kuruluşlarından bugüne, kentsel siyasetin hem bir toplumsal meselesi hem de aktör olarak en önemli parçalarından biri haline getirdi. Latin Amerika üzerine gelişkin bir literatür, devletin farklı kademelerindeki aktörlerin bazen göz yumarak bazen de bizzat öncülük ederek gecekonduların kurulmasında rol oynadığını gösteriyor (Cornelius, 1975; Castells, 1983; Gilbert ve Gugler, 1992; Fischer, 2008 ve 2014). Bunlar, seçilmek için gecekonduluların oyuna ihtiyacı olan ve alternatif sosyal konut projeleri için kaynakları olmayan demokratik yerel siyasetçiler olabileceği gibi (Holland, 2016), Peru'daki Odria rejimi (1948-1956) gibi, sol-popülist partilerin halk desteğini zayıflatmak isteyen askerî rejimler de olabilir (Collier, 1976: 59). Gecekonduların kuruluşunda olduğu kadar hizmetlere erişiminde, yıkım çabalarına karşı ayakta kalmasında ve en azından kısmen formelleşmesinde devlet ve siyasi partilerle kurulan klientelistik ilişkiler çok önemli rol oynamıştır. Her ne kadar çok partili rejimlerde siyasal rekabetin keskinleşmesi gecekonduluların pazarlık gücünü arttırarak hizmetlere ve *de jure* veya *de facto* kısmi güvenceye erişimini kolaylaştırsa da (Fischer, 2008; Gay, 1994; Murphy, 2015) bu türden bir rekabetin olmadığı ama rejimin meşruiyetini ve üst sınıflarla pazarlıktaki gücünü kitle desteğine dayandırdığı tek parti ya da askerî rejimlerde de klientelizmin belirleyici rolüne rastlıyoruz (Meksika'nın PRI rejimi için bkz. Cornelius, 1975 ve Eckstein, 1977; Peru'nun Velasco rejimi için bkz. Collier, 1976).

Şüphesiz girişte de belirtildiği üzere Latin Amerika'nın gecekondu sakinlerinin bu dönemdeki siyasal aktivitesi, devletle ve siyasi partilerle girilen klientelistik ilişkilerden ibaret değildi. Yazının girişinde referans verilen Latin Amerika temelli kentsel toplumsal hareketler literatürünün gösterdiği üzere, gecekondulular mahalle ve kent düzeyinde örgütler kurarak ve protesto gibi çatışmacı eylem formları kullanarak gündelik yaşam koşullarını iyileştirmeye çabaladı, yıkımlara karşı direndi, sosyal ve siyasal hak taleplerinde bulundu. Örneğin James Holston (2009), São Paulo üzerine araştırmasında, özellikle 1970'lerde askerî diktatörlük altında ortaya çıkan birçok kentsel mücadelenin demokratik katılımı ve hak taleplerini aşağıdan ördüğünü, Brezilya'nın eşitsiz yurttaşlık rejimine karşı başkaldıran bir kentsel yurttaşlık pratiğini geliştirdiğini söyler. Fakat birçok araştırmacının vurguladığı gibi, solcu aktivistlerin umduğunun aksine, bölgedeki gecekondu hareketleri çoğunlukla reaktif ve süreklilik arz etmeyen, uzun erimli bir yapısal dönüşümden ziyade kısa dönemli fakat gündelik hayat koşulları için çok önem taşıyan maddi kazanımları hedefleyen pragmatik eylemlilik biçimleri olarak kaldı (Gilbert, 1998: 130; Cornelius, 1975; Castells, 1983; Fischer, 2014). Hedeflenen kentsel hizmete ulaşıldığında ya da yıkım tehdidi geçtiğinde ve genel olarak devletle müzakere imkânları arttığında hareketliliğin dibe vurması vaka-i adiyedendi (Dosh, 2010). Farklı mahalle mücadeleleri, çoğu zaman toplumsal hareket kavramının taşıdığı "birlikte hareket etme" anlamının aksine birbirinden kopuk ve parçalı bir karakter teşkil etti. (Mainwaring, 1987). Yine de bu parçalı ve inişli çıkışlı mücadeleler sayesinde, birçok gecekondu mahallesi zaman içerisinde fiziki şartlarını iyileştirdi, formel bir işçi sınıfı mahallesinden çok da farkı olmayan koşullara erişebildi.[3]

Latin Amerika tarihine baktığımızda örgütlü eylemliliğin, gecekondulaşma sürecinin farklı aşamalarında ortaya çıkabildiğini görmekteyiz. Bunlardan daha nadir olan gecekonduluların mahalleleri kurma aşamasında gerçekleştirdiği toplu toprak işgal hareketleriydi. Bu hareketler, çoğunlukla kitleleri aşağıdan seferber eden siyasal hareketlerin ortaya çıktığı dönemlerde gerçekleşiyordu. Mesela Şili'de 1967-1973 arasında yükselen ve ardından iktidara gelen sosyalist hareket bağlamında başkent Santiago'da 279 bine yakın insan, örgütlü işgal hareketlerine katıldı (Murphy, 2015: 73). İşgal edilen topraklar, Santiago'nun bu dönemdeki genişlemenin neredeyse % 40'ına tekabül ediyordu (Schneider, 1995: 45). Benzer şekilde Peru'da APRA (Collier, 1976: 57), Arjantin'de sol-Peronist gruplar (Cuenya vd., 1990; Prevot-Schapira, 1999), Meksika'da devrimci öğrenci hareketi (Castells, 1983) kolektif toprak işgallerinde rol oynadı, yoksulların kentsel talepleriyle sol/sosyalist toplumsal dönüşüm projeleri arasında ilişki kurmaya çalıştı.

Gecekondulular arasında daha yaygın olan örgütlü eylemlilikler ise alt yapı hizmetlerine erişim mücadeleleri ve yıkım girişimlerine direnmekti demek yan-

---

3 Bunun sadece mahallenin kuruluş tarihiyle ilgili olmadığına bir örnek Buenos Aires'in en eski gecekondu mahallelerinden olan Villa 31'in ilk kuruluşundan 80 yıl sonra hâlâ temel hizmetlerle ilgili eksiklikler yaşıyor olması (ACIJ ve COHRE, 2008: 26).

lış olmaz. Örnek olarak Rio'da 1940'ların sonunda arazi fiyatlarının artmasıyla birçok toprak sahibi, mahkemeler yoluyla yerleşimleri yıkmaya çalıştı. Fakat gecekonduluların etkin fiziki ve hukuki direnişleri ve siyasal aktörlerle ilişkileri sayesinde birçok zorla tahliye girişimi engellenebilmiş hatta tüm tahliyeleri iki yıl süreyle donduran bir yasa da federal meclisten geçebilmişti (Fischer, 2008: 293). Bu süre zarfında özellikle Komünist Partili avukatların mahallelere desteği sayesinde partinin *favela*lardaki siyasal desteği artmıştı (Fischer, 2014: 31).

Devletlerin ise tekil yerleşimleri henüz yapım aşamasında yıkmaya çalışabildiği gibi, çağdaş kentleşme, sosyal kalkınma, güvenlik ve düzeni sağlama söylemleriyle toplu yıkım programları da başlattığı oldu (Yujnovsky, 1984; Oszlak, 1991; Murphy, 2015). Özellikle 1960 ve 70'lerde Arjantin, Brezilya ve Şili gibi bölgenin en kalkınmış ülkelerinde iktidara gelen uzun dönemli askerî rejimler, anti-komünist ulusal güvenlik devleti ideolojisinin ve üst sınıfların çıkar ve önyargılarının doğrultusunda bu türden programlara girişti. Buenos Aires'te 1976-1980 arasında 180 bin (Cravino, 2009: 39), Rio'da 1968-1975 arasında 100 bin (Arias, 2009: 25) ve Şili'de 1977-1986 arasında 200 bin (Murphy, 2015: 174) civarı gecekondu sakini zorla yerinden edildi, bazıları toplu konut projelerine yerleştirildi. Her ne kadar programlar gecekonduları kökten temizleyerek çağdaş kentler yaratmak olarak sunulsa da askerî rejimler öncelikle kentin varsıl semtlerindeki gecekonduları yıktı, hatta yerinden edilen gecekonduluların şehrin çeperlerinde yeni gecekondu mahalleleri kurmasına izin verdi. Kısacası yıkım programları kent merkezlerini yoksullardan arındırarak mekânsal düzene içkin sınıfsal hiyerarşileri yeniden kurma çabaları olarak tezahür etti. Askerî rejim sırasında Buenos Aires Konut Komisyonu'nu yöneten Guillermo del Cioppo'nun şu sözleri yıkım programlarını sınıfsal amacını özetliyor: "Buenos Aires'te yaşamak herkes için değil sadece onu hak edenler için. Daha iyi insanlar için daha iyi bir kente ihtiyacımız var" (Russo, 2001).

Bu dönemde toplu yıkım programlarıyla kentsel hareketler arasındaki ilişkilerin tek bir yönde gelişmediğini görüyoruz. Yıkım programları, kentsel muhalefeti tetiklemekle birlikte, muhalefetin etkili bir direniş sergileyebilmesi kendi dışındaki siyasal koşullarla yakından ilintiliydi. Örnek olarak Arjantin'de 1966 darbesiyle iktidara gelen Ognania rejimi 7 yıl içerisinde Buenos Aires'ten 80 bin, metropolitan alandan 200 bin gecekonduluyu yerinden edecek bir toplu yıkım programı başlattı fakat ancak 5 mahalleyi yıkıp, 3.765 kişiyi yerinden edebildi (Yujnovsky, 1984: 164). Bunun bir sebebi devlet içi ayrışmalar sebebiyle kapasitesizlik ise (Oszlak, 1991: 153) diğer sebebi yıkım tehdidi karşısında, gecekonduluların mahalleyi de aşan örgütlenmeler kurarak yıkımlara karşı direniş başlatmış olmaları ve özellikle 1969'da Cordoba'daki işçi ve öğrenci ayaklanmasının ardından yükselen sol-Peronist toplumsal muhalefetle kuvvetli bağlar kurmayı başarmalarıydı. Askerî rejim, yükselen toplumsal muhalefet karşısında geri çekilirken Villa 31 gibi yıkımların hedefindeki yerlerde mahalle örgütlenmeleri tazelenmiş, kent çapında sol-Peronist devrimci grupların önderliğinde yeni bir gecekondu federasyonu kurulmuş ve mahallenin yerinde kalarak kolektif katılımcı dönüşümü için Buenos Aires'in en merkezî meydanında eylemler yapılmıştı (Cravino, 2009). Bu radikalizasyon sürecinde rol oynayan diğer bir unsur ise kurtuluş teolojisinden etkilenen Katolik "gecekondu" rahipleriydi (Prevot-Schapira, 1999).[4]

1976 darbesiyle kurulan yeni askerî rejim, toplumsal muhalefeti selefiyle karşılaştırılamayacak boyutta bir devlet terörüyle bastırmış, yine komünist devrim hücresi olarak gördüğü gecekondu mahallelerini de selefinin aksine yeni sosyal konutlar yapmayı beklemeden yıkmaya girişmişti. Buna rağmen Villa 31 gibi yerlerde ufak bir kesim tutunmaya çalışmış, özellikle rahiplerin desteğiyle kamuoyuna sesini çıkarıp belediyenin işlemlerini yavaşlatmış, komünist avukatlardan aldıkları destekle de idare mahkemesinden 1980'de yürütmeyi durdurma kararı çıkararak diktatörlük sona erene kadar yerinde kalabilmeyi başarabilmişti (Oszlak, 1991; Cravino, 2009). Diktatörlüğün bitimiyle birlikte kuzeyde Villa 31 ve güneydeki diğer mahalleler tekrardan dolmaya başladı. 2000'lere gelindiğinde Buenos Aires kentindeki gecekondu sakini sayısı diktatörlük öncesinden daha fazlaydı (Cravino, 2009).

Diktatörlüğün kentsel mekân üzerinde çok daha kalıcı etkileri olduğu Şili'de dahi 1980'lerde toplu işgaller yoluyla kentin çeperlerinde yeni gecekondu mahalleleri kurulmakla kalmadı (Murphy, 2015), diktatörlüğe karşı ilk büyük kapsamlı eylem döngüsünde (1983-1986) özellikle Komünist Parti'nin darbe öncesinde örgütlü olduğu mahallelerdeki gecekondulular merkezî rol oynadı (Schneider, 1995). Keza Brezilya'da *favela* yıkımlarına karşı geliştirilen direnişi askerî rejim çok sert bir şekilde bastırıp yıkımları gerçekleştirse de 1977'ye gelindiğinde Rio nüfusundaki *favela* sakini oranı yıkımların başladığı 1968 yılına göre artmıştı (Gilbert ve Gugler, 1992: 195). Üstüne üstlük, São Paulo ve Rio'daki özellikle yerel kiliselerin desteğiyle ortaya çıkan mahalle hareketleri, 1980'lerin başındaki demokratikleşme sürecindeki en önemli toplumsal aktörlerden biri haline geldi (Mainwaring, 1989; Assies, 1994). Ayrıca 1988 anayasa yapım sürecinde aktif rol oynayarak konut ve kent hakkına dair taleplerini yeni anayasaya işledi (Holston, 2009). Kısacası bu askerî rejimler, kentsel mekânsal ayrışmada kalıcı etkileri olsa dahi ne gecekondulaşma olgusunu ve ne de gecekonduluların siyasal katılımını zor yoluyla yok etme girişimlerinde başarılı olamadılar.

Neoliberal kentleşmenin çelişkileri ve çatışmaları

1970'lerin yeni-muhafazakâr askerî rejimleri altında Şili, Arjantin ve Uruguay'da başlayan ithal-ikameci birikim modelinin neoliberal reformlarla tasfiye süreci 1980'lerdeki borç krizinin ardından, IMF programları çerçevesinde bölge-

---

4 Bugün Villa 31'e mahalle örgütleri *Barrio Padre Mugica* adını vermesinin sebebi diktatörlüğe direniş sürecinde mahalleye destek vermiş ve paramiliter örgütler tarafından katledilmiş peder Mugica'nın anısını yaşatmasıdır. 1973 yılındaki demokratikleşme sürecinde gecekondu hareketi askerî rejim karşıtı hareketin unsurlarından biri oldu.

nin neredeyse tamamına yayıldı. Böylece bölge, tarihinin en kalıcı demokratikleşme dalgasına koşut neoliberalleşme sürecine de girdi. İthal ikameci dönemin refah rejiminin en zayıf halkalarından olan sosyal konut üretimi, sosyal harcamalarda yapılan kesintiler sonucunda daha da azaldı, bölgedeki yeterli koşullara sahip konut açığı bu dönemde daha da büyüdü (Rolnik, 2013: 1061). Dünya Bankası'nın desteklediği mortgage sisteminin geliştirilmesi yoluyla konut sahibi yapma modelinden en fazla orta sınıflar yararlanabildiği ve yoksullaşan halk kesimlerinin ise formel mekanizmalarla konuta erişim imkânlarının olmadığı bu ortamda eski ve yeni gecekondu mahallelerinde yaşayan nüfus birçok ülkede artmaya devam etti (Rolnik, 2013).

Neoliberal demokratik dönemde gecekondu politikalarının, "regülarizasyon" ile yerinden edilmenin iç içe geçtiği çelişkili bir karaktere sahip olduğunu görüyoruz. Meksika ve Peru gibi ülkelerde 1960'lardan beri artarak uygulanmaya başlanan mahallelerin alt yapılarını iyileştirerek ve hukuki statülerini formelleştirerek "regülarize" etme politikası bu dönemde egemen paradigma olmaya başladı (Gilbert, 1992; Fischer, 2014; Meksika için bkz. Duhau, 2014; Peru için bkz. Collier, 1976). Dünya Bankası, regülarizasyonu sadece bir konut politikası olarak değil Perulu ekonomist Hernando de Soto'nun etkisiyle bir kalkınma ve yoksullukla mücadele politikası olarak da görmeye başladı. De Soto'ya göre, gecekondu sakinlerine tapu dağıtmak, bu kesimlerin üzerlerinde oturduğu ölü sermayeleri canlandıracak ve zaten girişimci ruhlu olan yoksulların mikro girişimleri için gerekli olan krediye ulaşmalarına imkân sağlayacaktı ve böylece kent yoksulları kendi kendilerini yoksulluktan çıkaracaktı (1989; 2000). De Soto'nun perspektifi farklı açılardan çokça eleştirilmiş olsa da (bkz. Fernandes, 2011) söz konusu politikalar hem dönemin neoliberal teknokratları hem de iktidara seçimle gelen Menem ve Fujimori gibi neo-popülistleri için biçilmiş kaftandı. Tapu dağıtmanın kamu maliyesine yükü yok, katkısı vardı; neoliberalizmin mülk sahibi girişimci birey vizyonuyla uyumluydu; yoksulluğun ve işsizliğin arttığı bir dönemde toplumsal tepkileri soğurabilir ve siyasetçilere masrafsız bir şekilde oy getirebilirdi. Bu tür tapu dağıtma programları çerçevesinde Peru'da 1996-2006 arasında 1,6 milyon tapu, Meksika'da 1974-2004 arasında 2,5 milyona yakın tapu dağıtıldı (Fernandes, 2011: 26-27). Arjantin'de Menem'in başlattığı benzer bir program devletin parselasyon işlerini dahi mahalle derneklerine devretmesi nedeniyle hedeflenenin gerisinde kaldı (ACIJ ve COHRE, 2008). Brezilya ise tapu dağıtımındansa mahallelerin fiziki alt yapısını geliştirmeyi hedefleyen daha kapsamlı ve masraflı bir regülarizasyon programı başlattığı için 2009 yılında 1,7 milyon civarında haneyi kapsayan program çerçevesinde sadece 136 bin civarında aileye tapu dağıtılabildi (Fernandes, 2011: 32).

Gecekonduları mevcut yerlerinde tutarak konut şartlarını iyileştirmeye yönelik politikaların neoliberal kentleşmeyle uyumu, bu gecekonduların bulundukları mekânların potansiyel piyasa değerinin yüksekliğiyle yakından ilintili. Zira neoliberal kentleşme üzerine literatürün vurguladığı üzere neoliberal kent politikasının merkezinde kentsel topraktaki rantın maksimize edilmek için imara açılması ya da yeniden imar edilmesi yatıyor. Latin Amerika'da bu dinamik başka yerlerde olduğu gibi kent yoksullarının konut ve kent haklarını bir yandan yoksulların yaşadığı çeperlere doğru genişleyen lüks kapalı konut projeleriyle diğer yandan özellikle kent merkezine daha yakın yoksul mahallelerini kamu-özel ortaklığıyla yapılan kentsel yenileme ve soylulaştırma projeleriyle dönüştürmeye çalışarak tehdit etti (Janoschka ve Sequera, 2016). Mesela Buenos Aires'te Villa 31, gecekondu regülarizasyon programına alınmasına rağmen 1994-1996 arasında Menem'in mahallenin üzerinde bulunduğu toprakları lüks konut ve iş merkezine çevirecek Retiro kentsel yenileme projesi çerçevesinde yıkılmak istendi, ancak mahalle ve sivil toplum örgütlerinin direnişiyle engellenebildi (Cravino, 2009). O tarihten beri haklarını güvenceye almak için geçen onca yerel yasa ve mahkeme kararına rağmen, yerel ve ulusal yönetim gerekeni yapmaktan hâlâ imtina ediyor. Rio'da Dünya Kupası ve Olimpiyatlara hazırlık çerçevesinde yapılan kentsel yenileme projeleriyle 4.120 aile yerinden edildi (Bin, 2017: 924). São Paulo'da kamu-özel iş birliğiyle inşa edilen yeni iş bölgesi projesi nedeniyle Jardim Edith *favela*sında yaşayan 3 bine yakın aile de yerinden edilerek kentin çeperlerindeki toplu konut projelerine gönderildi (Rolnik, 2019: 420-422).[5]

Bu manzara karşısında farklı ölçeklerde çoğu zaman birbirinden kopuk ve parçalı yeni kentsel mücadelelerin ortaya çıktığını görüyoruz. Mahalle bazlı direnişlerin yanı sıra, özellikle kent ölçeğinde örgütlenen, içinde orta sınıf sivil toplum örgütlerinin de bulunduğu hareketler, konut ve gitgide kent hakkı söylemiyle eşitsiz kentleşme dinamiklerine karşı mücadele etmeye başladı. Demokratik rejimlerin ve yine 1980'lerden beri gerçekleştirilen ademi merkeziyetçi reformların bu tür mücadelelere kurumsal alan açtığını ve bazı taleplerini yasal düzenlemelere dönüştürdüğünü de göz ardı etmemeliyiz. Mesela Buenos Aires 1996 yılında özerk kent statüsüne erişince, ilk kent anayasasına konut hakkı kuvvetli bir hak olarak girdi, yeni kent meclisinden gecekonduluların kentsel haklarını koruyan yasalar geçti ve kentin yeni idare mahkemesi gecekonduluların lehine önemli kararlar verdi (Arslanalp, 2015). Brezilya'da kentsel hareketler ve STK'lar "Kent Reformu için Ulusal Forum" şemsiyesi altında bir araya gelip 1990'lar boyunca mücadele ederek 2001 yılında kentsel hakları güvence altına alan bir yasanın geçmesine vesile oldular (Fernandes, 2007: 232). Bu tür hak mücadelelerinin yanı sıra kent hareketlerinin yerelde doğrudan katılımcı ve eşitlikçi kentleşmeye dair mikro ölçekte "prefigüratif" girişimlerin de olduğunu gözlemliyoruz. Örneğin Villa 31 kentsel dönüşümü için Buenos Aires Üniversitesi Mimarlık Fakültesi'nden bir grup akademisyenin mahalle dernekleriyle birlikte hazırladıkları katılımcı dönüşüm projesi bunlardan biri. Bir başkası ise yine Arjantin Kiracılar ve İşgalciler Hareketi'nin (MOI) kent merkezindeki hayata geçirdiği özyönetime dayalı konut kooperatifi projeleri.

Neoliberal dönemde, kent yoksullarının kentsel hayatta tecrübe ettikleri yoksunluğu ve eşitsizliği konuta ve hizmetlere erişim ya da yerinde kalma/edil-

---

5   E-kitap sayfa numaralarıdır.

me meselelerine indirgemek yanlış olur. 1980'ler ve 90'larda arka arkaya gelen ekonomik krizler ve IMF'nin neoliberal yapısal uyum programları işsizliği ve yoksulluğu arttırarak yoksul mahallelerde gündelik hayatın idamesini derinden sarstı. Bu sosyal yıkım bir yandan bireysel olarak klientelist ağlara bağımlılığı derinleştirirken (Auyero, 2001) diğer yandan mahallede örgütlenen ama kentsel hayatı sekteye uğratan kolektif eylemlere de yol açtığı oldu. Bu dönemde Caracas, Buenos Aires ve El Alto'da yağmaları da içeren kent isyanları çıktı. Arjantin'de 1996-2001 arasında *piqueteros* (barikatçılar) adını alan işsizler hareketi ve Bolivya'da özelleştirme karşıtı hareketler, düzenli aralıklarla neoliberal hükümetleri sarsan protesto eylemleri gerçekleştirdi (Arslanalp, 2009).

Arjantin İşsizler Hareketi / *Piquetero* Hareketi

Kurdukları barikatlarla yolları kestikleri için *Piqueteros* adını alan Arjantin İşsizler Hareketi, 1990'ların ortalarında ortaya çıktı. 1989'da hiperenflasyon koşullarında seçilen sağ-Peronist Carlos Menem, iktidara gelince seçim vaatlerinin aksine IMF anlaşması kapsamında radikal bir neoliberal yapısal dönüşüm programı uyguladı. Bu neoliberal dönüşüm programı yoksulluğu, işsizliği ve enformel istihdamı derinleştirdi. İşsizler hareketi bu yaşanan dönüşümün sonuçlarına tepki olarak gelişti. Özellikle 1996'da Patagonya'daki Neuqeuen eyaletinin Cutral-Co şehrindeki eylemler hareketin milatlarından biri olarak görülür. Kentin ekonomisinin bel kemiği olan ulusal petrol şirketi YPF'nin özelleştirilmesi birçok işçiyi işsiz bırakmıştı. İstihdam talebiyle sokağa dökülen işçiler kente ve rafineriye giden yolları yedi gün boyunca kesmiş, barikatların etrafında meclis kurarak taleplerini dile getirmiş ve eyalet valisinin kendilerini muhatap alıp anlaşma yapmasıyla eylemlerini sonlandırmışlardı. Bu eylemin ardından Menem, Dünya Bankası'ndan aldığı bir fonla faydalanma koşulları belirsiz olan *Plan Trabajar* adlı işsizlik yardımını devreye soktu. Eylemler ise Patagonya'dan ülkenin en büyük işçi havzası olan Buenos Aires metropolitan alanına yayıldı. Buralardaki eylemleri örgütleyenler 70'lerden beri gecekondu ve işçi mahallelerinde örgütlenmiş mahalle dernekleri, kooperatifler ve sosyalist partilerdi. 1997'de Buenos Aires ve diğer büyük kentlerin çeperlerinde toplamda 183 güne yayılan ve her birine ortalama 625 kişinin katıldığı 66 *piqueteros* eylemi yapıldı. 2001'de 157'ye çıkan eylem sayısı, Arjantin tarihinin en büyük ekonomik krizinin patlak vermesinin ardından 2002'de ortalama 1.587 kişinin katıldığı 394 eyleme yükseldi. İşsizler hareketi her ne kadar ağ tipi örgütlenmiş parçalı bir yapı arz etse de içinde Federacion de Tierra y Vivienda (FTV) ve Corriente Clasista y Combativa (CC) adlı örgütlenmeler mahalle örgütlerini ulusal düzeyde bir araya getiren federasyonlar kurdu fakat çabalara rağmen tüm işsizler hareketini tek bir şemsiyenin altında bir araya getiren ulusal bir örgütlenme oluşturulamadı. Kapsamlı bir işsizlik yardım programı olan *Plan Jefes y Jefas de Hogar*'ın oluşturulması, sol-Peronist Nestor Kirchner'in 2003'te başkan seçilmesi ve ekonomik büyümenin yeniden ivme kazanmasıyla birlikte işsizler hareketi ortadan kalkmasa da sönümlenmeye başladı. Hareketin ana gövdesini teşkil eden FTV gibi örgütler Kirchner iktidarına entegre oldu. *Piqueteroların* yaygınlaştırdığı eylem tarzı ileriki yıllarda başka örgütlenmeler tarafından farklı talep ve hedefler için kullanıldı (detaylar ve bu hareket üzerine yapılan akademik çalışmalar için bkz. Arslanalp, 2009).

Fakat birçok Latin Amerika kentindeki yoksul mahallelerin, uyuşturucu çetelerini, milisleri ve polisi içine alan başka türden bir çatışmanın da mekânı haline geldiğini de görmezden gelmememiz lazım. Dünya Bankası verilerine göre cinayet oranları 1980'lerden beri % 50 artış gösterdi, 2015 yılında dünya cinayet oranı 100 bin kişide 5,3 iken, Latin Amerika ve Karayipler'de 22,3'tü. Artan şiddet dalgasının birincil kurbanının yoksullar ve özellikle yoksul genç erkekler olduğu biliniyor (Imbusch, Misse ve Carrion, 2011; Auyero vd., 2014). Bu çetrefilli meseleyi bu yazıda açmaya imkân olmasa da Desmond Arias'ın (2009) Rio üzerine çalışmasında vurguladığı üzere kentsel şiddeti; ne çeteleri, yerel dernekleri ve devlet görevlilerini birbirine bağlayan yerel siyasete içkin illegal ağlardan, ne de kentlerin politik ekonomisinden bağımsız düşünemeyiz (Moncada, 2016). ABD üzerine yapılan çalışmalardan da bilindiği üzere polisin uyuşturucuyla mücadele adı altında uyguladığı şiddet, aynı zamanda devletin yoksulları idare etme ve kontrol etme biçimi (Wacquant, 2009). Ve yine bu şiddet üzerinden üretilen mekânsal damgalamanın yeri geldiğinde kentsel yenileme projeleriyle yoksulların kentten atılmasına temel teşkil ettiğini de biliyoruz.

Sonuç yerine

Latin Amerika'da, 2000'lerde yaşanan sol dönüşümün arka planında biraz da bu yazıda en genel hatlarıyla anlattığım kentsel siyaset yatıyor. İktidara gelen sol partilerin kentsel hareketlerle ideolojik ve örgütsel bağları bulunduğu gibi, Brezilya, Uruguay, Venezuela gibi yerlerde sol partiler sosyal eşitlik ve katılımcı demokrasi vadederek ilk yerelde iktidara gelmişti (Goldfrank, 2011). Neoliberalizm karşıtı kent isyanları neoliberal iktidarları sarsmış, sol partilerin seçim başarısının önünü açmıştı. Sol partiler iktidara gelince uyguladığı sosyal politikaların arasında konut politikaları da vardı. Venezuela'da Chávez iktidarı, kentsel toprak komitelerini kurarak gecekonduların regülarizasyon sürecini hızlandırmaya çalıştı aynı zamanda sosyal konut üretimini arttırdı (Garcia-Guadilla, 2011). Sosyal konut üretimi, Arjantin ve Brezilya'da da artış gösterdi, şüphesiz bu politikalar bir yandan ekonomik canlanmayı ve istihdamı arttırmaya yönelik müdahalelerdi de. Fakat ne yazık ki, sol iktidarlar yukarıda tasvir edilen eşitsiz ve ayrışmış kentleşme örüntüsünü değiştiremedi hatta neoliberal kentleşme politikalarını dahi ortadan kaldıramadı. Kentsel mekânda derinleşen eşitsizliğin ve şiddetin arkasında yatan sebeplere dair yapısal dönüşüm programı ortaya koyamadı. Venezuela'nın durumunda bu dönemin hem ekonomi hem güvenlik politikaları çok daha derin bir yoksulluk ve şiddet sarmalına yol açmış görünüyor. Özellikle kentsel şiddet meselesi bölgede yükselen sağın siyasal platformunun en başındaki maddelerden biri ve sanılanın aksine sadece orta ve üst sınıflardan değil yoksullardan da destek bulabiliyor. Neyse ki Latin Amerika'nın kent sakinleri uzun bir mücadele tarihine, birçok yerel deneyime ve azımsanamayacak bir haklar manzumesine sahip. Bu birikimin üzerine yeni hareketler ve siyasal mücadelelerle eşitlikçi bir kentsel düzen inşa edilip edemeyeceğini birlikte göreceğiz. Bunun son kertede kapitalist kentleşmeyi aşan bir alternatifi tahayyül edip hayata geçirmeye başlamaktan geçtiğini ise Latin Amerika'nın son yüzyılı bize hatırlatıyor.

> **ARAŞTIRMA KONULARI**
> - Latin Amerika ve Türkiye'nin kentleşme ve kentsel siyaset deneyimleri birçok açıdan karşılaştırmalı incelemenin nesnesi olabilir. Bunlardan bazıları konut politikalarında ve gecekondulaşma deneyimlerindeki benzerlikler ve farklılaşmalar; kentsel hareketlerin formları ve örüntülerinin ulusal, bölgesel ve küresel faktörlerle ilişkileri; yerel katılımcı pratiklerin ortaya çıkış ve devamlılık örüntülerinin devlet-toplum ilişkilerindeki farklılaşmalar çerçevesinden incelenmesi; popülist partiler ile kentsel siyaset ilişkisi; Latin Amerika kentsel hareket deneyim ve tartışmalarının Türkiye'deki bu alanda tartışmalar üzerine etkisinin Güney-Güney etkileşimi çerçevesinden incelenmesi olabilir.

KAYNAKÇA

Aboy, R. (2007), "'The right to a home' Public housing in post-world war II Buenos Aires", *Journal of Urban History, 33* (3): 493-518.

ACIJ ve COHRE (2008), *El IVC frente a las villas de la ciudad: Poco derecho y mucha discrecionalidad*, ACIJ, Buenos Aires.

Arias, E. D. (2009), *Drugs and democracy in Rio de Janeiro: Trafficking, social networks, and public security*, University of North Carolina Press, Chapel Hill.

Arslanalp, M. (2009), "Bir toplumsal mücadele deneyimi: Arjantin işsizler hareketi", *Birikim, 241*: 59-69.

—, (2015), *Claiming rights, negotiating exceptions: Politics of urban citizenship in Istanbul and Buenos Aires*, yayınlanmamış doktora tezi, Northwestern University Siyaset Bilimi Bölümü, Evanston.

Auyero, J. (2001), *Poor People's Politics: Peronist Survival Networks and the Legacy of Evita*, Durham: Duke University Press.

Auyero, J., Burbano de Lara, A. ve Berti, M. F. (2014), "Violence and the state at the urban margins", *Journal of Contemporary Ethnography, 43* (1): 94-116.

Assies, W. (1994), "Urban social movements in Brazil: A debate and its dynamics", *Latin American Perspectives,* 21(2): 81-105.

Baiocchi, G. (2005), *Militants and Citizens: The Politics of Participatory Democracy in Porto Alegre*, Stanford: Stanford University Press.

Baiocchi, G. ve Ganuza, E. (2014), "Participatory budgeting as if emancipation mattered", *Politics & Society, 42* (1): 29-50.

Bayat, A. (2000), "From dangerous classes to quiet rebels: Politics of the urban subaltern in the global south" *International sociology, 15* (3): 533-557.

Bin, D. (2017) "Rio de Janeiro's Olympic dispossessions", *Journal of urban affairs, 39* (7): 924-938.

Brenner, N. ve Schmid, C. (2014), "The 'urban age' in question", *International journal of urban and regional research,* 38(3): 731-755.

Brusco, V., Nazareno, M., Stokes, S. (2004), "Vote buying in Argentina", *Latin American Research Review, 39* (2): 66-88.

Cardosa, R. (1992), "Popular movements in the context of the consolidation of democracy in Brazil", Escobar, A. ve Alvarez, S. (der.), *The Making of Social Movements in Latin America: Identity, Strategy, and Democracy* içinde, Westview Press, Boulder, s. 291-302.

Castells, M. (1983), *The City and the Grassroots: A Cross-cultural Theory of Urban Social Movements*, Berkeley: University of California Press.

Collier, D. (1976), *Squatters and Oligarchs: Authoritarian Rule and Policy Change in Peru*, Baltimore: The Johns Hopkins University Press.

Colliers, R. B. ve Collier, D. (1991), *Shaping the Political Arena*, Princeton: Princeton University Press.

Cornelius, W. A. (1975), *Politics and the Migrant Poor in Mexico City*, Stanford: Stanford University Press.

Cravino, M.C. (2009), *Entre el Arraigo y el Desalojo. La Villa 31 de Retiro: Derecho a la Ciudad Inmobiliaria y Gestión Urbana*, Buenos Aires: Editorial Universidad Nacional de General Sarmiento.

Cuenya, B., Armus, D. Di Loreto, M. ve Pefialva, S. (1990), "Land invasions and grassroots organization", *Environment and Urbanization*, 2 (1): 61-73.

De Soto, H. (2000), *The Mystery of Capital: Why Capitalism Triumphs in the West and Fails Everywhere Else*, New York: Basic Civitas Books.

—, (2002), *The Other Path: The Economic Answer to Terrorism*, New York: Basic Books,

Dosh, P. G. J. (2010), *Demanding the land: Urban popular movements in Peru and Ecuador, 1990-2005*. Penn State University Press, University Park.

Duhau, E. (2014), "The informal city: An enduring slum or a progressive habitat?", Fischer, B., McCann, B., Auyero, J. (der.), *Cities from Scratch: Poverty and Informality in Urban Latin America* içinde, Duke University Press, Durham, s. 150-169.

Eckstein, S. E. (1977), *The Poverty of Revolution: The State and the Urban Poor in Mexico*, New Jersey: Princeton University Press.

Fernandes, E. (2007), "Constructing the right to the city in Brazil", *Social & Legal Studies*, 16 (2): 201-219.

—, (2011), *Regularization of Informal Settlements in Latin America*, Cambridge, MA: Lincoln Institute of Land Policy.

Fischer, B. M. (2008), *A poverty of rights: citizenship and inequality in twentieth-century Rio de Janeiro*, Stanford University Press, California.

Fischer, B. (2014), "A century in the present tense: Crisis, politics, and the intellectual history of Brazil's informal cities", Fischer, B., McCann, B., Auyero, J. (der.), *Cities from Scratch: Poverty and Informality in Urban Latin America* içinde, Durham: Duke University Press, s. 9-67.

Gay, R. (1994), *Popular Organization and Democracy in Rio de Janeiro: A Tale of Two Favelas*, Philadelphia: Temple University Press.

García-Guadilla, M. P. (2011), "Urban Land Committees: Co-optation, autonomy and protagonism", Smilde, D., Hellinger, D. (der.), *Venezuela's Bolivarian democracy: Participation, politics, and culture under Chávez* içinde, Dunham: Duke University Press, s. 80-103.

Gibson, E. L. (1996), *Class and Conservative Parties: Argentina in Comparative Perspective*, Baltimore: John Hopkins University Press.

Gilbert, A. (1998), *The Latin American City*, Londra: Latin America Bureau.

Gilbert, A. ve Gugler, J. (1982), *Cities, Poverty, and Development: Urbanization in the Third World*, Londra: Oxford University Press.

Goldfrank, B. (2011), *Deepening Local Democracy in Latin America: Participation, Decentralization, and the Left*, University Park: Pennyslvania State University Press,

Holland, A. C. (2017), *Forbearance as Redistribution: The Politics of Informal Welfare in Latin America*, Cambridge: Cambridge University Press.

Holston, J. (2009), *Insurgent citizenship: Disjunctions of democracy and modernity in Brazil*, New Jersey: Princeton University Press.

Imbusch, P., Misse, M. ve Carrión, F. (2011), "Violence research in Latin America and the Caribbean: A literature review", *International Journal of Conflict and Violence*, 5 (1): 87-154.

Ippolito-O'Donnell, G. (2012), *The Right to the City: Popular Contention in Contemporary Buenos Aires*, Notre Dame: University of Notre Dame Press.

Mainwaring, S. (1987), "Urban popular movements, identity, and democratization in Brazil", *Comparative Political Studies,* 20: 131-159.

Moncada, E. (2016), *Cities, business, and the politics of urban violence in Latin America*, Stanford: Stanford University Press.

Murphy, E. (2015), *For a proper home: housing rights in the margins of urban Chile, 1960-2010*, Pittsburg: University of Pittsburgh Press.

Oszlak, O. (1991), *Merecer la Ciudad: Los Pobres y el Derecho al Espacio Urbano*, Buenos Aires: Cedes-Editorial Humanitas.

Perlman, J. E. (1976), *The Myth of Marginality: Urban Poverty and Politics in Rio de Janeiro*, Berkeley: University of California Press.

Pirez, P. (2002), "Buenos Aires: fragmentation and privatization of the metropolitan city", *Environment and urbanization, 14* (1): 145-158.

Prevot-Schapira, M. F. (1999), "From utopia to pragmatism: the heritage of Basismo in local government in the greater Buenos Aires region", *Bulletin of Latin American Research*, 18 (2): 227-239.

Roberts, B. R. (1995), *The Making of Citizens: Cities of Peasants Revisited*, Londra: Arnold.

Rolnik, R. (2013), "Late neoliberalism: the financialization of homeownership and housing rights", *International journal of urban and regional research, 37* (3): 1058-1066.

—, (2019), *Urban Warfare*, Londra: Verso.

Russo, S. (2001), "Militares vs. villeros: La Guerra Militar a las villas", *Pagina 12*, 25 Mart.

Schneider, C. (1995), *Shantytown Protests in Pinochet's Chile*, Philadelphia: Temple University Press.

Skidmore, T.E. ve Smith. P. (2005), *Modern Latin America*, Oxford: Oxford University Press.

United Nations (2014), *World Urbanization Prospects: The 2014 Revision, Highlights*, (ST/ESA/SER.A/352).

UN Habitat (2011), *State of the world's cities 2010/11: Bridging the urban divide*, Washington DC: United Nations.

Yujnovsky, O. (1984), *Claves Políticas del Problema Habitacional Argentino, 1955-1981*, Buenos Aires: Grupo Editor Latinoamericano.

Wacquant, L. (2009), *Punishing the Poor: The Neoliberal Government of Social Insecurity*, Durham: Duke University Press.

On Birinci Bölüm

KADINLAR VE DEVRİMDEN KADINLARIN DEVRİMİNE: LATİN AMERİKA'DA KADINLARIN GÜNDEMİ

DİLAN BOZGAN

Giriş

Latin Amerika'da, son yıllarda giderek büyüyen bir kadın hareketlenmesine[1] tanık olmaktayız. Kadınlar "müşterek öfke"lerini her geçen gün kitleselleştiriyorlar. Kadınlara dair ve kadınlar tarafından üretilen politikaların dönüştürücü bir güç olarak siyaset sahnesinde ön sıraları almaya başladığını görüyoruz. Kadınlar, kıta çapındaki sağ eğilime karşı gelişen muhalefeti eklemleyen, etkili ve yepyeni bir siyasal güç olarak ortaya çıkıyorlar. Şüphesiz bu süreç, genel anlamda tüm dünyada kadınların kitlesel biçimde seslerini yükseltmeleriyle paralellik gösteriyor. Latin Amerika özelinde ise; kadınlar tarafından, kadınlar adına üretilen politikaların, yalnızca kadınlar arasında kitleselleşmekle kalmayıp halklaşmaya[2] başladığını, yani toplumu dönüştürecek yeni bir siyasal tahayyülü gündeme getirdiğini görüyoruz.

Tüm bu gelişmeler, bir yandan yeni bir başlangıç olarak görülse de esasen süregelen bir siyasal sürecin sonucu. Sol popülizmin, kıta çapında, bir rüzgâr gibi estiği ve "Kuzey Amerika sömürgeciliğine" karşı ortak bir sesin yakalandığı 2000'li yılların aşağı yukarı ilk on yılındaki siyasal momentumla yapı taşları

---

[1] Hareketlenme (*movilización*) ile, hareket (*movimiento*) gibi belirli bir ideolojik doğrultusu olmayan ve Latin Amerika'da geniş kitlelerin siyasi güçlerini ve taleplerini heterojen biçimde ifade etmek için önemli bir muhalefet aracı olarak kullandıkları devasa gösterileri kastediyorum.

[2] *Lo popular* Latin Amerika'da sınıf tartışmaları açısından oldukça kabul gören ve siyasal tarihsel bağlamdan türeyen bir kavramlaştırma. Çevirisi için "toplumsallaşma" kelimesi de kullanılabilirdi, ancak aydınlanmacı çağrışımları nedeniyle bu kelimenin burada kastedileni karşılamadığını düşünüyorum ve halklaşma demeyi tercih ediyorum. Sol popülist çerçevede de "halk" anlamıyla ele alınan kelimeyi, Türkiye'deki sol hareketlerin de bu biçimiyle kullanmaları bu tercihte bulunmamın nedeni. Kapsamlı tartışma için bkz. Gutiérrez ve Romero (2007).

alttan alta örülmeye başladı. Taban hareketlerinin, farklı bağlamlarda farklı biçimlerde oluşturduğu iktidar cephelerinin içerisinde kadınlar da yerlerini aldılar (Waller ve Marcos, 2005). Kadınlar açısından bir birikim süreci olmuş olan bu dönemin, bugün evrensel bir etki yaratan sonuçlarına tanık olmaktayız. Muhakkak ki, sonuçla kastettiğim şimdiye kadarki sonuç. Zira bu satırlar yazıldığı sırada, Abya Yala sokaklarında kadınların direnişi artarak büyümekte ve sesleri çoğalarak yükselmekte.

> **Latin Amerika'dan Abya Yala'ya düşüncenin sömürgesizleştirilmesi**
>
> Latin Amerika isminin sömürgeci çağrışımları nedeniyle Abya Yala terimini kullanmak siyasal/entelektüel bir tercih. Yerli halkların özellikle 2000'li yıllardan bu yana giderek önem kazanan mücadelelerinin bir sonucu olarak muhalif siyaset tarafından daha çok kullanılıyor. Bugün Panama sınırları içerisinde kalan yerli halk Cuna'ların kullandığı Abya Yala terimi, Olgun Topraklar anlamına geliyor. "Latin Amerika"yı tarihsizlik üzerinden tasavvur eden bütün yaklaşımlara karşı Abya Yala'yı öneren yerli entelektüel Muyolema'nın (2001) bu konudaki tartışmaları ufuk açıcı. Latin Amerika ibaresinin, Anglo-Sakson medenileştirici sömürgecilik projesine karşı kullanıldığını söylüyor. Anglo Sakson yayılmacılığı karşısında kıtanın güneyinde, medenileştirici içerik anlamında Anglo Sakson karşıtı, ancak kendisi de başka bir sömürgeci medenileştirici proje olan Latin yayılmacılığına verilen isim olduğunu söylüyor. Enikonu, Latin Amerika kavramının, yerli halklara karşı başka bir sömürgecilik projesine referans verdiğini belirtiyor.

Guatemala, Honduras, Kolombiya ve Meksika'da kadın liderlere, özellikle yerli hareketlerinden kadınlara yönelik suikastların ardı arkası kesilmiyor. Şili'deki halk isyanı boyunca ise INDH (2019) (Ulusal İnsan Hakları Enstitüsü - Şili) verilerine göre, 52'si kadın olmak üzere, 93 kişi gözaltında tecavüze ve tacize uğradı. Bolivya'daki ırkçı darbe sırasında, MAS (Sosyalizme Doğru Hareketi) taraftarı kadın politikacılar saldırıların hedefi oldu. Darbe karşıtı gösterilerde *cholita*lar en önde mücadele verenlerdi. Evo Morales Başkan olduktan sonra kamusal alana girme iznini ancak yakalamış, kimlikleri ancak tanınmış olan ve Morales'in en büyük destekçisi olarak görülen *cholita*lar ırkçı saldırıların hedefi oldu. Çokuluslu cumhuriyetin ve anayasasının temsili gibi görülen köylü ve yerli *cholita* imgesinin tam tersine, "beyazlaşarak" yerli kimliğini reddeden ateşli bir Hıristiyanlık savunucu olan kadın başkanın (Jeanine Áñez) seçilmesi de bir tesadüf değildi. Brezilya'da Jair Bolsonaro'nun seçilmesiyle sonuçlanan seçim sürecinde de yine en büyük muhalif cepheyi kadınlar örmüştü: *Ele Não* (Ona hayır!). Bu yüksek sesli "Hayır" ile Bolsonaro'nun kadın düşmanı fikirlerle yoğrulmuş ırkçı söylemini ilk deşifre edenler kadınlar oldu.

Sol popülist dalga sırasında çözülmeden kalan ve sağ hükümetlerin daha da derinleştirdiği sorunlar yumağı nedeniyle, Latin Amerika'da yeni bir "toplumsal sözleşme"nin gerekliliğine dair tartışmalar giderek artıyor. İktisadi ve siyasi krize karşı tabandan gelişen muhalefette kadınlar önemli bir rol oynuyor. Kadın-

> **Bolivya'da cholalardan cholitalara sömürgesizleştirme**
>
> *Chola* kelimesinden türetilen ve Türkçedeki -cik küçültme ekine benzer bir ek olan "-*ita/o*" ile birleşerek yapılan kelime: *cholita*. *Chola*, sömürgecilik döneminde pejoratif anlamda kullanılan bir terim. Aymara ve Quechua halklarından yerli kadınlara ek olarak *mestiza*ları (melez) da kapsayan, beyaz olmayan kadınlara verilen ad. Bu kadınların tipik yöresel kıyafetlerinin siyasi temsili değeri oldukça yüksek. Bu kıyafetlerle kamusal alana girişleri yasaklanmış olan *chola*lar kadın bedeniyle sınırları belirlenen bir siyasal mücadelenin temsili olarak görülüyor. Küçültme ekiyle pejoratif anlam ters yüz ediliyor ve siyasal kazanımlar yeniden anlamlandırılıyor. "Kast sistemini" andıran uygulamalar nedeniyle çok yakın zamana kadar Bolivya'da kamusal alanlara giremeyen bu yerli ve köylü kökenli kadınlar Evo Morales'in seçilmesinden sonra hayatları görünür anlamda en çok değişen ve dönüşen kesim. Bu nedenle *cholita*lar Evo Morales'in başkanlıktan indirilmesi ve sürgüne gitmesiyle başlayan, yeni hükümete karşı gelişen gösterilerde en önde yerlerini aldılar. Zira "demokratik" dönüşüm, Jeanine Áñez'in bedeni ve görünüşüyle de vurguladığı gibi, *cholita*ların kazanılan haklarının geri alınması olarak algılandı. And Dağları'ndan yerli halkların *cosmovisión*undan (bu kavrama daha sonra döneceğim; kozmik-görüş) yola çıkarak Bolivya'daki yerli/melez mücadeleleri üzerine detaylı tartışmalar için Bolivyalı feminist yazar Silvia Rivera Cusicanqui'nin (2018) kimlik/*cosmovisión* ve kadınlar üzerine analizleri ufuk açıcı.

lar, "şiddet ahlâkı" başta olmak üzere, kadın bedenini kontrol altına alan ve hiçe sayan her türlü yapısal sorunu da gündeme koyuyorlar. Bunu yaparken de hafıza politikalarından, hem geçmişin mirası anlamında ve hem de bu mirasın yaratıcı biçimde yeniden yorumlanması anlamında ilham alıyorlar. Giderek medyatikleşen Latin Amerika kadın hareketlenmesini, hem bir bağlama oturtmak hem de söylemsel ve performatif içeriğini siyasal kastrasyona uğratmadan anlamak açısından süreç ve sonucu dikkate almak önemli. Böylece, Latin Amerika'da kadınların süregelen tartışma, düşünme ve harekete geçme pratikleri görünür kılınabilir. Zira başardıkları eklemlenme süreçleri, bir yandan evrenselliği yakaladı ve sağcı hükümetlere karşı gelişen halk muhalefetini uluslararası kamuoyu nezdinde meşrulaştırdı. Diğer yandan da sağın kadın düşmanı (misojen) söylemlerini ve pratiklerini boşa çıkarma yönünde en önemli adımların atılmasına katkıda bulundu.

Bu yazı, kadınların örgütlenmelerini ve siyasal taleplerini besleyen ve/ya bunlardan doğan birkaç teorik tartışmayı kapsamakla yetiniyor. Teorik tartışmaların yerine, artık aramızda olmayan, ama Latin Amerika kadın mücadelesinin, geçmişten yola çıkarak geleceğe doğru yönünü işaret eden kadınların son sözlerine daha fazla yer veriyor. Birbirinden "çok uzak" gibi görünen Latin Amerika ve Türkiye bağlamları açısından, olası bir kadınlar arası diyaloğun, nasıl bir teorik ve pratik zemine oturabileceğine dair ipuçları vermek ve "kendimizi" bu izlek üzerinden yeniden düşünebilmek, yazının amaçlarından birisi. Bir diğeri ise, uzaklığın yarattığı "egzotikleştirme" eğilimlerine karşı, siyasal yakınlığı hissettirmek. Öncelikle, karşınızda LasTesis...

LasTesis: Kadınların müşterek öfkesinin sesi

Latin Amerika kadın mücadelesi dünya kamuoyunda yankısını, Şili'de Sebastián Piñera'ya karşı 2019'un Ekim ayının ortalarında başlamış olan gösteriler sırasında, LasTesis isimli bir kadın grubunun inisiyatifiyle başlayan performansla buldu. Şili'nin Valparaíso şehrinden, 30'lu yaşlarında, tiyatrocu dört kadından oluşan grubunun *Un Violador en tu Camino* (Yoluna Çıkan bir Tecavüzcü) performansı,[3] dünyanın birçok yerinde kadınların kendi dillerine uyarlayarak sahiplendikleri "ortak" bir siyasal mesaja dönüştü. *El País* gazetesine verdikleri röportajda, amaçlarının feminist teorik çözümlemeleri, geniş kitlelerce anlaşılabilecekleri bir biçimde ifade etmek olduğunu söylüyorlardı. "Tecavüzcü Sensin!" diyerek parmaklarıyla devlet kurumlarını işaret ettiklerinde ise kadınların içine su serpiyorlardı.

> **Valparaíso (Valpo)**
>
> Şili'nin, Allende geleneğini en canlı biçimde devam ettiren, sokak sanatının merkezi olması itibarıyla adeta bir açık hava müzesi görünümüne sahip, solun kalesi ve muhalif eleştirel geleneğin merkezi kabul edilen Valparaíso Üniversitesi'nin bulunduğu, birçok genç/öğrenci otonom ve muhalif gruba (sol, anarşist, feminist, ekolojik, vegan, vb.) ev sahipliği yapan dinamik kenti. Başkent Santiago de Chile'ye yaklaşık 120 km. uzaklıkta. Ayrıca şehir, Pasifik'in önemli limanlarından birine sahip. Bu liman kapitalizmin yerel temsili olarak görülen IIRSA'nın (Güney Amerika Bölgesel Altyapı Entegrasyon İnisiyatifi) merkez üslerinden biri. Limanın lojistik önemi nedeniyle, muhalefet, bu somut kapitalist kaleye karşı gerek teorik, gerekse pratik örgütlenme anlamında oldukça fazla alternatif üretmiş durumda. Ayrıca, Başkan Sebastián Piñera'nın da IIRSA bünyesindeki liman şirketlerinden birisinde büyük pay sahibi olduğuna dair söylentiler olduğunu eklemek gerekir.

Kadınların bireysel düzlemde yaşadıkları eril şiddete, kadın cinayetlerine (*feminicidio*), kadınların zorla kaybedilmesine, tecavüze ve ataerkil sistemin

> **Feminicídio - *Kadın kırımı***
>
> *Feminicídio* terimi "kadınlara yönelik toplu katliam/kırım" diye çevrilebilir. Bu kavramın türetilme süreci başlı başına bir makalenin konusu olabilecek kadar geniş (Lagarde, 2006). Latin Amerika'da feminizmin yasalarla mücadelesinin tarihsel arka planına ışık tutabilecek bir konu. "Tutku cinayeti" ibaresinden, kadınların "ortak bir eril ahlâkça" katline ve bu katlin yasalarca meşrulaştırıldığına işaret eden *feminicídio* kavramına kadar varan yolun kadınların/feministlerin verdiği uzun bir hukuk mücadelesinden geçtiğini hatırlatalım. Konuyla ilgili detaylı tartışmalar için bkz. Segato (2006).

---

3 Performansın ilk kez sergilendiği Valparaíso'daki 25 Kasım etkinliğinden görüntüler için bkz. https://www.youtube.com/watch?v=aB7r6hdo3W4. Bu performansın biçim olarak böylesine sahiplenilmesini ve hatta ortaya çıkabilmesini sağlayan etkenlerden birisinin de Şili'de muhalif grupların Rap gibi performatif müzikleri, bir siyasal mesaj aracı olarak kullanmaları olduğunu söylemekte yarar var. Bu konu ile ilgili detaylı tartışmalar için bkz. Ponce (2019) ve Plá (2009).

kadınların yargıcı gibi davranmasına dikkat çekiyor ve kadınlara hem bireysel hem de kolektif bir siyasal düzlemde ulaşıyorlardı.

Adliye, kongre ve emniyet müdürlüğü gibi binaları göstererek; Latin Amerika'da kadınların mücadelelerinin, son on yıldaki hızla ilerlemesinin altında yatan temel konuyu bir çırpıda özetliyorlardı: "Zalim devlet, sen tecavüzcü bir *maço*sun!"

> *Maço - maçizm*
>
> *Macho* kelimesinin birebir çevirisi "er, eril, erkek", yani "dişi"nin karşıtı. Buradaki anlamıyla Türkiye bağlamına (sadece Türkçeye değil) kültürel çevirisi "erkek adam" olurdu. Meksikalı feminist dilbilimci ve psikanalist Paciencia Ontañón de Lope (1994: 15), maço erkeği kendine özgüveni olmayan, oldukça hassas karakterli ve kendisinin ve etrafının gerçekliğine karşılık veremeyen bir kişilik olarak tanımlıyor. ("Tutku cinayeti"nin de kökeninin buraya dayandığını söyleyebiliriz.) Bu davranış kalıplarının kültürel altyapıyla desteklendiğini belirtiyor: Kadınlığın küçük görüldüğü, erkekliğin kutsandığı bir ortamda, (babanın neredeyse yok denilebilecek kadar varlığında) hem anne hem baba rolünü üstlenmiş annelerin çocukları olarak bir türlü olgunlaşamayan aşağılık kompleksli erkek karakterlerden ve bunu yeniden üreten bir kültürel zeminden bahsediyor. Yani başta Meksika olmak üzere Latin Amerika ataerkilliği, erkeklerin sadece erkek olmalarından dolayı kadınlardan üstün oldukları varsayımına dayanıyor. *Machismo* ise bahsedilen "erkek adam" ahlâkına dayalı bir bütün sistemin varlığına işaret ediyor (Ontañón de Lope, 1994).

LasTesis performansı birkaç kadının sergilediği bir koreografi olmaktan öte, Latin Amerikalı kadınların kolektif mücadelesinin ve feminist düşünsel izleğinin sahnelere yansımasıydı. Tam bu noktada, sahne ışıklarından geriye doğru bir adım atarak, LasTesis'in hem ismini aldığı hem de performanslarına ilham kaynağı olan feminist düşünürlerin tartışmalarına kısaca değineyim.

"Şiddet ahlâkı"ndan türeyen "tecavüzcü maço devlet"

LasTesis, şarkılarının ilham kaynağı olarak Rita Segato'yu gösteriyor. Kendisi Arjantinli, uzun yıllar Brezilya'da yaşamış olan, feminist antropolog ve kanaat lideri. Rita Segato (2010), *Las Estructuras Elementales de la Violencia (Şiddetin Temel Yapıları)* kitabında "şiddet ahlâkı" kavramını tartışmaya açıyor. Latin Amerika çapında, özellikle Meksika'nın ABD ile sınır kenti Juárez'den yayılan bir dalga ile son yıllarda giderek yükselen kadına yönelik şiddet ve kadın cinayetleri konusuna farklı bir bakış açısı getiriyor.

Segato (2010), Brezilya'nın başkenti Brasilia'da, cezaevlerinde, tecavüz hükümlüleri ile yaptığı görüşmelerde, suçluların kendilerini "ahlâk intikamcıları" olarak gördüklerini belirterek yasa ve ahlâk arasında oluşan çelişkiye işaret ediyor: "Tecavüzcüler, psikolojik sorunları olan insanlar değil, yasaya karşı gelmiş olsalar bile, ahlâkı onardıklarını düşünen erkekler" (Segato, 2010: 137). Dola-

> ### Juárez: Meksika'nın "kadın cinayeti makinesi"
>
> Meksika ile ABD sınırındaki bu şehirde, kölelik koşullarında çalışan tekstil işçileri, insan kaçakçılığı şebekelerince kaçırılan, fuhuş sektöründe çalışan, narkotrafikle iç içe geçmiş ağlarda sonlanan kadınlar ardı arkasına ölü olarak bulunuyordu. Sergio Gonzáles Rodrigo (2012), bunların hepsini iç içe geçmiş ataerkil bir yapılanma olarak tanımlayarak bu şehirde yaşanan durumu "kadın cinayeti makinesi" diye adlandırıyor. "Şiddet ahlâkı" üzerine yürütülen tartışmalarda, sistematik kadın cinayetlerinin yaşandığı Juárez şehri, sembolik olarak oldukça merkezî bir öneme sahip (Monárrez, 2004). Ayrıca, bu şehirde ölen kadınların vücutlarında bulunan dövmeler ve yazılar da narkotrafik çetelerinin, öldürülen ve belirli noktalara bırakılan kadın bedenleri aracılığıyla birbirine mesaj verdiklerini gösteriyor ve kadın bedeni ile toprak tartışmalarının Latin Amerika'daki yeni boyutlarına işaret ediyor. Bu konu ile ilgili tartışmalar için bkz. Segato (2013).

yısıyla, yasal düzenlemelerin ötesinde, kadına yönelik şiddeti "ahlâken normal" olarak gören bir "şiddet ahlâkı" olduğunu ve kadın cinayetlerinin de "politik cinayetler" olduğunu belirtiyor. Segato'ya (2010) göre, bu cinayetlerin failleri, tek bir kişi değil, hayatın birçok alanına yayılan ve erkeklerin belirli davranış kalıplarını tekrarlamasıyla kendini sürekli yeniden üreten "maço ahlâkı".

LasTesis tam da bu fikirden hareketle, "Zalim devlet, sen tecavüzcü bir *maçosun!*" cümlesiyle, devletin muhalefeti bastırmakta kullandığı şiddet yöntemlerini maço şiddet ahlâkıyla ilişkilendirdi. Bu düşünsel izleğin, kadınlarca siyasal alana taşınmasını sağlayan Arjantin'deki medyatik kadın hareketlenmesine daha sonra tekrar döneceğim. Arjantin'de başlatılan kampanyalar, tüm Latin Amerika'ya yayılan eylemler ve sloganların temelini oluşturdu ve kadın mücadelelerinin birikimlerini daha geniş bir kamusal düzleme taşıdı. Şubat 2020'de, Meksika'da Ingrid Escamilla isimli kadının eşi tarafından öldürülmesinin ardından yapılan gösterilerde de, "şiddet ahlâkına" duyulan tepki değişik biçimlerde dile getirildi. Bir "kadın mezarlığına" dönüştüğü söylenen Meksika'da, bu vakaların büyük kısmının "kadın cinayeti" kapsamına alınmadığı, maço şiddetin bir "alışkanlık" haline geldiği belirtilerek, kadınlar Meksika'nın birçok yerinde gösteriler yaptılar. Kadına yönelik şiddet vakalarının en çok gözlendiği ABD sınırındaki Sonora eyaletinde ise Anayasa Eyalet Mahkemesi'ni ateşe verdiler. Tüm ülke çapındaki gösterilerde ortak slogan şuydu, "kadın katili devlet."[4]

Neoliberal politikaları, her yolu mübah görerek hayata geçiren, bir anlamda kapitalizmin tetikçisi olan devletin yanına eklenmesi gereken başka aktörler de var. Latin Amerika'da bunlar yerine göre, uluslararası ve ulusal şirketler, paramiliter güçler, narkotrafik çeteler, ırkçı gruplar, futbol taraftar grupları, oligarklar vb. olabiliyorlar. Kapitalizme, ırkçılığa, ataerkilliğe ve heteroseksizme karşı mücadele yürüten kadın liderleri hedef alan cinayetlerin "bilinmeyen faillerine" kabaca değineyim.

---

4 *Estado Femicida*: bu terimin "soykırımcı devlet" (*estado genocida*) terimiyle benzerliğini de hatırlatalım. Kadınları topluca katleden devlet daha doğru bir çeviri olurdu.

"Bizler, yaka yaka bitiremediğin cadıların torunlarıyız!"

Latin Amerika çapında, son 5 yıllık zaman diliminde, sağ yükselişin ayak sesleri kadın siyasi liderlerin öldürülmesiyle gelmeye başladı. Farklı ülkelerde, "farklı" nedenlerle öldürülen kadın liderler, "maço ahlâkın" "cadı avının" (Federici, 2004) kurbanı oldular. İtalyalı, ABD'de yaşayan, feminist araştırmacı, yazar ve aktivist Silvia Federici'nin (2004) *Caliban ve Cadı: Kadınlar, Beden ve İlksel Birikim* kitabının, Latin Amerikalı kadın gruplarınca bunca okunması ve tartışılması, hatta Federici'nin birçok kere seminerler vermek üzere kıtanın güneyine davet edilmesi tesadüf değil. Yukarıda bahsi geçen "şiddet ahlâkı"na dair bolca ipuçları taşıyan bir kitap. Federici (2004), kapitalist birikimin en temel ilkelerinden birinin şiddet olduğunu, feodalizmden kapitalizme geçiş sürecinde, toprağın özelleştirilmesi ve sömürgeciliğin yayılması süreçlerine karşı muhalefetin her türlüsünün, şiddet yoluyla bastırıldığını belirtiyor. "Yeni bir ataerkil düzene" de geçilen bu dönemde, yeniden üretimin kapitalist birikim lehine düzenlendiğini ve bu yeni düzene tehdit olarak görülen kadınların, "cadı avı" ile katledildiğini belirtiyor. Öncü nitelikteki kadınların öldürülmesinin ve kadınlara yönelik şiddetin "normalleştirilmesinin", hem kapitalist ilksel birikim hem de bedenlerin iktidar tarafından kontrolü meselelerinin ikisinde de merkezî bir rolü olduğunu belirtiyor.

Latin Amerikalı kadınlar, kitabın tarihsel bulgularını güncelleyerek; sokaklarda, meydanlarda ve tartışma ortamlarında, bu fikri sloganlaştırdılar: "Bizler, yaka yaka bitiremediğin cadıların torunlarıyız!"[5] Federici (2004), kadın bedenlerinin disipline edilmesi sürecinde, kadınların yakıldığını, öldürüldüğünü, cinselliklerine müdahale edildiğini, kadınlar arası bilgilerle yürütülen kürtaj yöntemlerinin yasaklandığını ve böylece bedenlerinin denetim altına alındığını söylüyor. Bu tarihsel ânın hafızasını güncelleştirerek kapitalizmin hâlâ ve yeniden bu yöntemlere başvurduğunu hatırlatıyor. Bu anlamda, Latin Amerikalı kadın liderleri anmak, sadece feminizmin kıyılarındaki kadın mücadelelerinin içeriğine değil, aynı zamanda iktidarın hangi direnişleri ortadan kaldırmaya meyilli olduğuna dair de bilgi verecektir. Burada bahsi geçen kadınların her biri, kendi ülkesinin ve toplumsal tabanının en derin yaralarını sarmak niyetiyle yola çıkan kadınlardı. Latin Amerika'da gerçekleşmekte olan toplumsal/siyasal/iktisadi alt üst olma sürecinde öldürülmeleri tesadüf değil. Belirli bir tarihsel sıralama gözetmeksizin hatırlatmak istediğim bu kadınların hayatı ve son sözleri, medyatikleşerek halka yayılan ve daha görünür olan feminizmin, esasen taban hareketlerinden doğru "halkların feminizmi" olduğunu ve nasıl toplumun/halkın en derin hücrelerine nüfuz ettiğini gösterir nitelikte.

Berta Cáseres, COPIHN'in (*Consejo Cívico de Organizaciones Populares e Indígenas de Honduras*/Honduraslı Halk Örgütleri ve Yerli Örgütler Konseyi) kurucusu, Honduras'tan, doğa ve çevre savunucusu, Lenca halkından bir feminist-

---

5   *Somos las nietas de las brujas que nunca pudiste quemar!*

ti. *Agua Zarca* hidroelektrik santral projesine karşı geliştirdiği direnişle, 2015'te Goldman Çevre Ödülü'nü aldı. Hemen akabinde, 2016'da öldürüldü. Bu ödül töreninde yaptığı konuşmadan aktardığım bölüm aynı zamanda yerli halklardan kadınların feminizmine dair de fikir verebilir:

> Bizim *cosmovisión*umuza göre; bizler topraktan, sudan ve mısırdan doğan varlıklarız. Lenca halkı olarak bizler, suların kadim koruyucularıyız ve kız çocuklarının özünde saklanırız. Bizlere, hayat vermenin birçok biçimi olduğu öğretilir. Nehirleri korumak, insanlığa ve bu gezegene hayat vermektir. COPIHN, halklarla birlikte, halkların özgürleşmesi için çalışır. Halkların, suyu, nehirleri, ortak kaynakları ve doğayı korumaya yönelik inançlarıyla birlikte, halk olarak haklarını destekler. Uyanalım, uyanalım insanlık! Artık vakit kalmadı. Bilincimiz, kapitalist, ırkçı ve ataerkil süzgeçten geçerek sadece kendimizi yok etmeyi tasavvur etmekten silkinmeli... Militerleştirilmiş, çitlenmiş, zehirlenmiş, toprak anamız ile temel haklarımızın sistematik olarak ihlal edilmesi, bizi harekete geçmeye zorluyor. Hep birlikte var olabileceğimiz, adil ve onurlu bir biçimde yaşayabileceğimiz bir hayat için mücadele edelim![6]

> **Cosmovisión: *Kozmik-görüş***
>
> "Dünya görüşü" olarak karşılanagelen bu kelimenin daha kapsayıcı olan anlamı kayboluyor. "Kozmik-görüş" daha doğru bir ifade olur. *Cosmovisión* kelimesinde "cosmos" yaşayanlar kadar ölüleri ve insan dışında varoluşları da kapsadığından Latin Amerika yerli halklarının varlık ve varoluş algılarının temeli. Ayrıca yerli mücadelelerinde de oldukça temel bir öğe. Dünyaya dair somut bir bakış açısının ve insan merkezciliğin temsili olan akılcılığın hiçe saydığı ve akılcılığın bir uzantısı olarak sömürgeciliğin hedefi haline gelen yerli halkların direnişlerinde spiritüellik vurgusu ve bunun direniş pratiklerine katılımını görmemiz açısından bu kelimeyi anlamak önemli. Konuyla ilgili kapsamlı bir tartışma için bkz. Viveiros de Castro (2013).

Marielle Franco, Brezilyalı feminist, sosyolog, politikacı ve insan hakları savunucusu. Tek başına çocuk yetiştiren bir anne, siyahi bir lezbiyen olan Marielle Franco, PSOL (Sosyalizm ve Özgürlük Partisi) Río de Janeiro Belediye Meclisi üyesi olarak seçilmişti. Aynı şehrin, Maré *favela*sında (gecekondu mahallesi) doğan, büyüyen ve yaşayan Marielle Franco, polisle narkotrafik çeteler arasındaki çatışmada bir arkadaşının "kaza kurşunu"[7] ile öldürülmesine tanık olmuştu. Bu nedenle siyasete girdiğini söylüyor ve *favela*lardan yükselen kadın sesi olarak mücadelesine devam ediyordu. Mart 2018'de şoförüyle birlikte öldürülmeden birkaç gün önce, Acarí *favela*sında görevi kötüye kullanan polisler hakkında suç duyurusunda bulunmuştu. Suikastından birkaç saat önce *Jornal do Brasil*'e gönderdiği makalesinden alıntıladığım aşağıdaki sözleri, hem "gece-

---

6 Konuşmanın tümü için bkz. https://www.youtube.com/watch?v=AR1kwx8b0ms
7 *Gatillo facíl* (keyfi silah kullanımı), Brezilya başta olmak üzere Latin Amerika'daki metropollerin en önemli sorunlarından biri.

kondu feminizmlerinin" ortak mücadelesini hem de bu feminizmlerin bir temsilcisi olarak öldürülmesinin nedenini açıklar nitelikte:

> ...General Braga Netto diyor ki: "Río de Janeiro Brezilya için bir laboratuvardır." Görüyoruz ki, bu "laboratuvarda" kobaylar siyahi kadınlar ve erkekler, kıyıda kenardakiler, *favela*lılar, işçilerdir. İnsan hayatları güvenlik modeli deneylerine konu edilemez. *Favela*lar, şehre yönelik tehlike ve korku bölgeleri olarak hedef gösteriliyor... *Favela*... Kamu düşmanı olarak algılatılarak... Tehlikeli sınıflar efsanesi canlandırılıyor... Çokça bahsedilen güvensizlik duygusu, politik-medyatik bir söylemle ortadan kalkmıyor. Ve ölülerin rengi, sosyal sınıfları ve toprakları var. Kamu güvenliği asla silahlarla sağlanmaz... Son yaşananlar gösterdi ki, Silahlı Kuvvetler'in sokakları işgaliyle güvenlik problemi çözülmedi. Kaldı ki, acil bir duruma "çözüm getirmek" için ordunun sokaklara çıkarıldığı yılları gözlemlememiz önemli. Bu olaylardaki ortak nokta, bir güvenlik aciliyeti durumu değil, bu yılların seçim yılları olmasıdır. "Bu politikayla ne sonuç aldık?"[8]

Diana Sacayán, Arjantin'in Tucumán eyaletinden, Diaguita[9] (yerli) halklarından, 15 çocuklu yoksul bir aileden geliyordu. İnsan hakları savunucusu, INADI'de (Ayrımcılık, Zenofobi ve Irkçılığa Karşı Ulusal Enstitü) LGBTTI hakları konularında çalışmalar yürüttü. 2012 yılında yürürlüğe giren, Toplumsal Cinsiyet Kimliği Kanunu için yapılan çalışmaların parçasıydı ve "pembe" kimlik kartını bizzat dönemin başkanı Cristina Kirchner'den aldı. Ayrıca, Latin Amerika kadın hareketinin en önemli gündemlerinden biri olan, her yıl binlerce kadının kaybedilmesi ve narkotrafik çetelerinin eline düşerek seks kölesi olarak çalıştırılmasına kadar varan derin bir mesele olan fuhuşun bitirilmesine yönelik siyasal duruşu ile de LGBTTI toplulukları arasında ayrıksı bir yerde duruyordu. 2015 yılında öldürülen Diana Sacayán'ın dosyası, 2018 yılında Arjantin'de ilk kez *travesticidio* (yani politik trans cinayeti) olarak tanımlandı ve tanındı. Radio Mu'daki son sözleri şöyleydi:

> ...Mücadelemiz sadece bir grup insanın mücadelesi değildir. Öyle olursa bir getto oluruz, küçük bir dünya görüşümüz olur... Bizim gündemimiz Toplumsal Cinsiyet Kimliği Kanunu ile sona ermiyor. Bizler kürtajın serbestliği, yerli halk hareketleri ile çevre hareketlerinin taleplerini de sahipleniyoruz. Çünkü yoksa, yerimiz sadece fuhuş olur. Ve bunu düzenleyen sektörler var... Sahip olduğum deneyimden; bunun en açık ifadesinin sokaktaki şiddet, polis şiddeti ve kurumsal şiddet olduğunu düşünüyorum. Bu, travesti kadınların özgüvenini fazlaca zedeledi. Ben dâhil: bu durumdan çıkmakta çok zorlandım. Hâlâ da bundan çıkmak için mücadele etmeye devam ediyorum, çünkü bu korkunç bir yer. Bu söylemi yıkmalıyız: bizler, sonsuza kadar o karanlık köşelere mahkûm olmak istemiyoruz.[10]

---

8 Yazının tümü için bkz. https://latinta.com.ar/2018/03/ultimas-palabras-de-marielle/
9 Arjantin'in kuzeybatısı ile Şili'nin kuzeyi sınırları içerisinde kalan bölgede Cacán ortak dilini konuşan halklara verilen ortak ad.
10 Söyleşinin tümü için bkz. http://www.lavaca.org/notas/diana-sacayan-hasta-la-victoria-siempre/

Daniela Carrasco, dünya kamuoyunda *La Mimo* olarak tanınan Şilili sokak sanatçısı. Daniela, Şili'deki "halk isyanı" sırasında, en son *carabinero*lar (Düzen ve Güvenlik Kuvvetleri) tarafından gözaltına alınırken görüldü. Ekim 2019'da tecavüze uğradıktan sonra, cesedi ibreti âlem olsun diye, André Jarlan Parkı'nın yakınlarında tel örgülerin üzerine asılı bırakıldı. La Victoria *población*undan (Şili'de gecekondu mahallesine verilen adlardan biri) olan La Mimo, dünya basınına bir sokak pandomimcisi olarak yansıdı sadece. Ancak, Daniela'nın doğduğu, büyüdüğü ve mücadelesini sürdürdüğü mahallenin mücadele geçmişi bu cinayeti gerçek bağlamına oturtacaktır.

> **La Victoria: "Zafer" mahallesi**
>
> La Victoria, Santiago'nun bir işçi mahallesi. Ekim 1957'de halk tarafından işgal edilen hazine arazilerinin üzerine kurulmuş bir mahalle. *Toma* (işgal) ile Latin Amerika'da bu biçimde oluşan mahallelerin ilki olduğu söyleniyor. Konut hakkının, siyasal bir mesele haline dönüştürüldüğü yer: halk "Zaferi" (*La Victoria*) eline aldıktan sonra özyönetim ve özgüçle mahalleyi kurup resmî olarak tanınması için mücadele verilmiş. Pinochet diktatörlüğüne karşı gelişen direnişin merkezlerinden biri olan mahalle, bugün de, Piñera karşıtı gösterilerin baş merkezlerinden biri oldu.

La Victoria'da doğup büyüyen Daniela'dan geriye ise, belki sözleri değil, ama dünya kamuoyunu sarsan fotoğrafı bir siyasi mesaj olarak kaldı. Devlet şiddetinin, terörünün ve tecavüzünün orta yerinde, palyaço kıyafetiyle duran bu kadın, çocuklara, şiddetin ortasında, hayatın devam ettiğini ve neşenin direnişin bir parçası olduğunu hatırlatıyordu.

Son olarak **Cristina Bautista Taquinás**'ı, Kolombiyalı yerli kadın lideri hatırlayalım. Barış sürecine rağmen, özellikle köylü örgütlenmelerinin yoğunlaştığı, Cauca eyaletinde öldürülen, Tacueyó kurtarılmış bölgesinin valisi Cristina Bautista Taquinás, Ekim 2019'da Cauca'da son konuşmasında şunu diyordu: "Bizi, sussak da susmasak da öldürüyorlar. O zaman, konuşacağız... Barış isteyen bizler savaş çığlıkları atanlardan daha fazlayız."[11] Kendisi bu konuşmayı, Cauca'da paramiliter gruplarca öldürülen köylülerin anma töreninde yapmaktaydı.[12]

Tabandan feminizmler: Halk feminizmi

Latin Amerika'da feminizmin, Batı geleneğinin bir adaptasyonu olmaktan çok, kendi toplumsal dokusuna uygun biçimde kavrandığı tabandan feminizmler, devletin sömürgeci karakterini ve beyaz feminizmi sorguluyorlar. Genel anlamda, yerli halk feminizmi olarak adlandırılabilecek bir çizgi, Bolivya'da de-kolonyal feminizm, Meksika'da aşağıdan (*desde abajo*) feminizm, Arjantin'de İyi-Ya-

---

11 Konuşmanın tümü için bkz. https://www.youtube.com/watch?v=xY0OdRDd_Vo
12 Kolombiya'da siyasi liderlerin öldürülmesi konusunda kapsamlı rapor için bkz. https://codhes.files.wordpress.com/2019/03/informe-liderasas-sociales-codhes-marzo-2019.pdf

şam için Yerli Kadın yürüyüşü (*Marcha de Mujeres Originarias para Buenvivir*) olarak karşılığını buluyor. Kolombiya'da köylü feminizmi, Guatemala'da Hayat Şifacıları (*Sanadoras de Vida*) adını alıyor. Ayrıca kent-köylü karakterli gecekondu feminizmi ve siyahi feminizmleri de tabandan feminizmler arasında saymak gerek: Brezilya'da *favela* feminizmi, Arjantin'de *villa* feminizmi, Şili'de ise *población* feminizmi şehrin kenar mahalllerinden yükselen kadın sesleri. Ekvador ve Kolombiya'daki Afro feminizmler ise "köylü" feminizmler ile gecekondu feminizminin birbirine karıştığı, temelini ırkçılık karşıtı tartışmalarda bulan feminizmler.

"Başka türlü modernizm hikâyelerinden" yola çıkarak beyaz feminizmin "milliyetçi ve elitist" kökenlerini sorgulayarak sömürgecilik tarihi ve moderniteyle yüzleşmeyi merkezlerine alıyorlar. Silinmek istenen geçmişlerini yeniden öğrenerek yepyeni direniş stratejileri yaratıyorlar. Bugün böylesine büyük bir siyasal gündeme dönüşen, kadın bedeni ile ilgili meselelere yeni açılımlar getiriyorlar. Devletin, kadın bedeni ile ilgili politikalarının, sömürgecilik tarihinden bu yana temel meselelerden biri olduğunu tartışıyorlar (Gargallo Celentani, 2014). *Pachamama*nın (toprak ana) sömürülmesine benzer bir biçimde (Pratt, 1992) kadın bedenine "keşfedilen topraklar" gibi davranıldığını, yani her ikisinin de "mantıken" birbiriyle ilişkili olarak umarsızca hırpalandığını gösteriyorlar. Kadın bedeni ve toprak(sızlık) arasındaki kurulan ilişkiye benzer bir ilişkiyi, kadın bedeni ve yasa tartışmalarında da görüyoruz. Bu konuyu, Latin Amerika kadın gündemine oturtan Arjantin'deki kitlesel kadın kampanyalarına kısaca değineyim.

"Feminizm herkes içindir": Arjantin'de kadınların kitlesel kampanyaları ve medyatik feminizm

Arjantin'de kadınlarca kitleselliğin böylesine yakalanmasında, Peronist geleneğin etkisi elbette oldukça büyük. Peronizmin siyasal içeriği değil, siyasal tarzı anlamında. Kıyılardan ve tabandan gelen her türlü hareketi içerme kapasitesi oldukça güçlü, Arjantin icadı bu siyasal gelenek, kadın hareketlenmesinin tarzının ilham kaynağı (Masson, 2007). Tabandan gelen örgütlü kadın gücünü birleştiren medyatik feminizm, sosyal medya ağları ve direniş-sanatını (sokak sanatı)[13] oldukça etkin bir biçimde kullanarak kitlesel kadın yürüyüşleri ve hatta kadın kitleleriyle "gövde gösterileri" gerçekleştirdi. 3 Haziran 2015'te ilk kez yapılan *Ni Una Menos* eyleminin arkasında kuşkusuz uzun bir kampanyalar deneyimi var. Tekil, ama sembolleşmiş, kadına karşı şiddet kampanyalarında[14] kazanılan deneyimle kitlesel kadın eylemleri örüldü.

Peronist geleneğin yanı sıra, Plaza de Mayo Anneleri/Ninelerinin ve Arjantin siyasetine hediyeleri olan "hafıza politikalarının" etkisi de unutulmamalı. 1976

---

13 Bu görsel çalışmaların (afiş, baskı resim, vb.) toplandığı kitap *Vivas Nos Queremos: Campaña Gráfica*, 2017.
14 Bu kampanyalardan önemli birisi olan "Belén davası" ile ilgili detaylı analiz için bkz. Deza (2016).

askerî darbesinin, "Devlet Terörü" olarak resmiyette kabul edilmesi için uzun yıllar süren mücadeleden öğrenilen temel bilgi, kadın hareketlenmesine aktarıldı: "devletin sorumluluğu". Kadınların maço ahlâkça katline sessiz kalan ve onaylayan, kadınların kaçak kürtaj masalarında ölmesine yasal yasaklarıyla çanak tutan, kaçak tekstil atölyelerinde yanarak ölen göçmen kadınları yok sayan, "bilinmeyen" dilde konuştuğu için kendisine verilen cezayı bile anlamayan kadınları yıllarca hapse mahkûm eden devlet, gözaltında kayıplardan olduğu gibi yine sorumlu!

Nunca Más!'tan (Bir Daha Asla!) *Ni Una Menos!*'a (Bir Kadın Daha Eksilmeyeceğiz) ve *Vivas Nos Queremos!*'a (Kadınları Canlı İstiyoruz) uzanan mücadele ile Plaza de Mayo Anneleri'nin sembolü olan beyaz başörtüsünden *Aborto Legal!* (Yasal Kürtaj Hakkı!) kampanyasının[15] sembolüne dönüşen yeşil başörtüsüne uzanan mücadele hafıza aktarımının ürünleri. Arjantin'de, "demokrasinin yeniden onarılmasının" hemen akabinde, 1986'dan bu yana, kesintisiz yapılan Ulusal Kadın Buluşmaları, bugün tüm Latin Amerika kadınlarını ayağa kaldıran bir eklemlenme sürecine ev sahipliği yapmaya devam ediyor. "Ulus" yerine "Çokuluslu" ve "Kadın" yerine "muhalif cinsel kimlikler" demek konusundaki farklılıklara ve iç tartışmalara rağmen, kadınlar bu platformda sağ hükümetlere ve cuntalara karşı, ortak söz oluşturan çoğulcu tartışmalar yürütüyorlar.

> ### Hakikat savaşçıları: Plaza de mayo anneleri ve nineleri
>
> Plaza de Mayo'nun etrafı, Catedral, AFIP (Federal Kamu Gelirleri İdaresi), Casa Rosada (Pembe Ev/Başkanlık Sarayı) ve bir müzeye dönüşmüş olan Cabildo (sömürge rejiminin idare merkezi), yani Arjantin devletinin tüm yapı taşları ile çevrilidir. Ancak meydanı, Arjantin'in tüm mücadelelerin merkezi yapan, Plaza de Mayo Anneleri'nin 1976 askerî darbesine karşı mücadelesidir. Devlet terörüne aldırmadan her perşembe saat 15'te bu meydanda toplanıp, onları çevreleyen tüm güçlere karşı verdikleri "hakikat savaşı", çocuklarını ve mücadelelerini tarihten silmeye çalışanlara karşıdır. Bilinmezlikten gelinip unutturulmaya çalışılan sadece çocuklarının bedenleri değil, hikâyeleridir de. Anneliğin "gündelik hakikatinin" anlaşılması için çabalayan Plaza de Mayo Anneleri'nin mücadelesinin içerisinde yer alan bir başka mücadele daha vardır: Plaza de Mayo Nineleri. Ninelerin mücadelesi, diktatörlük döneminde "çalınan çocukları" aramakla başladı. Bugün "kayıp"lar olarak bilinen, dönemin tutsakları arasında hamile kadınlar da vardı. Kaçak işkence merkezlerinde gerçekleşen doğumlardan sonra, yaklaşık 500 çocuk, "kimlikleri çalınarak" askerlerin öncülüğünde, bazı doktor ve hemşirelerin de katkılarıyla evlatlık olarak verildi. Nineler, kendi çocuklarının faillerinin ortaya çıkarılmasının yanı sıra hiç görmedikleri ve nerede olduklarını bilmedikleri torunlarını arama mücadelesi de veriyorlar. Bu amaçla oluşturulan DNA bankasında kayıp yakınlarının DNA'ları var. 1976-1983 arasında doğup evlatlık olduğunu bilen veya bundan şüphelenen çocukları test yapmaya davet ediyorlar. Şimdiye kadar 130 çocuk "hakiki kimliklerine" kavuştu.

---

15 Kapsamlı tartışma için bkz. Zurbriggen ve Anzorena, der. (2013).

Kadınların, farklılıklarına rağmen, eklemlemeyi başardıkları bu mücadelenin bugün, Arjantin başta olmak üzere, Latin Amerika'da, kadınlararası bir iç politikanın ötesine geçerek tüm halkı içine alan tartışmalar yarattığına tanık olmaktayız. Özellikle, genç kadınların katılımı ve bu kadınların mücadelelere getirdikleri dinamizm bunun en önemli sebebi. Arjantinli aktrislerin, 2018'in son aylarında, kamuoyu önünde tecavüzcülerini deşifre ettikleri ve *MiraComoNosPonemos* (Bak Nasıl da Kalkıyoruz) ismiyle, bir tecavüzcünün lafını ters yüz ederek yapılan kampanya, feminizm içi tartışmaları günlerce kamuoyuna açık bir tartışmaya dönüştürdü. İspanyolca dilindeki eril/dişil takıların nötrleştirilmesine yönelik duyarlılığın artırılması da azımsanmayacak düzeyde. Ayrıca, üçüncü sayfa şiddet haberlerinin, maço şiddeti ile ilişkilendirilerek verilmesi ve medyada birçok haberin toplumsal cinsiyet boyutuyla ele alınması da bu başarılar arasında. Her ne kadar, *feminazi* (Nazi gibi feminist) diyerek bu müthiş kadın başkaldırısını küçümsemeye çalışanlar olsa da ninelerinden aldıkları kuvvetle, genç kadınların, aradaki "kayıp" kuşakların anısına sahip çıkarak direnişi sürdüreceklerine şüphe yok.

ARAŞTIRMA ÖNERİLERİ

- Latin Amerika'daki taban hareketleri içerisinde feminizmin etkileri ve bu mücadelelerin içerisinden çıkan yeni ve özgün feminizmlerin söylem ve pratikleri, ana-akım feminizmlere dair eleştirileri incelemeye değer.
- Sömürgecilik ve kadın bedeni arasındaki tarihsel ilişkiler çalışılarak bugüne miras kalan "şiddet ahlâkı"nın yarattığı güncel tartışmalara bu eksende bakılabilir. Devlet ve kadın bedenine tahakküm ilişkilerinin de temelini oluşturan bu tartışmalar ışığında Latin Amerika feminizmi ve kadın hareketlerinin güncel gündemleri tarihsel, kültürel, iktisadi ve siyasi boyutlarıyla incelenebilir.
- "Ataerki/Patriyarka" gibi geniş kapsamlı ve açıklayıcılık kapasitesi azalmış bir kavram yerine, kültürel ve siyasal özgünlüklere vurgu yapan farklı ataerki mekanizmalarını anlamayı sağlayan kavramlara odaklı çalışmalar yürütülebilir. "Maçizm", "feminicídio" gibi kavramların yüzeysel biçimde açıklanmasını değil, tarihsel ve kültürel arka planları ortaya çıkarır biçimde ele alınmasını hedefleyen çalışmalar yapılabilir. Bu kavramların, Türkiye bağlamındaki karşılıkları ile diyalog halinde ortaklık ve farklılıkları ortaya çıkaracak karşılaştırmalı çalışmalar yapılabilir.

KAYNAKÇA

Cusicanqui, S. R. (2018), *Un Mundo Ch'ixi Es Posible: Ensayos desde un Presente en Crisis*, Buenos Aires: Tinta Limón,

Deza, S. (2016), *Libertad Para Belen: Grito Nacional*, Ituzaingó - Buenos Aires: Cienflores.

Federici, S. (2004), *Caliban and the Witch: Women, the Body and the Primitive Accumulation*, New York: Autonomedia. [Türkçe: Federici, S. (2012), *Caliban ve Cadı: Kadınlar, Beden ve İlksel Birikim*, İstanbul: Otonom Yayıncılık]

Gago, V., Gutiérrez, R., Draper, S., Menéndez, M., Montanelli, M., Rolnik, S. ve Bardet, M. der. (2018), *8M: Constelación Feminista*, Buenos Aires: Tinta Limón.

Gargallo, F. (2014), *Feminismos Desde Abya Yala: Ideas y Proporciones de las Mujeres de 607 Pueblos en Nuestra América*, Ciudad de México: Editorial Corte y Confección.

Gonzáles, S. R. (2012), *The Femicide Machine*, Los Angeles: Semiotext(e).

Gutiérrez L. ve Romero L.A. der. (2007), *Sectores Populares, Cultura y Política*, Buenos Aires: Siglo Veintiuno Editores.

Masson, L. (2007), *Feministas en Todas Partes: Una Etnografía de Espacios y Narrativas Feministas en Argentina*, Buenos Aires: Prometeo Libros.

Monárrez, J. (2004), "Elementos de análisis del feminicidio sexual sistemático en Ciudad Juárez para su viabilidad jurídica", *Seminario Internacional: Feminicidio, ley y justicia*, México DF, 8-9 Aralık.

Muyolema, A. (2001), "De la 'cuestión indígena' a lo 'indígena' como cuestionamiento. Hacia una crítica del Latinoamericanismo, el Indígenismo y el Mestiz(o)aje", Rodriguez I. (der.), *Convergencia de Tiempos* içinde, Amsterdam: Rodopi B.V., s. 327-363.

Lagarde, M. (2006), "Del Femicidio al Feminicidio", *Seminario Internacional Derecho de las Mujeres a una Vida Libre de Violencias*, Bogotá, 3-4 Ağustos.

Plá, P.P. (2009), "Del mensaje a la acción: Construyendo el movimiento hip-hop en Chile (1984-2008)", Lisans Bitirme Tezi, Felsefe ve Beşeri Bilimler Fakültesi, Tarih Bilimleri Bölümü, Şili Üniversitesi, Santiago, Şili.

Ponce, D. (2019), der. *Se Oía Venir: Cómo la Música Advirtió la Explocíon Social en Chile,* Cuaderno y Pauta.

Pratt, M.L. (1992), *Imperial Eyes: Travel Writing and Transculturation*, Londra: Routledge.

Ontañón de Lope, P. (1994), "Sobre las raices del machismo", *Revista de la Universidad de México*, 520: 15-18.

Segato, R. (2006), "Qué es un femínícidio. Notas para un debate emergente", *Revista Mora*. Instituto Interdisciplinario de Estudios de Género, Universidad de Buenos Aires. No. 12: 1-11.

—, (2010), *Las Estructuras Elementales de la Violencia*, Buenos Aires: Prometeo Libros.

—, (2013), *La Escritura en el Cuerpo de las Mujeres Asesinadas en Juárez,* Buenos Aires: Tinta Limón.

Viveiros de Castro, E. (2013), *La Mirada del Jaguar: Introducción al Perspectivismo Amerindio. Entrevistas*, Buenos Aires: Tinta Limón.

Waller, M. ve Marcos, S. der. (2005), *Dialogue and Difference: Feminisms Challenge Globalization*, New York: Palgrave MacMillan. (Türkçede: *Farklılık ve Diyalog: Feminizmler Küreselleşmeye Meydan Okuyor*, 2006, İstanbul: Chiviyazıları Yayınevi)

Zurbriggen, R. ve Anzorena, C. der. (2013), *El Aborto Como Derecho de las Mujeres: Otra Historia es Posible*, Buenos Aires: Ediciones Herramienta.

Ek Dokümanlar, Gazete Yazıları, Raporlar, Videolar

Bautista Taquinás, C. (2019), *Si Callamos Nos Matan Si Hablamos También,* La Verdad Nada Más que la Verdad, 1 Kasım, https://www.youtube.com/watch?v=xY0OdRDd_Vo

Cáceres, B. (2015), Acceptance speech (Goldman Environmental Prize), Goldman Prize Ceremony, 22 Nisan, https://www.youtube.com/watch?v=AR1kwx8b0ms.

Corresponsal LID Chile (2019), "Denuncian Detención y Ejecución de una Mujer en Manos de Carabineros", *La Izquierda Diario,* 25 Ekim, http://www.laizquierdadiario.cl/Denuncian-detencion-y-ejecucion-de-una-mujer-en-manos-de-Carabineros

Franco, M. (2018), "Las Últimas Palabras de Marielle Franco", *La Tinta*, 19 Mart, https://latinta.com.ar/2018/03/ultimas-palabras-de-marielle/

Hurtado, P., Gutiérrez, J., Gómez, L.N. ve Barbosa, F. (2019), "Lideres Sociales en Colombia: el relato invisible de la Crueldad", *CODHES ve USAID*, https://codhes.files.wordpress.com/2019/03/informe-lideresas-sociales-codhes-marzo-2019.pdf

INDH (2019), "Informe Anual: Sobre la Situación de los Derechos Humanos en Chile en el Contexto de la Crisis Social", 17 Ekim-30 Kasım: https://bibliotecadigital.indh.cl/bitstream/handle/123456789/1701/Informe%20Final-2019.pdf?sequence=1&isAllowed=y

Lavaca (2015), "Diana Sacayán: Hasta La Victoria Siempre", *Lavaca*, 14 Ekim, http://www.lavaca.org/notas/diana-sacayan-hasta-la-victoria-siempre/

Montes, R. (2019), "'El Violador Eres Tú' el Himno que Chile Exporta al Mundo", *El País*, 8 Aralık, https://elpais.com/sociedad/2019/12/07/actualidad/1575742572_306059.html

NiUnaMenos (2018), *Amistad Política + Inteligencia Colectiva: Documentos y Manifiestos 2015/2018.*

Performance colectivo Las Tesis (2019), "Un violador en tu camino": https://www.youtube.com/watch?v=aB7r6hdo3W4

Vivas Nos Queremos: Campaña Gráfica (2017), Muhas Nueces, Chirimbote, El Colectivo; Buenos Aires.

ÜÇÜNCÜ KISIM

Ülke ve Bölge Dinamikleri

On İkinci Bölüm

KÜBA DEVRİMİ VE SOSYALİZMİN İNŞASI

GÖZDE SOMEL

Giriş

Küba Devrimi, Soğuk Savaş'ın ortasında bütün dünya için çarpıcı ve beklenmedik bir gelişmeydi. Küba'da 1952'de yönetime el koyan diktatör Fulgencio Batista'ya karşı bir halk hareketi olduğu ve bunun bir süredir gerilla savaşı halini aldığı elbette biliniyordu. Ancak bu gerilla mücadelesinin ABD'nin gözü önünde başarıya ulaşması ve zafere ulaştıktan kısa bir süre sonra devrimin programatik belirsizliklerini geride bırakıp sosyalist yoldan ilerlemeye başlaması büyük şaşkınlık yaratmıştı. Yaygın kanının aksine Sovyetler Birliği'nin Küba'da yaşanan gelişmelere ilgisi uzun süre düşük bir düzeyde kaldı. Sovyet yöneticileri, devrim başarıya ulaştıktan sonraki ilk resmî temaslara kadar Küba'da yaşanan gelişmelere özel bir ilgi göstermediler.[1]

ABD'nin güneydoğu kıyılarına yalnızca 90 mil uzaklıkta, uzun süredir siyasi, ekonomik ve kültürel açıdan tamamen kendisine bağımlı olan bir ada ülkesinin "Buraya kadar!" demesi, Amerikan yönetici sınıfında şok etkisi yaratmıştı. ABD Başkanı Eisenhower'ın 1954'te kamuoyuyla paylaştığı domino teorisine göre, "komünizm tehlikesine" karşı en savunmasız coğrafyalardan biri olan Latin Amerika'da devletler neredeyse eksiksiz biçimde ABD'nin Soğuk Savaş nizamına ayak uydurmuştu. Küba Devrimi bu devletler içinde tatsız bir sürprizdi. Latin Amerika'nın sivil/asker otoriter burjuva yöneticileri için artık her türlü reform talebinde Küba Devrimi'nin hayaleti dolaşıyor ve toplumsal taleplerin ra-

---

[1] O kadar ki, Sovyetler Birliği'nin Kübalı devrimcilerle ilgili bilgi kaynağı, Raul Castro ile geçmişte uluslararası bir gençlik toplantısında tesadüfen tanışmış bir Sovyet Dışişleri stajyeriydi (Leonov, 2016).

dikalleşeceği korkusu taleplerin sahipleri için her zamankinden daha ağır baskıları beraberinde getiriyordu. Amerikan Devletleri Örgütü'nden (OAS) dışlanan Küba, Meksika hükümetinin istisnai tutumunu saymazsak devletler nezdinde kıtadan tecrit edilmişti. Öte yandan Latin Amerika'nın sol kamuoyu, Küba'daki gelişmeleri sempatiyle karşıladı. ABD'nin ekonomik ambargo, çeşitli sabotajlar, terörist saldırılar, suikast girişimleri ve askerî harekâta varan politikaları karşısında kıtada Küba'yla güçlü bir dayanışma hareketi ortaya çıktı.

Latin Amerika'da ilk bağımsızlık savaşlarından beri başvurulagelen gerilla taktiklerinin ilk kez böylesi bir radikal devrimle sonuçlanması, Latin Amerikalı pek çok devrimci grubun Küba'daki gerilla savaşını bir model olarak almasına neden oldu. Bunda bizzat Kübalı liderlerin kıtadaki silahlı devrimci grupları desteklemesinin de payı vardı. Bu destek, Küba Devrimi'nin liderlerinden Ernesto Che Guevara'nın, 1965'te yeni gerilla savaşlarına öncülük etmek üzere ülkeden ayrılmasıyla en açık ifadesini bulmuştu. Küba'daki deneyim bir model olarak diğer ülkelere aktarılırken gerilla savaşı boyutu fazlasıyla öne çıkmış, Küba'da devrimin başarılı olmasını sağlayan toplumsal mücadelenin diğer boyutları pek çok örnekte ihmal edilmişti. Nikaragua'da diktatör Somoza'ya karşı mücadele eden Sandinistalar dışında, Fidel Castro'nun İsyan Ordusu'nun taktiklerine başvuran hiçbir Latin Amerikalı silahlı örgüt başarılı olamadı. Küba Devrimi'ni takip eden birkaç on yıl boyunca devrimci hareketler CIA ve Pentagon uzmanlarının eğitim verdiği kötü şöhretli "Amerikalar Okulu"nun tedrisatından geçen Latin Amerika ordularının çizmeleri altında ezildi. Kolombiya, Peru, El Salvador, Uruguay, Arjantin, Brezilya ve başka ülkelerde silahlı devrimci gruplar, kimilerinin mücadelesi Soğuk Savaş sonrasına devrolsa da siyasi hedeflerine ulaşamadılar. Kıta ülkeleri ile Küba arasında ortaya çıkan bu farkın kuşkusuz uluslararası gelişmeler ve Soğuk Savaş'ın seyriyle ilgisi vardı. Üstelik Küba Devrimi bir kez yaşandıktan sonra ABD yönetimi ve kıtadaki müttefiklerinin bu deneyimin tekrarlanmaması için aldığı önlemler büyük ölçüde etkili olmuştu. Öte yandan Küba Devrimi örneğinin kıtada *neden* yaygınlaşmadığı sorusunu yanıtlamak için öncelikle Küba'da devrimin *nasıl* başarılı olduğunu anlamaya ihtiyaç var.

Devrim öncesi: "Küba'nın özgünlüğü"

Küba Devrimi'nin lideri Fidel Castro,[2] 1917'yle birlikte radikalleşen toplumsal kurtuluş fikri ile 20. yüzyılda yeni sömürgeciliğe karşı kıtanın hemen her yerinde gelişen ulusal uyanışın yoğurduğu Latin Amerika gençliğinin bir üyesiydi.

---

2 Küba Devrimi başarıya ulaştığında 30'lu yaşlarında olan Fidel Castro, siyasi mücadeleye hukuk fakültesi yıllarında katılmıştı. Karizmatik ve coşkulu bir öğrenci lideri olan Fidel, ilerleyen yıllarda Küba siyasetinin sol kanadında yer alan Küba Halkının Partisi (Ortodoks Parti) üyesi oldu. Fulgencio Batista'nın düzenlenmesine izin vermediği 1952 seçimlerinde Küba parlamentosuna girmek için bu partiden aday olmuştu. Batista yönetime el koyduktan sonra silahlı mücadeleye yönelmiş, toplumun geniş kesimlerinin Batista rejimine duyduğu öfkeyi etkili silahlı eylemlerle devrimci siyasete kanalize edebileceğini düşünmüştü. Fidel Castro'nun hayatı ve fikirlerine ayrıntılı bir bakış için, Ignacio Ramonet ile yaptığı nehir söyleşiye bakılabilir (Ramonet, 2004).

ABD'nin ve ulusal oligarşilerin egemenliğine karşı sosyal adalet ve bağımsızlık fikirleri kıtada popülerlik kazanmıştı. Bu fikirlerle bağlantılı olarak bölüşüm ilişkilerini yeniden düzenleyen kalkınma politikaları kimi örneklerde hükümet düzeyinde uygulama alanı buluyordu. 1920'lerde Nikaragua'da gerilla savaşı başlatan Sandino'nun fikirleri ile 1930'da Brezilya'da iktidara gelen Vargas'ın politikaları arasında bir bağ vardı. Belirsizliği yaratan söz konusu fikir ve politikaların hangi toplumsal sınıfların iktidarı temelinde ne ölçüde hayata geçirileceğiydi. Castro ve silah arkadaşları yola çıktıklarında ne kendileri bu bakımdan bir netliğe sahipti ne de sınıfsal güç dengesinin Küba'yı nereye götüreceği konusunda kesin bir öngörüde bulunmak mümkündü.[3] Öte yandan Küba'da sömürge ekonomisinin gelişimi, uluslaşma ve modernleşme süreçlerinin özgün yanlarına bağlı gelişen nesnel zemin, Küba Devrimi'nin kendisine benzeyen pek çok örnekten farklı olarak başarıya ulaşmasını anlamamıza yardımcı olacak ipuçları taşıyor.

Latin Amerika'nın neredeyse tamamı 19. yüzyılın ilk çeyreğinde İspanya'dan koparken Küba, Porto Riko ile birlikte, yüzyıl sonuna kadar İspanya sömürgesi olarak kalmıştı. Kapitalist modernleşme çağında diğer bölgelere göre daha uzun süre dolaysız sömürge pratiğine maruz kalan Küba'da bağımsızlık mücadeleleri uzun ve sancılı süreçler olarak cereyan etti. 1868-1878 yıllarındaki ilk bağımsızlık savaşının ardından 1895'te İspanya'ya karşı yeni bir isyan başladığında, Latin Amerika'nın geçmişteki bağımsızlık süreçlerinden farklı olarak Küba uluslaşma bakımından hâlihazırda önemli bir yol kat etmişti. Köleciliğin İspanya'nın kârlı şeker plantasyonu tarımından maksimum istifadesi için vazgeçilmez olması, bağımsızlıkçı çizgi açısından İspanya'dan kurtuluş ile köleciliğin tasfiyesini özdeşleştirmişti.

Şeker patlamasından önce Küba'da kölelik göreli olarak sınırlıydı. Bunun yanında özgür siyahlar ve melezler (*mulatto*) nüfusun önemli bir bölümünü oluşturmaya o devirde başlamıştı. Ancak 18. yüzyıl sonlarından itibaren şeker patlaması sonucu adaya akan Afrikalı nüfus ülkenin demografik yapısını büyük ölçüde değiştirdi. Bağımsızlık savaşlarıyla birlikte özgürleşen siyahların sayısı artarken Afro-Cuba kültürü önemli bir bileşen olarak yeni ulusal kimliğin parçası haline gelmişti. Küba'da bağımsızlık mücadelesine bağımsızlıkçı ve köle karşıtı toprak sahibi kreollerin ve yoksul köylülerin yanında, şeker üretiminin gerektirdiği teknolojik yatırımlarla ve Amerikan doğrudan yatırımlarıyla büyüyen şeker endüstrisine bağlı gelişen işçi sınıfı ile kentlerdeki ekonomik canlılık ve devlet bürokrasisinin genişlemesiyle büyüyen orta sınıflar da eşlik ediyordu. 1895'te adada José Martí'nin liderliğinde İspanya'ya karşı yeni bir isyan başladığında, Latin Amerika'daki ilk bağımsızlık savaşlarından farklı bir tablo açıkça görünüyordu. Toplumsal sınıfların kendi talepleriyle katıldığı bu isyanda egemen olan bağımsızlık siyaseti, köle karşıtlığı, halkçılık, eşitlik ve adalet arayışı

---

[3] Sözü edilen programatik belirsizliği 1953'te Moncada Kışlası baskını ardından Fidel Castro'nun mahkemede yaptığı savunma doğruluyor. Castro, bu tarihi belgede bir yandan savunmasını "teorik" düzeyde siyasal liberalizmin kurucularına dayandırmakta diğer yandan bu çerçeveye sığmayacak radikallikte devrim yasaları önermektedir (Castro, 2017).

ile karakterize oluyordu. José Martí'nin ABD'de kurduğu Küba Devrimci Partisi çatısı altında sadece İspanyol egemenliğinden değil Amerikan yeni sömürgeciliği ve onun iktisadi sonuçlarından mustarip kesimler yan yana geliyor, geniş halk katılımıyla oluşan isyan güçleri bir ulusal ordu görünümünü alıyordu. Bağımsızlık mücadelesindeki taraflaşma, sömürge güçleri, yeni sömürgeci güçler ve adanın muhafazakâr, ırkçı oligarşisi karşısında, farklı etnik grupların ortak katkısıyla şekillenen, bağımsızlık savaşının politik ideallerinin taşıyıcısı olan bir *Kübalı* kimliğinin (*cubania*nın) belirginleşmesini sağladı (Kapcia, 2000: 56-57). 1959'a kadar çeşitli biçimlerde süren toplumsal mücadeleler sırasında bu kimlik hep canlı kaldı. Castro bu kimliğe göndermede bulunurken, 1959 devrimciliği ile bağımsızlık savaşlarından itibaren süregelen toplumsal mücadeleler arasındaki sürekliliği kuruyordu.

Bu süreklilik iddiasının en önemli dayanağı, İspanya sömürgeciliğinin sona erdiği andan itibaren adada kendini hissettiren Kuzey Amerika egemenliğine muhalefetti. Küba'nın bağımsızlık mücadelesinin bir oldubittiyle ABD işgaliyle sonuçlanması,[4] Küba kamuoyunda önce büyük bir öfke ardından umutsuzluk ve yılgınlıkla karşılanmıştı. Küba'nın 1902'de ilan edilen ilk cumhuriyet anayasasına eklenen Platt Yasası, ABD'nin adadaki varlığının kalıcı olduğuna işaret ediyordu. Bu gelişme bir yanıyla 19. yüzyılın son çeyreğinden itibaren Meksika, Orta Amerika ülkeleri ve Karayip adalarında kendini iyiden iyiye hissettiren Amerikan yeni sömürgeciliğinin mantıksal sonucuydu. Diğer yandan adanın ABD ile ilişkilerinde ekonomik bütünleşme, siyasi tabiiyet ve kültürel etkinin derinliği bölgedeki tüm diğer örnekleri geride bırakıyordu.

Ülkede iktisadi hayat bütünüyle Amerikan sermayesinin, Amerikan teknolojik yatırımlarının, Amerikan piyasalarının ve Amerikan ürünlerinin belirleniminde örgütlenmişti. Amerikan sermayesinin ülkeye girişindeki artışla paralel büyüyen şeker endüstrisi gibi diğer sektörlerde de üretim araçları büyük oranda ABD'nin tasarrufundaydı. Ülke ekonomisine ilişkin tüm kararlar ABD'de alınıyordu. Şeker üretimindeki hızlı artışla mono-kültür (tek bir ürüne dayalı) yapının pekişmesi ve şeker ihracatının çok büyük bölümünün ABD'ye yapılması ABD'ye olan bağımlılığı mutlaklaştırdı. Yine aynı yapı tarımda proleterleşmeye hız kazandırmanın yanı sıra, kentlerde Amerikan doğrudan yatırımlarıyla gelişen modern bir altyapı ve ekonominin doğmasını, sömürgeci dönemde tamamen ihmal edilen temel eğitim ve sağlık hizmetlerinin sınırlı da olsa örgütlenmesini sağladı. Telefon, elektrik hizmetleri, demiryolları işletmeleri gibi altyapı hizmetleri, sigorta ve bankacılık sektörleri Amerikan sermayesinin elindeydi.[5] Sermaye akınına Amerikalı nüfus eşlik ediyor, çok sayıda Amerikalı şirket

---

4   Ayrıntılı bilgi için bkz. Bu kitapta İkinci Bölüm.
5   ABD'li yatırımcılar şeker üretimindeki hâkimiyetlerinin yanı sıra telefon ve elektrik hizmetlerinin % 90'ını, demiryollarının % 50'sini ellerinde bulunduruyorlardı (Bethell, 2006: 87). Kübalı işçilerin % 90'ından fazlası Küba'da ABD'ye bağlı yan şirketlerde istihdam ediliyordu (http://edis.ifas.ufl.edu/fe479). Bu şirketler donanım ve malzeme açısından ana şirkete bağımlı durumdaydı. Ağırlıklı olarak bu şirketlerde kullanılmak üzere Küba'ya ithal edilen makine ve teçhizat gibi sermaye mallarının % 95'i, yedek parçaların % 100'ü yine ABD'den geliyordu (Yaffe, 2009: 112).

yöneticisi, tüccar, spekülatör vb. adanın kentlerine yerleşiyordu. Bu tablonun neden olduğu eşitsiz gelişme bir yandan çarpıcı bir azgelişmişlik ve yoksulluk manzarası, diğer yandan modern bir işçi sınıfı ve iktisadi, sosyal ve kültürel bakımdan modern bir kent hayatı yaratıyordu.[6] Topraktaki tekelleşme bir ölçüde kırsal çelişkileri derinleştirmişti, ancak kırsal alanda belirleyici ton, kapitalist yapıların yaygınlaşmış olması nedeniyle, köylülerin toprak talebi değil, kır emekçilerinin sömürüye ve açlığa karşı duydukları derin öfkeydi. Adanın büyük kent merkezleri ise 1959'a giderken uzun süredir yerleşik bir işçi sınıfına ev sahipliği yapıyordu (Wolf: 2019: 271). Bu sınıf, devrimin en dinamik ve aktif kesimini oluşturacaktı.

Bağımsızlıktan kısa bir süre sonra işçi sendikaları hızla büyümüş, üniversiteli gençlik hareketi gelişmiş ve siyasete duyarlı milliyetçi bir aydın damarı ortaya çıkmıştı. ABD'nin ülkedeki çıkarlarıyla iç içe geçmiş, ABD'ye herhangi bir konuda mesafe koyma yönünde en ufak eğilim geliştirmeyen Kübalı toprak sahipleri, kentli tüccar ve iş adamlarından oluşan Küba egemen sınıfı, meşruiyet sorununu devrime kadar hiçbir vakit tam olarak çözemedi. Ülke siyasetine Amerikan yanlısı hükümetler damga vuruyor, siyasi iktidar kimi zaman Amerikan silahlarının gölgesinde ama her koşulda Amerikan vesayetiyle şekilleniyordu. Bunun karşısında 1920'lerden itibaren yükselen radikal milliyetçilerden komünistlere geniş bir yelpazede toplumsal muhalefet yeni sömürgeciliğe karşı 1959'a kadar neredeyse kesintisiz bir toplumsal hareketlilik içinde varlığını sürdürdü. Bu hareketlilik 1933'te Amerikan yanlısı diktatör Machado'nun devrilmesi ile kurulan kısa süreli halkçı bir hükümet deneyimine ve 1940'lı yıllarda işçi sınıfında radikal beklentiler doğuran bir anayasanın eşliğinde parlamenter demokrasi denemelerine yol açtı. Fakat burjuva milliyetçiliği ve Soğuk Savaş politikaları ile bu radikalizm arasındaki uyumsuzluk oldukça kırılgan bir "modus vivendi" doğurmuştu (Whitney, 2001: 184).

Özetle Küba, ABD'ye bağımlı bir ekonomi ve oligarşik iktidar yapısı bakımından Orta Amerika ve Karayip ülkelerindeki örüntüye uygun bir gelişim yaşasa da ekonominin kapitalistleşme düzeyi ve göreli gelişmişliği, toplumsal hayatın dinamizmi ve muhalefetin ağırlıklı kentli yapısı onu bölge ülkelerinden ayırıyordu. 1959 Devrimi, Küba'nın tarihsel gelişimi içindeki bu iki yönün yarattığı şiddetli çelişki üzerinde yükseldi.

Fidel Castro'nun kurduğu ve 26 Temmuz 1953'te ilk eylemini düzenleyen devrimci örgüt,[7] oluşumunu önceleyen tüm modern mücadeleleri kendi mira-

---

6 Küba'nın göreli gelişmişliğini anlamak için Alan Knight'ın Bolivya-Küba karşılaştırmasına başvurmak açıklayıcı olabilir. Küba Devrimi öncesinde Küba'da ortalama yaşam beklentisi 59 iken, aynı yıllarda Bolivya'da insanların ortalama ömrü 40 yıldı. Yetişkin okur-yazarlık oranı Küba'da % 78 iken yine aynı dönemde Bolivya'da bu oran % 32'ydi. Küba herhangi bir Latin Amerika ülkesinden daha fazla radyoya sahipti ve kişi başı gazete okuma oranı Bolivya'nın beş katıydı. Küba ayrıca demiryolu gelişiminde Latin Amerika'ya öncülük etmiş, büyük ölçüde entegre olmuş, bölgeler arası çatışma dinamiklerinin olmadığı, dil birliği olan, kilisenin seküler siyaseti tehdit edecek bir güce hiçbir zaman ulaşmadığı bir ülkeydi (Knight, 1990: 183).

7 Örgüt, Moncada Kışlası baskınının tarihine atıfla 26 Temmuz Hareketi adını almıştı.

sı kabul ediyordu. Öte yandan on yıllardır egemen siyasi yapı ile inişli çıkışlı bir mücadele içinde zaman zaman uzlaşma yoluna giden ve hatta mevcut yapının çürümüşlüğünün parçası haline gelen, adı yolsuzlukla anılan unsurlar barındıran muhalif örgüt ve partilerin yıpranmışlığından azade yeni bir güç olarak ayrılıyordu (Kapcia, 2000: 94-95; Sweig, 2004: 43).

Fidel Castro, 1953'te doğru bir zamanlamayla iyi bir çıkış yakaladı. José Martí'nin 100. doğum yılında, ülke tarihinde tüm devrimci atılımların başladığı doğu bölgesinde gerçekleşen başarısız girişim, ülke kamuoyunun geniş bir bölmesi tarafından meşru kabul edildi. Saldırıdan sağ çıkan militanların üç yıl süren hapis yaşantısı, yine kamuoyunda yükselen af çağrısıyla sonlandı. Castro ve yakın çevresi bir yıl kaldıkları Meksika'dan ülkeye dönüş hazırlıkları yaparken 26 Temmuz Hareketi kentlerde örgütlenmiş, sendikalarla, diğer toplumsal muhalefet odaklarıyla ilişkiler geliştirmişti. Meksika'dan dönüş planı tek başına dağa çıkarak bir gerilla savaşı başlatma planı değil, örgütün adadaki kolu ve onun siyasi müttefikleriyle birlikte iyi tasarlanmış, genel grevle birleştirilmiş incelikli bir askerî plandı (Sweig, 2004: 28).

26 Temmuz Hareketi'nin 1958 sonlarına kadar Sierra Maestra'daki merkezinden yürüttüğü silahlı mücadele, kırsal bölgeden destek alsa da asıl gücünü kent örgütlenmesine borçluydu. İsyan Ordusu'na köylülerin yanı sıra çok sayıda kentli işçi ve eğitimli küçük burjuva dâhil oldu. Silah, para ve tüm diğer ihtiyaçları örgütün kent ayağının güçlü örgütlenmesi sayesinde gideriliyordu. Bir süre sonra ülkenin orta ve batı kesimlerinde Devrimci Direktörlük ve Küba Komünist Partisi'nin militanları da silahlı mücadeleye giriştiler. Batista'ya karşı silahlı mücadele verilmesi gerektiği diğer devrimci unsurlar tarafından kabul edilmişti.[8] Öte yandan Castro ve 26 Temmuz Hareketi'nin devrim hareketi içindeki ağırlığı devrim öncesinde ya da sonrasında olası bir liderlik tartışmasının önüne geçti.

Sosyalist inşa

Devrim başarıya ulaştıktan sonra 26 Temmuz'un liderliğinde ülkedeki diğer devrimci unsurlar bir araya geldi ve 1965'te Küba Komünist Partisi'nin yeniden inşasının önünü açacak süreci başlattılar. 1957-1965 kesitinde bağımsızlık savaşlarından beri Kübalı devrimcilerin ve yurtseverlerin başını ağrıtmış hizipçilik sorunu 26 Temmuz Hareketi'nin liderliğinde çözüme kavuşmuş gibiydi. Ancak 26 Temmuz Hareketi'nin kendisi dâhil devrimci mücadeleye katılan hiçbir hareket, komünistler dâhil, sosyalist bir devrim iddiası taşımıyordu. Bu hareketlerin tamamı kadroları ve toplumsal tabanları bakımından da heterojendi. Genel bir halkçılık programının içeriğinin tam olarak nasıl doldurulacağı 1958 sonunda Batista ülkeyi terk etmek zorunda kaldığında hâlâ belli de-

---

8 Ayrıntılı bir çözümleme için Julia E. Sweig'ın *Küba Devrimi'nin İçinden* adlı eserine (2004) başvurulabilir. Eser, 1957-59 döneminde devrim mücadelesini kır/kent mücadelesi ekseninde siyasi, örgütsel ve askerî boyutları ile ele alan bir çalışmadır.

ğildi. Ülkenin devrim sonrası nasıl bir siyasi ve iktisadi yapıya kavuşacağı siyasi gelişmelere bağlı olarak belirginlik kazandı. Karşılıklı yoklamalar sonuçsuz kaldı. Devrimin hemen ardından ülkedeki Amerikan çıkarlarına zarar vermesi kaçınılmaz olan büyük işletmelerin ve çiftliklerin kamulaştırılması hamlesine girişti. ABD 1952'de gerçekleşen Ulusal Devrim'in ardından Bolivya'ya uyguladığı yumuşak müdahale yöntemi yerine (Zunes, 2001), Küba'yla köprüleri atmayı seçti. Nisan 1961'de ABD'nin Domuzlar Körfezi Çıkarması'nın başlamasından hemen önce "devrimin sosyalist karakteri" ilan edildi ve Küba Sovyetler Birliği ile yakın iş birliğine dönük ilk adımlarını attı. Bu gelişmeler devrimci hareket içinde belli bir ayrışmaya, sınırlı sayıda da olsa 26 Temmuz Hareketi içinden gelen bazı kadroların tasfiyesine neden oldu. Varlıklı kesimin önemli bir bölümü Küba'daki yeni iktidarla yurtdışından mücadele etmek üzere ülkeden ayrılırken onları beyaz yakalı orta sınıf bir kesim takip etti. Öte yandan ülkede kalan nüfusun ezici çoğunluğu sosyalizmin inşası başladıktan sonra da devrimi desteklemeyi sürdürdü.

Küba'da fazla gürültü patırtı kopmadan devrimin sola çekmesinde siyasi gelişmelerin belli bir payının olduğunu görmek gerekir. Devrimin siyasi liderliğinin kitlelere ve diğer siyasi öznelere otoritesini kabul ettirmek konusunda büyük bir kapasiteye sahip olduğu tartışma götürmez bir gerçek. Ancak gözden kaçırılmaması gereken ve belki az önce sıralananları da belirleyen asıl belirleyici faktör başkadır. Küba'nın başta sözünü ettiğimiz tarihsel özgünlükleri, yani ulus kimliğinin bağımsızlık sürecinden itibaren neredeyse kesintisiz biçimde etnik bakımdan kapsayıcı, emek eksenli anti-emperyalist mücadeleler içinde yaratılmış olması, belli düzeyde kapitalistleşmiş bir ülke olması, kayda değer bir proleter nüfusu barındırması, köylüler, kır ve kent emekçileri ile küçük burjuvazinin ittifakıyla gelen devrimde işçi sınıfının özgül ağırlık kazanmasını kolaylaştırdı. Üstelik yeni sömürgeciliğe karşı 1920'lerden itibaren sesini yükselten muhalefet içinde Marksist akımlar da yerini almıştı. Küba Komünist Partisi 1925'te kurulmuş ve 1933 devrimi sürecinde ülkenin önemli güçlerinden biri haline gelmişti. Bu nedenle 1959 sonrası sosyalizme yönelim Küba'ya yabancı bir yönelim olmaktan uzaktı.[9]

Yeni iktidarın toplumsal karakterini belirleyen adımlardan biri, Batista karşıtı mücadelede öne çıkmış siyasi hareketlerin 1965'te Fidel Castro'nun önderliğiyle Küba Komünist Partisi (*Partido Comunista de Cuba/PCC*) çatısı altında toplanması ve Parti'nin ülkedeki tek egemen siyasi güç haline gelmesiydi. Bu adım toplumun tepeden tırnağa örgütlü hale getirilmesi ile birleşti. Bir kısmı devrim öncesinden gelen Üniversite Öğrencileri Federasyonu, Küba Kadın Federasyonu, Küçük Çiftçiler Ulusal Federasyonu gibi toplumsal örgütler, yine kökenleri devrim öncesine dayanan "Küba İşçileri Merkezi" isimli sendika konfederasyonu ve 1960'tan itibaren tüm mahallelerde örgütlenen "Devrimi Savunma Komiteleri" Küba halkının her bölmesini çoğu kez birden fazla yapı içinde örgütlü hale getirdi.

---

9   1944'te Sosyalist Halk Partisi olarak faaliyet yürüten Küba Komünist Partisi'nin siyasi stratejisini ve 26 Temmuz Hareketi'yle ilişkisini Samuel Farber (1983) ayrıntılı bir şekilde analiz etmektedir.

Küba'da sosyalist inşanın Soğuk Savaş yıllarını kapsayan ilk döneminde toplumsal hayat ve emekçilerin durumu radikal bir dönüşüme uğradı. Sanayi üretiminin tamamında ve tarımda % 70 oranında kamusal mülkiyetin tesis edilmiş olması işsizliği ortadan kaldırdı. Ücretlere asgari ve azami sınırlar getirilerek toplumsal eşitsizlikler azaltıldı. Temel ihtiyaç ürünlerinin sübvanse fiyatlarla satışı bu ürünlere herkesin erişimini sağladı. 1961'de başlatılan okuma-yazma kampanyası ilkokul çağındaki çocukların bile destek verdiği bir toplumsal seferberliğe dönüştürüldü.[10] Eğitim ve sağlık tüm basamaklarda ücretsiz hale gelmişti.[11] Devrim öncesini yaşamış kuşaklar bakımından oldukça çarpıcı olan bu gelişmeler devrimin toplumsal tabanını konsolide etti. Kalkınma hedefleri doğrultusunda geliştirilen toplumsal seferberlik ve gönüllü çalışma prensibi, kuzey komşunun baskılarına direnme zorunluluğu, uluslararası dayanışma misyonlarına ve özellikle Afrika'da cereyan eden sömürge karşıtı mücadelelere verilen askerî destek, zorlayıcı yanlar taşımakla birlikte Küba toplumunun siyasi dinamizmini güvence altına aldı. Karşı-devrimcilerin ya da devrime mesafeli duran kesimlerin önemli bölümü 1959'u takip eden birkaç yıl içinde ülke dışına çıkmıştı. Kalanlar karşısında hükümetin aldığı önlemler kadar devrimin en önemli meşruiyet kaynaklarından biri olan anti-emperyalist hissiyatın gücü bu tür muhalif grupları marjinal kıldı. Çünkü toplumsal algıda çoğunlukla ABD ile ilişkilendiriliyorlardı.

Küba Devrimi, bu ilk evresinde Castro'nun hareketinin Batista'ya karşı dayanağı olan 1940 Anayasası ve sosyalist uygulamalara zemin sunan bir Temel Yasa dışında yeni bir anayasaya ihtiyaç duymadı (Pérez-Matos, Fernández-Molina, 2010: 220). 1973-74 döneminde denenmeye başlanan erkler birliğine dayanan uygulamalar 1975'te PCC'nin ilk kongresini müteakip, 1976'da Küba Cumhuriyeti'nin sosyalist nitelikteki ilk anayasa tasarısıyla referanduma sunuldu. 1936 Sovyetler Birliği Anayasası'ndan ve diğer sosyalist ülkelerin anayasalarından esinlenerek kaleme alınan Küba Anayasası, adada toplumsal alanda kapsamlı bir tartışmanın sonunda ve nüfusun % 95'inin onayı ile yürürlüğe girdi. Anayasa devrimin sosyalist karakterini, bu karaktere uygun yasama, yürütme ve yargı organlarını, bunlar arasındaki ilişkileri tanımlıyor, istisnai haller dışında kamusal mülkiyeti tek mülkiyet biçimi olarak kabul ediyordu. Devrimin kazanımları arasında sayılan iş, eğitim, sağlık, konut hakkı anayasal statü kazanıyordu. Böylece "halk iktidarının" kurumsallaşması yönündeki süreç tamamlanmış oldu (De la Cuesta, 1976: 15).

---

10 Kampanya sonucunda bir yıl içinde okuma yazma bilmeyenlerin oranı % 3,9'a düşürüldü. Bu Latin Amerika'da o güne kadar ulaşılmış en düşük orandı. Kampanyadan önce okuma yazma bilmeyenlerin ortalama oranı % 24 olmakla birlikte bu oran kırsal bölgede % 41,7'ye ulaşıyordu (Abel ve Abel, 2017: 34). Kampanyanın asıl hedefini büyük oranda cahil bırakılmış kırsal bölge oluşturuyordu.

11 12 yıllık eğitimden geçenlerin oranı 1953'te % 4,5 iken bu oran 1986'da % 38,7'ye, 2007'de % 64,8'e ulaşmıştı. Devrim sırasında ülkede yalnızca 7 bin doktor mevcuttu ve çoğunluğu özel sektörde çalışan bu doktorların da üçte biri devrimle birlikte ülkeyi terk etmişti. 1980'lere gelindiğinde ise Küba, Latin Amerika'daki en yüksek doktor yoğunluğuna sahip olan ülke haline geldi. Kişi başına düşen doktor sayısı Özel Dönem'de de artış göstermeye devam ederek 2007'de 155 kişiye bir doktorla dünyanın en yüksek seviyesine ulaştı (Brundenius, 2009: 36-37).

> ### Küba'da siyasi katılım ve seçim mekanizması
>
> Küba'da siyasi katılım geniş bir çerçevede ele alınan anayasal bir haktır. Devlet yönetimine katılım, siyasi temsilcilerin belirlendiği beş yılda bir yapılan seçimleri aşan bir içeriğe sahiptir. Halkın sistemin sınırları içinde ulusal ve yerel düzeyde alınan siyasi kararlara örgütlü katılımını günlük hayatlarının parçası haline getiren kitle örgütleri, Küba'nın sosyalist sisteminin en önemli unsurlarıdır. Seçimlerde de kitle örgütleri tanımlı rollere sahiptirler. Seçim sürecinin yerel düzeyden başlanarak örgütlenmesinde Devrimi Savunma Komiteleri doğrudan görevlidir. Bu yapı, devrimden hemen sonra ABD kaynaklı saldırılara karşı halkı milis kuvveti olarak örgütlemiş bir kitle örgütüdür. Zamanla farklı toplumsal işlevler üstlenmiştir. 14 yaşından büyük tüm Kübalıların üye olabildikleri bu yapılar tüm adaya yayılmış durumdadır. Bir bölgede devrimi savunma komiteleri aşağı yukarı 500 kişiyi bir araya getirecek şekilde birleşerek bir seçim bölgesi oluştururlar. Bu seçim bölgelerinde insanlar toplantılarda bir araya gelip adaylarını belirlerler. Yüz yüze yapılan aday belirleme toplantılarında seçilen temsilciler ilçe meclisi delegesi olurlar. İl ve ulusal düzeyde adayların belirlenmesi süreci daha uzun zamana yayılır. Kübalı İşçiler Federasyonu'nun başkanlık ettiği aday belirleme komisyonlarında devrimi savunma komitelerinin yanı sıra, Küba Kadın Federasyonu, Üniversite Öğrencileri Federasyonu, Ortaöğretim Öğrencileri Federasyonu, Küçük Çiftçiler Ulusal Birliği temsilcileri yer alır. Aday belirleme sürecinde ilçe meclislerine seçilen temsilcilerden önemli bölümü il ve ulusal düzeydeki meclislere de aday gösterilir. Geri kalan adaylar için kitle örgütlerinin meclislerde temsil edilebilmesi esas alınır. Ülkenin tek siyasi partisi olan PCC, aday belirleme sürecinin herhangi bir noktasında yer almaz, kendisi aday göstermez. Adayların parti üyesi olma zorunluluğu yoktur. Aday belirleme komisyonları aylarca yoğun bir müzakere yürütür. Ulusal meclise ve il meclislerine aday olan kişilerin seçilebilmek için en az % 51 oy alması gerekir. Seçmenlerin seçilen temsilcileri geri çağırma hakkı vardır. Geri çağırma hakkı Küba'da temsilcilerin kendi seçim bölgelerinde faaliyetlerini savundukları kitlesel toplantılar aracılığıyla işletilmektedir. Seçilmişler seçildikleri görevleri için maaş almazlar, profesyonel mesleklerine devam ederler.

Sosyalist Küba'yı en fazla zorlayan konu ekonomik kalkınma oldu. Devrim öncesi Amerikan sermayesine ve piyasalarına bağlanmış olan Küba ekonomisi ABD'nin ekonomik ve ticari ablukası,[12] hammadde sıkıntısı, devrimle birlikte eğitimli iş gücünün önemli bölümünün ülkeden çıkmış olması gibi sorunların yarattığı kısıtlar içinde sosyalist kalkınma sürecine girdi. Ekonomiyi dışa bağımlılıktan kurtarmak, tarımsal ürün çeşitliliği yaratarak ülkenin gıda egemenliğini temin etmek, başta tarımla ilişkili sektörler olmak üzere ülkenin sanayi alt yapısını güçlendirmek gibi hedeflerle hareket edildi. Bu doğrultuda yapılan denemeler genel refahı arttıracak bir ekonomik büyüme sağlasa da coğrafi konum ve nü-

---

12 Küba yönetimi ABD'nin Küba politikasını bir "soykırım politikası" olarak nitelendiriyor. Her yıl BM Genel Kurulu'nun bir oturumu Küba'nın ABD ablukasının maliyetlerine ilişkin sunduğu raporun ve bu politikanın sona erdirilmesi talebinin oylanmasına ayrılıyor. Bu oylamaların tamamında bugüne kadar ABD büyük oranda yalnız kaldı. Kasım 2019'da yapılan oylamada 187 ülke ablukanın kaldırılması yönünde oy kullanırken ablukanın devam etmesi yanlısı 3 oy ABD, İsrail ve Bolsanaro Brezilya'sından geldi.

fus gibi yapısal özelliklerin belirlediği ölçek ekonomisini göz ardı eden bir hızlı sanayileşmenin mümkün olmadığı görüldü. Mono-kültüre dayalı bir tarımsal ürün ihracatçısı olma ile dış ticaret açıklarına göz yumarak sanayileşme ikilemi, merkezî planlamaya dayalı ithal ikameci tarımsal sanayileşme sayesinde aşıldı (Somel, 2011: 1029). Sınai ürün ithalatı tamamen ortadan kaldırılamasa da planlı ekonominin sağladığı kaynaklarla bir dizi imalat alanında gelişim kaydedildi.[13]

1988'e gelindiğinde Küba dış ticaretinin % 85'inden fazlasını COMECON ülkeleri ile gerçekleştiriyordu. Bu durum Küba ekonomisine büyük rahatlama sağlarken bir yandan da şeker ihracatına dayalı modelin hedeflendiği biçimde dönüşmesinin önüne geçiyordu (Herrera, 2004-2005: 3). Tam da bu nedenle sosyalist sistemin çöküşü Küba ekonomisine büyük bir darbe anlamına geldi.[14] Yalnız kalan Küba sadece ticari partnerlerini yitirmemiş, aynı zamanda ABD'nin Reagan'lı yıllarda yeni bir ivme kazanan baskıları karşısında en büyük siyasi desteğinden mahrum kalmıştı. Küba yönetiminin "barış zamanında özel dönem"[15] olarak adlandırdığı süreç böylece başlamış oldu. Ancak dünya kamuoyunda Küba'daki sosyalist iktidarın da çökeceği yönündeki kuvvetli beklenti gerçekleşmedi.[16] Bunun nedenleri sosyalizmin "özel dönem" öncesi ayakta kalmasını sağlamış nirengi noktaları ile "özel dönemde" hayatta kalmak için geliştirilen ekonomi ve dış politika açılımları arasındaki gerilimin iyi yönetilmesinde yatmaktadır.

Özel dönemden günümüze Küba'da yaşanan değişimler

Rusya'da ve Doğu Avrupa'da kapitalist restorasyonun Küba'ya maliyeti birkaç yıl içinde Gayrisafi Yurtiçi Hasıla'nın üçte bir oranında düşmesi oldu. 1993'e gelindiğinde halkın günlük kalori ve protein tüketimi 1989 değerlerine göre yaklaşık % 40 gerilemişti. Ülke ekonomisindeki serbest düşüş, alınan önlemlerin

---

13 1990'lı yıllara gelindiğinde şeker dışı sanayi istihdamının % 20'sini makine, yedek parça ve ekipman üretimi yapan sektörler oluşturuyordu. Hızlı büyüyen sanayiler arasında ilaç, tekstil ve giyim, balık ürünleri, çelik, elektronik ve inşaat malzemeleri sanayi yer alıyordu. Elektrik üretimiyle birlikte bu sektörler, devrimden 1990'lı yıllara uzanan zaman diliminde yıllık ortalama % 9'luk bir büyüme oranı yakaladı ve aynı dönem içinde bütün sınai üretimin % 30'unu oluşturdu (Figueras, 1991: 76).

14 O tarihlere kadar Küba'nın en önemli döviz kaynakları olan şeker ve nikel ihracatının yine neredeyse tamamı bu ülkelerle gerçekleştiriliyordu. Çözülüş sonrası bu ihraç ürünlerinden elde edilen gelir artık uluslararası piyasalardaki dalgalanmaya tabiydi. Gıda, yakıt, ilaç ve makine ithalatının yine neredeyse tamamı bu ülkelerden yapılıyordu. Bu sebeple, 1988-1993 arasında Küba'nın dış ticareti büyük bir çöküş yaşadı. Bu süre zarfında, et ithalatı % 69, ilaç ithalatı % 61, kereste ithalatı % 99, yakıt ithalatı % 55 ve kâğıt ithalatı % 95 oranında geriledi (Oxfam, 2002: 19). İthal girdi kullanan sanayi dallarında üretim durdu. Uzun vadeli kredi bulmanın imkânsızlaşmış olması yeni yatırım ihtimallerini ortadan kaldırıyordu.

15 Bu isimlendirme, Küba'nın Sovyetler Birliği ile ABD arasında çıkabilecek bir savaş durumunda uygulanacak ayakta kalma planının adı olan "savaş zamanında özel dönem" ifadesinden türetilmişti. "Savaş zamanında özel dönem" böyle bir durumda oluşabilecek gıda ve yakıt kıtlığına karşı alınacak tedbirleri içeriyordu.

16 ABD yönetimi bu beklentiyi güçlendirecek biçimde adaya uyguladığı abluka politikalarının çapını genişleten düzenlemeleri yürürlüğe koydu. Bu düzenlemelerin temel amacı Küba'nın yalnızca ABD ile değil üçüncü bir ülkenin devleti ya da şirketleriyle de ticari ve ekonomik ilişki geliştirmesini önlemekti (Sweig, 2016: 164-173).

etkisini göstermeye başladığı 1994'e kadar devam etti. Devlet, gelişmeler karşısında kapitalist bir dünyada Küba'nın planlı ekonomisini en az maliyetle ayakta tutmanın yolu olarak piyasa ekonomisine özgü bir dizi mekanizmayı devreye soktu. Dış ticaret ademi merkeziyetçi bir yapıya kavuşturuldu, yabancı ortaklı yatırımlara ve yatırım karşılığı yurtdışına kâr transferlerine kontrollü biçimde izin verildi, yabancı sermayenin en fazla girdiği turizm sektörü lokomotif sektör olarak öne çıkarıldı. Devlet küçük işletmeler alanında kendi hesabına çalışma yöntemini benimsedi; pansiyon, lokanta, küçük büfe, manav, tamir atölyesi, marangoz, berber dükkânı işletenler için lisanslar dağıtılmaya başlandı.[17] Devlet

> ### *Yeni Küba Anayasası*
>
> Küba'da yeni anayasa yapım süreci, Ulusal Meclis Anayasa Komisyonu'nun, ilk taslağı 2018'de tüm Kübalıların görüşüne sunmasıyla başladı. İş yerlerinde, okullarda ve diğer kamusal alanlarda yüzbinlerce buluşmada taslak metin Kübalılar tarafından değerlendirildi. Yapılan çok sayıda değişiklik önerisi dikkate alınarak yeni taslak metin oluşturuldu. Bu metin Şubat 2019'da seçmenlerin % 84'ünün katılımıyla % 86,8'lik bir oyla kabul edildi. Hayır oyları % 9 oranındaydı. Anayasa taslağı tartışmalarını referandum kampanyaları takip etti. Devlet ve PCC öncülüğündeki "Evet" kampanyasının karşısında özellikle eşcinsel evliliğin önünü açan maddeye karşı çıkan Küba Protestan ve Katolik Kiliseleri ile ABD destekli muhalif Küba Vatansever Birliği "Hayır" kampanyası yürüttü.
>
> Anayasa, sosyalist iktidarın anayasal çerçevesini yeni şartlara uyarlama amacını taşıyor. 1976 Anayasası, ülkede yaşanan dönüşümler için 1992'de yapılan değişikliklere rağmen yeterince kapsayıcı bir çerçeve sunmuyordu. Yönetici kuşağın değiştiği bir evrede sosyalizmden vazgeçmeden siyasi ve ekonomik yapıyı güncelleme hedefleri yeni anayasada çeşitli maddelerde somutlaşmış görünüyor. Anayasa taslağının dünya kamuoyunda en çok yankı uyandıran unsurlarından biri özel mülkiyet konusu oldu. Özel mülkiyet, üretim araçlarının sosyalist, kooperatif ve karma mülkiyet biçimlerinin yanında anayasaya girdi. İlgili maddede (madde 22/d) özel mülkiyetin "spesifik üretim araçlarında", "ekonomiyi tamamlayıcı rollerde" söz konusu olduğu belirtilmiş. Bir başka tartışma konusu, eşcinsel evliliğiyle ilgili maddeydi. İlk taslakta 1976'dan farklı olarak evlilik bir kadın ve bir erkek arasında değil, iki kişi arasında olarak tanımlanıyordu. Tartışma sürecinde gelen itirazlar sonunda bu maddede (madde 82) evliliğin bileşenlerine ilişkin ifadeler tamamen çıkarıldı. Ancak yeni haliyle madde Aile Yasası'nda yapılacak değişiklik ile getirilmesi planlanan eşcinsel evliliği kısıtlayıcı nitelikte değil.
>
> Yeni Anayasa'da siyasi ve hukuki alanda da önemli değişiklikler var. Anayasa, başkanlık süresini iki dönemle sınırlıyor ve devlet başkanının ilk seçildiğinde 60 yaşını geçmemiş olması şartını getiriyor. 1976'ya kadar var olan başbakanlık makamı geri getiriliyor. Yerel yönetimlerin yetkileri arttırılıyor. Yeni Anayasa, cinsel yönelim temelinde ayrımcılığı yasaklıyor. Kadınların cinsel ve üreme haklarını güvence altına alıyor. Masumiyet karinesini getiriyor ve haksız tutuklamayı yasaklıyor. Çifte vatandaşlık hakkı da yeni anayasa ile gelen haklar arasında.

17　Ağustos 2018 itibariyle tüm çalışanların % 13'ü, 593 bin kişi kendi hesabına çalışıyordu. http://www.cubadebate.cu/especiales/2018/10/03/que-desea-conocer-sobre-el-trabajo-por-cuenta-propia-en-cuba-infografias-y-video/#.Xc8Fq-czbEo tarafından kontrol edilen tarım arazilerinin önemli bir bölümü küçük çiftçilere ve kooperatiflere devredildi.[18] Tarım ürünleri için pazarlar oluşturuldu. Devlet işletmelerinde özerk yapı güçlendirildi ve oto-finansman sistemine geçildi. Bankacılık sistemi de yeniden yapılandırıldı; döviz bulundurma ve döviz hesabı açma konusundaki kısıtlamalar kaldırıldı.

Ekonomi alanındaki dönüşüm, kapitalizmin sosyalizm karşısında geri dönüşsüz zaferinin ilan edildiği bir evrede gerçekleşiyordu. Ancak yönetim sözü geçen düzenlemeleri gerçekleştirirken liberal ekonominin üstünlüğünü kabul etme yoluna gitmedi; sosyalizmi ayakta tutmak için zorunlu tavizler olarak bunları nitelendirdi.[19] Kübalılara ait küçük özel işletmelerin ve turizm başta olmak üzere bir dizi sektörde yabancı şirketlerin varlığı bazı Kübalıların zenginleşmesine yol açsa da devlet bireysel sermaye birikimine yasal engeller getirerek, ortaya çıkan fiili emek piyasasını kontrol altında tutarak toplumsal eşitlik ilkesinin bütünüyle zedelenmesinin önüne geçti. Eğitim ve sağlık hizmetlerinde krizden kaynaklı aksamalar yaşanmakla birlikte bu hizmetleri bütünüyle ücretsiz ulaştırma kararı revize edilmedi ve yabancı sermayenin girdiği sektörler dâhil hiçbir kritik sektörde özelleştirmeye gidilmedi (Campbell, 2016: 21).

Neticede Küba, özel dönemi bir iktidar değişikliğine uğramadan atlattı. 2000'lerin başında ortalama %10'luk büyüme oranları yakalayan Küba ekonomisi, kıtada yaşanan sol yükselişle birlikte kırılan yalnızlığı[20] toplumda *vamos bien* (iyi gidiyoruz) sloganına yansıyan iyimserliğin yayılmasına neden oldu. Ancak süreç belli maliyetlerle atlatılmış görünüyordu. İktisadi işletmelerde krizle beraber ortaya çıkan hammadde, yedek parça ve teknolojik yatırım eksikliği ile alakalı üretim kapasitesinde dramatik düşüşler yaşanmıştı. Yine özel dönemle birlikte üretken sektörlerdeki daralmanın ağırlıklı olarak turizm ve hizmet ihracatı ile telafi edilmesi ekonomiyi uluslararası siyasi ve ekonomik dalgalanmalara karşı savunmasız bırakıyordu. Kısacası özel dönemden çıkış Küba'da yapısal nedenlerle sosyalizmin zayıf karnı olan Küba ekonomisinin tam anlamıyla düze çıkması anlamına gelmedi.

Özel dönem, toplumsal alanda da bir maliyet yarattı. Bu maliyetin bir boyutu, yeni ekonomik düzenlemelerin kapitalist toplumların ölçülerinden çok uzak olmakla beraber gelir ve tüketim kapasitesinde vatandaşlar arasında eşitsizlik ve

---

18 Toprak mülkiyetindeki dönüşüm ve yabancı yatırımların ülkeye girişi 1992 yılında yapılan anayasa değişikliği ile mümkün hale geldi.

19 2002'deki anayasa değişikliğiyle "sosyalizmin geri döndürülemezliği" ilkesinin anayasal hale getirilmesi, ülkede kapitalist restorasyona izin verilmeyeceği konusundaki siyasal kararlılığın anayasal düzenlemelere yansımasıydı.

20 1998'de Venezuela'da Hugo Chávez'in yükselişi, onu çeşitli Latin Amerika ülkelerinde kurulan çeşitli solcu-halkçı hükümetlerin takip etmesi Küba'yı Soğuk Savaş sonrası dönemdeki yalnızlığından kurtardı. Küba, 1990'lar boyunca kıtadaki siyasi ve toplumsal dinamikleri yakından takip etmiş, iktidar adayı lider ve hareketlerle dirsek temasını korumuş, kimi zaman yönlendirici olmuştu. Küba'nın 1990'lar boyunca Chávez'e verdiği destek, ya da 1993'te Fidel Castro'nun İşçi Partisi lideri Lula ile birlikte São Paulo Forumu'nun kuruluşunu gerçekleştirmesi örnek olarak verilebilir. Venezuela'nın öncülüğünde 2004'te ALBA'nın (Latin Amerika için Bolivarcı İttifak) kuruluşu Venezuela ile artan ekonomik işbirliğine yeni bir boyut kazandırdı.

dengesizlik yaratmış olmasıdır. Bir diğer boyutu, özel dönemin hayatta kalma mücadelesi içinde dayanışma kültürünün erozyona uğraması, bireyciliğin güçlenmesi, küçük çaplı ancak yaygın yolsuzluklar, kadın-erkek eşitliği gibi Küba'nın uzun süredir mücadelesini verdiği başlıklarda yaşanan gerilemelerdir. Bunların üzerine gözlerini sosyalist bir ülkeye açmış, kapitalist bir ülkede hiç yaşamamış yeni kuşak Kübalıların özlem ve beklentilerini eklemek gerekiyor. Temel adalet ilkelerinden taviz vermeden eşitsizliğin yönetilmesinden söz ediyoruz (Paz, 2005: 114, 115).

Tüm bu nedenlerle, ekonomik iyileşme için harcanan çabalara Küba Devrimi'nin her dönem en kuvvetli yanını teşkil etmiş olan ideolojik mücadele eşlik etti. Devrimin ilk evresine Che Guevara'nın öncülüğünde benimsenen "yeni insan" düşüncesi, kapitalizmin yozlaştırıcılığına karşı canlı tutulmaya çalışıldı (Premat, 2003: 95). Biriken sorunları çözmeye çalışırken liberal rüzgâra teslim olmamak, yeni dönemin çürütücü etkilerine direnmek ve en önemlisi toplumu, yeni yetişen kuşakları sosyalizm temelinde örgütlemek kolay bir iş değildi. Fidel Castro'nun "fikirler savaşı" olarak adlandırdığı savaş Küba'nın dış dünyayla mücadelesi kadar aynı zamanda kendi içine dönük bir mücadeleyi içerdi. Küba yönetimi, bu süreçte devrimin bir başka nirengi noktası olan ülke için alınan önemli kararları tüm topluma mal etme geleneğine sıkı sıkıya sarıldı. Özel dönemin başından itibaren atılan tüm ekonomik adımlar geniş bir toplumsal uzlaşının sağlanması gözetilerek atıldı. Anayasa değişiklikleri ve kabul edilen temel politikalar kamuoyuna açık tartışmalarla gerçekleştirildi.[21] Değişimle gelen toplumsal sorunlarla mücadelede kitle örgütlerinin çalışmaları öne çıkarıldı. Yeni politikaların etkilerinin sistematik biçimde değerlendirilmesi, uygulamada sapmaların ve aksaklıkların hızlıca tespiti konusunda uyanık olunması da kitle örgütlerinin sorumlulukları arasındaydı.

PCC'nin toplumdaki öncü rolü kuvvetle vurgulanırken devrimin tarihsel önderlerinin yerlerini genç yönetici kuşağa bıraktığı bir evrede kolektif yönetim anlayışı yerleştirilmeye çalışıldı.[22] Sosyalist demokrasiyi geliştirme yönünde yasal ve anayasal düzeyde değişikliklere gidildi. İnanç özgürlüğü, çevre bilinci ve LGBTİ hakları gibi bir dizi alanda Küba yönetimi yasal düzenlemeler eşliğinde toplumsal duyarlılığı arttıracak ve sosyalizmin inşasına özgüven kazandıracak adımlara imza attı. Şubat 2019'da referandumla son aşamadan geçen ve % 86,8

---

21 Buna iyi bir örnek 2011 yılında "Ekonomi ve Sosyal Politika için Kılavuz" başlığı altında yayınlanan belgenin hikâyesidir. Bu belge biriken iktisadi sorunları masaya yatıran, 1990'ların başından beri uygulanan politikaların bir kısmını daha ileri taşıyan, aynı zamanda 1990'larla birlikte ortaya çıkmış özel sektör alanlarını sistematik olarak denetlemek ve vergilendirmek için yasal bir çerçeve sunan bir belgeydi. Bu belgenin tüm maddeleri PCC'nin 6. kongresinde onaylanmadan önce kitle örgütlerinin düzenlediği 163 bin toplantıda milyonlarca Kübalının katılımı ile tartışıldı. Yapılan önerilerin sonucunda ilk taslağın % 68'inde değişiklik yapılmıştı.

22 Fidel Castro 2008'de PCC genel sekreterliği ve devlet başkanlığı görevlerini resmen Raul Castro'ya devretti. 2018 seçimleri öncesinde Raul Castro başkanlığa yeniden aday olmayacağını açıklamıştı. Seçimlerin ardından devlet başkanlığı görevine Miguel Díaz-Canel'in seçilmesi yönetimdeki kuşak değişimi açısından sembolik bir değer taşıdı. Yönetimdeki bu değişikliklerin ardından üst düzey siyasi sorumlulukların ve devlet görevlerinin iki dönemle sınırlandırılması ve yöneticilerin ilk dönemlerinde 60 yaşı geçmemiş olmaları şartı 2019 anayasasına girdi.

Küba'da sağlık sistemi

Küba'nın yoksul ve abluka altında bir ülke olmasına rağmen sağlık sistemindeki başarısı ilgi çekmektedir. Bu başarının sırrı, Küba'da devrimle birlikte toplum sağlığına genel bakıştaki değişimde yatmaktadır. Küba'da devrim gerçekleşmeden hemen önce 1959'da 10 milyonluk nüfus içinde sağlık güvencesine sahip insan sayısı yalnızca 600 bindi; bunların da % 80'i iki büyük kentte toplanmıştı (Belek, 2019: 3). Devrimden sonra sağlık bir insan hakları konusu olarak ele alındı. En başından beri yoksulluk ve hastalık arasında kuvvetli bir bağ olduğu tespitinden hareket edilmiş; bu nedenle eşitsizliğin giderilmesi, barınma, beslenme, eğitim, istihdam gibi başlıklarda insani koşulların geliştirilmesiyle sağlıklı bir toplumun inşası bütünlük içinde ele alınmıştır. Tüm sağlık hizmetlerinin tamamen ücretsiz olmasının bir zorunluluk olarak kabul edilmesinin yanı sıra, tıbbi uygulamaların temelini bireylerin iyi halinin sağlanması ve hastalık önleyici tedbirler oluşturmaktadır (Whiteford, Branch, 2009: 9). Dünya Bankası 2017 verilerine göre, GSYİH'dan sağlığa ayrılan pay Küba'da % 11,71'dir (Türkiye'de % 4,2, İngiltere'de % 9,63, Almanya'da % 11,25'tir).

Küba'da sağlık sisteminin iki önemli avantajı, güçlü aile hekimliği sistemi ve tıbbi teknolojinin gelişkinliğidir. Aile hekimliği sistemi 1980'lerde sürekli bakım ve değerlendirme ihtiyaçlarının karşılanması, sağlık hizmetlerinin toplumla temasının arttırılması amacıyla kuruldu. Küba'da her aile hekimi halk sağlığı hemşiresiyle birlikte ortalama 500 kişilik bir nüfusu bizzat evlerine giderek koruyucu, tedavi ve rehabilite edici sağlık hizmetleriyle buluşturur. Bu kapsamda bebekler, çocuklar, gebeler, doğurgan çağdaki kadınlar, yaşlılar düzenli olarak muayene edilirler. Aile hekimi ve hemşiresi, toplum sağlığını etkileyen koşulların tartışıldığı düzenli toplantılara katılır. Küba'da sağlık sisteminin sosyalleştirilmesine büyük önem verilmektedir (Belek, 2019: 4).

Küba biyoteknoloji sektörü, ağırlığı Havana'da olmak üzere ülkenin her yerine yayılmış araştırma-geliştirme merkezlerinden oluşmaktadır. 2012'de sektör kuruluşları *BioCubaFarma* adı altında birleştirilmiştir. Kurumun bünyesinde bugün 21 bin 700 uzman çalışmakta, 32 araştırma geliştirme merkezi, 62 üretim tesisi hizmet vermektedir (Özkan, 2019: 13). Sektörün en önemli araştırma kurumu *Biocubafarma*, şimdiye kadar 1099 ürün üretmiştir. Bunların % 65'i ülkenin temel ilaç olarak kabul ettiği sınıftadır. Biyoteknoloji ürünleri Küba'nın en önemli ikinci ihracat kalemini oluşturmaktadır. Bunlar arasında kolesterol düşürücü bir ilaç olan policosanol, viral enfeksiyonların tedavisinde kullanılan interferon, meningokok B aşısı, AIDS tedavisinde kullanılan değişik jenerik ilaçlar, diyabetik ayak tedavisinde kullanılan Heberprot-B ve son yıllarda ülkemizde de sıkça başvurulan akciğer kanseri tedavisinde kullanılan CIMAvax-EFG gibi ilaçlar yer almaktadır (Belek, 2019: 5).

Küba daha önce yaşanan salgın hastalıklarda olduğu gibi COVID-19 pandemisiyle mücadelede de aile hekimliği sisteminin ve hızla yeni çözümler üretme kapasitesine sahip tıbbi teknolojinin imkânlarından yararlanmıştır. Küba salgınla mücadelede filyasyona ve aktif sürveyansa büyük önem vermiştir. Sağlık kurumlarına eşlik eden 28 bin tıp öğrencisinin desteğiyle ev ev gezilerek yapılan sağlık taramaları sonucunda pandemi büyük oranda kontrol altına alındı. Dünya Sağlık Örgütü verilerine göre Mayıs 2020 başı itibariyle Küba'da COVID-19 kaynaklı ölümler tamamen durmuştu (https://covid19.who.int/explorer). Küba COVID-19 salgınının başladığı Mart 2020'den itibaren 20 ülkeye toplam 1.200 sağlık personelini salgınla mücadele için gönderdi.

oy oranıyla kabul edilen[23] Küba Anayasası'ndaki kapsamlı değişiklik, son 25 yılda ortaya çıkan yeni dünya koşullarına Küba sosyalizminin adaptasyonunu anayasal çerçeveye kavuştururken aynı zamanda toplumun sosyalist sistemin ana hatlarına bağlılığının da teyidi anlamına geldi.

Sonuç yerine

Küba'da devrim, Küba'yı çevre ülkelerinden ayıran nesnel koşullar ve toplumsal mücadele birikimi üzerinde yükseldi. 1959'da iktidara gelen devrimci hareket, geniş bir toplumsal destekle sosyalizme açılan radikal bir programı uygulamaya sokabildi. Bu programı sürdürmek için toplumun örgütlülüğünü ve politik dinamizmini önemsedi. Tüm siyasi ve ekonomik krizlerde ve dönüm noktalarında geniş bir toplumsal tartışma ve uzlaşma zemini korundu.

Sosyalist dünya ile birlikte çökeceği beklentisini pek çok riskli karara imza atarak atlatan, ABD ile ilişkilerin bıçak sırtında gitmesine ve ekonomi alanında çözülür gibi görünen sorunların yeniden canlanmasına rağmen halen yoluna devam eden Küba sosyalizminin bu sürekliliği daha fazla bilimsel araştırmayı hak ediyor. Piyasa işleyişi ile sosyalist yapı arasındaki gerilimin yönetimi, PCC'nin öncülüğünde açılan yeni ideolojik mücadele başlıkları, Latin Amerika'daki ittifak ilişkilerinde yaşanan seyrelmeler veya yoğunlaşmalar, ABD'nin "arka bahçesine" yönelik yeni operasyonel planları Küba üzerine yapılacak bilimsel araştırmalarda ana eksenleri oluşturacaktır.

ARAŞTIRMA SORULARI

- Küba'nın sömürge sonrası dönemde tarihsel gelişimi çevre ülkeleriyle hangi noktalarda ortaklaşmakta, hangi yönleriyle onlardan ayrılmaktadır?
- Küba'da 1959 sonrası siyasi rejim hangi temel yapılar üzerinde yükseldi? Devrimin süreklilik kazanmasında bu yapıların nasıl bir rolü olmuş olabilir?
- ABD'de Obama yönetiminin Küba politikasında revizyona gitmesi hangi değerlendirme ve ihtiyaçlardan doğmuş olabilir?

KAYNAKÇA

Abel, C. D. ve Abel, C. F. (2017), "Early literacy In Cuba: Lessons for America", *Texas Journal of Literacy Education*, 5 (1): 33-43.

---

23 Seçmenlerin % 84'ünün katıldığı referandumda % 9 hayır oyu verildi. Daha önceki referandumlarla karşılaştırıldığında halkın desteğinde bir düşüş göze çarpıyor. Bu düşüşün nedenlerinden biri devletin ve PCC'nin evet kampanyasının karşısında Küba kilisesinin öncülüğünde bir hayır kampanyasının da yürütülmüş olmasıydı. Kilise temelde eşcinsel evliliğin önünü açan anayasa maddesini protesto etmişti. Yine de evet oylarının oranı ciddi ekonomik sorunlar yaşayan, Obama dönemi iyimserliğinin yerini yeniden ABD ile ilişkilerde karamsar bir tabloya bıraktığı, devrimin tarihi liderliğin görevini devretmekte olduğu Küba'da, siyasi katılım ve sosyalist iktidara verilen desteğin hâla oldukça yüksek olduğu anlaşılıyor.

Alvarez, J. (2019), "Cuban agriculture before 1959: The political and economic situations", *Food and Resource Economics Department*, UF/IFAS Extension.

Belek, I. (2019), "Küba sağlıkta neden ve nasıl başarılı oldu", *Madde Diyalektik Toplum*, 2 (1): 3-7.

Bethell, L. (2006), *Cuba: A Short History*, New York: Cambridge University Press.

Brundenius, C. (2009), "Revolutionary Cuba at 50: Growth with equity revisited", *Latin American Perspectives*, 36 (2): 31-48.

Campbell, A. (2016), "Updating Cuba's economic model: Socialism, human development, markets and capitalism", *Socialism and Democracy*, 30 (1): 1-29.

Castro, F. (2007), *Beni Tarih Aklayacaktır*, C. Denktaş (çev.), İstanbul: Yazılama Yayınevi.

De La Cuesta, L. A. (1976), "The Cuban socialist constitution: its originality and role in institutionalization", *Cuban Studies/Estudios Cubanos*, 6 (2): 15-30.

Farber, S. (1983), "The Cuban communists in the early stages of the Cuban Revolution: Revolutionaries or reformists?", *Latin American Research Review* 18 (1): 59-83.

Figueras, M. A. (1991), "Structural changes in the Cuban economy", *Latin American Perspectives*, 18 (2): 69-85.

Herrera, R. (2004-5), "Guest editor's introduction: Where is the Cuban economy heading?", *International Journal of Political Economy*, 34 (4): 3-10.

Kapcia, A. (2000), *Cuba: Islands of Dreams*, Oxford: Berg.

Knight, A. (1990), "Social revolution: A Latin American perspective", *Bulletin of Latin American Research*, 9 (2): 175-202.

Navarro, J. C. (2011), *Küba Tarihi: Bir Halkın Biyografisi*, G. Kök, A. Somel (çev.), İstanbul: Yazılama.

Oxfam (2002), "Cuba: Social policy at the crossroads", *Oxfam Amerika Raporu*.

Özkan, N. (2019), "Toplum sağlığının hizmetinde bilim ve teknoloji: Küba'da biyoteknoloji deneyimi", *Madde Diyalektik Toplum*, 2 (1): 8-18.

Paz, J. V. (2005), "Cuba in the 'special period: From equality to equity", Tulchin, J. S., Bobea, L, Espina, P. M. ve Hernández, R. (der.), *Changes in Cuban Society Since the Nineties* içinde, Woodrow Wilson, International Center for Scholars, Latin American Program, s. 103-124.

Pérez-Matos, N. ve Fernández-Molina, J. C. (2010), "The history of library and information activities in Cuba: The relationship with its constitutional periods", *Library & Information History*, 26 (3): 213-224.

Premat, A. (2003), "Small-scale urban agriculture in Havana and the reproduction of the 'new man' in contemporary Cuba", *Revista Europea de Estudios Latinoamericanos y del Caribe*, 75: 85-99.

Ramonet, I. (2004), *Fidel Castro, İki Ses bir Biyografi*, B. Levi (çev.), İstanbul: Doğan.

Somel, A. (2011), "Planlamayı 21. yüzyıla taşımak: Küba deneyimi", Şahinkaya, S. ve Ertuğrul, I. (der.), *Bilsay Kuruç'a Armağan* içinde, Ankara: Mülkiyeliler Birliği, s. 1027-1042.

Strug, D. L. (2009), "Why older Cubans continue to identify with the ideals of the revolution", *Socialism and Democracy*, 23 (1): 143-157.

Sweig, J. E. (2016), *Cuba: What Everyone Wants to Know About*, Oxford: Oxford University Press.

Whiteford, L. W. ve Branch, L. G. (2009), *Primary Health Care in Cuba: The Other Revolution*, New York: Rowman&Littlefield.

Whitney, R. W. (2001), *State and Revolution in Cuba: Mass Mobilization and Political Change, 1920-1940*, Chapel Hill: The University of North Carolina Press.

Wolf, E. (2019), *20. Yüzyılda Köylü Savaşları*, C. Somel (çev.), İstanbul: İletişim.

World Bank Data Indicators, https://data.worldbank.org/indicator/SH.XPD.CHEX.GD.ZS?locations=TR&name_desc=true

World Health Organization Covid19 indicators, https://covid19.who.int/explorer

Yaffe, H. (2009), *Che Guevara: The Economics of Revolution*, Hamshpire: Palgrave Macmillan.

Zunes, S. (2001), "The United States and Bolivia: The Taming of a revolution, 1952-1957", *Latin American Perspectives*, 28 (5): 33-49.

On Üçüncü Bölüm

VENEZUELA'DA POST-NEOLİBERALİZM: BOLİVARCI DEVRİM SÜRECİNİN KAZANIM VE SINIRLILIKLARI

ESRA AKGEMCİ

Giriş

"Bugün, Latin Amerika kazandı!"

Hugo Chávez, 7 Ekim 2012'deki seçim zaferini bu sözlerle ilan etti. Bolivarcı Devrim sürecinin karizmatik lideri, iktidardaki 13 yılın ardından devlet başkanlığının dördüncü dönemine hazırlanıyordu. Venezuela'daki sosyalizme geçiş sürecinin ilk aşaması tamamlanmış, 2013'te başlayacak ikinci aşamanın hedef ve stratejileri, Chávez'in seçim kampanyasının temelini oluşturan program dâhilinde halk meclislerindeki geniş katılımlı tartışmalarla belirlenmişti. Latin Amerika genelinde "pembe dalga" olarak anılan sol dalganın etkisi de devam ediyordu. Ancak Venezuela'yı bekleyen geleceğin tozpembe olduğu söylenemezdi.

Neoliberalizme alternatif politikalar uygulama vaadiyle iktidara gelen sol hükümetlerin karşısında ekonomik, siyasal ve toplumsal açıdan ciddi sınırlılıklar vardı. 2013'ten itibaren küresel ekonomik krizin etkisiyle çevre ülkelerdeki koşullar ağırlaştırdıkça, iktidardaki solun sınırları da daralmaya başladı. Chávez, son zaferini ilan ettikten beş ay sonra, 5 Mart 2013'te kansere yenik düştü ve yokluğunda Venezuela adım adım büyük bir siyasi karışıklığın içine sürüklendi. Bolivarcı hükümetin başına geçen Nicolás Maduro, 2015'teki parlamento seçimlerinde büyük bir yara aldı. Aynı yıl Arjantin'de Kirchner'in yerine sağcı Macri geldi ve Brezilya'da Rousseff'in azledilme süreci başladı.

Pembe dalganın gösterdiği inişli çıkışlı seyir, literatürde hızla karşılığını bulmuş ve solun yükselişinin ardından düşüşü üzerine de çok geçmeden geniş bir yazın oluşmuştur. Bu bölüm, "post-neoliberalizm" kavramına başvurarak, Venezuela'da Bolivarcı Devrim sürecinin kazanım ve sınırlılıklarını, seçim siyasetinin dışında ve ötesinde tartışmayı hedeflemektedir.

"Venezuela istisnası"

20. yüzyılın başında keşfedilen zengin petrol rezervleri, Venezuela'yı Latin Amerika'nın diğer ülkelerinden ayrıştırmış ve "istisnai" bir konuma yerleştirmiştir.[1] Bugün, Venezuela'nın kanıtlanmış petrol rezervi 303,8 milyar varildir.[2] Diğer yandan dünyanın en büyük petrol rezervine sahip ülkesi olan Venezuela, tarihinin en büyük siyasi ve ekonomi kriziyle boğuşmaktadır. IMF'nin Nisan 2019 tarihli Dünyada Ekonomik Görünüm Raporu'na göre, ülkedeki enflasyon oranı % 10, işsizlik oranı % 44, büyüme oranı ise % -25'tir.[3] Bu genel tablonun akıllara ilk getirdiği, genellikle petrol ile siyasi ve ekonomik istikrarsızlık arasında doğrudan ilişki kuran "doğal kaynak laneti" teorisidir.[4] Venezuelalı politikacı Domingo Alberto Rangel'in dediği gibi, Venezuela'da her şey gerçekten de petrolle ilgili olabilir (Salas, 2009: 2). Ancak petrolle yazılan bir tarihin satır aralarında "başka bir tarihin" izlerini sürmek de elbette mümkün.

Venezuela'da ilk ticari petrol kuyusu 1914'te açıldı. 1917'de petrol ihracatının başlamasının ardından Venezuela, çok kısa bir süre içerisinde "kahve ekonomisi"nden büyük bir "petrol ekonomisi"ne dönüştü. 1926'da yıllık petrol ihracatı 37 milyon varil olan ülke, 1928'de 100 milyon varille dünyanın bir numaralı petrol ihracatçısı haline geldi (Tarver, 2018: 88). Daha sonra Shell'in satın alacağı Caribbean Petroleum ve Venezuelan Oil Concessions (VOC) ülkede faaliyet gösteren en önemli iki petrol şirketiydi. Bu süreçte yabancı petrol şirketleri ülkenin dört bir yanına yayıldı ve petrol sanayi kısa zamanda kalkınmayı, kentleşme ve göçü, yerleşim yerlerini, gündelik hayatı, işgücü piyasalarını, sınıf ilişkileri ve siyasi ittifakları belirleyen temel unsur oldu. Kısacası petrol, sadece ekonominin değil, toplumsal dönüşümün de merkezine yerleşti (Derham, 2010: 67). Diğer yandan ülkenin dış politikası açısından da petrolün rolü merkeziydi. Petrol sektöründeki yatırımları çoğunlukla Meksika üzerine yoğunlaşan ABD, Venezuela'da yeni gelişen petrol sanayisini İngiltere'nin tekeline bırakmamak için Lago Petroleum ve Gulf Oil şirketleriyle ülkenin pazarına hızlı bir giriş yaptı. Venezuela bundan sonraki süreçte ABD'nin bölgedeki en yakın

---

1 Venezuela'da petrol, İspanyolların gelişinden çok önce yerliler tarafından keşfedilmişti. Yüzyıllar boyunca yerliler, özellikle Maracaibo Gölü civarında bulunan ham petrolü kanoları kaplamak ve onarmak gibi işlerde kullandılar. İlk petrol üretimi ise, 1879'da Venezuela Andlar'ında Táchira Petrol Şirketi'nin kurulmasıyla başladı. Ancak bir grup Venezuelalının açtığı bu şirketin faaliyetleri sınırlı ve ilkel yöntemlere dayalıydı (Tarver, 2018: 16).

2 Kaynak: OPEC https://www.opec.org/opec_web/en/about_us/171.htm

3 Kaynak: IMF World Economic Outlook (Nisan 2019) https://www.imf.org/en/Countries/VEN#countrydata

4 Bolluğun paradoksu olarak da bilinen bu teoriye göre, doğal kaynak zenginliği ile ekonomik büyüme arasında doğru orantılı ilişki kurulamaz. Aksine, bu teoriye göre bir ülkenin doğal kaynak ihracatının milli gelire oranı yükseldikçe, doğal kaynak bağımlılığı artar, bu bağımlılık da ekonomik büyümeyi zayıflatma eğilimindedir.

müttefiki haline geldi. ABD ile yakın ilişkiler kurmak, ülkedeki yönetici elitler tarafından büyük bir petrol ekonomisi olmanın doğal ve kaçınılmaz sonucu olarak görülüyordu. Venezuela, artık ABD açısından sadece kârlı bir petrol kaynağı değil, aynı zamanda bölgenin geri kalanına örnek göstereceği politik ve ekonomik bir modeldi (Salas, 2009: 205-206).

20. yüzyılın ilk on yılları, Venezuela'nın modernleşmesi ve ulus-devletleşmesi açısından çok önemli bir geçiş sürecidir. Venezuela'da İspanyollara karşı bağımsızlık savaşı 1810'da başlatılmış, yirmi yıllık bir mücadelenin ardından kendi kendini yönetebilecek bir ulus ortaya çıkmıştı. Ancak ortaya çıkan iktidar boşluğu, diğer Latin Amerika ülkelerindeki gibi *caudillo* olarak anılan güçlü askerî diktatörler tarafından dolduruldu. Venezuela'nın "Caudillo Çağı" (1830-1898) bölgedeki örnekleri arasında en sert yaşanılanlarından biriydi. 20. yüzyıla girerken bir yanda *caudillo*lara dayalı anarşik düzen geride kalırken diğer yandan petrolün ülkeye çektiği yabancı sermaye temelinde yeni bir bağımlılık süreci başladı (Hillman, 1994: 34). Diğer yandan yüksek petrol gelirleri, Juan Vicente Gómez (1908-35) ve Marcos Pérez Jiménez (1948-58) gibi askerî diktatörlerin elinde orduyu güçlendirmenin ve toplumsal baskı kurmanın temel aracı haline geldi. *Caudillo* mirası petrolle perçinlenmişti.

Venezuela'da ilk demokrasi deneyimi, 1945-48 arasında, *trienio* olarak adlandırılan üç yıllık dönemde, sosyal demokrat parti AD (Demokratik Hareket Partisi) lideri Rómulo Betancourt'un iktidarında yaşandı. 1945'te Pérez Jiménez öncülüğündeki askerî darbenin yardımıyla iktidara gelen AD, üç yıl sonra yine Pérez Jiménez tarafından düzenlenen darbeyle iktidardan uzaklaştırıldı. Askerî harcamalardaki düşüş başta olmak üzere birçok sebep göstererek iktidara el koyan askerî cunta, 1952'de yapılan seçimlerde kaybetmesine rağmen Pérez Jiménez'i 19 Nisan 1953'te devlet başkanı ilan etti. Göreve gelmesinin ardından anayasada yaptığı değişikliklerle diktatörce bir güç edinen Pérez Jiménez, 23 Ocak 1958'de generallerin ayaklanmasının ardından ülkeyi terk etmek zorunda kaldı.

Aralık 1958'de yapılacak seçimlerden kısa bir süre önce Venezuela'nın üç büyük partisi, 31 Ekim 1958'de Pérez Jiménez diktatörlüğüne yol açan darbelerin bir daha yaşanmaması için masaya oturdular ve Punto Fijo Paktı olarak adlandırılan bir anlaşma imzaladılar. AD lideri Betancourt, COPEI (Venezuela Sosyal Hıristiyan Partisi) lideri Rafael Caldera ve URD (Venezuela Demokratik Cumhuriyet Birliği) lideri Jóvito Villalba'nın imzaladığı pakta göre, seçimleri kazanan parti, anlaşmayı imzalayan diğer parti temsilcilerini de içinde barındıran geniş bir koalisyon hükümeti oluşturacaktı. Bu pakt, "Venezuela istisnası" (*Venezuelan exceptionalism*) ya da "istisnai demokrasi" (*exceptional democracy*) olarak ele alınan Punto Fijo düzeninin temeli oldu (Ellner ve Salas, 2006). 1970'ler boyunca Latin Amerika ülkelerinin çoğu askerî diktatörlükler tarafından yönetilirken ve Latin Amerika siyaseti ardı ardına gelen darbe ve krizlere sahne olurken, Venezuela, 1960'lardan itibaren istikrarlı bir demokratik sistemle yönetildi. Öyle ki, 1958'de Punto Fijo Paktı'nın imzalanmasıyla başlayan bu süreç, tüm Latin Amerika ülkelerine "örnek demokrasi" olarak gösterildi.

Kapsayıcı bir özelliğe sahip gibi görünen Punto Fijo Paktı, özünde dışlayıcı bir özelliğe sahipti. Zamanla merkez sol partisi URD de Pakt'tan dışlandı ve böylelikle Venezuela siyaseti yıllarca iki merkez sağ partinin, Sosyal-Hıristiyan Parti COPEI ve sosyal-demokrat kimliğinden giderek uzaklaşarak 1980'lerin sonunda Venezuela'da neoliberal politikalar uygulanmasının öncülüğünü yapan AD'nin iktidarını garanti altına almış oldu. Bu dönemin belirgin özelliklerinden biri de başta Komünist Parti olmak üzere ülkedeki çoğu sol partinin baskı altına alınmasıydı. Öyle ki "Venezuela demokrasisinin babası" olarak bilinen, *trienio* ve Punto Fijo dönemlerinde devlet başkanlığı yapmış olan Betancourt, solcuların karar alma sürecinden uzakta tutulmasının 1960'lar boyunca demokratik birliği kolaylaştırdığını söylemişti.

Ellner'e göre (2003: 8-9), Punto Fijo dönemi boyunca diğer Latin Amerika ülkelerine örnek olarak gösterilen siyasi istikrarın başlıca özelliklerini şöyleydi:

i. İdeolojik farklılaşmayı en aza indiren iki-parti sistemi,
ii. Aşırı milliyetçi söylemlerden uzak duran ve demokrasiye bağlı siyasi liderler,
iii. Geçmiş deneyimlerden ders alarak parti içi ve partiler arası anlaşmalara önem veren liderlik anlayışı (*pacted democracy*),
iv. Orta sınıfı temsil eden, işçi sınıfı ve oligarşiyi bastırarak geniş bir orta sınıf yaratmaya ve sınıf çatışmasını en aza indirmeye çalışan siyasi partiler,
v. Parti disiplinine ve kurumsallaşmaya verilen önem.

Punto Fijo dönemi boyunca Venezuela'nın siyasi olgunluk ve ekonomik yeterlilik açısından diğer Latin Amerika ülkelerinden farklı olduğu tezi ortaya atıldı. Buna göre Venezuela'yı diğer Latin ülkelerinden ayıran özelliği, sağlıklı ve "Batı tarzı" bir demokratik sisteme ve güçlü bir siyasi kültüre sahip olması, sınıfsal ayrılıkların, faşist çatışmaların, aşırı milliyetçi ve popülist yönetimlerin yaşanmamasıydı. Ancak Punto Fijo sisteminin devamını sağlayan temel özellikler, yine aynı sistemin sonunu getiren dinamikler içeriyordu. Her şeyden önce, parti paktlarının elitist yapısı aşırı merkeziyetçi ve dışlayıcı bir siyasi yapı oluşmasına sebep oldu. Yine Ellner'e göre, siyasi liderlerin geçmişten ders almak ve darbelere geçit vermemek söylemleriyle güçlü bir merkezî hükümet kurmaya çalışmaları, siyasi reformların yapılmasını isteyen muhalif sesleri karar alma sürecinin dışında bıraktı.

Ayrıca petrol gelirlerinin kontrolü, Punto Fijo sisteminin devamlılığını sağlayan en önemli faktörlerden biriyken, 1980'lerde hükümetin petrol gelirlerinin kontrolünü kaybetmeye başlaması, mevcut sistemin sonunu getiren en önemli faktörlerden biri oldu. Petrol fiyatlarının rekor düzeye ulaştığı 1970'ler boyunca, Punto Fijo hükümetleri artan petrol gelirlerinden her alanda faydalanarak büyük bir ayrıcalığa erişmişti. Petrol gelirleri Venezuela'da 1970'te 1,4 milyon dolardan 9 milyon dolara çıktı. 15 Ekim 1973'te OPEC üyesi Arap ülkelerinin ABD'ye petrol ambargosu ilan etmesiyle yaşanan fiyat artışlarıysa, Venezuela'nın petrol gelirlerini dörde katladı. Venezuela'da bu beklenmedik fiyat artışlarından yararlanan Andrés Pérez hükümeti *"La Gran Venezuela"* (Büyük Venezuela) adını verdiği projeyle bir kalkınma planı ortaya koydu. Bu plan kapsamında petrol gelirlerini maksimize etmek amacıyla 1 Ocak 1976'da petrol sanayinin kamusallaştırması süreci başlatıldı ve devlete ait petrol şirketi PdVSA (*Petróleos de Venezuela*) kuruldu.

Ne var ki, 1980'lerde petrol fiyatlarının hızla düşmeye başlamasıyla durum tersine dönmeye ve "petrol devleti" kaynaklarıyla temin edilen kamu finansmanı kontrolden çıkmaya başladı. Hükümet finansal krizle mücadele edebilmek için PdVSA'nın yatırım fonlarından faydalanmak istedi. Fakat şirket yöneticileri gelirlerini korumak için Venezuela dışında yatırım yaparak şirketi uluslararası piyasaya açtılar. Böylelikle kârların önemli bölümü yurtdışına transfer ediliyor, yurtdışındaki şirketlerle yapılan sözleşmelerle hükümetin bu paraya ulaşması engelleniyordu. Bu durumda hükümet, kamulaştırdığı halde petrol sanayini kontrol edemiyor, petrol fiyatlarının düşmeye başlamasıyla zaten azalmakta olan petrol gelirlerine de ulaşamıyordu. Hükümetle PdVSA yöneticileri arasında süren petrol gelirlerinin kontrolü için mücadele, PdVSA yöneticilerini Punto Fijo sisteminin en büyük muhaliflerinden biri haline getirmişti.

Venezuela'da piyasa ekonomisi yönünde ilk adımlar, Şubat 1989'da ikinci kez devlet başkanlığı koltuğuna oturan Carlos Andrés Pérez tarafından şok terapi yoluyla uygulanan neoliberal reformlarla atıldı. Ekonomi politikalarındaki geniş çaplı değişim "büyük dönüş" (*el gran viraje*) adıyla anılıyordu. Bu "büyük dönüş" kapsamında ülkenin petrol sanayisi tekrar yabancı yatırımcılara açıldı. Böylece iktidara geldiği ilk dönemde petrol gelirlerindeki artış sayesinde refah dönemi yaşayan ve petrol sanayini kamulaştıran Pérez'in, şimdi ekonomik krizden çıkmak için petrol sanayini özelleştirmesi gerekiyordu. Ticaret, bütçe açığı, finans ve işgücü alanlarında neoliberal reformlar öngören ve *El Paquete* (Paket) olarak adlandırılan ekonomik programın uygulanmasının sonucunda, 1989'da enflasyon % 84'e yükseldi. Rekor düzeydeki enflasyonla beraber benzin fiyatları bir anda yükselmeye başladı. 27 Şubat 1989 günü Caracas'ta toplu ulaşım araçlarına % 30'dan % 100'e kadar yapılan zamları protesto eden bir grubun gösterisi, kendiliğinden büyük bir halk ayaklanmasına dönüştü.

Latin Amerika'da ilk post-neoliberal ayaklanma: *El Caracazo*

Caracas'ta ayaklanmanın başladığı gün, gazetelerde "gecekondu mahallerinin tepelerden indiği gün" olarak tanımlandı. Pérez'in orduyu devreye sokarak isyanı sert bir şekilde bastırması sırasında, resmî rakamlara göre 396 kişi hayatını kaybetti. Ancak toplu mezarlar açıldıktan sonra, ölümlerin iki binin üzerinde olduğu ortaya çıktı. *Newsweek*, *El Caracazo* olarak anılan ayaklanmayı "Latin Amerika'nın en istikrarlı demokrasisi patladı" başlığıyla duyurdu. Demokratik bir rejimde böyle bir ayaklanma yaşanması, Venezuela'daki mevcut sistemle ilgili birçok temel düşünceyi derinden sarsmıştı. Bugün Venezuela'nın kalıcı özelliği haline gelen ekonomik kriz ve yoğun sınıfsal kutuplaşma, esasında "istisnai demokrasi" döneminin eseriydi. 1980'de % 20'nin altında olan yoksulluk oranı 1990'ların ortalarında % 60'ın üzerine çıkmıştı (Striffler, 2017: 156). *El Caracazo* ile ortaya konan neoliberalizme direniş süreci, Chávez'i iktidara getirmekle kalmadı, tüm bölgeyi etkisi altına alacak yeni bir mücadele döneminin başlangıcı oldu. "Post-neoliberal" olarak anılan bu dönemde, neoliberalizmin dışladığı kesimlerin, karar verme mekanizmalarına katılmak, kendilerine özerk bir siyasal alan açmak ve siyasal ve toplumsal haklarının tanınmasını sağlamak için verdikleri mücadele önemli rol oynadı (Macdonald ve Ruckert, 2009: 12; Grugel ve Riggirozzi, 2012).

Post-neoliberalizm kavramı, ne neoliberalizmin artık miadını doldurduğunu öne sürer ne de neoliberalizme başlı başına kapsamlı bir alternatif sunar. Politik olarak post-neoliberalizm, "20. yüzyılın sonunda gelişen aşırı piyasalaşma sürecine ve piyasa reformlarına eşlik eden elitist ve teknokratik demokrasilere karşı bir tepki" olarak tanımlanabilir (Grugel ve Riggirozzi, 2012: 3). "Post" öneki her ne kadar "neoliberalizm sonrası" bir döneme atıfta bulunsa da neoliberal anlayıştan kesin bir kopuştan söz etmek için henüz çok erkendir. Nasıl post-modernizm kavramıyla modernizmin aşıldığı ya da sona erdiği kastedilmiyorsa, post-neoliberalizm kavramı da benzer şekilde neoliberal anlayışın temel kavram ve ilkelerinin sorunsallaştırılmasıyla neoliberalizmin içinde şekillenen özgül bir dönemi ifade eder. Burada söz konusu olan, neoliberal ekonomi politikalarının tamamen ortadan kalkmasa da bölgedeki hegemonyasının zayıflaması ve neoliberal gündemi reddeden toplumsal aktörlerin yeni alternatifler arayışında olmasıdır. Bu süreçte tek bir post-neoliberal model ya da projenin söz konusu olmadığı, farklı aktörlerin farklı koşullarda farklı pratik ve stratejiler geliştirdiği dikkate alınmalıdır. Post-neoliberalizm literatürü, "Latin Amerika solu" üzerine genel bir tanımlama yaparak onu radikal ve ılımlı olarak ikiye ayıran "pembe dalga" literatüründen farklı olarak, belirli tanımlamalar ve sınıflandırmalar yapmaktan kaçınır. Bununla birlikte solun iktidara gelme stratejilerine ve seçim siyasetine odaklanan "sola dönüş" ve "yükselen sol" gibi kavramların aksine post-neoliberalizm kavramı, neoliberalizmin sınırları içerisinde "neoliberalizmden sonrasını" tahayyül etmeye imkân tanıyan bir mücadele alanına vurgu yapar. Venezuela'da bu mücadeleyi Bolivarcı Devrimin lideri Hugo Chávez yönetmiştir.

"Popülist kopuş": Chávez'in yükselişi ve Bolivarcı Devrim'in kökenleri

Punto Fijo sisteminin çözülmeye başladığı 1980 sonrası dönemde, mevcut düzenin yıkılmaya başlamasıyla oluşacak boşluğu doldurmak için üç farklı toplumsal güç harekete geçmişti (Hellinger, 2003: 35):

i. İşçi hareketini temsil eden Causa R.,
ii. Devlete ait petrol şirketi PdVSA içinde örgütlenen yönetici kadrosu,
iii. Ordunun içinde örgütlenen, Chávez'in liderliğini yaptığı MBR 200.

Bu üç toplumsal güç arasından neden Chávez'in yükseldiğini anlayabilmek için, Ernesto Laclau'nun (2006) "popülist kopuş" olarak tanımladığı olguya başvurmak gerekir.[5] Alt-orta sınıf bir aileden gelen Chávez, 1975'te asteğmen olarak askerî okuldan mezun olduktan sonra Venezuela'nın doğu sınırında küçük bir gerilla örgütüyle mücadeleye gönderildi. Chávez, görevi sırasında gerillalara sempati duymaya ve ordunun rolünü sorgulamaya başlamıştı. İlerleyen dönemde Alfredo Maneiro ve Douglas Bravo gibi eski gerilla liderleriyle temasa geçen Chávez, ordu içinde "devrimci bir yapı" oluşturmaya çalıştı. Chávez'in amacı, "uzun vadeli hedefi devrimci bir ayaklanma hazırlamak olan bir askerî-sivil hareket" inşa etmekti (Gott, 2007: 69). Bu çabanın ilk ürünü 1977'de kurulan ELPV (Venezuela Hakları Kurtuluş Ordusu) idi. Chávez 1980'lerde askerî-sivil hareketini örgütlemeye çalıştığı ve devrimci solla temasa geçtiği zaman, Komünist Parti'den kopan Douglas Bravo öncülüğündeki gerilla hareketinin özgün bir ideoloji yaratma çabasından da etkilenmişti. Latin Amerika solunun ideolojisini "millileştirme"ye dayalı bu ideoloji, Simón Bolívar, Simón Rodríguez ve Ezequiel Zamora gibi 19. yüzyıl kahramanlarına dayanan "milliyetçi dozu yüksek bir sol ideoloji" olarak şekillenmişti (Gott, 2007: 103-104). Chávez, 17 Aralık 1982'de ise kendisi gibi yüzbaşı olan üç arkadaşıyla birlikte "Bolivarcı Ordu-200" (*Ejercito Bolivariano-200*) adını verdikleri bir örgüt kurdu. Örgüt daha sonra genişleyerek MBR 200 (*Movimiento Bolivariano Revolucionario 200*, Bolivarcı Devrimci Hareket 200) adını aldı. *El Caracazo*, Chávez'in beklediği koşulları sağlamıştı. 4 Şubat 1992'de MBR 200'ün Andrés Pérez hükümetine karşı gerçekleştirdiği askerî darbe girişimi başarısızlıkla sonuçlandı, ancak hapse giren Chávez darbe girişimini destekleyen geniş kitleler tarafından bir nevi "kahraman" haline geldi. Darbenin sorumluluğunu üstlenen ve "şimdilik"

Bolivarcılık

Venezuela siyasetinde Bolivarcılık, birbirinden farklı, hatta birbiriyle çelişen anlamlarda kullanılmış bir kavramdır. 1930'lardan önce anti-Bolşevik, sağcı bir ideolojiyi tanımlarken, 20. yüzyıl sonlarından itibaren sosyalist bir bağlam içinde kullanılmıştır. Simón Bolívar'ın fikirlerini temel alarak resmî bir doktrin oluşturmaya çalışan ilk devlet başkanı Chávez değildir. Eleazar López-Contreras döneminde (1938-46) Bolivarcılık, anti-sosyalist bir doktrin oluşturmak için temel alınmıştı. 1980'lerin sonlarında Venezuela tarihinin yeniden yazımına ilişkin çalışmalar, Bolívar'ın fikirlerini yeniden tartışmaya açtı. Bolivarcı bir ideoloji geliştirmeye çalışan siyasetçiler arasında Chávez'in farkı, Latin Amerika'nın siyasi birleşmesini Bolivarcılık temeli üzerine kurmayı hedeflemesiydi. Buna göre, 19. yüzyılda sömürgecilere karşı birlik olmayı deneyen Bolívar'ın mücadelesi, ABD emperyalizmine karşı mücadelede yol gösterebilirdi. Bolivarcılık, daha sonra 21. yüzyıl sosyalizmi adını alacak olan sol ideolojinin ve ALBA (Latin Amerika için Bolivarcı İttifak) ile geliştirilen karşı-hegemonik bölgeselleşme projesinin temeli oldu.

---

[5] Chávez'in iktidara geliş süreci ve popülizm ilişkisinin detaylı analizi için bkz. Bu kitapta Sekizinci Bölüm.

(*por ahora*) başaramadıklarını söyleyen Chávez, değişim isteyen kitleler için yeni bir umut doğurmuştu.

1994'te Caldera'nın çıkardığı afla serbest kalan Chávez, Haziran 1997'de MBR 200 Kongresi'nde siyasi partisi MVR'yi (*Movimiento V [Quinta] República*, Beşinci Cumhuriyet Hareketi) kurdu. 6 Aralık 1998'deki başkanlık seçimlerimde Punto Fijo'nun iki direği olan AD ve COPEI adayları büyük bir hezimete uğradı. % 56 oy alarak seçilen Chávez ise, eski düzenin kalıntıları üzerine yeni bir düzen kurmak için gerekli meşru zemini kazanmış oldu. 40 yıllık Punto Fijo düzenine ve ona bağlı siyasi geleneğe olan öfke, Chávez'in hareketi için önemli bir toplumsal zemin oluşturmuştu. Laclau'ya göre, Chávez'in ve Bolivarcı projesinin ortaya çıkış süreci, popülist bir kopuşun (*ruptura populista*) sonucuydu. Bu kopuş, sosyal taleplere cevap verecek kurumsal yapıların çökmesi ve karşılanmayan taleplerin yeni bir siyasi aktörün ortaya çıkmasına yol açması anlamına geliyordu. Chávez'in popülist hareketi de bu şekilde Punto Fijo düzeninin kalıntılarının üzerinde yükseldi. Bu süreçte ortaya çıkan diğer liderlerden farklı olarak Chávez, yoksul halk kesimleriyle doğrudan diyaloğa geçti ve onların taleplerini hayata geçireceğine söz verdi. Chávez, Venezuela'da doğrudan yoksul halk kesimlerine hitap eden ilk devlet başkanı olmasa da alt sınıftan gelen ve halkla arasındaki doğrudan ilişkiyi sürekli güçlendiren ilk devlet başkanı oldu (Ellner, 2003: 4). Laclau'ya göre (2006: 60), Venezuela örneğinde daha adil ve demokratik bir toplumsal düzenin kurulması, ancak mevcut sistemde böyle bir popülist kopuşla mümkün olabilirdi.

Chávez dönemi: Bolivarcı Devrim'in inşası

Kimilerine göre Latin Amerika'nın tipik despotik liderlerinden biri, bir *caudillo*, kimilerine göreyse Venezuela'da radikal demokrasiyi inşa eden efsanevi bir devrimci lider, bir *comandante*... Hiç şüphe yok ki Chávez, mirasına yaslandığı Bolívar kadar tartışmalı bir karakterdi.[6] Kim olduğundan çok ne yaptığı önemliydi. Tarihe nasıl geçerse geçsin Chávez, ülkesindeki yaşam koşullarını iyileştirecek reformlar yapmakla yetinmedi, aynı zamanda siyasi ve ekonomik sistemi radikal bir biçimde değiştirmeyi hedefledi ve ürettiği dönüştürücü politikalarla diğer bölge ülkeleri için ideolojik ve kurumsal bir model oluşturdu. İlk iş olarak, katılımcı bir süreçle yeni bir anayasa yaptı. Mahallî konseyler, şehir meclisleri ve sivil toplum katılımı ile geniş bir toplumsal ölçeğe yayılan anayasa yapım

---

6   Chávez taraftarlarıyla karşıtları arasındaki şiddetli kutuplaşmayı farklı açılardan görebilmek için, Venezuelalı yazar Alberto Barrera Tyszka'nın *Comandante'nin Son Günleri* (Kafka Kitap, 2020) adlı romanı mutlaka okunmalıdır. Chávez'in ölüm döşeğinde olduğu, ülkenin hızla kaosa sürüklendiği günlerde, kutuplaşma o kadar şiddetlenmiştir ki adeta iki ayrı ülke, iki ayrı gerçeklik vardır. Bir yanda "Chávez'ci olmayan, Venezuelalı değildir" diyerek muhalifleri düşman ilan edenler, diğer yanda bir baloncuğun içinde yaşayan, kendi televizyon kanallarından ve lüks mahallelerinden çıkmayan *escuálidolar* (zayıf kişilikliler)... İki tarafın radikallerini ortak bir hikâyede kesiştirerek, böylesine derin bir siyasi kutuplaşmanın toplumu nasıl zehirleyebileceğini göstermek, ancak bir edebiyat eserinin işi olabilirdi. Bolivarcı Devrim sürecindeki kutuplaşmanın neden ve sonuçları üzerine detaylı bir akademik çalışma için ise bkz. Mallen ve Guadilla (2017).

> **Misyonlar**
>
> Misyon adı verilen sosyal yardım programları, Bolivarcı Devrim'in en önemli kazanımlarından biridir. 2003'te başlatılan ilk misyonlar, okuma yazma eğitimi (*Misión Robinson*), yükseköğrenimi tamamlama (*Misión Ribas*), üniversite bursları (*Misión Sucre*), kamu sağlığı hizmetleri (*Misión Barrio Adentro*) ve gıda temini (*Misión Mercal*) gibi temel alanlara yoğunlaşmıştır. İlerleyen yıllarda misyonlar, nakit transferi, toprak reformu, enerji tasarrufu ve ağaçlandırma gibi alanları da kapsamıştır. 2010'a gelindiğinde, misyonlar sayesinde 1,5 milyon kişi okuma yazma öğrenmiş, 1 milyondan fazla kişi toprak reformundan yararlanmış, UNDP'nin belirlediği insani gelişme endeksi 0,77'den 0,84'e çıkmış, gelir dağılımı eşitsizliğini gösteren Gini katsayısı 0, 485'ten 0,39'a, yoksulluk oranı % 50,5'ten % 23,8'e, bebek ölüm oranı ise her bin doğumda 21,4'ten 13,9'a düşmüştür (Wilpert, 2012: 203). Bu rakamlar, misyonların gelir dağılımı ve kamu refahı üzerindeki olumlu etkisini açıkça göstermektedir. Diğer yandan misyonlar, klientelist ilişkiler kurmakla, kayırmacılığa yol açmakla ve katılımcı demokrasiye katkıda bulunmaktansa yukarıdan aşağıya kontrol mekanizmaları kurmakla eleştirilmiştir (Hawkins vd., 2011: 197-202). Bu eleştirileri dikkate almak ve dikkate alırken de şuna dikkat etmek gerekir; misyonlar için "ya öyle ya da böyledir" diye kesin bir çıkarımda bulunmaktansa, misyonların hangi dönemlerde hangi koşullarda daha özerk olabildiğini, bürokratikleşme ve merkezileşme eğiliminin nasıl geliştiğini ve lidere bağlılığın derecesini hangi faktörlerin belirlediğini belirlemek daha kayda değer bir tartışma açacaktır.

süreci, Venezuela'da katılımcı demokrasinin tohumlarını atmış, toplumsal kapsayıcılığın artması ve toplumsal adaletin sağlanması için önemli bir zemin oluşturmuştu (Wilpert, 2012: 196). Ülkenin adını Bolivarcı Venezuela Cumhuriyeti olarak değiştiren anayasa, sosyal programların uygulanmasında karar alma süreçlerine katılımı sağlayacak yerel konseylerin oluşturulması için yasal bir temel sağladı. Bu konseyler, ileride sosyalizmin inşasında kullanılacak, daha geniş bir katılım mekanizması olan komünal yapıların da temeli oldu.

Chávez'in ilk dönemindeki önemli başarılarından biri, OPEC'in petrol fiyatları üzerinde denetim sağlaması yönündeki girişimleriydi. Bu girişim sonucunda petrol fiyatları yükselmeye başladı. Misyon adı verilen sosyal yardım programlarının genişletilmesi, yüksek petrol gelirleri sayesinde mümkün oldu. Chávez'in en temel politikası, geliri ve toprağı yeniden dağıtmaktı ancak Nisan 2002'deki ABD destekli darbe girişimi gösterdi ki Chávez'in yapmak istediği reformlar ancak ABD hegemonyasına karşı topyekûn direniş mekanizmalarıyla hayata geçirilebilirdi.[7] Darbe girişiminin ardından Aralık 2002'de petrol şirketini durma noktasına getiren lokavt ve Ağustos 2004'te devlet başkanının göreve devam edip etmeyeceğinin oylandığı –anayasanın verdiği izne dayanan– referandum gibi iktidarını devirmeye yönelik diğer girişimleri de atlatan Chávez, bundan sonraki süreçte "21. yüzyıl sosyalizminin" inşasına başladı. Bundan böyle iktidarda kalmanın tek yolu, Bolivarcı Devrim'i radikalleştirmekti. Ilımlı

---

7 Darbe girişimiyle ilgili detaylı bilgi için bkz. Bu kitapta İkinci Bölüm.

reformların ya da "üçüncü yol" gibi kapitalizmle uyumlu seçeneklerin bir kenara bırakılarak sosyalizme geçiş sürecinin inşasına yönelik adımlar atılması bundan sonra mümkün oldu. Ancak Bolivarcı Devrim'i çok ciddi sınırlılıklarla birlikte oligarşinin sert muhalefeti bekliyordu.

> **21. yüzyıl sosyalizmi**
>
> Chávez, 2004'te Caracas'ta düzenlenen uluslararası bir toplantıda "21. yüzyıl sosyalizmi" kavramını ilk kez ortaya attığında aslında kendisi de bu kavramın hakkını verecek bir tanıma sahip değildi. Ancak 21. yüzyılın sorunlarını çözebilecek yeni bir sosyalist yapının 20. yüzyıl deneyimlerinden farklı ve Latin Amerika'nın kendi direniş tarihinden beslenen özgün bir deneyimin ürünü olması gerektiğini düşünüyor ve bunun için de sosyalizmin yeniden keşfedilmesi gerektiğini söylüyordu. Venezuela'da 21. yüzyıl sosyalizmi, Bolivarcılık temeli üzerine inşa edildi.

Venezuela'da 21. yüzyıl sosyalizmini inşa etmeyi hedefleyen Simón Bolívar Ulusal Projesi kapsamında 2007'de hayata geçirilen İlk Sosyalist Plan (*Primer Plan Socialista*/PPS), yedi temel direktif üzerine kuruluydu. (1) Sosyalist gelenekten beslenen ancak Bolívar'ın düşüncesinin tarihsel mirasına dayalı yeni bir sosyalist etik, (2) yeni bir sosyal yapının inşası için gerekli olan, Bolívar'ın kendi deyimiyle "Yüksek Sosyal Mutluluk", (3) bireyin kendine özgü gücünü kolektif bir güce dönüştürecek olan devrimci demokrasi, (4) toplumsal bölünmeye ve hiyerarşik yapıya son verecek bir sosyalist üretim modeli, (5) ademi merkezî bir teritoryal kalkınma planıyla toprak yapısı ve sosyal yapının modifikasyonunu sağlayacak yeni bir ulusal jeopolitik, (6) Venezuela'nın bölgeyle ve dünyayla entegre bir şekilde kendi kaynakları üzerinde egemen olmasını sağlayacak bir enerji stratejisi ve (7) tek kutuplu hegemonyaya karşı yeni kutupların yükseleceği, toplumsal adalet, dayanışma ve barışa dayalı çok kutuplu yeni bir uluslararası jeopolitik. PPS, bu yedi temel direktifin her biri için hedeflerle strateji ve politikalar belirleyen bir yol haritası niteliğindeydi. PPS'de belirtilen sosyalist gündemin uygulanması için tasarının Ulusal Meclis'te onaylanması yeterliydi, ancak Chávez bazı anayasal reformlarla sosyalist planın Bolivarcı Anayasa'da da yerini almasını sağlamak ve daha derin bir yasal dönüşümü hayata geçirmek istiyordu. Anayasa'nın 342. maddesine göre anayasal reformlar Ulusal Meclis'te üçte iki çoğunlukla kabul edildikten sonra ulusal bir referandumla halka sunulmalıydı. İşte bu referandum süreci, Chávez'in ilk ve tek seçim yenilgisiyle sonuçlanacak ve Bolivarcı Devrim açısından önemli bir siyasal kırılma noktası olacaktı (Akgemci, 2014: 65).

15 Ağustos 2007'de Chávez, Ulusal Meclis'e anayasanın 33. maddesinde değişiklik öngören bir tasarı sundu. Mecliste yapılan üç tur tartışmadan sonra 2 Kasım'da son halini alan reform önerisi, 2 Aralık 2007'de referanduma sunuldu. 21. yüzyıl sosyalizmini hayata geçirecek bir kalkınma planı öngören bu reformların genel olarak özel girişimin gelişmesine yapılan vurguyu kooperatif ve *barrio* işletmelerin korunması ve geliştirilmesine kaydırdığını ve onlara daha çok

ekonomik faaliyet alanı açmayı hedeflediği söyleyebiliriz. Ancak reform paketinin içinde sosyalist planın yanı sıra, devlet başkanını geniş yetkilerle donatarak görev süresinin altı yıldan yedi yıla çıkarılmasını ve başkanın yeniden seçilmesine yönelik tüm kısıtlamaların kaldırılmasını öngören anayasal değişiklikler de yer alıyordu. Chávez için ömür boyu başkanlığın yolunu açacak bu değişiklikler birçok kesim tarafından tepkiyle karşılandı ve reform paketi % 51 hayır oyuyla reddedildi.[8]

Böylelikle Chávez, sosyalizme geçişin ilk aşamasında büyük bir yara aldı. Her ne kadar referandumda reddedilen tasarının içeriğini büyük ölçüde kapsayan PPS, çok kısa bir süre içerisinde, 13 Aralık 2007'de Ulusal Meclis'te onaylanarak yasalaştıysa da Chávez'in öngördüğü anayasal dönüşüm gerçekleşmemişti. Üstüne üstlük 2007 referandumu, post-neoliberal dönemde sol iktidarla halk hareketleri arasındaki ilişkinin en güçlü olduğu Latin Amerika ülkesinde, Chávez yönetimiyle kendisini iktidara taşıyan halk kitleleri arasında ilk defa gözle görülür bir ayrılığa sebep olmuş ve giderek artan siyasi kutuplaşmanın da etkisiyle bu ayrılık Chávez'i destekleyen (*chavista*) kitle içinde bir kırılmaya yol açmıştı. Bundan sonraki süreçte Bolivarcı Devrim, sosyalizmin inşasını bu kırık çizgi üzerinde sürdürdü.

21. yüzyıl sosyalizmi, esas olarak 2006'da kurulan meclis ve kooperatiflerle birlikte şekillendi. Petrol gelirleri artık sadece yoksulların temel ihtiyaçlarının karşılanmasında değil sosyalist bir üretim biçimini hayata geçirmeyi hedefleyen komünal yapıların inşasında da kullanılıyordu. Bu yapıların bir yandan katılımcı mekanizmalarla işçi sınıfının örgütlülük kapasitesini geliştirmesi ve burjuva devletini dönüştürmesi diğer yandan da alternatif bir ekonomi modeli yaratarak yerel düzeyden ulusal ve bölgesel düzeye doğru genişlemesi öngörülüyordu. 2010'a gelindiğinde meclislerin sayısı 40 bini geçmişti, ancak mevcut koşullar hedeflenenin çok uzağındaydı. Özel sermaye ekonomideki ağırlığını korumuş, kamulaştırmalardan istenilen verim alınamamış, dahası orta sınıfların bu sürece direnmesiyle yoğunlaşan kutuplaşma ortamında Chávez'in iktidarının ilk döneminde sermaye sınıfının belirli kesimleriyle kurduğu ittifak hayati bir önem kazanmıştı. Bolivarcı hükümete yakınlaşarak zenginleşen, bu nedenle "Boli-burjuvazi" olarak da anılan bu kesimin varlığı başlangıçta geçiş sürecinin mecburi bir koşulu olarak görülüyor, ekonomik ve siyasi istikrar adına sermayenin belirli kesimlerine stratejik olarak taviz verilebileceği, aşağıdan gelişen süreçler güçlendikçe sosyalist hükümetin bu "geçici" bağları koparacağı öne sürülüyordu.[9] Ancak bu bağların beraberinde getirdiği şey, esasen yozlaşma ve yolsuzluk oldu.

---

8 Üç dönemle sınırlı olan devlet başkanının görev süresinde dönem sınırlaması, 15 Şubat 2009'da yapılan referandumla kaldırıldı ve böylece Chávez'in 2012'de dördüncü kez seçilmesinin yolu açılmış oldu.

9 Bu, sadece Venezuela örneğinde gündeme gelen bir argüman değildi. 1960'ların sonlarında bazı Latin Amerikalı komünistler bu argümanı "ilerici burjuvazi" (*progressive bourgeoisie*) kavramıyla dile getirmişti. Diğer yandan Michael A. Lebowitz'e göre (2014), Venezuela'da hükümet özel girişimlere ilk başta dokunmasa da, onlara dayattığı koşullarla (*socialist conditionality*) mevcut üretim ilişkilerini aşama aşama dönüştürmeyi hedefliyordu.

Venezuela'da aşağıdan gelişen katılımcı sürecin iyi yönetilememesinde ve bürokratikleşmeyle gelen yolsuzluk sorununun önüne geçilememesinde PSUV'un (Venezuela Birleşik Sosyalist Partisi) işlevsizliğinin önemli bir payı vardı (Striffler, 2017: 162-163). Aralık 2006'da kurulan PSUV, katılımcı, doğrudan ya da radikal demokrasi olarak tanımlanan sürecin merkezinde yer alıyordu. Ancak devletten görece bir özerkliğe sahip olması ve tabandan yönetilmesi öngörülen parti, tam tersine geleneksel bir devlet partisi halini alarak meclislerde örgütlenen tabanın doğrudan devletin üst kademelerine eklemlenmesinin bir aracı haline geldi. Zamanla PSUV içinde kopmalar yaşandı, Chávez'in Aralık 2007'deki referandum yenilgisiyle ortaya çıkan kırılma giderek kendini göstermeye başladı.

Maduro dönemi: Derinleşen çelişkiler ve oligarşinin saldırısı

Venezuela'da post-Chávez döneminin, Chávez'in ölümünden önce başladığı söylenebilir. Nitekim Chávez son iki yılını kanserle savaşarak geçirirken, yokluğunda ülkeyi nelerin beklediği üzerine tartışmalar çoktan başlamıştı bile. Ekim 2012'deki başkanlık seçimlerini bu tartışmalar sürerken kazanan Chávez, hastalığı yüzünden görevinin başına geçemedi ve 5 Mart 2013'te kansere yenik düştü. Kendinden sonra seçilmesi için desteklediği Nicolás Maduro ise, 14 Nisan'da yapılan seçimleri, % 51 oy oranıyla kazanarak devlet başkanı seçildi. Ancak rakibi Henrique Capriles seçim sonuçlarını tanımadığını açıkladı ve oyların yeniden sayılmasını istedi. Başa baş giden ve çok gergin bir havada geçen seçim yarışının hemen ardından, seçim sonuçlarını kabul etmeyen muhaliflerle Maduro taraftarları arasında şiddetli çatışmalar çıktı, yedi kişi hayatını kaybetti, 61 kişi yaralandı. Bolivarcı Devrim'in Chávez'siz ayakta kalamayacağına inanan muhafelet, baskıyı artırmış; siyasi kutuplaşma giderek yoğunlaşmıştı. Böylece Maduro'nun iktidara gelişi, daha en başından sancılı bir sürecin başlangıcı oldu. Şiddetli sokak çatışmaları, temel ihtiyaç maddeleri konusunda yaşanılan sıkıntılar ve sabotaj olduğu öne sürülen ülke çapındaki elektrik kesintileri, daha Maduro'nun iktidardaki ilk günlerden itibaren rutinleşmişti.

2014'ün ikinci yarısından itibaren petrol fiyatlarındaki hızlı düşüş, Bolivarcı Devrim sürecine bir darbe daha indirdi. Bir yandan kapitalist sınıf fraksiyonları arasındaki rekabet kızışırken diğer yandan gelirin yeniden dağılımına dayanan devrimin kazanımlarını korumak çok zor hale geldi. Hem misyon ve halk örgütlerini finanse etmek hem de kapitalist girişimcileri destekleyen döviz sistemini koruyabilmek artık mümkün değildi. Yüksek petrol fiyatları bu çelişkili süreçlerin aynı anda işlemesine izin veriyordu ancak 2013 sonrasında küresel ekonomik krizin etkisiyle kaynak çıkarımına dayalı (*ekstraktivist*) kalkınma politikaları sınırına ulaştı ve emtia fiyatlarındaki hızlı düşüş Latin Amerika ülkelerindeki hammadde ihracatıyla büyüme dönemine son verdi. Ancak Venezuela açısından esas mesele, yeni ekonomik konjonktürün kendisinden ziyade bu süreç karşısında ülke ekonomisinin çok kırılgan bir konumda olmasıydı. Sosyalist üretim ilişkileri kurulamamış, alternatif geçim kaynakları oluşturulamamıştı. Diğer yandan Boli-burjuvaziye verilen tavizin bedeli ağır olmuş, hükümete yakın sermaye grupları ülkeye yatırım yapmaktansa daha avantajlı olan ithalata yönelmişlerdi.

Petrol gelirlerine bağımlılık bu kadar artmamış olsaydı emtia fiyatlarındaki düşüşle gelen krizin de bir sınırı olacaktı. Ancak giderek keskinleşen sınıfsal çelişkiler, Bolivarcı Devrim sürecini oligarşinin saldırısına açık hale getirdi. Muhalefetin içerisinde Leopoldo López'in temsil ettiği, Chávez'e yönelik darbe girişiminden bu yana anti-demokratik, şiddet ve darbe yanlısı tavır alan baskın kesim bu süreçte Maduro'yu devirmeye yönelik bir "yıpratma savaşı" vermeye başladı (Mallett-Outtrim, 2014). Ordunun üst kademeleri Bolivarcı hükümetin yanında olduğundan yeni bir darbe girişimi olası değildi. Bunun yerine kıtlığa yol açan bir ekonomik savaşla birlikte *guarimba* olarak anılan çok şiddetli sokak çatışmaları kışkırtıldı. *Guarimba*lar her ne kadar Batı basınında "açlık isyanları" olarak yer aldıysa da bu isyanlar temel gıda ürünlerine erişimin sınırlandığı gecekondu mahallelerinde (*barrio*) değil, marketlerde olmayan ürünlerin restoranlarda bolca sergilendiği, başkent Caracas'ın doğusunda yer alan Chacao gibi üst-orta sınıf semtlerde yoğunlaşıyordu (Felicien vd., 2018). Gıda sektöründeki hâkim sermaye sınıfının üretimi azaltarak, ürünleri alternatif pazarda satarak ya da stokçuluk yaparak temel tüketim ürünlerinde kıtlık yaratması Venezuelalılar açısından yeni bir olgu değil, her önemli siyasi süreçte karşılaşılan alışıldık bir durumdu (Striffler, 2017: 159). Ancak kısa sürede % 18 binlere fırlayan enflasyon, karaborsa ve kaçakçılıkla birlikte kıtlık sorunu daha önce görülmemiş bir boyuta ulaştı ve artan şiddet oranlarıyla birlikte büyük bir kitlesel göç dalgasını tetikledi. 2016'dan bu yana üç milyondan fazla Venezuelalının ülkesini terk ettiği tahmin ediliyor.

Tıpkı Chávez gibi Maduro da iktidarına yönelik saldırılar karşısında bir tercih yapmak zorundaydı. Kendi tabanından gelen çağrılar devrimin radikalleştirilmesi yönündeydi. Maduro ise mevcut çelişkileri daha da derinleştirecek ve devrimin tüm kazanımlarını riske atacak bir yol izledi. Bazı sosyal yardım programlarını küçülterek, vergi indirimlerine giderek ve önemli devlet kademelerine (özellikle ordu ve kilise kökenli) sermaye temsilcilerini atayarak, yani aşağıdan değil yukarıdan gelen talepleri karşılayarak ekonomik krizi aşmaya çalıştı (María, 2016). Ancak Aralık 2015'teki parlamento seçimlerini MUD (Demokratik Birlik Masası) çatısı altında birleşen sağ muhalefetin kazanması, Maduro açısından çok büyük bir siyasi krize yol açtı. 167 sandalyeli Ulusal Meclis'in 112'sini kazanan sağcılar Chávez döneminden bu yana ilk kez mecliste çoğunluğu kazanmış ve bu durum Maduro'nun iktidarına yönelik büyük bir tehdit oluşturmuştu.[10] Bu sü-

---

10 MUD'un parlamento seçimlerini kazanmasında kıtlık meselesinin önemli bir rol oynadığını bu noktada vurgulamak gerek. MUD'un sloganı *la última cola* yani "son kuyruk"tu. Kıtlığa yol açan oligarşi temsilcileri, temel ihtiyaç ürünlerinin önünde oluşan kuyruklara son vereceklerini vaat ediyorlardı. Bununla birlikte, *chavista*ların seçime katılım oranının düşük olması, Maduro'nun başarısızlığının önemli nedenlerinden biri olarak gösterilmektedir. Ancak, katılımın düşük olmasının yanı sıra, Caracas, Miranda ve Bolívar gibi büyük şehirlerde *chavista*lar arasından muhalefete geçen önemli bir kitle olduğu da göz önünde bulundurulmalıdır (Buxton, 2016).

recin ardından Maduro hızla otoriterleşme eğilimine girdi. Yüksek Adalet Divanı oy satın aldığı ortaya çıkan ve usulsüz yemin eden bazı milletvekillerinin tahliye edilmesi yönünde bir karar almış ancak Ulusal Meclis bu kararı kabul etmemişti. Bunun üzerine Maduro meclisin yasama yetkisini elinden almaya çalıştı fakat gelen tepkilerin ardından bundan vazgeçti. Maduro'nun bir sonraki hamlesi yeni bir anayasa yazılması için Kurucu Meclis oluşturacağını ilan etmek oldu. Ancak Maduro, Chávez'in en önemli miraslarından biri olan 1999 Anayasası'nı neden ve nasıl değiştirmek istediği konusunda net bir açıklama yapmadığı gibi Kurucu Meclis oluşturma kararını oylamak için (anayasanın gerektirdiği şekilde) referanduma da gitmedi.[11]

Temmuz 2017'de muhalefetin boykot ettiği Kurucu Meclis seçimleri % 41 katılım oranıyla yapıldı ve ortaya Ulusal Meclis'i askıya alarak onun yerine geçen, Maduro yanlılarından oluşan bir Kurucu Meclis çıktı. Bu hamleyle Maduro meşruiyetini büyük ölçüde kaybetmiş, dahası Chávez döneminden beri ülkedeki darbe yanlısı muhalifleri destekleyen ve Venezuela'daki rejimi değiştirmek isteyen ABD yönetiminin eline büyük bir koz vermişti. Trump yönetimi bu fırsatı kaçırmadı ve Ağustos 2017'de Venezuela'ya ekonomik yaptırım uygulamaya başladı. Gittikçe derinleşen ekonomik ve siyasi kriz ortamında Maduro, Mayıs 2018'deki başkanlık seçimlerini yine muhalefetin boykot etmesi sayesinde (resmî rakamlara göre % 46, muhalefete göre % 25 katılım oranıyla) rahatlıkla (% 68 oyla) kazandı. Ancak muhalefet bu seçimleri tanımadı ve Ocak 2019'da Maduro'nun göreve başlamasının hemen ardından yeni Meclis Başkanı Juan Guaidó kendisini geçici devlet başkanı ilan ederek yeni bir kriz yarattı. Leopoldo López'in 2009'da kurduğu *Voluntad Popular* (Halk İradesi) partisinin bir üyesi olan ve muhalefet içindeki darbe yanlısı grupta yer alan Guaidó'nun ABD yönetimi tarafından tanınması ise krize uluslararası bir boyut kazandırdı.

Sonuç

Venezuela tarihinde gerçekten "istisnai" bir dönem varsa, o da neoliberalizme karşı gelişen toplumsal hareketin Chávez'i iktidara taşımasıyla başlayan Bolivarcı Devrim sürecidir. Bu sürecin temel kazanımları, en düşük gelirli grubun lehine olacak şekilde kaynakların yeniden dağılımı ve yasal reformlarla hayata geçirilen katılımcı demokrasi mekanizmalarıdır. Sadece ekonomik değil, toplumsal ve siyasal yapıyı da radikal biçimde dönüştüren hegemonik bir proje olarak neoliberalizmi yıkmak ve yerine yeni bir model inşa etmek, benzer bir radikal dönüşüm süreci gerektirmektedir. Post-neoliberal olarak nitelendirilen bu dönüşüm sürecinde, Bolivarcı hükümetler, neoliberalizmin dışladığı kesimlere ulaşmayı ve neoliberal politikaların yıkıcı etkilerini gidermeyi büyük ölçüde başardılar. Ancak bu sürecin en büyük sınırlılığı, neoliberalizme alternatif olarak geliştirilen Bolivarcı modelin, sosyalist üretim ilişkilerini kurmakta başarısız ol-

---

11 Eski Adalet Bakanı Luisa Ortega, *chavista*lar arasında Maduro'ya bu konuda itiraz eden önemli isimlerden biriydi ancak başsavcılık görevinden alındıktan sonra ülkeyi terk etti.

masıydı. Kooperatif ve meclisler alternatif bir üretim biçimini hayata geçiremediler, bu yüzden petrol gelirlerine bağımlılık da kırılamadı. Boli-burjuvaziye verilen tavizler, üretime yatırım yapmaktansa ucuz gıda ithalatını teşvik etti ve ekonomiyi emtia fiyatlarındaki dalgalanmalar karşısında kırılgan hale getirdi. Chávez'in ölümünün ardından Maduro döneminde petrol fiyatlarındaki hızlı düşüş, devrim sürecinin çelişkilerini ortaya çıkardı ve Maduro'nun devrimin tüm kazanımlarını riske atacak bir strateji izlemesine yol açtı.

Bugün Venezuela'nın içine düştüğü kriz, öncelikli olarak bu sınıfsal çelişkiler bağlamında anlaşılmalıdır. Seçim başarısının sol tahayyüllerin öngördüğü toplumsal dönüşüm için yeterli olmadığı ortadadır. Venezuela'da Maduro, şimdilik iktidarını korumayı başarmış görünüyor, ancak iktidarını korumayı önceleyerek post-neoliberal dönemin kazanımlarını da tehdit altına atıyor. Ekonomik ve siyasi kriz, sosyal yardım politikalarının uygulanmasını zora sokmakla kalmıyor, yukarıdan aşağıya kontrol ağlarının sıkılaşmasına yol açarak katılımcı mekanizmaların demokratik potansiyelini de engelliyor. Latin Amerika genelinde pembe dalga döneminin sona erip ermediği tartışılabilir, ancak *El Caracazo* ile başlayan post-neoliberal sürecin devam ettiği ortada. Gerek Venezuela'da gerekse bölgenin geri kalanında neoliberalizme karşı mücadelenin kapsamını, sol iktidarlar değil aşağıdan gelişen hareketlerin örgütlenme ve mobilize olma kapasitesi belirleyecektir.

ARAŞTIRMA SORULARI/ÖNERİLERİ

- Bolivarcı Devrim süreci boyunca yaşanan toplumsal kutuplaşmanın neden ve sonuçları üzerine birçok çalışma mevcuttur. Sosyolojiden medya çalışmalarına siyaset biliminden kültürel antropolojiye uzanan farklı alanlarda yapılan bu çalışmalardan bazıları, kutuplaşmanın tarihsel, kültürel ve sınıfsal kökenlerine, bazıları da Chávez'in popülist söylemlerinin ve medyanın rolüne odaklanmaktadır. Kutuplaşma olgusunu bütünlüklü olarak kavrayabilmek için, farklı toplumlarda kutuplaşmanın nasıl ortaya çıktığını, gündelik hayatı belirleyen yapısal bir unsur olarak hangi araçlarla yerleştiğini ve toplumsal şiddeti nasıl etkilediğini anlamak gerekir. Venezuela örneği, bu alanda yapılacak karşılaştırmalı analizler için önemli bir örnek sunmaktadır. Böyle bir bakış açısı, Türkiye'de son dönemde artan siyasi kutuplaşmanın anlaşılması için de yol gösterebilir.

- Chávez döneminde yeni bir rejimin inşasıyla birlikte hayata geçirilen katılım mekanizmaları ve doğrudan demokrasi araçlarının toplumsal ve siyasal etkisi, üzerine çokça çalışılan ve karşılaştırmalı analizler için zengin bir kaynak sunan bir diğer önemli araştırma alanıdır. Venezuela, katılımcı/doğrudan/radikal demokrasinin sınırlılıklarını tartışmak açısından elverişli bir örnektir.

- Bolivarcı Devrim döneminde Venezuela dış politikası, karşılaştırmalı dış politika analizi açısından önemli araçlar sunmaktadır. Dış politikada ideolojinin, petrolün ve karizmatik liderin rolü, başka ülke örnekleriyle karşılaştırılarak incelenebilir. Venezuela'nın müttefik arayışları ve Chávez'in Ahmedinejad'la Maduro'nun Erdoğan'la geliştirdiği yakın ikili ilişkiler de yine dış politikada ideolojinin rolünü eleştirel bir şekilde incelemek açısından ilginç örneklerdir.

KAYNAKÇA

Akgemci, E. (2014), "Venezuela'da sosyalizme geçişte ikinci aşama ve Chávez mirasından geriye kalanlar", *Ayrıntı Dergi*, 2: 61-68.

Buxton, J. (2016), "Venezuela after Chávez", *New Left Review*, 99(2), s. 5-25.

Derham, M. (2010), *Politics in Venezuela: Explaining Hugo Chávez*, Bern: Peter Lang.

Ellner, S. (2003), "Introduction: The search for explanations", Ellner, S. ve Hellinger, D. (der.) *Venezuelan politics in the Chávez era: class, polarization, and conflict* içinde, Lynne Rienner Publishers, s. 7-26.

Ellner, S. ve Salas, M. T. der. (2006), *Venezuela: Hugo Chávez and the Decline of an "Exceptional Democracy"*, Rowman & Littlefield Publishers.

Felicien, A., Schiavoni, C. ve Romero, L. (2018), "The politics of food in Venezuela", *Monthly Review*, (70) 2: 1-19.

Gott, R. (2007), *Hugo Chávez ve Bolivarcı Devrim*, H. Böğün (çev.), İstanbul: Yordam.

Grugel, J. ve Riggirozzi, P. (2012), "Post-neoliberalism in Latin America: Rebuilding and reclaiming the state after crisis", *Development and change*, 43 (1): 1-21.

Hawkins, K. A., Rosas, G., Johson, M. E. (2011), "The misiones of the Chávez government", Smilde, D, Hellinger, D. (der.), *Venezuela's Bolivarian Democracy: Participation, Politics, and Culture under Chávez* içinde, Durham: Duke University Press, s. 186-218.

Hellinger, D. (2003), "Political overview: The breakdown of Puntofijismo and the rise of Chavismo", Ellner, S. ve Hellinger, D. (der.), *Venezuelan Politics in the Chávez Era: Class, Polarization, and Conflict* içinde, Lynne Rienner Publishers, s. 27-54.

Hillman, R. (1994), *Democracy for the Privileged. Crisis and Transition in Venezuela*, Boulder ve Londra: Lynne Rienner.

Mallen, A. L. ve Guadilla, M. P. G. (2017), *Venezuela's Polarized Politics: The Paradox of Direct Democracy Under Chávez*, Boulder, CO: FirstForumPress.

Mallett-Outtrim, R. (2014), "Death toll rises in Venezuela; Opposition demonstrators say they're fighting a war of 'attrition'", *Venezuelan Analysis*, http://venezuelanalysis.com/news/10372

María, E. (2016), "Chavismo from below: An interview with Cesar Romero", *Jacobin*, https://www.jacobinmag.com/2016/04/Chávez-maduro-venezuela-mud-psuv

Macdonald, L. ve Ruckert, A. (2009), "Post-neoliberalism in the Americas: An introduction", Macdonald, L. ve Ruckert, A. (der.), *Post-neoliberalism in the Americas*, Londra: Palgrave Macmillan, s. 1-18.

Laclau, E. (2006), "La deriva populista y la centroizquierda latinoamericana", *Nueva Sociedad*, 89: 56-61.

Lebowitz, M. A. (2014), "Proposing a Path to Socialism: Two Papers for Hugo Chávez", *Monthly Review*, (65): 10.

Salas, M. T. (2009), *The Enduring Legacy: Oil, Culture, and Society in Venezuela*, Duke University Press.

Striffler, S. (2017), "Latin Amerika'da sol bir şey: Venezuela ve yirmi birinci yüzyıl sosyalizmi mücadelesi", Panitch, L. ve Greg, A. (haz.), *Socialist Register 2017: Devrimi Yeniden Düşünmek*, İstanbul: Yordam, s. 149-170.

Strønen, I. Å. (2017), *Grassroots Politics and Oil Culture in Venezuela: The Revolutionary Petro-State*, Springer.

Tarver, H. M. (2018), *The History of Venezuela*, Kaliforniya: ABC-CLIO.

Wilpert, G. (2012), "An electoral road to twenty-first-century socialism?" Webber, J. R. ve Carr, B. (der.), *The New Latin American Left: Cracks in the Empire* içinde, Rowman & Littlefield Publishers, s. 191-212.

On Dördüncü Bölüm

BOLİVYA'DA HAREKETTEN PARTİYE: SOSYALİZME DOĞRU HAREKETİ (MAS)

CELAL ORAL ÖZDEMİR

Giriş

Bolivya siyasi tarihi, darbe girişimleri, diktatörlükler ve hakları elinden alınmaya çalışılan halkın baskıcı iktidarlara karşı yürüttüğü mücadelelerle doludur. 2005 seçimlerinde, MAS (*Movimiento al Socialismo*/Sosyalizme Doğru Hareketi) partisinin ve lideri Evo Morales'in iktidara gelmesini de bu mücadelelerin bir sonucu olarak ele almak gerekir. Bu çalışma, Bolivya'daki farklı mücadelelerin, önce bir hareket olarak örgütlenen, daha sonra partiye dönüşen MAS'ın bünyesinde buluşarak iktidara ulaşma sürecini irdeleyecektir. Çalışmanın ilk bölümünde, toplumsal mücadelelerin üç karşıtlık üzerinden şekillenen taleplerle temsil edildiği savunulacaktır. Bu karşıtlıklardan ilki Bolivya'nın, Avrupalılar tarafından fark edilmesinin ardından başlayan ve sömürgecilik dönemleri boyunca dışlanmış, yok sayılmış yerli halkın etkin olduğu sömürge karşıtlığıdır. İkinci karşıtlık, çağdaş dünya düzenindeki uluslararası ilişkilerin bir sonucu olarak ortaya çıkmış olan ve Latin Amerika'daki neredeyse her ülkenin ezilen gruplarında görülen Amerikan karşıtlığıdır. Üçüncü karşıtlık ise 1980 sonrası dünyada hızla yayılan ve 1990'lar boyunca bilhassa Latin Amerika coğrafyasında vahşice uygulanan neoliberal politikalara yönelik karşıtlıktır.

Bu üç karşıtlık üzerinden gelişen talepler doğrultusunda Bolivya'da toplumsal ve siyasal hareketler ortaya çıkmış ve 2005 seçimleri sonucunda bu üç karşıtlığı da farklı biçimlerde temsil edebilecek bir iktidar yapısı oluşturulmuştur. Çalışmanın ikinci bölümünde ise toplumsal taleplere karşı, bu taleplerin temsili iddiasıyla iktidar olan MAS'ın tutumu incelenecektir. Eski düzeni yıkma iddiasında olan MAS'ın yeni olanı kurma mücadelesine ve Morales'in iktidardan uzaklaştırılma sürecine odaklanılacaktır.

Sömürge karşıtı hareketler

Bolivya tarihi, aynı zamanda bir sömürgecilik tarihi olarak okunabilir. 16. yüzyılın hemen başlarında Avrupalılar tarafından varlığından haberdar olunan Yukarı Peru bölgesi, 1825'te bağımsızlığını kazanana kadar madenleriyle İspanya başta olmak üzere Avrupa ülkelerini zengin etme misyonu yüklenmiş bir sömürge bölgesi olmuştur. Sonraki dönemde sanayileşmenin ve uluslaşmanın da etkileriyle sömürgenin biçimi değişmiş, artık Kral Naipliği ile değil, ulusaşırı şirketler ve bu şirketlerle birlikte nüfuzunu artırmaya çalışan ülkelerin oluşturduğu yeni bir sömürü düzeni kurulmuştur. Bolivya halkı ise ağır çalışma koşulları altında, hakları ve güvenceleri olmaksızın modern birer köle olarak çalışmayı sürdürmüştür. Bir diğer ifadeyle Bolivya'da farklı dönemlerde, iki farklı sömürge biçimi ve çalışmamız için ayrıca önem taşıyan iki farklı mücadele biçimi ortaya çıkmıştır. Sömürge biçimlerinden ilki, bağımsızlık öncesi dönemden bu yana yok sayılan yerlilerin etno-kültürel talepleri ve var olma mücadelesinin, ikincisi ise ulusaşırı şirketlerin ve süper güç devletlerin müdahaleleriyle şekillenen piyasa koşullarında ezilenlerin konvansiyonel işçi örgütlenmeleriyle sürdürdükleri mücadelelerin doğmasına neden olmuştur.

Etno-kültürel talepler

Avrupalıların kıtayı fark etmesinin ardından hızla kurdukları acımasız sömürü düzeni, yalnızca bölgenin altın ya da gümüş benzeri maden rezervlerini Avrupa'ya taşımamış, aynı zamanda yerli halkların yaşamlarına ve kültürel değerlerine de kastetmiştir. Önce değerli altın ve gümüş rezervlerine ulaşmada engel oluşturan yerliler öldürülmüş, ardından madenlerin çıkarılması ve Avrupa kıtasına taşınması için gerekli olan idari yönetim kurulmuştur. Değişik kaynaklarda farklı sayılara rastlamak mümkünse de Avrupalılarla karşılaşmadan önce yaklaşık 112,5 milyon insanın yaşadığı düşünülen Amerika kıtasında (Denevan, 1992), yaklaşık yüzyıl içerisindeki savaşlar ve hastalıkların sonucu 55 milyon insanın hayatını kaybettiği düşünülmektedir. (Koch vd., 2018). Bu büyük katliamın ardından yalnızca İspanyolların yönetici olabileceği, hatta Latin Amerika topraklarında doğan İspanyolların dahi bazı haklardan mahrum bırakılacağı bir idari yapı inşa edilmiştir. Bunun sonucunda, 1492'de Avrupalılarla karşılaşan Latin Amerika yerlileri, bu coğrafyanın en yoksul ve dışlanan toplumsal gruplarından biri olmuştur (Gigler, 2009: 4).

1825'e kadar sömürge olarak kalan Bolivya'da, Latin Amerika'daki diğer sömürge ülkelerinden farklı olarak, yerli nüfus, varlığını sürdürmeyi başarabilmiştir. Bugün nüfusunun % 68'i mestizo, % 20'si yerlilerden oluşan Bolivya (The World Factbook, 2019), Latin Amerika'da nüfusa oranla en çok yerlinin yaşadığı ülkedir. Ancak bağımsızlık öncesinde olduğu gibi sonrasında da yerliler eşit yurttaşlar olamamışlardır. Bağımsızlık sonrası hazırlanan 1825 Anayasası'nın okuryazarlığı eşit yurttaşlığın bir şartı olarak sunması (Lynch, 2011: 251-252), yoksul ve eğitim imkânlarından mahrum olan yerli halkın dışlanmasıyla sonuçlanmıştır. Ayrıca, diğer Latin Amerika ülkelerinden farksız olarak, Bolivya'da da yerlilerin dilleri yok sayılmış, kültürel değerlerine saygı gösterilmemiş, siyasal temsil hakları önce kreoller ardından da zenginler tarafından gasp edilmiş ve sosyal hakları sınırlandırılarak eğitim, sağlık, temiz su kaynağına erişim gibi temel haklardan dahi mahrum bırakılmışlardır. Özetle yerliler bağımsızlık sonrasında da yarı sömürge statüsüyle varlıklarını sürdürmeye mahkûm edilmiştir. Darbeler, askerî yönetimler ve diktatörlük rejimlerinin etkileri altında geçen Bolivya'nın 20. yüzyılında da (1952'de cuntayı devirerek iktidara gelen Milliyetçi Devrimci Hareket Partisi'nin (MNR), devrim olarak adlandırılan kısa iktidarı sayılmazsa) Bolivya yerlilerinin etnik ve kültürel taleplerini dile getirebileceği çoğunlukçu bir siyasal arenanın oluşması sağlanamamıştır. Bağımsızlık öncesi dönemde öldürülen, köleleştirilen yerliler, bağımsızlık sonrası geçen yüz yıllık süreçte de sömürgecilik sisteminin kurmuş olduğu idari yapıyı yıkmakta başarılı olamamış, yerli halk ikinci sınıf vatandaş olarak kalmaya devam etmiştir. Yerliler, yoğunlukla kırsal bölgelerde yaşamını sürdürmek ve daha ziyade tarım ve madencilik gibi emek yoğun ancak geliri düşük işlerle uğraşmak zorunda kalmıştır.

Bolivya'daki yerli halk, maruz kaldığı dışlanma ve yok sayılmaya karşı toplumsal mücadele alanları oluşturmuştur. Bu, kimi zaman konvansiyonel toplumsal hareketler olarak görülen işçi örgütleri bünyesinde kimi zaman ise doğrudan etno-kültürel talepler etrafında örgütlenmiş *Katarismo* hareketi ya da varlığını halen sürdürmekte olan CIDOB[1] gibi toplumsal hareketler aracılığıyla olmuştur. Yerlilerin etno-kültürel taleplerini öne sürerek geliştirdikleri direniş de tıpkı işçi örgütlenmeleri gibi sömürgecilik karşıtlığı için önemli bir toplumsal hareket alanı açmış ancak tek başına Bolivya siyasetini değiştirecek büyüklükte bir etki yaratamamıştır.

> ### *Katarismo*
> Adını 18. yüzyıl yerli lideri olan Tupac Katari'den alan Katarismo hareketi, Bolivya'daki Aymara yerlilerin maruz kaldıkları etnik ve ekonomik baskılara karşı 1970'lerde başlattıkları siyasal harekettir. Evo Morales, 2006'da başkan unvanıyla Kongre'nin açılış konuşmasını yaparken, iktidara gelen partisinin mücadelesini, Tupac Katari'nin mücadelesinin devamı olarak tanımlamıştır.

İşçi hareketleri

Bağımsızlık öncesi dönemde olduğu gibi bağımsızlık sonrası dönemde de Bolivya, zengin yer altı kaynaklarıyla sömürgeci devletlerin ve şirketlerin ilgi odağı olmuştur. Özellikle maden alanında yaygın olan emek sömürüsü ile Bolivya'nın yoksul halkı bir çeşit köleliğe mahkûm edilmiştir. Yoksul halk, maden ocaklarında insan onuruna yakışmayan koşullarda bakır ve kalay başta olmak

---

1 *Confederacion de Pueblos Indígenas de Bolivia*/Bolivya Yerlileri Konfederasyonu: 1982'de kurulan, Bolivya'da yaşayan farklı etnisitedeki yerli halklara ait derneklerin bağlı olduğu çatı örgütlenmesi.

üzere çeşitli madenlerin çıkarılmasını sağlarken, çıkarılan madenlerin ne ülke ekonomisine ne de çalışanların aile ekonomilerine katkı sunmalarına olanak tanıyacak gerekli mekanizmalar geliştirilmemiştir. Galeano'nun (2006: 23) belirttiği üzere, bu "toprakların zenginliği, insanın yoksulluğunu doğurmuştur."

20. yüzyılın başından bu yana süregelen mücadelelerde işçiler yerel örgütlenmeler aracılığıyla haklarını savunmaya çalışırken, yüzyılın ortasından itibaren ülke çapında sendikal örgütlenmeler kurulmaya başlanmıştır. 1944'te kurulan FSTMB'yi (*Federación Sindical de Trabajadores Mineros de Bolivia*/Bolivya Maden İşçileri Sendikası Federasyonu) ve 1952'de kurulan COB'u (*Central Obrera Boliviana*/Bolivya İşçi Merkezi) bu bağlamda değerlendirmek mümkündür.

Öte yandan yüzyıl ortasında hızla güçlenen sol hareketler, 1951'de MNR çatısı altında birleşerek girdiği seçimleri kazanmıştır. Ancak seçim sonuçlarını kabullenmeyen General Hugo Ballivián cuntasının yönetimindeki siyasi statüko, iktidarını seçimin galibine devretmemiştir. Bunun üzerine ordu içerisindeki MNR taraftarlarının da desteğiyle ülkenin fiili başkenti La Paz, halk ve ordu tarafından kuşatılmış ve Victor Paz Estenssoro'un başkanlık koltuğuna oturması sağlanmıştır. Bir diğer ifadeyle seçimle kazanılan iktidara, ayaklanma ile sahip olunabilmiştir. İktidarın ayaklanmalar sonrasında ele geçirilmesinin ardından üç büyük reformun yapıldığını öne sürmek mümkündür (Weston, 1968: 85-86). Bunlardan ilki, oy hakkının genişletilmesidir. Yerlilere oy hakkı tanınmasıyla bu dönemde seçmen sayısı 200 binden 1,6 milyona çıkmıştır. İkinci büyük reform, madenlerin kamulaştırılması, üçüncüsü ise yaklaşık 126 bin ailenin faydalandığı bir toprak reformunun gerçekleştirilmesidir. Bunların yanı sıra okuma yazma seferberliğinin başlatılması gibi yoksullara yönelik politikaların artması, bu iktidar değişiminin bir "devrim" olarak adlandırılması sonucuna yol açmıştır. Bu geniş çaplı ekonomik sosyal ve politik dönüşümün Bolivya tarihinde yeni bir sayfa açtığını söylemek mümkündür (Alexander, 2005: 75).

Bolivya'da 1952'deki devrimin ardından maden işçilerinin ve yoksul halk kesimlerinin hak arayışları sendikalar aracılığıyla örgütlü bir mücadelenin parçası haline gelmiştir. Sömürü karşıtı olarak ele aldığımız yerli hareketleri ile işçi hareketlerini iki farklı konu ve hedefe odaklı ancak üyelerinin büyük oranda aynı kesimden oluşmuş hareketler olduğunu söylemek mümkündür. Bu nedenle her ne kadar işçi örgütleri olsalar da işçilerin büyük bir bölümünün yerli olması dolayısıyla bu örgütler zaman zaman işçi ve yerli hakları mücadelesinin ortak enstrümanı olarak kullanılmıştır. İleride tartışılacağı üzere, bu hareketlerin birbirleriyle geniş kesişim kümelerinin bulunması, MAS gibi bir çatı örgütün kurulabilmesi için de önemli bir kolaylık olmuştur.

ABD karşıtı hareketler

ABD'nin Bolivya üzerindeki etkisi, bölgenin geri kalanında da olduğu gibi, darbelerin arka planında, yoksulluğun giderilmesini önleyecek politikaların hayata geçirilememesinde, faili meçhul cinayetlerde ve suikastlarda görülebilir.² ABD desteğiyle darbe yapan cuntacılar ve ABD destekli hükümetler, Bolivya'nın kimi çıkarlarını ABD'nin çıkarları uğruna feda etmeye razı olmuşlardır. Buna karşılık diktatörlük rejimleri altında ezilen, temsil edilmeyen ve yoksulluğa terk edilen halk ise kendi çıkarlarını bölgesel örgütlerle savunmaya çalışmıştır. Bu çaba da kaçınılmaz olarak ülkede ABD karşıtı bir politik bilincin oluşmasına neden olmuştur.

1964 Darbesi

Bolivya'da 20. yüzyılda ABD etkisinin artmasını sağlayan en etkili olaylardan biri, 3-4 Kasım 1964'te yapılan askerî darbedir. 1952 Devrimi'nin ardından ABD'nin ekonomik müdahalelerde bulunduğu Bolivya'da eylemler artmış, sokaklarda çatışmalar çıkmaya başlamıştır. ABD'nin taleplerinden uzaklaşan ve 1952-1964 arasında başkanlık görevini yürüten Estenssoro hükümetine yapılan darbenin öncülüğünü, Başkan Yardımcısı René Barrientos ve Bolivya Ordusu başkomutanı Alfredo Ovando Candía üstlenmiştir. Darbeyle Bolivya siyasetinde tahammülsüzlük artmış, Küba'daki devrimin ardından Bolivya'ya gelen Che Guevara 1967'de darbe hükümeti tarafından öldürülmüş, 1952'den bu yana yoksulların elde ettiği kazanımların bir kısmı geri alınmıştır. Maden işçilerinin maaşları saatlik ücretten teşvik usulüne dönüştürülerek % 40'a yakın azaltılmıştır (Alexander: 2005: 127-129). Öte yandan bu darbe sonrasında ABD Büyükelçisi Douglas Henderson'un Bakanlar Kurulu'na da katıldığı (Payne, 2012: 41), ABD güdümlü bir siyasal yapı oluşturulmuştur.

Koka hareketi

ABD, Bolivya'ya yalnızca askerî darbelerle değil, aynı zamanda ekonomik ve siyasi enstrümanlarla da müdahalelerde bulunmuştur. Bolivya tarihi ve ekonomisi açısından önemli müdahalelerinden biri de koka bitkisinin üretimine getirilen kotadır. Nixon başkanlığındaki ABD yönetiminin 1972'de uyuşturucuya karşı savaş açtığını deklare etmesinin ardından, Latin Amerika kıtasındaki ülkelerin de etkileneceği yeni bir dönem başlamıştır. Bolivya da dünyanın önemli koka üreticilerinden biri olduğu için ABD'nin uyuşturucuyla savaşından en çok etkilenen ülkelerden biri olmuştur. Oysa ABD nazarında kokainin hammaddesi olduğu için ekiminin kısıtlanması gereken koka bitkisi, aynı zamanda birçok tıbbi ilacın da hammaddesi olmasının yanı sıra Bolivya'nın bazı yerli halkları için kültürel ve dinsel anlam taşımaktadır. Dahası, bölgenin en yoksul ülkelerinden biri olan Bolivya'nın en önemli ekonomik kalemlerinden olan tarımın lokomotif ürünlerinden biridir. Dolayısıyla ABD'nin müdahalesiyle koka üretiminin yalnızca ABD'nin onayladığı bölgelerde ve miktarda sürdürülmesi kararı alan hükümet,³ hem Bolivya halkının en önemli geçim kaynaklarından biri-

---
2 Ayrıntılı bilgi için bkz. Bu kitapta İkinci Bölüm.
3 19 Temmuz 1988 tarihli ve 1008 sayılı Koka Rejimi ve Kontrollü Maddeler Kanuna için bkz. http://www.dgsc.gob.bo/normativa/leyes/1008.html

ni kesmiş hem de ülkenin önemli bir bölümünün kültürel değerlerini hiçe saymıştır.

ABD müdahalelerinin en açık örneklerinden biri olarak karşımıza çıkan bu kısıtlama, Bolivya'daki koka üreticilerini (*cocaleros*), örgütlenerek ABD karşıtı hak savunusu geliştirme çabasına itmiştir. Kurulan koka üreticileri sendikası ile koka üretimi üzerindeki kota uygulamasının kaldırılması için mücadele başlatılmıştır. 2005'te yapılan seçimlerde iktidara gelen MAS lideri Evo Morales'in siyaset sahnesine çıkmasını da bu sendikal mücadele tarihinde bulmak mümkündür. 1984'te koka üreticileri sendikasının genel sekreteri olan Morales, 1988'de çıkarılan 1008 sayılı kanuna en sert muhalefet eden siyasi figürlerden biri olmuştur.

ABD'nin hükümet kanalıyla koka üretimine uygulattığı kısıtlamalara karşı, başta Morales'in önemli bir figür olduğu koka üreticileri sendikası olmak üzere irili ufaklı birçok tarım işçileri örgütü, yerel, ulusal ve uluslararası birçok platformda bu kısıtlamanın kaldırılması için mücadele etmiştir. Morales de koka kısıtlamasına karşı geliştirilen her mücadelede koka üreticisi kimliğini öne çıkarmış ve Bolivya kültürünün bir parçası olarak gördüğü koka bitkisinin narkotik ürünler listesinden çıkarılması mücadelesinin öncülüğünü etmiştir. Tarihi bir hatayı düzeltmek için katıldığını söylediği 2009'daki BM oturumu[4] da Morales'in hem ülkesindeki yerli kimliklerin kültürel haklarını savunan bir başkan olduğunun hem de koka üreticilerinin ve mücadelesinin öncülerinden olduğunun açık bir kanıtı niteliğindedir. Koka bitkisinin kültürel ve kutsal bir değer olduğunu, insan bedenine ya da zihnine herhangi bir zararı olmadığını, konuşması esnasında kürsüde koka yaprağı çiğneyerek etkili bir performans ile savunmuştur. Öte yandan ABD karşıtı olarak ele aldığımız bu toplumsal hareketin de sömürü karşıtı hareketler gibi yoksul sınıfların bir kısmını etkilediğini ve etkilenen sınıfların sömürge karşıtı hareketlerdeki bazı toplumsal gruplarla kesişim kümeleri oluşturdukları da söylenebilir.

Neoliberalizm karşıtı isyan

1980 sonrasında Margaret Thatcher ve Ronald Reagan'ın bayraktarlığını yaptığı neoliberal yönetim anlayışı, Latin Amerika gibi çeper ülkelerin de ekonomi politikalarında yeni bir dönemi beraberinde getirmiştir. Latin Amerika'da birçok ülkenin siyasi, sosyal ve ekonomik tercihleri "Yeni Ekonomi Politikası" adı altında dönüştürülmüştür (Spronk, 2007: 10). Bölgedeki ülkeler, askerî diktatörlüklerden henüz çıkmış biçimsel demokratik rejimleri ile bu yeni politikaları başarıyla uygulamışlardır (Topal, 2009: 129). Bolivya da yıkıcı neoliberal politikaların uygulamalarından nasibini almış, insanların yaşamsal ihtiyaçlarını karşılayan kaynaklar dahi satılmaya başlanmıştır. Bu dönemde demiryolu işletmeciliği, madenler, su ve gaz hizmetleri başta olmak üzere birçok kamu hizmeti

---

[4] Konuşmanın video görüntüleri için bkz. https://www.youtube.com/watch?v=FzuL5vHLMPA ve https://www.youtube.com/watch?v=Ilz6WzdaP14

özelleştirilmiş, özelleştirilen kamu işletmeleri ya kapatılmış ya da hizmetlerini yüksek zamlarla sürdürmeye devam etmiştir.

Bolivya hükümeti, IMF ve Dünya Bankası gibi kurumlardan aldığı kredi ve hibelerin ön koşulu olarak, diğer birçok kamu hizmetinin olduğu gibi, 1994'te suyun da özelleştirilmesi kararını almış ve Cochabamba başta olmak üzere birçok bölgede suyun kısmi olarak özelleştirilmesine başlamıştır. Kent yoksulları, bu özelleştirmeler ve sudaki ücret artışlarından çaresizce etkilenirken, kır yoksulları alternatif su kaynakları oluşturma arayışına girmişlerdir. Nitekim Bolivya'nın birçok yerinde ve özellikle özelleştirmelerin görece fazla olduğu Cochabamba eyaletinde yerli halk kendi su kuyu ve kanallarını inşa etmeye başlamıştır. Yağmur ve yeraltı sularını kullanarak devlete ya da özel şirketlere ücret ödemeye gerek duymadan kendi sularını, inşa ettikleri kuyulardan çıkarıp, kendi yaptıkları kanallardan kilometrelerce taşıyıp, kullanabilir hale getirmişlerdir. 1999'da, Cochabamba Belediyesi'nin, su hizmetlerini Betchel Corp. şirketine satmasının ardından, suya % 60 zam yapılmış, kırsal bölgelerde halk tarafından inşa edilmiş kuyu ve kanallara da şirket tarafından sayaç takılmasına ve faturalandırılmasına izin verilmiştir (The Democracy Center, 2002). Böylece Icíar Bollaín'in konuya dair çok katmanlı filminin adında da tanımlandığı üzere Bolivya'da "yağmur bile" özelleştirilmiştir.[5] Ancak bölgenin en yoksul ülkesi olan Bolivya'da ne kent yoksulları bu fahiş zammı ne de kırda yaşayanlar kendi kaynaklarının faturalandırılmasını karşılayacak durumdadırlar.

Suya erişimi yüksek ücretler dolayısıyla engellenen Bolivyalılar, önce bölgesel çapta örgütlenmiş daha sonra ise Cochabamba kentinin merkezinde birleşerek, Su ve Yaşamı Savunma Koordinasyonu (*Coordinadora de Defansa del Agua y de la Vida*) çatısı altında toplanmışlar, kent meydanını işgal edip, belediye binasına yürümüş ve özelleştirmelerin iptal edilmesini talep etmişlerdir. Bolivya siyasi tarihine "Cochabamba Su Savaşları" olarak geçen bu isyan anında Bolivya'daki toplumsal hareketler ve muhalefetlerin de değiştiğini iddia etmek mümkündür. Su Savaşları, Bolivya tarihindeki toplumsal hareketlerin repertuvarlarından beslenmeyen, sistematik bir politikanın aşırılığına karşı anlık gelişen bir isyan olmuştur çünkü hayati öneme sahip olan suyun özelleştirilmesiyle erişilebilirliğinin güçleşmesi, toplumdaki bütün kimlikleri bir üst aidiyette ya da bir başka ifade ile mağduriyette buluşturmuştur. Laclau'nun (2007) terminolojisiyle söyleyecek olursak, erişilemeyen su, yerli haklarından siyasal katılıma, yoksulluktan kokaya, üretim serbestisine kadar birçok talebi temsil eden bir "boş gösteren"e dönüşmüştür. Bu sayede yukarıda anılan hareketleri ve karşıtlıkları boydan boya kesen ve kesişim kümelerini büyüten bu isyan anında, yerli, işçi, koka üreticisi, kent yoksulu, öğrenci vb. tüm kimlikler, suya dahi erişemeyen yoksul kimliğinde buluşmuştur.[6] Bolivya'daki isyan anında hem konu baz-

---

5   Icíar Bollaín'in 2010 tarihli filmi "Yağmuru Bile" (*También la lluvia*), Bolivya'da suyun özelleştirilmesine karşı yürütülen mücadeleyi merkezine alır.

6   Bu bakımdan Bolivya'daki toplumsal hareketler, toplumsal hareketlerin eski/yeni ayrımına da katkı sunacak niteliktedir. Bu ayrım ve Latin Amerika'da toplumsal hareketlerle ilgili detaylı bilgi için bkz. Bu kitapta Dokuzuncu Bölüm.

lı, kimliklere dayalı ve hedef odaklı 1968 sonrası ortaya çıkan yeni toplumsal hareketlerin hem de sendikacılık vb. konvansiyonel işçi mücadelelerinin örneklerini görmek mümkündür. Cochabamba'da başlayan isyan hem konu bazlı ve hedef odaklı bir mücadeleyi başlatmış hem kimlik hareketlerini içermiş hem de eski toplumsal hareketlerde olduğu gibi ezilen sınıfları topyekûn temsil edebilecek ve diğer talepleri kendi içerisinde barındırabilecek bir mücadele alanı haline gelmiştir. Böylece mücadeleyi bölgesel olmaktan çıkarıp yeniden fakat yeni bir biçimde sınıf temelli bir mücadeleye dönüştürmüştür (Spronk, 2007: 9). Bir diğer ifadeyle üretim araçlarına sahip olmayanlar, yönetici sınıfına ve onun ortağı olan uluslararası şirketlere karşı, ezilen sınıf olma bilinciyle eski ve yeni toplumsal hareket biçimlerini de içerecek şekilde örgütlenerek, yeni işçi sınıfını oluşturmuştur. Bu bakımdan Bolivya'nın yakın siyasi tarihi, eski ve yeni toplumsal hareket biçimlerinin sürekliliğini ve dönüşümünü göstermesi açısından büyük önem taşımaktadır.

Morales ve MAS iktidarı

Bir hareket olarak başlayan ve 1997'de partileşerek seçimlere katılan MAS, yukarıda bahsedilen üç karşıtlığı ve bu karşıtlıkların doğurduğu talepleri, anılan isyan anında eklemlemeyi başarabilmiştir. Aymara yerlisi ve koka üreticisi Evo Morales'in önderliğinde MAS hem yerlilerin ve işçilerin hem çiftçilerin ve dışlanmışların taleplerini temsil edebileceği iddiasını ortaya koyabilmiştir. Bu iddiayla 2002'de yapılan seçimlerde Evo Morales, MAS'ın başkan adayı olarak seçimlere katılmış fakat başkanlık yarışında ipi Gonzalo Sánchez de Lozada göğüslemiş ve yardımcısı olarak da Carlos Mesa seçilmiştir. Seçimi kazanan Lozada ve istifasından sonra koltuğunu bıraktığı yardımcısı Mesa, başkanlıkları süresince taleplerin karşılanması için gerekli reformları yapmakta direnince, MAS'ın toplumsal muhalefeti kendi bünyesine kanalize etmesi kolaylaşmış ve 2005'te yapılan seçimlerde yeniden aday olan MAS adayı Morales, oyların % 53,74'ünü alarak, Bolivya'nın ilk yerli başkanı olmuştur.

2005 seçimlerinin ardından 2006'da başkanlık koltuğuna oturan Morales, kendisini iktidara taşıyan üç karşıtlığı, çevre ülkelerle kurduğu bölgesel ittifaklar ve sol-popülist bir söylemle sürdürmeye çalışmıştır. İktidara geldikten kısa bir süre sonra ulusötesi kurumların da desteklediği neoliberal politikalara karşı kamulaştırma/millileştirme politikalarına başlamıştır. 1 Mayıs 2006'da alınan kararla birlikte ülkedeki su ve gaz rezervleri büyük oranda kamulaştırılmış ve Bolivya halkının bu hizmetlere düşük ücretlerle ulaşması sağlanmıştır. Cochabamba'daki Su Savaşı'nda öncü rol oynayan *Coordinadora* ile yapılan görüşmeler sonucu onların da parlamentoda MAS ile birlikte temsil edilebilmesi sağlanmıştır (Spronk, 2007: 25).

Morales iktidarının neoliberal politikaları askıya alması, ekonomik kalkınma için neoliberal politikaların uygulanması gerektiği iddialarının aksine Bolivya ekonomisindeki seyri olumlu yönde keskin bir biçimde değiştirmiştir. Bolivya'da, 1960'lardan Morales'in iktidarına kadar geçen sürede kişi başına düşen milli gelir bin dolar civarında seyrederken, kamulaştırmaların başlamasının ardından ivme kazanmış ve 2018'de üç katına ulaşıp, üç bin dolar civarına çıkmıştır (Dünya Bankası, 2018a). Keza gelir adaletsizliğinde de benzer bir kırılmadan bahsetmek mümkündür. Dünya Bankası'nın (2018b) yayınladığı GINI endeksine bakıldığında, 2005 öncesi 55'in hatta zaman zaman 60'ın üzerinde olan göstergeler, 2011'e kadar dramatik bir düşüşle 46 seviyesine gerilemiş, 2017 itibarıyla da 44 seviyesine kadar düşmüştür. Bu göstergelerden hareketle Morales iktidarında kişi başına düşen milli gelir artarken, yoksulla zengin arasındaki makasın da azaldığını söylemek mümkün görünmektedir.

Kendisini sosyalist bir parti olarak tanımlayan MAS'ın kamulaştırma politikaları başta olmak üzere aldığı birçok kararla neoliberal yönetim anlayışını terk ettiğini söylemek mümkündür. Ancak bu yeni dönemin MAS'ın adı gibi "sosyalizme doğru" giden bir süreç olmadığına dair eleştiriler de ortaya çıkmıştır. Örneğin Webber (2007: 75), MAS hükümetinin neoliberal politikaları yumuşatmakla beraber ortadan kaldırmadığını dolayısıyla sosyalizme doğru bir hareketin de olmadığını iddia ederken, kamulaştırılan doğalgaz rezervlerinin % 82 ile sınırlandırılmasını örnek vermekte ve ülkenin doğalgaz rezervlerinden elde edilen gelirin % 18'inin halen özel şirketlerin kâr hanesine yazıldığına dikkat çekmektedir. Webber'in, Morales hükümetine erken tarihte yaptığı bu eleştiri, sonraki yıllarda da aşılamamıştır. Ancak yukarıdaki göstergelerde de görüldüğü üzere MAS iktidarı, ülkenin zenginliklerinin görece tabana yayılmasını sağlayabilmiştir.

2009 Anayasası ve Bolivya çokuluslu devleti

Morales hükümetinin başlattığı neoliberal ekonomi karşıtı politikalara ilk günden itibaren Amerika ve sömürge karşıtı popülist söylem eşlik etmiştir. Bu söylemin kapsamlı bir biçimde fiiliyata dökülmesi ise 2009'da hazırlanan ve referandumunda % 61 oy oranı ile kabul olunan anayasa ile gerçekleşmiştir. Bu anayasanın karakteristik özelliğini sol dalganın Bolivya'daki yansıması olarak açıklamak yanlış olmayacaktır. Ancak Bolivya'da diğer Latin Amerika ülkelerinden farklı olarak, yerli halkın kimliğine dair siyaset daha canlı bir meseledir. Bunun bir sonucu olarak, 2009 Anayasası'nın temel niteliklerinden birini yerli halkın etno-kültürel taleplerinin karşılanması olarak tanımlamak mümkündür. Ülkenin resmî dili olarak İspanyolcanın yanı sıra 36 yerli halkın dilini tek tek sayan (md. 5/1) ve başlangıcında ülkeyi "çok uluslu komüniter hukuka dayalı bir üniter sosyal devlet" olarak tanımlayan bu anayasa, Bolivya'da yerli haklarının anayasal güvence altına alınmasını sağlamış, ikinci sınıf muamelesi yapılan bu gruplara eşit yurttaşlık hakkı tanımıştır.

2009 Anayasası, aynı zamanda Morales'in ilk icraatlarından biri sayılabilecek kamulaştırma politikalarını da anayasal bir güvenceye kavuşturmuştur. Yeni anayasanın 16. maddesi suyun bir hak olduğunu belirtirken, 20. madde temel içilebilir su kaynaklarına, kanalizasyona, elektriğe, gaza, posta hizmetlerine ve iletişime erişimi de hak saymaktadır. Bu maddenin üçüncü fıkrasında da Su Savaşı'nın Bolivya siyasi tarihindeki önemini gösterircesine su ve kanalizasyona erişimin bir insan hakkı olduğu ifade edilip, imtiyaz ve özelleştirmeye konu edilemeyeceğine hükmedilmiştir. Öte yandan suyun yerli halk nazarında doğa ananın kanı olarak kabul edildiği (Solon, 2012) düşünüldüğünde, suyun hak olarak tanınmasının yerlilerin taleplerine yönelik bir yan anlam taşıdığı da söylenebilir.

Morales iktidarı, hayata geçirdiği anayasa ile yaslandığı toplumsal hareketlerin taleplerini ve karşıtlıklarını dikkate aldığını göstermiştir. Benzer biçimde, ABD karşıtlığı da MAS iktidarının önemli bir parçası olarak karşımıza çıkmıştır. Bolivya iç siyasetinde, Morales'in popülist söyleminin önemli bir parçası olan ABD karşıtlığı, Latin Amerika'daki sol dalgadan gücünü alarak, Bolivya dış siyasetinin temel eksenlerinden biri olabilmiştir. Latin Amerika'da yükselen ve 21. yüzyıl sosyalizmi olarak adlandırılan sol popülist dalga sayesinde kurulan bölgesel ittifak, ABD'nin bölge üzerindeki etkilerine karşı bir cephe oluşturmuştur. Mercasur, ALBA gibi ekonomik ve politik bölgesel birlikler ve bu birliklerin Çin, Rusya, Hindistan gibi ülkelerle kurdukları alternatif iş birlikleri, ABD'nin bölgedeki nüfuzunu görece azaltmıştır.

Seçim sandığı ve darbe

1997'de toplumsal hareketten siyasi partiye dönüşerek, taleplerin temsil mecrasını meydanlardan meclislere ve yönetim kademelerine taşımak isteyen MAS, yukarıda üç karşıtlıkla kategorize edilen çok sayıdaki toplumsal hareketi bir isyan anında ortaklaştırabilmiş ve onu 2005'te yapılan seçimle iktidara taşıyabilmiş sistem karşıtı bir hareket partisi olarak görülebilir. 2006'da Morales başkanlık koltuğuna oturduktan sonra da bu üç karşıtlık üzerinden siyasetini şekillendirmiştir. Yoksul ve dışlanmış kesimlere yönelik sosyal adaleti önceleyen politikaları ile sosyoekonomik göstergelerde önemli iyileştirmeler olmasını sağlayarak neoliberalizm karşıtlığını, bilhassa 2009 Anayasası vesilesiyle ülkenin siyasi rotasının katılımcı ve demokratik bir hat üzerine oturtulması ile sömürge karşıtlığını ve bölgedeki pembe dalga ile iktidara gelen benzer programdaki ülke liderleri ile kurdukları bölgesel, Bolivarcı birliktelik ile ABD karşıtlığını iktidarda da sürdürebilmiştir. Ancak Bolivya'nın üç karşıtlık üzerinde şekillenen politikalarını, Latin Amerika'daki Bolivarcı iktidarların, Chávez'in 2013'te ölümüyle başlayan, Brezilya'da Rousseff'in azledilmesi ve Lula'nın hapsedilmesi, Şili'de Bachelet'nin, Arjantin'de Kirschner'in tekrar seçilememeleriyle devam eden iktidardan ayrılma süreçleri temelden etkilemiştir.

2015'te başladığını iddia edebileceğimiz bu yeni dönemde Bolivya, Latin Amerika'da kurulan bölgesel ittifaktan aldığı gücü, diğer ülkelerdeki liderlerin görevden ayrılmasıyla kaybetmiş, demokratik kazanımlar kurumsallaştırılamamış ve sosyoekonomik göstergeler yatay seyretmeye başlamıştır. Dolayısıyla 2015 sonrası Morales için yalnızlaşma ve zayıflama süreci olarak görülebilir. Bu yalnızlaşma sürecinde Latin Amerika'daki değişen dengelerin yanı sıra ülke içinde de 2009 Anayasası ile demokratikleşen iktidarın kurumsallaşmak yerine kişiselleşmesi de etkili olmuştur.

2009 Anayasası (md. 168), devlet başkanlığını iki dönem ile sınırlamıştır. Ancak 2005 ve 2009 seçimlerinin kazananı Morales, 2014 seçimlerinde, ilk dönemin eski anayasaya göre yapılan seçimlerde kazanıldığına, dolayısıyla ilk dönem olarak sayılamayacağına dair bir mahkeme kararına dayanarak aday olmuş ve kazanmıştır. Üçüncü döneminde de iktidarını devredebileceği bir halef bulamayınca bir referandumla kendisinin fiilen dördüncü, yeni anayasaya göre üçüncü kez başkan olabilmesinin önünü açmak istemiştir. Şubat 2016'da yapılan referandumda gerek kendi iktidarına yönelik eleştiriler sonucu gerekse muhalefetin komplosunun[7] etkisiyle bu onayı alamayıp, Kasım 2017'de yeniden Anayasa Mahkemesi'nin kapısını aşındırmıştır. Mahkeme, siyasal hakların kısıtlanmasını, Anayasa'nın insan hakları ile ilgili 256. maddesine aykırı bularak referandumu iptal etmiş[8] ve Morales'in 2019'da yapılan seçimlerde aday olabilmesinin önünü açmıştır. Kararın meşruiyeti için ise iç siyasette ABD karşıtı söylem, özellikle Venezuela'da Maduro'nun maruz kaldığı darbe girişimi örneğiyle birlikte artırılmıştır ve muhalefeti susturmanın da bir aracı haline getirtilmiştir. Morales, muhalefetin ABD ile ilişkisi olduğu tezini devlet eliyle de yaygınlaştırmaya çalışmıştır. Bu bağlamda 2016'da ücretsiz olarak sinemalarda gösterilen devlet yapımı *El Cártel de la Mentira* (*Yalan Karteli*) belgeseli, Morales'in siyasi çekişmeler için devlet gücünü kullanmaktan çekinmediğini de göstermektedir.

2015 sonrasında Morales'in desteğinin azalmasında iç siyasetteki ortakları ile ilişkilerinde yaşadığı gerilimler de etkili olmuştur. 2017'de yerli özerkliğindeki Isiboro Doğal Parkı'ndan otoyol geçirme kararı, Morales'in kendi müttefikleriyle de ayrışmalar yaşamaya başladığının bir göstergesidir. Bu ve benzeri kararlar, kendisi de bir yerli olan Morales'in yerli hareketiyle bağlarını zayıflatmıştır. Ancak bağın zayıflaması bir kopuşa dönüşmemiştir. Nitekim Morales'e yapılan darbenin ardından, kendisine en önemli desteği sunan toplumsal kesim yerliler olmuştur. Morales'in yardımcısı Álvaro García Linera (2019) da bu darbeyi yerlilerden intikam almak isteyen eski elitlerin yaptığını iddia ederek, yerlilerle olan bağlarının güçlü olduğunu da vurgulamıştır.

20 Ekim 2019'da yapılan ve Morales'in mahkemeden çıkardığı zorlama bir kararla aday olduğu seçimin sonuçlarının açıklanma süreci de şüpheye yer bırakacak cinsten olmuştur. Seçim gecesi oyların % 83,8'i sayıldıktan sonra, Morales ile Mesa arasında yaklaşık % 7 fark varken veri akışının durması bu şüpheyi tetikleyen ana neden olmuştur. Çünkü Bolivya Anayasası'nın 166. maddesi-

---

[7] Kampanya sürecinde, Morales'e cinsel taciz suçlaması yöneltilmiş, referandumdan bir yıl sonra bu suçlamayı yönelten kişi, muhalif lider Medina'dan aldığı para karşılığı bu suçlamayı yaptığını itiraf etmiştir. Ayrıntılar için bkz. https://www.investigaction.net/en/scripted-lies-evo-morales-ex-lover-admits-decade-old-plot-against-him/

[8] Anayasa Mahkemesi'nin, Evo Morales'in yeniden aday olabilmesinin önünü açan 84/2017 numaralı karar metni için bkz. http://www.derechos.org/nizkor/bolivia/doc/reeleccion167.html

ne göre, seçimin ilk turda sonuçlanabilmesi için bir adayın kullanılan oyların % 50'sinden bir fazlasını alması ya da oyların % 40'ından fazlasını alan adayın, en yakın rakibiyle arasında % 10'dan fazla fark olması gerekmektedir. Seçim gecesi fark % 7 iken veri akışının durmasıyla birlikte muhalefet adayı Mesa, sayımda manipülasyon yapılmaya çalışıldığını söyleyerek kitleleri sokağa çağırmıştır. 23 saate yakın bir sürenin ardından verilerin yeniden sisteme girilmesi ile Morales'in % 10,57 oy farkıyla kazandığı açıklanmış, ancak Mesa seçimde şaibe olduğunu ve sonuçları tanımadığını duyurmuştur. 10 Kasım gününe kadar süren sokak eylemlerinin ardından Morales, barış ve huzurun sağlanması için seçimi yenilemeyi kabul etmiştir. Bu açıklamadan birkaç saat sonra ise Genelkurmay Başkanı Williams Kaliman, televizyon ekranlarından Morales'in istifa etmesini isteyerek, Morales hükümetine darbe yapmıştır. Bunun üzerine hakkında yakalama emri çıkarılan Morales istifasını açıklamış ve daha güçlü bir şekilde döneceğini söyleyerek önce Meksika'ya ardından Arjantin'e iltica etmiştir. Başkan yardımcısı ve senato başkanı da istifa ettiği için, muhalif senatör Jeanine Áñez başkanlık koltuğuna oturmuştur. Yeni başkan görevine başladıktan sonra darbeci General Kaliman görevden alınmış, ülkenin yeniden seçime gideceği duyurulmuştur. Daha açık bir ifadeyle Morales'in iktidardan düşürülmesinin ardından askerler sahneden çekilmiş, sivil bir yönetim sorumluluğu üstlenmiştir. Böylelikle değişiminin bir halk hareketi ile olduğu, darbe olmadığı imajı çizilmeye çalışılmıştır.

Áñez hükümeti 2020'nin ilk günlerinde, seçimin 3 Mayıs 2020'de yapılacağını duyurmuştur. Morales, başkan adayı olamayacağı bu seçimde, ülkeye dönmesini de sağlayabileceği için Cochabamba bölgesinden senatör adayı olmak istediyse de bu talebi Yüksek Seçim Kurulu tarafından, aday olmak istediği yerde en az iki yıldır ikamet ediyor olma şartına uymadığı gerekçesiyle reddedilmiştir. MAS'ın bu seçimdeki adayı, 2006-2019 yılları arası ekonomi bakanlığı görevini yürüten Luis Arce olmuştur. Arce ile birlikte, 2019 seçiminde Morales'in rakibi olan Mesa, geçici başkanlık görevini yürüten Áñez ve aşırı sağcı lider Luis Fernando Camacho seçimin en güçlü adayları olarak görülmektedir. Ancak dünya genelinde yaşanan Covid-19 salgını nedeniyle seçim 3 Mayıs 2020 tarihinde yapılamamıştır.[9]

Morales'in iktidardan düşürülmesinin ardından yaşanan tartışmaların önemli bir bölümünün yine yerli meselesi, ABD ile ilişkiler ve neoliberal politikalar etrafında döndüğünü görmek mümkündür. Morales'in Meksika'ya gitmesinin ardından yerli halk Morales'i desteklemek için kent merkezlerinde sokak eylemlerine başlamıştır. Buna karşılık aşırı sağcı Camacho liderliğinde Morales karşıtı eylemler düzenlenmiş, bu eylemlerde yerlilere karşı şiddet kullanılmış, yerli halkın simge olarak kullandığı Whipala bayrakları yakılmıştır. Yerlilerle ilgili tartışma, MAS için olduğu kadar karşıtları için de önemli bir siyaset zemini oluşturmuştur. Yerlilere karşı fikirleri dolayısıyla Bolivya'nın Bolsonaro'su olarak da anılan Camacho, Morales karşıtlığı ve yerlilerin dışlanmasına yönelik talepleriyle önemli bir siyasi aktör haline gelmiştir. Öte yandan Morales'in yerli li-

---

[9] Kitabın yayına hazırlandığı sırada, 18 Ekim 2020'de yapılan seçimi %55 oyla Luis Arce kazandı.

deri Faustino Yucra Yarwi'yle telefon görüşmeleri yapıp, faşist olarak tanımladığı geçici hükümetten kurtulmak için birlikte hareket etmeleri gerektiğini söylediği kamuoyuna yansımıştır. Hatta bu görüşmelerde Morales'in, kırsal bölgelerde yaşayanların erzak ve yakıta ulaşmasını önlemek için küçük yerli gruplarının kent ile kır arasındaki yolları kesmesini söylediği, böylelikle çoğunluğu yerli olan bu grubun geçici hükemete karşı isyan etmesini sağlamaya çalıştığı iddia edilmiştir (Opinion, 2019). Bu nedenle Morales'e "hükümeti devirmeye teşebbüs ve teröre destek" suçlamasıyla soruşturma açılmıştır.

Añez'in göreve başladıktan yaklaşık iki hafta sonra, Morales'in 2008'de ilişkileri maslahatgüzarlık seviyesine indirdiği ABD'ye büyükelçi ataması ve Trump'ın Bolivya'daki iktidar değişikliğinden memnun olduğunu dile getirmesi (Gallu, 2019), Morales'in siyasetindeki önemli unsurlarından biri olan ABD karşıtlığına yönelik hamleler olarak görülebilir. Morales ise Arjantin'den yaptığı açıklamalarda hem ABD karşıtı siyasetini hem de buna bağlı olarak ABD merkezli neoliberal politika karşıtlığını sürdürmüş, bunları darbenin gerekçesi olarak sunmuştur. Morales'e göre darbenin arkasındaki gerçek neden, ABD'nin Bolivya'daki zengin lityum yataklarını ele geçirme isteğidir (Romano, 2019).

Sonuç

Morales, siyasetini elitlere ve sisteme karşı bir halk hareketi olarak örgütlemeye çalışmış, bunun için de yukarıda sayılan üç karşıtlığı, her dönemde siyasetinin merkezine yerleştirerek geniş halk kitlelerine ulaşmıştır. Başkan olduğu yıllarda da ülkedeki kaynakların halkın refahı için kullanılması için kamulaştırmalar, yasa değişiklikleri ve hatta anayasa değişikliği yapmıştır. Ancak eski sisteme karşı mücadelesinde başarıya ulaştıktan sonra, dış politikada değişen dengeler, iç politikada ise yeni sistemin kurumsallaşamaması neticesinde iktidarını kişiselleştirmiştir. Hukukun üstünlüğü, ifade özgürlüğü ya da kamu gücünün kullanımındaki tarafsızlık gibi temel konuların teminatı ülkenin bağımsız ya da özerk kurumları değil, Morales'in kişisel kararları haline gelmiştir. Nitekim Meksika'ya iltica ettikten sonra verdiği ilk demeçte de "referandumu kabul etmenin bir hata" olarak görülebileceğini söyleyerek (Ore, Daniel, 2019), iktidarını kişiselleştirmemesi gerektiğini kendisi de vurgulamıştır.

> **ARAŞTIRMA SORULARI**
> - Bolivya'nın sömürge tarihi ile yerli hareketleri arasındaki ilişkiyi tartışınız.
> - Bolivya'da 2006-2019 yılları arasında iktidarda olan MAS'ın ve lideri Morales'in demokratik kurumlarla ilişkisini tartışınız.

KAYNAKÇA

Alexander, R. J. (2005), *A History of Organized Labor in Bolivia*, Connecticut: Greenwood Publishing Group.

Denevan, W. (1992), *The Native Population of the Americas in 1492*, Madison: University of Wisconsin Press.

Dietz, J. L. (1984), "Destabilization and intervention in Latin America and the Carribean", *Latin American Perspectives*, 11 (3): 3-14.

Dünya Bankası (2018A), GDP İndeksi, https://data.worldbank.org/indicator/NY.GDP.PCAP.CD?locations=BO

—, (2018B), GINI İndeksi, https://data.worldbank.org/indicator/SI.POV.GINI?end=2017&locations=BO&start=1990

Galeano, E. (2006), *Latin Amerika'nın Kesik Damarları*, R. Hakmen (çev.), İstanbul: Çitlembik.

Gallu, J. (2019), "Trump applauds exit of Bolivia's Morales as clashes continue", *Bloomberg*, 11 Kasım, https://www.bloomberg.com/news/articles/2019-11-11/trump-applauds-exit-of-bolivia-s-morales-as-clashes-continue

Gigler, B. (2009), "Poverty, inequality and human development of indigenous peoples in Bolivia", *Working Paper Series No. 17*, Georgetoen University Center for Latin America Studies, Washington D.C.

Laclau, E (2007), *Popülist Akıl Üzerine*, Epos Yayınları, Ankara.

Linera, A. G. (2019), "Overhrew our government was revenge against indigenous Bolivians", *Jacobinmag*, https://jacobinmag.com/2019/11/evo-morales-coup-indigenous-bolivia-alvaro-garcia-linera?fbclid=IwAR0DzkjU7JEtIhzRc5bXHBWd51AXJgsj1e_IGJwC7-q7CPPUw_ncAej76Jk

Lynch, J. (2011), *Simon Bolivar*, B. O. Doğan (çev.), İstanbul: Türkiye İş Bankası Yayınları.

Koch, A. Brierley, C., Maslin, M. M. ve Lewis, S. L. (2019), "Earth system impacts of the European arrival and Great Dying in the Americas after 1492", *Quaternary Science Reviews*, 207: 13-36.

Opinión (2019), "Hijo detenido del dirigente Faustino Yucra confirma llamada de Evo", https://www.opinion.com.bo/articulo/pais/hijo-detenido-dirigente-faustino-yucra-confirma-llamada-evo/20191120210050737723.html

Ore D., Daniel F. J. (15.11.2019), "Fallen Bolivian leader Morales: 'No problem' if vote proceeds without me", https://www.reuters.com/article/us-bolivia-election-morales/fallen-bolivian-leader-morales-no-problem-if-vote-proceeds-without-me-idUSKBN1XP21E

Özlüer, M. F., Özkaya Özlüer, I., Şirin, T. ve Odabaşı, N. S. (2012), *Bolivya Anayasası Hukuk, Demokrasi, Özerklik*, Ankara: Phoenix.

Payne, F.R. (2012), *They Make Us Dangerous, (Bolivia 1964-1980)*, Indiana: Xlibris Corporation.

Romano, G. (2019), Evo Morales, el "golpe del litio" y las luchas internas en Bolivia, https://www.efe.com/efe/america/economia/evo-morales-el-golpe-del-litio-y-las-luchas-internas-en-bolivia/20000011-4135300, erişim tarihi: 01.03.2020.

Spronk, S. (2007), "Roots of resistance to urban water privatization in Bolivia: The "new working class," the Crisis of Neoliberalism, and Public Services", *International Labor and Working-Class History*, 71 (1): 8-28.

The Democracy Center (2002), https://democracyctr.org/archive/the-water-revolt/cochabambas-water-bills-from-bechtel/

The World Factbook (2019), https://www.cia.gov/library/publications/the-world-factbook/geos/bl.html, erişim tarihi: 24.11.2019

Topal, A. (2009), "Ulusal kalkınmacılıktan küresel neo-liberalizme anti-emperyalizm: Latin Amerika deneyimi", *İ.Ü. Siyasal Bilgiler Fakültesi Dergisi*, 41: 113-138.

Webber, J. (2007), "Duraklayan radikal geçiş: Evo Morales, yerli popülizmi ve Bolivya'da gericiliğin ve umudun güçleri", Topal, A. (der.), *Latin Amerika'yı Anlamak* içinde, İstanbul: Yordam, s. 66-89.

Solon, P. (2012), "Nature is not for sale", 15 Haziran, https://www.tni.org/en/article/nature-is-not-for-sale

Weston, C. H. (1968), "An ideology of modernization: The case of the Bolivian MNR", *Journal of Inter-American Studies*, 10 (1): 85-101.

On Beşinci Bölüm

MEKSİKA'DA DEVLET-TOPLUMSAL SINIFLAR İLİŞKİSİ: KURUMSAL SİYASETİN ÇÖKÜŞÜ VE LÓPEZ OBRADOR'UN YÜKSELİŞİ

AYLİN TOPAL

Giriş

1 Temmuz 2018 seçimlerinden galip çıkan Andrés Manuel López Obrador, 1 Aralık 2018'de başkanlık yemini ederek Meksika Cumhuriyeti'nin 58. Başkanı oldu. İsminin baş harflerinin bir araya getirilmesi ile kısaca AMLO diye hitap edilen López Obrador'un başkanlığı Meksika siyasal tarihi açısından önemli bir dönüm noktasıdır. AMLO, bileşenlerini Çalışma Partisi (*Partido del Trabajo*/PT[1]), Toplumsal Birlik Partisi (*Partido Encuentro Social*/PES) ve Ulusal Yenilenme Hareketi'nin (*Movimiento Regeneración Nacional*/MORENA) oluşturduğu Birlikte Tarih Yazacağız (*Juntos Haremos*[2] *Historia*) platformunun başkan adayı olarak seçimleri kazandı.

Bu bölüm, AMLO'nun ve onun temsil ettiği koalisyonun iktidara yükseliş sürecini ve bu dönemeci anlamayı mümkün kılacak devlet-toplumsal sınıflar ilişkisine dair tarihsel arka planı sunmayı amaçlıyor. Mevcut durumun yakın tarihine ilişkin önemli gelişmeler serildikten sonra 19. yüzyılın sonundan 1980'lere kadar devlet-toplum ilişkisinin aldığı formlar tartışılıp, sonuç bölümünde 2000'lerin başından itibaren kurumsal siyasetin geçirdiği dönüşümün ve 2018 seçimlerine giden süreçte somutlaşan durumun kısa bir değerlendirmesi yapılacak.

---

[1] İşçi Partisi olarak çevirmek İspanyolcasındaki o nüansın kaybedilmesine sebep olacaktı. Partinin adında işçi, çalışan kelimesi (*trabajador*) yerine iş ve çalışma anlamına gelen (*trabajo*) kullanılmış.

[2] *Haremos* kelimesi İspanyolcada "Yapacağız" anlamına gelse de Türkçe çevirisinin "Yazacağız" olarak kullanılmasını tercih ettim.

AMLO'nun biyografisi ve parti siyaseti

AMLO'nun biyografisi Meksika'nın yakın tarihine ilişkin önemli ipuçları verir. AMLO, 1976'da katıldığı Kurumsal Devrimci Parti'den (*Partido Revolucionario Institucional*/PRI) 1988'de ayrıldı. Kendisi gibi PRI'den ayrılan siyasetçilerin kurduğu sol muhalefet cephesine geçip Demokratik Devrimci Parti'nin (*Partido Revolucionario Democratica*/PRD) önde gelen siyasetçilerinden oldu. 1997-1999 arasında parti başkanlığı yaptı. 2000'de seçildiği Mexico City valiliğini 2005'e kadar sürdürdü. 2006'da ilk kez PRD adayı olarak girdiği başkanlık seçimlerini kıl payı kaybetti. 2012'de ikinci kez PRD adayı olarak seçimleri kaybetmesinin hemen ardından PRD'den ayrıldı. 2014'te daha önce sivil toplum örgütü olan MORENA'nın siyasi partileşme sürecini tamamladı. 2018 başkanlık seçimlerine "Birlikte Tarih Yazacağız" isimli üçlü bir koalisyonun adayı olarak girdi ve 1 Aralık 2018'de başkanlık yemini ederek görevine başladı.

AMLO gibi kendisini solcu olarak tanımlayan bir siyasetçinin siyasi hayatının ilk yıllarında PRI içinde örgütlenmesi nadir görülen bir tercih değildi. 1910-1917 Meksika Devrimi süreci ardından 1930'da "devrimin partisi" olma iddiasıyla kurulan bu parti[3] karşısında dışarıdan etkin bir muhalefet yapılamayacağı gerekçesiyle partinin temel çizgisiyle uyuşmayan kişilerin parti-içi muhalefet için parti kadrolarına katılması 1980'li yıllara kadar oldukça yaygın bir durumdu. 1988 başkanlık seçimlerine yaklaşılırken PRI içindeki solun başkan adayı Cuauhtémoc Cárdenas'dı. Ancak yapılan kulisler başarısız olunca, bir grup siyasetçi PRI'den ayrılıp merkez sol bir koalisyon için çalışmalara başladı. Cuauhtémoc Cárdenas, bu girişimler sonucu kurulan Ulusal Demokratik Cephe'nin (*Frente Democrático Nacional*/FDN) başkan adayı oldu.

AMLO, 1988'de PRI'den ayrılarak FDN'ye geçti. Ülkenin siyasi tarihinin en şaibeli[4] seçimlerinin ardından PRI adayının seçimi kazandığı açıklandı. 1989 yerel seçimlerine doğru FDN cepheden siyasi partiye dönüşme sürecini tamamladı ve Demokratik Devrimci Parti (*Partido Revolucionario Democratica*/PRD) ismini aldı. Aynı yıl yapılan yerel seçimlerde PRD özellikle ülkenin güney eyaletlerinde güç kazandı. 1994 başkanlık seçimlerine Cuauhtémoc Cárdenas bu kez PRD adayı olarak girdi. Ancak, seçim kampanyası sırasında PRI adayının öldürülmesinin ve 1994 Zapatista ayaklanmasının arkasındaki kişilerden olduğuna dair karalama kampanyasının sonucunda oy oranı düştü. Aynı yıl yapılan yerel seçimlerde AMLO, Meksika körfezine kıyısı olan petrol havzası Tabasco eyaletinin vali adayı oldu. Ancak çöplerde çok sayıda PRD'ye ait oy pusulası ortaya çıkmasına rağmen, herhangi bir soruşturma yapılmaksızın PRI adayının kazandığı resmen duyuruldu.

---

3 Parti, 1930'da Ulusal Devrimci Parti (*Partido Nacional Revolucionario*/PNR) adıyla kuruldu. Partinin adı 1938'de Meksika Devrim Partisi (*Partido de la Revolución Mexicana*/PRM) ve son olarak 1946'da Kurumsal Devrimci Parti (*Partido Revolucionario Institucional*/PRI) olarak değiştirildi.

4 Cuauhtémoc Cárdenas tam kazanmak üzereyken İçişleri Bakanlığı'nın kontrolündeki elektronik sistemin çöktüğü iddia edildi. Beş saat sonra sistem geri geldiğinde oy oranları şaibeli bir biçimde değişmişti. Sıklıkla yaşanan seçim şaibelerinin kod adı olarak "sistem çöktü" (*se cayó el sistema*) bugün hâlâ kullanılır.

1997-99 arasında PRD başkanlığı yapan AMLO, 2000 yerel seçimlerinde Mexico City eyaleti hükümet başkanı (eyalet valisi olarak düşünülebilir) olarak seçildi. AMLO'nun seçim galibiyeti daha önemli bir dönüm noktasının gölgesinde kaldı. 2000 yılında yapılan başkanlık seçimlerinde kuzey eyaletlerinin muhafazakâr muhalefet partisi Ulusal Hareket Partisi'nin (*Partido Acción Nacional*/PAN) adayı seçimi kazanarak 70 yıllık PRI iktidarını yerinden etmişti.

2000-2005 arasında PAN'a karşı başkentte etkili bir muhalefet yürüten AMLO'nun başkanlık yarışı ve kendisini bugüne kadar getiren süreç 2006 seçimleriyle başlar. PRD merkezli Herkesin Refahı İçin Koalisyon'un adayı olarak girdiği seçimleri PAN adayının % 0,58 farkla kazandığı duyuruldu. Seçimlerin hemen ardından NAFTA ortakları Kanada ve ABD'den neoliberal-muhafazakâr Felipe Calderón'a tebrik mesajları gelirken, milyonlarca Meksikalı başkentin şehir meydanında tüm oyların yeniden sayılmasını talep ediyordu. Bir araya gelen kitleler, Ulusal Demokratik Birlik Meclisi'ni kurup, López Obrador'u "Meşru Başkan" olarak ilan ettiler. Siyasal sistemin topyekûn meşruiyetini sorgulayan eylemler yaşanırken kongrede yasama çoğunluğunu elinde tutan PRI ve PAN iş birliği içinde çalıştı. 2012'de yine PRD merkezli İlerici Hareket Koalisyonu'nun adayı olarak başkanlık seçimlerine giren AMLO, bu kez PRI adayına karşı yenilgiye uğradı. Ancak 2006 seçimleri sonrasında başlayan eylemlilik hiç dinmedi, aksine kitleselleşmeye devam etti.

> #### #Yosoy132 *hareketi*
>
> 11 Mayıs 2012'de PRI'nın başkan adayı Enrique Peña Nieto, konuşma yapmak üzere Iber-Amerika Üniversitesi'ne gitti. Konuşmasının sonunda, 3-4 Mayıs 2006'da, kendisi Mexico City Valisi iken San Salvador Atenco belediyesinde yaşanan polis şiddetine ilişkin bir soru geldi (Álvarez Béjar, 2008). Polisin biri çocuk diğeri üniversite öğrencisi iki kişiyi öldürdüğü, yüzlerce tutuklunun vahşice dövüldüğü, onlarca kadının polis tarafından cinsel tacize uğradığı olayları, "düzenin ve barışın tesisi için kendisinin kişisel olarak verdiği kararlı tutum" olarak savunmasının ardından, Peña Nieto alkış ve sloganlarla protesto edildi. Üniversite yönetiminin eylemcilerin öğrenci olmadığına dair iddiasının ardından 131 öğrencinin ellerinde okul kimliklerini tutarak okul numaralarını söyledikleri bir video kısa zamanda yayıldı. Öğrenciler hakkında üniversite yönetiminin soruşturma başlatmasıyla birlikte 131 öğrenciye destek için "132 benim" sloganı önce kampüse, sonra tüm ülkeye yayıldı. Peña Nieto'nun kampüsü ziyareti ve konuşmasının videosu için: https://www.youtube.com/watch?v=6WXmpNQarWk, öğrencilerin üniversite kimlikleriyle çektikleri video için: https://www.youtube.com/watch?v=hca6lzoE2z8, başka üniversitelerden öğrencilerin dayanışma videolarından biri için: https://www.youtube.com/watch?v=oVvju2E3qcc

Mayıs 2012'de başkan adayı Enrique Peña Nieto, bir üniversite ziyareti sırasında güçlü bir öğrenci protestosuyla karşılandı. Bu eylem, kısa süre içinde "#132Benim" (#Yosoy132) sloganıyla tüm ülkeye yayılan ve "Meksika Baharı" adıyla anılan bir toplumsal hareket başlattı. Başkan Peña Nieto, 2012-2018 yılları arasındaki başkanlık döneminde konuşma yapmak için çağrıldığı her üniversitede öğrenci eylemleriyle karşılandı. Eylemler karşısında rejim giderek otoriterleşirken kurumsal siyasetin krizi derinleşti.

2012 başkanlık seçimlerinin ardından AMLO, PRD'den ayrıldı. 2011'de kuruculuğunu yaptığı sivil toplum örgütü Ulusal Yenilenme Hareketi'nin (MORENA) başına geçti. Hareketin siyasi partiye dönüşmesi süreci 2014'e kadar sürdü. 2015 Kongre seçimlerinde beklenenin üstünde destek bulan MORENA, Kasım 2017'de AMLO'yu başkan adayı olarak ilan etti. Kısa süre sonra PT, başkan adayı çıkarmayacağını duyurdu ve resmen MORENA ile koalisyon kurdu. Birlikte Tarih Yazacağız Koalisyonu'nun üçüncü bileşeni MORENA ve PT'nin aksine açıkça sağcı ve muhafazakâr bir parti olan PES oldu. Siyasal değişim ve yenilenme amacıyla koalisyona dâhil olan, son yıllarda güçlenen Evanjelist dinî hareketin temsilcisi olan bu partiyle koalisyonun diğer iki ortağının siyasi projesinin birçok konuda örtüşmediğini tahmin etmek zor olmayacaktır. Bu nedenle olmalı ki, AMLO'nun seçim kampanyası oldukça muğlak söylemler üzerine inşa edildi. Ancak, bu duruma ilişkin birçok çevrenin yükselttiği eleştiriye rağmen Birlikte Tarih Yazacağız Koalisyonu % 53 oyla AMLO'nun üçüncü başkanlık yarışından galip çıkmasını sağladı. Şimdi, AMLO'nun biyografisine paralel gelişen süreci anlayabilmek için 19. yüzyılın sonundan 1980'lere kadar olan dönemin analizini yapalım.

Devrimden korporatizme

1580'den başlayarak İspanyol sömürgeciler Meksika topraklarının yeraltı zenginliği ve verimliliği sebebiyle çok büyük bir kısmını yerlilerin ellerinden aldılar. Dolayısıyla toprak mülkiyetinde dramatik bir yoğunlaşma yaşandı. Çeşitli tarımsal üretim faaliyetlerinin yapıldığı büyük topraklar (*latifundia*) üzerinde kurulan çiftlikler (*hacienda*) bu dönemde oluştu (Frank, 1982: 75-86). Proleterleşen köylüler üzerinde siyasi kontrol sağlayacak yerel toprak ağaları (*cacique*) bu süreçte güçlendi.

Porfirio Díaz hükümetinin (1876-1910) *latifundia* sahiplerinin ve yabancı sermayenin talepleri doğrultusunda şekillendirdiği politikalarıyla birlikte kırsaldaki dönüşüm ivmelendi. Díaz önce yerlilerin ellerinde kalan toprakların (*ejido*) kolektif kullanım haklarını ilga etti, sonra bu toprakların yabancılara satışına izin verdi. Toprakların yabancılara satışının mümkün kılınması sonucunda uluslararası sermaye hem verimli topraklara hem de maden ve petrol kaynaklarına hâkim oldu (Wasserman, 1984: 188). 1910'a gelindiğinde *ejido*ların % 90'ının yerlilerin kontrolünden çıkmasının, Meksika Devrimi'ni hazırlayan en önemli etken olduğu kabul edilir (Katz, 1981: 5-7).

Güney eyaletlerindeki devrimcilerin liderliğini yapan Emiliano Zapata'nın en önemli talebi büyük toprak ağalarının ve yabancı şirketlerin kontrolündeki tüm toprakların gerçek sahiplerine teslim edilmesiydi. Radikal devrimcilerin talepleri daha ılımlı devrimcilerin sürece hâkim olmasıyla yumuşatılarak 1915'te yapılan reform ile *latifundia*ların büyüklüklerine sınırlama getirildi (Ai Camp, 2011: 86). Ancak bu toprak reformunun asıl amacının toplumsal adaleti tesis etmek olmadığı, daha ziyade ulusal ekonomiyi güçlendirebilmek için gerekli görülen bir uygulama olduğu iddia edilir (Otero, 2004). O dönemde bu fikir Meksika Devrimi'nin Güney Eyaletleri Generali Emiliano Zapata tarafından savunuldu. Zapata, sosyalist devrimin yarım kaldığını ilan ederek Güney'in Kurtuluş Ordusu'nu (*Ejército Libertador del Sur*) kurdu ve öldürüldüğü yıl olan 1919'a kadar ordunun önderi olarak yerli halklar için toprak ve özgürlük (*tierra y libertad*) mücadelesini sürdürdü.

1910-1920 arasındaki silahlı devrim sürecinin iş birlikleri, çatışmaları ve iktidar mücadeleleriyle şekillenen devlet inşa sürecinin ardından,[5] 1930'dan 2000'e kadar "devrimin partisi", bu iddiasının verdiği meşruiyetle, farklı isimlerle ve iç çatışmalarla da olsa iktidarda kaldı. 1917 Anayasası, devrimci grupların parçalı ve çatışmalı yapısının izlerini taşır. Bir yandan oldukça merkezî bir siyasi yapılanma kurulurken, diğer yandan belediyelerin özerkliği ve eyaletlerin yasama meclisleri tanındı. On yıl süren devrim sürecinin iç savaşının ardından General Álvaro Obregón'un başkanlığı (1920-1924) taraflar arasında bir ateşkes ilanı anlamına geldi. Devrim sürecinde parçalanan toplumsal bütünlük tek parti rejimiyle otoriter devlet biçimi çerçevesinde yeniden kurulmaya çalışıldı. Obregón'dan sonra, bir diğer devrim generali olan Plutarco Elías Calles (1924-1928) başkanlığa seçildi. Calles'in ardından yeniden başkanlığa adaylığını koyup seçilen Obregón'un görevi teslim alamadan suikaste uğraması ile doğan iktidar boşluğunda, Calles ve çevresindeki sivil ve askerî siyasetçilerin girişimleriyle 1930'da Ulusal Devrimci Parti (*Partido Nacional Revolucionario*/PNR) kuruldu. Kuruluş amacı yerellerde örgütlü partilerin bir çatı konfederasyonu olarak tanımlansa da kısa sürede yukarıdan aşağıya kontrol ağları kurularak yerel partiler tamamen güçsüzleştirildi (Middlebrook, 1995: 25-29).

1930'lu yılların sonunda başlayan, 1940'lı yıllar boyunca süren "organik" bir toplum inşasının büyük ölçüde başarılı bir hegemonya stratejisi olduğu söylenebilir. Bir başka ifadeyle, devrim partisi ile bütünleşik bir toplum fikri "başarıyla" geliştirildi. Korporatizm kavramını öne süren Phillippe C. Schmitter'e göre (1974: 93-4), korporatizm çıkarların temsil edilme sistemidir. Temsil sistemi sınırlı sayıda, üyeliği zorunlu, rekabete açık olmayan, hiyerarşik, işlevleri üzerinden ayrıştırılmış örgütler üzerine kuruludur. Devlet tarafından kurulan (devlet korporatizmi) veya aşağıdan yukarı mekanizmalarla kurulan ve devlet tarafından tanınan (toplumsal korporatizm) bu örgütlerin yöneticilerinin seçim süreçleri ve talepleri devletin kontrolündedir. Schmitter'in tasvir ettiği bu yapıya benzer bir devlet-toplum ilişkisinin 1940'lı yıllarda şekillendiği söylenebilir. Toplumsal çıkarların örgütlenmesini ve temsilini sağlayacak bu örgütlerin aynı zamanda devletin ekonomik alanı düzenleme kanalları olarak da kullanıldığı toplumsal bütünleşme stratejisi olarak tanımlanabile-

---

5 Devrim sürecinde sınıflar ve fraksiyonlar arası işbirlikleri, çatışmalar ve iktidar mücadeleleri üzerine kapsamlı bir analiz için bkz. Middlebrook (1995).

cek (Jessop, 1990: 110-143) korporatist yapının şekillenmesinde en etkili isim Lázaro Cárdenas'dır.

Cárdenas döneminde (1934-1940) toplumsal sınıfların devlet inisiyatifiyle devlet kurumsallığının bir uzantısı olarak örgütlenmesinin ilk adımı 1936'da kurulan Meksika İşçi Federasyonu (*Confederación de Trabajadores de México - CTM*) oldu. Díaz döneminde ABD ve İngiliz şirketlerinin işletimine bırakılan petrol kuyularındaki ağır çalışma koşullarına karşı 1936'da başlayan grevler ve Meksika Cumhuriyeti Petrol İşçileri Sendikası'nın (*Sindicato de Trabajadores Petroleros de la República Mexicana - STPRM*) kurulmasının hemen ertesinde tüm sendikal mücadeleyi devlet kontrolüne alacak CTM kuruldu. STPRM'nin mücadelesi sonucu 1938'de Cárdenas petrol kaynaklarının kamulaştırıldığını açıkladı. Asgari ücret, örgütlenme ve grev haklarını tanıyan İş Yasası böyle bir mücadele bağlamında çıkarıldı.

Diğer yandan, tarımsal kalkınma politikalarının belirlenmesinde kolektif toprakların yönetim birimi olan *ejido* komitelerinin önemli bir konumu olduğu sıklıkla vurgulanır (Hamilton, 1982: 142-183). Devrim tarihinden aldıkları güçle *ejido* komitelerinin tarım reformu yönünde önemli bir baskı oluşturduğu vurgulanmalı. 1938'de Ulusal Köylü Konfederasyonu'nun (*Confederación National Campesina*/CNC) kurulmasının ardından, *ejido* birlikleri doğrudan parti içinde örgütlenmeye başladı. Aynı yıl partinin Ulusal Yürütme Komitesi'ne Tarım Genel Sekreteri ve İşçi Genel Sekreteri pozisyonları eklendi. Komitenin bu iki üyesi sırasıyla CNC'yi ve CTM'yi temsilen toplantılara katılıyorlardı.

Toplumun "üçüncü kesimi" olarak tanımlanan, CNC ve CTM içinde yer almadığı iddia edilen öğretmenler, kamu görevlileri ve ordu mensupları da 1943'te kurulan Halk Örgütleri Ulusal Konfederasyonu (*Confederación Nacional de Organizaciones Populares*/CNOP) altında bir araya getirildiler. 1946'da bu yapının dışında bırakıldığı düşünülen ve CNC içinde örgütlenmesinin uygun olmadığına karar verilen büyük kısmı küçük topraklar üzerinde (*minifundia*) geçimlik tarım yapan kesim de 1946'da kurulan ve CNOP çatısı altında tanımlanan Küçük Toprak Sahipleri Ulusal Konfederasyonu (*Confederación Nacional de Pequeños Propietarios*/CNPP) ile örgütlendi.

Emekçi sınıflar itinayla bölünürken, sermaye sınıfı bir araya getiriliyordu. Ticaret ve Sanayi Odaları birleştirildi. Diğer tüm sermaye kesimleri imalat sektörü adı altında toplandı. Meksika Anayasası Başkan'a toplumun çatışan çıkarları arasında nötr bir aracı görevi verirken, yanlızca sermaye örgütlerinin "istişare" örgütü olarak tanımlanması dikkat çekicidir. Korporatist kurumsal yapının, emekçi sınıfları lonca tipi örgütlenmelere bölerek sınıfsal çelişkileri zayıflattığı iddiası Meksika örneğinde doğrulanmış görünüyor. Korporatist kurumsallaşmanın tamamlandığı 1946'da partinin adının Kurumsal Devrimci Parti (PRI) olarak değiştirilmesi de tesadüf olmasa gerek (González Compeán ve Lomeli, 2000).

1950 yılı, Meksika için önemli bir kırılma noktasına işaret eder. Korporatist örgütler yoluyla çalışan kesimlerin kontrol altına alınmasının ardından istikrarlı bir büyüme çizgisinin yakalandığı, 1950-65 arasında ekonominin yıllık ortalama

% 6,5 oranında büyüme kaydettiği vurgulanmalı. Ancak bu büyüme oranları sosyal adaletin sağlandığı anlamına gelmedi. Zira devlet elitleri, ekonomik elitler ve sendika elitleri arasındaki ittifak, diğer toplumsal aktörler üzerinde sağlam bir sacayağı gibi yükselen ve kaynakların nasıl dağıtılacağını belirleyen bir yapı kurar. Yani, korporatist devlet-toplum yapısı büyüyen pastanın dilimlerinin otoriter bir biçimde dağılımı anlamına gelir. Çalışan kesimlerin parçalı yapısına mukabil sermayenin merkezileşmesi, sanayi sektörlerinde yaşanan tekelleşme ve yabancı şirketlerin hâkimiyeti kaynak dağılımı adaletsizliğini açıklayan dinamiklerdir.

Öğrenci hareketleri ve kuzey sermayesi

Korporatizm dışında kalan iki büyük toplumsal kesim vardı: Öğrenciler ve ABD sınırındaki eyaletlerde uluslararası piyasalara eklemlenmiş sermaye grupları. 1960'lı yılların sonunda öğrenci hareketi ve kuzey eyaletlerindeki siyasi hareketlenme birbiriyle taban tabana zıt taleplerle devlet krizi eğilimini güçlendirdi.

1968 öğrenci hareketleri tüm siyasal sistemin krizine yol açacak ve PRI iktidarını derinden sarsacak sürecin ilk adımıydı (Álvarez, 1987: 17-29). 1968 Olimpiyatları'nın arifesinde paramiliter gruplar kullanılarak kanla bastırılmaya çalışılan eylemler PRI'nın bir halk devrimi partisi olmadığını açıkça göz önüne serdi. Ve ardından eylemler silsilesi geldi. Köylüler, küçük üretici çiftçiler ve işçiler de eylemlere başladılar. Korporatist örgütlerin liderlerinin gücü aşağıdan yukarıya doğru örgütlenen bu eylemleri bastırmaya yetmedi. 1970'li yıllarda CTM içinde liderlik mücadelesi veren muhalif gruplar mücadeleyi kaybedince CTM'den ayrılıp, yerel sendikal yapılanmalar kurmaya başladılar. Benzer bir süreç CNC içinde de yaşandı. Giderek güçlenen ve korporatist devlet yapısı içinde kontrol edilmeyen muhalefet karşısında PRI siyasi reformlar uygulamak zorunda kaldı. 1977'de Başkan José López Portillo Meksika Komünist Partisi'ni (*Partido Comunista de México*/PCM) resmen tanıdığını açıkladı ve muhalefet partilerine kongrede dörtte bir oranında sandalye veren yasa değişikliğini geçirdi. PCM'nin ardından yerel ve bölgesel düzeyde örgütlenmiş bir düzine kadar sosyalist ve komünist parti kuruldu.

1989'a kadar yerel seçimlerde, 1990'lara kadar kongre seçimlerinde ve 2000'e kadar da başkanlık seçimlerinde PRI'nin iktidarını nasıl koruduğu, merkezden yerele uzanan kontrol ağlarıyla anlaşılabilir. Yerel ve ulusal düzeyde muhalefet partilerinin kurulmasının ve seçimlere girmelerinin önünde hiçbir yasal engel konulmamıştı. Ancak, tüm seçimlerde PRI adaylarının doğrudan başkan tarafından belirlenmesi, seçim süreçlerinin PRI tarafından düzenlenmesi, çoğu seçim sonucunun muhalefetin şaibe iddiasıyla koyduğu şerhe rağmen resmen ilan edilmesi ve en önemlisi de demokratik hak ve özgürlüklerin kısıtlanması tek parti rejiminin sürekliliğini ve otoriter niteliğini ortaya koyar (Cornelius, 1999). 1960'ların sonunda öğrenci hareketleriyle başlayan ve 1970'ler boyunca tüm toplumsal kesimleri kapsayan toplumsal muhalefet otoriter devlet iktidarının krizine yol açtı.

Bir yandan öğrenci hareketleri arkasına işçileri ve köylüleri de alarak güçlenirken, diğer yandan eş zamanlı olarak kuzey eyaletlerinin sermaye gruplarından gelen eleştiriler ve talepler yükselmeye başladı. Kuzey sermayesi, ithal ikameci dönemin iktidar bloğunun, başka bir ifadeyle hâkim sermaye gruplarının dışında kalan ancak sermaye birikimi açısından bu dönemde hiç de olumsuz etkilenmemiş olan bir kesim. Bu sermaye grubu, 1920'lerde Katolik kilisesinin devlete karşı başlattığı *Cristero* ayaklanmasının ardından politikleşen ve Cárdenas'ın ekonomi politikalarına duyulan tepkilerle siyasi bir parti halini alan PAN'ı destekledi. ABD sınırında yerleşik oligopolistik ticaret ve sanayi sermayesini, toprak reformu öncesinde güçlü bir ekonomik grup olan büyük toprak sahiplerini ve devlet bankaları kurulmadan önceki döneme hâkim olan finans sermayesini temsil eden Meksika Cumhuriyeti İşverenler Konfederasyonu (*Confederación Patronal de la Republica Mexicana*/COPARMEX), ithal ikameci sanayileşme projesinin sosyalist bir plan olduğu iddiasıyla korporatist kurumsal yapısının dışında kalmayı tercih etti.

1960'ların sonlarına doğru gelindiğinde, kamu iktisadi işletmelerinin etkinliği, bu sermaye çevrelerini giderek daha fazla rahatsız etti (González, 1981: 653). Devletin rolünün azalması gerektiği ve özel sektörün üretim ve yatırım faaliyetlerini üstlenebilecek güçte olduğu vurgulanmaya başladı.[6] Bu yıllarda sermaye grupları daha örgütlü ve sistematik bir muhalefet odağı olma çabası içine girdi (González, 1981: 654). 1975'te devlet inisiyatifinin dışında şekillenen ilk sermaye örgütü olan İşveren Koordinasyon Konseyi (*Consejo Coordinación Empresarial*/CCE) kuruldu. Bu konsey mevcut sermaye örgütlerini bir araya getirerek özel sektörün taleplerinin tek bir ağızdan daha güçlü çıkmasını ve sermaye örgütleri arasında koordinasyonu sağlayan bir kurum haline geldi.

1970-1982 arası, Meksika'nın trajik on iki yılı olarak anılır. Bu dönemde sosyo-ekonomik problemler derinleşirken, ne Luis Echeverría (1970-1976), ne de José López Portillo (1976-1982) hükümetleri IMF yönetiminde uyguladıkları para politikalarıyla 1982 krizini önleyebildi. Ağırlaşan finansman ve ödemeler bilançosu açıkları sonucu artan dış borçlar, Ağustos 1982'de derin bir krize neden oldu.

Siyasal sistemin kriziyle, iktisadi krizin üst üste gelmesi sonucunda açığa çıkan bu hegemonya krizinin aşılabilmesi için hem devlet-toplumsal sınıflar ilişkisinin, hem de Meksika ekonomisinin uluslararası piyasalarla eklemlenme biçiminin köklü bir şekilde yeniden yapılandırılması gerektiği fikri hâkim oldu (Topal, 2010). Meksika siyasi tarihinde başkanlık seçim kampanyaları, kamuoyunda tartışmalar yaratan, başkan adayının eyalet eyalet gezerek seçim konuşmaları yaptığı bir süreç değildir (Rodríguez, 1997: 69). Ancak başkan adayı Miguel de la Madrid'in 1982 seçimleri öncesinde bir yıl boyunca tüm ülkeyi dolaşarak düzenlediği Halka Danışma Toplantıları (*Consultas Populares*) dikkat çekici bir yenilikti. Bu danışma toplantıları bazen bir eyaletin tüm sorunla-

---

6 1982-1985 arası Sanayi Odaları Konfederasyonu (*Confederación de Cámaras Industriales*/CONCAMIN) Başkanı Jacobo Zaidenweber ile görüşme, 13 Temmuz 2005.

rının tartışıldığı bir forum formatında bazense belirli bir sorunsal etrafında ülkenin farklı bölge ve eyaletlerinden çağrılan temsilcilerin katıldığı bilgilendirme toplantıları niteliğinde düzenlendi. Yerelden siyasal katılımın yeni dönemde güçlendirileceği mesajı veriliyordu (Topal, 2006a). De la Madrid beklendiği gibi seçimleri kazandı. 1 Aralık 1982'de, De la Madrid'in görevi teslim alacağı gün, sermaye grupları devletin yarı-resmî yayın organı *Excelsior* gazetesine verdikleri ilanda artık dönemin değiştiğini, *oyunun kurallarının değişmesi gerektiğini* duyuruyorlardı. O gün, neoliberal yeniden yapılandırma sürecinin bir dönüm noktasına işaret ediyordu.

Neoliberal dönemde tarımsal yapılarda dönüşüm ve Zapatista hareketi

1980'lerde başlayan yerelleşme reformları, demokratikleşme taleplerini bir ölçüde yatıştırdı. Ancak reformlara rağmen merkeziyetçi devlet yapısı, geniş yetkilerle donatılmış yürütme organı ve korporatist kurumlar yerinde kaldı. Sermaye-içi gerilimler yerini Gümrük Tarifeleri ve Ticaret Genel Anlaşması (*General Agreement on Tariffs and Trade*/GATT) görüşmeleri sırasında güçlü bir sınıf uzlaşmasına bıraktı. Bu sırada neoliberal politikaların yıkıcı etkisi kendini özellikle kırda göstermeye başlıyordu.

1991'in ilk aylarında başlayan NAFTA üyeliği görüşmeleri sırasında ABD temsilcileri *ejido*ların kolektif mülkiyet ve kullanım haklarının Meksika Anayasası'ndan çıkarılmasını üyelik koşulu olarak öne sürdü. Kasım 1991'de bu maddede yapılan ve üç ay sonra uygulamaya konulan değişiklikle *ejido* toprakları yasal olarak alınıp satılabilen veya kiralanabilen mülkler haline getirildi. Ayrıca özel mülkiyetin korunması ilkesi vurgulanarak, sahibi tarafından kullanılmayan toprakların yeniden dağıtımı veya *ejido* yapılması istemiyle köylülerin imza toplama ve dilekçe verme hakları (*rezago agrario*) anayasanın 27. maddesinden çıkarıldı (Cornelius ve Myhre, 1998). *Cacique*lerin yoksul çiftçilerden bu toprakları satın almaları sonucunda, büyük topraklar üzerinde kapitalist tarımın gelişmesi süreci hızlandı (Harvey, 1996: 195). Sonraki adım ise kapitalist tarım şirketlerinin doğrudan Meksika kırsalına girebilmesine yönelikti. Aynı reformla bu topraklarda şirketlerin kurulması olanaklı hale getirildi (Topal, 2014).

Bu süreçte, ulusal düzeyde kısıtlı da olsa siyasal iktidara ortak olma mücadelesi veren çiftçi ve köylü örgütlerinin yerini yerel ve bölgesel düzeyde örgütlenmiş üretici birliklerinin ve satış kooperatiflerinin aldığı gözlenebilir. Büyük ölçekli üretim yapan şirketlerin liderlik ettiği bu yeni tip örgütlerin, köylüleri ve küçük üreticileri temsil etmekten uzak olmaları şaşırtıcı olmayan bir sonuçtur. Köylülerin ve küçük üreticilerin kendi örgütleri üzerinden yapacakları mücadele mecralarının daralmasıyla birlikte kırsal direniş 1990'lı yılların ortalarından itibaren yeni stratejilerle özellikle Zapatista hareketi üzerinden yerli hakları düzleminde örgütlendi (Topal, 2013).

> ### Zapatista hareketi
>
> *Ejido*ların özelleştirilmesine karşı en etkin tepki, Meksika'nın güney eyaleti Chiapas'tan yükseldi. Zapatista Hareketi 1 Ocak 1994'te silahlı bir ayaklanma ile dört belediyeyi ele geçirerek adını duyurdu. Zapatista Ulusal Kurtuluş Ordusu'nun (*Ejército Zapatista de Liberación Nacional*/EZLN) belediye işgalleri her şeyden önce kolektif tarım alanlarını koruma amacı güdüyordu. Ayaklanmanın, Meksika'nın NAFTA'yı imzaladığı güne denk düşmesi tesadüf değildir. Komutan Yardımcısı Marcos (kendisi yerli kökenli olmadığı için *comandante* değil *subcomandante* mertebesinde olduğunu söyler), Amerikan halkına "NAFTA anlaşmasıyla hükümetinizin Meksika'nın yerli halklarını ölüme mahkûm ederek bir soykırıma onay verdiğini biliyor musunuz?" (Autonomedia, 1994: 68) diye seslenirken, Meksika'nın ekilebilir topraklarının yarısından fazlasını oluşturan 28 bin *ejido*nun geçim kaynağı olan 3 milyon çiftçi ve ailesinin NAFTA sürecinde topraklarından koparılacağına işaret ediyordu. Çok kısa bir süre içinde EZLN ve kar maskeli Marcos, küreselleşme karşıtı hareketlerin ikonu haline geldi. EZLN, 1996'da Meksika'nın güneydoğusudaki Chiapas dağlarında düzenlenen neoliberal politikalara karşı mücadele yöntemlerinin tartışıldığı geniş katılımlı bir toplantıya evsahipliği yaptı. Aynı zamanda, yerli haklarının kimlik ve kültürlerinin tanınması için birçok platformda mücadele verdi. Yeni toplumsal hareketlerin ideolojik ve politik muğlaklığını içinde barındıran hareket, kimi zaman kimlik siyasetini sınıf siyasetinin önüne koydu. 2001'de PAN gibi açıktan bir sermaye partisinin kongreye yerli haklarıyla ilgili bir kanun önerisi sunması, geniş çevrelerce sevinçle karşılandı. Yerli halkların kendi siyasi geleneklerini mevcut sisteme tehdit oluşturmadan devam ettirebildikleri (*usos y consumbres*) bazı siyasal reformlar yapılırken, kırın metalaşması süreci tüm hızıyla devam etti. 2005-2006 yıllarında kimlik siyasetinin sınırlarını aşarak kendine yeni bir politik bir hareket alanı açmaya başladı. 2006 başkanlık seçimlerinde "Öteki Kampanya" adıyla başlatılan eylemlilik önemli bir siyasi müdahaleydi. O yıllardan beri Zapatista hareketi tüm engellemelere ve izolasyona rağmen Meksika siyasetinin en önemli aktörlerinden biridir. AMLO, 2019 yazında Zapatista hareketine olan saygısını ifade edip ve farklılıkları bir kenara bırakarak birlikte çalışmayı önerdi. Bir bakıma bükemediği el ile tokalaşmayı tercih etti. Ama AMLO'nun kırın piyasalaşması ve metalaşması sürecini hızlandıracak otoyol, liman, hızlı tren projeleri nedeniyle Zapatistaların bu çağrıya olumlu cevap vermeyeceği kesin.

...Ve platform siyasetine geçiş

1990'ların sonlarına doğru, Latin Amerika'da güçlenen toplumsal hareketlerin strateji ve aktörlerinde önemli değişiklikler gözlemlemek mümkündür. Ancak korporatist kurumlar ve merkeziyetçi siyasi parti yapısı, bu muhalif grupların ulusal düzeyde etkin bir örgütlenme içine girmelerinin önündeki en önemli engeldi. Bu hareketlerin aktörlerinin, ulusal ölçekte örgütlenmiş gruplardan değil, tam tersine yerel siyasetten yükselmesi önemli bir gelişmedir. Daha önce siyaseten aktif ol(a)mayan birçok yerel topluluğun, hızlı bir eylemlilik ve siyasallaşma sürecine girmesiyle, tabandan yükselen çeşitli politik mücadeleler gözlenmeye başladı. Bu süreç, yerel toplulukların gözünde, devlet iktidarını daha erişilir kıldı. Yerel grupların ve örgütlerin güçlenmesiyle korporatist temsil kurumlarının ve yukarıdan aşağıya örgütlü siyasi partilerin etkisi görece zayıfladı. Bu sürece paralel olarak, bölgedeki sol partilerin toplumsal tabanı genişledi ve devlet otoritesinin meşruiyetini dışarıdan sorgulamak yerine, iktidara doğrudan aday olma yolunu seçtiler. 1990'ların sonlarından başlayarak iktidara gelen sol dalga bu bakış açısından da değerlendirilebilir (Topal, 2006b).

Zapatista hareketinin 2006 seçimlerindeki stratejisi ülkenin siyasi tarihinde önemli bir kırılma yarattı. Zapatista hareketi ile birlikte PRD içinde yer almayan sosyalist solun "Öteki Kampanya" adıyla yürüttüğü propaganda tüm siyasi elitlerin çıkarlarının ortak olduğunu, PRD adayı AMLO'nun sermaye gruplarının kuklası olacağını iddia ediyordu. Öte yandan, PAN da seçim kampanyasında PRD'li politikacıların aslında PRI'li "dinozor"ların "yaramaz oğulları" olduğunu ve iktidara gelirlerse babalarından öğrendikleri siyaset yapma tarzını devam ettireceklerini iddia ediyordu. 2006 seçimleri sürecinde AMLO'nun bölgenin diğer sol iktidarları ile birlikte güçlü bir ABD karşıtı cephe oluşturma projesi önemliydi. Ama seçimleri kazanmasına yetmedi.

AMLO'nun 2012 seçimlerini kaybetmesinin önemli sebeplerinden biri Zapatistaların ve PAN'ın 2006 seçimlerinde şekillenen PRD karşıtı kampanyaları olduğu söylenebilir. Yani bir bakıma 2012 seçimlerini AMLO değil PRD kaybetmişti. İşte bu sebeple AMLO 2012 seçimlerinin yenilgisinin hemen ardından PRD'den ayrıldı ve MORENO'yu bir siyasi partiye dönüştürdü.

Sonuç

AMLO'nun 2018 seçimlerindeki en merkezî pozisyonu Trump karşıtlığı oldu. PRI ve PAN'ın ABD ile iş birliği içinde olan partiler olduğu iddiası çok etkili bir söylemdi. Bunun yanı sıra yolsuzluk ve şiddetin sona erdirilmesi, enerji ve göçmen politikalarında yapılacak reformlar ve yoksul eyaletlere kalkınma önceliği verilmesi gibi vaatler sıklıkla vurgulandı.

Öte yandan, platformun, din, LGBTİ hakları ve kürtaj gibi konularda taban tabana zıt bileşenleri, bu meselelere ilişkin AMLO'nun herhangi somut bir politika çerçevesi çizmesini engelledi. Platformun bileşenleri arasında gerilime sebep olabilecek genişçe bir politika alanında sessiz kalarak ama diğer yandan Meksika'yı "dönüştürmek" gibi iddialı bir sloganla bir kampanya yürütmeyi başardı. AMLO ile birlikte ülke tarihinde ilk kez solun iktidara geldiği iddia ediliyor. Ancak, iktidar platformunun bileşenleri ve AMLO hükümetinin politika öncelikleri incelenmeden solun iktidara geldiğine dair kolaycı sonuçlara varmak doğru görünmüyor.

Tüm diğer siyasi partilerin/kurumların krize girdiği dönemeçte farklı –ve hatta birbiriyle uzlaşmaz– siyasi projeler MORENA gibi bir platformun ardında birleştikçe, MORENA giderek tek parti döneminin PRI'sine benzeme eğilimi taşıyor. Ancak platform siyasetine dair daha iyimser bir eğilim de tartışma konusu edilebilir. Devletin kendisi bir mücadele alanı olarak tanımlanırsa, toplumsal tabanları ile temsiliyet yerine doğrudan katılım temelinde ilişkilenebilen bir platform, uluslararası sermaye gruplarının ve finans kurumlarının baskılarını dengeleyecek bir siyasal aktör olabilir. Ve bu mücadele dönüştürücü bir toplumsal iktidar kurabilir.

ARAŞTIRMA SORULARI

- 1990'lı yılların sonundan itibaren Latin Amerika'da siyasi partilerin krizine ilişkin çok önemli derlemeler çıktı. Bu derlemeler korporatizmin, yukarıdan aşağıya siyasetin ve genel olarak kurumsal siyasetin ve liberal demokrasinin merkezî siyasal kurumu siyasal partilerin krizinden bahsediyorlardı. Bu tartışmaları takiben 2000'li yıllarda sol dalga siyasal hareketleri, siyasi partileri ve liderleri gündeme geldi. Diğer tüm sol partilerin iktidardan düştüğü/düşürüldüğü dönemde, Meksika bu tartışmanın son halkası olarak görünüyor. İster Meksika örneği üzerine olsun ister karşılaştırmalı olsun hareket-parti ilişkisinin araştırma konusu edilmesi önemli. Platform siyasetinin siyasi partilerin yerini alması liberal demokrasinin temel ilkeleri açısından ne anlama geldiği tartışması henüz yeterince sorunsallaştırılmamış durumda. Otoriterleşme tartışması çerçevesinde de liberal demokrasinin krizi sıklıkla vurgulanıyor. Hardt ve Negri *İmparatorluk* kitabında (2000) işçi sınıfının bugün artık yerini çokluğun aldığını iddia ediyor, İmparatorluğun iktidarını yıkabilecek kurucu gücü olan hareketlerden biri olarak da Zapatistaları gösteriyorlardı. Bu tartışmaların üzerinden yeterince vakit geçtiğine göre, bu iddiaları platform siyaseti perspektifinden değerlendirmenin tam sırası.

KAYNAKÇA

Ai Camp, R. (2011), *Mexico: What Everybody Needs to Know*, Oxford, New York: Oxford University.

Álvarez, A. (1987), *La Crisis Global del Capitalismo en México: 1968/1985*, Mexico City: Ediciones Era.

Autonomedia, (1994), *Zapatistas!: Documents of the New Mexican Revolution*, New York: Autonomedia.

Cornelius A. W. (1999), "Subnational Politics and Democratization: Tensions between Center and Periphery in the Mexican Political System", Wayne A. Cornelius vd. (der.), *Subnational Politics and Democratization in Mexico* içinde, La Jolla: Center for U.S. - Mexican Studies, UCSD, s. 3-16.

Cornelius A. W. ve Myhre, D. (der.), (1998), *The Transformation of Rural Mexico: Reforming the Ejido Sector*, La Jolla: Center for U.S.-Mexican Studies, University of California.

González, E. (1981), "Empresarios y Obreros: Dos Grupos de Poder", Rodando Cordera (der.), *Desarollo y Crises de la Economía Mexicana* içinde, México D.F.: Fondo de Cultura, s. 638-665.

González C., M. ve Lomelí, L. (2000), *El Partido de la Revolución: Institución y Conflicto (1928-1999)*, México City: Fondo de Cultura Económica.

Frank, A. G. (1982), *La Agricultura Mexicana: Tranformación del Modo de Producción 1521-1630*, Mexico City: Era.

Hardt, M. ve Negri, A. (2000), *Empire*, Cambridge ve Londra: Harvard University.

Harvey, N. (1996), "Rural reforms and Zapatistas rebellion: Chiapas, 1988-1995", Otero, G. (der.), *Neo-liberalism Revisited: Economic Restructing and Mexico's Political Future* içinde, Oxford: Westview, 187-208.

Jessop, B. (1990), *State Theory Putting the Capitalist State in its Place*, Cambridge, Oxford: Polity.

Katz, F. (1981), *The Secret War in Mexico: Europe, the United States, and the Mexican Revolution*, Chicago ve Londra: The University of Chicago Press.

Middlebrook J. K. (1995), *The Paradox of Revolution: Labor, the State and Authoritarianism in Mexico*, Baltimore ve Londra: The John Hopkins University.

Otero, G. (2004), *Farewell to the Peasantry? Political Class Formation in Mexico*, Boulder ve Oxford: Westview.

Rodríguez E. V. (1997), *Decentralization in Mexico: From Reforma Municipal to Nuevo Federalismo*, Oxford: Westview.

Schmitter, C. P. (1974), "Still the century of corporatism", *The Review of Politics*, 36 (1): 85-131.

Topal, A. (2006a), "Meksika'da yerelleşme politikaları: Neoliberalizm ve demokratikleşme süreçlerinin kesişimi", *Praksis*, 14: 149-169.

—, (2006b) "Latin Amerika'da yerelleşme politikaları", *Birikim*, 208: 31-36.

—, (2010) "Transition to neoliberalism and decentralisation policies in Mexico", Saad-Filho, A. ve Yalman, G. (der.), *Economic Transitions to Neoliberalism in Middle-Income Countries: Policy Dilemmas, Economic Crises, Forms of Resistance* içinde, Londra: Routledge, s. 230-242.

—, (2013), "Zapatista özerk belediyeleri deneyimi", Gültekin, İ. K. ve Gündoğdu, İ. (der.), *Devrimci-Halkçı Yerel Yönetimler: Umut ve Mücadele Mekânlarından Deneyimler* içinde, Ankara: Patika.

—, A. (2014), "Meksika'da Tarım Politikaları ve Kırsal Mücadele Dinamikleri", *ODTÜ Gelişme Dergisi*, 41 (2): 151-177.

On Altıncı Bölüm

SESSİZ DEVRİMİN GÜRÜLTÜLÜ SONU: BREZİLYA İŞÇİ PARTİSİ'NİN YÜKSELİŞİ VE DÜŞÜŞÜ

KARABEKİR AKKOYUNLU

Gelmeyen devrimin kıvılcımı

2002 yılının Ekim ayında, ünlü tarihçi Eric Hobsbawm, Brezilyalı dostu, eski sendika lideri Luiz Inácio Lula da Silva'nın dördüncü kez katıldığı başkanlık seçimlerinden bu defa zaferle çıkması şerefine, Londra'daki evinde küçük bir kutlama düzenler. 1960'lardan beri Latin Amerika'nın geciken, gelmeyen veya gelip de başarısız olan devrimlerini inceleyen Marksist tarihçi için kıtanın en büyük ülkesinde İşçi Partisi'nin (*Partido dos Trabalhadores*/PT), her ne kadar son yıllarda merkeze dümen kırmış olsa da, iktidara gelmesi "ihtiyar kızıl kalpleri ısıtan" bir gelişmedir. Devrimin bu cılız ve bir hayli gecikmiş kıvılcımını bir şişe şampanyayla kutladıktan sonra Hobsbawm, yılların öngörüsü ve biraz da kötümserliğiyle, şu yorumu yapar: "Sanırım şimdi tekrar hayal kırıklığına uğramayı bekleyeceğiz" (Bethell, 2016).

Brezilya'yı için Latin Amerika'nın devrime belki de en müsait, ama aynı zamanda en uzak ülkesi olarak tanımlamak mümkün. Üç yüz yıllık Portekiz sömürgesi altında yerleşip kök salan patrimonyal düzen, 19. yüzyılın başından bu yana yaşanan beş rejim değişikliğine rağmen kendisini koruyup çağa ayak uydurmayı başardı. Ülke, bağımsızlığını bir halk ayaklanmasıyla değil, Brezilya'ya saltanat vekili olarak atanan Dom Pedro'nun, babası Portekiz Kralı VI. João'ya başkaldırması sonucu kazandı. Ortaya çıkan bağımsız Brezilya İmparatorluğu, sömürge döneminde olduğu gibi, monarşi ve Avrupa kökenli büyük toprak sahibi ailelerin çıkarlarını temsil etmeye devam etti.

Bu çıkarların başında tarım ekonomisini ayakta tutan köle ticareti geliyordu. 19. yüzyıl boyunca kölelik birçok ülkede yasaklanırken, kahve üretimiyle muazzam bir servet sahibi olan Brezilyalı toprak sahipleri, ülkeyi küresel köle ticaret ağının merkezi haline getirdi. Kölelik 1888'de resmen yasaklansa da, toprak reformuyla desteklenmeyen bu özgürlük kâğıt üzerinde kaldı; topraksız milyonlarca Afro-Brezilyalı ya büyük toprak sahiplerine borçlanarak geçimlik tarıma zorlandı, ya da sonu gelmeyen göç dalgalarıyla, sanayileşen şehirlerin çeperlerinde bugünkü devasa *favela*ların (gecekondu mahallelerinin) temellerini attı.

Saltanatın 1889'da kaldırılmasında pozitivist fikirlerden etkilenen subaylar ve liberal burjuvazinin baskıları kadar, köleliği yasakladığı için hükümdar II. Pedro'ya öfkeli olan büyük toprak sahiplerinin de payı vardı. 1930'a kadar süren Birinci Cumhuriyet'te iktidar, Minas Gerais eyaletine hâkim mandıra çiftçileriyle São Paulo'lu kahve üreticilerinin başını çektiği tarım oligarşisinin (namı diğer *café com leite*, yani "sütlü kahve" siyasetinin) elindeydi. 1930-1945 yılları arasına damga vuran Getúlio Vargas'ın modernleşme, merkezileşme ve sanayileşme projesi bu oligarşinin gücünü kırmaya yönelikti. Dönemin totaliter ve korporatist akımlarından etkilenerek kendini diktatör ilan eden Vargas, bir yandan işçileri devlet çatısı altında örgütlerken, diğer yandan bağımsız işçi hareketini ve Brezilya Komünist Partisi'ni güç kullanarak bastırıyordu.

1960'ların başında kalıcı bir toprak reformunu ilk defa gündeme taşıyan –ve bu sayede orta ve üst sınıfları karşısına alan– "komünist" Başkan João Goulart, 1964'te ABD destekli bir darbeyle devrildi. Darbeyle gelen baskıcı askerî diktatörlük rejimi tam 21 yıl sürdü. Ülke 1980'lerde yeniden ivme kazanan sendikal aktivizm, genel grevler ve milyonların sokağa döküldüğü barışçıl gösteriler sonucu demokrasiye geçerken, evrensel oy hakkı gibi birçok temel hak ve özgürlük ilk defa anayasal güvence altına alınıyordu. Öte yandan ordunun giderayak çıkardığı af yasasının korunmasıyla, diktatörlük döneminde işlenen suçların yargılanmasının önü kapatıldı. 1990'ları ekonomik kriz, hiperenflasyon ve IMF'nin acılı reçeteleriyle geçiren Brezilya, 21. yüzyıla girildiğinde geçmişiyle henüz yüzleşememiş, gelir dağılımında müthiş uçurumların olduğu, siyasete, sermayeye ve medyaya hâlâ bir avuç hanedanın yön verdiği patrimonyal, ama aynı zamanda değişime aç bir ülkeydi.

Lulismo'nun iki ayağı: Reform ve uzlaşmacılık

Böyle bir tarih akışı içerisinde, Hobsbawm'ın, diktatörlük karşıtı emekçi ve aktivistlerin kurduğu İşçi Partisi'nin iktidara gelişini hem heyecan hem de karamsarlıkla karşılamasını anlamak zor değil. Velhasıl, İşçi Partisi'nin 14 yıl süren iktidar hikâyesi de önce heyecanın, sonra da karamsarlığın hâkim olduğu bir süreç izledi. Başkanlığı 2010'da sona ererken halkın % 87'sinin desteklediği, ABD Başkanı Obama'nın "dünyanın en popüler siyasetçisi" olarak andığı Lula'nın yönetiminde Brezilya, dünyanın ilk 10 ekonomisi arasına girmiş, etkili sosyal politikalarla 20 milyon kişi fakirlikten çıkarılmış, dört milyon düşük gelirli aile ev sahibi olmuş, eğitim imkânları artırılmış, işçi, kadın, çevre ve toplumsal azınlıkların haklarında ilerlemeler sağlanmış, yargı bağımsızlığı ve hukuk devleti güçlendirilmişti (Akkoyunlu, 2018).

Bu parlak bilançodan sadece birkaç yıl sonraysa karşımıza çok farklı bir tablo çıkıyordu. 2013'ten itibaren kitle protestoları, yolsuzluk operasyonları ve ekonomik krizle sarsılan PT iktidarı, 2016'da Lula'nın halefi Dilma Rousseff'in başkanlığının düşürülmesiyle çöktü. Ardından Lula rüşvet ve adam kayırma suçundan hapsedildi ve 2018 başkanlık seçimlerine katılması engellendi. Bu seçimi diktatörlük dönemine övgüler düzen, şiddet ve silahlanma yanlısı emekli yüzbaşı Jair Bolsonaro'nun kazanmasıyla son yıllarda elde edilen toplumsal, ekonomik ve ekolojik kazanımlar bütünüyle tehlikeye girdi.

İşçi Partisi'nin gerçekleştirdiği "sessiz devrim" nasıl oldu da kumdan bir kale gibi, bu kadar kısa sürede darmadağın oldu? Bu ani ve dramatik çöküşün kaynağını sadece 2014 sonrasının krizlerinde aramak eksik olur. Brezilya'da PT iktidarının yenilgisini, solun yükseliş ve zaferlerinden başlayarak anlatmamız gerekiyor.

1990'ların sonunda Latin Amerika ülkelerinde iktidara gelmeye başlayan sosyalist "pembe dalga" iki paralel akımdan oluşuyordu. Birincisi, Venezuela'da Hugo Chávez'in başını çektiği, nispeten daha çatışmacı ve popülist Bolivarcı "koyu pembe" akım; ikincisi ise, Brezilya İşçi Partisi'nin temsil ettiği, uzlaşmacı "açık pembe" akım. Pragmatik bir politikacı olan Lula, İşçi Partisi'nin iktidar çevrelerinde doğal müttefikten yoksun olduğunun farkındaydı. Her ne kadar devrimci söyleminden uzaklaşıp sosyal demokrat bir çizgiye oturmuşsa da, ana akım medya, üst-orta ve üst sınıflar, ordu ve uluslararası finans çevreleri PT'ye şüpheyle yaklaşıyordu. İşçi Partisi liderinin kaderi kısa sürede Goulart'a veya Lula'nın başkan seçildiği yıl ABD destekli bir darbe girişimine maruz kalan Chávez'e benzeyebilirdi.

Lula, bu şartlar karşısında, gemiyi sarsmadan onarma yolunu tercih etti. İşçi Partisi'nin kurucularından, ilk Lula hükümetinin basın sözcüsü siyaset bilimci André Singer'e göre, *Lulismo* iki ayaktan oluşuyordu: tedrici reformculuk ve muhafazakârlarla pakt (Singer, 2012). Lula henüz adaylığı sırasında yayınladığı "Brezilya halkına mektup" ile Fernando Henrique Cardoso hükümetinin başlattığı liberal ekonomik reformlara (IMF ile süregelen anlaşma, mali disiplinin ve başlatılan özelleştirmelerin sürdürülmesi) sekte vurmayacağının sinyalini vermiş, zengin işadamı José Alcenar'ı başkan yardımcısı yaparak piyasaları rahatlatmaya çalışmıştı. Dışarıda ise, seçimden hemen sonra bizzat Cardoso'nun aracılığıyla, ABD'ye yönelik yakınlaşma adımları atıldı. 10 Aralık 2002 günü Beyaz Saray, ülkelerindeki seçimlerden zaferle ayrılmış iki müstakbel lideri ağırlıyordu. Sabah saatlerinde Lula, akşama doğruysa Recep Tayyip Erdoğan, temsil ettikleri "ılıman" sosyalizm/İslâm'ın ABD'nin çıkarlarıyla çelişmediğini anlatıyor, George W. Bush hükümetinden destek talep ediyordu (Spektor, 2014).

Yine de, bu girişimler üzerinden *Lulismo*'yu 1990'larda Bill Clinton ve Tony Blair'in başını çektiği "Üçüncü Yol" siyasetinin Latin Amerika uzantısı olarak okumak hatalı olur. Bir yandan solu salt kimlik politikasına indirgeyip devletin sosyal fonksiyonlarını zayıflatırken, öte yandan agresif bir militarizmle küresel neoliberalizmi derinleştiren bu akımın aksine, Brezilya'da İşçi Partisi dönemi toplumsal adalet ve insan hakları odaklı iç ve dış politikaların ön plana çıktığı bir dönem oldu. *Bolsa Família* (Aile Yardımı) programı ile[1] düşük gelirli ailelere yapılan düzenli ödemelerin yanı sıra asgari ücretin artırılması, çalışma şartlarının kanunlarla iyileştirilmesi, kadınların, Afro-Brezilyalıların, yerli halkların, LGBTİ bireylerin ve diğer toplumsal azınlıkların haklarının güvenceye alınması gibi inisiyatiflerle PT hükümetleri Brezilya'da hâkim sınıfların göz ardı ettiği milyonlarca insana, en azından 2014'te ekonomik kriz patlak verene kadar, daha onurlu bir yaşam imkânı sundu. Böylelikle 2002'de ağırlıklı olarak orta sınıf oyuyla iktidara gelmiş olan İşçi Partisi, 2006'dan itibaren özellikle ülkenin görece yoksul kuzeybatısında sadık bir işçi sınıfı desteği kazandı.

Ne var ki Lula, politikalarını hayata geçirebilmek için parlamentodaki rakiplerine önemli tavizler veriyordu. Herhangi bir partinin Kongre'de çoğunluğu elde etmesinin hemen hemen imkânsız olduğu koalisyonlu başkanlık sisteminde kanun yapabilmek için partiler arası geniş ittifaklara ihtiyaç vardır. Bu, kâğıt üzerinde yasamayla yürütmenin tek elde toplanmasını engelleyen, demokratik çoğulculuğu ve uzlaşmayı teşvik eden bir uygulama gibi görünse de, Brezilya özelinde parlamentoyu kapalı kapılar ardında kirli çıkarların alınıp satıldığı bir pazar yerine dönüştürmüştür. Bunun sebebi, parti disiplininin zayıf, ideolojilerin muğlak ve seçim bölgelerinin aşırı geniş olduğu sistemde, Kongre'ye giden yolun seçmene hizmet götürmekten ziyade büyük şirketlerin ve endüstri lobilerinin desteğini kazanmaktan geçmesidir (Mello ve Spektor, 2018).

Lula, bu patronaj mekanizmasını değiştirmeye çalışmak yerine (bunun ancak bir kurucu meclisle yapılabileceğini savunuyor ama rakiplerini iktidarına karşı harekete geçirecek bir adım atmaya girişmiyordu) oyunu kurallarına göre oynamayı seçti. Kendisi 2002'de % 61'le başkan seçilirken, İşçi Partisi 19 partinin temsil edildiği 513 sandalyeli Temsilciler Meclisi'nde sadece 91 sandalyeye sahipti. Lula, bu ilk dönemde beklenilenin aksine, patronaj sisteminin kilit partisi olan Brezilya Demokratik Hareketi (*Partido Movimento Democrático Brasileiro*/PMDB) ile ittifaka yönelmek yerine, pazarlık gücü daha zayıf olan küçük tabela partilerinden oluşan bir koalisyon kurmaya girişti. Böylelikle önemli bakanlıkları PMDB'ye kaptırmayacaktı (Anderson, 2019). Öte yandan bu yamalı bohça koalisyonunu bir arada tutabilmek için önceliği kendi seçim bölgesine kaynak aktarmak olan onlarca milletvekilini tek tek "ikna etmek" gerekiyordu. PT döneminin ilk yolsuzluk skandalı olan *Mensalão*, vekillere Kongre'de oy desteği karşılığı masa altından aylık ödeme yapıldığının ortaya çıkmasıyla ilgiliydi. Lula, 2006 seçimlerinden kısa süre önce patlak veren bu skandala rağmen seçimi kazansa da, ikinci döneminde PMDB ile masaya oturmaya razı oldu. İleride Dilma'nın kuyusunu kazacak PMDB ile anlaşmaktan pişmanlık duyup duymadığı sorulduğunda şunları söyleyecekti: "İsa bugün Brezilya'yı yönetmeye gelse, Yahuda ile koalisyon kurmak zorunda kalır."

Kısacası, Lula yönetiminde İşçi Partisi bir yandan hâkim sınıfları hoş tutarken diğer yandan yoksulluğa karşı mücadele veriyor, patronaj mekanizmasını yağlayarak muhafazakâr Kongre'den ilerici politikalar çıkarmayı başarıyor-

---

1 Bolsa Família ile ilgili detaylı bilgi için bkz. Bu kitapta Yirminci Bölüm.

du. Benzer bir tablo, uluslararası siyasette de geçerliydi. Güney-Güney işbirliğine öncelik veren, İran ile Batı arasındaki nükleer krizde veya Filistin meselesinde aktif ve bağımsız bir dış politika izleyen Brezilya, buna rağmen ABD ve AB ile iyi ilişkilerini koruyabiliyordu. Hem büyük holdinglerden hem de işçi sınıfından destek bulan Lula, 2010'lara gelindiğinde uluslararası basında sermaye ile emek arasındaki ezelî kavgaya çözüm bulmuş bir sihirbaz edasıyla övülüyordu.

Siyasi yetenekleri her ne kadar üst düzeyde olsa da, Lula'nın elinde elbette sihirli bir değnek yoktu. Ustalıkla yönettiği denge siyasetinin sürdürülebilmesinin olmazsa olmaz koşulu, pastanın devamlı olarak büyümesiydi. 2000'lerdeki küresel likidite bolluğuyla canlanan Brezilya ekonomisi, Çin'in artan hammadde ve enerji açlığı sayesinde 2008 krizini "teğet geçmiş", ardından da müthiş bir ivme kazanmıştı. Yüksek büyüme ortamında toplum yolsuzluğa daha az tepki gösteriyor, farklı sınıflar huzur içinde bir arada yaşayabiliyor gözüküyordu. Öte yandan, bolluk ortamında gelen siyasi başarı ve artan özgüven, İşçi Partisi'ni gittikçe sistemin parçası haline getirdi. Bu döneme devlet petrol şirketi Petrobras'ın büyük inşaat şirketleriyle yaptığı anlaşmaların yanı sıra, Latin Amerika ve Afrika'da şeffaflıktan uzak bir şekilde dağıttığı kredilerle dünyanın en büyük kalkınma bankalarından biri haline gelen Brezilya Ulusal Ekonomik ve Sosyal Kalkınma Bankası'nın (BNDES) faaliyetleri damga vurdu. Milyarlarca dolarlık ticari ilişkilerin perde arkasındaki patronaj ağı, lobicilik faaliyetleri ve yolsuzluk iddiaları ise ancak bir kriz ortamında gündeme oturacaktı.

Bir başka deyişle *Lulismo*, kapitalizmin çatışmalarına kalıcı bir çare üretmediği gibi, PT iktidarının kaderini de küresel ekonominin ani yükseliş ve düşüş döngüsüne bağlamıştı. Dış talebe bağımlı Brezilya ekonomisi, düşen petrol fiyatları ve Çin'in 2011 sonrası yavaşlayan büyümesinin etkisinde önce irtifa kaybetti, sonra da yere çakıldı. Pasta küçüldükçe, *Lulismo*'nun iç çelişkileriyle birlikte Brezilya'nın hayaletleri de yeniden ortaya çıkmaya başladı (Akkoyunlu ve Corrêa, 2016). İlk tepki, İşçi Partisi'nin hayal kırıklığına uğrattığı orta sınıftan geldi. Lula'nın genişletmekle övündüğü bu sınıf, aslında alt ve üst tabakalara nazaran PT döneminden en az kazançlı çıkan kesimdi. İşçi Partisi, zenginlere dokunmayıp yoksullara devlet yardımını artırırken, artan vergi yükü ve pahalılaşan hayat en çok orta sınıfı etkilemişti. 2013 Temmuz'unda São Paulo'da otobüs bileti fiyatlarına yapılan zamma karşı sol aktivistlerin başlattığı protesto, birkaç gün içinde farklı siyasi görüşlerden milyonlarca Brezilyalının katılımıyla diğer büyük şehirlere yayıldı. Protestoların hedefinde, sağlık, ulaşım gibi temel altyapı hizmetleri aksarken, Olimpiyatlar ve Futbol Dünya Kupası gibi prestij projelerine ayrılan astronomik bütçeler vardı.

Ekonominin yirmi yıl sonra tekrar resesyona girdiği ve ülke tarihinin en büyük yolsuzluk operasyonu olarak anılan *Lava Jato* (Araba Yıkama) soruşturmasının başladığı 2014 yılında, Dilma yolsuzlukla mücadele ve sosyal harcamaları artırma sözleriyle kıl payı da olsa yeniden seçilmeyi başardı. Ancak kısa süre sonra sadece PT iktidarını değil, demokratik dönemin siyasal düzenini de çökertecek fırtınanın bulutları Brezilya semalarında çoktan toplanmaya başlamıştı.

Kriz ve darbe: Sessiz devrimin sonu

Dinamitin fitilini, İşçi Partisi'nin geleneksel rakibi merkez sağ Brezilya Sosyal Demokrasi Partisi'nin (*Partido da Social Democracia Brasileira*/PSDB) 2014 seçimindeki başkan adayı, Minas Gerais eyaleti eski valisi, Aecio Neves ateşledi. Seçimlere hile karıştığını ve Dilma'nın zaferini tanımayacağını ilan eden Neves, iddialarına hiçbir dayanak göstermese de seçim kurumlarının güvenilirliğini sorgulayarak ülkeyi *post-truth* (hakikat sonrası) dönemine sokmayı başardı. Dahası, *Lava Jato* soruşturmasına işaret ederek iktidarın bir suç şebekesi tarafından ele geçirildiğini öne süren Neves, şahsen hiçbir suçlamayla karşı karşıya olmayan Dilma'nın başkanlığının düşürülmesini talep eden ilk siyasetçi oldu. Medyada sıkça tekrarlanıp yaygınlaşan bu söylem, hükümet karşıtı kitle protestolarını yeniden ateşledi.

Ağırlıklı olarak orta ve üst-orta sınıf beyazlardan oluşan bu yeni dalga, 2013 gösterilerinin aksine, sağ hareketlerin güdümündeydi. Resmî teması yolsuzluk karşıtlığı da olsa, protestolar zamanla kamusal alanda dillendirilemeyen aşırı sağ görüş ve taleplerin destek ve cesaret bulduğu bir platform haline geldi. Buna göre, "komünist" PT iktidarı altında hırsızlık, yolsuzluk ve ahlâksızlık kurumsallaşmış, geleneksel aile yapısı çökmüş, eşcinsellik yaygınlaşmış, şehirler silahlı çetelerin tekeline geçmiş, *povão* (ayak takımı) olarak anılan kesim devlet yardımlarıyla tembelleştirilmiş, her türlü marjinal grup ve azınlığa hak ve imtiyazlar tanınırken "ülkenin gerçek sahipleri" kendi vatanında parya haline gelmişti. Dolayısıyla, protestocular yalnızca Dilma'nın başkanlığının düşmesini, Lula'nın hüküm giymesini ve PT iktidarının sona ermesini talep etmekle kalmıyor, aynı zamanda "eski ve güçlü" Brezilya'yı yeniden kuracak sıra dışı kurtarıcılar arıyordu.

Bu düzen karşıtı dalganın kahramanları, elbette düzenin içinden çıkmayacaktı. Nitekim kısa süre sonra et lobisinden rüşvet aldığı belgelenen ve protestolardan nasibini alan Aecio Neves'in başkanlık hayalleri kursağında kaldı. Kendi kazdığı kuyuya düşen Neves'in hikâyesi, aynı zamanda PT iktidarına son verme hevesiyle Pandora'nın kutusunu açan düzen partilerinin başına geleceklerin de habercisi oldu. 2018 seçimlerinde, tabanı aşırı sağa kayan PSDB, tarihinin en büyük hezimetini yaşayacaktı. Boğazına kadar yolsuzluğa bulaşmış PMDB kodamanlarının derdiyse *Lava Jato* soruşturmasını acilen sümen altı etmekti. Operasyon kapsamında dinlemeye takılan bir telefon görüşmesinde, PMDB'li Senatör Romero Jucá, ülkenin en büyük enerji nakliyatı şirketinin yönetim kurulu başkanı Sergio Machado'ya "kanamayı durdurmanın" tek yolunun soruşturmanın ilerlemesine izin veren Dilma'yı indirmek olduğunu söylüyordu. Nitekim 2015 sonunda başlayan azil süreci, önce PMDB'li Eduardo Cunha'nın başkanlık ettiği Temsilciler Meclisi'nden, sonra da Senato'dan geçiyor, "bütçede usulsüzlük yapmakla" suçlanan Dilma, çoğunluğu yolsuzluğa bulaşmış vekiller tarafından Mayıs 2016'da görevden alınırken yerine PMDB'li Başkan Yardımcısı Michel Temer geçiyordu.

Ne var ki başarıyla sonuçlanan bu "siyasi darbe" de PMDB'nin derdine deva olmadı. Görevden alma sürecinin sonuçlanmasını sabırla bekleyen *Lava Jato* savcıları, Dilma'nın başkanlığı düşer düşmez harekete geçti ve PMDB'ye yönelik bir dizi yeni suçlama ortaya attı (örneğin Jucá ile Machado arasındaki konuşma kaydı Mart ayında elde edilmiş olmasına rağmen yayınlanmamış, ancak Temer başa geçtikten sonra basına sızdırılmıştı). Dilma'yı deviren Temsilciler Meclisi, hakkında sayısız suçlama olan Temer'in görevden alınıp yargılanmasını engellerken, Temer'in üç bakanı istifaya zorlanıyor, Eduardo Cunha ise milyonlarca dolarlık vergi kaçırma ve kara para aklama suçlarından yargılanıp 15 yıla mahkûm ediliyordu.

Göstericilerin aradığı "kurtarıcılar" işte bu süreçte ortaya çıktı. Bunlardan birincisi, Temsilciler Meclisi'ndeki azil oylamasında kullandığı oyu, gençliğinde solcu bir gerilla olan Dilma'nın işkencecisi Albay Brilhante Ustra'ya adayan emekli yüzbaşı Jair Bolsonaro'ydu. Kongre'de Rio de Janeiro milletvekili olarak geçirdiği 16 yıl boyunca şiddet yanlısı, ırkçı, homofobik ve kadın düşmanı görüşleriyle tanınan marjinal bir siyasetçi olan Bolsonaro, 2015 sonrasında dürüst, lafını sakınmayan sert adam imajıyla sivrilmeye başladı. 2018 seçimleri öncesinde "Brezilya her şeyin, Tanrı herkesin üstündedir" sloganıyla adaylığını açıkladığında hâlâ birçok gözlemci kendine şans vermiyordu. Ancak sosyal medya üzerinden yürüttüğü saldırgan, kutuplaştırıcı ve bir o kadar da etkili kampanyayla kısa sürede geleneksel sağın adaylarını gölgede bırakan "Tropikal Trump", önce "BBB grubu" olarak bilinen silah lobisi (*Bala*; kurşun), büyük toprak sahipleri (*Boi*; öküz) ve Evanjelistlerin (*Bíblia*; İncil) desteğini kazandı. Daha sonra, Chicago ekolünden gelen neoliberal ekonomist Paulo Guedes'i ekibine katarak kendine mesafeli duran sermaye sahiplerini yanına çekti. Son olarak, işsizlik, hayat pahalılığı, artan suç oranları gibi karmaşık problemlere sunduğu basit, sert ve tavizsiz çözümlerle, bu sorunlardan bunalmış eski İşçi Partisi seçmeninin bir kısmını da "değişikliğe şans vermeye" ikna etti.

Bunlara rağmen, 2018 seçimleri yaklaşırken Bolsonaro'nun önünde hâlâ ondan daha popüler bir isim vardı. Başkanlığa adaylığını resmen açıklayan Lula, seçime haftalar kala anketlerde açık ara birinci sırada görünüyordu. Eski başkanın tekrar seçilip İşçi Partisi'nin iktidara dönmesini, *Lava Jato* savcıları ve Başyargıç Sergio Moro engelleyecekti. *O Globo*, *Veja* gibi geleneksel medya organlarının ülkeyi haydutlardan arındıran sert ve namuslu bir kanun adamı olarak resmettiği Moro, PT karşıtı göstericilerin sevgilisi haline gelmişti (Akgemci, 2018). Belli bir siyasi çevrede artan popülaritesinden rahatsız görünmeyen medyatik yargıç, soruşturmanın gidişatını sokağın nabzına göre şekillendiriyor, operasyonlar öncesi basına yaptığı stratejik sızdırmalarla kamuoyu oluşturuyordu. Bu şekilde, Petrobras'tan ihale karşılığında inşaat şirketi OAS'tan rüşvet aldığı öne sürülen Lula, delil yetersizliğine rağmen hâkim önüne çıkarıldı ve Brezilya yargısından beklenmeyen bir hızla yargılanıp 9,5 yıl hapse mahkûm edildi. Daha sonra temyiz mahkemesi tarafından cezası 12 yıla çıkarılan ve erteleme talebi Yüksek Mahkeme tarafından reddedilen Lula'nın adaylığı düşürüldü.

Yüksek Mahkeme'nin kararı öncesi Genelkurmay Başkanı General Eduardo Villas Boas, Twitter hesabından "kimse cezadan muaf olmamalıdır," diyerek, Bolsonaro hükümetinde yedi bakanlık ve başkan yardımcılığı ile ödüllendirilecek olan silahlı kuvvetlerin tarafını belli ediyordu. Öte yandan *Financial Times*, *Economist* gibi uluslararası yayınlarda da Lula'nın hapse girmesi, Brezilya'da yolsuzlukla mücadele ve hukukun üstünlüğü adına bir kazanç olarak gösteriliyor, uluslararası üne kavuşan Moro, 1990'larda İtalyan siyasi sistemini yerle bir eden Temiz Eller (*Mani Pulite*) operasyonu savcılarına benzetiliyordu. Halbuki Brezilya'yı yakından takip eden gazeteci Perry Anderson'ın altını çizdiği gibi, Temiz Eller savcıları iyileştirmek için yıktıkları düzenin küllerinden Berlusconi gibi bir popülistin yükselmesiyle dehşete kapılırken, benzer bir iş başaran Moro için "her yönüyle Berlusconi'den daha tatsız biri olan" Bolsonaro'nun iktidara gelişi bir problem teşkil etmiyordu. Nitekim geçmişte defalarca asla siyasete atılmayacağını söylemiş olan eski yargıç, rakibini yarış dışı bırakarak seçilmesine olanak sağladığı Bolsonaro'nun Adalet Bakanı olarak yeni hükümette yerini aldı.

The Intercept haber sitesinin 2019'da anonim bir kaynağa dayanarak yayınlamaya başladığı ve Moro ile *Lava Jato* savcıları arasında geçtiği iddia edilen Telegram yazışmaları, Lula'nın adil bir hukuk süreci değil, bir yargı komplosu sonucu cezalandırıldığı görüşünü destekler nitelikteydi. Sızdırılan kayıtlar, anayasaya göre savunma ve iddia makamlarına eşit mesafede ve tarafsız olması gereken Moro'nun, İşçi Partisi'nin iktidara dönmesini engellemek isteyen *Lava Jato* savcılarıyla sıkı bir işbirliği içinde olduğunu ve davanın siyasi amaçlar doğrultusunda şekillendiğini gösteriyordu. Mesajların yayınlanmasıyla zor durumda kalan Moro'nun tepkisi, "devlet güvenliğini tehlikeye atan" yabancıların 48 saat içinde sınır dışı edilmesini mümkün kılan bir kararname yayınlayarak, *The Intercept*'in Amerikalı kurucusu (Edward Snowden dosyalarını *Guardian*'da yayınlamakla ünlü) gazeteci Glenn Greenwald'dan kurtulmaya çalışmak oldu. Bu Moro'nun diktatörlük dönemine göz kırpan ilk icraatıydı.

Çöküşün ardından

André Singer (2018), Dilma Rousseff dönemini ele aldığı son kitabında İşçi Partisi iktidarının çöküşünün her şeye rağmen kaçınılmaz olmadığını savunuyor. Dilma'nın ideallerine sadık kalma uğruna sergilediği esneklik ve pragmatizmden uzak yönetim tarzı, Singer'e göre tatsız tavizlerin kaçınılmaz olduğu bir ortamda hükümeti çıkmaza sokmuş ve solu uzun vadede daha zorlu kararlar ve düşmanlarla yüz yüze bırakmıştı: Dilma, ilk döneminde devlet eliyle kalkınmayı hızlandırmak için bankalara faiz indirimi yönünde baskı yaparak finans çevrelerini karşısına alırken, ikinci döneminde seçim vaadinden dönüp sosyal yardım ve yatırımları kısarak kendi taban desteğini tehlikeye atmıştı. Ayrıca, Cunha ile anlaşmayı bir prensip meselesi haline getirip reddederek, engelleyebileceği azil süreciyle başlayan bir dizi felaketin önünün açılmasına olanak sağladı. Dilma'nın ikinci kez aday olmasının bir hata olduğunu savunan Singer'e göre,

Lula'nın ustalıkla yürüttüğü denge politikasını, yalnızca İşçi Partisi'nin yakalandığı kuvvetli fırtına değil, kaptanın inadı ve acemiliği de batırmıştı.

PT iktidarının 14 yıllık faturasını Dilma'ya kesmek fazlasıyla ağır ve adaletsiz bir tutum olabilir. Şunu elbette iddia etmek mümkün: İktidar ve muhalefet liderlerinin takındığı bir dizi basiretsiz tutum ve pozisyon sonucu İşçi Partisi, düzeni de beraberinde götürecek bir gümbürtüyle devrilmese, ya da medya ve siyaset çevreleri Lula'nın başkanlığının yargı yoluyla engellenmesine ortam hazırlamasa –ki her ikisinin de ihtimal dâhilinde olduğu savunulabilir– Brezilya'da son dönemde edilen demokratik kazanımlar bu denli tehdit altında olmayacak ve belki de en önemlisi, dünya bir iklim krizinin pençesindeyken Amazon ormanlarında Bolsonaro'nun desteklediği korkunç tahribat yaşanmayacaktı. Brezilyalı siyasi aktörlerin kritik yol ayrımlarında aldığı kararların sadece ülkeyi değil küresel düzeni de etkileyecek sonuçlar doğurduğunu söylemek yanlış olmaz.

Ancak son tahlilde, Brezilya İşçi Partisi ve *Lulismo*'nun yenilgisinin neden ve sonuçlarını Hobsbawm'ın baktığı geniş tarihsel çerçeveden soyutlamak, Latin Amerika'da pembe sosyalizm akımı etkisini yitirirken, detaylarda kaybolmaya ve sorulması gereken soruları ıskalamaya sebep olacaktır.[2] Öncelikli olarak kafa yorulması gereken mesele, Dilma, Cunha ile anlaşmaya varmalı mıydı değil, Brezilya gibi köklü eşitsizlikler üzerine kurulu bir ülkede hâkim sınıfı rahatsız etmeden kalıcı bir toplumsal değişimin mümkün olup olmadığıdır. Yolsuzluk ve eşitsizlik temelli oligarşik düzenin temsilcileriyle anlaşmaya varan herhangi bir sol hareket bu çarpık düzenin parçası olmadan iktidarda kalmayı başarabilir mi? Venezuela'dan Brezilya'ya pembe sosyalizm akımı, küresel kapitalizmin temellerini sorgulamayan, hammadde ve enerji ihracatı temelinde büyümeye dayalı "devrimlerin" kalıcı olamayacağını gösterdi. 21. yüzyılın çetin ve değişken toplumsal, teknolojik ve ekolojik şartlarında kitlesel adalet ve kalıcı barış arzulayanların, bu deneyimlerin başarılarından olduğu kadar yenilgilerinden de samimi dersler çıkarması gerekmektedir.

ARAŞTIRMA SORULARI
- Brezilya'daki rejim değişikliklerinin geleneksel aktörü olan ordu, PT iktidarının devrilmesinde ve takip eden dönemde ne gibi bir rol oynamıştır?
- Brezilya'da sağ popülizmin yükselişinin ulusal, bölgesel ve küresel sebeplerini tartışınız.
- Yolsuzluk skandallarının toplumsal ve siyasi etkilerinin ekonomiyle olan bağlantısını Brezilya örneği üzerinden tartışınız.
- 2002'de seçimle iktidara gelen, 2010'da İran ile varılan nükleer anlaşma sürecinde yolları kesişen, 2013'te kitle gösterileriyle sarsılan ve 2016'da "darbe" girişimlerine maruz kalan PT ve AKP hükümetleri ve bu dönemin Brezilyası ve Türkiyesi arasında ne gibi benzerlikler ve farklılıklar bulunmaktadır?

---

2 Pembe dalganın düşüşü üzerine tartışmalar için bkz. Bu kitapta On Yedinci Bölüm.

KAYNAKÇA

Akgemci, E. (2018), "Brezilya'da seçimlere doğru: 'Tropikal Trump'ın zaferi mümkün mü?", *Gazete Duvar*, 6 Ekim, https://www.gazeteduvar.com.tr/dunya/2018/10/06/brezilyada-secimlere-dogru-tropikal-trumpin-zaferi-mumkun-mu/

Akkoyunlu, K. (2018), "Pazardaki en ucuz et: Brezilya'da fakir, siyah ve kadın olmak", *Gazete Duvar*, 16 Mart, https://www.gazeteduvar.com.tr/dunya/2018/03/16/pazardaki-en-ucuz-et-brezilyada-fakir-siyah-ve-kadin-olmak

Akkoyunlu, K. ve Corrêa, I. (2016), "Mutlak İktidar ve Demokrasi Arasında Brezilya ve Türkiye", *Birikim*, 8 Haziran, https://www.birikimdergisi.com/guncel-yazilar/7716/mutlak-iktidar-ve-demokrasi-arasinda-brezilya-ve-turkiye#.Xcp-7tIzaUk

Anderson, P. (2019), "Bolsonaro's Brazil", *London Review of Books*, 41 (3): 11-22.

Bethell, L. der. (2016), *Viva la Revolución: Eric Hobsbawm on Latin America*, Boston: Little Brown.

Bianchi A. ve Braga, R. (2005), "Brazil: The Lula government and financial globalization", *Social Forces*, 83 (4): 1745-1762.

Mello, E. ve Spektor, M. (2018), "Brazil: The cost of multiparty presidentialism", *Journal of Democracy*, 29 (2): 113-127.

Singer, A. (2012), *Os sentidos do lulismo: Reforma gradual e pacto conservador*, São Paulo: Companhia das Letras.

—, (2018), *O lulismo em crise: Um quebra-cabeça do período Dilma, 2011-16*, São Paulo: Companhia das Letras.

Spektor, M. (2014), *18 Dias: Quando Lula e Fhc Se Uniram Para Conquistar o Apoio de Bush*, São Paulo: Objetiva.

On Yedinci Bölüm

PEMBE DALGA SONRASI DÖNEMDE YENİ LATİN AMERİKA SAĞI

MARIA L. URBINA

Giriş

2018'de, Brezilya'da Jair Bolsonaro'nun seçilmesi, Latin Amerika siyasetindeki değişim dalgasının en dramatik olayıydı. Bu gelişme, 1998'de Hugo Chávez'in kazandığı zaferden bu yana Latin Amerika siyasetini ve ilgili araştırma alanını domine eden Pembe Dalga döneminin sonunun işareti olarak görüldü (Smith, 2012; Chodor, 2014; Lievesley ve Steve Ludlam, 2009; Philip ve Panizza, 2013; Levitsky ve Roberts, 2011). Fakat sol hükümetlerin neredeyse yirmi yıl süren seçim zaferleri, Latin Amerika sağı için bir güç ya da nüfuz kaybı anlamına gelmemiş, sağ siyaset bu süre boyunca kıtadaki tüm siyasal sistemler içerisinde aktif pozisyonunu korumuştu.

2012'de Fernando Lugo'nun mahkeme önüne çıkarılmasıyla beraber Pembe Dalga'nın ani bir şekilde son bulduğu ilk yer Paraguay oldu. Bundan üç yıl önce, 2009'da, Manuel Zelaya'nın anayasayı değiştirme girişimleri askerî darbeyle sonuçlanmış ve Honduras'ın Pembe Dalga yönetimleriyle yakınlığı sona ermişti. İki örnekte de muhafazakâr siyasi elitler, seçilmiş demokratik hükümetleri devirmek için yasal ve anayasal mekanizmalar kullandılar. Honduras'ta siyasi yönelimin radikal bir şekilde değişmesi (Cunha Filho, Coelho ve Flore, 2013), Paraguay'da ise toprak reformu girişimi (Ezquerro-Cañete ve Fogel, 2017; Szucs, 2013) darbeyle sonuçlandı.

Bir diğer örnek, 2010'da iş insanı Sebastián Piñera'nın seçimi kazanmasıyla, 52 yıl sonra ilk kez Şili'de sağcı bir başkanın iktidara gelmesiydi. Bu seçim, 1990'da yönetimi General Pinochet'nin diktatörlüğünden devralan, merkez sol partilerin oluşturduğu Demokrasi için Partiler Koalisyonu'nun (*Concertación de*

Partidos por la Democracia) 20 yıllık iktidarına son verdi. Ricardo Lagos ve Michelle Bachelet, *Concertación* iktidarlarının son iki lideriydi. Her ne kadar Şili, her zaman neoliberal solun bir parçası olarak ele alınsa da (Navia, 2009; Taylor, 2006), Piñera'nın seçim galibiyeti, Şili sağının ekonomi, güvenlik ve yolsuzluk sorunları temelinde seçmenleri mobilize etme becerisine sahip olduğunu gösterdi. Pinochet diktatörlüğü dönemine (1973-1990) rağmen, sağ partizanlık, kenar mahallelerde (*poblaciones*) ve mahalle komitelerinde (*juntas de vecinos*), taban örgütlenmesi düzeyinde bile aktif ve örgütlü kalmayı başarmış; eski Hıristiyan Demokrat cemaat liderleri ve onların ağları da bu süreçte önemli rol oynamıştı (Schneidler, 1990).[1]

Tüm bu yaşananlar gösterdi ki, Pembe Dalga'yı bölgesel bir gerçeklik olarak ele almak mümkün olsa da sağ elitler, soldan gelen meydan okumalara kurumsal mekanizmaları kullanarak cevap vermeyi başardılar. Latin Amerika sağının gücü, bölgenin siyaset sahnesinden uzakta ya da işe yaramaz değildi. Buna karşın, parti yapıları, ideolojisi ve ulusal reel politik durumu dışında, Latin Amerika sağı, Pembe Dalga'yla karşılaştırılabilir ölçüde analiz edilmedi (Middlebrook 2000; Dominguez, Lievesley ve Ludlam 2011; Cannon, 2016; 2017). Bazı çalışmalar 1990'lardan bu yana kıtada görev almış hükumetleri ve egemen siyasi elitleri neoliberal politikalar bağlamında değerlendirirken (Roberts, 2002; Weyland, 2004; Veltmeyer ve Petras, 1999) bazıları ABD'nin bölge politikaları üzerindeki etkilerini merkeze aldı (Schoultz, 2009; Grandin, 2006; Petras, 2002).

Pembe Dalga'nın Latin Amerika'da güçlü bir politik momentum olarak teveccüh görmesine rağmen, tarihsel gelişimleri ve parti yapıları bakımından siyasi elitlerin etkin olduğu ya da sermaye grupları, toprak zenginleri ve askerî grupların önemli roller üstlendikleri ülkelerde sağ, politik güç sahibi olmaya devam etti. Barry Canon'un belirttiği gibi (2017), Latin Amerika sağı, özellikle Kolombiya, Meksika (2000-2012), Guatemala (2012-2015) ve Panama'da (2009-2014) etkin konumunu sürdürdü. Bunun da ötesinde, neoliberal politik çerçevenin merkez ve sol partiler tarafından benimsenmesi karşısında, sağcı örgüt ve liderler de ulusal kimliğe ilişkin popülist anlatıları benimsediler. Bu süreçte sağ, gücünü korumaya devam ederken yakın dönemde Batılı ülkeler tarafından sunulan yeni-muhafazakâr ideolojik yaklaşımlar da sağ örgütler tarafından içselleştirildi. Sonuç olarak bu süreçte, müesses nizam karşıtı söylemler ve milliyetçi görüşler, seçmende ilgi uyandırabilecek yeni bir mesaj oluşturmak ve Pembe Dalga sonrası sağın pozisyonunu yeni bir çerçeveye oturtmak için kullanıldı.

Bu bölümün hedefi, Pembe Dalga'nın meydan okumasına karşılık vermeyi başaran Latin Amerika'nın yeni sağını incelemektir. Latin Amerika sağı, iktidarı

---

[1] Middlebrook'a (2006) göre, Şili örneğinde olduğu gibi, kuruluşundan itibaren uzun bir süre boyunca demokrasinin tümüyle askıya alındığı yerlerde sağ ya da merkez sağ partiler, açık bir seçim yarışında kitlesel desteği harekete geçirme becerisine sahiptirler. 20. yüzyıl boyunca, sağcı ve solcu politik aktörler, güçlü bir organizasyona sahip ve siyaset alanının hâkim sağ partisi olan Ulusal Parti'yle beraber Şili parti sistemine entegre oldular. Ulusal Parti, diktatörlük dönemi boyunca da etkisini kaybetmedi. Eski senatör Sergio Onofre Jarpa gibi partinin tanınmış isimleri, Pinochet yönetiminde de görev aldılar.

elde edebilmek için ideolojik ve söylemsel düzeyde yeni bir yaklaşım benimsemiştir. Bu bölümde, her ne kadar Latin Amerika sağını homojen bir bütün olarak kavramsallaştırmak mümkün olmasa da, son dönemde kullanılan söylem ve anlatılarla, kıtada "yeni bir sağ"ın şekillenmekte olduğu savunulmuştur. Latin Amerika'da yeni sağın özellikleri analiz edildikten sonra, son 20 yıl içinde neoliberal reformları tecrübe etmiş bölge ülkelerinde, sağcı politik güçlerin seçmen kitleleri için nasıl bir anlatı oluşturdukları incelenecektir. Ekonomik elitlerin karşıt mesajlarla sağ partileri şekillendirdikleri Şili ve Arjantin üzerinde daha ayrıntılı durulacaktır. Arjantin'de Macri, klasik muhafazakâr pozisyonunu korumaya devam ederken, Şili sağı içerisindeki yeni güçler, Piñera yönetimini "yeni sağa" yakınlaştırmıştır. Bu bölüm, aynı zamanda Brezilya'daki "yeni sağı" ve Orta Amerika'da sağın rolünü, özellikle de bu alanda iki önemli ülke örneği olan Honduras ve Guatemala'yı mercek altına alacaktır.

Neoliberal Latin Amerika'da Pembe Dalga'ya meydan okumak

Latin Amerika'nın "yeni sağını" tanımlama girişimi, ideolojik pozisyonların hem toplumsal ve ekonomik koşullar hem de tarihsel bir bağlam içerisinde ele alınmasını gerektirir. Geleneksel olarak, Latin Amerika sağı ulusal sermaye ile olan ilişkisine dayalı tanımlanır. Cannon (2016: 8), sağı, askerî güç, ticaret, medya sahipliği, uluslararası ticaret ve arazi sahipliği gibi ekonomik ve politik yapının yaşamsal alanlarına hükmeden elitlerin politik dışavurumu olarak tanımlar. Elitler arası ittifaklar, Latin Amerika'da askerî müdahalelerin önünü açmış (Middlebrook, 2000: 8) ve demokratik olmayan süreçlerle devletin kontrol edilmesini sağlamıştır (Mainwaring ve Perez-Linan, 2013; Hagopian ve Mainwaring, 2003). Elit ittifakı, Soğuk Savaş döneminde radikal güçler tarafından tehdit edildiğinde ABD tarafından desteklenmiştir. ABD'nin Salvador Allende yönetimine müdahalesi, muhtemelen Şili sağı ile ABD arasındaki yakınlığın en dikkat çekici örneklerinden biridir (Petras ve Morley, 1975; P. Kornbluh, 2013; Qureshi, 2008; Shiraz, 2011; Haslam, 2005). Elitlerin, özel mülkiyet hakları, yerleşik kanun ve nizamın devamına olan ihtiyaçlarının yanı sıra işçi hareketlerine ve sendikalara karşı olmaları gibi ortak çıkarları düşünüldüğünde, bu koalisyonların oldukça derin ideolojik bağlara dayandığı görülebilir (Livingston, 2011: 26-29).

Pembe Dalga'dan "yeni sağa" doğru yönelen hareketi anlayabilmek için sağın toplumsal ve politik kimliğinin tanımlanmasında merkezî yer tutan politik rolleri ve tarihsel gelişim süreçlerini incelemek zorundayız. Çünkü Latin Amerika ülkelerinde muhafazakâr hegemonya, güçlü parti sistemi üzerine değil sivil toplumla ilişkiler üzerine kurulmuştur (Middlebrook, 2000: 2). Bu sebeple sağ, Latin Amerika'da sermaye birikimini ve toplumsal ilişkileri belirleyen toplumsal ve siyasal yapılardaki ekonomik çelişkilerden beslenir. Sağ, politik (ve popülist) anlatısını kurmak için karizmatik liderlerden veya parti örgütlerinden faydalanmıştır, böylelikle siyasi elitlerin sivil toplumu mobilize etmesi ve oradan destek alması mümkün olmuştur. Alternatif olarak, otoriter hükümet yapıları da sağın hedeflerini destekleyerek politik spektruma hükmedebilmesi için yeterli imkânı sağlamıştır. Sağın rolünü anlamak için sadece sosyo-ekonomik yapısına ya da parti örgütüne değil, ideolojisine de odaklanmamız gerekir. İdeolojik perspektiften baktığımızda sağ, minimal devlet, serbest pazar ekonomisi ve bireysel sorumluluğu desteklediği için *laissez-faire* ve sermaye birikimine imtiyaz tanıyan ekonomik yapıları benimsemiştir (Heywood, 2017: 57). Sol, eşitlik talep ederken, sağ tarihsel olarak kendi çıkarını takip ederek toplumsal ve ekonomik çelişkilerin politik sistemdeki dengesizliklerle uyumlu bir şekilde devam etmesini garanti altına almaya çalışır (Burton, 2011: 12).

Kıtada hem sağ hem de sol elitler tarafından memnuniyetle karşılanmış olan klasik liberalizmin temel fikirleri, Washington Konsensüsü tarafından kurumsallaştırılmıştır. Harvey'in (2007: 11) belirttiği gibi neoliberalizm, sermaye gelişiminin önünde engel oluşturduğunu düşündüğü tüm Keynesyen ekonomik düzenlemelerin ortadan kaldırılmasını amaç edinmiştir. Yerel ekonomik elitler, neoliberalizm tarafından sunulan bu yaklaşımı, ithal ikameci sanayinin ortadan kaldırılarak kendilerinin ekonomik ve bireysel özgürlük anlayışlarına daha yakın olan yeni ekonomik çerçeveyle değiştirilmesi için bir fırsat olarak gördüler. Arjantin'de, uyum politikaları ilk defa, 1989'da başkan seçilmesinin hemen ardından Carlos Menem tarafından uygulanmaya başlandı. Aynı gelişme Peru'da Alberto Fujimori (1990-2000) ve Brezilya'da Fernando Collor de Melo (1990-1992) yönetimleriyle yaşandı. Yerleşik söyleme göre, neoliberalizmin Latin Amerika'ya gelişi, otoriter ya da sağ partilere özgü bir girişimin değil, demokratik rejime geçen ülkelerdeki değişimin sonucuydu (Panizza, 2009: 18). Şili'de Lagos (2000-2006) ve Bachelet (2006-2010; 2014-2018) gibi Üçüncü Yol'un adımlarını takip eden yenilikçi hükümetler de bu yeni çerçeveyi kucaklamaktan geri durmadılar. Bunun sonucu olarak, muhafazakâr toplumsal grupların ittifakları, kendi dar kabukları dışında da kabul gören bir ekonomik anlatıya dayandıkları için seçmen beklentilerini dillendirmek açısından başarılı oldular.

Son dönemde, yeni-muhafazakârlık, sağ örgütlerin öne çıkardığı politik adayların anlatılarıyla birlikte gelişiyor. Her ne kadar kilise-devlet gerilimi, 19. yüzyıl ve 20. yüzyılın bir kısmı boyunca sağı şekillendirmiş olsa da, Katolik Kilisesi'nin içinde Kurtuluş Teolojisi'nin ortaya çıkışı gibi gelişmelerin yaşanması, seçim kampanyalarında dinî argümanların öne sürülmesini zorlaştırmıştı (Middlebrook, 2006: 27). Fakat Protestan muhafazakârlığın kıtada yükselişi, tartışmayı yeniden canlandırdı. Protestan grupların çoğu, statükonun pasif destekçileri haline geldiler (Löwy, 1996: 113). Şu anda, Latin Amerika'da her beş kişiden birisi kendini Protestan olarak tanımlıyor, bunun yanı sıra Dominik Cumhuriyeti ve El Salvador gibi kimi ülkelerde kamuoyu, devletle dinin ayrılmasındansa devletin dinî desteklemesini istiyor (Pew Research Center, 2014). Neoliberal anlatı, sağ parti politikaları içerisindeki münhasır pozisyonunu kaybedince, din ve muhafazakâr değerler, popülerlik kazanmanın yeni aracı haline geldi. Heywood'a göre (2017: 83-88), düzen, otorite ve disiplin savunusundan ötürü yeni sağ, belirgin bir şekilde Disraeli[2] öncesi muhafazakârlığa benzemektedir. Aile değerleri, kamusal düzenin yeniden sağlanması ve ulusal kimlik vurgusuyla yeni sağ, neoliberalizm ve yeni muhafazakârlığı ortak bir noktada buluşturmaktadır. Bu tarz bir söyleme başvuran sadece Bolsonaro değildir, 2017'de Şili başkanlık yarışında aday olan eski senatör Jose Antonio Kast da benzer bir söylem kullanmıştır.

2010 öncesinde sağ, geleneksel muhafazakâr partiler ve neoliberal teknokratlarda karşılığını bulmuştu. Fakat ulusal seçimlerde muhafazakâr ideolojinin seçmenleri mobilize etmede liberal ideolojiden daha etkili olmasından dolayı, geleneksel sağın tabanı yeni sağ örgütler tarafından ele geçirilmiş gibi görünüyor (Bowen, 2011: 109). Sağ örgütler, kendilerini "sosyal muhafazakâr" olarak tanımlayanları da kapsayacak şekilde geniş toplumsal koalisyonlar oluşturabilmek için seçim dönemlerinde toplumsal sorunları daha az vurgulayabilirler (Bowen, 2011: 108). Ancak belirli bir politik gündem ve örgütsel kapasite bu açıdan zorunlu gereksinimlerdir. Şili ve Kolombiya gibi, seçmenleri temsil gücüne sahip, iyi örgütlenmiş partilerin olduğu ülkelerde sağın belirli bir program etrafında seçmenleri mobilize etmesi mümkündür. Bu tarz örgütlenmelerin olmadığı Arjantin ya da Brezilya gibi ülkelerde ise karizmatik liderlerin, geleneksel sınıf ittifakına ait kaynakları kullanarak siyasete atılmaları ve hızla popülarite kazanmaları imkân dâhilindedir (Middlebrook, 2006).

Görünüşe göre yeni sağ tarafından oluşturulan anlatılar, önceden Pembe Dalga'nın etkin olduğu Brezilya gibi ülkelerin seçim meydanlarını kazanmayı başardı. Buralarda sağ, Heywood'un yeni sağ tanımına yakın popülist anlatılar aracılığıyla geleneksel politik örgütleri yeniden şekillendirerek ya da muhafazakâr politik değerlerin yanı sıra yerel politikanın milliyetçi vizyonlarına dayanan yeni örgütlenmeler oluşturarak politik baskı yaratabildiler. Diğer yandan Pembe Dalga'nın hiç olmadığı ya da Paraguay gibi etkisini uzun süre devam ettirmeyi başaramadığı ülkelerde, sağ, kendi adaylarını seçebilme ve muhafazakâr bir gündem belirleyebilme kapasitesini gösterdi (Solis Delgadillo ve Cerna Villagra, 2019). Bu ülkelerde muhafazakâr örgütler stratejik olarak politik hegemonyalarını devam ettirmeyi başarmıştır. Bu yüzden yeni sağ anlatı, Pembe Dalga hükümetlerinin iktidarı aldıkları ülkelerdeki kadar açık bir şekilde görülmemiştir.

Bir sonraki kısımda, sağın güç kazandığı ülkelerde son zamanlarda ortaya çıkan gelişmeler değerlendirilecektir. Bu bağlamda Brezilya, Şili ve Arjantin'de sağın, yerel kurumsal bağlama göre şekillenen farklı stratejiler izlediğini görmek mümkün. Brezilya'da yeni sağa daha yakın bir örnek söz konusu iken bir süredir kendini yeniden düzenleyen Şili sağında yeni bir kurumsallaşma süreci dikkat çekiyor. Böylelikle Şili'de yeni sağın liderleri, 2017 seçiminden bu yana po-

---

2 Britanyalı muhafazakâr siyasetçi Benjamin Disraeli dönemi (1804-1881) öncesi muhafazakârlığa göndermeyle yeni sağın gerici yönüne vurgu yapıyor. Disraeli, kendisinden önceki parti politikalarının ötesine geçip sosyal reform ve vatanperverlik vurgusuyla Britanya Muhafazakâr Parti'sinin işçi sınıfının da kısmi desteğini alarak çoğunluk hükümeti kurmuştu – ç.n.

litik arenayı sarsmaya devam ediyorlar. Bununla birlikte Arjantin sağı, 1990'larda ortaya çıkan, temelde teknokratik ve sosyal alanda muhafazakârlıkla tanımlanabilecek projelere daha yakın görünüyor. Honduras ve Guatemala ise sağın 20. yüzyıl boyunca asıl aktör olmaya devam ettiği ülkelere örnek teşkil ediyorlar. Bu ülkelerin ekonomik gelişme süreçlerinde uluslararası şirketlerin oynadığı başat rol, ABD ile sıkı bir ilişki içerisinde olmalarına yol açmıştır. Honduras'ın şu anki başkanı Juan Orlanda Hernandez, geleneksel Honduras sağını temsil ederken Guatemala başkanı Jimmy Morales yeni sağı temsil etmektedir.

Latin Amerika siyaseti dönüşürken

2009'da devlet başkanı seçilen Sebastian Piñera, Şili siyasetinin dışından bir isim değildi. Şili sağının 1980'lerden bu yana başlıca politik örgütlerinden biri olan Ulusal Yenilenme Partisi'ne (*Renovación National*/RN) mensup tanınmış bir siyasetçiydi. Piñera, 1990-1998 arasında parti senatörü, 2001-2004 arasında lider olarak partiye hizmet etmişti. Partisi'nin, Şili Hıristiyan Demokrasisine temelden itiraz eden merkez sağ kanadını temsil ediyordu. Her ne kadar RN kendisini "liberal ve demokratik sağın" yüzü olarak ortaya koysa da partinin üst kademelerinde, Pinochet diktatörlüğünde görev almış Pinochet destekçisi *Pinochetista*ları görmek mümkündür (Garreton, 2000: 62). Bunun yanı sıra Piñera hükümeti, açık bir şekilde Pinochet'nin otoriter demokrasi vizyonuna ve sosyal muhafazakâr değerlerine destek vermiş olan *gremialistas* adlı radikal muhafazakâr grupla birlikte hareket eden Bağımsız Demokrasi Birliği'yle (*Unión Demócrata Independiente*/UDI) de bütünleşmiştir (Morales, 2001).[3]

Değişim İçin Koalisyon'a (*Coalición por el Cambio*) önde gelen muhafazakâr ve liberal güçler katılmıştı. Buna rağmen Piñera, ilk başkanlık seçimi kampanyasında merkez sağa seslendi. Piñera'nın ilk başkanlık dönemi, burada yeni sağ olarak tanımladığımız yöne doğru radikal bir dönüş göstermedi. Piñera, Şili'ye 20 yıllık *Concertación* idaresinin ardından "daha iyi bir dönem" getirmeye çabaladı (Varas, 2013). Fakat ikinci dönem seçim kampanyası özellikle göçmenlik konusunda, radikal bir söylem kullanarak yeni sağa yakınlaştı (Urbina, 2018). Bu değişim, son altı yıl içerisinde ortaya çıkan yeni politik gruplaşmaların sonucuydu. Öncelikle 2012'de, üyelerini daha liberal ve teknokratik vizyona sahip kişilerin oluşturduğu *Evópoli*'yi kuran RN'nin liberal kanadı ayrıldı. Bundan beş yıl sonra kendilerini yeni sağ anlatılarla tanımlayanlar, 2012 Seçimleri'nde eski UDI senatörü José Antonio Kast'ı desteklediler. Kast'ın seçim platformu, vergi reformunu destekliyordu ve LGBTİ karşıtıydı. Kast, ilk turda oyların neredeyse % 8'ini almayı başardı (% 7,93). O günden sonra Kast, ekonomi, güvenlik ve göçmenlik konularına yaklaşımıyla sağda gerilim yaratarak Şili siyasetinin önemli bir aktörü haline geldi. Kast aynı zamanda, vatan toprağı ve aile gibi değerlerin savunulmasına adanmış milliyetçi ve muhafazakâr örgütlenmeler olan Şili Cumhuriyetçi Partisi ve Cumhuri-

---

3   UDI, geleneksel olarak Katolik Kilisesi'ne bağlı bir kurum olan Opus Dei ile bağlantı içerisindedir. Bu konuda ayrıntılı bilgi için bkz. Mönckeberg (2004).

yetçi Hareket'e liderlik yapmaktadır. Bu yeni politik oluşum, Piñera yönetiminin eğitim, göçmenlik ve güvenlik politikalarına doğrudan etki etmiştir.

Kast, muhtemelen günümüzde Brezilya muhafazakârlarına en çok benzeyen kişi. Brezilya'da, Şili'ye benzer bir şekilde, muhafazakâr partiler 1830'lardan bu yana oligarşinin çıkarlarını temsil etmek üzere seçim sahnesinde aktif bir şekilde rol alarak 20. yüzyılda kendilerini hegemonik güçlere dönüştürdüler (Mainwaring, Meneguello ve Power, 2000: 181). Bu hegemonik güçler, ülkeyi 1964'ten 1985'e kadar yöneten askerî rejimin oluşturulmasında da rol sahibiydi. Ancak cunta, iktidar olduğu dönemde piyasa yanlısı reformları yerine getirmese de muhafazakâr güçlerin de desteğiyle devlet denetimli ekonomik büyümeyi gerçekleştirdi (Dávila, 2013). Brezilya diktatörlüğü, sonradan Demokratik Sosyal Parti (PDS) adını alacak olan ARENA (*Aliança Renovadora Nacional*) etrafında yoğunlaşmış Brezilya muhafazakârlarının desteğiyle parti sistemini değiştirdi. Brezilya muhafazakârlığının serbest pazar rejimini destekleyen yaklaşımlara yönelmesi ise 1990'larda gerçekleşti. O dönemde Şili'dekine benzer bir şekilde, Brezilya Sosyal Demokratları serbest pazar reformlarını desteklediler, aynı zamanda Bağımlılık teorisini destekleyen bir sosyolog olan eski başkan Fernando Henrique Cardoso, daha önceden Itamar Franco (1992-1994) tarafından başlatılan istikrar planını derinleştirdi (Panizza, 2009: 56).

Brezilya sağı, kamu düzeni ve güvenlik konularının yanı sıra LGBTİ hakları ve kürtaj gibi konularda da kendi muhafazakâr görüşlerini devam ettirdi. Cowan'a göre (2018), Reagan yıllarında Brezilya ile Amerika muhafazakârlığı arasında güçlenen ilişki, aradaki inanç sistemi farklılıklarına rağmen ulusötesi ideolojik aktarımı mümkün kılarak Brezilya'da yeni sağ düşüncenin zaman içerisinde güçlenmesini sağladı. Muhafazakâr grupların sermaye lehine kuralsızlaşmaya, bireyselciliğe ve devleti küçültmeye dönük standart yaklaşımları, iki grup arasında sinerji oluşmasını mümkün kıldı (Cowan, 2018: 21). Bunun yanı sıra, Brezilya toplumunda yaşanan dönüşümler sağın desteğini arttırmasını sağladı. Bu süreçte Evanjelist muhafazakârlık önde gelen siyasi bir güce dönüştü. Brezilya nüfusunun beşte biri Evanjelist Protestanlık inancını kabul etti. 2016'da Evanjelistler, Temsilciler Meclisi'nin % 18'ini oluşturuyordu (Anderson, 2016: 16). Şili'de olduğu gibi, İşçi Partisi (PT) yönetimi Brezilya muhafazakârlığını ortadan kaldırmak yerine onunla birlikte çalışmaya girişti (Anderson, 2016). Ancak Dilma Rousseff'in azledilme sürecinde Evanjelist politik güçler hayati bir rol oynadılar. Bu süreçte *Fora Dilma* (*Dilma, Defol!*) hareketi, neoliberalizm, Evanjelik muhafazakârlık, cinsiyetçilik, ırkçılık ve otoriteryanizm karışımından oluşan yeni sağ retoriklerini başarılı bir şekilde bir araya getirdi (Ansell, 2018: 3). Bundan dolayı Jair Bolsonaro'nun seçilmesi, Brezilya yeni sağının eriştiği gücü ortaya koymaktadır. Yeni sağ, 1994'te iş insanı Luciano Bivar tarafından kurulan Sosyal Liberal Parti (PSL) gibi marjinal bir partiyi araç olarak kullanarak Bolsonarizmi İşçi Partisi'ne karşı bir güç haline getirmiştir.

Arjantin, 20. yüzyıl boyunca politik alana hâkim olan muhafazakâr güçler etrafında toplanmış güçlü parti örgütlerine sahip olmadığı için Şili ve Brezilya sağında görülen değişimleri tecrübe etmedi. Boron (2000: 141) tarafından "Arjantin paradoksu" olarak tanımlanan; sağın politik arenada sürekli olarak yapısal zayıflıklar gösterdiği, diğer taraftan mülk sahibi sınıfların devlet içerisinde ve sivil toplumda ağırlıklarını arttırdıkları farklı bir tecrübe yaşandı. Peronist dönem boyunca (1946-1955) muhafazakâr güçler Juan Perón yönetimine ve Peronist Parti'ye başarılı bir şekilde muhalefet ettiler, 1955'te Perón yönetiminin sonunu getirdikten sonra Arturo Frondizi yönetimini Boron'un tanımıyla "kolonize" ettiler. Öyle görünüyor ki muhafazakâr güçlerin mevcut politik yapı içerisinde başarılı şekilde koalisyonlar oluşturabilme kapasiteleri daha istikrarlı örgütler meydana getirmelerini de mümkün kıldı. Üstelik 20. yüzyıl boyunca ana siyasi partiler olan UCR (*Unión Cívica Radical*) ve PJ (*Partido Justicialista*, Peronist Parti) heterojen bir bileşime sahipti (Boron, 2000: 149). Netice itibariyle bu stratejik zayıflık, merkez partilerin politik gündemlerini gerçekleştirebilmek adına farklı tarihsel konjonktürlere uyum sağlamalarında yardımcı bir öğeye dönüştü. Carlos Menem ve PJ, 1989-1999 arasında serbest piyasa kurallarını yerleştirme işlevini üstlendikleri için, Arjantin sağı bu görevi yerine getirmek üzere özel olarak sağ bir partiye ihtiyaç duymadı. Panizza'nın (2009: 62) belirttiği gibi, Menem'in platformu geleneksel siyasi ve sınıfsal ayrımları bir araya getiren bir ittifak kurdu. Bu ittifak, işçi sınıfının Peronist makinesini, yeni bölgesel liderler, iş dünyasını temsil eden figürler ve pazar yanlısı reformistlerle bir araya getirdi.

Nihayetinde, ekonomik elitler tarafından oluşturulmuş piyasa yanlısı bir koalisyon olan *Cambiemos* etrafında Arjantin muhafazakâr güçlerini yeniden örgütleyen ve bununla birlikte UCR'nin, Elisa Carrio'nun merkez liberal CC-Ari'sinin (*Coalición Cívica ARI*) ve muhafazakâr PRO'nun (*Propuesta Republicana*) da desteğini alan Mauricio Macri'nin seçilmesi şaşırtıcı değildi (Casullo, 2015). Bu koalisyon, Piñera'nın ilk yönetimine benziyordu. Çünkü Macri yönetimi, Brezilya ve Şili'deki gibi yeni sağ anlatılara yönelmemişti. Bowen'in (2017) ifade ettiği gibi yapısal ve tarihsel bağlam sağın nasıl şekilleneceğini belirlemiştir ve Macri yönetimi bunun bir örneğidir. Macri, enflasyonu düşürmek ve ekonomiyi yeniden dengeye oturtmak için sosyal muhafazakâr gündemle karıştırılmış geleneksel şok terapi reçetesini takip etmiştir.

Honduras ve Guatemala, son yıllarda sağ hükümetlerin güçlü olduğu ülkelerdir. Güney Amerika ülkelerine benzer bir şekilde bu ülkelerin ikisi de askerî rejim ve politik baskı tecrübelerine sahiptir. Guatemala'da, Jacobo Árbenz Guzmán'ın 1954'te devrilmesi, ortaya koymuş olduğu toplumsal ve ekonomik reformların, muhafazakârların ve ABD'nin çıkarlarına tehdit oluşturmasının bir sonucuydu.[4] Bu gelişmenin ardından Guatemala, 1985'te Hıristiyan Demokrat Vinicio Cerezo'nun seçimine kadar askerler tarafından yönetildi. Güney Amerika cuntalarına benzer şekilde, ordu güçleri, emek hareketlerini, muhalefet partilerini, köylü ve yerli hareketlerinin yanı sıra öğrenci hareketlerini baskı altına aldı (Booth, Wade

---

4 Bu dönemde ABD, Guatemala'da dezenformasyon çalışması ve gizli faaliyetler yürütürken diğer taraftan Eisenhower hükûmeti ekonomik yaptırımlar uygulamaya başladı. Bu konuda daha fazla bilgi için bkz. G. L. Bowen (1983).

ve Walker, 2009: 141). Devrim Ordusu Güçleri (FAR) ve Guatemala Ulusal Devrimci Birliği (URNG) gibi gerilla örgütlenmelerine karşı ölüm mangaları oluşturuldu. Buna karşın, Guatemala, El Salvador ve Nikaragua'nın aksine, Honduras'ta isyan, başkaldırı ya da iktidar imtiyazları yaşanmadı (Booth, Wade ve Walker, 2009: 160). Fakat Guatemala'ya benzer şekilde politik baskılar sonucu "komünistler" emek hareketinden tasfiye edildiler (Bulmer-Thomas, 1991: 212).

Her iki ülkede de eşitlik ve zenginliğin dağıtılması konusunda negatif etkiler ortaya çıkaran serbest pazar politikaları politik elitler tarafından desteklendi. Guatemala'da Cerezo, askerî rejim döneminde ekonomik büyümede görülen yavaşlamanın önüne geçmek için Kısa Vadeli Ekonomik ve Sosyal Yeniden-Düzenleme Programı'nı (*Programa de Reordenamiento Económico y Social de Corto Plazo*) geliştirdi (Paz Antolí, 2008). Eski düzenin bir sonucu olarak çerçevelenen ekonomik kriz anlatısı, kendi politikalarını uygulamak için fırsat yarattı. Honduras vakasında, Carlos Roberto Flores Facusse'in liberal yönetimi, imalat endüstrisi (*maquila*), tarım ihracatı ve turizmin genişlemesine hizmet eden neoliberal reformları yürürlüğe koydu (Booth, Wade ve Walker, 2009: 171). Bununla birlikte, Honduras politik sistemi demokrasiye geçişten bu yana iki partinin, Muhafazakâr Ulusal Parti (PNH) ve Honduras Liberal Partisi (PHL) öncülüğünde büyük oranda istikrarını korudu. İdeolojik olarak, sivil toplumun geniş desteğine ulaşmak hedefiyle seçim arenasında kutuplaşmayı azaltmayı tercih ettiklerinden iki parti arasında büyük farklılıklar söz konusu değildir (Otero Felipe, 2013: 10). Kırsal temsilin büyük bir kesiminden oy alan PNH, orduya ve muhafazakâr gruplara daha yakın olmuştur. Manuel Zelaya'nın partisi LIBRE'nin de dâhil olduğu çok sayıda yeni parti ortaya çıkmış olsa da PNH, taban desteği sayesinde 2013 ve 2017 yıllarında Juan Orlando Hernández Alvarado'yu başkan seçtirerek siyaset alanının istikrarlı gücü olarak kalmaya devam etmiştir. Buna karşın, Guatemala'da Birleşik Ulusal Cephe (*Frente de Convergencia Nacional*) burada yeni sağ olarak tanımladığımız ideolojik-politik eğilime daha yakındır. 2008'de emekli askerler tarafından kurulan Birleşik Ulusal Cephe, 2015'te Jimmy Morales tarafından politik platform olarak kullanılmıştır. "Hıristiyan milliyetçi" olarak tanımlanan Morales, Uluslararası Guatemala Cezasızlık Karşıtı Komisyon (CICIG) çalışmalarını, "ulusal güvenlik, kamu düzeni, idare, insan haklarına saygı ve bunların hepsinin üstünde Guatemala devletinin egemenliğini riske attığı" gerekçesiyle tek yanlı olarak sonlandırmak gibi oldukça tartışmalı işlere imza atmıştır (Phillips, 2019). Bolsonaro'ya benzer bir şekilde, Morales, insan hakları ihlalleri ve demokratik dönemde gerçekleşmiş cezasızlık sorunlarıyla boğuşan bir ülkede kendisini yeni sağın esasları temelinde tanımlamıştır. Yine Brezilya'ya benzer bir şekilde Guatemala, nüfusun % 35-40 arası bir kısmını oluşturan Protestanlığın yükselişine tanıklık etmektedir.[5] Guatemala'nın ge-

---

5 2011 Uluslararası Dinî Özgürlük Raporu'na göre en büyük Protestan grup Nihai Gerçek Kilisesi'dir. Bu grubu, Tanrı İttifakları, Orta Amerika Kilisesi, Barış Prensi Kilisesi ve daha birçok bağımsız Evanjelist kilise takip ediyor. Baptist Kilisesi, Presbiteryan Kilisesi, Lutherci Kilisesi, Episkopalyan Kilisesi ve Yedinci Gün Adventist Kilisesi diğer dinî gruplar arasında yer alıyor.

leneksel siyasi aktörlerinin seçmenlerde ilgi uyandırabilecek bir karşılık üretebilme konusundaki yetersizlikleri, sosyal muhafazakâr kesimlerin yoğunlukta olduğu bir toplumda yeni sağın cazibe yaratarak sivil toplum üzerinde etki sahibi olmasını mümkün kılmıştır. Honduras'ta kutuplaşma sınırlı düzeyde kaldığı için etkin muhafazakâr güçler yeni sağın temel anlatılarına büyük bir yakınlık göstermemiştir. İki ülkenin özgül farklılıkları, sağ söylemlerin gelişimi üzerinde etkili olurken, Guatemala'nın yeni sağa doğru kayışını daha görünür kılmıştır.

Son değerlendirmeler ve araştırma soruları

Bu bölüm, Latin Amerika'da yeni sağın çeşitli özelliklerinin tanımlanmasına ayrılmıştır. Çalışma, muhafazakâr güçlerin yeni sağ anlatılar etrafında birleştikleri Arjantin, Brezilya, Şili, Honduras ve Guatemala örneklerine yoğunlaşmıştır. Honduras ve Arjantin, yakın tarihli örneklerde görüldüğü üzere sağın alışıldık söylemleri olan geleneksel toplumsal değerler ve serbest pazar anlatısına yakın kalırken, Guatemala, Brezilya ve Şili'de sağ daha sarsıcı politik güçlerin ve anlatıların etkisi altına girmiştir. Parti örgütlenmesi ve partizanlıktan ziyade ideolojiler ve söylemlere odaklanarak sağ politikalar üzerine daha fazla araştırma yapılması gerekmektedir. Castañeda'nın (2006) Pembe Dalga içerisindeki "doğru" sol ve "yanlış" sol ayrımına dayanan, sol hükümetler içerisindeki çeşitliliği yüzeysel olarak yakalama girişimi, araştırmacıların epey ilgisini çekmişti. Siyasi ve toplumsal bir olgu olarak Latin Amerika yeni sağının karmaşık kompozisyonunu açığa çıkarmak için daha fazla araştırmaya ihtiyaç var. Nasıl Pembe Dalga'ya olan akademik ilgi arttıysa, Latin Amerika yeni sağının da benzer bir derinlik ve genişlikte, özellikle dinin ve sınıf kompozisyonlarının yeni sağ anlatılarındaki etkileri göz önünde bulundurularak analiz edilmesi gerekiyor.

İngilizceden çeviren: Uğur Yağan

KAYNAKÇA

Anderson, P. (2016), "Crisis in Brazil", *London Review of Books*, 38 (8):15-22.

Ansell, A. (2018), "Impeaching Dilma Rousseff: the double life of corruption allegations on Brazil's political right", *Culture, Theory and Critique*, 59 (4): 312-331.

Booth, J. A., Wade, C. J. ve Walker, T. W. (2009), *Understanding Central America: Global Forces, Rebellion and Change*, Routledge.

Boron, A. (2000), "Ruling without a Party: Argentine Dominant Classes in the Twentieth Century", Middlebrook, K. J. (der.), *Conservative Parties, the Right, and Democracy in Latin America* içinde, JHU Press, s. 139-163.

Bowen, G. L. (1983), "US foreign policy toward radical change: covert operations in Guatemala, 1950-1954", *Latin American Perspectives*, 10 (1): 88-102.

Bowen, J. D. (2011), "The right in 'new left' Latin America", *Journal of Politics in Latin America*, 3 (1): 99-124.

Bulmer-Thomas, V. (1991), "Honduras since 1930", Bethell, L. (der.) *Central America Since Independence* içinde, Cambridge: Cambridge University Press, s. 191-225.

Burton, G. (2011), "The South American right after the end of history" Dominguez, F., Lievesley, G. ve Ludlam, S. (der.), *Right-Wing Politics in the New Latin America: Reaction and Revolt* içinde, Londra: Zed Books, s. 11-25.

Cannon, B. (2016), *The Right in Latin America: Elite Power, Hegemony and the Struggle for the State*, Routledge.

—, (2017), "Coups, 'smart coups' and elections: Right power strategies in a context of Left hegemony", *Desenvolvimento em Debate*, 5 (1): 29-49.

Castañeda, J. G. (2006), "Latin America's Left Turn", *Foreign Affairs*, s. 28-43.

Casullo, M. E. (2015), "Argentina's Cambiemos: A party from the elite, by the elite, for the elite", *The North American Congress on Latin America*, 6 Kasım, https://nacla.org/news/2015/11/05/argentina%E2%80%99s-cambiemos-party-elite-elite-elite

Chodor, T. (2014), *Neoliberal Hegemony and the Pink Tide in Latin America: Breaking Up with TINA?*, Springer.

Cowan, B. A. (2018), "A hemispheric moral majority: Brazil and the transnational construction of the New Right", *Revista Brasileira de Política Internacional*, 61 (2): 1-13.

Cunha Filho, C. M., Coelho, A. L., ve Pérez Flores, F. I. (2013), "A right-to-left policy switch? An analysis of the Honduran case under Manuel Zelaya", *International Political Science Review*, 34 (5): 519-542.

Dávila, J. (2013), *Dictatorship in South America*, John Wiley & Sons.

Dominguez, F., Lievesley, G. ve Ludlam, S. (2011), *Right-Wing Politics in the New Latin America: Reaction and Revolt*, Londra: Zed Press.

Economist, The (2015), "No joke; Guatemala's new president", 31 Ekim, s. 34-36.

Ezquerro-Cañete, A. ve Fogel, R. (2017), "A coup foretold: Fernando Lugo and the lost promise of agrarian reform in Paraguay", *Journal of agrarian change*, 17 (2): 279-295.

Garreton, M. A. (2000), "Atavism and Democratic Ambiguity in the Chilean Right", Middlebrook, K. J. (der.), *Conservative Parties, The Right, and Democracy in Latin America*, JHU Press, s. 53-109.

Grandin, G. (2006), *Empire's Workshop: Latin America, the United States, and the Rise of the New Imperialism*, Metropolitan Books.

Hagopian, F. ve Mainwaring, S. P. der. (2003), *The Third Wave of Democratization in Latin America: Advances and Setbacks*, Cambridge: Cambridge University Press.

Harvey, D. (2007), *A brief history of Neoliberalism*, Oxford University Press.

Haslam, J. (2005), *The Nixon Administration and the Death of Allende's Chile: A Case of Assisted Suicide*, Verso.

Heywood, A. (2017), *Political Ideologies: An Introduction*, Macmillan International Higher Education.

Kornbluh, P. (2013), *The Pinochet File: A Declassified Dossier on Atrocity and Accountability*, The New Press.

Löwy, M. (1996), *The war of Gods: Religion and Politics in Latin America*, Londra ve New York: Verso.

Levitsky, S. ve Kenneth, M. R. der. (2011), *The Resurgence of the Latin American Left*, JHU Press.

Lievesley, G. ve Ludlam, S. (2009), "Introduction: A 'Pink Tide'", Lievesley, G. ve Ludlam, S. (der.), *Reclaiming Latin America: Experiments in Radical Social Democracy* içinde, Zed Books, s. 1-18.

Livingston, G. (2011), "The United States of America and the Latin America Right", Dominguez, F., Lievesley, G. ve Ludlam, S. (der.), *Right-Wing Politics in the New Latin America: Reaction and Revolt*, Zed Books.

Mönckeberg, M. O. (2004), *El imperio del Opus Dei en Chile*, Santiago de Chile: Ediciones B Grupo Z.

Mainwaring, S. ve Pérez-Liñán, A. (2013), *Democracies and Dictatorships in Latin America: Emergence, Survival, and Fall*, Cambridge: Cambridge University Press.

Mainwaring, S., Meneguello, R. ve Power, T. (2000), "Conservative Parties, Democracy, and Economic Reform in Contemporary Brazil", Middlebrook, K. J. (der.), *Conservative Parties, the Right, and Democracy in Latin America*, JHU Press, s. 164-222.

Middlebrook, K. J. (2000), *Conservative Parties, the Right, and Democracy in Latin America*, Johns Hopkins University Press.

Morales, M. (2001), "La UDI como expresión de la nueva derecha en Chile", *Estudios Sociales*: 215-248.

Navia, P. (2009), "The Chilean left: Socialist and neoliberal", Burdick, J., Oxhorn, P. ve Roberts, K. (der.), *Beyond Neoliberalism in Latin America?* içinde, New York: Palgrave Macmillan, s. 17-41.

Otero Felipe, P. (2013), "El sistema de partidos de Honduras tras la crisis política de 2009 ¿El fin del bipartidismo?", *Colombia Internacional*, 79: 249-287.

Panizza, F. (2009), *Contemporary Latin America: Development and Democracy beyond the Washington Consensus*, Londra: Zed Books.

Paz Antolín, M. A. (2008), "Ajuste estructural e informalidad en Guatemala", *Problemas del Desarrollo: Revista Latinoamericana de Economía*, 39 (155): 153-179.

Petras, J. F. ve Morley, M. H. (1975), *The United States and Chile: Imperialism and the Overthrow of the Allende Government*, New York: Monthly Review Press.

Petras, J. (2002), "US offensive in Latin America: coups, retreats, and radicalization", *Monthly Review*, 54 (1): 15-31.

Pew Research Center (2014), "Religion in Latin America: Widespread Change in a Historically Catholic Region", *Pew Research Center*, Washington, 13 Kasım, s. 310.

Philip, G. ve Panizza, F. (2013), *The triumph of politics*, John Wiley & Sons.

Phillips, T. (2019), "This article is more than 5 months old Guatemalan president condemned after ejecting UN anti-corruption group", *The Guardian*, 8 Ocak, https://www.theguardian.com/world/2019/jan/08/guatemalan-president-condemned-after-ejecting-un-anti-corruption-group

Qureshi, L. Z. (2008), *Nixon, Kissinger, and Allende: US involvement in the 1973 coup in Chile*, Rowman & Littlefield.

Roberts, K. M. (2002), "'Social inequalities without class cleavages in Latin America's neoliberal era'", *Studies in Comparative International Development*, 36: 3-33.

Schneider, C. (1990), "La movilización de las bases, poblaciones marginales y resistencia en Chile autoritario", *Proposiciones (Sur)*, s. 223-243.

Schoultz, L. (2009), *Beneath the United States: A History of US Policy toward Latin America*, Harward: Harvard University Press.

Shiraz, Z. (2011), "CIA intervention in Chile and the fall of the Allende government in 1973", *Journal of American Studies*, 45 (3): 603-613.

Smith, P. H. (2012), *Democracy in Latin America: Political Change in Comparative Perspective*, New York.

Solís Delgadillo, J. M., ve Cerna Villagra, S. P. (2019), "Friction, (re)concentration and conservative consolidation after the 2018 elections in Paraguay", *Estudios Políticos*, 54: 259-285.

State, United States Department of (2012), "2011 Report on International Religious Freedom - Guatemala", 30 Temmuz, https://www.refworld.org/docid/502105b92.html

Szucs, R. (2013), "A democracy's poor performance: The impeachment of Paraguayan President Fernando Lugo", *Geo. Wash. Int'l L. Rev.*, 46: 409-36.

Taylor, M. (2006), *From Pinochet to the "Third Way": Neoliberalism and Social Transformation in Chile*, Pluto Press.

Urbina, M. L. (2018), "Tales of Migration from the Global South. The Civilized and Uncivilized Migrant in the Narratives of La Tercera and El Mercurio", Balica, E. ve Marinesc, V. (der.), *Migration and Crime. Realities and Media Representations* içinde, Springer.

Valdés, J. G. (1995), *Pinochet's Economists: The Chicago School of Economics in Chile*, Cambridge: Cambridge University Press.

Varas, A. (2013), *El Gobierno de Piñera, 2010-(2014): La Fronda Aristocrática Rediviva*, Santiago: Catalonia.

Veltmeyer, H. ve Petras, J. (1999), *The Dynamics of Social Change in Latin America*, Springer.

Weyland, K. (2004), "Neoliberalism and Democracy in Latin America: A mixed record", *Latin American Politics and Society*, 46 (1): 135-157.

On Sekizinci Bölüm

FUJİMORİSMO: PERU'DA NEOLİBERAL POPÜLİZM, OTORİTERLİK VE GÜNÜMÜZE MİRASI

ESRA ÇEVİKER GÜRAKAR - TOLGA GÜRAKAR

Giriş

Neoliberal dönüşümün Latin Amerika'daki kökleri, neo-klasik ve ultra-liberal iktisatçılar tarafından reçetelenmiş ve 1970'lerin askerî ya da sivil yönetimlerince otoriter biçimlerde denenmeye başlanmış piyasacı düzenlemelere uzanmaktadır. Beş yüz yılı aşkın zamandır kesintisiz yağma ve saldırıya maruz kalmış bu coğrafyada 1980'lere gelirken sağcı askerî yönetimlerin iktidar olmadığı çok az sayıda ülkeden bahsedilebilir. Neoliberal politikaları benimseyen ilk ülke Pinochet Şili'si olmuş, bunu Bolivya'da Hugo Banzer rejimi ve Arjantin'de anti-komünist generaller izlemiştir. Meksika, Venezuela, Kolombiya ve Kosta Rika gibi sivil sağ hükümetlerin işbaşında olduğu yerlerde ise sol muhalefeti kontrgerilla yöntemleriyle bastıran, emekçi kesimleri yasal hakları üzerinden baskılayan, küçük-burjuvaziyi şiddet ve istikrarsızlık sarmalında bezdiren, kısaca azınlık bir elitin çıkarlarına hizmet eden politikalar cunta yönetimlerini hiç de aratmamıştır.

Ekonomik işleyişin gitgide dinamizmini yitirdiği, işsizlik ve borçların daha da zirve yaptığı ve temsiliyet krizinin apaçık öne çıktığı 1980'ler ise seçkinler arası yoğun pazarlıkların yaşandığı ve varılan konsensüs sonucunda yeni bir hegemonya inşasına girişilerek halihazırdaki politik ve iktisadi mekanizmaların yüzeysel bir "demokrasi" çerçevesinde yeniden yapılandırıldığı yıllar olmuştur. Birçok Latin Amerika ülkesinde askerî ya da sivil tek parti rejimlerinden çok partili parlamenter sisteme geçilmeye başlanmıştır. Bununla bağlantılı olarak da serbest piyasa yaklaşımının anayasal güvence kazandığı, devletin özelleştirmeler yoluyla küçültüldüğü ve işlevsizleştirildiği, emekçi kesimlerin atomize edilerek güvencesiz kılındıkları esnek birikim rejimleri inşa edilmiştir.

Ancak Latin Amerika'nın birçok ülkesinde 1970'ler ve 80'lerde askerî ya da sivil diktatörler eliyle başlatılan neoliberal dönüşüm süreci, Peru'da bu şekilde yaşanmamıştır. Yerli halkların toplam nüfus içinde önemli bir yüzdeyi oluşturduğu, ırk, dil, kültür ve gelişmişlik düzeyi farklılıklarının kıyı şeridiyle dağlık ve kırsal bölgeler arasında oldukça keskin olduğu Peru, iktisadi ve toplumsal yapısı itibariyle kıtada en arkaik birkaç ülkeden biri olarak öne çıkmaktadır. Tüm bunların ülkenin politik fay hattındaki yansımaları ise oldukça çarpıcıdır. Zira Latin Amerika'nın birçok ülkesinin aksine, 1970'lerin Peru'sunda geleneksel toprak aristokrasisi ve yabancı sermaye ile onun yerli temsilcilerinin çıkarlarının koruyucusu olan askerî elit böylesine baskın bir işbirlikçi niteliğiyle öne çıkmamaktadır. Dahası birçok komşu ülke ordularında geçerli olan önceleri Prusya ardından da Kuzey Amerika etkisi, Peru ordusunda çok daha siliktir. Mensuplarının büyük bir bölümü ağırlıklı olarak orta ve alt-orta sınıflardan gelen, bilinçli ya da bilinçsiz etnisite ve kalkınma sorunlarına duyarlı melezlerden (*mestizo*) oluşmaktadır.

1968-1975 arasındaki döneme Peru'da General Velasco'nun sol-milliyetçi ve Üçüncü Dünyacı askerî yönetimi damgasını vurmuştur. Bu süreçte yapılan kamulaştırmalar ve toprak reformu ilk beş yıl içinde kısmi de olsa olumlu birtakım sonuçlar vermiş olsa da akabinde ülkeyi daha ağır bir ekonomik krize sürüklemiş ve sürdürülebilir olamamıştır. Mevcut arkaik üretim biçimleri altında reform sürecinin stratejik sevk ve idaresi alt yapıyı dönüştürmede yetersiz kalmış, bunu 1973'te başlayan uluslararası kriz şartlarının olumsuz etkileri izlemiştir. Sonuçta Velasco yönetimi 1975'te devrilmiş, yerine gelen ılımlı cunta ise ortodoks politikalara yönelerek yüzünü IMF'ye dönmüş ve kısa süre içinde de yerini parlamentoya bırakmıştır. Bu sürecin Peru için en önemli kazanımı tarihinin en demokratik *magna carta*sı kabul edilen, tüm Peru yurttaşlarının siyasal haklarını garantiye alan ve ölüm cezasını kaldıran 1979 Anayasası'dır.

Peru'da neoliberal dönüşüm süreci Reagan-Thatcher paradigmasıyla eş zamanlı olarak 1980'lerde Fernando Belaúnde'nin merkez-sağ hükümetince (1980-1985) ajandaya alınmıştır. Ancak 1985-1990 arasında iktidarda bulunan Alan García başkanlığındaki APRA iktidarı izlediği anti-neoliberal politikalarla bu sürece beş yıl süreyle set çekmiştir. Sonuç olarak, diğer ülkelerde yaklaşık otuz yıla yayılan bu dönüşüm Peru'da komşularının yakın geçmişteki tecrübelerini hiç de aratmayan bir baskı ortamında, onun açığını kapatır bir hız ve yoğunlukta, dolayısıyla çok daha kompakt bir içerikte Alberto Fujimori'nin 1990-2000 arasındaki on yıllık iktidarında hayata geçirilmiştir. Bu süreçte izlenen politikalar kapitalist çıkarlarla uyumlu yeni bir sosyo-politik düzenin kurulmasına ve kurumsallaşmasına, bunun devlet içindeki taşıyıcıları olarak neoliberalizme sadık yeni bir tekno-bürokrat kesimin yükselişine ve buna bağlı olarak da eski birikim rejiminin aygıtlarının bütünüyle sönümlenmesine hizmet etmiştir.

Fujimori rejimi (ya da *Fujimorismo*), neoliberalizm, popülizm ve otoriterlik üçgenindeki işleyişin anlaşılabilmesi açısından oldukça temsilidir. Bir yanıyla neoliberal ajandanın popülist stratejiyle olan "kazan-kazan" ilişkisini diğer yanıyla da neoliberal politikaların yolsuzluk, kayırmacılık, narko trafik ve devlet şiddetini de içeren otoriter bir yönetim altında kararlı biçimde uygulanabildiğini, bunun da tarafların çıkar, beklenti ve iktidarını karşılıklı olarak beslediğini göz önüne sermektedir. *Autogolpe* kavramının siyaset bilimi literatüründe yeniden öne çıkmasında belirleyici olan *Fujimorismo*, aynı zamanda, siyasal iktidar eliyle inşa edilen ve özü itibariyle gayri-kurumsal bir yönelim sergileyen popülist stratejinin kırılgan demokrasilerde ne şekilde otoriterliğe meyledebileceğinin de yerinde bir örneğidir (Mudde ve Kaltwasser, 2012; Levitsky ve Loxton, 2012).

Neoliberal politika, popülist strateji ve otoriterliğin bileşimi olarak *Fujimorismo*

Japon göçmeni bir ailenin çocuğu olarak başkent Lima'da doğmuştu, dolayısıyla etnik olarak ötekiydi. Akademisyendi ve ellili yaşlarına kadar politikayla hiç ilgilenmemişti, dolayısıyla siyaseten toydu. Popülerliği ise dünyaca tanınan rakibi Mario Vargas Llosa'nın kıyısından bile geçmiyordu. Özetle başkan seçilmesi sürpriz oldu. Ancak sürpriz bununla da kalmadı. Kısa boylu, çekik gözlü, halim selim görünüşlü bu ayrıksı adam, kıtanın en sicili bozuk rejimlerini aratırcasına Peru tarihinin en kanlı uygulamalarına girişti. Kurtarıcılarla diktatörlerin rollerinin nasıl da kolayca birbirlerine karışabileceğinin yakın dönemdeki örneği oldu.

Alberto Fujimori'nin başkanlığa gelmesinin ardında, 80'li yıllara damgasını vuran iktisadi ve politik çalkantıların, yolsuzlukların ve günbegün yoğunluğunu artıran terör olaylarının toplumun geniş kesimleri üzerinde yerleşik aktörlere karşı yarattığı kızgınlık ve bıkkınlık hali etkili olmuştur. Ekonomiye ilişkin olarak bu yıllarda tutarlı bir devlet politikasından bahsetmek mümkün değildir. Öyle ki Belaúnde hükümeti neoliberal bir açılım doğrultusunda hareket etmiş, IMF tarafından dayatılan yapısal uyum programını devreye almış ve bu doğrultuda kamu harcamalarında kesintiye gitmiştir. Buna karşı García hükümeti ise selefinin tam tersi bir yönelimle dış borç ödemelerini ihracatın % 10'u ile sınırlandırmış, ücret artırımına gitmiş, IMF'den kredi alımını kesmiş, temel ürün fiyatlarını kontrol altına almış ve dahası tüm bankacılık kurumlarını kamulaştıracağını ilan etmiştir. Sonuç; kontrolsüz sermaye kaçışı, 70'lerden süregelen ekonomik problemlerin de etkisiyle % 7650'ler seviyesinde bir hiper-enflasyon, resesyon ve Peru'nun uluslararası finansal çevreler tarafından dışlanmasıdır (Gonzales de Olarte, 1998: 14).

Dönemin hükümetlerinin başa çıkamadığı bir diğer problem de günden güne yoğunluğunu arttıran iç savaştır. Özellikle General Velasco'nun devrilmesinin ardından sol içinde seçimlere katılıp katılmayacağı ya da devlete karşı silahlı mücadeleye girişilip girişilmeyeceği ekseninde başlayan tartışmalar 1980'e varıldığında bütünüyle netlik kazanmıştır. Peru'da 1980 ve kısmen 90'lara *Sendero Luminoso* (Aydınlık Yol) ile MRTA'nın (Túpac Amaru Devrimci Hareketi) silahlı eylemleri damgasını vurmuştur. Gerçekte bu kalkışmalar, eşitliksizlik ve adaletsizliğin toplumsal fay hattında özellikle son otuz yılda tetiklediği gerilimin bir kırılmasıdır. Nitekim Belaúnde ve García hükümetleri bu krizi hafifletmek şöyle dursun aksine daha da körüklemişlerdir. 1980 ile 1990 yılları arasında 18 bini aşkın kişi bu politik şiddet ortamında yaşamlarını yitirmiştir (Kenney, 2004: 26).

1990 Nisan'ında yapılan ilk tur başkanlık ve parlamento seçimlerinden Peru geleneksel "beyaz" elitinin desteğini alan ve neoliberal dönüşümün sözünü veren ünlü yazar Mario Vargas Llosa birinci çıkmış ve partisi toplamda 180 sandalyenin 62'sini kazanmış olsa da Haziran ayında yapılan ikinci turda üç ay öncesine dek kendisine kamuoyunca hiç şans verilmemiş Alberto Fujimori APRA'nın da desteğiyle % 62,4 oy oranıyla Peru'nun devlet başkanı olmuştur. Fujimori'yi bu yarışta öne çıkaran noktalar popülist stratejinin tüm unsurlarını içermiştir. Öncelikle kampanyasını yerleşik düzen karşıtı bir temele oturtmuştur. Katı bir ideolojik söylemden ziyade "dürüstlük, teknoloji, iş" sloganı üzerinden pragmatik ve anti-ideolojik bir yönelim sergilemiştir. "Halkın adamı" imajıyla ve "anti-elitist" jargonuyla mevcut düzenin ve onların yerleşik aktörlerinin krizlerini eleştirmiştir. Onun bu politik duruşu yalnızca kırsaldaki yerliler ve kentlerdeki *mestizo*lardan oluşan dışlanmış alt sınıfları değil, aynı zamanda kendilerini politik olarak merkezde konumlandıran orta sınıf seçmenleri de mobilize etmiştir. Dahası Vargas Llosa'nın bu süreçte kendisini "çekik gözlü" şeklinde aşağılaması toplumda sömürgecilik döneminden süregelen dışlanmışlık duygusunu kabartmış ve *el chino* lakabını Fujimori ile daha bütünleşik kılmıştır.

Tüm bunların yanı sıra Fujimori kampanyası boyunca rakibinin ekonomi programını kıyasıya eleştirmiş ve neoliberal şokun beraberinde getireceği toplumsal kırılmalardan kaçınmak adına daha kademeli bir geçişten bahsetmiştir. Ancak kendi sosyal ve ekonomik programı hakkında detaylar vermekten de ustaca kaçınmış, seçimleri kazandığı güne kadar gizemini sürdürmüştür. Nitekim toplumun gözündeki bu sis kendisinin seçildiği ancak henüz göreve başlamadığı günlerde IMF ve Dünya Bankası temsilcileriyle görüşmek üzere ABD'ye giderek Vargas Llosa'nın önerdiğinden daha sert bir istikrar programı (*Fujishock*) izleyeceğini taahhüt etmesiyle ve ekonomi kurmaylarını bu minvalde değiştirmesiyle bütünüyle dağılmıştır.

Peru'da neoliberal restorasyon: Fujishock ve iktisadi popülizm

Peru'nun neoliberal dönüşümü açısından Fujimori dönemi bir milattır. On yıllık bu süreçte yeni birikim rejiminin inşası popülist bir strateji üzerinden otoriter biçimlerde devreye alınmıştır. Dahası neoliberal politika, popülist strateji ve otoriter düzen üçgeninde kuvvetli bir sinerji açığa çıkmıştır. Fujishock, böylesi bir radikal dönüşüme alt yapısal açıdan hazır olmayan bir ülkede Peru toplumu için anestezisiz bir ameliyat gibidir. Üç aşamada uygulanmıştır:

Fujimori'nin görev süresinin yaklaşık ilk bir buçuk yılına denk gelen birinci aşamada hiper enflasyonun dizginlenmesi ve dış borç ödemeleri için gelir arayışı ön planda olmuştur. Görece istikrarın beraberinde getirdiği pozitif havanın yakalandığı bu süreçte faiz oranları ve vergiler artırılmış, döviz kurundaki hareketlilik kontrol altına alınmış, sübvansiyonlar kaldırılmış, kamu harcamalarıyla kamu sektöründeki istihdam aşağı çekilmiş, kayıt dışı emekte ise artış yaşanmıştır. Ancak ilk 18 ayın sonrasında ekonomideki bu olumlu hava büyük oranda tersine dönmeye başlamıştır. 5 Nisan 1992 tarihli *Autogolpe* ile ete kemiğe bürünen otoriter popülist strateji yalnızca *Fujimorismo* açısından değil aynı zamanda neoliberalizmin ülkedeki akıbeti açısından da can yeleği olmuştur. *Fujishock*'un ikinci aşaması tam da *Autogolpe*'nin sopası altında hayata geçirilmiştir. Bu etapta finans ve işgücü piyasaları yeni birikim rejimi doğrultusunda regüle edilmeye başlanmış, tarife oranları aşağıya çekilmiştir. Gelir arayışının öncelikli motivasyon olmayı sürdürdüğü bu dönemde kamu işletmelerinin özelleştirilmesine hız verilmiştir. *Fujishock*'un son aşaması ise neoliberal ve aynı zamanda otoriter karakterli 1993 Anayasası'nın güvencesi altında izlenen önceki uygulamalara ilaveten Peru'nun uluslararası finans çevreleri ile yeniden entegrasyonunu içermiştir. Bu çerçevede (çoğunlukla madencilik sektöründe yer alan) uluslararası şirketler ile istikrar antlaşmaları imzalanmış ve bunlara başta vergi kolaylığı olmak üzere çeşitli ayrıcalıklar tanınmıştır.

Alberto Fujimori'nin seçildiği ve görece olumlu bir havanın yakalandığı 1990 yılını takip eden bir buçuk yıllık dönem ve ikinci kez aday olduğu 1995 Seçimleri'nin hemen öncesinde uygulamaya konulan seçim ekonomisi haricinde aslında Fujimori'nin ilk beş yıllık iktidarı döneminde ekonominin bütünsel manzarası hiç de iç açıcı olmamıştır. 1993-1995 arasında dış ticaret açığı ikiye katlanmış, ödemeler dengesi açığı yaklaşık % 80, dış borç yaklaşık % 70 artmıştır. Dış borç faizi ihracat gelirlerinin yaklaşık % 30'una ulaşmıştır. Dahası küçük ve orta ölçekli tarım ve sanayi üreticileri iflas içindedir (Keen ve Haynes, 2009).

Fujimori hükümetinin toplum nezdinde bu acı iktisadi reçetenin etkilerini hafifletmeye dönük uygulamaya koyduğu politikalar popülist politikalar olmuştur. "Sosyal" harcamalar 1993'te gayrisafi yurtiçi hasılanın % 3'ü iken, bu oran 1995'te % 7,8'e ulaşmıştır. Yoksulluk yardımı kapsamında hükümet ödeneği 1994'te % 60, 1995'te ise % 90 artırılmıştır (Keen ve Haynes, 2009: 534). Bu süreçte FONCODES (Sosyal Gelişim İş Birliği Fonu) tarafından tarım, sağlık, eğitim, beslenme, ulaşım ve mikro işletmeler dâhil olmak üzere yaklaşık on bin proje başlatılmıştır. Bunları konut yapımı izlemiştir. *Autogolpe* sürecinde yerel yönetimlerin feshedildiği ve 1993 Anayasası'nda bunların mali özerkliklerinin ortadan kaldırılarak merkezî yönetim karşısında yetkisiz bırakıldıkları bir ortamda, Fujimori tarzı iktisadi popülizm paternalist bir anlayışla yukarıdan aşağıya devreye alınmıştır (Weyland, 2003).

Fujimorismo'nun on yıllık karnesine yakından bakıldığında ise sürecin daimî kazananının tartışmasız kapitalist sınıf, mutlak kaybedeninin de geniş halk kesimleri olduğu gayet açıktır. Öyle ki dış borcun ve ticaret açığının misliyle yükseldiği, yoksulluk oranının aşağı çekilemediği 2000 yılının sonunda kayıt dışı emek önemli oranda büyümüş, işgücü piyasalarında yapılan düzenlemelerin ardından kayıt içi ve örgütlü kesimler ise atomize olmuşlardır (Keen ve Haynes, 2009). Ancak bu negatif tabloya rağmen neoliberalizasyon süreci Fujimori'ye gücünü pekiştirme doğrultusunda önemli somut araçlar sunmuştur.

Öncelikle hiperenflasyon şartlarında devraldığı Peru'ya görece istikrar getirmesi geçmişin dışlanmış kesimleri nezdinde güçlenen karizmasının yanında sarsılmaz bir duygusal bağ ve dolayısıyla da desteği beraberinde getirmiştir. Uluslararası finans çevreleriyle karşılıklı geliştirilen ilişkiler bu süreçte destekçilerine küresel bir zorlamaymış gibi sunulmuştur. Dahası *Fujimorismo* kendi döneminde genişleyen işçi sınıfının enformel kesimleriyle kendisinden önce büyük ölçüde ihmal edilmiş kent ve kır yoksullarını patronaj ağı içerisine dahil ederek toplumsal desteğini konsolide etmeyi bilmiştir. Bir diğer ifadeyle, "yönetilebilir yoksulluk" politikalarıyla anti statükocu bir söylemi neoliberal politikaları derinleştirmek adına kullanan birçok popülist hareket gibi *Fujimorismo* da toplumun en örgütsüz ve en yoksul kesimleri üzerinde rıza temelli bir hegemonya kurmuştur. Böylece bir yandan bu toplumsal kesimler küresel işleyişe potansiyel tehdit unsuru olmaktan çıkarılarak sisteme entegre edilirlerken diğer yandan da kendilerinden seçim sandığında alınan destekler *Fujimorismo*'ya ihtiyaç duyduğu meşruiyeti sunmuştur.

Ayrıca özelleştirmeler yalnızca eski birikim rejiminin hâlihazırdaki vesayetinin ortadan kaldırılmasında değil aynı zamanda yeni kayırma ağlarının oluşturulmasında da kullanılmıştır. Böylece bir taraftan yeni elitlerin yaratılması ve eskileri karşısında güç dengesinin dönüşümü mümkün hale gelirken diğer taraftan da özelleştirmelerdeki alışveriş Fujimorismo için gayriresmî bir para akışını da mümkün kılmıştır. 1991-2000 arasında özelleştirme kapsamında iki yüzden fazla kamu işletmesinin satışından elde edilmesi gereken yaklaşık meblağ 9,221 milyar dolar iken hazineye yalnızca 6,993 milyar dolar girmiştir (Schulte-Bockholt, 2013).

Kısacası Fujimori döneminde neoliberalizm ile popülist strateji arasında piyasa reformları üzerinden işleyen kopmaz bir ilişki söz konusudur. Küresel finans ve sermaye çevreleri açısından *Fujimorismo* öngörülebilir olduğu, neoliberal politikaları derinleştirirken aynı zamanda toplumsal rızayı da üretebildiği ve ülkedeki toplumsal eşitsizliğin yıkıcı sonuçlar yaratmasını engellediği ölçüde makbuldür. *Fujimorismo* açısından ise öncelik kendi politik ajandası doğrultusunda gücünün konsolidasyonu ve ihtiyaç duyduğu uluslararası destektir. İşte bu ilişki ilerleyen kimi zamanlarda dalgalanmalarla da olsa varlığını sürdürmüş, otoriter ara dönem başta olmak üzere hiçbir zaman sona ermemiştir. Her ne kadar küresel finans çevrelerinin rejimin gayri insani kimi uygulamalarına dönük rahatsızlık ve endişeleri dış ve iç kamuoyunda zaman zaman utangaç biçimlerde öne çıkmış olsa da gerçekte hiçbir zaman samimi olmamış, iş birliğine sekte vurmamıştır.

Autogolpe *ve rekabetçi-otoriter rejimin sağdan inşası*

İdeolojik yönelimlerinden bağımsız olarak iktidardaki farklı popülist hareketler özelinde genel geçer gözlenen birçok nitelik *Fujimorismo* için de geçerlidir. Bu bağlamda diğerleri gibi *Fujimorismo* da erken dönem stratejisini kimi politik ve sembolik meselelerin ustaca manipülasyonu üzerine inşa etmiştir. Bu manipülasyon eliyle politikayı "ahlâkçı" bir etik üzerinden kutuplaştırmıştır. Mottosunun "halk iradesi" üzerinde yükseldiği bu popülist etik eliyle "yolsuz elitlere" karşı "saf halkın" öne çıkarıldığı "anti-seçkinci" bir söylem düzeni üretmiştir. Zira birçok popülist hareket açısından kullanışlı olan bu dikotom söylem düzeni Peru gibi toplumsal eşitsizliğin sadece ekonomik olarak değil kültürel ve kimliksel olarak da öne çıktığı bir ülkede çok daha güçlü bir karşılık bulmuştur. Fujimori farklı toplumsal kesimlerle kurduğu birebir kişisel ilişkilerde olduğu gibi demokrasiyi de benzer bir yaklaşımla "plebisitçi" yani çoğulcu değil "çoğunlukçu" bir anlayışla ele almıştır. Buradan aldığı destekle de gücünü denge-denetleme mekanizmalarının tahribi, müzakere kanallarının devre dışı bırakılması ve medyanın bağımlı kılınması üzerinden konsolide etmiştir.

> **Autogolpe**
>
> İngilizceye *self-coup*, Türkçeye "öz-darbe" ya da "kendi (için) kendine darbe" şeklinde çevrilmektedir. Bir ülkede yasal yollarla göreve gelmiş karizmatik hükümet ya da devlet başkanının anayasayı işlevsiz bırakarak olağanüstü yetkiler üstlenmesi, mevcut anayasa ve yasaları askıya almak ve onları değiştirmek kaydıyla hâlihazırdaki kurumları kendi lehine yeniden düzenlemesi, sonuçta tüm gücün elinde toplandığı "otoriter" ya da "diktatoryal" bir sistemi tesis etmesidir.

Peru'da siyasal partiler kurumsal bir gelenekten uzak olmakla birlikte ülkenin politik elitleri kişiler bazında ayrıcalıklı bir zümre olarak ulusal siyasetin belirlenmesinde her daim var olmuşlardır. Fujimori'nin göreve gelir gelmez ilk yaptığı da *partidocracia* olarak tanımladığı bu yerleşik işleyişe karşı bir politik reaksiyonu harekete geçirmek ve böylece kendisine yönelmesi muhtemel tehdidi bertaraf etmek olmuştur. Çünkü kendisi yerleşik politik düzenin "seçkin" bir mensubu olmamakla birlikte hükümeti de partisinin parlamentoda çoğunlukta olmaması sebebiyle kimi kısıt ve tehditler altındadır. Öyle ki iktidarının ilk yılında yürürlüğe koyduğu ekonomi ve ulusal güvenlik alanlarındaki 120 kararnamede yasamanın desteğine ihtiyaç duyduğu gibi birçok zaman yargıyla da karşı karşıya gelmiştir.

Peru'da otoriterliğe evrilen süreçte güvenlik kapsamında uygulamaya konulan kararnamelerin etkisi büyüktür. Öyle ki bunlar eliyle ordu, polis ve istihbarat teşkilatı bir yandan geniş yetkiler verilmek suretiyle rejime yandaş kılınmış diğer yandan da atamalar ve görevden almalar dâhil doğrudan başkanın idaresine bağlanmak suretiyle kontrol altına alınmıştır. Hiperenflasyon, resesyon ve politik şiddet ortamı yalnızca bu politikalara ayak direyen *partidocracia*'ya ve yargıya son darbeyi vuracak fırsatı Fujimori'ye sunmakla kalmamış aynı zamanda ülke siyasasını yeniden şekillendirecek *autogolpe*'ye güvenlik bürokrasisinden ve toplum kesimlerinden verilecek desteğin de kapısını aralamıştır. Nitekim Fujimori'nin parlamentoyu kapattığı, 1979 Anayasası'nı askıya aldığı ve hükümetine "olağanüstü hal ve ulusal yeniden yapılanma" (*Gobierno de Emergencia y Reconstrucción Nacional*) misyonu atadığı 5 Nisan 1992 tarihinin hemen birkaç ay öncesinde yapılan kamuoyu yoklamaları alt sınıfa mensup kesimlerin yaklaşık % 87'sinin parlamentonun ve yargının anayasal görevlerini yerine getirmediğini düşündüklerine, siyasi partilere güven duyan toplam nüfusun ise yaklaşık % 12 olduğuna işaret etmişlerdir (Roberts, 1995).

Autogolpe, Peru'da yeni bir dönemin miladı olmuştur. *Fujishock*'un toplumsal sonuçlarından korunmak ve iktidarın konsolidasyonu adına terörle mücadele araçsallaştırılmış, böylece olağanüstü hal olağanlaştırılmış, muhalefet sindirilmiştir. Bu kapsamda yargıç ve savcıların maskeli yargılama yaptıkları antiterör mahkemeleri kurulmuş, şiddet içermeyen demokratik protestolar kriminalize edilmiş, ifade özgürlüğü kısıtlanmış, vatan hainliği suçunun kapsamı genişletilerek yargılanması askerî mahkemelere verilmiş, terör olaylarındaki cezai ehliyet yaşı 18'den 15'e indirilmiş, terör ve vatan hainliği kapsamındaki suçlarda mülkiyet güvencesi kaldırılmış, savunma hakkı sınırlandırılmış, yine bu kapsamda basın mensuplarına haber yapma kısıtlaması getirilmiştir. Aynı yıl Abimael Guzmán'ın yakalanması, Aydınlık Yol'a büyük bir darbe indirdiği gibi Fujimori'nin de gelecek yıl yapmayı planladığı yeni anayasa referandumunda elini güçlendirmiştir. Ara rejim koşullarında hazırlanan ve 1993 Ekim'inde halka sunulan yeni anayasa taslağı % 48 ret oyuna karşı % 52 ile kabul edilmiştir. Benzer şekilde süper yetkilerle donatıldığı bir anayasal zırhla, kontrolü altındaki bir parlamentoyla ve Ekvador ile yaşanan sınır çatışmasının milliyetçi duyguları kabarttığı bir konjonktürde girdiği 1995 Genel Seçimleri de Fujimori'yi ilk turda % 64 oy oranıyla yeniden başkanlığa taşırken *partidocracia*'nın da çöküşünü ilan etmiştir.

Merkeziyetçi-otoriter bir içerikle hazırlanan ve terör suçuna idam cezası getiren 1993 Anayasası'nın en göze çarpan özelliği, yürütmenin ve onun başı olarak da başkanın gücünün yasama ve yargı karşısında artırılmış, Senato'nun ortadan kaldırılmış ve parlamentodaki toplam vekil sayısının ise yaklaşık yarı yarıya azaltılmış olmasıdır. Bu kapsamda (1) parlamento, başkanın feshetme yetkisi karşısında savunmasız bırakılmış; (2) başkan tarafından yayımlanan "acil" kararnamelerin parlamento tarafından onayı gerekmeksizin devreye alınması mümkün kılınmış; (3) başkan tarafından imzalanan uluslararası anlaşmalarda parlamento onayı kaldırılmış; (4) başta bütçenin işleyişi olmak üzere birçok konuda yasama ve yargının yürütme üzerinde denetleme işlevi ortadan kaldırılmış; (5) yüksek yargı organları işlevsiz ve yetkisiz bırakılarak mensuplarının atamaları yürütmeye bağımlı kılınmış; (6) yerel yönetimler idari ve iktisadi açıdan görece özerkliklerini yitirerek merkeze bağlanmışlar, yöneticileri ise merkez tarafından atanmaya başlamıştır.

1993 Anayasası'nın bir diğer özelliği de neoliberal felsefesidir. 1979 Anayasası'nda ekonomide öncelikli belirleyenin devlet olduğu vurgulanırken *laissez-faire* ekonomisinin öne çıktığı bu yeni mutabakatta ise devlet küçültülmüştür.

Bu doğrultuda eğitim ve sağlıkta özel sektör girişimci kılınırken kamu işletmelerinin özelleştirilmesine hız verilmiştir. Aynı zamanda bu süreç, sonraki yıllarda devlet içinde en sarsılmaz veto oyuncuları haline gelecek neoliberalizme sadık, birçoğu "beyaz" ve uluslararası eğitim görmüş teknokrat kesimin ekonomi bürokrasisinde kök salmasına zemin hazırlamıştır.

Peru'da *autogolpe* ile başlayan bu yeni dönem, siyaset bürokrasisinin de yeniden inşasını beraberinde getirmiştir. Bu süreçte imzalanan yüzlerce kararname eliyle kamu sektöründe toplu işten çıkarmalar temyizlerine izin verilmeyecek biçimde işleme konulurken, gidenlerden boşalan yerler çoğunlukla alt-orta sınıfa mensup siyaseten görece deneyimsiz kadrolarla ikame edilmiştir. Dahası, tıpkı Brezilya ve Arjantin'deki muadili Collor ve Menem gibi, Fujimori de kadınları mobilize ederek onları yeni sistemin siyasi elitleri arasına dâhil etmiştir (Weyland, 2003).

Fujimorismo sadece otoriterlikle popülizmin bileşiminden oluşan bir politik rejimi değil, aynı zamanda işleyişini yolsuzluk ve kayırmacılık üzerine inşa etmiş bir suç şebekesini de ifade etmektedir. Öyle ki rejim devletle toplum arasında işlev görmesi beklenen resmî aracı kurumların etkisizleştirilmelerine paralel olarak gayriresmî ve mafya tipi bir ağ yaratmıştır. Bu da onun tüm suçlarını örtbas etme konusundaki otoriter eğilimlerini daha da derinleştirmiştir. *Fujimorismo*'nun on yıl içerisinde inşa ettiği bu mafyokrasi sistemi, bir taraftan yoksul kesimler özelinde iktisadi popülizm üzerinden devreye alınırken diğer taraftan da güvenlik bürokrasisinin üst düzey mensupları, iş dünyasının önde gelen temsilcileri, medya yöneticileriyle kimi yargıç ve savcılardan meydana gelen, farklı kompartımanlar üzerinden adeta hücre tipi işleyen bir mekanizma eliyle işler kılınmıştır. Bu sistemin en kritik ayağında askerî emeklilik fonuyla silah ve uçakların satın alınmalarında yetkilendirilmiş yüksek rütbeli subaylar yer almışlardır. İkinci kritik ayak özelleştirmelerle kamu ihalelerinin işleyişlerinden sorumlu üst düzey ekonomi teknokratlarından meydana gelmiştir. Buna bağlı olarak ayrıca bu dönemde iş dünyası içinde siyaseti servet edinmenin bir aracı olarak gören bir tür "siyasi girişimci" kesimi de ortaya çıkmıştır. Ana medyanın kimi sahip ve yöneticilerinden meydana gelen bir diğer ayak televizyon, gazete ve kimi diğer görsel yayınlar üzerinden gündem oluşturma, değiştirme, propaganda ve muhalifleri itibarsızlaştırma noktasında işlev görmüşlerdir. Son olarak da adalet sisteminde kritik mevkilere getirilmiş kimi yargıç ve savcılar eliyle bu şebekenin kesintisiz bir biçimde işleyebilmesi güvence altına alınmıştır (Conaghan, 2006).

Tüm bunlardan öte Waisman Komisyonu raporu, uyuşturucu kaçakçılığıyla kara para aklamanın *Fujimorismo*'nun önemli iktisadi kaynaklarından olduğunu ve Peru'nun bu dönemde "narko-devlete" dönüştüğünü işaret etmektedir (Acusación Constitucional, No. 32). Yine bu dönemde insan hakları ayaklar altına alınmış, siyasi rakiplere ve muhalif gazetecilere baskılar uygulanmış, işkence ve faili meçhul cinayetlerde patlama yaşanmış, nüfus artışını önlemeye dönük çoğu *indigena* (yerli) kökenli yaklaşık 270 bin kadın ve 22 bin erkek "aile planlaması" kampanyası adı altında rızaları ve haberleri olmadan kısırlaştırılmıştır (Luna, 2017: 161).

Hegemonyanın yitimi açısından tüm baskı rejimleri için geçerli olan son, *Fujimorismo* için de geçerlidir. Zira o da rıza üretemediği noktada daha da otoriterleşmiş, otoriterleştiği noktada daha da yozlaşmış, yozlaştığı noktada neoliberal ajanda ile çatışmış, bu çatışmanın sonucunda da kırılganlaşmıştır. Böylesi bir ortamda başkanlığa üçüncü kez aday olup olamayacağı tartışmasıyla başlayan, yargıdan, siyasi muhalefetten ve muhalif basından yönelen tepkileri sindirmeyle devam eden ve akabinde taraflar arasında bir çatışmaya dönüşen gelişmeler bu kırılganlığı daha da görünür kılmıştır. Her ne kadar Fujimori ikinci turda Alejandro Toledo'nun başını çektiği muhalefetin boykot ettiği 2000 Genel Seçimleri sonrasında yeniden başkanlık koltuğuna oturmuş olsa da bir muhalif televizyon kanalının rejim tarafından nasıl satın alındığını gösteren kasetin basına sızması Peru için Fujimori sonrası dönemin fitilini ateşlemiştir. Bunu diğer kaset skandallarının açığa çıkması izlemiştir. Sokaklara taşan toplumsal protestolar karşısında Fujimori çareyi Japonya'ya kaçmakta bulmuş, orada da istifasını sunmuştur. 2005'te Şili'de tutuklanan Fujimori, 2007'de Peru'ya iade edilmiş ve yargılanması sonrasında birden fazla suçtan 25 yıl hapis cezasına çarptırılmıştır.

Günümüz Peru'sunda Fujimori hayaleti ve anti-Fujimorismo

Fujimori'nin düşüşü Peru'da otoriter rejimin sonu anlamına gelmiş ise de neoliberalizmin sonunu getirmemiştir. Nitekim 21. yüzyılın ilk on yılında Latin Amerika ülkelerinin çoğunluğunun 1980'ler ve 90'ların neoliberal kurumlarını ortadan kaldırmak ya da yeniden biçimlendirmek amacıyla sola döndüğü bir bölgesel konjonktürde Peru, 1993 Anayasası ile inşa edilen kurumsal yapıları yıkmaya hiç yeltenmemiştir. 2001-2016 arasında seçilen üç devlet başkanı da (sol-liberal çizgiyi temsil eden Alejandro Toledo, merkez-sol Alan García ve seçim kampanyası sürecinde uluslararası kamuoyunda Peru'nun Chávez'i olarak görülen sol-milliyetçi Ollanta Humala) *Fujimorismo*'nun neoliberal siyasetine meydan okuyan seçim kampanyaları düzenlemiş olsalar da işbaşına geldiklerinde bu politikaların sadık takipçileri olmuşlardır.

Bu "sürpriz süreğenliğe" (Vergara ve Encinas, 2016) literatürde uluslararası emtia fiyatlarındaki artışlara bağlı olarak Latin Amerika ortalamasının üzerinde bir büyüme performansı sergilenmesi ve başkanlık makamına gelen hiçbir rasyonel aktörün bu olumlu gidişata çomak sokmaya cesaret edemeyeceği (Althaus, 2011) ya da ekonomik elitlerin devleti ele geçirmesi (Durand, 2010) gibi bir dizi açıklama getirilmiştir. Bunlardan en güçlü olanı ise Peru'da neoliberal politikaların sürpriz süreğenliğinin ardında tekno-bürokratların olduğu argümanıdır. Zira siyasi parti geleneği olmayan Peru'da tekno-bürokratlar, özellikle 1993 Anayasası ile birlikte günden güne güç kazanırlarken, siyasetçiler sürekli güç kaybetmişler, kurulan kabineler ise ağırlıklı olarak tekno-bürokratlardan oluşagelmiştir. Toledo, García ve Humala dönemlerinde kabinenin sırasıyla % 49'u, 61'i ve 66'sı teknik bakanlardan oluşmuştur. Hatta Humala'nın 19 kişilik kabinesinde siyaset geçmişi olan sadece tek bir bakan yer almıştır. Latin Amerika soluna dair literatürde Humala gibi yerleşik siyasetin dışından gelen siyasetçilerin neoliberal kurumsal yapıların parçalanmasında önemli aktörler olduğu tartışılsa da Perulu siyaset bilimciler politika yapım süreçlerinde aktif rol oynayan tekno-bürokratların ülkenin başında yönlendirebilecekleri tecrübesiz siyasetçileri görmeyi yeğlediklerine işaret etmektedirler.

Tekno-bürokratların özerklik, otorite ve güçlerini nelere borçlu oldukları konusunda ise literatür en az üç kaynağın altını çizmektedir. Bir grup, teknokratların siyasetçilerden bağımsız bir otorite ve güce sahip olmalarının ardında IMF ve Dünya Bankası gibi uluslararası finans kurumlarına hizmet etmeleri olduğu görüşündedir. Bir diğer argüman ise bu kişilerin ülkede faaliyet gösteren ulusal ve uluslararası şirketlerin tepe yönetimindeki kişiler olmalarını siyasetçilerden bağımsızlıklarının bir kaynağı olarak göstermektedir. Bir diğer grup da tekno-bürokratların teknik tecrübeden kaynaklanan teknokratik özerkliklerinin olduğunu ve yukarıda bahsi geçen iş çevreleri ve uluslararası finans kurumları ile olan ilişkilerinin ast-üst ilişkisine değil iş birliğine dayandığını ve bu iş birliğinin de kendilerine siyasi bir özerklik sağladığını öne sürmektedirler (Dargent, 2011). Ancak güçlerinin kaynağı ne olursa olsun, özellikle ekonomi politikalarının yapım süreçlerinde hatırı sayılır bir otorite ve özerkliğe sahip olan tekno-bürokratların parti geleneğinin olmadığı ve siyasilerin zayıf kaldığı Peru'da neoliberalizmin süreğenliğinin ardındaki "derin" aktörler oldukları açıktır.

Neo-Fujimorismo'nun yükselişi

Alberto Fujimori dönemi bir parantez olmakla birlikte, Peru'da farklı görüş ve partilerden siyasileri bir araya getiren unsurların en başında ideolojik aidiyetten ziyade, ten rengi, eğitim durumu, maddi güç gibi birçok öğeyi barındıran etno-kültürel tarzda bir "beyazlık"ın getirdiği "sınıfsal aynılık" gelmiştir. Bu durum bir kitle siyaseti yerine tabandan kopmuş dar kadrolu bir elit siyasetini öne çıkarmıştır (Salazar Canziani, 2018).

Peru siyasetine özgü bu işleyiş, Keiko Fujimori'ye popülist stratejiyi kullanabilmeye dair önemli kozlar vermiş, *Fujimorismo*'yu canlı tutmuş, hatta yeni bir potada yeniden üretmiştir. Babasının düşüşü sonrası "ayak takımı" olarak horlanan Fujimori, yandaşlarının gözünde sembolik ve duygusal gerekçeler bir arada işlev görmüştür. Sembolik açıdan "Fujimori" soyadı geçmişte terörle yapılan mücadeleye, ülkenin çeperlerinde gerçekleştirilen altyapısal dönüşümlere, yardımlara ve kendileriyle birebir kurulan ilişkilere çağrışım yapmıştır. Duygusal açıdan ise Keiko, ayakları her daim Peru'da, en zor zamanlarda bile ülkesini terk etmeyen bir figür olarak görülmüştür. Bu süreçte babası zamanında kurulmuş patronaj temelli klientelist ağlar ve düşük gelirli bölgelerle aşevleri ve gecekondu birlikleri gibi uygulamalar üzerinden geliştirilmiş güçlü ilişkiler Keiko'ya diğer partilerde olmayan örgütsel bir güç, bir siyasi platform sağlamıştır.

Siyasi Partiler Yasası'nın bağımsız adaylığı yasakladığı Fujimori sonrası Peru'sunda partilerin başkan adayları tarafından adeta tabela partileri olarak kuruldukları, kurumsal bir işleyişe ve ülke çapında yaygın bir örgütsel ağa sahip olmadıkları düşünüldüğünde, son iki yılda aşındığına dair göstergeler olsa da nispeten sağlam bir partizan tabana sahip *Fujimorismo*'nun farkı apaçık ortaya çıkmaktadır. Zira 2016'ya kadar yapılan anketler kendini *Fujimorista* olarak tanımlayan seçmen sayısının her geçen gün arttığını göstermiştir. Siyaset bilimciler ise gücü kendi şahsında konsolide eden babasının aksine Keiko Fujimori'nin particilikte ısrar ettiğine ve *Fujimorismo*'nun bir marka haline geldiğine işaret etmişlerdir (Levitsky, Zavaleta, 2016). Hatta daha önceleri Peru'yu siyasi parti geleneği olmayan bir demokrasi olarak tanımlayan ve Latin Amerika'da kurulan on altı başarılı siyasi partinin birinin dahi Peru'da olmadığını yazan Levitsky, 2016'da artık *Fujimorismo*'nun Peru'da parti formasyonunun önemli bir örneği olduğunu, konsolidasyon döneminden geçtiğini ve Latin Amerika'nın önemli bir sağ partisi olma yolunda emin adımlarla ilerlediğini öne sürmüştür (Levitsky vd., 2016).

2011 Seçimleri'ni Humala karşısında % 48,5'e % 51,5 ile kaybeden Keiko Fujimori'nin yükselişi 2016 Seçimleri'nde de sürmüştür. İlk turdan kendisi ve partisi % 40 oyla galip çıkmış, meclisteki 130 sandalyenin 73'ünü kazanmış, en yakın rakibi Pedro Pablo Kuczynski ise % 21 oyla 18 sandalye kazanmıştır. İkinci turda ise Kuczynski'ye anti-*Fujimorismo* temelinde destek veren tüm partilerin oluşturduğu ittifak ile yarışında Keiko Fujimori, Peru devlet başkanlığını sadece 40 bin oy farkı (% 0,2) ile kaybetmiştir.

Fujimorismo, 2011'den beri bir yandan ulusal siyasette rakipleri karşısında mücadele verirken öte yandan kendi iç hesaplaşmasını yaşamaktan da geri kalmamıştır. *Fujimorismo* içinde yaşanan bu hesaplaşma gayri kurumsaldan kurumsala doğru evrilme sürecindeki sancılar şeklinde de değerlendirilebilir. Keiko Fujimori'nin özellikle 2016 Seçimleri sonrasında meclisteki çoğunluğunu kullanarak Kuczynski yönetimini zora sokması, ardından başkanı geçmişte yaptığı bir yolsuzluk sebebiyle istifaya zorlaması bu çatlakları daha da görünür kılmıştır. Bu süreçte Kuczynski'ye, babası Alberto Fujimori'nin hapisten çıkarılıp ev hapsine alınması koşuluyla destek veren kardeş Kenji Fujimori, *Fuerza Popular*'dan ayrılmıştır. Onu, Perulu birçok analistin kızının babasının hapisten çıkması taraftarı olmadığı argümanını benimseyen *Albertista*lar takip etmiştir. Burada Keiko, babasının yol arkadaşları tarafından *defujimorizasyon* ile suçlanmıştır. Zira başkan ile başkan yardımcısı adaylarının tümünün *Albertista*lar arasından seçildiği 2006 seçimlerinin aksine 2011 ve 2016 seçimlerinde *Albertista* hiçbir aday çıkarılmamıştır. Üstüne üstük 2016 seçimlerinde parlamentoya giren 73 milletvekilinin de yalnızca 15'i *Albertista*'dır.

Peru'da Fujimorismo açısından devamlılık mı, değişimin başlangıcı mı?

Peru'da tüm bu yaşananlar çok kısa bir süre içinde *Fujimorismo* için ciddi ve hem Peru halkı hem de Perulu siyaset bilimciler açısından sürpriz olarak nitelendirilen sonuçlar doğurmuştur. Mart 2018'de Kuczynski'nin yolsuzluk skandalları nedeniyle istifasının ardından kamuoyunda "düşük profilli mühendis" olarak görülen başkan yardımcısı Martin Vizcarra'nın Peru devlet başkanı olarak göreve başlaması ve yolsuzluklarla savaşı en önemli icraat alanı olarak seçmesi ile birlikte Peru'da Perulu siyaset bilimcilerin dahi beklemediği sürpriz gelişmeler ve değişimler yaşanmaya başlamıştır.

Vizcarra, ilk olarak Alberto Fujimori'nin yaş ve sağlık nedenleriyle ev hapsine alınmasını öngören yasayı veto etmiştir. Ardından Kuczynski ile birlikte Keiko Fujimori, Alan García, Alejandro Toledo, Ollanta Humala ve kimi diğer politikacılar Odebrecht Skandalı kapsamında yürütülen yolsuzluk davalarında yargılanmaya başlamışlardır. Ekim 2018'de Keiko'nun kaçma şüphesi nedeniyle tutuklu yargılanmasına karar verilmiş ve kendisi önleyici tedbir olarak üç yıl hapis cezasına çarptırılmıştır.

Gerek meclisteki sandalyelerin çoğunluğuna sahip olması nedeniyle Kuczynski'yi istifaya zorladığı süreçte partisinin sergilediği politika, gerek toplumun bir kısmı tarafından terörü bitirdiği ve ekonomik stabilizasyon sağladığı gerekçeleriyle saygı gören baba Fujimori'nin hapisten çıkarılması yönünde kardeş Kenji Fujimori'nin çalışmalarının abla Keiko Fujimori tarafından baltalanması ve son olarak da yolsuzluk ve kara para aklama soruşturmaları kapsamında Keiko'nun "kemikleşmiş bir fiili suç örgütünü yöneten ciddi bir şüpheli"[1] olduğu savıyla tutuklanması *Fuerza Popular*'ın Ekim 2018'de gerçekleştirilen yerel seçimlerde % 5 gibi bir oy oranıyla çok başarısız bir performans sergilemesine sebep olmuştur.

Yolsuzluklara karşı verdiği savaş nedeniyle toplum nezdinde edindiği güven her geçen gün artan Vizcarra ise başkanlıkta daha bir yılı dolmamışken anayasal değişiklik için referanduma gitmiş ve % 85 gibi bir yüzde ile halkın desteğini almayı başarmıştır. Anayasada yapılan değişiklikler ile birlikte Peru'da artık siyasetin finansmanı şeffaf olacak ve bir dönem seçilmiş kişiler takip eden dönemde aday olamayacaklardır. Vizcarra bununla da yetinmemiş ve 5 Haziran 2019'da yolsuzlukla savaş ile ilgili devam edecek olan değişiklikler için çoğunluğunu *Fuerza Popular*'ın oluşturduğu meclisten kabinesine güvenoyu istemiş ve almayı başarmıştır. Zira kendisinin bu isteği aksi takdirde parlamentoyu dağıtacağı ve erken seçime gideceği tehdidiyle gelmiştir.

Sonuç olarak ülkede tüm bu yaşananlar Perulu siyaset bilimciler açısından *Fujimorismo*'nun sanıldığı kadar güçlü olmadığı ve gücünün erimeye başladığı şeklinde analiz edilmeye başlansa da birçok analiz de Fujimori hayaletinin yadsınamayacak bir güce sahip olduğunun ve göz ardı edilmemesi gerektiğinin altını çizmektedir. Altı ay gibi kısa bir süre içinde yaşananların *Fujimorismo*'nun geleceği için neler ifade edeceği tartışmalı olmakla birlikte Fujimorismo'nun geleceğine dair önemli ipuçlarını 2021 seçim sonuçları verecektir.

---

1 https://www.lavanguardia.com/vida/20181101/452675684332/keiko-fujimori-sospechosa-grave-deliderar-organizacion-criminal-en-peru.html

> **TARTIŞMA SORULARI**
> - Neoliberal popülist strateji, sosyal/sınıfsal mobilizasyon ve otoriterlik arasındaki ilişkiyi aşağıdaki hususlar ışığında örnek ülkeler üzerinden düşününüz, farklılıkları ve benzerlikleri tartışınız:
> - Gelişmiş demokrasilerde iktidarın ve muhalafetin neoliberal popülist stratejilerini.
> - Az gelişmiş / zayıf demokrasilerde iktidarın ve muhalefetin neoliberal popülist stratejilerini.

KAYNAKÇA

Althaus, J. (2011), *La promesa de la democracia*, Lima: Planeta.

Conaghan, C.M. (2006), "The immoral economy of Fujimorismo", Carrion, J.F. (der.), *The Fujimori Legacy: The Rise of Electoral Authoritarianism in Peru* içinde, Pennsylvania: Pennsylvania State University Press, s. 102-125.

Dargent, E. (2011), "Agents or actors? Assessing the autonomy of economic technocrats in Colombia and Peru", *Comparative Politics*, 43 (3): 313-332.

Durand, F. (2010), *La Mano Invisible en el Estado: Crítica a los Neoliberales Criollos*, Lima: Fondo Editorial del Pedagógico San Marcos.

Gonzales de Olarte, E. (1998), *El Neoliberalismo a la Peruana: Economía, Política del ajuste estructural, 1990-1997*, Lima: Consorico de Investigación Economica/Instituto de Estudios Peruanos.

Keen, B. ve Haynes, K. (2009), *A History of Latin America*, New York: Houghton Mifflin Harcourt.

Kenney, C. (2004), *Fujimori's Coup and the Breakdown of Democracy in Latin America*, Notre Dame: University of Notre Dame Press.

Levitsky, S. ve Loxton, J. (2012), "Populism and competitive authoritarianism: The case of Fujimori's Peru", Mudde, C ve Kaltwasser, C. R. (der.), *Populism in Europe and the Americas* içinde, Cambridge: Cambridge University Press, s. 160-181.

Levitsky, S. ve Zavaleta, M. (2016), "Why no party-building in Peru?", Levitsky, S. vd. (der.), *Challenges of Party-Building in Latin America* içinde, Cambridge: Cambridge University Press, s. 412-439.

Levitsky, S., Loxton, J. ve Van Dyck, B. (2016), "Introduction", Levitsky, S. vd. (der.), *Challenges of Party-Building in Latin America* içinde, Cambridge: Cambridge University Press, s. 1-50.

Luna, M. F. (2017), "The pacification of Peru and the production of a neoliberal populist order", *State Crime Journal*, 6 (1): 156-174.

Mudde, C. ve Kaltwasser, C. R. der. (2012), *Populism in Europe and the Americas*, Cambridge: Cambridge University Press.

Roberts, K. M. (1995), "Neoliberalism and the transformation of populism in Latin America: The Peruvian case", *World Politics*, 48 (1): 82-116.

Schulte-Bockholt, A. (2013), *Corruption as Power: Criminal Governance in Peru during the Fujimori Era (1990-2000)*, New York: Peter Lang.

Weyland, K. (2003), "Neopopulism and neoliberalism in Latin America: How much affinity?", *Third World Quarterly*, 24 (6): 1095-1115.

Salazar Canziani, V. (2018), *Democracy in a Fragmented Nation: Vignettes from the Congress of the Republic of Peru*, Yayınlanmamış Yüksek Lisans Tezi, Wageningen Üniversitesi.

Vergara, A. ve Encinas, D. (2016), "Continuity by surprise: Explaining institutional stability in contemporary Peru", *Latin American Research Review*, 51(1): 159-180.

On Dokuzuncu Bölüm

KOLOMBİYA VE GEÇİŞ DÖNEMİ ADALETİ: KALICI BİR BARIŞA DOĞRU MU?

GÜNEŞ DAŞLI

Giriş

Bu bölümün amacı, Kolombiya'daki barış sürecini özgün yanları ve zorluklarıyla birlikte tartışmaktır. Bu amaçla geçiş dönemi adaletine liberal barış anlayışı dışından bakarak, özne-odaklı bakmanın imkânları iki önemli deneyimle birlikte araştırılmaktadır. Makalenin temel iddiası, kalıcı bir barışın geçiş dönemi adaleti mekanizmalarının toplumsal öznelerin hem mağduriyetlerini gören hem de onların tarihsel direnişlerini tanıyan özne-odaklı bir bakış açısına göre tasarlanmış olmasıyla mümkün olacağıdır.

Makalede ilk olarak Kolombiya'daki çatışmanın arka planı ve son barış süreci özetlenmektedir. Daha sonraki bölümde, eleştirel geçiş dönemi adaleti literatüründeki güncel tartışmalar "geçiş", "liberal barış anlayışı" ve "özne-odaklı yaklaşım" kavramları odağında sunulmaktadır. Devamında çatışma sürerken kurulmuş ve pek çok açıdan biricik bir deneyim olan Kolombiya'daki Ulusal Tarihsel Hafıza Merkezi *(Centro Nacional de Memoria Histórica*/CNMH) ile halen çalışmalarına devam eden Hakikat Komisyonu *(Comisión para el Esclarecimiento de la Verdad, la Convivencia y la No repetición)* eleştirel geçiş dönemi adaleti literatüründen incelenmektedir. Son olarak bu iki mekanizmanın benimsenen eleştirel ve özne-odaklı yaklaşım bağlamında sunduğu imkânlar ve içinde bulunduğu açmazlar üzerinde durulmaktadır.

Kolombiya'da iç savaş

Kolombiya'da elli yılı aşkın süren iç savaşın ana karakteri, ekonomik bir çatışma olmasıdır. İç savaş, ekonomik eşitsizlikler ve yoksullaşma, yasadışı ekinlere dayalı uyuşturucu ekonomisi, uygulanan neoliberal politikalar, beraberinde uluslararası şirketlerin doğal kaynakların olduğu toprakları gasp etmesi ve yerlilerin ve Afro-Kolombiyalıların mülksüzleştirilmesiyle daha da derinleşmiştir. Özetle belirtmek gerekirse, Kolombiya'daki çatışmanın tarihsel ve toplumsal kökeni iki önemli olaya dayanmaktadır: Birincisi sömürgecilik, ikincisi 1950'lerde liberallerle muhafazakârlar arasında yaşanan çatışmalardır. 16. yüzyılda başlayan İspanya sömürgeciliği, yerli halkların merkezden çeper bölgelere doğru kaydırılmasına ve yereldeki mülkiyetin belli bir kesimin elinde toplanmasına neden olmuştur. Bu merkez-çeper şekillenmesiyle birlikte, kırsal bölgelerde yaşayanlar daha çok yoksullaştırılmış, yerli halklar, Afro-Kolombiyalılar, *mestizo*lar, *mulatto*lar ve yoksul beyazlar politik süreçlerden dışlanmıştır. Bu politikaların bir diğer sonucu ise devletin kırsal bölgelerde yaşayan yurttaşları sistematik olarak sağlık, eğitim, koruma gibi temel kamusal hizmetlerden ve haklardan mahrum etmiş olmasıdır. Çatışmanın bir diğer, daha güncel tarihsel ve politik kökeni, 1950'lerdeki liberaller ve muhafazakârlar arasındaki kutuplaşmadır. Bu iki kesim arasındaki çatışmaların zirve yaptığı ve çoğu muhalif, sendika üyesi ve öğrenci olan 20 bin insanın öldürüldüğü *La Violencia* süreci silahlı çatışmanın başlangıcı olmuştur (González, 2004: 11).

Kolombiya'daki iç savaşla ilgili çatışma dönüşümü açısından vurgulanması gereken bir nokta, çok fazla failin olduğu ve buna bağlı olarak failliğin ortaya çıkarılmasının oldukça karmaşık hale geldiğidir. Uzun süren çatışmada, birden fazla gerilla grubunun varlığı, uyuşturucu ekonomisi ve devletin politikalarıyla güçlenen paramiliter güçler, BACRIM denen küçük çeteler ve ordu, hatta uluslararası şirketler çatışmanın temel aktörleridir. Her ne kadar son barış antlaşması Kolombiya ile FARC arasında imzalanmış olsa da çatışmanın mağdurları için çoğu zaman failler paramiliter güçler ya da BACRIM denen gruplar olabilmektedir. Diğer yandan bu kadar uzun süren çatışmanın sonuçları da oldukça ağırdır. 200 binden fazla insan öldürülmüş, 8,5 milyon insan çatışmanın mağduru olmuştur. Kolombiya, Suriye'den sonra zorla yerinden edinmenin en yüksek olduğu ülkedir: 8 milyon insan göç etmek zorunda kalmıştır (UNHCR, 2019: 6).

Kolombiya'da barış süreci[1]

24 Kasım 2016'da çatışmanın ana aktörlerinden ikisi, Kolombiya hükümeti ve FARC, 2012'den beri devam eden müzakerelerin ardından, Küba'nın Havana şehrinde nihai bir barış anlaşması imzaladı. Bu anlaşmada müzakere edilecek altı başlık belirlendi. Bunlar kırsal kalkınma, siyasi katılım, yasadışı ekinler, mağdurlar, çatışmanın sonlandırılması ile barış antlaşmasının uygulanması

---

[1] Kolombiya, geçmişte barış süreçleri deneyimine sahip bir ülkedir. İlk başarılı anlaşma M19 örgütüyle 1990'da yapılmıştır. 1991'de, 1994 ve 1998'de farklı gerilla örgütleriyle antlaşmalar imzalanmıştır. FARC'la ise daha önce 1982-1988 döneminde, 1992'de César Gavira hükümeti ve 1999-2002 arasında Andrés Pastrana hükümeti liderliğinde müzakereler yürütülmüştür.

ve teyit edilmesidir. Geçiş dönemi adaleti mekanizmaları mağdurlar bölümünde oldukça detaylı bir şekilde yer almış, temelde dört mekanizma kurulmuştur: barış mahkemeleri, hakikat komisyonu, kayıpları arama birimi ve onarım programları.

Kolombiya barış sürecinin üç özgün yanı bulunmaktadır: mağdurların katılımı, toplumsal cinsiyet perspektifinin benimsenmesi ve uluslararası aktörlerin varlığı. Mağdurların katılımı için yerelde düzenlenen forumlardan gelen 66 bin görüş ve talep Havana'daki müzakere masasına iletilmiş, farklı grupları temsilen toplam 60 mağdur ise doğrudan barış görüşmelerine katılmıştır. İlk defa tüm barış görüşmeleri sürecinde aktif olarak çalışan, barış antlaşması metnini toplumsal cinsiyet perspektifinden değerlendirip görüş bildiren ve Kolombiya'daki farklı grupların talepleri üzerinde çalışan Toplumsal Cinsiyet Komisyonu kurulmuştur. Farklı arka planlardan gelen kadın ve LGBTQ+ örgütleri, devletin toplumsal cinsiyet konusundaki muhafazakâr ve patriarkal tutumuna rağmen kolektif seferberlikle sürece müdahale edebilmiştir (Daşlı vd., 2018: 24-25). Son olarak daha önce çeşitli çatışma çözümü deneyimlerinde de var olan uluslararası kurumların sürecin bütününde farklı rollerde yer almasıdır. Barış görüşmelerinin en başında Norveç, kapalı başlayan görüşmelere ev sahipliği yapmış, Küba ve Venezuela garantör ülke olarak yer almıştır. Devletler dışında Birleşmiş Milletler (BM) gibi uluslararası aktörler de süreçte yer almıştır. BM, özellikle

---

Kolombiya Devrimci Silahlı Güçleri
(Fuerzas Armadas Revolucionarias de Colombia/FARC)

Son barış antlaşmasının taraflarından biri olan FARC, 1964'te Komünist Parti sempatizanı köylüler tarafından kurulmuştur. Ulusal Kurtuluş Ordusu (*Ejército de Liberación Nacional*/ELN) ve 19 Nisan Hareketi gibi farklı gerilla örgütleri de aynı dönemde ortaya çıkmıştır. Marksist bir siyasi örgütlenme olarak kurulan FARC, 1964-2016 arasında Kolombiya devletiyle çatışmış bir gerilla örgütlenmesidir. Küba Devrimi'nin etkisiyle, Kolombiya Komünist Partisi'nden silahlı mücadeleyi başlatarak ayrılıp sendikal mücadele veren işçiler ve üniversite öğrencileri arasında hızlıca sempatizanlar kazanmıştır. İlerleyen yıllarda uluslararası şirketlerin yerli halkın topraklarını talan etmesine karşı durması ve Amerikan emperyalizmini reddetmesiyle halk tarafından desteklenen güçlü bir örgüt haline gelmiştir. 1990'lara gelindiğinde 10 binden fazla gerillası olan, özellikle kırsal bölgelerde etkisi yüksek bir örgüt olmuştur. FARC'ın halk tarafından giderek daha az desteklenmesinde ve askerî olarak zayıflamasında etkili olan farklı politik ve toplumsal koşullar bulunmaktadır. Ancak ilk bakışta, 1990'larda FARC üyelerinin uyuşturucu ticaretine bir noktadan dâhil olması, kaçırma eylemlerini sivilleri de dâhil ederek genişletmesi, devletin paramiliter grupları da kullanarak kirli savaşı derinleştirmesiyle FARC'ın da şiddetin boyutunun artırılması ve toplamında savaşın insanlar üzerinde etkisinin korkunç boyutlara ulaşmış olması olarak belirtilebilir. Son imzalanan barış antlaşmasıyla FARC, silahlı mücadelesini artık legal alanda yürüteceğini deklare ederek legal bir siyasi partiye dönüşmüştür. Şu anda eski gerillalardan beş kişi Kolombiya Parlamentosu'nda milletvekili olarak görev yapmaktadır.

FARC gerillalarının silahsızlanma sürecinde güvenliğin sağlanmasında rol üstlenmiştir. Bunların yanı sıra birden fazla uluslararası sivil toplum örgütü, akademisyen, uzman ve arabulucu barış sürecine ve sonrasına dâhil olmuşlardır.

Geçiş dönemi adaleti, hafıza ve hakikat

Bu bölümde, özellikle Türkiye için oldukça yeni olan eleştirel geçiş dönemi adaleti yaklaşımına dair bir odak benimsenmiştir. Bu eleştirel yaklaşımla, çatışma sonrası geçiş dönemi adaleti mekanizmalarının neden beklenildiği ölçüde "adalet" ve "demokrasi" sağlamadığı üzerinde durulmaktadır. Böyle bir eleştirel merak, sadece uygulamadaki aksaklıklara işaret ederek değil şu temel sorulara cevap arayarak şekillenmektedir: "Geçiş" ne demektir, "liberal barış anlayışı"nın geçiş dönemi adaleti ile teorik ilişkisi nedir ve bu çalışma için en önemli yaklaşım olan "özne-odaklı yaklaşım" nasıl ele alınabilir. Sınırlılıklarıyla birlikte bu üç önemli ana hat izlenerek bir tartışma sunulmaktadır.

Geçiş dönemi adaleti mekanizmaları, eski Yugoslavya, Ruanda, Güney Afrika, Arjantin, Şili, Guatemala gibi farklı örneklerin ardından giderek daha yaygın bir şekilde bilinir oldu. Bu yaygın uygulama, soykırım, katliamlar gibi ağır ve büyük oranda sadece bir grup elit için çalışır hale gelmiş ulusal hukuk düzeninin baş etmede yetersiz kaldığı durumlarda, adaletin tesisine ve hukukun yeniden inşa edilmesine önemli katkılar sağladı. Ancak bu katkıyla birlikte daha da fazla sorgulanır hale geldi. Bu eleştiriler, adalet ile barış arasındaki gerilimli ilişkinin nasıl kurulacağı etrafında birikti.

Eleştirel geçiş dönemi adaleti yaklaşımında, kavramın hukuksal sınırların ve Batılı liberal demokrasi ve kurumsallaşma hedefinin ötesine geçmesi gerektiği gittikçe daha çok vurgulanmaktadır. Roth-Arriaza, oldukça geniş ve kapsayıcı bir yaklaşım benimseyerek, geçiş dönemi adaletini "doğrudan geçmişteki insan hakları ihlalleriyle yüzleşmeyi ve hesaplaşmayı amaçlayan, çatışma, iç kargaşa ve baskılardan hemen sonra gelen uygulamalar, mekanizmalar ve kurumlar bütünü" olarak tanımlar (Roth-Arriaza ve Mariezcurrena, 2006: 2). Bu yaklaşımla birlikte Roth-Arriaza, geçiş dönemi süresince kurulan özel mahkemeler gibi yasal mekanizmaları işaret etmekle yetinmeyip hakikat komisyonları, onarım programları gibi hukuk dışı pratikleri de içine alacak şekilde kapsayıcı bir tanım yapar. Ancak bu, her ne kadar geniş bir tanım olarak ele alınsa da esasında çatışmanın kökeninde yatan ekonomik ve sosyal eşitsizlikler ve toplumsal cinsiyet eşitsizliği gibi temel sorunları işaret etmekte yine de eksik kalır. Bu noktada barış ile adaleti aynı anda hedefleyen ve çoğu zaman karşıt olarak alınan bu iki nosyon arasında ilişki kuran daha bütüncül bir yaklaşım önemli hale gelir (Mani, 2005: 512-514).

Geçiş dönemi adaleti mekanizmalarını iki temel kategoriye ayırmak mümkündür. Birinci kategori, yasal ve hukuki kısmını oluşturan cezalandırıcı adalettir. Savaş ya da çatışma sonrası, geçmişte işlenmiş ağır insanlık suçlarının, savaş ve soykırım suçlarının yargılanmalarının yapıldığı geçiş sürecine özgü kurulmuş mahkemeleri kapsamaktadır. Yahudi soykırımı sonrası Almanya'da kurulan Nürnberg Mahkemeleri, bu geleneksel geçiş adaleti mahkemelerinin ilk önemli örneğidir. İkinci kategori ise onarıcı adalettir. En önemli mekanizması, hakikat komisyonlarıdır. Savaş ya da dikta dönemine ait hakikatleri ortaya çıkarmaları, mağdurların tanıklıklarına başvurularak mahkemelerin ötesinde bir anlatıya ve adalet arayışına imkân sunmaları, özgün yanlarıdır. Hakikat komisyonları halen onarıcı adalet mekanizmaları içerisinde en önemli olanlarından biri olsa da toplumsal adaleti kapsayan ikinci kategori, özür dileme, tazminat, eski-savaşçılar için uyum programları, hafızalaştırma gibi yenilikçi mekanizmaları da kapsayarak genişlemektedir. Kolombiya deneyiminde görüldüğü üzere geçiş dönemi adaleti mekanizmalarında onarıcı mekanizmalar giderek daha da yaygın kullanılmaya başlanmıştır. Onarıcı adalet pratiklerinin, mahkemelerin sağlayamadığı yeniden uzlaşmaya (*reconciliation*) katkı sunma potansiyeli çok daha yüksek görünmektedir.

Mani (2005), onarıcı adalete giderek daha fazla önem verilmesinin üzerinde durur. Ona göre, evrensel hukuk kuralları baştan toplumu "sanık" ve "fail" olarak ikiye böler ve mahkemeler mağdurlar için her ne kadar olumlu sonuçlansa da –ki bu süreçler yılları alabilmekte– esasında sonunda halen Ruanda'da olduğu gibi her an çatışmanın tekrar başlayabileceği kırılgan bir toplum yaratılabilmektedir. Oysa onarıcı adalet mekanizmaları; hafızalaştırma, özür dileme, tazminat ve hakikat komisyonları ile cezalandırmanın ötesine giderek tüm toplumu kapsamına alabilecek daha bütüncül bir yaklaşım benimseyebilir. Yani mağdurları, failleri hatta doğrudan çatışmanın bir tarafı olmamış toplumun diğer kesimlerini barış inşasına dâhil etme fırsatı doğar. Tabii bu noktada Mani'nin önerdiği bir tür affetme, geçmişi kapatma ve yola yeni bir sayfa açma olarak anlaşılmamalıdır. Aksine Mani (2005), kendisinin üzerinde çalıştığı Sierra Leone gibi ülke deneyimlerinden de hareketle; tüm bu mekanizmaların çatışmanın ana kaynağı olan yapısal şiddetle mücadele etmeyi hedeflemesi gerektiğinin altını çizer. Sosyal ve ekonomik eşitsizliklerin, sınıfsal sorunların, politik eşitsizliklerin barış ve adaletle ilişkisi kurularak tartışılması gerekir. Bu bağlamda şiddetin türünün (örneğin devlet şiddeti olarak) ya da eşitsizliğin (toplumsal cinsiyet eşitsizliği, sınıfsal eşitsizlik vb.) toplumsal ve politik bağlam içerisinde net bir şekilde tanımlanması kritiktir.

Mani'yle (2005) benzer bir geçiş dönemi adaleti yaklaşımı öneren Lamborne'a (2009) göre ise geçiş süreçleri, mağdur-fail, çatışma öncesi-sonrası gibi ikiliklerin ötesine geçebilmelidir. Kendisinin "dönüştürücü adalet" olarak adlandırdığı yaklaşıma göre, özellikle sivil toplumun bu süreçlere katılımının ve "geçiş" tanımının eleştirel bir bakış açısıyla tekrardan yapılması gerektiğinin üzerinde durur. Gerçekten de Lamborne (2009), Mani (2005), Sharp (2008) gibi eleştirel yaklaşımı benimsemiş teorisyenler, çalıştıkları ülke deneyimlerinden yola çıkarak, yerelin dâhil edilmediği geçiş süreçlerinin başarı şansının çok az olduğuna vurgu yaparlar. Elbette buradaki başarı, kalıcı barışın sağlanıp sağlanmadığına dairdir. Kalıcı bir barışın sağlanması gibi büyük bir idealin sadece geçiş dönemi adaletine yüklenmemesinin pratik sınırlılıkları ortadadır. Ancak geçiş süreçlerini, kalıcı barışın inşa edildiği (hatta çatışma devam ederken başlayan) süreçlerin bir parçası olduğunu görmek yeni hareket alanlarına imkân tanır. Gerçekten de toplumun, yani barışın asıl sahibi olan toplumsal hareketlerin, muhalif grupların, yerlilerin, yıllarca baskı görmüş azınlık gruplarının değişimin yürütücüleri olarak merkeze alındığı süreçler nasıl mümkün olur, bunun üzerine tartışılmalıdır. Bu bağlamda, eleştirel geçiş dönemi adaleti teorisyenleri esasında tamamen yepyeni yollar, mekanizmalar önermek yerine var olan mekanizmalara şüpheyle yaklaşarak, normatif yaklaşımları eleştirir. Çatışmanın özgünlüğüne uymayan, yereldeki insanların taleplerini, kültürel ve geleneksel uzlaşma ve barış inşası yaklaşımlarını, direnişlerini tanımayan bir yaklaşımdan adalet ve barış beklemenin eksikliğine dikkat çekerler. Böylece mağdurlar ya da özellikle Latin Amerika için barış ve adalet etrafında farklı direniş biçimlerini örmüş toplumsal hareketler tüm bu süreçlerin öznesi olduğu zaman farklı bir yaklaşım olanaklı hale gelir.

Geçiş

Çalışmada ilk ele alınan terim, "geçiş" (*transition*) tanımıdır. Geçiş, barış çalışmalarında yaygın olarak "çatışmalı ya da otoriter bir toplumdan barışçıl bir topluma dönüşüm süreci" olarak tanımlanır. Bu bağlamda, geçiş, genelde bir barış antlaşması sonrasında başlayan, belli sınırlılıkları olan bir süreyi işaret eder. Ancak Sharp (2008), bu tanımın çoğu zaman dar liberal barış anlayışı içerisinde teleolojik bir anlamı olduğunu iddia eder. Bu geçiş belli bir kronolojik sıraya sahiptir; çatışma, barış antlaşması ve ardından geçiş süreci başlar. Lineer, kronolojik ve belli bir süresi olan yani sonuç odaklı bir anlama sahiptir. Bu geçiş sürecinde demokrasiye geçiş aşamaları vardır, örneğin gereken insan hakları kurumları kurulur, merkezî düzeyde yasalar çıkarılır, yargılamalar olur ve geçiş tamamlanır. Dolayısıyla liberal barış anlayışının en temel yaklaşımı olan sonuç odaklı yaklaşım esastır, soruna müdahale edilir ve çözüme ulaşılır. Bu noktada belirtilmelidir ki demokrasi, insan hakları ve hukukun üstünlüğü, bir barış sürecinde arzu edilen sonuçlar olabilir, nitekim çoğu örnekte mağdurlar insan hakları mücadelesi etrafında hareket etmektedir, bu onların da talebi olabilmektedir. Ancak üzerinde durulması gereken nokta şudur ki, ana akım geçiş dönemi adaleti literatüründe ve uygulamalarında benimsenen bu tanım, farklı çatışmaların farklı dinamikleri olduğu gerçeğini ıskalar. Öte yandan Sharp ve Lambourne'ın da vurguladığı gibi, geçişi resmî bir barış antlaşması imzalandıktan sonra başlatmak problemlidir. Geçiş süreci, çatışma devam ederken de başlayabilir. Özellikle adaletin tabandan inşasına ve onarım pratiklerine odaklanılmaması, "geçiş"in dar tanımıyla doğrudan ilintilidir. Pratikte çatışma devam etse de, barış inşası programları ve direnişler, barışı ısrarla talep ederek toplumu seferber etmeye devam eder. Hele ki barış etrafında örülmüş toplumsal hareketlerin çok güçlü olduğu Latin Amerika'da geçiş sürecini, sadece bir barış antlaşmasını mihenk taşı olarak alıp tartışmak oldukça eksik kalır. Dolayısıyla bu "geçiş" tanımının normatif anlamının ötesine geçilmesi; "geçiş"in farklı çatışma ve toplumsal dinamiklere göre çeşitlenebileceğini görünür kılar. Liberal, teleolojik ve lineer bir zamanı esas alan yaklaşımın aksine, geçişin bir süreç olarak ele alınıp, çatışma devam ederken de var olabileceği akılda tutulmalıdır.

Liberal barış anlayışı

Liberal barış projesi, genel hatlarıyla, çatışmanın olduğu ülkelere barış antlaşmasıyla birlikte liberal demokrasinin getirilmesi, hukukun üstünlüğünün sağlanması, kamu kurumlarının reforme edilmesi ve ulusal ekonominin piyasa ekonomisine entegre edilmesi olarak özetlenebilir (Richmond, 2010: 22). Özellikle 1990'larla birlikte gelişen bu anlayış, BM ve Dünya Bankası gibi uluslararası örgütlerin öncülüğünde Afrika ülkelerinde uygulanmaya başlandı. Felsefi temelini Kant'ın barış tanımına dayandıran bu yaklaşım, uluslararası kurumların demokrasi adına ülkelere müdahale etmesiyle barışın sağlanacağı varsayımına dayanıyordu. Ancak liberal barış projeleri, özellikle 2000'lere gelindiğinde çöktü; Avrupa kendi göbeğindeki Kosova'da çok kötü bir sınav verdi. Afganistan, Irak, Sri Lanka ise liberal barış yaklaşımının felaketle sonuçlandığını tüm dünyanın gözleri önüne serdi. Barış adına yapılan şeyin daha fazla şiddet, eşitsizlik getirdiği görüldü. Dolayısıyla liberal barış projeleri, etno-merkezci, küresel Kuzey'in önceliklerini baz alan, güvenlik ve teknokrasi odaklı, yapısal şiddeti sonlandırmayı amaçlamayan, siyasi güç değişimiyle ilgilenmeyen, kısa-vadeli ve yerelle bağı kuramayan projeler olarak şekillendi (Mac Ginty, 2011: 20). Bir diğer ifadeyle, kalıcı bir barışı hedeflemeyen "düşük profilli barış"ı Avrupa dışındaki ülkelere uygun gören Batı merkezli bir anlayıştır. Her ne kadar BM gibi kurumlar bu üsttenci tavrı terk ederek yereli dâhil etme yönüne gitse de bu değişim büyük oranda pragmatik motivasyona dayalı oldu.

Liberal barış anlayışına dayalı geçiş dönemi adaleti süreçleri, benzer hata ve eksiklikleri devam ettirme eğilimini gösterir. Sharp ve Sriram'a göre (2007), bu anlayış adalet tesisinin Batı hukukunun sağlanmasına indirgenmesiyle vuku bulur. Bu bağlamda, savaş suçlarını uygulayan veya insan hakları ihlallerini ihlal eden siyasi ve askerî liderlerin yargılanması, adaletin tesisi için yeterli görülür. Daha ötesinde bunun demokrasiye giden bir istikrarı sağladığı savlanır. Ancak bu yaklaşım tehlikelidir. Çünkü öncelikle, soyut düzeyde bir hukuksal eşitlik tanımı yapar. Dolayısıyla "insan"ın özne olarak var olduğu uzun süreli, çetrefilli bir adalet arayışından ziyade daha pragmatik, proje gibi görülen geçiş dönemi mekanizmalarına imkân tanır. Bir ölçüde bu yaklaşım ulusal yargı sisteminin güvenilmez hale geldiği, devletin yolsuzlukla çöktüğü bir ülkede hukukun üstünlüğünün sağlanması için bir yol çizer. Ancak bu yol genelde Batı ülkelerinin ulus-inşa projeleriyle, soyut insan hakları eşitliği anlayışıyla sınırlıdır. Bu sınırlılık, adaletin ezilen halklar için daha büyük bir anlama sahip olduğunu ıskalamaya neden olur. Oysa soru şudur: 50 yıldan fazla sürmüş bir iç savaştan sonra Kolombiya'daki mağdurlar, halklar için adalet nedir? Sorunun tek bir cevabı yoktur, tek bir öznesi de.

Özne-odaklı yaklaşım

Geçmişle hesaplaşma süreçlerinde, sadece elitler arasında barış süreçlerini yürütmenin kalıcı barışı sağlamadığı ortadadır. Dolayısıyla kalıcı bir barış, toplumsal öznelerin (farklı ezilmiş gruplar, kadınlar, çocuklar, yerli halklar, toplumsal hareketler vb.) bu süreçlerde aktör olarak yer almasıyla mümkündür. Bu bağlamda, "yerel" toplum-merkezli barış pratiklerini ve mücadelesini kapsar ve "yerel" toplumsal aktörleri işaret eder. Bu aktörler genelde çatışma süreçlerinde ya da barış süreçlerinde hemen ilk bakışta fark edilmeyen, çoğu zaman baskıyla görünmez haline getirilmiş aktörlerdir.

Tepeden, dayatmacı ve monolitik barış inşasına kıyasla "yerel" yaklaşımın özgün yanları vardır. Öncelikle söz konusu çatışmaya dayalı travmalar olduğunda, çoğu zaman halklar, mağdurlar ve hayatta kalanlar bu travmalarla nasıl baş edeceklerini en iyi bizzat kendileri bilebilmektedir. Kültürel olarak yıllardır yaptıkları geleneklerle biriktirmiş oldukları çatışma çözümü, diyalog ve yeniden uzlaşma pratikleri devreye girer. Çoğu zaman uzun süre şiddete maruz kalmış bir mağdur, gündelik hayatında hiç olmayan bir adliye binasına gidip ifade vermekte zorlanırken, yerel deki bir mekanizmada, kendisini güven içerisinde hissettiği köyünde hikâyesini güvenle anlatabilir. Richmond (2010), toplumsal aktörlerin, siyasi ve politik güç hiyerarşilerine meydan okuyan, değiştirme gücü ve özgürleşme potansiyeli olan özneler olduğuna dikkat çeker. Değişimin özneleri olduğunun farkına varmak, zor ve çetrefilli bir yolculuk olan kalıcı barış inşasında büyük fark yaratır. Nitekim Ortadoğu'da son yıllarda yaşanan direnişler sonrasında, tazminat ödenmesinde, kayıpların aranmasında ve uzlaşma komisyonlarının kurulmasında otoriter rejimlere direnen toplumsal hareketler ve aktörler önemli rol oynamıştır. Dolayısıyla geçiş dönemi adaletinin direniş ve toplumsal hareketlerle ilişkisi daha sık tartışılır hale gelmektedir.

Bu çalışmada geçiş dönemi adaleti ile ilişkili olarak McEvoy ve McGregor'ın (2008) ortaya koyduğu "özne-odaklı" yaklaşım benimsenmiştir. Bu yaklaşıma göre, geçiş dönemi adaleti, çatışma öncesi ve sonrasını kapsayan bir geçiş tanımını barındırır. McEvoy ve McGregor (2008), "özne-odaklı" yaklaşımı tanımlarken, geçiş dönemi adaletine hem resmî mekanizmalar hem de resmî olmayan pratiklerle birlikte bütüncül bakmayı önerir. Dolayısıyla tabandan toplumsal aktörlerce inşa edilen pratikler, programlar ve inisiyatifler de geçiş dönemi adaleti tanımının içinde yer alır. Bunun da ötesinde, söz konusu yaklaşım, devlet tarafından kurulan geçiş dönemi adaleti süreçlerinin yetersizliklerini işaret eder. Geçiş dönemi adaletine özne odaklı olarak bakmak, sadece çatışmanın insan hakları bilançosuyla ilgili bir çabayı değil, toplumsal hareketlerin eşitsizlik, neoliberalizm ve cezasızlık gibi konularla mücadelesini de kapsar. Bu yaklaşım aynı zamanda toplumsal aktörlerin, Richmond'un işaret ettiği gibi, hegemonik siyasi, toplumsal ve ekonomik güçlere karşı kitlesel seferberliğin görünür kılınmasını sağlar. Böylece toplumsal aktörler, inisiyatifler ve hareketler kitleleri mobilize etme özelliğine sahip olurlar.

Özetle geçiş dönemi adaletini özne-odaklı ele almak, demokratik ve barışçıl bir topluma dönüşmede çatışmanın özgünlüğünü ve farklılıklarını göz önünde bulundurma imkânları sunar. Özne-odaklı bakış açısı, yeni ve kapsamlı bir geçiş tanımı ve liberal barış anlayışındaki eksiklikleri görerek ele alınmıştır. Eleştirel literatürden bakan çoğu akademisyenin işaret ettiği gibi, geçiş dönemi adaletinin sadece yasal zeminde bir adalet arayışı olmadığına dikkat çekilmektedir. Ancak burada iki noktayı vurgulamak gerekir. Birincisi, bu yaklaşım, hukuki mücadeleyi ya da mekanizmaları önemsizleştirmez, aksine bütüncül bir yaklaşımın toplumsal öznelerin merkeze alınarak sağlanması gerektiğinin altını çizer. Diğer yandan liberal barış anlayışında eleştirilen uluslararası aktörlerin dâhil edilmelerinin olumlu sonuçlandığı deneyimler de mevcuttur. Bu noktada uluslararası aktörleri tamamen yok sayan bir yaklaşımdan ziyade, bu dâhil oluşların üstten dayatmacı bir şekilde mi yoksa toplumsal öznelerin talebi ve onların direnişleriyle ilişkili olarak mı var olduğu önemlidir. Ayrıca burada uluslararası aktörlerden kastedilen sadece devletler ya da BM gibi kurumlar değildir, uluslararası barış ağları, adalet ve barış inşası alanında öne çıkmış akademisyenler, liderler de dâhildir. Diğer bir nokta ise yerel olanın romantize edilme riskini göz önünde bulundurmak ve toplumsal hareketlerin ontolojik olarak eşit ve demokratik bir yapıya sahip olduklarını varsaymamak gerektiğidir. Sonuçta farklı deneyimlerde görüldüğü üzere toplumsal aktörlerce, kültürel bağlamda kurulan direniş pratiklerinde baskılanan grup kendi içerisinde bir kesimi marjinalize edebilir. Bu yaklaşım benimsenirken bu noktanın akılda tutulmasında fayda vardır.

Ulusal Tarihsel Hafıza Merkezi

Kolombiya'da Ulusal Tarihsel Hafıza Merkezi (CNMH), 2011'de çıkarılan Mağdurlar ve Onarım Yasası'na göre kurulmuştur. Dönemin hükümeti, 2005'te Barış ve Adalet Yasası'nı çıkarmış, çatışmanın devam ettiği dönemde Kolombiya'nın resmî geçiş dönemi adaleti sürecini başlatmıştır. Daha sonra 2011'de bu yasayla ilişkili olarak "Mağdurlar ve Onarım Yasası" çıkarılmıştır.

CNMH, kuruluş amacını, Kolombiya'da, çatışmadaki mağdurların ve toplumun diğer kesimlerinin hakikat hakkına ve onarım süreçlerine ulaşabilmelerine katkı sağlamak olarak tanımlamaktadır. Bununla beraber tarihsel hafızanın onarılması ve mağdurların tanıklıklar aracılığıyla seslerinin duyurulması da hedef olarak belirlenmiştir (CNMH, 2019). Halen aktif olan Merkez, 25'ten fazla rapor yayınlamış, bir hafıza müzesi projesi başlatmış, çeşitli film ve belgesel gösterimleri organize etmiştir.

Merkez'in, bu yazı için önemli olan eleştirel geçiş dönemi adaleti yaklaşımına (ve daha özelde özne-odaklı yaklaşıma) göre nasıl çalıştığı tartışmasına geçmeden önce bazı özgün ve önemli özelliklerinden bahsetmek gerekir. Öncelikle CNMH, yargı-dışı, hafıza, hakikat ve mağdurlara odaklanan bir geçiş dönemi adaleti mekanizmasıdır, ancak hakikat komisyonu değildir. Çatışmanın devam ettiği bir süreçte, sağcı bir hükümet döneminde kurulmuş olması, bir diğer dikkat çekici durumdur. Sorunu bir terör sorunu olarak tanımlayan dönemin başkanı Álvaro Uribe Vélez, askerî ve güvenlik konseptine dayalı bir programla iktidara gelmişti (Daşlı vd., 2018: 19). Baştan belirtmek gerekir ki, CNMH, resmî yani devlete bağlı bir şekilde çalışan bir kurum olmasına rağmen farklı mağdurların seslerini çalışmalarına dâhil etmeyi başarabilmiş, akademik ve uzman kadrosuyla bilimsel ve eleştirel yaklaşımı büyük oranda benimseyebilmiş ve özerk yapısını koruyabilmiştir. Özellikle dönemin devlet söylemine göre daha ilerici bir yaklaşım sergilemesinde, uluslararası fonlara bağlı çalışmış olmanın getirdiği kısmi özerkliğin etkisinin olduğu belirtilebilir.

CNMH, teorik bölümde tartışıldığı üzere, esasında farklı bir "geçiş" tanımıyla hareket etmiştir. Bunun en büyük göstergesi, elbette, mağdurlar odağında tarihsel hafızanın yeniden yazılma süreci için savaşın sonlanmış olma şartının aranmamış olmasıdır. Aşina olunanın aksine sağcı ve barış karşıtı bir hükümet döneminde, hükümetin düşmanlaştırıcı dilini kullanmadan çalışmalarını yürütebilmiştir. Böylelikle geçiş dönemi adaleti literatüründe baskın olan sonuç odaklı, teleolojik geçiş tanımı yerine, süreç odaklı bir çalışma yürütebilmiştir. Diğer yandan sadece "hukuki hakikati" ortaya çıkarmayı hedeflemeyen, toplumsal ve politik hafızaya odaklanan bir yaklaşımla, mağdur-fail, suçlu-suçsuz ya da cezalandırmaya dayalı Batılı, dar hukuk anlayışının ötesine geçebilmiştir. Bunun en önemli örneği, raporlarında araştırılan katliamlar ya da olaylara dair tanıklıklarda yapısal nedenlere ve şiddete yer verilmiş olmasıdır. Dolayısıyla ele alınan bir olaya dair mutlaka o dönemin toplumsal ve politik arka planı verilmiş, sosyolojik tespitlere dayandırılmıştır. Bu yaklaşım, Mani'nin üzerinde durduğu geçiş dönemi adaleti anlayışında sadece bireysel mağduriyetlere ya da hikâyelere dayalı olmadan daha bütüncül bir bakış açısının benimsenmesine katkı sunmuştur. Ancak Hafıza Merkezi'nin önünde duran en büyük engellerden biri, elli yılı aşmış bir savaşa dair hangi hakikate ve hafızaya ve kimin hakikatine nasıl ulaşacağına dairdir. Çatışmanın bireysel ve kolektif hakikatlerine tek tek yer verebilmek mümkün değildir. Bu gerçeği göz önünde bulundurarak CNMH, Kolombiya'daki çatışmanın yapısal eşitsizliklerine işaret eden sembolik vakalara odaklanmayı tercih etmiştir. Örneğin hikâyeleştirilmek için seçilen katliamlar, Kolombiya'nın farklı bölgelerine göre seçilmiş, böylece bölgesel ve toplumsal farklılıkların kapsanması sağlanmıştır (Alcalá ve Uribe, 2016: 8). Merkez'in 2016'da çıkardığı *"Basta Ya!* Kolombiya: Savaş ve Haysiyet Belleği" adlı kapsamlı raporda; mülksüzleşme, cinsel şiddet, zorla yerinden edilme ve insan kaçırma gibi Kolombiya'daki savaşta sistematik bir şekilde ortaya çıkan önemli sorunlara yer verilmiştir. Benzer şekilde raporlarda, toplumsal cinsiyet lensi benimsenmiş, bu konuda teorik tartışmaları içeren raporlar yayınlanmıştır. Tüm bu anlayışın bütününde, Merkez'in raporlarında çatışmanın politik ve toplumsal sonuçları ve tarihsel arka planı raporlanabilmiştir. Uygulanan sistematik politikalar, örneğin suikastlar bir bilanço olarak verilmenin ötesinde, mağdurlara ve yereldeki liderlere, aktivistlere yönelik uygulanan "seçici bir şiddet" türü olarak tanımlanmıştır. Suikastlar, rapora göre, mağdurların politik direnişlerini kırmaya, korku salmaya ve cezasızlık politikasını devam ettirmeye yönelik sistematik bir şiddet türüdür. Raporda, Segovia bölgesindeki bir tanık, 1988'de her gün yaklaşık 5 kişinin öldürüldüğüne ve yıl sonunda iki yüzü bulan bir rakamın ortaya çıktığına değindikten sonra, aslında tek bir günde öldürülmüş insanlar olsaydı katliam diye adlandırılacak bu öldürme biçimiyle yapısal şiddetin görünmez kılınmak istendiğine dikkat çekmiştir (CNMH Raporu, 2016: 51).

Hafıza Merkezi'nin, liberal barış söyleminin ötesine geçerek, yereli ve mağdurları dâhil etmede büyük oranda başarılı olduğunu belirtmek gerekir. Çeşitli toplumsal aktörlerin (silahlı aktörler, mağdurlar, toplumsal hareketler) sesleriyle çeşitlenen bir hafıza çalışması yürütmüş olmasının altında yatan en büyük etken, bu süreçte sivil toplum örgütleri ve toplumsal hareketlerle müzakere içerisinde olması ve bu örgütlerin tavsiyelerini dikkate alması olmuştur. Toplumsal aktörlerin sürece dâhil edilmesiyle, sembolik bir vakanın hikâyeleştirmesinde toplumsal gruplar, olayın içerisinde yer alan kişiler, liderler ve topluluklar tanımlanabilmiştir (Alcalá ve Uribe, 2016: 9). Farklı toplumsal aktörler, kırsal bölgelerde yürütülen çalıştaylara katılarak yereldeki araştırmacılar olarak dokümantasyon sürecinde çalışmıştır.

Özne-odaklı çalışmaların yürütülmesinde bir diğer önemli nokta, merkezin çalışmalarında benimsediği yöntemdir. Bu teknik bir mesele olduğu kadar aslında oldukça önemli politik sonuçları olan bir konudur. Çünkü hangi yöntemin benimsendiğine göre bazı hakikatler dâhil edilirken bazıları dışarıda kalmaktadır. Peki, buna karar verme süreci nasıl işletilmelidir? CNMH, sahada tanıklık ve tanıklıkları destekleyici bilgileri toplamada katılımcı yaklaşım yöntemini benimsemiştir. Buna göre, örneğin Karayipler'de kadınlar ve savaş üzerine hazırlanan dört rapor için bölgede hafıza ve hakikat üzerine mücadele yürüten Montes de María İletişim Kolektifi, Valle Encantado Kadınları, Magdalena Kadınları Derneği, Maria Cano Birliği, Kolombiyalı Kadınların Barış İnisiyatifi ve Magdalena Üniversitesi gibi bölgedeki üniversitelerle Merkez'in araştırmacıları arasında araştırma yöntemi oluşturmak için uzun tartışmalar yürütülmüştür. Benzer bir yöntem, Bojaya katliamı araştırılırken siyahi grupların sürece dâhil edilmesi ve hangi katliamın araştırılacağına dair de uygulanmıştır (Alcalá ve Uribe, 2016: 9-10).

Bir diğer önemli nokta, Hafıza Merkezi'nin yerelde alternatif hafıza çalışmaları yürüten hareketlerin olayları nasıl hafızalaştırdığını incelemiş olmasıdır. Dolayısıyla yerelde hafıza mücadelesi yürüten toplumsal hareketlerle görüşmeler yapılmış, özellikle raporlarda katliamlara dair toplumsal hareketlerin hafızalarını içeren ayrı bölümler yazılmıştır. Böylelikle Hafıza Merkezi, görünmeyen ya da yok sayılan farklı hafızaları ve hakikatleri de çalışmalarına dâhil etmiştir. Ayrıca mağdurlar toplumsal kimliklerine göre raporlarda yer almıştır; insan hakları aktivisti, yerel liderler, toplumsal liderler, anne, oğul gibi (Alcalá ve Uribe, 2016: 11). Hakikat ve hafıza etrafında örgütlenen toplumsal hareketleri tanıması, özellikle onların direnişlerinin de görülmesi için alan açmıştır. Richmond'un bahsettiği, gündelik yaşamdaki direniş pratiklerine odaklanılabilmesine bir imkân tanımıştır. Bu noktada, görüşülen kişilerin Hafıza Merkezi'nin metinlerinde hak sahibi özneler, yurttaşlar ve siyasi aktörler olarak açık ve net bir şekilde tanımlanmış olduğunu belirtmek gerekir. Mağdurların kendi hikâyelerinin merkeze alındığı katılımcı sözlü tarih yönteminin kullanılması da bu yaklaşımı desteklemektedir. Buna ek olarak, toplumun farklı kesimlerinin olayları nasıl tanımladığına önem verilmiştir. Dolayısıyla özellikle yereldeki kolektif hafıza birikimi çalışmalara dâhil edilmiştir. Hatta kendilerini mağdur olarak tanımlamak istemeyen kişilere kendi tanımlamalarını yapabilme imkânını tanımış, anlatılardan raporlara aktarılırken bu konuya dikkat edilmiştir (Alcalá ve Uribe, 2016: 11).

Hafıza Merkezi, mağdurların anlatılarını merkeze koyan yaklaşımıyla kolektif hafızanın yeniden inşası için bir imkân, politik bir platform yaratmıştır. İç savaşın ortasında, hükümetin tutumuna rağmen böyle bir çalışmanın yürütülmesi, geçiş dönemi adaleti süreçleri için özgün bir deneyimdir. Ancak Merkez'in entelektüel yaklaşımı, yerelle iş birliği içinde olması ve özerk yapısını korumaya çalışmasına rağmen içinde bulunduğu bazı açmazları da dile getirmek gerekir. Bunlardan ilki, Alcalá ve Uribe'nin (2016) de dikkat çektiği, mağdurların homojenleştirilme riskidir. Her ne kadar CNMH, farklı mağdurlara ses vermeyi amaç edinmiş olsa da pratikte böyle olmadığı durumlar söz konusudur. Örneğin altı Wayuu yerlisi üyenin öldürüldüğü Bahia Portete'deki katliam için katliamda paramiliterlerle iş birliği yapan yerli bir adamın kızının tanıklığı alınmıştır ve raporda neredeyse tüm yerli halkın hafızası bu anlatı üzerine kurulmuştur (Alcalá ve Uribe, 2016: 16). Dolayısıyla Merkez, bazı çalışmalarında toplumsal grupların kendi içerisindeki farklı ve çatışmalı hafızaları içermede yetersiz kalmıştır.

Makalede odaklanılan konu çerçevesinde üzerinde durulması gereken bir diğer açmaz, Hafıza Merkezi'nin resmî mağdur söylemine düşme riskidir. Her ne kadar yazılı metinlerde mağdurlar hak sahibi birer özne olarak tanımlanmış olsa da bunun ne kadar gerçekleştirildiği konusu tartışılmalıdır. Örneğin Alcalá ve Uribe'nin (2016) Merkez'in kendi heterojen evrenini yaratarak bazen mağdurları onların adına etiketlendirdiğini hatta kimliklendirdiğini belirtmektedir. Ancak bu konudaki en kritik nokta, özellikle Merkez'in mağdurların seslerinin ana akım medyada yer almasını sağlaması ve böylece toplumsal bir empati oluşturmasıyla ortaya çıkmıştır. Elbette mağdurların kamusal olarak tanınması olumlu bir etki yaratmıştır, çeşitli iş insanlarının Kolombiya çeperlerinde yaşayan çoğu yoksul olan mağdurlara yönelik kampanyalar yürütmesini sağlamıştır. Ancak medyanın mağdurları ve anlatıları kapsama biçimi, şiddete maruz kalan insanları adalet ve hakikat için mücadele yürütenler olarak gerçekleşmemiştir. Aksine Alcalá ve Uribe'nin (2016) vurguladıkları üzere, medyada görünür olma hali, insanların gündelik yaşamdaki direnişlerini apolitize eden ve yok sayan bir siyasi yaklaşıma dönüşmüştür.

Özetlemek gerekirse, Ulusal Tarihsel Hafıza Merkezi, çatışma devam ederken resmî bir geçiş dönemi adaleti mekanizmasının kurulabileceğini göstermektedir. Üstelik mağdurları merkeze alarak çalışmalarını yürütmüştür. Bu yazıda değinilen, özneleri hangi yöntemlerle ve nasıl merkeze aldığı, eleştirel geçiş dönemi adaleti literatürü için oldukça yaratıcı deneyimler sunmaktadır. Merkez'in olayları ele alırken yapısal şiddeti ortaya çıkarmayı hedeflemesi, tanıklıkları toplarken katılımcı bir yöntem belirlemesi ve en önemlisi de sadece kendilerini mağdur olarak tanımlayan kişilerle sınırlı kalmayarak toplumsal hareketleri dikkate alması, adalet arayışı ve barış inşası bağlamında vurgulanması gereken boyutlardır. Ancak bir yandan da devlete bağlı resmî mekanizma olmasının kaçınılmaz açmazlarını da beraberinde getirdiği görülmektedir.

Kolombiya Hakikat Komisyonu

Kolombiya'da Kasım 2018'de çalışmalarına başlayan Hakikat Komisyonu, üç yıl çalıştıktan sonra 2021'de nihai raporunu yayınlamayı hedeflemektedir. 11 üyeden oluşan komisyonun üyeleri, Kolombiya'nın farklılıklarını kapsayacak şekilde oluşturulmuş, 16 kişiden oluşan bir danışman heyeti çalışmalarına başlamıştır. Komisyon, odağını etik ve siyasi hakikat olarak belirlerken, sadece mağdurları değil, hayatta kalanları ve failleri de kapsayacak bir şekilde çalıştığını deklare etmiştir. Yasal dayanağını Anayasa'dan alan Komisyon'un yargılama işlevi yoktur ve kendisine özgü bir yasası mevcuttur. Çalışacağı dönem ise 1958'den yani liberallerle muhafazakârların arasındaki çatışmadan günümüze kadarki süreç olarak netleştirmiştir (Prada, 2019).

Kolombiya'daki güncel Hakikat Komisyonu, gerçekten de bu alanda çok özgün deneyimleri ortaya çıkarabilecek kapasitede oluşturulmuştur. Arjantin, Peru ve Guatemala gibi ülkelerdeki komisyonlar incelenip oralardaki eksikliklere göre bazı noktalar gözden geçirilmiştir. Komisyon, üç amaca hizmet etmek için kurulmuştur: geçmişte yaşanılanları netleştirme-tanıma, birlikte yaşamaya katkı ve yaşanan felaketlerin bir daha tekrarlanmaması. Komisyonun amaçlarında, "birlikte yaşama" vurgusunun yapılması yeni bir yaklaşımdır. Ayrıca ilk defa bir hakikat komisyonu, diasporayı da dâhil ederek çalışmalarını yürütmektedir. Diğer yandan Komisyon, sistematik olarak marjinalize edilmiş yerliler ve Afro-Kolombiyalıları önceleyerek danışmanlık hizmeti vermeyi amaçlamaktadır. Bu öncelik, Komisyon'un iç savaşın toplumsal bağlamını tanıdığını gösteren önemli bir gelişmedir.

Hakikat Komisyonu, henüz çalışmalarını tamamlamadı, dolayısıyla komisyonun çalışmalarının adalet ve kalıcı barışa katkısını ölçebilmek ya da akademik olarak tartışabilmek için erken olduğu söylenebilir. Ancak özellikle özne-odaklı yaklaşım açısından Komisyon'un önünde duran bazı zorlukları tartışmak anlamlıdır. Öncelikle Komisyon'un, bu makalenin odağına göre, önünde duran en kritik zorluk, yerelle bağını nasıl kuracağıdır. Hafıza Merkezi'nin deneyiminden de görüldüğü üzere, yapısal şiddeti toplumsal ve politik bağlamda ortaya koymak için çatışmadan en çok etkilenen kırsal alandaki hakikatleri dâhil edebilmek oldukça önemlidir. Komisyon'un çalışmaları sırasında insanların tanıklıklarını toplamak için "Hakikat Evleri" adlı 13 birim kurulmuştur. Hakikat Komisyonu'nun yerel birimler kurması oldukça olumlu bir gelişme olsa da Komisyon bununla yetinmeyip kırsaldaki toplumsal hareketleri de kapsamalıdır. Diğer yandan süre ve kapasite kısıtlılığını göze alarak komisyonun hangi olayları seçerek hangi hakikatleri öne çıkaracağı sorusu da çetrefilli bir konudur. Sonuçta seçilen ve üzerinde durulan hakikatler, Kolombiya'nın yeni kolektif hafızasının oluşumuna hizmet edecektir. Bu noktada henüz tanıklıklar alınmadan yani yöntem oluştururken yine toplumsal öznelerin karar aşamasına dâhil olması ve onların hangi katliama, olaya ya da eşitsizliğe odaklanmak istediklerini ve tüm çatışmaya dair birikimlerini tanıması önemli olacaktır. Komisyon, hangi vakalara odaklanacağını şöyle özetlemektedir; mağdurlar ve toplum tarafından güncel olarak en çok sorulan sorulara yanıt olabilme, çatışmanın karmaşıklığını gösteren vakalara odaklanma ve Kolombiya'nın tarihiyle ilişkili en alakalı ve şiddetli vakaları seçme, tekrarlama riski yüksek boyutlara odaklanma ve ihtiyaç olan değişim hakkındaki vakalara öncelik verme (Prada, 2019). Komisyonun çatışmaya dönme riskini ve geleceğe atıfla toplumun talep ettiği değişim isteğini hedeflemiş olması oldukça ilerici bir yaklaşımdır. Sadece geçmişle hesaplaşma değil toplumda yeniden bir arada yaşamayı da öngörmektedir. Ne yazık ki barış antlaşmaları sonrasında ilk beş yıl içerisinde tekrar çatışmaya dönme oranı oldukça yüksektir. Diğer yandan barış antlaşmasının imzalanmasından bu yana yüzlerce yerli lider, insan hakları aktivisti ve eski FARC gerillası öldürülmüştür (Alsema, 2019). Bu suikastlar, Haziran 2019'da seçilen barış karşıtı başkan Iván Dugue döneminde giderek artmaktadır. Bu suikastların birer dava ve cezasızlık konusu olmasının ötesinde, barış için direnen toplumsal öznelere yönelik sistematik bir şiddet ve baskı yöntemi olduğu görülmediği sürece Hakikat Komisyonu'nun çalışmalarını sağlıklı bir şekilde yürütmesi risk altındadır.

Tekrar çatışmaya dönülmemesinde, geçiş dönemi adaleti süreci önemli bir rol üstlenmektedir. Bu da barışın, iki silahlı güce, Kolombiya devletine ve FARC'a bırakılmadan, toplumsal öznelerce sahiplenilmesiyle mümkün olabilir. Toplumsal özneler, tüm geçiş dönemi sürecinde karar aşamalarında merkezde olmalıdır. Hakikat komisyonlarında en başarılı deneyimlerden biri olan Güney Afrika Hakikat Komisyonu, bu alana hem

> **Hakikat Komisyonu**
>
> İlk Hakikat Komisyonu, 1974'te Uganda'da kayıpların ortaya çıkarılması ve yargılamaların yapılması için kuruldu. Daha sonra 40'tan fazla ülkede geçiş dönemi adaletinin en önemli mekanizmalarından biri olarak işletildi. Güney Afrika, Peru, Guatemala, Fas ve Doğu Timor'da kurulan hakikat komisyonları en iyi örnekler olarak ele alınmaktadır (Hayner, 2011: 27). Başlarda hakikatin ortaya çıkarılması için yargılama yetkisi olan mekanizmalar olarak kurulan komisyonlar, giderek yargı-dışı bir mekanizmaya dönüşmüş; bir arada yaşam, hafızanın onarılması, uzlaşma ve geçmişin tekrar etmemesini içeren kapsamlı bir amaca doğru evrilmiştir.

pratik hem de teorik çok önemli bir katkı sunmuştur. Ancak komisyon raporunun yayınlanmasının ardından, komisyonun başarıyla çalışmasına katkı sunmuş pek çok yerel dinî lider, akademisyen, sivil toplum örgütü ve uluslararası aktör geri çekilmiştir. En önemlisi de komisyon raporunda yer alan, devlete yönelik çoğu yapısal eşitsizlikleri dönüştürmeyi hedefleyen tavsiye, hükümet tarafından uygulanmamıştır. Bu durum Kolombiya'daki Hakikat Komisyonu'nun da önünde duran zorlu bir sınav olacaktır. Komisyon, çalışmalarını çok iyi bir şekilde yürütmüş olsa da, bundan sonraki süreçte önemli olan, komisyon raporundaki (öznelerin talepleriyle şekillenen) tavsiyelerin hükümet tarafından uygulanması ve geçiş sürecinin devam ettirilmesidir.

Sonuç yerine

Kolombiya'daki Hafıza Merkezi ve Hakikat Komisyonu mevcut geçiş dönemi adaleti sürecinin parçası olan iki farklı kurumdur. Her iki merkez, özne-odaklı ve yapısal eşitsizliklere işaret etmede, kendi içinde farklılaşan önemli deneyimler içermektedir. Bu iki farklı deneyim, geçiş dönemi adaletinin çatışma süresince ve barış anlaşması sonrasında özne-odaklı bakış açısının nasıl inşa edilebileceğine dair önemli içgörüler sunmaktadır. Özellikle de henüz bir barış döneminin olmadığı Türkiye'de geçiş dönemi adaleti mekanizmalarını düşünmede önemli dersler sunabilir. Çatışma devam ederken, mağdurlar, hayatta kalanlar ve aktivistler için geçiş dönemi adaleti; geçmişle yüzleşme ve hesaplaşma bağlamında bir rol oynayabilir mi? Hafıza Merkezi deneyimi henüz çatışma bitmese de yapılabileceklere dair bazı kritik alanları ve sınırlılıkları göstermektedir.

Hakikat Komisyonu'nun çalışmaları barış anlaşması sonrasında adaletin tesisi için önemli imkânlar sunarken aynı zamanda zorlukları da ortadadır. Barış anlaşması sonrası gelen sağcı hükümet, geçiş sürecinde siyasal dönüşümü toplumsal dönüşüme paralel bir şekilde icra etmemektedir. Hakikat Komisyonu'nun bütçesi kesilirken, yakın dönemde, sorunu "terörizm" sorunu olarak tanımlayan ve çalışmalarında devletin failliğine odaklandığı için Hafıza Merkezi'ni eleştiren bir kişinin Merkez'in başına getirilmesi olumsuz gelişmelerden biridir (Alsema, 2018).

Kolombiya'daki geçiş dönemi sürecinin tüm zorluklarıyla beraber adalet inşasına ne kadar katkı sunacağını söylemek için henüz erken. Ancak tüm normatif tanımlara, ana akım yaklaşımlara şüpheyle bakabilmek ve özne-odaklı eleştirel bir bakış geliştirmek, kalıcı barışa giden uzun bir yol için iyi bir başlangıç. Kolombiya'da "geçiş" sürecinin çatışma sonlanmadan önce başladığını görmek ya da çatışma sürdüğünde bile bu sürecin aslında yerelde toplumsal hareketler tarafından örüldüğünü fark etmek tartışmaları zenginleştirir. Dolayısıyla imzalanan barış antlaşması keskin bir dönüşüm tarihi olarak değil tüm bu sürecin bir parçası olarak ele alınmalıdır. Bu bakış açısı, barış antlaşması ve hakikat komisyonunu, tüm değişimi sağlayacak birer dönüm noktası gibi ele almak yerine süreç ve özne-odaklı düşünmeye imkân tanır. Esasında bu durum, örgütlü bir adalet ve hakikat mücadelesi birikimi olan Kolombiya'daki toplumsal hareketler açısından zaten bilinmektedir. Diğer yandan bu anlayış, adaletin tesisi ve birlikte yaşam gibi büyük idealler için örülecek uzun soluklu bir barış yolculuğunda daimi akademik kuşkuyu, sorgulamayı ve gerektiğinde işlemeyen, uymayan mekanizmayı değiştirmeyi beraberinde getirecektir.

TARTIŞMA SORULARI

- Kolombiya'da, bugüne kadar toplumun farklı kesimlerini temsil etmede başarılı olmuş Hakikat Komisyonu'nun çalışmaları tamamlandıktan sonra, Komisyon'un hakikat komisyonları içerisindeki yeri teorik ve pratik açıdan nasıl olacaktır? Komisyon'un yeniden uzlaşı ve bir arada yaşamı sağlamadaki katkısı nedir?
- Geçiş dönemi adaleti literatüründe sıklıkla kullandığımız "mağdur" teriminin anlamı nedir? Zira Kolombiya'da olduğu gibi Türkiye'de de çatışmadan doğrudan etkilenen kesimlerin bir kısmı kendilerini mağdur olarak tanımlamamaktadır. Bu bağlamda mağdur kimdir?
- Kolombiya ile daha çok tartışılan "teritoryal barış" (*territorial peace*) kavramı etrafında yürütülebilecek teorik tartışmalar anlamlı olacaktır. Yerlilerin yaşadıkları alan ve doğa ile barış, bir arada yaşama arasında kurdukları bağ yeniden uzlaşma çalışmaları açısından nasıl incelenebilir? Bu bağın kültürel, ekonomik ve politik açıdan araştırılması "teritoryal barış" kavramı etrafında nasıl imkânlar sunmaktadır?

KAYNAKÇA

Alcalá, P. R. ve Uribe, M. V. (2016), "Constructing memory amidst war: the historical memory group of Colombia", *International Journal of Transitional Justice*, 10 (1): 1-19.

Alsema, A. (2018), "Duque replaces director of National Center for Historical Memory with radical pundit: reports", *Colombia Reports*, 14 Ekim, https://colombiareports.com/duque-replaces-director-of-national-center-for-historical-memory-with-radical-pundit/

—, (2019), "Assassinated community leaders were criminals: Duque's buddy", *Colombia Reports*, 25 Temmuz, https://colombiareports.com/duques-former-campaign-manager-claims-assassinated-community-leaders-were-criminals/

Daşlı, G. Alıcı, N. ve Poch Figueras, J. (2018), *Barış ve Toplumsal Cinsiyet: Kolombiya Barış Süreci*, Ankara: DEMOS Araştırma Merkezi.

González, F. E. (2004), "The Colombian conflict in historical perspective", *Conciliation Resources*, 14: 10-15.

Hayner, P. B. (2011), *Unspeakable Truths: Transitional Justice and he Challenge of Truth Commissions*, New York ve Londra: Routledge.

Lambourne, W. (2009), "Transitional justice and peacebuilding after mass violence", *The International Journal of Transitional Justice*, 3: 28-48.

Mac Ginty, R. (2011), *International Peacebuilding and Local Resistance: Hybrid Forms of Peace*, New York: Palgrave Macmillan.

Mani, R. (2005), "Rebuilding an inclusive political community after war", *Security Dialogue*, 36 (4): 511-526.

Mcevoy, K. ve Mcgregor, L. (2008), *Transitional Justice From Below*, Portland: Hart Publishing.

National Center of Historical Memory (2016), *BASTA YA! Colombia: Memory of War and Dignity*, Bogotá: CNMH.

Prada, M. (2019), "Activities and challenges of Truth Commission in Colombia", *Presentation in Colombian Days Conference*, 27-28 Mayıs, Jena Center for Reconciliation Studies (JCRS).

Richmond, O. (2010), *Peacebuilding: Critical Developments and Approaches*, New York: Palgrave Macmillan.

Roth-Arriaza, N. ve Mariezcurrena, J. (2006), *Transitional Justice in the Twenty-First Century: Beyond Truth versus Justice*, New York: Cambridge University Press.

Sharp, D. (2013), "Beyond the post-conflict checklist; linking peacebuilding and transitional justice through the lens of critique", *Chicago Journal of International Law,* (14) 1: 165-170.

Sriram, Chandra L. (2007), "Justice as peace? Liberal peacebuilding and strategies of transitional justice", *Global Society,* (21) 4: 579-591.

Ulusal Tarihsel Hafıza Merkezi (2019), "About the National Center", 11 Mayıs, http://www.centrodememoriahistorica.gov.co/en/about-the-national-center-about-the-national-center

UNHCR (2019), *Global Trends: Force Displacement in 2018*, Geneva.

Yirminci Bölüm

YOKSULLUĞA LATİN AMERİKA USULÜ ÇÖZÜM: BREZİLYA VE ARJANTİN ÖRNEKLERİNDE NAKİT TRANSFERİ UYGULAMALARI

FIRAT DURUŞAN

Giriş: Latin Amerika'da yoksullukla mücadele gündeminin ortaya çıkışı

Latin Amerika'nın parçası olduğu Küresel Güney'de, yoksulluk ve eşitsizliğin gerek akademik yazın gerekse politika yapma süreçleri içerisinde ele alınması açısından, 20. yüzyılın sonları bir milat olarak değerlendirilmektedir. Bu döneme kadar kalkınmaya tabi kılınmış, ikincilleştirilmiş bir mesele olarak görülüp çözümsüz bırakıldığından yakınılan yoksulluk sorunu (Lavinas, 2013: 2), Barbara Harris-White'ın keskin bir şekilde gözlemlediği gibi, kalkınmayla ilgili tüm tartışmaların indirgendiği alan haline gelmiştir (2006: 1241). Bu tersyüz olma durumu, hem devlet-toplum ilişkilerinde hem de bunları kavrayan entelektüel çerçevede son elli yıl içerisinde gerçekleşen derin dönüşümlerin bakiyesi olsa da çarpıcıdır. Fakat bu dönüşümlerin, Latin Amerika bağlamında yoksulluk sorununun ele alınmasında bahsedilen köklü değişimi anlamak açısından önemli olan, birbiriyle bağlantılı üç unsuruna değinmek gerekir. 20. yüzyılın büyük çoğunluğunda bölgeye hâkim olmuş ithal ikameci kalkınma modelinin terk edilmesiyle devlet-ekonomi ilişkilerinde yaşanan liberal dönüşüm, bu dönüşüm sürecinin başlangıçtaki manivelası olmuş askerî diktatörlüklerin yerlerini demokratik rejim biçimlerine bırakması ve işçi sınıfının yoksul kesimlerinin aktif katılımının damga vurduğu güçlü kitlesel siyasi hareketlerin hükümet kuran ve deviren bir nüfuz elde etmesi, yoksulluk sorununun siyasetin merkezine oturması açısından belirleyici olmuş üç temel süreçtir.

Yoksullukla mücadele merkezli yeni siyasi gündemin içeriğinin oluşmasında, devlet-ekonomi ilişkilerindeki liberal dönüşümün oldukça belirleyici bir etkisi olmuştur. Kalkınmacı devletin liberal eleştirisi, pek çok politika önerisini, devletin kusurlarının piyasaların verimli işleyişini engellediği şiarına dayandırır. Buna göre yoksulluk ve eşitsizlik de kıt kaynakların dağıtımında devletin sebep olduğu verimsizliğin bir sonucu olmuştur (Pratt, 1997: 37-39). İşgücü ve para piyasalarının serbest bırakılması, işsizlik ve yoksulluğun nedeni olarak gösterilen enflasyonun ortadan kalkmasını doğuracaktır. Piyasaların güdümlediği bir kalkınma, yoksulluğa kendiliğinden çözüm olmasa bile, devletin ihtiyacı olanlara yönlendirebileceği kaynakları yaratacaktır (Bayer, 2009: 93). Yoksullukla mücadele politikalarının köşe taşı ilkelerinden olan, gelir testiyle belirlenmiş ihtiyaç sahiplerini hedefleme, bahsedilen liberal dönüşüm döneminde gündeme gelmiş ve sosyal politikaların belirlenmesinde kalıcı bir mevki elde etmiştir (Cortes ve Kessler, 2013). Öyle ki, Brezilya ve Arjantin de dâhil pek çok Latin Amerika ülkesinde, 21. yüzyıl başlarında işçi sınıfının kitlesel desteğini alarak iktidara gelen sol hükümetler dahi, devlet müdahalesine yönelik yaygın liberal kuşkunun etkisinde kalmıştır. Muhalifi oldukları önceki hükümetlerin olduğu gibi bu iktidarların da politikalarına rehberlik eden temel liberal anlayışa göre, ekonomideki kaynakların dağılımını asıl belirleyen, serbest piyasalar olmalı, devlet müdahalesi ise piyasaların işleyişlerini kolaylaştırmayı hedeflemelidir (Lavinas, 2013). Yoksullukla mücadele alanında devlet, fertlerin geçimlerini sağlaması açısından serbest işgücü piyasalarının merkezî konumuna dokunmayacak, ancak bireylerin üretici kapasitelerini arttırmalarına destek olarak bu piyasalara girişlerini kolaylaştıracak müdahaleler yapacaktır (Barrientos, 2008; Taylor, 2009: 34). Sonuçta muhtaçlık ölçütüne göre hedefleme, transferlerin ücret gelirlerinin yerine geçmeyecek ve kamu bütçelerinde mali disiplini bozmayacak biçim ve miktarlarda olması gibi liberal pratikler fazla sorgulanmadan kabullenilmiştir (Lavinas, 2013; Burity, 2006).

Yoksulluk sorununun Latin Amerika siyasi gündeminin merkezine oturmasında, 20. yüzyılın son çeyreğinde yaşanan demokratikleşme dalgasının da önemli bir etkisi olmuştur. Askerî diktatörlüklerin yıkılmasının ardından kurulan demokratik hükümetler, darbe dönemlerinde yaşanan insan hakları ihlallerini ve zulüm karşısında adalet isteyen kitlelerin desteğini almak durumunda kalmıştır. Demokratik kurumların oluşması, hatta kimi ülkelerde anayasa yapımı süreçleri, cunta dönemleri boyunca ve sonrasında mücadele veren kitlesel toplumsal hareketlerin siyasi katılımıyla gerçekleşmiştir. Diktatörlüklerin siyasi baskı ortamının son bulması ve liberal demokratik rejimlerin kurulmasıyla birlikte siyasi iradelerini ana akım siyasetin parçası haline getirebilmiş bu hareketlerin başlıcaları, yoksulların oluşturduğu toplumsal hareketlerdir. Latin Amerika ülkelerinin çoğunda varlığını sürdüren yerli halk hareketlerinin yanı sıra, Brezilya'da Topraksız Kır İşçileri Hareketi (MST), Arjantin'de ise işsizlerin *Piquetero* hareketi, yoksulların bahsedilen örgütlü eylemliliğinin önemli örneklerindendir. İnsani ihtiyaçların karşılanması, ya da geçinme sorununu merkeze alarak kapitalist toplumsal düzene direnen bu kitlesel hareketlerin etkisiyle, örneğin Brezilya'da, yoksulluğun ortadan kaldırılması devletin anayasal bir ödevi haline gelmiştir (de Oliveira, 2019: 17). Arjantin'de son diktatörlüğün ardından kurulan demokratik hükümet, tüm toplumsal hastalıklar gibi yoksulluğun da nedeninin askerî rejim olduğunu vurgulayarak yoksullukla mücadeleyle demokrasi arasında doğrudan bağlantı kurmuştur (Cortes ve Kessler, 2013: 242). Cunta ve alt kademe askerî rejim mensuplarının yargılanmasının yirmi yılı aşan ve çetin bir hukuk mücadelesiyle geçen bir sürece yayıldığı ülkede, insan hakları mücadelesi veren hareketlerle ekonomik mücadelesini sürdüren yoksulların toplumsal hareketleri ortak bir toplumsal cephe oluşturmuştur. Latin Amerika'nın genelinde, siyasi varlıklarını ve nüfuzlarını gitgide arttıran bu hareketler, bölgedeki pek çok ülkede sol hükümetlerin birbiri ardına iktidara geldiği, "pembe dalga" olarak adlandırılan sürecin kitlesel tabanını oluşturmuş, buna bağlı olarak yeni iktidarların da siyasi gündemlerini yoksulluk sorunu etrafında örmeleri yolunda önemli birer etken olmuşlardır.

Bu bahsedilen süreçler bağlamında biçimlenen yoksulluk sorunu ve bu sorunu çözmeye yönelik sosyal politikalar Latin Amerika siyasi gündemlerini belirleyen, hükümetleri güçlendiren, iktidara getiren veya iktidardan düşmelerinde rol oynayan temel konular haline gelmiştir. Peki, bahsi geçen sosyal politikalar nelerdir ve ortaya çıkış süreçleri nasıl anlaşılmalıdır? Bu sorulara makalenin geriye kalan bölümlerinde cevap aranacaktır. Takip eden ilk bölüm, sosyal politikaya dair açıklayıcı çerçeveyi sunan tarihsel materyalist kavramsal zemini oluşturacak ve bu kavramlarla tartışılacak olguların Latin Amerika'daki tarihsel gelişimlerini kısaca özetleyecektir. İlerleyen bölümlerde ise, buraya kadar çizilen bağlam içerisinde, Brezilya ve Arjantin örneklerine referansla, 21. yüzyılın başları itibariyle uygulamaya konulan nakit transferi uygulamaları tartışılacaktır.

Toplumsal yeniden üretim ve Latin Amerika'da refah devleti

Kapitalist toplumsal yeniden üretimin sağlanması için devletin aldığı rolü ifade eden refah devleti kavramının, büyük ölçüde gelişmiş kapitalist ülkelerin tarihsel deneyimleri üzerine kurulu olduğu ve bunun Küresel Güney açısından geçerli olmadığı vurgulanmıştır (Gough, 2008: 21-22).[1] Örneğin Latin Ameri-

---

1 Marx, kapitalist üretim tarzında işçi sınıfının toplumsal yeniden üretiminin, temel olarak geçim araçlarının sağlandığı piyasalarla emek piyasaları arasında kendiliğinden sağlandığını vurgulamaktadır (1990: 723-724). Tarihsel materyalist bir refah devleti kavramsallaştırması geliştiren Gough (1979) ve Perez-Sainz (1978), refah devletini piyasalar çerçevesinde gelişen kapitalist toplumsal yeniden üretimin çelişkili ve eksik niteliğine vurgu yaparak tanımlamaktadırlar. Bu bakımdan refah devleti, çeşitli nedenlerle ücretli emek ilişkisinin dışında kalan, yani düzenli parasal gelirleri olmayan kesimlerin yeniden üretiminin sağlanması amacıyla gelişmiştir. Bu çalışmada piyasa ve refah devleti bağlamında gerçekleşen yeniden üretim süreçleri, bu iki alanın kapitalist sınıf ilişkisinin farklı biçimleri olduğu anlayışı çerçevesinde devlet ve piyasa biçimlerinde yeniden üretim olarak nitelendirilecektir (Bonefeld, 1992: 100-101). Devlet biçiminde yeniden üretim, piyasa biçiminde yeniden üretime karşıt, onunla çelişen, ya da onun dışında gerçekleşen bir süreç değildir. Hem piyasa hem devlet biçimlerinde yeniden üretim, kapitalist üretim tarzının temel toplumsal ilişkisi olan ücretli emek ilişkisinin dayattığı koşullar içerisinde gerçekleşir (Kennedy, 2005: 1107). Buna göre kapitalist toplumdaki tüm üretim ve yeniden üretim faaliyetleri, para yoluyla değer biçiminin tahakkümü altına alınmıştır (Bonefeld, 1992; Dinerstein ve Neary, 2001). Hem devlet hem piyasa biçiminde

ka ülkelerinde refah devletinin kırsal kesimleri dışlayarak kentlerde, tarım ve hizmet sektörlerini dışlayarak sanayi sektöründe ve kadınları dışlayarak erkek çalışanlara yönelik olarak geliştiği genel olarak kabul görmektedir (Barrientos, 2008: 121-124; Arza, 2016). Buna neden olarak, bölge devletlerinin hak temelli ve evrensellik ilkesine dayalı toplumsal refah anlayışını benimsememesi, demokrasinin gelişmemiş ya da az gelişmiş olması, örgütlü işçi sınıfının ve sol siyasetin zayıflığı gibi temel olarak siyasi olgulara işaret edilir (Huber ve Stephens, 2012: 73). Bu tür siyasi nedenler kısmen açıklayıcı olsa da bu açıklama kapitalist birikimin bir bütün olarak bölgedeki özgün gelişme dinamiklerini göz ardı ettiği için eksik kalmaktadır. Kapitalist üretim tarzının geç ve eşitsiz geliştiği bölgenin toplumsal formasyonu, tarihi boyunca kapitalizm öncesi olarak nitelendirilen ya da tam anlamıyla kapitalistleşmemiş üretim biçimlerini de barındırmıştır (Portes, 1985: 9). Bu özgün dinamik nedeniyle ulusal, yaygın ve görece homojen bir işgücü piyasası ile bunu tamamlayıcı bir refah devleti sistemine dayalı kapitalist toplumsal yeniden üretim, Latin Amerika'da ancak kısmen var olabilmiştir. Düzensiz, güvencesiz ve kuralsız çalışma koşullarının hâkim olduğu, enformel sektör olarak adlandırılan üretim faaliyetleri, hem düzenli ve kurallı işgücü piyasalarının hem de refah devletinin dışında kalmaktadır (Portes ve Hoffman, 2003: 43). Enformellik üzerine, oldukça çetin tartışmaları içeren ve bu makale sınırları içerisinde özetlenmesi dahi zor olan geniş bir literatür bulunmaktadır.[2] Bu çalışmada enformellik, artık nüfus kesimlerinin geçiminin sağlanmasına yönelik faaliyetler olarak ele alınacaktır (Kabat, 2014). Ücretsiz aile emeği, kendi emeğini sömürme (serbest çalışma) ve kayıt dışı ücretli emek kullanımı gibi farklı emek süreçlerini barındıran bu faaliyetler, "modern" ya da "kayıtlı" sektör dışında tanımlansa da kapitalist birikim rejimi içerisinde düşünülmek zorundadır. Nitekim Latin Amerika'da enformellik üzerine yapılmış pek çok çalışma, formel ve enformel sektörün birbirinden kopuk biçimde var olan ekonomiler olduğu kabulünün doğru olmadığı sonucuna ulaşmıştır (Portes ve Schauffler, 1993: 48-49). Buna göre enformel faaliyetler gelişmiş sektöre düşük maliyetli girdi ve ücret malı temin etmekte, bu sayede düşen ücret maliyetleri, kâr oranlarının yüksek kalmasını sağlamaktadır (de Oliveira, 2003: 43-44; Lo Vuolo, 2007: 8). Enformel sektör kavramının açıklayıcılığını sorgulayan ve Marx'ın göreli artık nüfus kavramının daha tutarlı bir açıklama sunduğunu öneren Marina Kabat'a göre (2014: 366), enformel sektör olarak adlandırılan alan, artık nüfus kesimlerinin toplumsal olarak geçerli ortalama üretkenlik ve ücret düzeylerinin altında istihdam edildiği, bir başka ifadeyle aşırı sömürüldüğü bir alandır. Barbara Harris-White ise enformel sektör içinde tanımlanan bağımsız işletmelerin, birikim yapamayacak denli küçük sermayelere sahip olduğunu ve bu küçük meta üreticilerinin, me-

---

yeniden üretim, temel olarak değer biçiminin hâkim olduğu kapitalist ücretli emek ilişkisinin farklı tezahürleridir.

2 Bahsi geçen bu literatürün Latin Amerika bağlamında içerdiği tartışmaların bir incelemesi için bkz. Portes ve Schauffler, 1993.

ta-para dolaşımı süreçleri içerisinde gelişmiş sektör tarafından sömürüldüğünü vurgulamaktadır (2014: 984-985). Dolayısıyla, geçimlerini bu faaliyetlerle sağlayan artık nüfus kesimlerinin yaşam standartlarının toplumsal ortalamaların atında kaldığını vurgulamak gerekir (Kabat, 2014: 366; Seiffer ve Matusevicius, 2010: 113). Latin Amerika'da proleterleşmenin bahsedilen şekilde eşitsiz gelişmesi, ücretli emek ilişkisine koşut olarak gelişen devlet biçiminde yeniden üretimin de eşitsiz gelişmesine sebep olmuş, sonuç olarak piyasa biçiminde yeniden üretim bağlamında geçimlerini asgari standartlarda dahi sağlayamayan artık nüfus kesimleri, devlet biçiminde yeniden üretim süreçlerinin de dışında kalmışlardır. Bölgede gelişmiş kapitalist ülkelerin tarihlerinde ortaya çıkan refah devletinin gelişmemiş ya da kısmen gelişmiş olmasını açıklayan temel tarihsel süreç budur.

Büyük artık nüfus kesimlerinin varlığı, Latin Amerika ülkelerinin ortak tarihsel niteliği olsa da kapitalist gelişmenin ulusal ölçeklerde farklılaşan tarihi bu kesimlerin oluşumunu da çeşitlendirmiştir. Kapitalist üretim tarzının ilk dönemlerinde, kölelik mirasının sonucu olarak tam anlamıyla proleterleşmemiş büyük bir kırsal saklı artık nüfus kesimine sahip olan Brezilya (Duarte, 2013; Barbosa ve Cacciamali, 2014) ile yerel nüfusun karşılayamadığı emek talebinin uzun süre dış göç yoluyla sağlandığı Arjantin (Bozkurt-Güngen, 2017) arasında artık nüfusun kompozisyonu açısından önemli farklar gözlenmektedir. Kölelik ve ardından gelen ırkçı ayrımcılığın Brezilya'daki bakiyesi, topraksız, büyük plantasyonlarda düşük ücretler karşılığında çalışmak zorunda kalan ve büyük çoğunluğunu Afrikalıların oluşturduğu bir kırsal artık nüfusun varlığıdır (Duarte, 2013: 196-197). Bu kalıcı yapısal niteliğin sonucu olarak Brezilya kapitalizmi nüfusun büyük çoğunluğunu ücretli işgücü olarak soğuramamış, kronik işgücü fazlası, çalışan nüfusun ücretleri üzerinde de daimî bir baskı yaratarak, aşırı sömürüyü kapitalist birikimin bu ülkedeki temel dinamiği haline getirmiştir. Tarımdaki kapitalistleşme ve makineleşmeyle gerçekleşen sermayenin merkezileşmesi ve yoğunlaşması süreçleri ise mülksüz artık nüfus kesimlerini daha da büyütmüş, ülkenin gelişen sanayisi bu büyük nüfus fazlasını işgücü olarak kapsamakta daima yetersiz kalmıştır. Sonuç olarak geçimlik ve yeraltı faaliyetlerle hayatta kalmaya çalışan geniş yoksul kitleler kent çeperlerinde birikmiştir (Barbosa ve Cacciamali, 2014). Öte yandan, toprak mülkiyetini tarihsel olarak biçimlendiren ırkçı ayrımcılık ve kapitalist ücretli emek ilişkisinin gelişmesine ket vuran geçici işçilik, yarıcılık ve kiralama gibi emek süreçlerinin devam etmesi, toprağa başka erişimi olmayan büyük bir artık nüfus kesiminin kırsaldaki varlığının sürmesine neden olmuştur (de Souza, 2009).[3]

---

[3] Brezilya'da 1990'da aşırı yoksulların yarısı, yoksulların ise üçte biri kırsal bölgelerde yaşamaktadır (Barbosa ve Cacciamali, 2014: 110). Arjantin'de resmî gelir dağılımı istatistiklerinin yalnızca kentsel bölgeler için toplanması nedeniyle karşılaştırılabilir veri bulmak kolay değildir. Ne var ki, konuyla ilgili bir Dünya Bankası çalışmasının bulgularına göre, 1991'de Arjantin nüfusunun % 12'sinin kırsal kesimlerde yaşadığı, bu nüfus içinde temel ihtiyaçların karşılanması endeksi üzerinden hesaplanan yoksulluk oranının % 35 olduğu göz önüne alındığında, artık nüfusun bu ülkedeki bileşiminin Brezilya'dakinden bahsedilen farkları taşıdığı görülecektir (World Bank, 2010: 2, 9).

Arjantin'de ise kapitalist birikimin ortaya çıkış koşulları, verimli ve geniş Pampa bölgesi topraklarında yaşayan yerli halkların, yeni kurulan Arjantin devleti tarafından yok edilmesi ya da ülkenin dışına atılmasının ardından, bu toprakların üretime açılması için gereken emek gücünün dış göç yoluyla sağlandığı bir bağlama işaret etmektedir (Flichman, 1990: 2-3). Tarımdaki ücretli emek kullanımının ithal ikameci kalkınma modelinin yarattığı sanayileşme hamlesine paralel biçimde gelişmesi, ülkedeki kapitalist işgücü piyasasının Brezilya'ya nispetle daha erken gelişmesine sebebiyet vermiş, tarımsal ilişkilerin çözülmesiyle kentlere göçen nüfus, kapitalist sanayi tarafından daha fazla soğurulabilmiştir (Bozkurt-Güngen, 2017: 66-70). Sonuç olarak Arjantin,[4] 20. yüzyılın son çeyreğine kadar büyük ölçüde proleterleşmiş ve kurallı ücretli emek ilişkileri içinde istihdam edilen bir işçi sınıfına sahip olmuştur. Alejandro Portes'in Latin Amerika'da nüfusun sınıflara dağılımı üzerine yaptığı çalışmasındaki bulgulara göre, artık nüfusun büyük kısmını oluşturan enformel proletaryanın nüfusa oranı 1972'de Arjantin'de % 22,3, Brezilya'da ise % 65,8'dir (1985: 22-23). İki ülkedeki proleterleşme süreçleri arasındaki bu eşitsizlik, devlet biçiminde yeniden üretime de yansımıştır. Aynı dönemde çalışan nüfusun sosyal güvenlik sistemi kapsamı dışında kalan kısmının toplam çalışan nüfusa oranı Arjantin'de % 32, Brezilya'da ise % 73'tür (Huber, 1996: 143).

1970'lerde, Brezilya'daki otoriter rejim kentli örgütlü işçi sınıfını zayıflatma amacıyla ücretleri baskılayıp sosyal haklar ve sendikaları hedef alırken, kırsal artık nüfus kesimlerini devlet biçiminde yeniden üretim kapsamına almak amacıyla, bu kesime yönelik ücretsiz temel sağlık hizmeti ve katılımsız bir emekli aylığı sisteminden ibaret bir sosyal güvenlik ağı kurmuştur (Barbosa ve Cacciamali, 2014: 37; Huber, 1996: 150). Devlet biçiminde yeniden üretimin kapsamının genişlemesi, aynı dönemde hem tarım hem de sanayi sektörlerinde oranı artan ücretli emek ilişkisine koşut olarak gelişmiştir (Barbosa ve Cacciamali 2014: 42). Yine de bölgesel ve sektörel eşitsiz gelişme hem devlet hem de piyasa biçiminde yeniden üretim süreçlerinin fiili kapsamının oldukça kısıtlı kalmasına neden olmuş, en yoksul kuzey ve kuzeydoğu bölgeleri ile kentli artık nüfus kesimleri hem ücretli emek ilişkilerinin hem de sosyal güvenlik sisteminin büyük ölçüde dışında kalmıştır (Barbosa ve Cacciamali 2014: 44). Dahası, 1990'larda Collor ve Cardoso hükümetlerinin uyguladığı liberal reformlar ve bilhassa işgücü piyasalarındaki kuralsızlaşma, ülkenin görece gelişmiş ve dinamik sektörlerinde de güvencesiz ve düzensiz çalışmayı yaygınlaştırmış, Brezilya'da artık nüfusun büyüklüğünü daha da arttırmıştır (de Oliveira, 2019: 20). Arjantin'de ise 1976'da kurulan ve ithal ikameci dönemin işçi sınıfı ve sanayi burjuvazisinin ittifakını hedef alan askerî rejim, ücretleri baskılarken aynı zamanda korumacılığı azaltarak ulusal sanayi sektöründeki kâr oranlarının düşmesine neden olmuştur (Cortes ve Marshall, 1993: 402). Bu dönemde başlayan ve 1983'te kuru-

---

4 Huber (1996), proleterleşme ve refah devletinin kapsamı açısından Latin Amerika ülkeleri arasında Arjantin'le birlikte Şili, Uruguay ve Kosta Rika'nın görece daha gelişmiş gruptaki ülkeler olduğunu göstermektedir.

lan demokratik rejimde iktidara gelen hükümetlerin de uygulamayı sürdürdüğü neoliberal reformlar, 2000'li yıllara kadar devam edecek bir sanayisizleşme sürecini beraberinde getirmiştir. Buna koşut olarak işçi sınıfı içerisinde uzun süren bir yoksullaşma ve güvencesizleşme dönemi başlamış, bu dönem öncesinde işçi sınıfının çoğunluğunu kapsayan piyasa ve devlet biçiminde yeniden üretim süreçleri, istikrarlı bir şekilde gerilemiştir (Cortes ve Marshall, 1993). Ücretli emek ilişkisinin küçülmesi, buna dayanan sosyal güvenlik sisteminin de aksamasına sebep olmuş, sistemde yapılan reformlar emekçilerin haklarını azaltırken mali yükümlülüklerini arttırarak yoksullaşmalarını hızlandırmıştır (Novick vd., 2009).

Sonuç olarak işçi sınıfının, sermaye tarafından normal ücretli emek ilişkisi bağlamında istihdam edilmedikleri için geçimlerini toplumsal olarak geçerli asgari düzeyin altında sağlamak zorunda kalan kesimlerinin oluşturduğu artık nüfus 21. yüzyılın başı itibariyle Arjantin ve Brezilya'da nüfusun büyük bir kısmını kapsar haldedir. Artık nüfusun üretimi açısından iki ülkede 20. yüzyıl sonunda hâkim olan eğilimler sonucunda, yoksullar, Brezilya'da tarih boyunca eşitsiz gelişen ücretli emek ilişkileri ve refah devletinin kapsayamadığı kırsal ve kentsel artık nüfus kesimleriyken, Arjantin'de ise sanayisizleşme ve güvencesizleşme ile haklarını ve geçim sağlama yollarını kaybetmiş emekçilerden oluşmaktadır.[5] Her iki ülkede de en temel düzeyde geçim sağlamak yoksul kitlelerin şiddetlenen siyasi mücadelelerinin temel amacı olarak belirgin hale gelmiştir. Bu noktada, kapitalist ilişkilerin devamını sağlamak, hem bu mücadelelerin soğurulmasını ve meşruiyet zaafının giderilmesi hem de tüketemeyen artık nüfus kesimlerinin asgari düzeyde de olsa piyasalarla bütünleştirmesi gerekliliklerini ortaya çıkarmıştır. Yoksullukla mücadele merkezinde oluşan yeni sosyal politika gündeminin ortaya çıkışı ve bunun temel uygulaması olarak nakit transferlerinin, bir başka ifadeyle sosyal yardımların, devlet biçiminde yeniden üretim araçları olarak yaygınlaşması tam da bu zeminde gerçekleşmiştir.

Brezilya ve Arjantin'de nakit transferleri

Nakit transferleri, vergi gelirleri ya da bağışlarla finanse edilerek gelir testi gibi hedefleme mekanizmalarıyla belirlenen ihtiyaç sahiplerine verilen gelir destekleridir. Bu desteklerin bazıları tamamen karşılıksız olarak, bazıları ise yardım alanların çeşitli sorumlulukları yerine getirmeleri koşuluyla verilmektedir. Çalıştırmacı olarak adlandırılabilecek nakit transferi programlarında, yardım alanlara kamusal işlerde çalışma, mesleki eğitim alma gibi sorumluluklar yüklenirken (Grugel ve Riggiorizzi, 2007: 96), şartlı nakit transferi programları (ŞNT) yardım alan hanelerin çocuklarının eğitim görmesi ve sağlık kontrol-

---

5 Bu iddia artık nüfusun Arjantin'de kırsal yoksulları, Brezilya'da ücretli emek ilişkisinin dışına atılmış emekçileri içermediği anlamına gelmez. Artık nüfus her iki ülkede de bahsedilen tüm kategorileri içermekle birlikte burada dikkat çekilen farklar, kapitalist üretim tarzının nüfus üretim ve yeniden üretim süreçleri açısından daha ağır basan eğilimleriyle ilgilidir.

lerinden geçirilmesi gibi koşullara bağlanmıştır (de Britto, 2008: 180-181). Nakit transferleri, kurallı ve düzenli bir ücretli emek ilişkisi içerisinde olmayan ve prim temelli sosyal güvenlik sistemlerinin dışında kalan kesimlere yönelik olmaları nedeniyle, artık nüfusun devlet biçiminde yeniden üretimi kapsamında değerlendirilmelidir. Çalıştırmacı programlar ve ŞNT'lerin, yardım alanlara yükledikleri, yukarıda değinilen, sorumluluklar göz önüne alındığında, amaçlarının artık nüfusun yedek işgücü ordusu olarak yeniden üretimi olduğunu da belirtmek gerekir.

Brezilya'da nakit transferlerinin ulusal düzeydeki en önemli örneği, 1988 Anayasası çerçevesinde sosyal devlet ilkesinin bir parçası haline getirilen sosyal yardımların ilk uygulamalarından olan karşılıksız yaşlılık aylığıdır (Barbosa ve Cacciamali, 2014: 94). 1993 yılında yasalaşıp 1996'da uygulanmaya başlanan Sosyal Yardım Emekli Aylığı (*Benefício de Prestação Continuada*/BPC), sosyal sigorta primi ödememiş yaşlı ve engelli bireylere verilen, asgari ücret düzeyinde bir ödemedir. Aylık bağlananların hanelerinde kişi başına düşen gelirin, asgari ücretin çeyreğinden az olması koşuluna bağlı olan yardım, ücretsiz aile emekçileri, geçimlik üretim yapan kırsal nüfus ve madencilere çalışmış olduklarının ispatlanması karşılığında verilmektedir (Arza, 2017: 4). Bahsedilen emekli aylığı yardımları, Brezilya refah devletinin artık nüfusun kırsal kesimde yaşayan kesimlerini kapsaması anlamında daha önce başarısız olduğu belirtilen politikaları bu kez amacına ulaştırmıştır. 1990'larda uygulanmaya başlanan ŞNT'ler ise 2003'te Lula hükümeti tarafından uygulamaya sokulan ve bu tarih itibariyle Brezilya'da artık nüfusun devlet biçiminde yeniden üretimi açısından başat konuma geçecek *Programa Bolsa Família* (PBF/Aile Yardımı) programının öncüleri olmuştur. Brasilia ve Campinas kentlerinde yerel yönetimlerin uygulamaya koyduğu *Bolsa-Escola*[6] (Okul Yardımı) programı, ŞNT'lerin dünyadaki ilk örneğidir (Leyer, 2018: 4-6). Program, okul çağında çocukları olan ve kişi başına düşen asgari gelirleri asgari ücretin yarısından daha az olan hanelere aylık cüzi bir gelir desteği sağlanmasından ibarettir. Desteklenen haneler Brasilia'da çocuk sayısından bağımsız olarak bir asgari ücret, Campinas'ta ise kişi başına hane gelirini asgari ücretin yarısı düzeyine çıkaracak miktarda nakit yardımı almaktadır. Programdan faydalanmak, çocukların okula devam etmeleri ve Campinas'ta ek olarak düzenli sağlık kontrollerinden geçmeleri koşullarına bağlanmıştır (de Britto, 2008: 180-81). Yerel ve ulusal düzeydeki pek çok nakit transferi programını birleştirip federal düzeyde tek bir çatı altında toplayan PBF, ülke çapında on milyondan fazla hanenin faydalandığı büyük bir ŞNT programı olarak Brezilya'da artık nüfusun yeniden üretiminin sağlanması amacına yönelik ana program haline gelmiştir. Asgari ücretin altında kalan yardımlar, daha önceki ŞNT'ler gibi eğitim ve sağlıkla ilgili koşulları yerine getirmeleri karşılığında, çocuklu ailelere verilmektedir.

Arjantin'de ise 1990'lar boyunca iktidara sahip olan, Peronist Carlos Menem hükümetleri döneminde, artık nüfus kesimlerini hedefleyen çeşitli sosyal yar-

---

6 Programın Campinas'taki adı Asgari Aile Geliri Garantisi Programı'dır.

> **Bolsa Família**
>
> Latin Amerika'dan başlayarak pek çok Küresel Güney ülkesine yayılan şartlı nakit transferlerinin en büyük ve tanınan örneği olan *Bolsa Família* (Aile Yardımı), 2004'te Lula da Silva hükümeti tarafından uygulamaya konmuştur. Kısa sürede ülke çapında yaygınlaşan programdan, 2015 yılı sonunda yaklaşık 14 milyon hane faydalanmaktadır. Aşırı yoksul ailelere; okul çağında çocuk bulunan hanelerde okula devam zorunluluğu ve düzenli sağlık kontrollerinden geçirilmeleri gibi koşullar karşılığında çocuk başına; hamile kadınların olduğu hanelerde gebelik ve sonrasındaki altı ay boyunca ve okula kayıtlı 16 ve 17 yaşında gençlerin bulunduğu hanelere verilenler biçiminde farklı parçalardan oluşan yardımlar, faydalanan hane başına ortalama aylık 163 Real (44,1 US$) düzeyindedir. Program kapsamında yapılan yardımların toplamı, GSMH'nin % 0,46'sına, tüm kamusal sosyal harcamaların ise % 4'üne denk düşmektedir (Lavinas, 2017).

dım programları uygulanmaya başlamıştır. Dağıtımı daha önce eyalet ve belediye yönetimlerine bırakılmış sosyal yardımları devlet başkanlığının denetimi altına sokmak amacıyla 1994'te kurulan Sosyal Kalkınma Sekreterliği'ne, bu programların etkinliklerinin arttırılması, hedefleme ilkelerinin ve uygulamalardaki şeffaflığın sağlanması gibi görevler verilmiştir (Cortes ve Kessler, 2013: 248). Bu dönemde uygulamaya konan programlar çocuklu anneler, sosyal sigorta kapsamında olmayan yaşlılar, yerli halklar ve küçük esnaflara yöneliktir. Ancak Arjantin'de nakit transferi uygulamalarının yoksullukla mücadele araçları olarak ön plana geçmelerindeki milat, 2001'de yaşanan büyük kriz sonrası uygulanmaya başlanan *Plan Jefes y Jefas de Hogar Desocupados*'tur (PJJHD/İşsiz Erkek ve Kadın Hanehalkı Reisleri Programı). Bu program, bakıma muhtaç en az bir çocuk ya da engelli bireyi içeren hanelerin işsiz reislerini hedeflemekteydi ve Brezilya'daki benzerlerinden farklı olarak gelir testine dayalı değildi (Lloyd-Sherlock, 2008: 625-6). Başka bir ifadeyle, nakit yardımları, artık nüfusun asgari ücretin altında çalışan kesimlerinden daha ziyade, aktif işgücünün dışına itilmiş kesimlerine yöneltilmişti ve sosyal hizmet projelerinde çalışma, kamusal ya da özel bir işletmede mesleki eğitim alma veya staj yapma gibi koşullara bağlanmıştı (Grugel ve Riggirozzi, 2007: 96). Programın finansmanının uluslararası finans kuruluşlarının desteği yanı sıra ihracat vergilerinden karşılanması (Cortes ve Kessler, 2013: 252), Arjantin'de sosyal yardımların finansmanı ve dolayısıyla artık nüfusun yeniden üretim maliyetinin toplumsal olarak dağıtılması açısından kalıcı olacak bir uygulamanın başlangıcı olmuştur (Córdoba vd., 2017: 71; Lustig vd., 2013: 133).

PJJHD'nin ekonomik kriz döneminde bir acil yardım planı olarak işlevini tamamlamasıyla, artık nüfus kesimleri arasında bir ayrıma gidilmeye başlanmış, işgücüne entegre edilebilecek kesimlerle, "işe alınamaz" kesimlere yönelik farklı politikalar geliştirilmiştir. *Plan Familias por la Inclusion Social* (Sosyal İçerilme için Aileler Programı), PJJHD yardımından faydalananlar arasında okul çağında çocuk sahibi ya da hamile olan kadınlara yönelik 2005 yılında uygulamaya konan PBF benzeri bir ŞNT'dir (Seiffer ve Matusevicius, 2010: 118; Cortes ve Kessler, 2013: 253). Öte yandan, aynı dönemde uygulanan ve yardım alanların işgücüne katılmalarını kolaylaştırmayı amaçlayan aktivasyon politikalarından olan *Argentina Trabaja* ve *Manos a la Obra* gibi programlar, işsiz ya da güvencesiz çalışanlara yönelik programlardır. Bu programların artık nüfusun, kuralsız biçimde ve asgari ücretin altında çalışan ya da işgücü piyasalarının tamamen dışına atılmış durgun kesimlerinin yedek işgücü ordusu olarak yeniden üretimini sağlama amacına yönelik olduğu söylenebilir (Seiffer ve Matusevicius, 2010: 115).

Arjantin'de sosyal yardım programlarının gelişimindeki son aşamaya, 2009'da uygulamaya konan *Asignacion Universal por Hijo* (AUH/Çocuklar İçin Evrensel Yardım) programıyla girilmiştir. Bu program, yine PBF benzeri bir ŞNT programı olmakla birlikte, bu ve benzer uygulamalardan önemli bir farkı barındırmaktadır. Nakit transferi programları, genelde devletlerin sosyal güvenlik sistemlerinin dışında olan, bağışlarla ya da merkezî devlet bütçesinden vergi gelirleriyle finanse edilen ve yalnızca yoksul hanelere hedeflenen gelir destekleridir. AUH ise, çocukları okul çağında olan tüm çalışanların sosyal sigorta sistemi kapsamında elde ettiği Aile Yardımları'nın (*Asignacion Familiares*), kayıt dışı çalışanlara ve işsizlere de sağlanması amacıyla oluşturulmuştur (Bertranou ve Maurizio, 2012; Maurizio ve Vázquez, 2014: 123-124). Programın finansmanı, Arjantin'in sosyal sigorta idaresi ANSES'in sorumluluğu altında, vergilere ek olarak prim bazlı sosyal sigorta gelirleri ile 2007'de kamulaştırılan emeklilik sistemine bağlı Sürdürülebilirlik Garantisi Fonu'nun (*Fondo de Garantía de Sustentabilidad*) faiz gelirleriyle sağlanmaktadır. Bu bakımdan AUH artık nüfusun yedek işgücü ordusu biçiminde yeniden üretimi işlevini yerine getirse de bu yeniden üretimin maliyetinin işçi sınıfının aktif ve artık nüfus kesimleri arasında bölüştürülme biçimi açısından önemli farklara işaret etmektedir. İhracat vergilerinin önemli bir kısmını oluşturduğu vergi gelirlerine ek olarak prim gelirleriyle beslenen sosyal güvenlik fonlarının sosyal yardımların finansman kaynağı haline gelmesi, kayıtlı çalışan işçi sınıfının devlet biçiminde toplumsal yeniden üretiminin finansmanına katılımını arttırmış, işçi sınıfının farklı kesimleri arasında gerilim yaratacak bir bölüşüm dinamiği ortaya çıkarmıştır (Kabat, 2014).

Nakit transferlerinin Brezilya ve Arjantin'deki uygulamaları arasındaki farkları, iki ülkedeki tarihsel artık nüfus üretimi süreçleri ve bunlara eşlik eden toplumsal mücadelelere referansla açıklamak mümkündür. Brezilya'da kapitalist ücreti emek ilişkisinin ülkedeki tarihi boyunca içermekte güçlük çektiği büyük bir kırsal saklı artık nüfus kesiminin varlığı, nakit transferlerinin büyük ölçüde bu kesime yönelik olmasını doğurmuştur. Karşılıksız emekli aylığı transferlerinin önemli bir kesimi bilhassa kırsal nüfusu hedeflemektedir (BPC programı). Ancak, Arjantin ve Brezilya'daki artık nüfus kompozisyonlarının farklı olmasının sosyal politika açısından yarattığı en önemli farklılık, ŞNT uygulamalarında görülmektedir. Brezilya'da PBF, ülkenin sosyal güvenlik sistemine paralel, başka bir ifadeyle ondan ayrık bir yapı olarak varlığını sürdürürken, Arjantin'in AUH programı, sosyal güvenlik sisteminin bir parçası haline getirilmiştir.

Bunun PBF ve AUH arasında yarattığı temel fark, birincinin yoksullara sağlanan geçici ve iktidarın inisiyatifine bağlı olma niteliğine (Morton, 2015: 14-15) karşılık ikincinin tüm işçi sınıfına sağlanan bir hak olarak (aile yardımı) yasal bir güvenceye kavuşmuş olmasıdır. Bu farklılaşmanın ardındaki temel neden, Arjantin'deki artık nüfusun, büyük ölçüde, ücretli emek ilişkisinin dışına atılmış kentli işçi sınıfı mensuplarından oluşuyor olmasıdır. *Piquetero* hareketiyle 1990'lar ve 2000'ler boyunca siyasi gündeme ağırlığını koymuş bu kesim, sendikal işçi sınıfı mücadelesiyle organik bağlar kurabilmiş ve 2003-2015 arasında ülkeyi yöneten Kirchner hükümetlerinin uygulamalarını etkileyerek devlet biçiminde yeniden üretimi işçi sınıfının bütün mensupları için savunabilmiştir (Kabat, 2014: 376-380). Buna karşılık Brezilya'da artık nüfusun MST'yi doğuran en önemli kısmının kırsal kesimde olması, kentli sendikal mücadele ile bu kesimin ortak bir örgütlü mücadele yürütmesinin önünde tarihsel bir engel olmuştur (de Oliveira, 2019: 21-22). Artık nüfusun tamamına yönelik ŞNT desteklerinin, karşılıksız emekli aylıkları gibi yasal güvence altına alınmış bir hak niteliği kazanamamış (Morton, 2015) olmasına neden olarak işçi sınıfının aktif kesimleri ile artık nüfus kesimlerinin mücadeleleri arasındaki kopukluğa işaret etmek mümkündür.

Sonuç

20. yüzyıl sonları itibariyle Latin Amerika'da artık nüfusun içinden yükselen güçlü toplumsal hareketlerin insani ihtiyaçların karşılanması talebi etrafında ördüğü toplumsal mücadeleler yoksulluk sorununu dolaysız olarak siyasallaştırmış, kapitalist üretim tarzının toplumsal yeniden üretimi sağlamakta yetersiz kaldığı gerçeğini gözler önüne sermiştir. Bu yaygın ve demokratik rejimler bağlamında ana akım siyasetin parçası haline gelen taleplere cevap vermek zorunda kalan bölge devletleri sosyal politikaları yoksullukla mücadele gündemi çerçevesinde biçimlendirmiş, nakit transferleri ise bu yeni gündemin merkezî içeriği haline gelmiştir. Öte yandan, nakit transferleri, bahsedilen şekilde siyasete konu olan insani ihtiyaçların karşılanmasını, kapitalist ücretli emek ilişkisinin çizdiği çerçeve içerisinde sınırlamaktadır. Bu çalışmada ele alınan tüm sosyal politikalar kapsamında verilen nakit destekleri, işgücü piyasalarından elde edilecek asgari ücret gelirlerinin oldukça altındadır, böyle olduğu kadarıyla desteklenen işçi sınıfı üyeleri açısından piyasa biçiminde yeniden üretimi ikame etmenin çok uzağındadırlar. Dahası, aktif işgücünün tamamen dışında kalan, gelir ve sosyal güvenceden yoksun olan yaşlılara sağlanan karşılıksız emekli aylıkları dışındaki tüm transferler, dayatılan karşılıklar yoluyla yoksulları kendi üretken potansiyellerini geliştirmeye, potansiyel proleterler olmaya zorlamaktadır. Bu bakımdan nakit transferlerinin, toplumsal yeniden üretimi sağlamak konusunda yetersiz kalan kapitalist ücretli emek ilişkisinin devamını ve hâkimiyetini güvence altına alma işlevi görmekte olduğunu, başka bir ifadeyle artık nüfus kesimlerinin asgari standartlarda geçimlerini sağlayabilmeleri ve yedek işgücü kayna-

ğı olarak yeniden üretilmelerini sağlamayı amaçladıklarını söylemek mümkündür. Böyle olduğu kadarıyla da "yoksulluğu azaltma" amacını taşıyor olmakla birlikte onu ortadan kaldırma gibi bir sonuç doğurabilmeleri mümkün değildir. Bu çalışmada anlatılan tarihsel süreçlerin gösterdiği gerçek şudur ki kapitalist bir toplumda nüfusun bir kesimi daima "artık" ya da yoksul olacaktır. Toplumun bir bütün olarak refah içerisinde olmasının da refaha ulaşamayanların sosyal politikalar yoluyla yoksulluktan kurtarılmalarının da önünde duran temel engel kapitalist üretim tarzının kendisidir. Bu üretim tarzının hâkim olduğu bir toplumda yoksulluk, ortadan kaldırılamayacak ancak daima mücadele edilmesi gereken bir sorun olarak varlığını koruyacaktır. İnsanca yaşam için mücadele veren işçi sınıfının, en temel insani ihtiyaçların karşılanması talebinin nakit transferleriyle ne denli bastırılabileceğini ise zaman gösterecektir.

> **ARAŞTIRMA SORULARI**
> - 2000'li yıllarda pek çok Latin Amerika ülkesinde iktidara gelen sol hükümetlerle özdeşleştirilen nakit transferi politikaları, bu hükümetlerin iktidardan düşmesinin ardından yeni kurulan sağ hükümetler tarafından uygulanmaya devam edilmiş midir? Bu politikaların uygulanmasında ne gibi değişiklikler olmuştur?
> - Nakit transferlerinin Türkiye'de de yaygın bir şekilde uygulanan sosyal politika araçları olduğu düşünüldüğünde, Türkiye'deki uygulama modelinin Arjantin ve Brezilya örnekleriyle arasındaki benzerlik ve farklar nelerdir? Bu benzerlik ve farklılıklar nasıl açıklanabilir?

KAYNAKÇA

Arza, C. (2017), "Non-contributory benefits, pension re-reforms and the social protection of older women in Latin America", *Social Policy & Society*, 16 (3): 1-15.

Barbosa A. d. F. B. ve Cacciamali, M. C. (2014), "Accumulation Regimes, Labour Market and Inequality: The Brazilian Case in a Long Term Perspective", Project Paper C, Institute for Human Development, New Delhi.

Barrientos, A. (2008), "Latin America: Towards a liberal-informal welfare regime", Gough, I., Wood, G. vd. (der.), *Insecurity and Welfare Regimes in Asia, Africa and Latin America: Social Policy in Development Contexts* içinde, New York: Cambridge University Press.

Bayer, K. (2009), "Neoliberalism and development policy - Dogma or progress?", *Development Dialogue*, 51: 89-102.

Bertranou, F. ve Maurizio, R. (2012), "Semi-conditional cash transfers in the form of family allowances for children and adolescents in the informal economy in Argentina", *International Social Security Review*, 65 (1):53-72.

Bonefeld, W. (1992), "Social constitution and the form of the capitalist state", Bonefeld, W. vd. (der.), *Open Marxism Volume 1: Dialectics and history* içinde, Londra: Pluto Press, s. 93-133.

Bozkurt-Güngen, S. (2017), *Labour Markets, Labour Relations and the State: A comparative historical analysis of Argentina and Turkey, 2001-2015*, Yayınlanmamış doktora tezi, ODTÜ Siyaset Bilimi ve Kamu Yönetimi Bölümü, Ankara.

Burity, J. A. (2006), "Reform of the state and the new discourse on social policy in Brazil", *Latin American Perspectives*, 33 (3): 67-88.

Córdoba, D. vd. (2017) "Fuelling social inclusion? Neo-extractivism, state-society relations and biofuel policies in Latin America's Southern Cone", *Development and Change*, 49 (1): 64-88.

Cortes, R. ve Kessler, G. (2013), "Políticas, ideas y expertos en la cuestión social de la Argentina democrática (1983-2012)", *Revista de Indias*, 73 (257): 239-264.

De Britto, T. S. (2008), "The emergence and popularity of conditional cash transfers in Latin America", Barrientos, A. ve Hulme, D. (der.), *Social Protection for the Poor and the Poorest: Concepts, policies and politics* içinde, New York: Palgrave Macmillan, s. 181-93.

De Oliveira, F. (2003), "The duckbilled platypus", *New Left Review*, 24: 40-57.

De Oliveira R. V. (2019), *Crisis and Social Regression in Brazil: A new moment of the social question*, Springer.

De Souza, S. M. (2009), "El movimiento de los trabajadores rurales sin tierra", *Razon y Revolucion*, 19: 45-52.

Dinerstein, A. ve Neary, M. (2001), *The Labour Debate: An Investigation into the Theory and Reality of the Capitalist Work*, Ashgate: Ashgate Publishing Company.

Duarte, P. H. E. (2013), "Structural unemployment in Brazil in the neoliberal era", *World Review of Political Economy*, 4 (2): 192-217.

Flichman, G. (1990), "The state and capital accumulation in Argentina", Anglade, C. ve Fortin, C. (der.), *The State and Capital Accumulation in Latin America, cilt 2, Argentina, Bolivia, Colombia, Ecuador, Peru, Uruguay, Venezuela* içinde, Basingstoke ve Londra: Macmillan, s. 1-32.

Gough, I. (1979), *The Political Economy of the Welfare State*, Basingstoke ve Londra: Macmillan.

Grugel, J. ve Riggirozzi, M. P. (2007), "The return of the state in Argentina", *International Affairs*, 83 (1): 87-107.

Harris-White, B. (2006), "Poverty and capitalism", *Economic and Political Weekly*, 41 (13): 1241-1246.

—, (2014), "Labour and petty production", *Development and Change*, 45 (5): 981-1000.

Huber, E. (1996), "Options for social policy in Latin America: Neoliberal versus social democratic models", Andersen, G. E. (der.), *Welfare State in Transition* içinde, Londra: Sage Publications, s. 142-191.

Huber, E. ve Stephens, J. D. (2012), *Democracy and the Left: Social policy and inequality in Latin America*, Chicago ve Londra: The University of Chicago Press.

Kabat, M. (2014), "From structural breakage to political reintegration of the working class: Relative surplus population layers in Argentina and their involvement in the piquetero movement", *Capital & Class*, 38(2), s. 365-384.

Kennedy, P. (2005), "Social policy, social exclusion and commodity fetishism", *Capital & Class*, 29: 91-117.

Lavinas, L. (2013), "Latin America: Anti-poverty schemes instead of social protection", *Desigualdades Working Paper*, no. 51.

—, (2017), *The Takeover of Social Policy by Financialization: The Brazilian paradox*, New York: Palgrave Macmillan.

Leyer, V. R. (2018), "Democracy and new ideas in Latin American social policy: The origins of conditional cash transfers in Brazil and Mexico", *Journal of International and Comparative Social Policy*, DOI: 10.1080/21699763.2018.1526697: 1-18.

Lloyd-Sherlock, P. (2008), "Doing a bit more for the poor? Social assistance in Latin America", *Journal of Social Policy*, 37 (4): 621-639.

Lustig, N., Lopez-Calva, L. F. vd. (2013), "Declining inequality in Latin America in the 2000s: The cases of Argentina, Brazil and Mexico", *World Development*, 44: 129-141.

Marx, K. (1990), *Capital*, cilt 1, Londra: Penguin Classics.

Morton, G. D. (2015) "Managing transience: Bolsa Família and its subjects in a MST landless settlement", *The Journal of Peasant Studies*, 42 (6): 1-23.

Novick, M., Lengyel, M. ve Sarabia, M. (2009), "From social protection to vulnerability: Argentina's neoliberal reforms of the 1990s", *International Labour Review*, 148 (3): 235-252.

Perez-Sainz (1978), *Peripheral accumulation, labour power absorption and relative surplus-population: Some basic remarks*, ISS Occasional Papers, Erasmus University, Rotterdam.

Pratt, A. (1997), "Neoliberalism and social policy", Lavalette, M. ve Pratt, A. (der.), *Social Policy: A conceptual and theoretical introduction"* içinde, Londra: Sage Publications, s. 31-49.

Portes, A. (1985), "Latin American class structures: Their composition and change during the last decades", *Latin American Research Review*, 20 (3), 7-39.

Portes, A. ve Hoffman, K. (2003), "Latin American class structures: Their composition and change during the neoliberal era", *Latin American Research Review*, 38 (1): 41-82.

Portes, A. ve Schauffler, R. (1993), "Competing Perspectives on the Latin American Informal Sector", *Population and Development Review*, 19 (1): 33-60.

Seiffer, T. ve Matusevicius, J. (2010), "Formas de la sobrepopulación relativa y políticas sociales", *Razón y Revolución*, 20: 109-123.

Taylor, M. (2009), "The contradictions and transformations of neoliberalism in Latin America: From structural adjustment to 'empowering the poor'", Macdonald, L. ve Ruckert, A. (der.), *Post-Neoliberalism in the Americas* içinde, Palgrave Macmillan, Londra: 21-36.

World Bank, (2010), *The Invisible Poor: A portrait of rural poverty in Argentina*, The World Bank, Washington, D.C.

Yirmi Birinci Bölüm

ORTA AMERİKA'DAN KUZEYE GÖÇÜN ARKA PLANI VE GÜNCEL GÖÇ KRİZİ

ELİF TUĞBA DOĞAN

Giriş

Günümüzde göçlerin kriz sözcüğüyle birlikte anılması, göç hareketlerinin niteliksel ve niceliksel olarak öngörülemeyen ya da istenmeyen boyutta olmasıyla ilişkilendirilir. Bu kriz hali özellikle göçmenlerin sınırları gerekli belgeler olmadan geçmeye çalıştıkları düzensiz göç sürecinde, göçün yönetilemediği durumlarda geçerlidir. Orta Amerika ülkelerinden kuzeye yönelen düzensiz göç de bugün sosyal medya aracılığıyla daha görünür hale gelmiştir. Öyle ki ABD'lilerin dörtte üçüne göre göç, kriz olarak değerlendirilmektedir.[1] Bu kriz havasının oluşumunda ABD Başkanı Trump'ın göçmen karşıtı söylemi ve uygulamaları etkili olmuş; göçmen aile üyelerini birbirinden ayıran sınır dışı etme işlemleri, göçmenlere yönelik şiddet, sınırlarda göçmen ölümleri ve Trump'ın göç veren devletlere yönelik yaptırım tehditleriyle konu daha da tartışılır hale gelmiştir. Ancak ne Orta Amerika'dan göç ne de ABD'nin göç politikaları ve uygulamaları yenidir. Orta Amerika'dan ABD'ye yönelik göç, 20. yüzyılın son çeyreğinden günümüze hızlanmış, 1980-2015 arasında ülkedeki Orta Amerikalı göçmen sayısı neredeyse on kat artmıştır (Ghosh, 2018: 167).

Latin Amerika'dan ABD'ye göçler 20. yüzyıldan günümüze farklı motivasyonlarla gerçekleşmektedir. Örneğin Meksika'dan göçleri ekonomik sorunlar, Küba'dan göçleri ülkenin devrim sonrası politik dinamikleri, 2010 sonrası Haiti'den göçü ise deprem sonrası yaşanan kriz belirlemiştir. Bununla birlikte Orta Amerika'dan göç hareketlerinin bir kısmı, ekonomik, politik ve çevresel neden-

---

1 Jennifer Agiesta, "CNN Poll: Three-quarters of Americans say there's a crisis at the border", 2 Temmuz 2019, https://edition.cnn.com/2019/07/02/politics/cnn-poll-immigration-border-crisis/index.html

lerin tümünü bir arada barındırmaktadır. Bu farklı nedenler göçü gönüllü/zorunlu biçiminde ayırdığı gibi, göç edenleri de geleneksel olarak ekonomik göçmen ve mülteci biçiminde kategorize etmektedir. Ne var ki şiddetin, doğal afetlerin ve yoksulluğun bir arada görüldüğü bölgede göçün niteliğini gönüllü/zorunlu biçiminde ayrıştırmak gittikçe zorlaşmaktadır. Bu nedenle göçlerin ardındaki karmaşık yapıyı açıklamada kullanılan "karma göç" kavramı (Van Hear vd., 2009), Orta Amerika'dan göçü anlamak açısından önemlidir.

Bölgenin bugünkü sorunlarının köklerini araştırırken, Latin Amerika'nın geri kalanında olduğu gibi sömürgecilik döneminin sosyoekonomik mirası ile bağımsızlık sonrası ABD'nin bölge üzerindeki müdahaleleri görmezden gelinemez. Özellikle 20. yüzyılda kapitalist üretim sistemine eklenmenme sürecinde köylünün topraksızlaştırılması, ülke yönetimlerinde şirketlerin güçlü etkisi –United Fruit Şirketi örneği– (Langley ve Schoonover, 2014) ve ABD'nin bölgedeki Soğuk Savaş programı yoksulluğu ve çatışmaları artırarak göç sürecine zemin hazırlamıştır. Bu bölümde, Orta Amerika *Kuzey Üçgeni* ülkeleri Guatemala, Honduras ve El Salvador'dan kuzeye yönelen güncel göç hareketlerinin temel sebepleri tarihsel arka planıyla birlikte değerlendirilmekte ve göç krizini insani bir krize dönüştüren süreç tartışılmaktadır.

20. yüzyıldan bugüne Orta Amerika'da göçü tetikleyen unsurlar

Orta Amerika, Meksika'nın güney komşuları Belize ve Guatemala ile başlayan, El Salvador, Honduras, Nikaragua, Kosta Rika ve Panama'yı içeren coğrafi bölgeyi ifade etmektedir. Dağlık olduğu kadar tarıma elverişli toprakları da olan bölgede kahve, şeker, pamuk ve muz plantasyonları ülke ekonomilerinin dış pazara açılması açısından son derece önemlidir. Bölge ülkeleri demografik ve kalkınma düzeyleri açısından farklılık gösterse de bu çalışmada ABD'ye yönelik göç sürecindeki ortaklıkları nedeniyle Kuzey Üçgeni ülkeleri incelenmektedir. Soğuk Savaş döneminde ABD'nin bölgeye müdahaleleri, ekonomik durgunluk, yoksulluk, doğal afetler ve şiddet olaylarının yüksek düzeyi,[2] bu ülkelerin benzer özellikleri olarak sıralanabilir. Flores Fonseca (2016: 26), Kuzey Üçgeni'nin gelir dağılımında eşitsizlik, düşük eğitim seviyesi, sağlık hizmetlerine sınırlı erişim, yolsuzluk, insan hakları ihlalleri gibi benzerliklerin yanı sıra diğer ortak sorunlarını da küreselleşmenin getirdiği neoliberal politikalar, özelleştirmeler, serbest ticaret ile ilişkilendirerek sıralamaktadır. Bu sorunların oluşturduğu itici güç, bölgeden göçü 1980'lerden günümüze devam ettirmiştir.

Göç rotasındaki ülkeler göç politikalarını sıkılaştırarak ve sınırları daha korunaklı hale getirerek göçteki artışa cevap vermektedirler. Sandoval-García (2017), neoliberalizmin yerel ekonomileri tahribatının insanları ülkelerinden çıkarması ile katı göç politikalarının göçü engellemeye çalışması arasında-

---

[2] Dünya Bankası 2017 verilerine göre, her 100 bin kişiden El Salvador'da 62, Honduras'ta 42 ve Guatemala'da 26 kişi öldürülmüştür. https://data.worldbank.org/indicator/VC.IHR.PSRC.P5?end=2017&locations=HN-GT-SV&most_recent_value_desc=true&start=1990

ki mevcut paradoksa işaret eder. Orta Amerika'nın göç deneyimi bu paradoksa örnek teşkil etmektedir.

19. yüzyılda bölgenin Avrupa ülkelerinden bağımsızlıklarını kazanmalarının ardından bölge siyasetinde ve ekonomisinde ABD'nin etkisi artmıştır (Langley ve Schoonover, 2014). Tarımda modernleşme ve kırsal dönüşüm, Orta Amerika'da kırsal nüfusu olumsuz etkilemiş, toprakların az sayıda seçkinin elinde toplanması sosyal eşitsizlikleri daha da derinleştirmiştir. Buna ek olarak özellikle Soğuk Savaş döneminde ABD'nin doğrudan ve dolaylı müdahaleleri, hem sol gruplara karşı desteklediği yönetimler ve silahlı gruplar aracılığıyla bölgeye şiddeti yerleştirmiş (Booth vd., 2010) hem de neoliberal politikaların uygulanmasına yönelik girişimler bölge halkını yoksullaştırmıştır. Aşağıda ABD'ye yönelik göçü başlatan kırılma noktalarına ve bugünkü göç nedenlerine yer verilmektedir.

Göçlerin başlangıcı

Guatemala'da 36 yıl süren iç savaşta (1960-1996) % 82'si Maya yerlisi, 200 bin kişi öldürülmüş (Brett, 2016: 57), nüfusun % 20'sine denk düşen yaklaşık 1,5 milyon kişi evini terk etmiştir. Basılan köylere ve toplu katliamlara sahne olan Guatemala'da büyük çoğunluk ülke içinde yer değiştirmiş, 1980'lerin başında 400 bin kişi ise Meksika, Belize, Honduras, Kosta Rika ve ABD'ye göç etmiştir. Tüm Latin Amerika'da olduğu gibi 1980'ler Guatemala'nın da *kayıp on yılıdır* ve ekonomisi büyük ölçüde tarıma dayalı ülkede yoksulluk, göçün itici unsuru olmuştur. 1990'larda süren neoliberal kriz ise yoksulluğu ve göçü devam ettirmiştir.

Benzer şekilde El Salvador'da 1980-1992 arasında iç savaş yaşanmıştır. 1979'da ölüm mangaları bir ay içinde bin kişinin ölümünden sorumluyken 1985'e gelindiğinde ülkede 50 bin kişi yaşamını yitirmiştir. Bu şiddet ortamında nüfusun yaklaşık % 20'sine denk gelen bir milyon El Salvadorlu ülkeyi terk etmiştir. O dönemde ABD'de 500 bin ile 850 bin arasında El Salvadorlu olduğu tahmin edilmektedir (Ferris, 1995: 226).

İç savaşlar öncesinde Guatemala ve El Salvador'dan mevsimlik göçün uzun bir geçmişi vardır. Guatemala'dan Meksika'nın güneyindeki kahve plantasyonlarında ve El Salvador'dan Honduras'a muz plantasyonlarında çalışmak üzere göçler gerçekleşmiştir. Ancak 1970'lerin sonunda yukarıda sözü edilen politik ve sosyoekonomik iklimde, göçün karakteristik yönü değişmiş, Guatemala ve El Salvador'dan ABD'ye göçler, ekonomik olduğu gibi politik ve ideolojik niteliğe sahip olmuştur (Jonas ve Rodríguez, 2014).

ABD'nin bölgedeki müttefiki Honduras ise aynı dönemde iç savaş yaşamamış, ABD'li şirketlerin muz plantasyonlarında düşük ücretlerle çalışan işgücünün göçü diğer iki ülkeye göre sınırlı kalmıştır. Honduras'tan göç, Ekim 1998'de Atlantik Okyanusu'ndan gelen Mitch Kasırgası'nın yarattığı tahribatla ivme kazanmıştır. Kasırga, başta Honduras ve Nikaragua olmak üzere bölgede

20 bin kişinin ölümüne, 13 bin kişinin yaralanmasına, tarım arazilerinin bozulmasına ve yerleşim yerlerinin yıkımına neden olarak (Kugler ve Yüksel, 2008: 5) ülke ekonomilerine büyük zarar vermiştir. Pek çok insanın evsiz ya da geçimini sağlayacak olanaklardan yoksun kalmasıyla ABD'ye göç, tanınan *geçici koruma statüsü* ile mümkün olmuştur.

Güncel göçlerin nedenleri

Yoksulluk

Üç ülkeden kuzeye yönelik göçün başlangıç tarihleri farklılık gösterse de son yirmi yılda göç dinamiklerinde yoksulluk üç ülkeden çıkışın birincil sebebidir ve yoksulluğun tetiklediği göçün yarısından fazlası belgesiz/düzensiz niteliktedir. 2016'da yapılan bir çalışmaya göre sınır dışı edilen Guatemalalıların % 91'i, Honduraslıların % 97'si ve El Salvadorluların % 96'sı ABD'ye geliş motivasyonlarının iş olduğunu belirtmiştir.[3] Zira Latin Amerika'nın bu en yoksul bölgesinde kayıtdışılığın % 80 olduğu işgücü piyasalarında istihdam olanakları sınırlı, ücret düzeyleri düşük, çalışma koşulları güvencesizdir. Dünya Bankası verilerine göre, Honduras'ta toplam nüfusun % 61,9'u (2018), Guatemala'da % 59,3'ü (2014) ve El Salvador'da % 29,2'si (2017) yoksuldur. Kişi başı Gayri Safi Milli Hasıla (GSMH) ise Guatemala'da 4.400, El Salvador'da 3.820 ve Honduras'ta 2.350 Amerikan dolarıdır.[4] Yoksullukla mücadele stratejisi olarak göçün başladığı 1980'lerden bu yana ABD'de işgücü piyasasına dâhil olan göçmenlerin kaynak ülkede kalan aile üyelerine yolladıkları tasarrufları –göçmen havaleleri– ülke ekonomileri ve toplumsal istikrar açısından son derece önemlidir. Kuzey Üçgeni ülkelerinin GSMH içinde göçmen havalelerin yüksek oranı, göçe bağımlı ekonomileri işaret etmektedir. Dünya Bankası'nın 2018 verilerine göre, GSMH içinde göçmen havalelerinin oranı Guatemala'da % 12,09, Honduras'ta % 19,92 ve El Salvador'da % 20,67'dir.[5] Honduras'ta havaleler, ülkenin ihracat gelirlerinden bile fazladır.[6]

Şiddet

El Salvador ve Guatemala'dan ABD'ye yönelik göçlerin başlangıcının iç savaş dönemine denk geldiğinden yukarıda söz edilmişti. Ekonomik ve politik istikrarsızlığın yaşandığı iç savaşlar politik şiddete sahne olmuş, nüfusun önemli bir

---

[3] D'vera Cohn, Jeffrey s. Passel ve Ana Gonzalez-Barrera, "Rise in U.S. Immigrants From El Salvador, Guatemala and Honduras Outpaces Growth From Elsewhere", *Pew Research Center*, 7 Aralık 2017, https://www.pewresearch.org/hispanic/2017/12/07/rise-in-u-s-immigrants-from-el-salvador-guatemala-and-honduras-outpaces-growth-from-elsewhere/

[4] https://data.worldbank.org/?locations=HN-GT-SV&most_recent_value_desc=true

[5] https://data.worldbank.org/indicator/BX.TRF.PWKR.DT.GD.ZS?locations=HN-GT-SV-NI&most_recent_value_desc=true

[6] Mario Cerna, "El periodismo necesita inversión", *El Heraldo*, 7 Nisan 2014, https://www.elheraldo.hn/pais/583436-214/migracion-no-es-avenida-al-desarrollo

> **Los Angeles'tan ithal çeteler: M-18 vs MS-13**
>
> Los Angeles'ta 1960'lı yıllarda Meksikalılarca kurulan ve Orta Amerikalı göçmenlerin katılımıyla genişleyen 18. Cadde çetesine (*M-18, 18th Street, Mara 18*), 1980'li yıllarda yeni bir rakip gelmiştir. El Salvadorlu genç göçmenlerce kurulan MS-13 (*Mara Salvatrucha*), başta yoksul göçmen mahallelerinde kendilerine yönelik zorbalıklara karşı birlik olma amacı taşısa da süreç içinde M-18 gibi hırsızlık, gasp, uyuşturucu satıcılığı, fuhuşa zorlama, tecavüz, yaralama ve cinayet gibi pek çok suçun sorumlusu haline gelmiştir. Çeteye giriş ritüelleri, giyim tarzları ve dövmeleri ile yeraltı dünyasında kendine özgü kültüre sahip olan *mara*lar (Cruz, 2010), kimsesiz yoksul çocuklardan ve gençlerden devşirilen üyelerle güçlenmektedir.
>
> Los Angeles'tan diğer kentlere ve eyaletlere yayılan sokak çeteleriyle ABD güvenlik güçlerinin mücadelesi 1990'larda artmış, 1996 Yasadışı Göç Reformu ve Göçmen Sorumluluk Yasası'nın (IIRAIRA) getirdiği düzenlemeyle suça karışmış göçmenler sınır dışı edilmişlerdir. Böylece sorun ABD'den Orta Amerika'ya taşınmış ancak iletişim teknolojilerinin gelişimi çeteleri ulusötesi yapılara dönüştürmüştür (Brenneman, 2012; Franco, 2007).
>
> 2000'lerde özellikle El Salvador ve Honduras'ta cinayet oranları artınca çete üyelerine karşı *Plan Mano Dura* (demir yumruk) hükümetlerce yürürlüğe sokulmuş, bu da çete üyelerinin (*marero*) hapishanelerde örgütlenmesiyle sonuçlanmıştır. *Mano Amiga* (dost eli) programları ise eski *marero*ların meslek edinmeleri, dövmelerinin silinmesi, rehabilitasyonuyla topluma uyumları için tasarlanmıştır (Wolf, 2011). Üyelerin yüz ve vücutlarındaki dövmeler, aynı zamanda işlenen cinayetleri anlatan birer belge niteliğindedir. Toplumsal uyum ve kabul sürecinde yeni yaşam için hem dövmelerin silinmesi hem de Evanjelik Protestanlık öğretisine geçiş dikkat çekmektedir (Brenneman, 2012). Son yıllardaki bir başka gelişme ise çeteler arasında ateşkes yapılması ve bunun ölüm oranlarını önceki yıllara oranla azaltmasıdır.

bölümü evini terk etmek zorunda kalmıştı. Savaş sonrası dönemde ise politik şiddet yerini sokak çetelerinin kriminal şiddetine bırakmıştır. 2000'li yıllardan bu yana sokak çeteleri (*mara*lar ve *pandilla*lar) gündelik yaşama sirayet etmiş; cinayet, gasp, kaçırma, tecavüz ve şantajlar yoksullukla mücadele eden halkın yaşamını daha da zorlaştırmıştır (Bruneau vd., 2011; Borrow ve Walker, 2004; Martínez, 2016). Güncel çete şiddetini ABD'nin bölgeye yönelik politikalarından, ülkelerin ekonomik krizlerinin yarattığı tahribattan bağımsız değerlendirmek hatalı olacaktır. Çocukların okula erişimini engelleyen, işyerlerinden haraç alan çeteler yoksul halkın göç etmesinde görünür sebeplerden biridir.

Doğal afetler ve iklim değişikliği

Tarih boyunca insanlık bulunduğu bölgeye uyum sağlayarak yaşamını sürdürmüş, çevre koşullarında uyum sağlanamayacak türden (deprem, su baskınları, kuraklık vb.) farklılıklar olduğunda yerini değiştirmiş, göç etmiştir. Günümüzde ise insanların sebep olduğu küresel ısınma, özellikle geçimi tarımsal üretime dayalı bölgelerde göçleri ve çatışmaları artırma potansiyeline sahiptir (Reuveny, 2007). Örneğin Guatemala'dan güncel göçü, kırsal kesimdeki üretim krizleri, gıda güvencesizliği ve yetersiz beslenme tetiklemektedir. Yerlilerin kırsal yoksulluğu ve maruz kaldıkları ayrımcılık sömürgecilik döneminden bugüne devam ederken, günümüzde artık iklimsel sebeplerin varlığı bilinmektedir (Milan ve Ruano, 2014).

İklim değişikliği, yalnızca tarım yapılacak toprakları değil diğer yaşam alanlarını da tehdit etmektedir. Honduras'ta Cedeño bölgesinde deniz seviyesinin her yıl bir metre kadar yükselmesiyle ev ve işyerleri sular altında kalmıştır. Küresel İklim Riski Endeksi'ne göre son on yılda dünyada iklim değişikliğinden etkilenen ilk üç ülke arasında Honduras yer almaktadır (García, 2020). El Salvador'da kuraklığa, içilebilir su kaynaklarının özelleştirilmesi eşlik ederek kırsal kesimde yaşayanları daha da güvencesiz hale getirmektedir. Guatemala'da ise uyuşturucu kartellerinin köylüleri eroin yapımı için kullanılan haşhaş (*amapolo*) ekimine zorlamaları ve ABD'nin baskısıyla hükümetin tarlaları yok etmesi göçü tetiklemiştir (González, 2019).

> **Kahve pası ve göç**
>
> Latin Amerika'da kahve, ülkelerin uluslararası pazara sunduğu önemli bir geçim kaynağıdır. Ancak üretiminin ölçüsüz genişlemesi tarım alanlarında başkaca ürünlerin üretimini sınırlamış, üreticiyi kahveye bağımlı kılmıştır (Galeano, 2006: 143-144). 2012'de kahve yapraklarında görülen bir tür mantarın –*Hemileia vastatrix*– geniş tarım alanlarına yayılması, kahve üretimini büyük ölçüde durdurmuştur. Bu kriz, ülke ekonomilerinin ihracat gelirlerini azaltmış, yetiştiricilerin borçlanmasına ve yoksulluğun artmasına sebep olmuştur. Meksika'nın güneyi, Guatemala ve Honduras kahve pasından etkilenen ülkelerin başında gelmiş, bitkinin yeniden ekilmesi ve ürün alınması için gereken en az üç yıllık süre hem kırdan kente hem de kuzeye göçü tetiklemiştir (Sandoval-Garcia, 2017: 68).

Yukarıda yoksulluk, şiddet ve çevre koşulları, Orta Amerika'dan kuzeye yönelen göçü açıklamada üç faktör olarak örneklendirilmiştir. Şiddet ve çevre koşullarını, bölge halkının yoksulluğunu ve güvencesizliğini artıran bağlantılı unsurlar olarak değerlendirmek mümkündür. Bugün daha iyi yaşam koşulları için evlerinden ayrılan insanların çeşitlilik arz eden göç motivasyonları, birbiriyle bağlantılı olsa da temelde ekonomik gerekçelere dayanmaktadır. Göçmenlerin güvencesiz yaşam koşullarından kurtulmaya çalıştıkları göç sürecinde güvencesizliğin yeni formlarına maruz kaldıkları görülmektedir. Aşağıda göç sürecindeki karşılaşılan zorluklar, göçmenlerin bu zorluklarla başa çıkma stratejileri ve ülkelerin göç krizine tepkileri değerlendirilmektedir.

Göç koridoru Meksika

Orta Amerika'dan ABD'ye yönelik düzensiz göçün arttığı son otuz yılda Meksika, uyuşturucu kartellerinin kendi aralarında ve güvenlik güçleriyle çatışmalarına sahne olmaktadır. Uyuşturucu kaçakçılarıyla aynı rotayı kullanan Orta

Amerikalı göçmenler, kaçırılma, gasp, yaralanma, tecavüz ve hatta ölüm riskiyle tehlikeli bir yolculuk yürütmektedirler. Aile yakınlarından fidye, uyuşturucu için kuryelik, organ mafyası, insan ticareti ve yabancı düşmanlığı gibi nedenlerle göçmenler hedef haline gelirken göç yolunu daha kısa sürede ve güvenle tamamlamak için göçmen kaçakçılarına (*coyote*) başvurmaktadırlar. Ancak sınır kontrollerinin artması *coyote*ye ödenen bedeli yıllar içinde artırmıştır. Örneğin Meksika-ABD sınırını geçmenin bedeli 1998'de ortalama 600 dolarken 2000'lerin başında 1.000-1.700 dolara çıkmıştır (OECD, 2004: 145). Son yıllarda ise daha uzun bir rota için Orta Amerikalılar 4.000-6.000 dolar arasında ödeme yapmaktadırlar (Guevara González, 2018: 182). Göçmenlerin bu parayı denkleştirmesi büyük ölçüde ABD'de bulunan yakınlardan ya da tefecilerden alınan borçla mümkün olmaktadır.

Meksika'da transit göçmenlerin korunması ve desteklenmesinde dinî ve seküler organizasyonların işlevi hayatidir. Özellikle Katolik kilisesinin açtığı göçmen evleri (*casa del migrante*) yürüyerek ya da yük trenlerinin tepesinde yaklaşık bir ayda kat edilen göç rotasında barınma, giysi, yemek ve danışmanlık hizmetleri sunmaktadır (Doğan, 2018). UNHCR'ın yürüttüğü çalışmalar içinde en yenilerinden biri, *Jaguar'a Güven (Confía en El Jaguar)* adlı uygulamasıdır. Facebook üzerinden göçmenleri uyaran, güvenilir bilgi vererek göç sürecinde göçmenlerin korunmasına yardımcı olan bu girişimin takipçi sayısı az olmakla birlikte aylık 1,3 ila 1,6 milyon arasında kullanıcı tarafından ziyaret edildiği belirtilmektedir (Yayboke ve Garcia Gallego, 2019: 30).

2010'da Tamaulipas eyaletinde 72 göçmenin *Zetas* karteli tarafından kaçırılıp öldürülmesi ulusal ve uluslararası kamuoyunun gündeminde yer almış; 2011'de Meksika, transit göçmenlerin de haklarını garanti altına alan Göç Yasası'nı çıkarmıştır. Düzenlemenin yürütülmesinden Ulusal Göç Enstitüsü (*Instituto Nacional de Migración*/INM) sorumlu tutulurken 2014'te Güney Sınır Programı (*Programa Frontera Sur*) ile düzensiz göçü kontrol altına almaya ve transit göçmenleri göç rotasında korumaya yönelik bir plan ortaya konmuştur. Ancak uygulama, göçmenlerden çok sınırları korur biçimde işletildiği gerekçesiyle eleştirilmiştir.

2018'de Andrés Manuel López Obrador iktidara geldiğinde, hem Orta Amerika'dan düzensiz göç yeni bir forma bürünmüş hem de ülkenin göç politikalarında değişim başlamıştır. Binlerce göçmenin kafile halinde Honduras'ın yüksek cinayet oranlarına sahip San Pedro Sula kentinden yola çıkması ve Suchiate nehrinin ayırdığı Guatemala-Meksika sınırında güvenlik güçlerince biber gazı kullanılması meseleyi daha görünür kılarken müzakereler sonucu güney sınırı açılmıştır. Bu süreçte göçmenlerden bir kısmı ülkelerine geri dönerken çoğunluk kuzey sınırındaki kentlerde beklemeye devam etmektedir. Kalabalık bir kafileyle göç, kamuoyu oluşturmayı amaçlamışsa da hem Meksika'da hem de ABD'de göçmen karşıtı söylemi güçlendirmiştir. Bununla birlikte López Obrador'un göçe neden olan koşulların giderilmesine yönelik adımlar için bölge ülkelerine çağrıda bulunduğu bilinmektedir. 2019 Göç ve Kalkınma Planı, düzensiz göçü azaltmak için yalnızca sınırın güvenlikleştirilmesini değil göç veren ülkelere yatırım ve göçmenlere istihdam olanakları yaratılmasını öngörmektedir. 2019'un ikinci yarısında Meksika-ABD sınırından geçişlerin % 74,5 oranında azalması sınırın güvenlikleşmesini, güney eyaletlerde 3 bin kadar göçmenin istihdam edilmesi ise planın kalkınma boyutunu işaret etmektedir (Nieto, 2020).

Sınırlara örülecek duvarlar, ABD'ye geçişi zorlaştıracak ancak temel sorunları bitirmediği için göç devam edecektir. Bu sebeple transit göçmenlerin Meksika'da kalıcı olmaları muhtemeldir. 2017'de San Luis Potosi ve Saltillo'daki göçmen evlerinde yetkililer ve göçmenlerle yaptığım görüşmelerde[7] ABD'den sınır dışı edilen göçmenlerden bir kısmının yeniden sınırı geçebileceklerine dair umutlarını yitirdikleri ve Meksika'da çalışmaya başladıkları ifade edilmiştir. 45 yaşındaki 3 çocuk babası Honduraslı Odilio, Dallas'ta kaportacıda saatte 9,5 dolar, Meksika'da döşemecide günde 220 peso[8] kazandığını, Honduras'taki ailesine para göndermek zorunda olduğu için çalışmayı kabul ettiğini belirtmiştir. Odilio gibi pek çok göçmen ülkelerine dönmektense Meksika'da kalmayı yeğlemektedir. Ülke ekonomisi Kuzey Üçgeni ülkelerine göre daha gelişmiş olsa da ülkede işsizlik, asayiş ve sosyal eşitsizlikler devam etmektedir. Bu sebeple Meksika Orta Amerika göçünün son durağı olmaya hazır değildir.

Sınır kentlerinde iki ülkeyi birbirinden ayıran çizgi gündelik yaşama da sirayet eder. Meksika'nın kuzey sınır kenti Tijuana'da bir büfenin kepenginde ABD'li sınır devriyesi Meksikalı işçiye bağırıyor: "Öbür taraftan!" (Fotoğraf: Elif Tuğba Doğan, 2017.)

---

7   2017'de Zacatecas Otonom Üniversitesi, Kalkınma Çalışmalarında Prof. Dr. Raúl Delgado Wise danışmanlığında yürüttüğüm doktora sonrası araştırmamın bir parçası olarak transit göçmenlerin Meksika işgücü piyasasındaki durumları incelenmiş, göç rotasındaki farklı göçmen evleri ziyaret edilmiştir (Doğan, 2018).

8   Temmuz 2017 kuru ile 13 dolar. Meksika'da 2017 yılı günlük asgari ücret 80.04 peso.

Hedef ülke ABD

ABD son otuz yıldır düzensiz göçün önlenmesi için güney sınırında denetimi artırsa da göç devam etmektedir. 2017 verilerine göre ABD'deki 10,5 milyon düzensiz göçmenin 1,9 milyonu Orta Amerika kökenlidir. 750 bin El Salvorlu, 600 bin Guatemalalı ve 400 bin Honduraslı düzensiz göçmen olduğu tahmin edilmektedir.[9] Yoksulluktan ve şiddetten kaçan Orta Amerikalılar göç yolunda yoksulluğun ve şiddetin farklı biçimleri ile yüz yüze gelmektedirler. Yasal statülerinin olmaması kamu hizmetlerine erişimi engellediği gibi, işgücü piyasasında da göçmenleri korunmasız kılmaktadır.[10] Tanıdıklar vasıtasıyla barınma ve iş sorununu çözmeye çalışan göçmenler, kilise, insan hakları dernekleri ve diğer yardım kuruluşlarının sunduğu sağlık, danışma, dil eğitimi hizmetlerinden yararlanmaktadırlar. PEW Araştırma Merkezi verilerine göre, ABD'deki El Salvorluların % 17'si, Guatemalaların % 24'ü ve Honduraslıların % 26'sı yoksuldur.[11]

Güncel göç krizinde Trump'ın hedefinde "kötü adamlar" olarak tanımladığı düzensiz göçmenler ve Obama döneminde düzenlenen DACA (*Deferred Action for Childhood Arrivals*) yararlanıcıları vardır. Program, çocukluk döneminde ülkeye gelmiş göçmenlerin belli kriterleri sağlaması durumunda eğitim ve sağlık hakkından yararlanmalarını, oturma izni almalarını içermektedir. DACA programından en çok yararlanan ülkeler sırasıyla Meksika (536 bin), El Salvador (26 bin), Guatemala (17 bin) ve Honduras'tır (16 bin).[12] Sınır dışı etme işlemleri başlarken aileler için belirsizlik devam etmektedir. Trump'ın göç politikasının bir diğer örneği de Göçmen Koruma Protokolü – Meksika'da Kal'dır (*Migrant Protection Protocols - Remain in Mexico*). Sığınma başvurusu yapanların dosyaların incelenme süresince Meksika'da bekletilmelerini içeren uygulama nedeniyle sınırda aralarında çocuklar, hamile kadınlar, yaşlılar ve engellilerin de olduğu 55 bin kişi bekletilmektedir. Uygun barınma koşullarına sahip olmayan başvuru sahipleri kimi zaman kartellerin de hedefi olmaktadır.

---

9 Jeffrey s. Passel ve D'vera Cohn, "Mexicans decline to less than half the U.S. unauthorized immigrant population for the first time", *Pew Researh Center*, 12 Haziran 2019, https://www.pewresearch.org/fact-tank/2019/06/12/us-unauthorized-immigrant-population-2017/

10 Meksika'da San Luis Potosi kentinde görüştüğüm 40 yaşındaki 9 çocuk babası José Seattle'da üç farklı işte, dönem dönem haftada yedi gün, saati 15 dolardan günde 16 saat inşaatta çalışarak Honduras'ta ailesi için güzel bir ev yaptırdığını anlatmıştı. Ailesini görmek için ABD'den kendi isteğiyle ayrılmış ancak dört kez denemesine ve *coyote*ye 7 bin dolar ödemesine rağmen sınırı geçememiş. José gibi ABD'ye geri dönememe riski, yasal statüye sahip olmayan göçmenlerin hareketliliğini sınırlamaktadır (Robert, Menjivar ve Rodriguez, 2017: 3). Kitle iletişim araçları mesafeyi azaltsa da kaynak ülkeye gidemiyor olmak, bir süre sonra aile ile bağları gevşetme riski barındırmaktadır. Bunun sonuçlarından biri, geride kalanlara havalelerin kesilmesi, yoksulluğun büyümesi, çocukların ailenin geçimini sağlamak için çalışmaya başlamasıdır.

11 Luis Noe-Bustamante, "Key facts about U.S. Hispanics and their diverse heritage", *Pew Research Center*, 16 Eylül 2019, https://www.pewresearch.org/fact-tank/2019/09/16/key-facts-about-u-s-hispanics/

12 Ana Gonzalez-Barrera ve Jens Manuel Krogstad, "What we know about illegal immigration from Mexico", *Pew Researh Center*, 28 Haziran 2019, https://www.pewresearch.org/fact-tank/2019/06/28/what-we-know-about-illegal-immigration-from-mexico/

Sonuç

Kuzey Üçgeni ülkelerinde göç dinamikleri geçmişten günümüze çeşitlilik gösterse de temelinde yoksulluk, işsizlik ve ekonomik olanakların yetersizliği bulunmaktadır. Yoksullukla birlikte bölgedeki asayiş sorunları ve iklim değişikliğinin yarattığı sosyoekonomik tahribat, insanları yerlerinden etmektedir. Ancak tüm sebepleri bir arada düşünürken biraz daha geriye giderek sömürgecilik mirası toplumsal eşitsizlikleri, ABD müdahalelerini, çetelerin Orta Amerika'ya ihracını değerlendirmeye katmak gerekmektedir. Göçe neden olan bu yapısal sorunlar devam ettiği sürece duvarlara rağmen göç devam edecektir. Geçmiş deneyimlerden çıkarılması gereken derslerden biri, sınırların daha korunaklı hale getirilmesinin düzensiz göçü bitiremediği, aksine insanların daha çok risk alarak geçmeye çalışmalarına, göçmen kaçakçılığında artışa ve dolayısıyla yeraltı göç endüstrisinin büyümesine neden olduğudur. Denebilir ki, göç sürecinin kendisi, göçmenlerin kaçmakta oldukları tehlikeyi, sefaleti yeniden başka biçimde karşılarına çıkarmaktadır. Göç sürecinin kaynağında, yolunda ve varabilirlerse hedefinde şiddetin farklı biçimlerine maruz kalmaktadırlar.

Düzensiz göçü bir sınır güvenlik meselesine indirgemek ve insani boyutunu gözden kaçırmak bugün şahit olunduğu gibi göç krizini insani krize dönüştürmektedir. Meselenin insan hakları perspektifinden değerlendirilmesi, ülkelerce sorumluluğun paylaşılması ve temel sorun olan yoksulluğun giderilmesine yönelik ulusal ve uluslararası sosyal politikaların temenniden öte hayata geçirilmesi gerekmektedir.

ARAŞTIRMA ÖNERİLERİ

- İklim krizi, göçü tetikleyen unsurlardan biri olarak daha sık zikredilir olsa da konuya ilişkin çalışmalar görece yenidir. Özellikle Orta Amerika ve Karayipler'de iklim krizinin sosyoekonomik sonuçları ile gıda güvencesizliği ve göç ilişkisi araştırılmaya değerdir.
- Ülkelerin katı göç politikaları ve "sıfır tolerans" anlayışı, sınır dışı edilen düzensiz göçmenlerin sayısını artırmaktadır. Kaynak ülkeye zorunlu dönüş, göçmenleri kriminalize ederek damgalamakta, toplumsal yaşama uyumu zorlaştırmaktadır. Sosyal politika perspektifinden geri dönüş göçünün farklı boyutları çalışılabilir.

KAYNAKÇA

Avelino, J., Cristancho, M., Georgiou, S., Imbach, P., Aguilar, L., Bornemann, G., Laderach, P., Anzueto, F., Hruska, A.J. ve Morales, C. (2015), "The coffee rust crises in Colombia and Central America (2008-2013): impacts, plausible causes and proposed solutions", *Food Security*, 7 (2): 303-321.

Booth, J. A., Wade, C. J. ve Walker, T. W. (2010), *Understanding Central America: Global Forces, Rebellion, and Change*, Boulder: Westview Press.

Brett, R. (2016), *The Origins and Dynamics of Genocide: Political Violence in Guatemala*, Springer.

Bruneau, T., Dammert, L. ve Skinner, E. (2011), *Maras: Gang Violence and Security in Central America,* Austin: University of Texas Press.

Borrow, A. ve Walker, J. (2004), "Honduras", Duffy, M. P., Gillig, S. E. ve Gillig, S. (der.), *Teen Gangs: A Global View* içinde, Westport: Greenwood Publishing Group, s. 59-75.

Brenneman, R. (2011), *Homies and Hermanos: God and Gangs in Central America,* New York: Oxford University Press.

Cruz, J. M. (2010), "Central American maras: from youth street gangs to transnational protection rackets", *Global Crime,* 11 (4): 379-398.

Doğan, E. T. (2018), "Düzensiz göçün kentlerde "düzenlenmesi": Meksika'da göçmen evleri", *Memleket Siyaset Yönetim (MSY),* 13 (30): 141-160.

Ferris, E.G. (1995), "Central American Refugees in USA", Cohen, R. (der.), *The Cambridge Survey of the World Migration* içinde, Cambridge: Cambridge University Press, s. 226-228.

Flores Fonseca, M. A. (2016), "Migración del Triángulo Norte de Centroamérica a los Estados Unidos de América", *Población y Desarrollo-Argonautas y caminantes,* 12: 25-38.

Garcia, J. (2020), "La zona cero del cambio climatico en America Latina", *El Pais* https://elpais.com/sociedad/2020/02/08/actualidad/1581121631_785715.html

Galeano, E. (2006), *Latin Amerika'nın Kesik Damarları,* Tokatlı, A. ve Hakmen, R. (çev.), İstanbul: Çitlembik Yayınları.

Ghosh, B. (2018), *Refugee and Mixed Migration Flows: Managing a Looming Humanitarian and Economic Crisis,* Cham: Springer.

González, D. (2019), "A dangerous red flower is driving record numbers of migrants to flee Guatemala", *USA Today,* 27 Eylül, https://www.usatoday.com/in-depth/news/nation/2019/09/23/immigration-issues-migrants-mexico-central-america-caravans-smuggling/2026039001/

Guevara González, Y. (2018), "Navigating with coyotes: Pathways of Central American migrants in Mexico's southern borders", *The ANNALS of the American Academy of Political and Social Science,* 676 (1): 174-193.

Jonas, S., ve Rodríguez, N. (2014), *Guatemala-US Migration: Transforming Regions,* Austin: University of Texas Press.

Kugler, A., ve Yuksel, M. (2008), *Effects of low-skilled immigration on US natives: evidence from Hurricane Mitch* (No. w14293). National Bureau of Economic Research.

Langley, L. D., ve Schoonover, T. D. (2014), *The Banana Men: American Mercenaries and Entrepreneurs in Central America, 1880-1930,* Lexington: University Press of Kentucky.

Martínez, O. (2016), *A History of Violence: Living and Dying in Central America,* Londra: Verso Books.

Milan, A. ve Ruano, S. (2014), "Rainfall variability, food insecurity and migration in Cabricán, Guatemala", *Climate and Development,* 6 (1): 61-68.

Nieto, F. (2020), "Ebrard presume reducción del 74.5% de cruces de migrantes en frontera con Estados Unidos" https://heraldodemexico.com.mx/pais/ebrard-presume-reduccion-del-74-5-de-cruces-de-migrantes-en-frontera-con-estados-unidos/?fbclid=IwAR3stssSlPLTZ-PNhWR_DA5jgPd-TciyXnr-4LMSwUHtXsrKlIMSeOuZGEqI

OECD (2004), *OECD Economic Surveys: Mexico 2003,* Paris: OECD Publications.

Reuveny, R. (2007), "Climate change-induced migration and violent conflict", *Political Geography,* 26 (6), 656-673.

Roberts, B., Menjívar, C. ve Rodríguez, N. P. (2017), "Voluntary and involuntary return migration", Roberts, B., Menjívar, C. ve Rodríguez, N. P. (der.), *Deportation and Return in a Border-Restricted World* içinde, Cham: Springer, s. 3-26.

Salas, M. M. ve Sáinz, J. P. P. (2019), "Youth, labor market exclusion, and social violence in Central America", Cuervo, H. ve Miranda, A. (der.), *Youth, Inequality and Social Change in the Global South* içinde, Singapore: Springer, s. 17-31.

Sandoval-García, C. (2017), *Exclusion and Forced Migration in Central America: No More Walls,* Cham: Springer.

*UNHCR (2015), Women on Run https://www.unhcr.org/5630f24c6.pdf

Van Hear, N., Brubaker, R. ve Bessa, T. (2009), *Managing Mobility for Human Development: The Growing Salience of Mixed Migration*, UNDP, Human Development Reports Research Paper 2009/20.

Wolf, S. (2011), "Street gangs of El Salvador", Bruneau, T., Dammert, L. ve Skinner, E. (der.), *Maras: Gang Violence and Security in Central America* içinde, Austin: University of Texas Press, s. 43-69.

Yayboke, E. K. ve Garcia Gallego, C. (2019), *Out of the Shadows: Shining a Light on Irregular Migration*, Lanham: Rowman & Littlefield.

DÖRDÜNCÜ KISIM

Kültür ve Siyaset

Yirmi İkinci Bölüm

GABRIEL GARCÍA MÁRQUEZ VE KOLOMBİYA TARİHİ

BARIŞ ÖZKUL

*D*on Kişot'tan sonra İspanyolcada en çok okunan roman olan *Yüz Yıllık Yalnızlık*'ta (1967) kurmaca şehir Macondo'dan muz ihraç eden Kuzey Amerikalılar'ın dünyasına tanıklık ederiz. Bantu dilinde "muz" anlamına gelen Macondo, Gabriel García Márquez'in doğduğu Aracataca'ya –Santa Marta'nın güneyindeki Ciénaga şehrine– yakındır. Márquez'in çocukluğu ve ilk gençliğinde Kolombiya ekonomisinde önemli bir kalem olan muz, yazarın belleğinde her zaman "tatlı" anılarla yer etmemiştir: ABD menşeli United Fruit Şirketi'nin Santa Marta bölgesinde yaptığı Muz Katliamı (1928), Márquez'in içine doğduğu (katliam yaşandığında Márquez 20 aylıktı) ve kolay kolay unutamadığı olaylardan biridir.

30 bin muz işçisinin maaş artışı talebiyle başlattıkları greve General Carlos Cortés Vargas'ın ateşle karşılık vermesi sonucu kimi kaynaklara göre 200'e yakın işçinin öldüğü Muz Katliamı, çağdaş Kolombiya tarihinde işçi-işveren anlaşmazlığından kaynaklanan en büyük "kayıp"tır. Kanlı çatışmalara, toplu katliamlara sıkça tanıklık eden (20. yüzyılda daha büyüklerine tanıklık edecek olan) Kolombiya halkı modern koşullara tâbi bir "emek sorunu"nun bu şekilde halloldoğunu daha önce görmemiştir. United Fruit Şirketi, Kolombiya'yı pek alışkın olmadığı yeniliklerle tanıştıracaktır.

United Fruit Şirketi'nin alt kolu olan Chiquita Muz Şirketi, Muz Grevi'ni bastırmak amacıyla paramiliter ölüm mangalarına para gönderildiğini ortaya koyan belgeleri 2007'de açıkladı ve Katliam'da ölenlerin yakınlarından 80 yıl sonra özür diledi. Öte yandan bugün Latin Amerika'da Katliam'dan dolayı kötü bir şöhrete sahip olan United Fruit Şirketi, aslında 19. yüzyılın ilk yarısında Kolombiya ekonomisinde yapısal bir değişimin taşıyıcısıydı. Márquez'in doğduğu yöre, 1920'lerde Kolombiya'nın birinci, dünyanın üçüncü büyük muz ihracatçısıydı ve United Fruit Şirketi'nin Santa Marta'daki iskelelerinden çeşitli ülkelere yılda 10 milyon hevenk muz gönderilmekteydi (Martin, 2012: 42).

Muz Katliamı, Márquez için aynı zamanda ailevi bir meseleydi: 1929'da Aracataca defterdarı olan Márquez'in dedesi Albay Nicolas Márquez, muz işçilerinin grevi ve askerlerin yaptığı kıyım hakkında Kolombiya meclisindeki bazı ünlü oturumlarda görgü tanıklığı yapmıştır (Bell-Villada, 2011: 72). Sekiz yaşına kadar dedesinin elinde büyüyen torun Márquez, çocuk yaşta Katliam'la ilgili birçok izlenim, anı biriktirmiştir. Katliamın acı hatırası dışında dedesinin onu United Fruit Şirketi'nin depolarında dolaştırdığını, orada konserve balık gibi "mucizeler"le tanıştığını ilerleyen yaşlarda güzel hatıralar olarak anlatmıştır.

1910'ların "altına hücum" döneminde Aracataca'ya kadar genişleyip Kolombiya'ya "zenginlik" vaat eden United Fruit Şirketi, çocuk yaştaki Márquez'e Santa Marta dışında farklı bir dünyanın varlığını hatırlatmıştır: Tel örgüler, düzgün kesilmiş çimler, yüzme havuzları, bahçe masaları, güneş şemsiyeleri, tenis oynayan ve üstü açık arabalarda gezen kadınlar, Montgomery Ward katalogları, Quaker Oats, Vicks merhemleri, Eno meyve tuzları, Colgate diş macunları, New York ve Londra pazarının gözde metaları ve hepsinden öte haftada iki üç yeni filmin gösterime girdiği sinemalar. 3-4 yaşlarındaki Márquez'in epey ilgisini çeken bu yenilikler, yazarın sanatsal yetilerinin gelişiminde olumlu etkiler bırakmış olmalıdır: Okumayı öğrenmeden resim yapmayı öğrenmesi, 13 yaşına kadar en sevdiği faaliyetin resim yapmak olması ve daima yeni nesneler keşfetmeye yatkın olmasında Gabriel García Márquez'in "yenilik" olarak algıladığı bu nesnelerin (ve onların simgelediği şeylerin) dolaylı bir payı vardır. United Fruit Şirketi, Márquez'i Kolombiya'nın büyülü gerçekliğinden dünyaya bağlayan ilk deneyimdir, denilebilir.

Bu temel deneyimin öncesi ve sonrasıyla Kolombiya tarihi, Márquez'in hemen hemen bütün kitaplarında tekrarlayan bir izlek olarak aile şeceresiyle birleşip ona Latin Amerika'nın lirik tarihçisi sıfatını kazandıran bir engin malzeme sunmuş; hayli geniş bir coğrafyada tarih ile edebiyatı, kişisel ile toplumsalı birleştirmesine; kayıplar ve yer değiştirmeler, cennet ve cehennem anlatılarıyla ilerleyen bir anlam ve duygu evrenini ilmek ilmek örmesine olanak sağlamıştır. Márquez'in Kolombiya'dan kıtanın tümüne açılan anlam ve duygu evreninde Küba, Venezuela, Meksika gibi toplumlar zaman zaman terazide Kolombiya'dan ağır bassa da bu yazının kapsamını Kolombiya tarihinde Márquez'i özellikle etkilemiş olan olaylarla sınırlı tutacak; Márquez'in yapıtları ile Kolombiya tarihi arasında örtüşme noktaları aramak yerine büyük bir yazarın anavatanına dair görüşleri ve tutumlarını belirleyen tarihsel dönemeçlere ışık tutmayı deneyeceğiz.

Modern öncesinden moderne Kolombiya

Bugün Kolombiya adıyla bilinen coğrafya, 19. yüzyılda Venezuela ile Ekvador'un Büyük Kolombiya Cumhuriyeti'nden ayrılmasıyla (1831) kurulan Yeni

Granada Cumhuriyeti'nin topraklarından (Kolombiya ile Panama'yı kapsayan) oluşmaktaydı. Bolívar'ın eski müttefiklerinden Francisco de Paula Santander liderliğinde kurulmuş olan Yeni Granada Cumhuriyeti'nin dört yılda bir seçimle yenilenmesi öngörülen bir başkanlık sistemi, iki kamaralı bir Kongre'si ve taşra vilayetleri vardı. Yalnızca işçi/gündelikçi/hizmetçi olmayan erkeklerin oy kullanabildiği bu sistem sınırlı bir aristokrasinin egemenliğine dayansa da ülkenin siyasal yaşamına ulusal olmaktan çok bölgesel ittifaklarla şekillenen bir adem-i merkeziyet ve bölgesel izolasyon hâkimdi.

Kolombiya tarihçileri ülkede kuşatıcı bir ulusal kimliğin görece geç tarihlerde ortaya çıkmış olmasının ana nedeni olarak coğrafi koşullara işaret ederler: Vadileri, platoları ve sıradağları ile Andlar, Kolombiya'nın tümüne yayılan bir iletişim ve ulaşım ağının kurulmasını uzun süre olanaksız kılmıştır (Keen ve Haynes, 2009: 240). 20. yüzyıl başında Magdalena Nehri boyunca düzenli işlemeye başlayan istimbotlar bile Atlantik'teki liman şehirlerinden başkent Bogota'ya ulaşımı ancak altı haftaya indirebilmiştir. Márquez'in 12 yaşında ailesiyle Barranquilla'dan Sucre diye bir nehir kasabasına istimbotla yaptığı maceralı yolculuk günlerce sürmüş; San Jorge, Mojana gibi akarsular, bataklıklar ve orman kıyılarından geçen yol Márquez'in hayal gücünü kamçılamıştır. Ocak 1943'te üniversiteye kaydolmak için Bogota'ya yaptığı ırmak yolculuğu ise 1 hafta sürmüştür.

Bu tür coğrafi engellerin de etkisiyle bütünleşik bir kapitalist ekonomi kurmakta epey geciken Kolombiya toplumu, 20. yüzyıl başına kadar büyük ölçüde pre-kapitalist özellikler sergilemiştir. Tarihçiler 1840'larda Kolombiya'daki endüstriyel faaliyetin (dokuma, iplik, çanak çömlek, ayakkabı imalatı vb. sektörlerde) ağırlıkla evlerde kadınlar tarafından yürütüldüğünü; devlet destekli fabrika kurma girişimlerinin (demir, tekstil, cam ve sabun sektörlerinde) çoğunun başarısızlıkla sonuçlandığını aktarır. Bogota, Medellín, Calli gibi şehirlerde ikamet eden zanaatkârların sınırlı üretim ve nakliyat olanaklarıyla bir artı-değer yaratmakta zorlandıkları; ticari hareketliliğin son derece sınırlı olduğu bu iktisadi tabloya bölgesel izolasyon ve hasım *caudillo*ların peşine takılmış mahalli ordular arasındaki savaşlar eklenince Kolombiya alabildiğine pre-modern bir toplumsal manzara arz etmiştir. Bu pre-modern –ve dolayısıyla pre-kapitalist– toplumsal manzara içinde tatmin edici bir ulusal kimlik ve köken anlatısının yokluğu soykütüğü, hanedan ve *caudillo* takıntısını yaygınlaştırmıştır. Gabriel García Márquez'in anlatılarında ulusal kimlik o kadar önemli değilken yüzlerce yıllık soykütükleri ve soyadları etrafında oluşmuş "nam"lar birer şeref nişanıdır.

Kolombiya siyasetinin iki demirbaş fraksiyonundan biri olan Liberaller'in 1850'lerde José Hilario López liderliğinde başlattıkları *mestizaje* hamlesi Afrikalı ve yerli etnisiteleri dışlayan bir "tek Tanrı, tek ırk, tek dil" ideali etrafında ulusal bir kimlik inşa etme girişimiydi. 25 bin Afro-Kolombiyalı bu bahaneyle kölelikten azat edilirken, vatandaşlık hakkından da mahrum kılınmıştı. Liberallerin bir sonraki adımı *resguardo*lara (yerlilerin komünal toprakları) el koymak ve topraksız yerlileri ya göçebe hayata ya da yerel malikâne sahiplerinin (*hacen-*

dado) paralı askerleri olmaya zorlamak oldu. Márquez'in güçlü bir aidiyet duygusuyla bağlı olduğu Kolombiya'nın yerlileri ve Çingeneleri onun romanlarında daima olumlu şekilde betimlendiği gibi hikâye anlatmak konusundaki becerileri özellikle vurgulanır. *Yüzyıllık Yalnızlık*'ın gerçekliği büküp güzelleştiren ünlü bilgesi Melquiades bir Çingene'dir.

Pre-modern bir iktisadi yapıya sahip olmakla birlikte 1850'lerde Kolombiya toplumu siyasette modern sayılabilecek arayışlara girişmişti. Ülke siyasetinin temel fay hattını meydana getiren Liberal-Muhafazakâr saflaşmasının yanı sıra radikal-eşitlikçi bir Katolik ütopyayı savunan alternatif akımlar da (Golgotalar gibi) bu yıllarda ortaya çıkmıştır. Liberal ve muhafazakâr doktrinlerden farklı olarak Fransız romantizmi, ütopik sosyalizm ve Hıristiyanlığın özgül bir yorumunu (İsa'yı Golgota Şehidi ilan eden) kölelik karşıtı retorikle sentezleyen yeni bir siyasi alaşım, Márquez'in yaşadığı yıllarda canlılığını korumaktaydı. Gabriel García Márquez bir ateist olmasına rağmen üniversite döneminde en yakın arkadaşlarından biri *La Razon* gazetesinde onun iki şiirini yayımlayan ünlü gerilla/rahip Camilo Torres'ti. Márquez'in ilk çocuğu Rodrigo García Barcha'yı vaftiz eden Camilo Torres, 1965'te Ulusal Kurtuluş Ordusu (ELN) saflarında savaşırken hayatını kaybetmiş ve 20. yüzyıl Latin Amerika tarihinin en ünlü devrimci rahiplerinden biri olarak tanınmıştır. Gerilla-rahip tipinin *Golgota*'lardan Torres'e devrolan cazibesi Kolombiya'nın büyülü gerçekliğine sol-menkıbeci bir renk katmıştır.

19. yüzyıl sonlarında, Bismark'ın Alman ulusal birliği idealinden ilhamla ulusal bir kimlik inşa etmeye girişen devlet başkanı Rafael Núñez'in öncülüğündeki "Rejenerasyon" devrinde Kolombiya, ulusal pazar, ulusal işgücü, ulusal toprak, ulusal banka, ulusal demiryolları gibi şiarlarla yukarıdan aşağıya modernleşirken Núñez'in ölümünden sonra tarihindeki en kanlı buhranlardan birini yaşamıştır: Liberaller ile Muhafazakârlar –ve onlara bağlı olarak silahlanan kırsal paramiliter gruplar– arasındaki Bin Gün Savaşı (1899-1903), yüz bin kişinin ölümü, yüz binlerce kişinin yer değiştirmesi ve iktisadi altyapıyı çökerten ağır maddi zararlarla sonuçlanmıştır. Savaştan artakalan kan davaları ve misilleme saldırıları onlarca yıl devam etmiştir.

Gabriel García Márquez'in anne tarafından dedesi Albay Nicolás Márquez Mejía, Bin Gün Savaşı'na Rafael Uribe Uribe'nin ordusunda, liberallerin safında katılmış; ordunun gözbebeği bir *comandante* olarak Guajira, Padilla ve Magdalena eyaletlerinde savaştığı gibi kendi memleketi Riohacha'yı da işgal etmiştir (Martin, 2012: 16). Márquez'in iki dayısı ise kendi babalarına karşı Muhafazakârların safında savaşmış ve 20 yaşındaki Carlos Alberto savaşta hayatını kaybetmiştir.

Márquez'in aile tarihinde böylesine önemli bir yeri olan Bin Gün Savaşı, yapıtlarında da kahramanlarına hem asalet kazandıran hem de kişisel acılara sebep olan asli bir olaydır. *Albay'a Mektup Yazan Kimse Yok*'ta Bin Gün Savaşı'na ve savaşı sonlandıran Neerlandia (bir başka muz ekim bölgesi) Antlaşması'na bizzat katılan emekli albayın savaştaki hizmetleri nedeniyle duyduğu itibar beklentisi anlatılırken *Yüzyıllık Yalnızlık*'ın Albay Aureliano Buendia'sı da küçük bir kasabadan (Macondo) Bin Gün Savaşı'na katılır (Buendia ile Márquez'in dedesi arasındaki benzerliklere birçok kez dikkat çekilmiştir). *Benim Hüzünlü Orospularım*'daki baba karakteri de savaşı bitiren Neerlendia Antlaşması'nın imzalandığı gün vefat eder.

Bin Gün Savaşı'nın akisleri 20. yüzyıl Kolombiya tarihinde uzun süre hissedilmiştir. Erken sonuçlardan biri Kolombiya'daki ulus-devlet otoritesi ve iktisadi yapının İç Savaş sırasında zaafa uğramasını fırsat bilen Panamalı ayrılıkçıların Theodore Roosevelt'in desteğiyle Panama'nın bağımsızlığını (1903) ilan etmesidir. Böylece Kolombiya'nın Kanal bölgesindeki egemenlik hakları fiilen ABD'ye geçmiştir (Keen ve Haynes, 2009: 469). ABD ile komşu olmak, Kolombiya ekonomisinde etkileri hızla hissedilen değişimlere yol açmıştır. Boston merkezli United Fruit Şirketi 1905'te Kolombiya pazarına girerken Venezuela, Avrupa, Ortadoğu hatta Uzakdoğu'dan işçiler Kolombiya'ya göç etmeye başlamıştır (Martin, 2012: 22). Göç sonucu Márquez'in memleketi Aracataca bir köy olmaktan çıkıp günbegün kalabalıklaşan bir kente dönüşmüştür. Márquez'in *Yaprak Fırtınası*'ndaki karakterler başka ülkelerden gelen bu göçmen işçilere "yaprak döküntüsü" diyerek memnuniyetsizliklerini bildirirler.

ABD sermayesinin 1922-1928 arasında gerek kamu iştirakleri gerekse özel teşebbüs eliyle Kolombiya'ya yaptığı 280 milyon dolarlık yatırım ülkeyi ilk kez çağdaş sendikalarla ve işçi-işveren ilişkileriyle tanıştırdığı gibi yeni çalışma sahalarının açılmasıyla kırdan kente kitlesel göçler yaşanmış; kuzey kıyı bölgesindeki geniş muz ekim alanları haricinde Kolombiya bir kent toplumuna dönüşmeye başlamıştır. Ana nakliyat limanı New Orleans ile Santa Marta (Kolombiya) arasında faaliyet gösteren United Fruit Şirketi'nin üretimi ve nakliyatı hızlandırmak amacıyla Santa Marta demiryolunun hisselerini satın alması, Kolombiya ekonomisindeki dönüm noktalarından biridir: Şirketin Santa Marta-Fundacion arasında mekik dokuyan hatta yer alan otuz iki istasyonun etrafındaki araziyi, sulama sistemini, denizyolu ihracatını, telgraf sistemini, çimento üretimini, et ve diğer gıda maddelerini tekelleştirmesi hem kâr odaklı bir kolonizasyon hamlesi hem de Kolombiya'nın iktisadi altyapısını modernleştiren kapsamlı bir reform olma vasfı taşımıştır (Martin, 2012: 42). United Fruit Şirketi, New York Borsası'ndaki ani düşüş ve Büyük Bunalım nedeniyle Kolombiya'daki yatırımlarını 1929'dan itibaren azaltsa da yüzyılın ilk 30 yılında Kolombiya'da pre-kapitalist ilişkilerin yerine yeni (kapitalist-modern) ilişkiler tesis edilmiştir.

Márquez'in daha ziyade çocukluk çağını ilgilendiren bu tarihçenin ardından 1928'den öteye, gençlik ve yetişkinlik çağında onu etkileyen olaylara geçebiliriz.

La Violencia

Kolombiya 20. yüzyılda ülke içindeki şiddetin ulaştığı boyut itibarıyla istisnai toplumlardan biridir. Tarihçiler 20. yüzyılda iç çatışmalar nedeniyle ölen Kolombiyalı sayısını 500 bin ila 1 milyon olarak verirken Kolombiya içinde yer değiştirmek zorunda kalanların sayısının ise 5,6 milyon olduğu tahmin edilmektedir (1980'lerden itibaren yoğunlaşan uyuşturucu savaşlarında hayatını kaybeden binlerce kişi bu istatistiğe dâhil değil).

Bu tabloda *La Violencia* adı verilen, başkent Bogota'dan öbür kentlere sıçrayan ve yaklaşık 300 bin kişinin hayatını kaybettiği 10 yıllık (1948-1958) İç Savaş'ın payı büyük.

La Violencia'yı fitilleyen suikast sonucu hayatını kaybeden Jorge Eliécer Gaitán, Latin Amerika'ya özgü tipik popülist siyasetçilerden biriydi. 1929'da Ciénaga'daki Muz Katliamı'nda öldürülen işçilerin haklarını savunan genç bir avukat olarak yıldızı parlayan Gaitán, siyasi konjonktürün gereklerine göre kitleleri seferber edebilen; zaman zaman Marksizm'e, zaman zaman Meksika Devrimi'ne, zaman zaman Mussolini'ye atıflar yapan, hitabeti güçlü, karizmatik bir siyasetçi olarak 1940'larda Kolombiya alt sınıflarını peşinden sürüklemeye başlamıştı. 1940'larda Bogota belediye başkanlığında sergilediği performansla Liberaller'in liderliğine terfi eden Gaitán'ın devletin ekonomiye müdahalesini, büyük tekellerin denetlenmesini, toprak sahipliğinin bin hektarla sınırlanmasını, köylülerin toprak sahibi olmasını talep etmesi siyasi muarızları tarafından tehlike olarak algılanmasına yol açmıştır. 1946'da ülkedeki siyasal ayrılıklardan hareketle % 42'lik oyla devlet başkanı seçilen ve Milli Birlik koalisyonuyla ülkeyi yönetmeye başlayan Mariano Ospina Pérez –ve koalisyonun ikinci etkili ismi Laureano Gómez– ile Gaitán arasında giderek şiddetlenen nüfuz mücadelesi 1947 seçimlerinden sonra büyük şehirlerde sokak çatışmalarına, kırsal kesimde ise toprak sahipleriyle köylüler arasında silahlı kavgalara zemin hazırlarken toplumsal kutuplaşmadan kaynaklı kanlı hesaplaşmalar yaşanmıştır. Gerilimin giderek tırmanması sonucu Gaitán, 9 Nisan 1948'de Juan Roa Sierra adında 27 yaşındaki bir Kolombiyalı tarafından dört kurşunla öldürüldü; katil, tabancasını Gaitán'ın üzerine boşalttıktan on dakika sonra onu kovalayan gürüh tarafından linç edildi, paramparça edilen cesedi çırılçıplak halde sürüklenip Başkanlık Sarayı'nın önüne bırakıldı. Katilin Gaitán'ı öldürme emrini kimden aldığı hiçbir zaman ortaya çıkartılamasa da Liberaller sorumlunun Ospina Pérez ve ABD olduğundan emindi çünkü 1950'de yapılacak devlet başkanlığı seçimini Gaitán'ın kazanacağına kesin gözüyle bakılıyordu.

Gaitán'ın ölümünden kısa süre sonra başkent Bogota'ya büyük bir şiddet dalgası yayıldı ve tarihçilerin *El Bogotazo* adını verdikleri bir cinayet, isyan ve yağma furyası başladı. Bu histeri birkaç ayda Kolombiya'nın tamamına sirayet ederken devrimci komitelerin yabancı sermayeye ait işletmelere el koymasından rakip kamplardaki köylerin yakılmasına kadar birçok şiddet vakasının yaşandığı ve asayişin on yıl boyunca sağlanamadığı *La Violencia* devri hâkim oldu.

La Violencia başladığında Márquez, 20 yaşında bir üniversite öğrencisi olarak başkent Bogota'da hukuk öğrenimi görmekteydi ve *La Violencia*'yı tetikleyen suikast düzenlendiğinde olay mahalline epey yakındı. Haberi alınca hemen cinayetin işlendiği yere koştu ve olan biteni takip etmeye çalıştı. Márquez'in sonradan yakın arkadaşı ve yoldaşı olan Fidel Castro da aynı günlerde Bogota'daydı; Gaitán ile ölümünden iki gün önce bir mülakat yapmıştı ve suikastın ardından başlayan halk isyanına devrimci açıklamalar getirmeye çalışıyordu. O sıralar Kübalı bir öğrenci lideri olan Castro; Gaitán'a ve komünizme karşı bir komplonun tertiplendiğini, ABD'nin öncülüğünde Bogota'da düzenlenen Pan-Amerika Konferansı ile Gaitán suikastının aynı tarihe denk gelmesinin bir tesadüf olmadığını düşünüyordu. Talihin bir cilvesi olarak Kolombiya'daki Muhafazakâr hükümet birkaç yıl sonra Gaitán cinayetini halkı isyana teşvik etmek için Fidel Castro'nun düzenlediğini öne sürerek sorumluluğu Kübalı devrimcilere "yıkmaya" çalıştı.

Márquez *La Violencia*'nın ilk günlerinde Bogota'da kaldığı pansiyon yakıldığı için, o sırada yazmakta olduğu hikâyelerin kaybolduğunu anlatmıştır. Arkadaşları ise Márquez'in *La Violencia* günlerinde Bogota'daki yağma furyasına katılarak takım elbise, dana derisinden çanta, sürahi, daktilo gibi nesneleri "zimmetine geçirdiğini" aktarmıştır. Anlatılanların ne kadar doğru olduğu bilinmez ama *La Violencia*'nın Márquez'de derin endişelere yol açtığı ve bazı anlatılarına ilham verdiği kesindir.

La Violencia devrinde Kolombiyalı yazarların ve gazetecilerin başına gelenler (suikast, işkence, baskı, sansür) Márquez'i öyle büyük bir endişe ve paniğe sürüklemiştir ki 1957'de ülkesini terk edip bir daha Kolombiya'da kalıcı olarak ikamet etmemiş; bir gazeteci ve edebiyatçı olarak Küba, Venezuela, İspanya ve Meksika'da kendini daha güvende hissetmiştir.

1950'lerin başında yazıldığı tahmin edilen, fakat yayımlanması 1962'yi bulan *Şer Saati* (*La mala hora*), *La Violencia*'nın bir kasabaya (coğrafi ayrıntılara bakılırsa Márquez'in çocukluğundaki Sucre'ye) yansımalarını konu ederken bir namus cinayetinin kasabada nasıl toplu bir şiddet sarmalına yol açtığını, duruma müdahale eden askerlerin birer hayduda dönüşüp hayatı imkânsız kıldığını anlatır. *La Violencia* devrinin derin karamsarlığını yansıtan aynı kasabayla Márquez'in çok daha başarılı bir yapıtı olan *Kırmızı Pazartesi*'de yine karşılaşırız. Santiago Nasar'ın bir "namus meselesi" yüzünden öldürüleceğini hemen herkesin bildiği ama hiç kimsenin cinayeti önlemek için harekete geçmediği hikâye, 1981'de yayımlanmakla birlikte olay *La Violencia*'nın Kolombiya kasabalarına sıçradığı 1951'de geçmektedir. Márquez'in kırsal toplumun şiddet karşısındaki tavrını anlatmak için "namus cinayetleri"ni seçmiş olması genellikle Latin Amerika'daki geleneksel ahlâk ve cinsiyet düzeninin direncini vurgulamak üzere geliştirilmiş bir anlatı tekniği olarak değerlendirilmiştir. Márquez'in *Yüzyıllık Yalnızlık* gibi anlatılarında geleneksel ahlâk ve cinsiyet düzeniyle uzaktan yakından alakası olmayan, epey kuraldışı sayılabilecek epizotlar bulunduğu için ben bu değerlendirmeye katılmıyorum. *Şer Saati* ve *Kırmızı Pazartesi*'de işlenen cinayetlere kasabanın sessiz kalmasının sebebi "namus belası"ndan ziyade ülkeyi boydan boya saran şiddetin kanıksanmış, içselleştirilmiş olmasının yarattığı kayıtsızlık ve duygusuzluktur. Márquez; Kolombiya'da şiddetin, cinayetin, işkencenin, suikastın herkesin bilmesine rağmen hiç kimsenin baş edemediği gerçekler olduğunu herhangi bir "büyü" perdesiyle gizlenmemiş bir duygusuzluk/kayıtsızlık evreni yaratarak anlatmıştır.

Narko-kapitalizm ve *Bir Kaçırılma Öyküsü*

Márquez 1957'de Venezuela'daki bir dergide (*Momento*) çalışmak üzere Caracas'a taşındıktan sonra bir daha Kolombiya'ya –tatiller, uzun aile ziyaretleri ve kimi yıllarda Bogota'da geçirdiği aylar dışında– yerleşmemiş; vaktini daha çok Küba, Meksika, İspanya ve Venezuela'da geçirmiştir. *Yüzyıllık Yalnızlık*'la birlikte kazandığı şöhret ve Nobel ödülünün prestiji sayesinde FARC, ELN gibi gerilla hareketleri ile Kolombiya devleti arasındaki çeşitli pazarlıklarda arabuluculuk yapmak dışında (eski dostu Guillermo Angulo'yu FARC gerillalarının elinden kurtarmıştır) anavatanına daima mesafeli yaklaşmış ve uluslararası kamuoyunun gözünde Fidel Castro'nun Küba'sıyla özdeşleşmiştir. (Küba'nın Angola'ya yaptığı askerî sevkiyat onu Kolombiya'daki şiddet sarmalından daha çok ilgilendirmiştir.) Öte yandan 1996'da yayımlanan *Bir Kaçırılma Öyküsü*'ne bakılırsa, Marquez'in Kolombiya'da yeni bir şiddet dalgasına yol açan uyuşturucu kartelleri ve narko-insani dramlar üzerinde durduğu görülür. *Bir Kaçırılma Öyküsü*, 20. yüzyılın ikinci yarısında Kolombiya ekonomisinde önemli bir yer kaplayan narko-kapitalist sisteme dair bir soruşturmadır.

Kolombiya tarihçileri Kolombiya'daki uyuşturucu üretimi 1970'lere kadar oldukça düşük seviyelerde seyredip büyük ölçüde marihuanayla sınırlı iken bu durumun değişmesinde Ortadoğu'daki gelişmelerin rol oynadığı konusunda mutabıklar. 1970'lerde Amerika'nın bastırmasıyla Türkiye ve Ortadoğu'da başlatılan uyuşturucu karşıtı kampanyalar (Haşhaş Krizi vesilesiyle) uyuşturucu üretiminin menzilini Latin Amerika'ya çevirirken bu yön değişikliğinde Latin Amerika'nın ABD'ye coğrafi yakınlığı da etkili olmuştur. Kolombiya'dan ABD kıyılarına, Florida'ya ulaşımın kolaylığı Medellín ve Cali'de gelişen kokain endüstrisiyle birleşince, Kolombiya kısa sürede büyük bir uyuşturucu üretim merkezi haline gelmiştir. Başlarda Peru, Bolivya, Ekvador ve Brezilya'da ekilen koka bitkisini işleyen bir ülke konumundaki Kolombiya, 1980'lerin ortasında icat edilen *bazuco* adlı uyuşturucuyla Amerika kıtasında yeni bir uyuşturucu kültürü yaratmıştır (Farnsworth-Alvear vd., 2017: 475).

İktisatçı Salamon Kalmanovitz, Kolombiya'da uyuşturucu kartellerinin ülke ekonomisindeki payının 4 ila 6 milyar dolara ulaştığını; ülkede finansal istikrarın bu paranın enjekte edildiği kara borsa sayesinde sağlandığını tespit ettikten sonra Kolombiya'ya özgü bu kuraldışı iktisadi olguyu "narko-kapitalizm" olarak adlandırıyor. Kolombiya'daki narko-kapitalist çarktan yararlananlar arasında bürokratlardan işadamlarına, uyuşturucu kaçakçılarından toprak sahiplerine farklı "meslek grupları" yer alırken alt sınıftan binlerce insan da uyuşturucu kartellerinde istihdam ediliyor. Bu sektörün Kolombiya'daki şiddet sarmalına yaptığı katkı da hayli büyük. Devlet başkanından belediye reisine, yazarlardan gazeteci ve sporculara kadar hemen her meslek grubuna suikast düzenleme, rüşvet alma ve adam kaçırma gücüne sahip olan Kolombiyalı uyuşturucu kartelleri Pablo Escobar gibi dünyaca ünlü mafya şefleri ve popüler kültür ikonları da yarattı. Kolombiya devletinin kamuoyuna uyuşturucuyla mücadele sü-

sü verirken, kırsal kesimde konuşlanmış gerilla hareketini bastırmak için köyleri boydan boya bombalaması ve gerilla sorununu bir uyuşturucu sorunu olarak aksettirmesi de Kolombiya'daki narko-kapitalist sistemin bir başka tezahürü.

1980'lerden itibaren bu "anavatan gerçeği"ne gözlerini kapatamayan Márquez'in *Bir Kaçırılma Öyküsü* gerçek bir dizi olay üstüne kurulmuştur. Eğitim Bakanı Maruja Pachón ve gazeteci Beatriz Villamizar de Guerrero'nun kaçırılmasıyla başlayan anlatı, Pablo Escobar'ın liderlik ettiği Medellín Uyuşturucu Karteli'nin kaçırdığı bir grup insanın hikâyelerini anlatır. Escobar'ın César Gaviria hükümetine uyuşturucu politikasını gözden geçirmesi için gözdağı vermek için kaçırttığı kişiler arasında eski başkan Julio César Turbay'ın gazeteci kızı Diana Turbay'ın yanı sıra beş gazeteci ve bir radyo habercisi vardır. Bir süre sonra uyuşturucu kartelleri ile Kolombiya devleti arasındaki pazarlıkların sonucunda Pablo Escobar cezasının indirilmesi ve ABD'ye teslim edilmek yerine Medellín'e yakın bir yerde rahat koşullarda hapis yatmak karşılığında teslim olup rehineleri serbest bırakmıştır.

Márquez, Kolombiya'nın gündemini uzun süre meşgul eden bu olay hakkında yazmaya eski bakan Marujo Pachón ve kocası Alberto Villamizar'ın telkinleriyle karar vermiştir. Kitabın yayımlandığı tarihte (1994) olayın ana aktörlerinden ikisi hayatta değildir: Pablo Escobar'ı teslim olmaya ikna eden rahip García Herreros 24 Kasım 1992'de vefat ederken Escobar 2 Aralık 1993'te Kolombiya polisi tarafından vurularak öldürülmüştür. Márquez'in Kolombiya bürokrasisinin telkinleriyle böyle bir kitap yazmış olması, üstüne üstlük Beyaz Saray'da buluştuğu Bill Clinton'a bu kitabı hediye etmesi Kolombiyalı solcuları çileden çıkartırken *El Tiempo* gazetesi "Bogota burjuvazisine boyun eğdiği" için Márquez'e karşı saldırı başlatmıştır. Kolombiya'daki gerillaları da "terörist faaliyetlerinden" ötürü eleştiren *Bir Kaçırılma Öyküsü*'nde ABD'nin Kolombiya'daki uyuşturucu kartelleriyle bağlantılarının ele alınmaması birçok Kolombiyalıyı şaşırtmıştır (Martin, 2012: 549). Fidel Castro'nun Küba'sında yıllarca Amerikan emperyalizmine karşı mücadele etmekle övünen Márquez'in samimiyeti doğduğu topraklarda sorgulanmıştır.

Sonuç

Márquez'in *Labirentindeki General*, *Kolera Günlerinde Aşk* gibi Kolombiya'yı doğrudan değil dolaylı biçimde (birinde Bolívar'ın Latin Amerika'daki siyasal yolculuğu, öbüründe Latin Amerika'daki getto gerçekliği bağlamında) ele alan yapıtlarına bu makalede yer vermedik. Doğrudan Kolombiya tarihiyle sınırlı bir Márquez okuması yapıldığında, dört başlığın tekrar ettiği görülüyor: United Fruit Şirketi'nin ülkeye girişi, Bin Gün Savaşı'nın sebep olduğu yıkım ve savaşla ilgili kahramanlık menkıbeleri, Márquez'i bezdirip ülkeden uzaklaşmasına yol açan uzun *La Violencia* devri ve son olarak Kolombiya'nın narko-kapitalist sistemi. Márquez'de bu dört başlığı ortaklaştıran temel deneyim şiddettir: Muz Katliamı, Bin Gün Savaşı'nın büyük acıları, *La Violencia*'da ülkeyi kaplayan şiddet histerisi ve uyuşturucu kartellerinin sonu gelmez suikastları ve adam kaçırmaları. Birçok yazarı afallatıp belirli bir mesafeye çekilmeye, belgeselci bir anlatımın olanaklarıyla yetinmeye zorlayacak kadar büyük bir şiddet dalgasına kendi anavatanı Kolombiya'da tanıklık eden Márquez bu olaylar karşısında yapmacık bir duygusallık ya da bir belgeselci "soğukluğu" sergilemek yerine *Yüzyıllık Yalnızlık* ve *Kırmızı Pazartesi* gibi abidevi eserlerinde olayların tarihsel anlamıyla bireyler tarafından deneyimlenme biçimleri arasındaki farkı gözetip bu farkın sanatsal temsilini benzersiz bir gerçek(çi)lik üzerine kurarak hem Latin Amerika hem de dünya edebiyatında destansı bir anlatım tarzına öncülük etmiştir.

KAYNAKÇA

Bell-Villada, G. H. (2011), *Bir Söz Büyücüsü: Garcia Márquez*, İ. Özdemir (çev.), İstanbul: Kırmızı Kedi.

Farnsworth-Alvear, A., Palacios, M. ve Lopez, M. G. (2017), *The Colombia Reader: History, Culture, Politics*, Durham ve Londra: Duke University Press.

Keen, B. ve Haynes, K. (2009), *A History of Latin America*, Boston ve New York: Harcourt Publishing.

Martin, G. (2012), *Gabriel Garcia Márquez: Bir Ömür*, Z. Alpar (çev.), İstanbul: Türkiye İş Bankası Yayınları.

Márquez, G. G. (2019), *Şer Saati*, S. Selvi (çev.), İstanbul: Can Yayınları.

—, (2018), *Bir Kaçırılma Öyküsü*, İ. Kut (çev.), İstanbul: Can Yayınları.

—, (2019), *Albaya Mektup Yok*, H. Saraç (çev.), İstanbul: Can Yayınları.

—, (2018), *Yüzyıllık Yalnızlık*, S. Selvi (çev.), İstanbul: Can Yayınları.

—, (2019), *Kolera Günlerinde Aşk*, Ş. Karadeniz (çev.), İstanbul: Can Yayınları.

—, (2019), *Kırmızı Pazartesi*, İ. Kut (çev.), İstanbul: Can Yayınları.

—, (2018), *Labirentindeki General*, İ. Kut (çev.), İstanbul: Can Yayınları.

Yirmi Üçüncü Bölüm

LATİN AMERİKA'DA SİNEMA VE SİYASET

NEJAT ULUSAY

Sinema ile siyaset arasındaki ilişki, dünyanın dört bir yanından çarpıcı örneklerle zenginleşmiş bir geçmişe sahip. Ancak bu ilişki, Latin Amerika örneğinde neredeyse benzersiz bir deneyime işaret ediyor. Latin Amerika'da sinema, başlangıcından itibaren engellerle karşılaştı; belirsizlikler, duraklamalar ve kriz dönemleri yaşadı; siyasal baskılar altında geriledi, sinemacılar ağır bedeller ödedi. Diğer yandan sinema, başlangıcından bu yana her zaman popüler ve dinamik bir mecra oldu; belli bir dönemde, başka hiçbir yerde olmadığı kadar güçlü bir siyasal görünüm kazandı. Latin Amerika, sinemada pratik ile kuramın başarıyla bütünleştirildiği girişimlere ev sahipliği yaptı.

Latin Amerika'da sinemanın siyasal gündemle doğrudan ilişkisi, 1960'ların başı ile 1970'lerin ortası arasında gerçekleşti. Dönemin sineması, Yeni Latin Amerika Sineması olarak anılır ve bu sinemanın dinamiği, Afrika'daki eski kolonilerin bağımsızlıklarını kazanmaları, Küba Devrimi, Vietnam Savaşı, Bolivya ve Guatemala'da tarımda reform girişimleri gibi, 1950'li ve 1960'lı yıllarda dünyada ve kıtada yaşanan siyasal gelişmelerle yakından ilişkilidir. İkinci Dünya Savaşı sonrasında Latin Amerika kentlerindeki nüfus patlamasıyla birlikte gecekondulaşmanın artması ve temel ihtiyaçların karşılanamaz hale gelmesi, çoğunluğun toplumsal dönüşümlere olan inancını ve beklentisini güçlendirdi (Chasteen, 2017: 281, 282). Nitekim Latin Amerika, ulusalcı ve popülist yönetimlerin etkili olduğu bir coğrafya olarak bilinir. Popülist siyaset, orta sınıf ile sanayi işçilerinin koalisyonuna önem veriyordu. Örneğin Arjantin'de, Peronist akıma adını veren ve sosyalizm ile kapitalizm arasında üçüncü bir yol öneren ulusalcı bir Üçüncü Dünya siyasetçisi olarak anılan Juan Perón'un 1946-1955 arasındaki başkanlığı döneminde ülkedeki sanayi işçileri hızla sendikalaştı (Chasteen, 2017: 286). Brezilya'da da 1950'lerde ve 1960'ların ilkyarısında işbaşında olan hükümetlerin uyguladığı popülist programlar sonucunda yabancı sermaye akışıyla sağlanan ekonomik büyüme orta sınıfları memnun etse bile, ülke bunun bedelini dış borçların artması, enflasyonun yükselmesi ve siyasetin yozlaşmasıyla ödedi (Keen ve Haynes, 2009: 351, 352). Bununla bağlantılı bir konu da ABD'nin, Küba'dakine benzer bir devrimin Latin Amerika'nın başka ülkelerinde de gerçekleşebileceği endişesiyle, kıtadaki askerî ve sivil bürokrasilerle iş birliği içinde olmasıydı. Bütün bunlar, toplumsal eşitsizliğin yaygınlaşmasına ve huzursuzluğa yol açtı. John King, Latin Amerika'da yeni sinemaların 1950'lerin sonu ve 1960'ların başında iyimser koşullarda büyüdüğünü ve bu iyimserliğe iki modelin neden olduğunu belirtir: 1959'daki Küba Devrimi ile Arjantin ya da Brezilya gibi devrimci olmayan "gelişimcilik" mitleri. Yazara göre, bu iyimserlik, 1964'te Brezilya ve 1966'da Arjantin'deki askerî darbeler tarafından boşa çıkarılmıştır (2004: 295).

Yeni Latin Amerika Sineması

Yeni Latin Amerika Sineması, yukarıda aktarılanlar dikkate alınarak değerlendirilmesi gereken bir dönem sinemasıdır. Bu sinemayı inşa eden farklı ülkelerden sinemacılar, Batı modeli endüstrileşmiş sinemanın yapım, dağıtım ve gösterim ayaklarındaki klasik işleyiş biçimlerini değiştirdiler. Baskıcı yönetimlere, zayıf ve bağımlı film endüstrilerine rağmen ayakta kalmaya çalışarak filmlerini birbirleriyle dayanışma içinde ve ortak bir emek sonucu gerçekleştirdiler; farklı dağıtım kanallarına ve alternatif gösterim ortamlarına yöneldiler. Böylece, film endüstrilerinin Hollywood stüdyo sistemine benzer tarzda örgütlenmesi pratiğine ve yerli filmlerde Hollywood'a özgü anlatı tarzını taklit alışkanlığına meydan okudular. Latin Amerikalı yönetmenler, ana akım sinemaların ilgilenmediği, sömürgeciliğin ve yeni-sömürgeciliğin neden olduğu tahribatı (azgelişmişlik, yoksulluk, sömürü, siyasal istikrarsızlık ve yozlaşma, askerî darbeler, dış müdahaleler, kültürel emperyalizm) temel meseleleri yaptılar. Onların filmlerinde kent (Rio de Janeiro, Buenos Aires, Santiago), gelir dağılımındaki uçurumun sergilendiği, siyasal mücadelelerin verildiği, tarihe tanıklık edilen mekânlar olarak önem kazandı. Bu sinemacılar, genel olarak sinemayı toplumsal, ulusal ve bölgesel özgürleşme mücadelelerinin bir aracı olarak değerlendirdiler ve geçmişin sinemasıyla radikal bir kırılmayı gerçekleştirirken, bunu yalnızca filmleriyle değil, manifestolarıyla da kalıcılaştırarak sinemaya kuramsal bir düzlemde katkıda bulundular. Latin Amerikalı sinemacılar, sinemayı "toplumsal bilinci yükseltmeyi" hedefleyen, sol siyasetlerin kendilerini ifade edebildikleri dinamik bir mecra haline getirdiler. Öyle ki, bazı ülkelerde sinema, Arjantin'de "Peronist sinema" ya da Şili'deki "Allende sineması" örneklerinde olduğu gibi, dönemin siyasal figürleriyle birlikte anıldı.

Yeni Latin Amerika Sineması, ağırlıklı olarak Küba, Brezilya, Bolivya, Şili ve Arjantin gibi ülke sinemalarını içeren ancak bu coğrafyanın tamamını kuşatan ve kıtanın hemen her yanında etkili olmuş bir sinema anlayışına işaret eder. Ana M. López, 1968 ya da 1969 itibariyle Latin Amerika sinemasının, haklı olarak, kıta halkına ve onların kültürel, siyasal ve ekonomik özgürlüklerinin mücadelesine adanmış Yeni Latin Amerika Sineması ya da bir pan-Latin Amerikan sinemasal hareketi olarak tanımlanabileceğini belirtir (1990: 309). Yankısı yerel ve bölgesel sınırları aşan bu sinema, estetik tercihleri üzerinden Avrupa sinemasıyla yakınlaşır. İtalyan yeni-gerçekçiliği ve çeşitli belgesel sinema tarzları başta olmak üzere Fransız Yeni Dalga akımı, Brecht estetiği ve Sovyet devrim sinemasının montaj anlayışı ile bir ölçüde Amerikan sinemasından esinlenmiş, Latin Amerika edebiyatı ve yerel kültürleriyle ilişkili olmuş, böylece melez bir estetiği bünyesine taşımıştır. Bu özelliği, Yeni Latin Amerika Sineması'nın önemli bir boyutunu oluşturmakla birlikte, bu çalışmada yalnızca siyasetle ilişkisi üzerinde durulacaktır.

Yeni Latin Amerika Sineması'nın siyasetle ilişkisinden söz eden bir çalışmada, onun erkek egemen bir sinema olduğunu belirtmeden geçmek mümkün değildir ve belki de konuya bu meseleyle başlamak siyaseten de doğru olacaktır. Latin Amerikalı kadınların sinemadaki deneyimi birçok çalışmada dikkate alınmamıştır ve "yeni sinema"da kadın yönetmen sayısı neredeyse yok denecek kadar azdır. Paul A.S. Rodriguez, "Birçok başka eşit derecede önemli yönetmen, bütün evrelerinde yer almasalar da Yeni Latin Amerika Sineması'na katkıda bulundular," derken kadın yönetmenleri de bu kategoriye yerleştirmektedir (2016: 239). Etnografik belgeselleriyle bilinen Kolombiyalı Marta Rodríguez, dünyada adını ilk duyuran Latin Amerikalı kadın sinemacılardan biridir. Gazeteci, fotoğrafçı ve görüntü yönetmeni Jorge Silva ile evliliği, Silva'nın ölümüne kadar süren bir iş birliğine yol açtı. *Tuğla Üreticileri* (*Chircales*, 1967-1972), *Köylüler* (*Campesinos*, 1974-1976) ve *Aşk, Kadınlar ve Çiçekler* (*Amor, mujeres y flores*, 1984-1989) gibi, yerli halklar ve kadınlarla ilgili önemli belgeseller yapmış olan Rodríguez, 1971-2019 arasında on sekiz film gerçekleştirmiştir. Filmografisinde yalnızca iki film bulunan Venezuelalı Margot Benacerraf ise sinematek, sinema okulu, film restorasyonu, kısa film ve video festivali gibi kurum ve etkinliklerin öncülüğünü ve yöneticiliğini yaparak kıtada sinema kültürünün gelişmesine destek oldu. Benacerraf'ın ilk filmi *Revéron* (1952), Venezuelalı ressam Armando Revéron üzerine kısa bir belgeseldir. Araya Yarımadası'nda denizden tuz çıkaran işçilerin yaşamını anlatan şiirsel belgeseli *Araya*'yı (1959) ise ülkedeki askerî rejimin son yılında çekmiş ve negatifini Paris'e göndererek, kurgusunu bir yıl sonra tamamlayabilmiştir. Peter H. Rist'e göre *Araya*, "Muhtemelen şimdiye kadar yapılmış en önemli Venezuela filmi, belki de Yeni Latin Amerika Sineması'nın ilk uzun metrajlı filmi ve bir kadının yönettiği en önemli Güney Amerika filmlerinden biri"dir (Rist, 2014: 38). Küba Sinema Sanatı ve Endüstrisi Enstitüsü'nün (*Instituto Cubano del Arte e Industria Cinematográficos*/ICAIC) iki siyah üyesinden biri, enstitünün ve yaşamı boyunca Küba'nın tek kadın yönetmeni olan Sara Gómez ise üçü kısa belgesel ve biri kurmaca olmak üzere dört film yönetti. Genç yaşta ölen Gomez'in, belgeselle kurmacanın içi içe geçtiği *Öyle ya da Böyle* (*De cierta manera*, 1977) adlı filmi bir aşk hikâyesi anlatır ve "feminist bakış açısıyla yalnızca toplumsal cinsiyet değil, ırk ve sınıf meselelerini de ele alan bir Üçüncü Sinema örneği" olarak değerlendirilir (Vega-Hurtado, 1992: 20).

Devrimin sineması

Küba sineması, Latin Amerika'daki "yeni sinema"nın hem bir parçası hem de kıtadaki diğer ülkelerin yönetmenleri için bir model ve önemli bir destek oldu. ICAIC'in devrimin hemen ardından, Mart 1959'da kurulması, Castro hükümetinin ilk icraatlarından biridir. ICAIC, 1979'da, Yeni Latin Amerika Sineması Festivali olarak da bilinen Havana Film Festivali'ni başlattı. Festival, Latin Amerika'nın her yerinden ve Karayipler'den bağımsız sinemacıları bir araya getirerek kıta sinemasının tanıtımına adanmış bir etkinlik olarak önem kazandı.

1960'larda ve 1970'lerin başında, dünyadaki önemli film endüstrilerinden biri haline gelen Küba sinemasında ilk çıkışı, ülkenin ilk eleştirel filmi yarı-belgesel *Kömür Ocağı* (*El mégano*, 1955) ile yapan Tomás Guitérrez Alea ve Julio García Espinosa, devrimden sonraki dönemin önde gelen sinemacıları oldular. Küba sineması, 1960'ların ikinci yarısında ve özellikle Alea'nın, bürokrasinin işleyişini hicveden kara mizah başyapıtı *Bir Bürokratın Ölümü* (*La muerte de un burócrata*, 1966) ve küçük burjuva entelektüelin konumunu titizlikle sorgulayan *Azgelişmişliğin Anıları* (*Memorias de subdesarrollo*, 1968) adlı filmleriyle kimliğini buldu. Kurmaca ve belgesel filmlerinin yanında senaryo yazarlığı ve kuramcılığıyla tanınan García Espinosa ise "Mükemmel Olmayan Bir Sinema İçin" (1969) başlıklı ünlü manifestoda, kusursuz sinemanın, teknik ve sanatsal olarak ustalıklı ancak her zaman gerici bir sinema olduğunu ileri sürmüştür (2014: 220). Sanatın ve sinemanın demokratikleşmesi üzerinde duran García Espinosa, yaşlı Avrupa kültürünün sanatın sorunlarına cevap verebilecek durumda olmadığı görüşündedir. Her şeyden önce, yaşanan sorunlara yol açan süreci anlatması beklenen mükemmel olmayan sinema, narsisistik ve ticari teşhirciliği reddeder (2014: 228, 229). García Espinosa, Vietnam Savaşı sırasında, 1968 Mart'ının sonundaki ateşkes sürecinde, savaş bölgesinde dört bin kilometrenin üzerinde yol kat ederek *Üçüncü Dünya, Üçüncü Dünya Savaşı* (*Tercer Mundo, Tercera Guerra Mundial*, 1970) adlı belgeseli çekti ve böylece manifestosundaki bazı görüşleri geliştirmeye çalıştı (Chanan, 2004: 307-308). García Espinosa'nın filmindeki enternasyonalizm, Küba'da 1970'lerde çekilen bir dizi önemli belgeselde benimsenen bir tema oldu (Chanan, 2004: 308). Humberto Solás'ın Küba tarihinden önemli anlara ait üç farklı hikâyeyi, hepsinin adı Lucia olan üç farklı kadının gözünden anlattığı *Lucia* (1968) adlı filmi ile Santiago Álvarez'in belgesellerini de burada anmak gerekir. Roy Armes, Küba sinemasının "yaratıcı ve keşifçi, toplumsal olarak eleştirel bir üslup içinde geliştiğini", "sol didaktizminin ve sıkıcı sosyalist gerçekçiliğin tuzaklarından kaçınmayı başardığını" belirtir (2011: 357, 359).

Cinema Novo (Yeni Sinema)

Brezilya'daki Yeni Sinema hareketinin aykırı isimlerinden Glauber Rocha'nın oğlu Eryk Rocha'nın filmi *Yeni Sinema* (*Cinema Novo*, 2016), sinema üzerine yapılmış belki de en güzel belgesellerden biridir. Akımın filmlerinden görüntüleri yaratıcı bir kurguyla bir araya getiren ve yönetmenleriyle o dönemde yapılmış ilginç söyleşilere yer veren filmin açılışındaki kısa metin, yalnızca bu Yeni Sinemacıları değil, dönemin Yeni Latin Amerika Sineması'na hayat veren diğerlerini de anlamak için yeterince açıklayıcıdır:

"1960'larda Brezilya'da, kafalarında bir fikir ve ellerinde bir kamera, Yeni Sinema hareketinden sinemacılar, dünyayı değiştirmek sevdasıyla filmler yaptılar. Sanatın, ütopyanın ve devrimin bir araya geldiği bir dönemdi. Brezilya'nın yeni görüntülerini yepyeni fikirlerle dünyaya sunan bir yaratıcılık, arkadaşlık, uyumsuzluk macerası..."

Cinema Novo, ilk kez 1962'de, Brezilya sinemasının popüler isimlerinden Carlos Diegues tarafından dile getirildi. Diegues, Yeni Sinema ile birlikte, Brezilyalı sinemacıların kameralarını alıp, köylü, işçi, balıkçı ve gecekondu sakinlerinin peşinde sokaklara, kırsal bölgelere ve plajlara çıktıklarını belirtir (Diegues'ten aktaran Rist, 2014: 169). İlgisini büyük şehirdeki gecekondularda (*favela*) ve ülkenin kuzeydoğusundaki bereketsiz topraklar üzerinde (*sertaō*) yaşanan yoksulluğa yönelten bu yeni ve yerli sinema akımı hem kendi ülkesinde popüler oldu hem de Brezilya sinemasını dünya ile buluşturdu. Yeni Sinema'nın tohumları, Nelson Pereira dos Santos'un *Rio, 40 derece* (*Rio, 40 Graus*, 1955) ve *Rio, Kuzey Bölgesi* (*Rio, Zona Norte*, 1957) adlı filmleriyle atıldı. Afrika asıllı Brezilyalıları anlatının merkezine yerleştiren bu filmlerden yarı-belgesel olan ilki, Rio de Janeiro'nun gecekondu bölgesinden beş çocuğun deneyimleri üzerinden farklı kesimlerden insan portreleri aracılığıyla sınıflar arası uçuruma dikkat çeker. İkincisi ise Rio'nun kuzeyinde yaşayan yoksul bir samba bestecisine odaklanır.

Yeni Sinema, Brezilya'da 1930'larda ortaya çıkan bölgesel edebi türün takipçisi oldu. Türün yazarlarından Graciliano Ramos'un aynı adlı kitabından uyarlanan *Çorak Hayatlar* (*Vidas Secas*, Santos, 1963), romanda da olduğu gibi, natüralist bir üsluba sahiptir. Film, iç kesimlerdeki kurak topraklarda, bir sığır çobanı ve ailesinin açlık, işsizlik, eğitimsizlik ve toprak sahibine bağımlılık gibi ağır sorunlar karşısında, iki yıl (1940-1942) süren çaresizliklerini ve ayakta kalma çabalarını tavizsiz bir sertlikle anlatır. Ailenin çorak topraklardan büyük kente doğru yola çıktığı açık uçlu finalinde, her şeye rağmen, geleceğe dair umutlu bir beklenti yaratan film, Yeni Sinema'nın başyapıtı sayılır. Ruy Guerra'nın yönettiği *Tüfekler* (*Os Fuzis*, 1964), bir toprak sahibinin yiyecek ambarını koruyan bir grup askerin ve batıl inançlarla mucizelere umut bağlamış köylülerin içinde bulunduğu topyekûn bir yabancılaşmadan söz eder. Belgesel ile kurmacanın iç içe geçtiği film, kuraklığı, açlığı, bir anne-babanın on dört yaşındaki kızlarını satma girişimiyle altı çizilen yoksulluğu, sömürüyü, çaresizliği ve genel anlamda şiddeti resmederken başta natüralizm olmak üzere gerçekçiliğin farklı tonları arasında gidip gelir. Glauber Rocha'nın *Siyah Tanrı, Beyaz Şeytan* (*Deus e o Diabo na Terra do Sol*, 1964) adlı filmi de benzer biçimde, 1940'larda yaşanan yoksulluğu ve çaresizliği anlatır. Yoksul bir karı-koca, toprak sahipleri, azizler, haydutlar, batıl inançlar ve şiddetin perdeye geldiği filmde, geleneksel mülkiyet yapısı ve onun sürmesine katkıda bulunan kültürel unsurlar eleştirilir. *Siyah Tanrı, Beyaz Şeytan*, sembollerle yüklü ve biçimsel olarak farklı sinemasal etkiler taşıyan bir filmdir.[1]

Rocha, Yeni Sinema'nın manifestosu olarak da değerlendirilebilecek "Açlığın Estetiği" (1965) başlıklı kısa metinde, Latin Amerikan kültürü ile "uygar" kültür arasındaki ilişkiyi tartışmaya açar ve Latin Amerika'da açlığın yalnızca alarm veren bir bulgu değil, toplumun özü olduğunu belirtir (2014: 218, 219). Manifestoda, Avrupalıların ve Brezilyalıların çoğunluğunun anlamayı başaramadığı açlığın, Avrupalılar için tuhaf bir tropikal gerçeküstücülük, Brezilyalılar içinse ulusal bir utanç kaynağı olduğu belirtilir. Rocha'ya göre şiddet, açlığın en iyi tezahürüdür ve Yeni Sinema, şiddetin aç biri için normal bir davranış olduğunu gösterir; şiddet ânı, sömürgecinin, sömürgeleştirilenin varlığının farkına vardığı andır (2014: 219). Rocha, 1964 darbesi ardından kurulan rejimin protesto edildiği bir gösteri sırasında tutuklandı ancak aralarında Alain Resnais ve François Truffaut gibi isimlerin de bulunduğu Avrupalı sinemacıların tepkilerinin ardından serbest bırakıldı. Darbeden bir yıl sonra Rocha ve Guerra'nın geçici bir süre için ülkeden ayrılmak zorunda kalması Yeni Sinema hareketini kesintiye uğrattı (Armes, 2011: 347). Nitekim Randal Johnson ve Robert Stam Yeni Sinema hareketini, ilki 1960'tan ilk askerî darbenin yapıldığı 1964'e, ikincisi 1964'ten 1968'e, üçüncüsü, 1968'den 1972 yılına kadar süren üç döneme ayırarak ele alıyorlar (Johnson ve Stam'den aktaran Rist, 2014: 96). Garcia-Myers ise 1968'deki askerî darbenin ardından sinema üzerindeki baskının artışıyla birlikte bazı yönetmenlerin tarihe ve folklora yöneldiğini, ancak filmlerinde günün Brezilya'sına ilişkin metaforlar kullandıklarını belirtiyor (2015: 287). Bu dönemin kasvetli ortamında bir grup genç yönetmen, çok küçük bütçelerle çektikleri nihilist ve bilerek "kötü" yapılmış filmlerle saldırgan bir karşı-sinema hareketini başlattı (Rist, 2014: 98). "Marjinal sinema" olarak tanınan bu hareketin yönetmenleri, "Yeni-zengin Sinema" (*Cinema Novo Richo*) olarak andıkları yeni sinemayı reddettiler ve Rocha'nın kullandığı "açlığın estetiği" yerine, kendi filmleri için "çöplüğün estetiği" kavramını kullandılar (Rist, 2014: 98).

Randal Johnson da Yeni Sinema yönetmenlerinin iş birliği yaptığı grupların, ulusal burjuvazinin reformcu kesimleri olduğunu, *Çorak Hayatlar*, *Tüfekler* ve *Siyah Tanrı, Beyaz Şeytan*'ın 1964 darbesinin sivil komplocularından olduğu ile-

---

[1] Yeni Sinema'nın yukarıda anılan klasikleşmiş filmleri, 1964 askerî darbesinin hemen ardından gösterime girdi, ancak *Siyah Tanrı, Beyaz Şeytan*'ın kopyalarına el konuldu. Aynı yıl, bu filmle birlikte *Çorak Hayatlar* da Cannes Film Festivali'nde ilgiyle karşılandı, *Tüfekler*'e ise Berlin Film Festivali'nde özel ödül verildi. Cannes'da gördüğü ilgi, Rocha'nın filmini sansürden kurtardı. Yönetmeninin sözleriyle, "Ancak Cannes'da onurlandırılmasından sonra, yeni rejim, filmi kabullenmiş gibi görünmek zorunda kaldı" (Rocha'dan aktaran Levine, 2001: 2042).

ri sürülen bir siyasetçinin ailesine ait olan bir banka tarafından finanse edildiğini kaydetmiştir (1984: 100). Johnson, ilginç analizinde, Yeni Sinema'nın, kendisini bir yandan endüstriyel, şehirli toplumun gelişimci güçleriyle aynı eksene yerleştirirken, diğer yandan geleneksel kesimin kültürel formlarının Brezilya'ya ait (yani otantik) ve ulusal (yani özgün) olduğunu onayladığını belirtir. Böylece Yeni Sinema, bir yandan alt sınıfların kültürel ifade biçimini koruma ve onlara değer atfetme, diğer yandan da bunun içeriğini boşaltma ve bu biçimi görünüşte devrimci mesajlar iletmek üzere kullanma eğiliminde olmuştur (1984: 100, 101).

Kameralarını toplumsal sorunlara çeviren yeni bir sinemanın başlattığına benzer hareketler, 1960'ların sonuna doğru Bolivya, Şili ve Arjantin'de de etkili oldu. Bu ülkelerde, film kolektiflerinin çabalarıyla çekilen filmlerin siyasal tavrı aşikârdı. Amaçları, gerçekliği açıklamak ve onu değiştirmenin yollarını göstermek olan bu hareketlerin, seyirciyi tarih, siyaset ve ekonomi üzerine bilgilendiren, azgelişmişliğin, bağımlılığın nedenleriyle sonuçlarını tartışan filmleri siyasal tartışmaların gündemine dâhil oldu (Burns, 1973: 572). Nitekim Bolivyalı sinemacı Jorge Sanjines'in, senaryo yazarı Óscar Soria, yapımcı Ricardo Rada ve görüntü yönetmeni Antonio Eguino'yla birlikte kurduğu Ukamau film kolektifinin gerçekleştirdiği, köylü kadınların ABD yardım kuruluşları tarafından zorla kısırlaştırılması sorununa odaklanan *Akbabanın Kanı* (*Yawar Malku*, 1969), Latin Amerika'nın en iyi siyasal filmlerinden biri oldu. Sanjines, birbirini izleyen askerî darbe ve karşı-darbeler nedeniyle 1965-1971 döneminde birkaç kez ülkesinden ayrılmak zorunda kalmakla birlikte Kolektif aracılığıyla, çok sayıda kişinin öldürüldüğü kalay madencilerinin 1967'deki grevini ele alan *Halkın Cesareti* (*El coraje de pueblo*, 1971) adlı filmi yönetti.

Latin Amerika sinemasında, başlangıcından beri önemli bir yeri bulunan belgesel, kurmacanın ve canlandırma sinemasının önüne geçen bir form haline gelmiş, sinema teknolojisinde 1960'ların başında gerçekleşen yenilikler, belgeselin önemini daha da artırmıştır. Film yapımını kolaylaştıran taşınabilir kameraların ve ses kayıt cihazlarının yaygınlaşması Yeni Latin Amerika Sineması'nın militan dönemine denk gelir ve aşağıda ele alınacak *Şili Savaşı* (*La batalla de Chile*, Patricio Guzmán, 1975) ile *Fırınların Saati* (*La hora de los hornos*, Fernando Solanas ve Octavio Getino, 1968), bu dönemin önemli belgeselleridir.

"Allende sineması" ve *Şili Savaşı*

Şili'deki 1970 seçimlerinde, dünyada ilk kez halkın oylarıyla yönetime gelen sosyalist devlet başkanı Salvador Allende'nin iktidarda kaldığı kısa dönemde (4 Kasım 1970 - 11 Eylül 1973) kendisiyle birlikte anılacak sinemanın tohumları, 1960'ların ortasında atılmıştı. Kısa ve belgesel filmlerle sinemaya başlayan genç sinemacılar, ülkedeki tek 35mm kamerayı sırayla kullanarak ilk uzun film projelerini 1968 ve 1969 yıllarında gerçekleştirdiler ve Yeni Latin Amerika Sineması'nın bir parçası haline geldiler. Örneğin Miguel Littin'in, yoksul bir anne ile beş çocuğunun, yanlarında kalan bir adam tarafından öldürülmesine ilişkin 1960'ların başında yaşanmış gerçek bir olayı inceleyen ilk uzun filmi *Nahueltoro'nun Çakalı* (*El chacal de Nahueltoro*, 1969), Şili'deki yoksulluk ve azgelişmişliğin sonuçlarını ele alıyor, toplumsal koşulları eleştiriyordu. Film, Allende'nin seçim kampanyası sırasında işçi sendikaları tarafından okullarda ve açık hava mitinglerinde, daha sonra sinemalarda gösterildi ve Şili'de en çok seyredilen yerli yapımlardan biri oldu (Rist, 2014: 130).

Littin'in başını çektiği bir grup sinemacı, 1970 seçiminin hemen ardından "Sinemacılar ve Popüler Hükümet Siyasal Manifestosu" başlığıyla, "halkla birlikte ulusal özgürlük ve sosyalizmin inşası görevini üstlendiklerini" bildiren bir manifesto yayımlamıştı (Comite de cine de la unidad popular, 2014: 250). Manifesto, Şili sinemasının tarihsel zorunluluk nedeniyle devrimci olması gerektiğini, ancak böyle bir sinemanın tek bir yöntemle yapılmayacağını, yöntemin mücadelenin gidişatınca belirlenmesi gerektiğini belirtiyordu (Comite de cine de la unidad popular, 2014: 251). Sinemacıların Halkın Birliği (*Unidad Popular*) hükümetine yönelik desteğini ifade eden bu metin, koalisyondaki her gruba mesafeli bir konumda yer almakta ve aynı zamanda Şili sineması için dönemin koşullarını dikkate alan bir model önermekteydi. Littin, bağımsız sinemacıları desteklemek üzere devlet kuruluşu Şili Filmleri'nin (*Chile Films*) başına getirilirken, kurumun belgesel film bölümünün yöneticiliğine Guzmán atandı.

Allende hükümeti göreve başladığı sırada, yeni sinemanın karşılaştığı önemli sorunlar arasında, Hollywood filmlerinin Latin Amerika pazarında Birinci Dünya Savaşı döneminden beri sürmekte olan hegemonyası bulunuyordu. Örneğin Santiago'da, dağıtım şirketleri ve salonların büyük bölümü Kuzey Amerikalıların yönetimindeydi ve ülkede gösterilen filmlerin % 98'ini ABD yapımları oluşturuyordu (Armes, 2011: 348). Ancak üç yıl süren Allende döneminde, özellikle Hollywood filmlerinin dağıtımının azalması ve on beş uzun metrajlı kurmaca film ve otuz beşin üzerinde kısa film yapılmış olması önemlidir (Rist, 2014: 145). Şili'de, 1960'ların sonu ile 1970'lerin başında çekilen kurmaca ve belgeseller, Halkın Birliği koalisyonunu destekleyen yapımlardı. Koalisyonun seçim kampanyası için yapılan ve kısa bir belgesel olan *Kazanacağız* (*Venceremos*, Pedro Chaskel ve Hector Ríos, 1970), Santiago'nun modern yüzüyle "azgelişmişlik" ve şiddet görüntüleri arasında karşıtlık kurarak "Şili'nin kapitalist modernleşmesinin bedellerine ilişkin radikal bir değerlendirme" sunmuştu. (Trumper, 2010: 109). Koalisyonda yer alan Sosyalist Parti'nin film danışmanı Raúl Ruiz ise *Kamulaştırma* (*La expropiación*, 1971-1972) ve *Sosyalist Gerçekçilik* (*El realismo socialista*, 1973) adlı kurmaca filmlerinde Halkın Birliği oluşumunu anlatmaya çalıştı (Rist, 2014: 145).

Üç bölümden oluşan ve dört buçuk saat süren *Şili Savaşı* ise riskli bir konumda bulunan Allende başkanlığındaki azınlık hükümetine destek olmak, yaşanan süreci acil olarak ele almak üzere çekildi (Rist, 2014: 70.) Üçüncü Yıl Grubu (*El Equipo Tercer Año*) adlı film kolektifi, bunun "öncelikle Şili halkı için, ancak özellikle yenilgi durumunda, bütün dünyadaki işçi hareketlerinin yararına" bir film olmasını istiyordu (Rist, 2014: 70). Guzmán, *Şili Savaşı*'nın

Halkın Birliği koalisyonunu oluşturan partileri değil, birliğin kendisini desteklemek için yapıldığını belirtir (Guzmán'dan aktaran Schlotterbeck, 2013: 76). Ancak Şili Filmleri, projeyi doğrudan desteklemenin güvenli olmayacağı gerekçesiyle filme katkıda bulunmadığından yapım süreci uzun ve zorlu geçen *Şili Savaşı*, uluslararası destek sayesinde tamamlanabildi. ABD ambargosu nedeniyle temin edilemeyen ham film stokunu, Latin Amerika'daki yeni sol harekete sempati duyan Fransız belgeselci Chris Marker göndermişti (Rist, 2014: 71). Tek bir el kamerası ve taşınabilir bir ses kayıt cihazıyla 16mm film kullanılarak gerçekleştirilen çekimler, Allende'nin seçimi kazandığı 1970'in Kasım ayından 11 Eylül 1973'teki darbeye kadar geçen süreyi içeriyordu. Üçüncü Yıl Grubu, kendilerini kimi zaman yabancı bir televizyon ekibi olarak tanıtıp gerçek kimliklerini gizlediler ve toplam yirmi beş saatlik çekim yaptılar. Şili'den gizlice Stockholm'e ulaştırılan filmin bobinleri, Guzmán ve yapım yönetmeni Federico Elton tarafından teslim alındı, önce Paris'e, sonra da Küba'ya götürüldü. Ancak Allende'ye karşı yapılan darbe sonucunda Guzmán tutuklanarak iki hafta boyunca Santiago'daki Ulusal Stadyum'da alıkonuldu. Daha sonra, "kaybolanlar" arasında yer alan genç sinemacılar, görüntü yönetmeni Jorge Müller Silva ve oyuncu Carmen Bueno dışında grubun üyeleri, ICAIC'nin davetlisi olarak Küba'da bir araya geldi (Rist, 2014: 71). Guzmán'ın, Latin Amerikan sinemasının en iyi kurgucularından Pedro Chaskel'in yardımı ve Küba Film Enstitüsü'nün imkânlarıyla *Şili Savaşı*'nı tamamlaması beş yıl sürdü ve film Silva'nın anısına ithaf edildi (Rist, 2014: 70).[2]

Şili Savaşı'nın birinci bölümünde, farklı eğilimde seçmenlerle yapılan görüşmeler, Allende'nin başkan olmasının ardından yükselen muhalefetin karşı kampanyaları, sokak gösterileri ve sendikacılar arasındaki bölünme yer alır. İkinci bölümde, Allende'nin yaptığı konuşmalar ve basın toplantıları, sendikaların Allende'ye ve Halkın Birliği koalisyonuna desteği, taşımacıların grevi, kilisenin barış çağrısı, soldaki stratejik tartışmalar, darbe provaları gibi konular ele alınır ve ABD'nin Allende karşıtı kesimlere yaptığı desteğe işaret edilir. Üçüncü bölümde ise, ağırlıklı olarak darbeye giden süreci hızlandıran kamyoncuların grevi üzerinde durulur.

Allende, ister istemez, *Şili Savaşı*'nın yıldızı gibi görünse de diğer siyasetçiler, sendikacılar ve kitlelerden oluşan dokusuyla Santiago da başroldedir; siyasal ve toplumsal hareketliliğin bünyesinde gerçekleştiği kent, tarihe tanıklık etmektedir. Arjantinli kameraman Leonardo Henricksen'in vurulması ise *Şili Savaşı*'nın en çarpıcı anlarından birini oluşturur. İlk bölümün sonunda, başarısız

---

2 Latin Amerikalı sinemacıların filmlerini gerçekleştirebilmek uğruna yaşadıkları, siyasal gerilim romanlarında ya da filmlerinde anlatılanlara benzer. Kolombiyalı ünlü yazar Gabriel García Márquez, 1986'da yayımlanan *Şili'de Gizlice Miguel Littin'in Serüveni* [Çeviren: İlknur Özdemir, İstanbul: Can Yayınları, (1996), 2018] adlı kitabında bunlardan birini, Şilili yönetmen Littin ve ekibinin başından geçenleri bütün gerilimiyle anlatır. Littin, darbeden on iki yıl sonra, kılık ve kimlik değiştirerek hâlâ askerî rejimle yönetilen ülkesine dönmüş ve durumu belgelemek üzere, Şili dâhil çeşitli ülkelerden beş film ekibiyle altı hafta boyunca çalışmıştır. Daha sonra dört saatlik bir belgesele [*Şili Genel Belgesi (Acta General de Chile*, 1986)] dönüşecek görüntülerin gizlice nasıl çekildiğinin hikâyesi, Márquez'in kitabında ayrıntılarıyla yer alır.

ilk darbe girişimi sırasında Allende'nin konutunun etrafını kuşatan askerlerden biri, doğrudan kameraya bakarak silahını ateşler, askeri ve çevresindekileri kaydeden, kendisini görmediğimiz kameraman dengesini kaybeder ve görüntü kararır. Aynı çekim, ikinci bölümün açılışında tekrar yer alır.

Guzmán, *Şili Savaşı*'nın polemiğe açık ve ajitatif, aynı zamanda analitik olmasını istemiştir (Schlotterbeck, 2013: 75). Film Allende'yi desteklemekle birlikte nesnel bir bakış açısına sahiptir; örneğin sağ ile sol arasında olduğu kadar, solun içindeki uyuşmazlıkları da sergiler (Lazzara, 2016: 28). Guzmán'ın genç ve militan olduğu bir dönemde çekilen filmin Allende'ye yaklaşımı bir ölçüde romantizm ve nostalji içerir. Bu durum, darbenin, Allende'yle birlikte onunla yeşeren hayali de ortadan kaldırması ve bunun filmin henüz tamamlanmadığı bir sırada gerçekleşmiş olmasıyla ilgilidir. Guzmán yıllar sonra, *Salvador Allende* (2004) belgeselinde, Allende'yi ilk kez, gençliğinde, Pablo Neruda ile birlikte gördüğünü söyler ve [İspanya'dan] sinema diplomasıyla Şili'ye döndüğünde insanların yüzlerini görüntülemek istediğini belirterek şöyle der: "Allende oradaydı. Manzaranın bir parçasıydı. Ancak tarihin onsuz var olmayacağını henüz bilmiyordum." Allende'nin hayatına damga vurduğunu belirten Guzmán, ünlü siyasetçinin kendisi için önemini, filminde, "O yıllarda [1970-1973] ülkemi kuşatan daha özgür, daha adil bir dünya ütopyasını içselleştirmiş olmasaydım şimdiki ben olmazdım," sözleriyle ifade eder. Guzmán gözaltına alındığında, kendisini harekete geçirecek tek bir şey bulunmaktadır: Allende ile yaşadıkları hayalin kanıtını içeren *Şili Savaşı*'nın bobinlerini kurtarmak.

Kendi ülkesinde yaşananların unutulmaması için gösterdiği çabayı bugün de inatla sürdüren Guzmán, Şili tarihinin en çalkantılı dönemine tanıklık eden filmleriyle belgeselin ve siyasal sinemanın sadık ve önde gelen isimlerinden biridir.

Peronizm, *Fırınların Saati* ve "Üçüncü Sinema"

Arjantin'de yapılan dört anti-Peronist askerî darbeden ilki 1955'te gerçekleşmişti. Arjantin ordusu 1966'daki darbeyle baskılarını arttırdı ancak hasta ve yetmişlerindeki Perón'un geri dönerek başkan seçilmesine izin verildi. Ekim 1973'te Arjantin'e dönen Perón Temmuz 1974'te ölünce, yerine daha önce başkan yardımcılığı yapan ikinci eşi Isabel Perón geçti. Ancak Peronist hareketin tamamen dağılması sonucunda ve 1976'daki yeni darbeyle birlikte Arjantin, Brezilya ve Şili'dekine benzer bir işkence, cinayetler ve "kaybolanlar" dönemine sürüklendi (Chasteen, 2017: 325-326).

Arjantin'de 1960'ların sonunda belgesel ağırlıklı militan film gruplarının ortaya çıkması, siyasal gündemi güçlü bir sinemanın yükselmekte olduğunu gösteriyordu. Fernando Solanas, Octavio Getino, Raymundo Gleyzer ve Jorge Cedrón gibi yönetmenler dönemin etkili figürleri oldular. Solanas ve Getino, asistanları Gerardo Vallejo ile birlikte, 1967'de, "anonim" kolektif filmler yapmayı amaçlayan, Kurtuluş Sinema Grubu'nu (*Grupo Cine Liberación*) kurdular. Peronist politikaların aktif destekçilerinden *Cine Liberación*, bir sendika haber filmi ile çok sayıda kısa film yaptı ve *Fırınların Saati*'ni gerçekleştirdi. Solanas ve Getino'ya göre radikal bir çizgide olan Gleyzer, "film yapım, dağıtım ve gösterim süreçlerinde, mülksüzleştirilmiş insanların, işçilerin, yerlilerin ve köylülerin sesi olmayı" amaçlayan Temel Sinema Grubu'nu (*Grupo Cine de la Base*) kurdu (Rist, 2014: 284). Grubun kısa filmleri, 1973-1975 arasında üniversitelerde ve fabrikalarda farklı kesimlere gösterildi. Gleyzer, 1976'daki darbeden sonra tutuklandı ve kendisinden bir daha haber alınamadı (Rist, 2014: 295). Jorge Cedrón ise iki kısa ve dört uzun film yaptı. *Katliam Operasyonu* (*Operación masacre*, 1973) bunlardan en tanınmış olanıdır. Darbeden sonra öldürülen, araştırmacı gazeteciliğin Arjantin'deki öncüsü ve yazar Rodolfo Walsh'ın, 1955'teki darbeden bir yıl sonra muhaliflere karşı gerçekleştirilen bir dizi suikastı belgeleriyle anlattığı aynı adlı kitabından uyarlanan filmin başarısı, Peronist çevrelerde Cedrón'un popülerliğini artırdı. Darbenin ardından Arjantin'den ayrılan Cedrón, sürgünde olduğu Paris'te, 1980'de esrarengiz bir biçimde intihar etti.[3]

Dönemin radikal filmlerinden *Fırınların Saati*, askerî hükümetin yönetimde olduğu Arjantin tarihinin en baskıcı dönemlerinden birinde, gizlice gerçekleştirilmiş, kurgusu, içeriğinin anlaşılmaması için küçük parçalara bölünen çekimlerle, gündüzleri değil gece yarısından sonra yapılmıştı. Ancak çekimleri 1966'da başlayan ve 1967'nin sonunda tamamlanan *Fırınların Saati*, 1968'de gösterime girdiğinde derhal yasaklandı ve film için özel bir sansür yasası çıkarıldı. Arjantinlilerin, komşu ülke Uruguay'a geçerek yasal yoldan izleme imkânı buldukları film, Perón'un dönüşüyle birlikte Arjantin'de de yeniden gösterildi (Rist, 2014: 321). Kendisiyle 1970'te yapılan bir söyleşide, yaşadıkları deneyim için, "Bizimkisi, gerçekten de sinema tarihinde ender rastlanan bir durum," diyen (Solanas ve MacBean, 1970: 37) Solanas, *Fırınların Saati*'nin çekildiği yıllarda başarılı bir reklamcı olarak "ticari-endüstriyel sistemin kalbinde" çalışıyordu. Farklı bir sinema yapabilmek için çözümü birkaç reklam filmi çekmekte bulan Solanas, kapitalizmin hizmetindeki bir sektörden kazandığı parayla siyasal sinemanın iddialı bir örneğini gerçekleştirdi (Solanas ve MacBean, 1970: 37).

Fırınların Saati, Arjantin tarihiyle ilgili üç bölüm ve çok sayıda alt bölümden oluşan, dört saat yirmi dakika uzunluğunda bir belgeseldir. Filmde, Frantz Fanon ve Aimé Césaire gibi anti-sömürgeci düşünürler, Raúl Scalabrini Ortiz gibi Peronizme yakınlığıyla bilinen Arjantinli tarihçi ve yazarlar, Kübalı siyasetçi ve şair José Marti, Che Guevara, Fidel Castro ve Juan Perón gibi Latin Amerikalı ünlü siyasal figürlerin görüşlerinden alıntılar yapılır; *Bize Bir Metelik Atın* (*Tire dié*, Fernando Birri, Arjantin, 1958), *İş* (*Faena*, Humberto Ríos, Arjantin, 1960) ve *Salt Çoğunluk* (*Maioria Absoluta*, Leon Hirszman, Brezilya, 1964) gibi Latin Amerika sinemasının toplumsal sorunlara adanmış kısa belgeselleriyle Hollandalı belgeselci Joris Ivens'in Vietnam Savaşı'yla ilgili *Gökyüzü ve Yeryüzü* (*Le ciel et la terre*, Joris Ivens, Fransa, 1965) adlı filminden görüntüler kullanılır.

---

3 Bkz. "Death of Jorge Cedrón", *Index on Censorship*, 10 (4), 1981: 28-29.

Fırınların Saati, jeneriğin ardından kısa kararmalarla perdeye gelen açıklayıcı yazılarla sürer. Filmin, "Arjantin ve Latin Amerika'da henüz özgürlüklerine kavuşmamış ülkelerdeki yeni-sömürgecilikten" söz ettiği, bu nedenle "Amerika'daki ilk özgür bölge olan Küba'yı ele almadığı" açıklanır ve "Che Guevara ile Latin Amerika'nın özgürleşmesi mücadelesinde hayatını kaybedenlere adandığı" belirtilir. İlk bölümdeki alıntıların bazılarında tek bir kıta, pan-Latin Amerika tahayyülüne vurgu yapılır: "Büyük ülke Latin Amerika. Büyük tamamlanmamış ulus" (Césaire); "Ortak geçmiş. Ortak düşman. Ortak imkân. Açlığın coğrafyası" (Ortiz). Ancak bu girişin ardından bölüm, Arjantin'e ve ülkenin az gelişmişlik sorununa, "yeni-sömürgeci politikaların merkezi" Buenos Aires'e ve sistemin nasıl işlediğine odaklanır. İkinci bölüm, Perón ve Peronizm üzerinedir ve Perón'un iktidarda olduğu 1946-1955 dönemi ile sürgüne gittiği 1955 sonrasındaki direniş sürecini ele alır. "Arjantin'in ulusal bilincini inşa eden Peronist işçi sınıfına" ithaf edilen bu bölümde, ağırlıklı olarak Peronist militanlarla yapılmış söyleşiler bulunmaktadır. Üçüncü bölüm ise Perón yanlısı güçleri yıldırmaya yönelik sistematik şiddet üzerine söyleşiler, mektuplar, tanıklıklar içerir ve başta Vietnam olmak üzere dünyadaki özgürlük mücadelelerini değerlendirir.

Filmin özellikle ikinci ve üçüncü bölümlerinde Peronist bir yaklaşımın benimsendiğini öne süren Jim Hillier'e göre, *Fırınların Saati*'ndeki Arjantin tarihiyle ilgili analizin açıkça Peronist olması ideolojik bir tercihten çok, siyasal pratikle ilişkilidir ve bu da Peronizm'in Arjantin'e toplumsal ve siyasal değişim şansının en iyisini sunmuş gibi görünmesinin sonucudur (2013: 377). *Fırınların Saati*'ni bir "sol Peronist film" olarak değerlendiren Robert Stam ise filmin, bu hareketin tarihsel olarak güçlü ve zayıf yanlarını da paylaştığını, Solanas ve Getino'nun Perón'u, Arjantin işçi sınıfının kendi kaderinin farkına varmasını sağlayan kişi olarak gördüklerini belirtir (2014: 282-283). Ancak Stam, filmin en önemli hatasının, Peronizmi kendisiyle ilgili en uygun bağlama, yani Latin Amerika popülizmine yerleştirmemek olduğu görüşündedir (Stam, 2014: 283).[4]

Arjantinli akademisyen Mariano Mestman, *Cine Liberación* grubu ile Peronizm arasındaki ilişkiyi değerlendirirken, Peronizmin yeniden ele alındığı 1960'larda Solanas ve Getino'nun, çok sayıda sendika lideri, siyasetçi, entelektüel ve militan gibi, bu sürece katkıda bulunduklarını belirtmektedir (2011: 35). Bu dönemde, Küba devriminin de etkisiyle devrimci bir Peronizmin inşası söz konusudur. *Fırınların Saati*'nin ikinci bölümünde, Peronist süreç, kıtasal devrimin yeni bir örneği olarak kabul edilir. *Cine Liberación* için Peronizm, klasik Marksist solun benimsediği ancak ondan daha az devrimci olmayan "ulusal" bir sosyalizm önerir. Bu yaklaşıma göre, Peronizm, aynı zamanda Üçüncü Dün-

---

4   Solanas, farklı bir sinema yapmak üzere Getino ile bir araya gelmeden önce, 1960'ların başında uzaklaştığı Arjantin Komünist Partisi'nin kültürel alandaki çalışmalarına katkıda bulundu. Getino ise 1950'lerin sonunda sendikacılık yaptığı dönemde Peronizm yanlısı Troçkist gruplara katıldı. Solanas ve Getino'ya göre Perón, Cine Liberación grubunun üyelerinin siyasal yaklaşımlarını biliyordu: "Siyasal geçmişimizi hiçbir zaman gizlemedik... Bizleri kaçınılmaz olarak Peronistlere dönüştürmekle son bulan bir ulusallaştırma sürecinde, soldan gelen orta sınıf entelektüel kesimlerin bir parçasıydık." (Mestman, 2011: 35-36, 15 nolu dipnot).

ya'nın birçok ülkesinde sürdürülen özgürleşme hareketlerinin de izlediği bir yoldur (Mestman, 2011: 35). *Fırınların Saati*'nin ilk bölümünün sonunda, filmin yapımı sırasında öldürülen Che Guevara'nın ölü bedenine ve yüzüne odaklanan televizyon haber filmi görüntülerinin kullanılması bu bağlamda anlamlıdır. Çerçeveyi dolduran Che'nin yüzünün beş dakikaya yakın süren bir çekimle perdede görünmesi, bu yüzü, Che'nin öldüğünü teyit eden bir belgeden çok, onu ölümsüzleştiren bir imgeye ve Latin Amerika'ya özgü bir devrimin simgesine dönüştürmektedir.

Fırınların Saati, "Üçüncü Bir Sinemaya Doğru" (1969) başlıklı manifestoyla birlikte ele alınması gereken bir filmdir. Gerçekten de "Başka hiçbir manifesto, belli bir filmle ayrılamaz derecede ilişkili olmamıştır" (Buchsbaum, 2001: 155). Solanas ve Getino, manifestolarında, Üçüncü Sinema'nın (*Tercer Cine*) "*kültürün sömürgeleştirilmesine son verilmesini kabul eden*" sinema olduğunu belirtirler (2008: 171). Buna karşılık, Hollywood ile birlikte anılan Birinci Sinema, ABD finans kapitalinin çizgisini sürdürmek, kültürel ve artı-değer gereksinimini karşılamak için tasarlanmıştır (2008: 176). Bu sinemaya "ilk alternatif, sözde "auteur" sineması, "dışavurum sineması", "Yeni Dalga", "Yeni Sinema" (*Cinema Novo*) ya da geleneksel olarak *ikinci sinema*"dır (2008: 176). İkinci Sinema, başlangıçta kültürel sömürgeciliğin son bulması yönünde ileri bir adımken, artık sistemin izin verdiği dış sınırlara ulaşmıştır (2008: 177). "Devrimin sineması" tanımıyla anılan Üçüncü Sinema ise "yeni sömürgeciliğin ve yarattığı imgenin yıkılması"nı ve "canlı gerçekliğin oluşturulması"nı amaçlayan bir sinemadır (2008: 180). Solanas-Getino'ya göre, belgesel sinema, "devrimci film yapımının ana temelidir" ve devrimci sinema temel olarak bir durumu gösteren, belgeleyen ya da edilgin olarak saptayan bir sinema değil, onu dönüşüm aracılığıyla keşfetmeyi sağlayan bir sinemadır (2008: 181, 182).

Fırınların Saati'nin yapımı, dağıtımı ve gösteriminde geleneksel sinema endüstrilerine özgü bir süreç izlenmemiştir. "Üçüncü Sinema" manifestosunda, *Fırınların Saati*'nin, "halktan kadroların desteği ve iş birliği olduğunda bir filmin düşmanca koşullarda nasıl yapılabileceğini gösterdiği"ne dikkat çekilir (Solanas ve Getino, 2008: 185). Sansür engeline karşı farklı dağıtım mekanizmalarının öneminin hatırlatıldığı manifestoda, farklı kesimlerden seyirci gruplarının filmin bir parçası haline geldiği belirtilir: "Böylece sinemanın yeni bir yönünü keşfettik: O zamana kadar izleyici olarak görülen insanların katılımı" (Solanas ve Getino, 2008: 190). Seyircinin, filmin gösterimine katılmaya karar verdiği andan itibaren "bir aktörün filmlerde görülenlerden daha önemli bir kahraman haline geldiğini" ileri süren Solanas-Getino, bu durumda filmin artık bir gösteri olmaktan çıkarak bir "film eylemi"ne dönüştüğünü belirtirler: "Film eylemi açık-uçlu bir film demektir; aslında bir öğrenme yoludur" (Solanas ve Getino, 2008: 191). Solanas-Getino'nun (2008: 91) "Değerlendirmeniz ve gösterimden sonra tartışmanız için önünüze koyduğumuz bir belge" olarak andıkları *Fırınların Saati*, seyircisini, bölüm sonlarında perdeye gelen "Bu film, farklı isteklerin araştırıldığı bir diyaloğun başlangıcıdır", "Dikkatinize sunduğumuz, film gösteriminden sonra tartışacağımız açık bir rapordur", "Film ve içeriği, başka yorumlar, tanıklıklar ve mektuplara açıktır" gibi yazılarla uyarır ve tartışmaya davet eder.

Fırınların Saati, Arjantin'de resmî olarak ilk kez gösterildiği 1 Kasım 1973 tarihine kadar apartmanlarda ve evlerde, Peronist sendikaların düzenledikleri gizli gösterilerde seyirciye ulaştı. Peronist sol ile olduğu kadar sağdaki ortodoks Peronistlerden militanlarla da yakınlık kurmuş olan Solanas ve Getino, yıllar sonra, *Fırınların Saati*'ni gerçekleştirdikleri süreçte entelektüel soldan Peronizme "geçiş" yaşadıklarını belirttiler (Mestman, 2011: 35). Nitekim Rist, Solanas ve Getino'nun, filmin yapıldığı dönemde, Peronizmi dayanak olarak kullanan gerçek Marksistler mi, yoksa Marksist söylemi kullanan Peronistler mi olduklarının belli olmadığını ileri sürmektedir (2014: 323). Rist, fanatik bir anti-Peronist burjuva aileden gelen Solanas'ın, Peronizmi tedricen benimsediği görüşündedir (2014: 323). *Cine Liberación* grubunun Peronizmle yakınlığı, *Fırınların Saati*'nin gördüğü ilgiyi ve kazandığı başarıyı gölgelemese bile uluslararası sol çevrelerde tartışmalara neden olacak, Perón, popülist, demagojik ve –sürgün dönemini Franco İspanyası'nda geçirmiş olması nedeniyle de– faşist bir siyasetçi olarak değerlendirilerek, filmin birçok uluslararası gösteriminde, en az Peronist olduğu gerekçesiyle yalnızca birinci bölümünün izlendiğine ilişkin saptamalar yapılacaktır (Mestman, 2011: 34). Filmin uluslararası gösterimlerindeki durumunu hatırlatacak biçimde, Arjantin'de de hangi bölümün gösterileceği konusu, gösteriyi düzenleyen gruplara göre belirlendi. Birçok durumda ilk iki bölüm de izletildi; ancak bazı gruplar, orta sınıf ve entelektüel seyirci için yalnızca ilk bölümü gösterme eğiliminde oldular. İşçi sınıfına ya da öğrenci ve entelektüellerin örgütlü hareketlerine mensup seyircilere ise, gösterim pratikleri katı olmasa bile, Peronist özdeşleşmenin daha fazla geçerli olduğu ikinci bölüm izletildi (Mestman, 2011: 34).

Sinema tarihinin yaratıcı "siyasal belgesel" filmlerinden biri olan *Fırınların Saati*, sorunlarını dile getirdiği coğrafyanın sınırlarının ve her şeye rağmen belli bir "zamanın ruhu"nun ötesine geçen bir yapımdı. Roy Armes'ın deyişiyle, "belgeselin kavramlarıyla tanımlanabilecek" ancak "birçok formu kucaklayan" bir klasikti: "mektup-film, şiir-film, makale-film, broşür-film ve rapor-film"di (2011: 225).

Ve sonrası...

Latin Amerikalı sinemacıların askerî darbelerin ardından ülkelerinden ayrılmak zorunda kalmaları, yeni bir sürgün sinemasının doğmasına neden oldu. Örneğin Solanas Paris'te, sanat sinemasının uylaşımlarını kullanan müzikli, biçimci ve hüzünlü filmi *Tangolar, Gardel'in Sürgünü*'nü (*El exilio de Gardel: Tangos*, 1985) gerçekleştirirken, Ruiz aynı kentte yarı belgesel *Sürgün Diyalogları*'nı (*Dialogo de exilados*, 1974) çekti. Askerî diktatörlüklerin çöküşünden sonra sürgündeki sinemacıların bir kısmı ülkelerine döndü. Bu rejimlerin uyguladığı büyük baskı ve kıyım, neoliberalizmin saldırısına açık bir siyasal ve toplumsal zemin hazırlamıştı. Yeni popülist liderler orta yolculuktan vazgeçerek küresel kapitalizmle açık bir ittifak içine girdiler. Örneğin 1989'da Arjantin'de seçimi kazanan Peronist aday Carlos Menem, on yıl iktidarda kaldı ve seçimden önce söylediklerinin tamamen tersini yaparak özelleştirme politikalarını uygulamaya soktu. Solanas, sürgün sonrasında Arjantin'de döndükten sonra çektiği uzun metrajlı kurmaca filmlerinden *Yolculuk*'un (*El viaje*, 1992) bir bölümünde Menem'i hicvetti.[5] Belgesel sinemaya dönen yönetmen, *Yağma Anıları*'nda (*Memoria de saqueo*, 2004) 2001 krizini, neoliberalizmin ülkesinde neden olduğu yeni yoksullaşma ve yozlaşma sürecini ele aldı. Televizyon belgeselciliğine yakınlaşan Solanas, radikalliği, dinamizmi ve heyecanından bir şey kaybetmemiş görünüyordu.

Guzmán ve Littin, Şili'de sivil yönetime geçilmesinden sonraki süreçte, ülkelerinin yakın tarihinde yaşananların unutulmasına yönelik siyasal ve toplumsal iklime, geçmişi hatırlatmaya kararlı filmleriyle direndiler. Paris'e yerleşen Guzmán Şili'ye döndüğünde, "gençliğine damgasını vuran sosyalist deneyimin artık hatırlanmadığı neoliberal bir kentle [Santiago] karşılaştı; soldaki siyasetçiler bile Halkın Birliği'nden açıkça söz etmiyor ve Allende bir tabu olmayı sürdürüyordu" (Lazzara, 2016: 29). Guzmán, *Şili, İnatçı Bellek* (*Chile, la memoria obstinada*, 1997) ve *Pinochet Olayı* (*Le cas Pinochet*, 2001) adlı belgesellerinde, özellikle hakikatin kendilerinden gizlendiği genç kuşaklara, yakın geçmişteki karanlık dönemi anlattı. Yukarıda değinilen *Salvador Allende* belgeseliyle kişisel bir çizgiye kayan tarzını, *Işığa Özlem* (*Nostalgia de la luz*, 2010) ile daha yetkin bir noktaya taşıyan Guzmán, tarih ve bellek üzerine konuları ele alan melankolik ve şiirsel bir sinemanın çarpıcı bir örneğini sundu. Meksika ve İspanya'da geçen sürgün yıllarından sonra Şili'ye dönüp 1992'de, doğduğu kent Palmilla'nın belediye başkanı olan Littin ise *Kendi Labirentinde Allende* (*Allende en su laberinto*, 2014) adlı yarı belgeselde, Allende'nin en yakın yardımcılarıyla birlikte geçirdiği son yedi saatini anlatarak belleğin sinemasına katkıda bulundu.

Yeni Latin Amerika Sineması'nın –ve onun militan dönemine işaret eden Üçüncü Sinema'nın– tarihsel bir dönemin ürünü olmakla birlikte, iddiası ve haklılığıyla pratik ve kuramsal zeminlerdeki geçerliliğini yitirdiği söylenemez. Bu sinemayı ortaya çıkaran, kısa da olsa varlığını sürdürmesini sağlayan koşullar değişmiş ve sinemacıların toplumsal dönüşüm ya da devrim beklentileri gerçekleşmemiş olmasına karşın, Yeni Latin Amerika Sineması'nın dikkat çektiği ve üzerine gittiği yeni-sömürgecilik, bağımlılık, yoksulluk ve toplumsal adaletsizlik gibi makro sorunlar, bugün yalnızca Latin Amerika'yı değil, neoliberalizmle birlikte hemen bütün dünyayı tehdit ediyor. Geçmişten bugüne değişen

---

5 Filmden rahatsız olan Menem ise bir dergideki yazısında kendisine iftira ettiği gerekçesiyle Solanas'a dava açtı. Savunmasını yaptığı günün ertesinde saldırıya uğrayan yönetmen bacaklarından yaralandı ve kararlılığını şu sözlerle ifade etti: "Ülkeyi terk etmiyorum ve sessiz kalmayacağım" (Rich'ten aktaran Naficy, 2001: 107). Solanas bunun ardından Peronist partiyle bağlarını koparak, önce Büyük Cephe (*El Frente Grande*) adlı sol partinin listesinden, daha sonra da Güney Projesi'nden (*Proyecto Sur*) iki kez milletvekili seçildi.

bir şey varsa o da klasik anlamda sinemanın etkili bir mecra olarak biricikliğini kaybetmesi ve yeni iletişim teknolojilerinin militan sinema hareketleri için daha elverişli bir ortam yaratmış olmasıdır. Nitekim Üçüncü Sinema'nınkine benzer bir belgesel film anlayışı, 1990'larda Arjantin'de yeniden hayata geçmiş ve 2001 krizinin ardından önem kazanmıştı. *Cine piquetero* olarak anılan hareket, yeni iletişim teknolojilerinden yararlandı. Kurgusunun ev bilgisayarlarında yapıldığı filmler, internet üzerinden, mahallelerde, siyasal toplantılarda, üniversitelerde, festivallerde ya da işçilerin uluslararası dayanışma ağlarını desteklemek amacıyla düzenlenen etkinliklerde gösterildi (Lazzara, 2016: 37, 38). Böylece zamanında Üçüncü Sinema'nın, hedeflediği seyirciye ulaşamamasına neden olan engeller büyük ölçüde aşıldı. Üçüncü Sinema'nın seyirciyle kurmak istediği ilişkide beklenenin gerçekleşememesindeki bir başka neden de bu sinemanın popüler olamamasıyla ilgilidir (Rojas, 2012: 14). Modernist, avangart bir yaklaşıma sahip başka siyasal sinema hareketleri için de durum farklı olmamıştır. Örneğin Sovyet Devrim Sineması'nın ünlü filmleri kitlelerden çok Avrupa'daki entelektüel çevrelerin ilgisini çekmiştir.

Yeni Latin Amerika Sineması'nda içkin olan "siyaset", günümüz Latin Amerika sinemasında bulunmayan bir unsur değildir. Örneğin Sophia A. McClennen, Latin Amerika sinemasının neoliberal çağda yeniden dirilişinde, neoliberal sistemi eleştiren filmlerin rolüne dikkati çeker (2018: 6). McClennen, genel olarak, günümüz Latin Amerika sinemasının gişedeki başarılı filmlerinin, toplumsal anlamda ilerici, siyasal bir duruşa sahip ve bazı örneklerde kapitalizmi doğrudan eleştiren yapımlar olduğu görüşündedir (2018: 6). Paul A. S. Rodriguez de Latin Amerikalı yeni kuşak sinemacıların geleneksel türleri ve özdeşleşme tekniklerini yeniden etkinleştirdiklerini, büyük değişim adına toplumlara ya da olağanüstü bireylere yapılan vurgu yerine duyguların mikro-siyasetleri üzerine odaklanarak Latin Amerika sinemasını küresel pazara sokmayı başardıklarını belirtmektedir (2016: 7). Yazara göre, günümüzün Latin Amerikan sineması, epik, gösterişli ya da devrimci sinemadan farklı olarak, bellek ve kimlik gibi olgulara odaklanırken arzu ve duyguları harekete geçiren reformist bir sinemadır (2016: 7). Şimdiki yeni sinema, öncekinin çeşitli nedenlerle değinmediği toplumsal cinsiyet ya da genel olarak kimlik ve çevre sorunları ile başka güncel konuları ele almakta, bunu yaparken, öncekine benzer biçimde, belgeselle kurmacanın birbirine geçtiği, siyasal sinemanın melodram, güldürü ve canlandırma ile birleştiği melez bir estetikten yararlanmaktadır (Rojas, 2012: 14). Bununla birlikte, günümüzde Latin Amerikalı sinemacılar tarafından çekilen ve "belleğin yeniden inşası"nı hedef alan filmlerin, özellikle Guzmán ile Solanas'ın belgesellerinde görülen, siyasal ve toplumsal tarihe, hatırlamaya duyulan ilgiye çok şey borçlu olduğunu belirtmek gerekir. Arjantin'de, askerî rejim dönemindeki "Kirli Savaş"ın dehşetini anlatan ve yalnızca 1984'te çekilen yirmi altı filmin on altısını teşkil eden çok sayıda "tanıklık (*testimonio*) filmi" de bu konuda etkili olmuştur (Leandri'den aktaran Falicov, 2007: 48). *Testimonio* filmlerinin en ünlüsü, "yabancı dilde en iyi film" dalında Oscar'la ödüllendirilen ilk Latin Amerika filmi olan *Resmî Tarih* (*La historia oficial*, Luis Puenzo, 1985) adlı yapımdır. Bu geleneği sürdürerek toplumsal belleği tazelemeye yönelen yeni Latin Amerikalı yönetmenlere örnek olarak Pinochet dönemine ilişkin üçlemesiyle [*Tony Manero* (2008), *Morg Görevlisi* (*Post Mortem*, 2010) ve *No* (2012)] Şilili Pablo Larraín ve *Roma* (2018) adlı filmiyle Meksikalı Alfonso Cuarón gösterilebilir.

Yeni Latin Amerika Sineması, filmleri ve manifestolarıyla, ütopyan bir sinemaydı. Günümüz Latin Amerika sineması da uluslararası ortak-yapımlar ve yeni estetik arayışlarla, belleğin yeniden inşasına yönelik ve neoliberalizmi eleştiren filmleri, "kadın sineması", "*queer* sinema" ve "yavaş sinema"nın çarpıcı örnekleriyle kendi ütopyasını yaratıyor...

KAYNAKÇA

Armes, R. (2011), *Üçüncü Dünya Sineması ve Batı*, Z. Atam (çev.), İstanbul: Doruk Yayımcılık.

Buchsbaum, J. (2001), "A closer look at Third Cinema", *Historical Journal of Film, Radio and Television*, 21 (2): 153-166.

Burns, E. B. (1973), "The Latin American film: Realism, and the historian", *The History Teacher*, 6 (4): 569-574.

Chasteen, J. C. (2017), *Latin Amerika Tarihi: Kan ve Ateşle Yoğrulmuş Toprakların Öyküsü*, E. Duru (çev.), İstanbul: Say Yayınları.

Chanan, M. (2004), *Cuban Cinema*, Bloomington: University of Minnesota Press.

Comite de cine de la unidad popular (2014), "Film makers and the popular government political manifesto", MacKenzie, S. (der.), *Film Manifestos and Global Cinema Cultures* içinde, Los Angeles: University of California, s. 250-252.

"Death of Jorge Cedrón" (1981), *Index on Censorship*, 10 (4): 28-29.

Falicov, T. L. (2007), *The Cinematic Tango: Contemporary Argentine Film*, Londra: Wallflower Press.

García Espinosa, J. (2014), "For an imperfect cinema", MacKenzie, S. (der.), *Film Manifestos and Global Cinema Cultures* içinde, Los Angeles: University of California, s. 220-230.

Garcia-Myers, S. (2015), "Brazil: Film", Jones, D. (der.), *Censorship: A World Encyclopedia* içinde, New York: Routledge, s. 286-288.

Hillier, J. (2013), "Hour of the Furnaces, The", Aitken, I. (der.), *The Concise Routledge Encyclopedia of the Documentary Film* içinde, Oxford: Routledge, s. 375-377.

Johnson, R. (1984), "Brazilian Cinema Novo", *Bulletin of Latin American Research*, 3 (2): 95-106.

King, J. (2004), "Cinema in Latin America", King, J. (der.), *The Cambridge Companion to Modern Latin American Culture* içinde, Cambridge: Cambridge University Press, s. 282-313.

Lazzara, M. J. (2016), "What remains of Third Cinema?", Arenillas, M. G. ve Lazzara, M. J. (der.), *Latin American Documentary Documentary Film in the New Millennium* içinde, New York: Palgrave MacMillan.

Levine, R. M. (2001), "Glauber Rocha", Jones, D. (der.), *Censorship: A World Encyclopedia* içinde, New York: Routledge, 2041-2042.

López, A. M. (1990), "An "Other" History: The New Latin American Cinema", Sklar, R. ve Musser, C. (der.), *Resisting Images: Essays on Cinema and History* içinde, Philadelphia: Temple University Press, s. 308-330.

Keen, B. ve Haynes, K. (2009), *A History of Latin America*, Boston: Houghton Mifflin Harcourt Publishing.

Márquez, G. G. (2000), *Şili'de Gizlice: Miguel Littin'in Serüveni*, I. Özdemir (çev.), İstanbul: Can Yayınları.

McClennen, S. A. (2018), *Globalization and Latin American Cinema: Toward a New Critical Paradigm*, Palgrave Macmillan.

Mestman, M. (2011) "Third Cinema/militant cinema: At the origins of the Argentinian experience (1968-1971)", *Third Text*, 25 (1): 29-40.

Naficy, H. (2001), *An Accented Cinema: Exilic and Diasporic Filmmaking*, New Jersey: Princeton University Press.

Rist, P. H. (2014), *Historical Dictionary of South American Cinema*, Maryland: Rowman & Littlefield.

Rocha, G. (2014), "The aesthetics of hunger", MacKenzie, S. (der.), *Film Manifestos and Global Cinema Cultures* içinde, Los Angeles: University of California, s. 218-220.

Rodríguez, P. A. S. (2016), *Latin American Cinema: A Comparative History*, Oakland: University of California Press.

Rojas, M. C. (2012), "Socio-political cinema", Queipo, I. M. (der.), *Socio-critical Aspects in Latin American Cinema(s)* içinde, Frankfurt: Peter Lang, s. 13-17.

Schlotterbeck, J. (2013), "Battle of, Chile", Aitken, I. (der.), *The Concise Routledge Encyclopedia of the Documentary Film* içinde, Oxford: Routledge, s. 75-76.

Solanas, F. ve Getino, O. (2008), "Üçüncü bir sinemaya doğru", Bakır, B., Ünal, Y. ve Saliji, S. (der.), E. Yılmaz (çev.), *Sinema İdeoloji Politika: Sinemasal Yazılar-I* içinde, Ankara: Orient Yayıncılık, s. 167-193.

Solanas, F. ve MacBean, J. R. (1970), "Fernando Solanas: An interview", *Film Quarterly*, 24 (1): 37-43.

Stam, R. (2014), "The Two Avant-Gardes: Solanas and Getino's *The Hour of the Furnaces*", Grant, B. K. ve Sloniowski, J. (der.), *Documenting the Documentary: Close Readings of Documentary Film and Video*, Detroit: Wayne State University Press, s. 271-286.

Trumper, C. D. (2010), "Social violence, political conflict, and Latin American film", *Radical History Review*, 6: 109-136.

Vega-Hurtado, M. d. l. (1992), "Latin American women directors", *Review: Literature and Arts of the Americas*, 26 (46): 20-25.

Yirmi Dördüncü Bölüm

LATİN AMERİKA'NIN ORTAK KÜLTÜR MİRASI VE KÜBA'NIN DEVRİMCİ MÜZİĞİ

KAVEL ALPASLAN

Bugün belli bir janra altında toplanmasa da evrensel bir sol müzik kültürü olduğunu söyleyebiliyoruz. Denizaşırı topraklardan gelen şarkıların, toplumsal mücadelenin notalarına varışından etkilenmemek kolay değil. Çok uzaklarda yazılan bir dize, bestelenen bir parça, sizin coğrafyanızda bambaşka; fakat bir o kadar da aynı yankıları yaratabiliyor. Sözgelimi Türkiye'de gelişen sol müzik kültürü, doğal olarak öncelikle çevre coğrafyaların seslerini üzerinde taşıyor. Bununla birlikte Latin Amerika'ya atılan "müzikal" köprüler, neredeyse yarım yüzyıldır hasar almaksızın ayakta duruyor.

Nesiller boyunca Latin Amerika'dan gelen müzikler, dünyanın bu parçasında yankılanmaya devam ediyor. Çoğumuzun ezbere bildiği marşlardan, kütüğünü gizlemeyi tercih etmiş devrimci şarkılara kadar... Sol siyaset geleneğinde bile pek çok tezin Latin Amerika menşeli olduğu düşünüldüğünde, oturup şarkıların yolculuğuna şaşırıp kalmaya gerek yok. Kendimizi tarihsel olarak bazen yakın bazen uzak hissettiğimiz bu toprakların müzikleri elbette sadece bizim coğrafyamızda duyulmadı. Bu nedenle asıl izini sürmemiz gereken bir bir bu şarkıların hikâyeleri değil; doğrudan Latin Amerika "sol" müziğinin ta kendisi. Fakat önce şunu sormamız gereken bir soru var: Tek bir "Latin Amerika müzik kültürü"nden bahsedip bir genelleme yapabilir miyiz?

Ortak Latin Amerika kültürü üzerine

Tüm bu benzerliklere karşın Latin Amerika'nın müziğini anlamak istiyorsak, Hobsbawmn'ın (2018) belirttiği gibi "onlara bizim değil, kendi gerçekliklerinin ışığında bakmak gerekir." Bu nedenle nasıl ki Latin Amerika'nın tarihini, siyasetini ve toplumsal yapısını Batı merkezli düşünce sisteminin kavramlarıyla okuyamıyorsak, kültürünün özünü de böyle algılamayız.

Uzaktan Latin Amerika'yı oluşturan kültürel değerlere baktığımız zaman, gözümüzün önünde rengârenk bir tablo canlandırırız. Renklidir renkli olmasına, ancak kültürü renkli gördüğümüz noktada aklımıza sadece bir "füzyon" gelir. Yani öyle bir kültür ki, birbirinden farklı kaynaklar ortak noktada buluşur, birbirleri içinde erir ve ortaya katı bir kalıp çıkar. Bu katılaşan cisimde tüm renkler iç içe geçmiştir. Sonuç olarak karşımızda duran renkli, fakat tek ve sabit bir formdur.

Daha dikkatli bir gözle bakarsak eğer, Latin Amerika özelinde durumun tam olarak böyle olmadığını fark edebiliriz. Bu kıtada renkler, çatışmanın kargaşasıyla etrafa saçılmıştır. Kıtanın ahengi, renk çatışmanın kendisindedir. Kabaca, Latin Amerikan kültürünü farklı ve özgün kılan, öncelikle kültürel çatışma halidir. Tabii bunda, kaynakların fışkırdığı noktaların birbirlerinden epey uzak olmasının da payı var. O halde önce kıtanın kültürüne ulaşan kaynakların nereden geldiğine ve beraberlerinde neler taşıdıklarına değinelim.

Latin Amerika tarihini anlatırken sömürgecilerin kıtaya ayak bastığı tarihi milat olarak alacak değiliz. Avrupalılardan çok daha öncesinde başlayan bu tarih, birbirlerinden oldukça farklı uygarlıklar yaratmıştır. Bu halklar çoğu dilde tek bir "yerli" tanımlamasıyla genellenebiliyor. Fakat bu oldukça tehlikeli bir yaklaşım, hele ki bizim gibi Latin Amerika'ya çok uzakta yaşayanlar için. Çünkü biz, uzaklığın da katkısıyla kafamızdaki yerli figürünü daha hızlı ve daha yanlış bir şekilde karikatürize edebiliyoruz: Elinde zehirli ok atan bir kamış, kafasında kuş tüylerinden bir şapka, mümkünse çıplak, kavruk tenli bir vahşi...

Yılık yamuk görüntülerle kafamızda karikatürize ettiğimiz bu "yerlilerin" birbirlerinden farklı ekonomik, coğrafi ve kültürel arka planları var. Örneğin Orta Amerika'daki Olmec kültürü bile yanı başındaki Aztek kültürünün aynısı değilken kilometrelerce uzaklardaki And Dağları'nda yaşayanları, Amazon ya da Karayip yerlileriyle bir tutmak oldukça gülünç olacaktır. Evet, kıtaya sömürgeciler geldikten sonra hayatta kalanlarının yaşam koşulları büyük ölçüde benzerlik gösterdi, fakat koskoca bir "yerli kültürünün" böylece oluştuğunu söyleyemeyiz. Yüzlerce yıl Akdeniz kıyılarında hüküm sürmüş Roma İmparatorluğu'nu ele alalım örneğin. Roma'dan yönetilen bu topraklar –başta dil ve yönetim şekli gibi– pek çok ortaklaştırıcı nokta altında yaşayan halkları birleştiriyordu. Ama bu etkileşim her coğrafyada farklı olduğu gibi Akdeniz halklarının kültürlerini tam anlamıyla yok etmedi. Taş taş üzerinde bırakmadığı Kartaca'da bile...

Dolayısıyla ilk kaynağımızı şöyle tanımlayabiliriz: Kıtada daha öncesinden beridir yaşayan otokton, yerli halkların sahip olduğu ve miras bıraktığı kültürleri. İkinci olarak sömürgecilerin Avrupa'dan Latin Amerika'ya getirdikleri kültürü kuvvetle işaretlememiz gerekiyor. Kıtanın bugün sahip olduğu ortak kimlikten söz edebiliyorsak –ya da en azından yelteniyorsak– bunda ortak sömürgeci geçmişin payı çok büyüktür. Üstelik bunu bulmak için ta Kolomb'lara, *conquistador*lara kadar gitmeye gerek yok. Geçtiğimiz yüzyılda, bölgenin özellikle ABD için bir "arka bahçe" oluşu, yine bu ortaklaşmayı sağlayan bir etken olmuştur. (Dilerseniz bu ortaklaşma üzerine yine Roma İmparatorluğu örneğini hatırlayabiliriz.) Tabii bu büyük ölçüde toplumsal ortaklaşmayı sağlıyor. Eski sömürgecilerin ortak kimliğe bıraktığı en büyük iz, kıtanın hemen hemen her köşesinde İberya dillerinin konuşuluyor olmasıdır. İlk yerleşimcilerin getirdiği bu kültür de kelimelerden daha gizli ancak daha kolay bir şekilde yayılır.

Bununla birlikte daha yakın tarihlerde Avrupa'dan, Asya'dan hatta Ortadoğu'dan Amerika kıtasına doğru yaşanan kitlesel göçler, kültürel anlamda iyice farklı karışımlara ve çatışmalara neden olur. İberyalı sömürgecilere ya da kıta Avrupası'ndan gelen yerleşimcilere ek olarak işi biraz daha abartmak ve çeşitlendirmek istersek, Küba'daki Çinli, Peru'daki Japon, Guyana ile Surinam'daki Hindu ve hemen hemen her yerdeki Lübnan ile Filistinli nüfusundan söz edebiliriz.

> ### Kandomble
>
> Köle ticareti sonucunda Yoruba, Bantu ve Fon inançları, Afrika'nın farklı yerlerinden Brezilya'ya gelir. Burada sömürgecilerin Katolik Hıristiyanlığı ve yerlilerin inançları, ritüelleriyle karşılaşınca, ortaya "Kandomble" (Candomblé) olarak bilinen bu din çıkar. Bugün Brezilya'da yaklaşık 170 bin ve çoğu Latin Amerika'da olmak üzere 2 milyonu bulan takipçisi olan Kandomble inancının en büyük merkezini Brezilya'nın kuzeyindeki Bahia bölgesi olarak belirleyebiliriz.
>
> Kelime anlamı "Tanrıların onuruna dans" olan Kandomble, adından da anlaşılabileceği üzere ritüellerinde bolca dans ve müzik içerir. Kandomble dininde kişisel "koruyucu tanrı" olduğu gibi kimi tanrıların Katolik azizlerle birleştirildiğini görüyoruz. Çok tanrılı inanışların aziz kültü ile ilişkisi değerlendirildiğinde bunda şaşılacak bir şey yok. Örneğin miladını Artemis'e, Kibele kültüne kadar götürebileceğiniz Meryem Ana, Kandomble inancında "Deniz Tanrıçası Yemanja" olarak karşımıza çıkıyor. Ya da cesur savaşçı Orgum ile Aziz George arasında çok ciddi benzerlikler bulunuyor.

Ancak biz yine de iddialı sözlerden kaçınalım; Avrupa'dan gelen kültürleri büyük, diğerlerini daha küçük puntolarla bir diğer kültür kaynağı olarak belirtelim.

Son olarak sömürgeciler ve köle tacirlerince toprağından koparılıp Latin Amerika'ya getirilen milyonlarca Afrikalıdan bahsetmeliyiz. Kölelerin Latin Amerika'ya gemilere bindirilip getirilmesi, Atlantik Ticaret Üçgeni'nin ilk halkasını oluşturuyordu. Sömürgecilere ait tarlalarda, çiftliklerde, plantasyonlarda çalıştırılan Afrikalıların emekleriyle elde edilen kâr, doğrudan kıta Avrupası'na geri dönüyor, ardından gemiler tekrar bu üçgeni devam ettirmek üzere Afrika'nın batı kıyılarına yol alıyordu. Kıtanın çok ciddi bir bölümünün –melez ya da değil– Afrika asıllı olduğuna bakarak bu ticarette ve kâr hırsındaki ısrarı oldukça net bir şekilde görebiliriz.

Afrikalılar da tıpkı Latin Amerika yerlileri gibi tek bir kültürü ifade etmiyor. Farklı sömürgeci güçler bu köle ticaretini gerçekleştirirken, Afrika'nın tek bir liman coğrafyasını kullanmadığına göre, bu halkların birbirinden farklı köklerden koparıldığını görebiliyoruz. Latin Amerika'da çalıştırılan kölelerin farklı kimliklere rağmen benzer koşullarda çalıştırılmaları, daha sonra bina edecekleri kimliklerinde bir birleştirici unsur olur. Bu kimliğin oluşumunda kölelik statüsü ve Afrikalıların karşılaştıkları kültürlerle girdikleri çatışma ön plandadır. Buna bir örnek olarak *Kandomble* dininden bahsedebiliriz. Özetle Afrika'dan gelen halklar, kendi dinlerini, müziklerini, geleneklerini de Latin Amerika'ya getirir. Ancak bu kültür valizinin içinde taşıdıkları zaman içinde ya dağılır ya da başkalaşır.

Latin Amerika müzik kültürünün hamurunu, oldukça kaba bir ifadeyle bu üç kaynak beslemiştir. Dolayısıyla bu hikâye, İberyalıların Akdenizli gitarındaki duygulu gerçekliğin, Afrikalıların vurmalı çalgılarındaki ritim ve mistik doğaçlamanın, yerli halkların üflemeli çalgılarındaki sembolizmin hikâyesidir. Bununla birlikte unutulmamalıdır ki aynı malzemelerden yapılan hamuru her coğrafya kendine göre yoğurmuş ve ortaya özgün kültürler çıkmıştır. Birbirinden bağımsız ama aynı orkestrada yer alan seslerin hikâyesi, geçtiğimiz yüzyılda yeniden kesişecektir...

Belde silah, elde gitar

Başta belirttiğimiz üzere bu metinde kapsamlı, adım adım ilerleyen bir Latin Amerika müzik kültürü analizi yapmayacağız. Umarız kimi dikkat çekici ve özellikle de ortaklaştırıcı noktalardan hareketle aklımızda kaba, ama daha sağlıklı bir harita çizebiliriz. Bu doğrultuda Latin Amerika'da gelişen toplumsal mücadele tarihine küçük bir adım atmak gerekiyor. Burada iyi bildiğimizi sandığımız, oysa kültürel karşılığı hakkında pek bir fikrimiz olmayan Küba Devrimi'nden söz açacağız.

İngiliz gazeteci ve Latin Amerika uzmanı Richard Gott (2009) şöyle söylüyor: "Geniş tutulmuş bir değerlendirmeyle, son iki yüzyılda dünya beş büyük

---

Casa de Las Américas

Küba Devrimi'nin başarıyla sonuçlanmasından aylar sonra başkent Havana'da tüm kıtanın kültürel yaşamını birbirine bağlayacak *Casa de Las Américas* kuruldu. Günümüzde hâlâ faaliyetine devam eden bu kurum, geçmişte pek çok Latin Amerikalı müzisyen, yazar, şair ve tiyatrocuya ev sahipliği yaptı.

Küba devletinin *Casa de Las Américas*'da sanatçıları bir araya getirirken bir diğer amacı da kendilerine yönelik ambargo ve izolasyonu sanat yoluyla aşmaktı. Silvio Rodríguez de buradaki müzik alanında yapılan çalışmalardan hem beslenmiş hem de yetiştikten sonra bu çalışmaları beslemiştir.

Küba'ya yoğun baskı döneminde Rodríguez, Venezuela'dan Soledad Bravo, Uruguay'dan Daniel Viglietti ve Şili'den Isabel Parra gibi Latin Amerika sosyalist gerçekçi müziğinin önemli temsilcileriyle beraber albüm çalışmaları yaptı. Rodrígez bunu, "Hiçbir zaman unutamayacağımız, devrimimizle yapılan dayanışma," sözleriyle yorumluyor.

devrim görmüştür: Fransız, Rus, Vietnam, Çin ve Küba devrimleri. Ve şu soru ortaya çıkıyor: Devrimciler –kapsamlı ve önemli değişimleri kavrama yeteneğine sahip insanlar–, bu devrimler arasındaki zamanlarda ne yaparlar? Yanıtı açıktır: Bu zamanı başarısız devrimleri örgütlemekle geçirirler. Her ne kadar bu devrimler başarılı olmamışsa da sonunda belki de başarılı olabilecek bir devrimci geleneği besleyen bir halk söylencesi doğmuştur." Son cümleye odaklanacak olursak, Küba Devrimi'nin kıtadaki söylenceye doğrudan ya da dolaylı pek çok katkısı olduğu tespitini pek tabii müzik kültürü için de söyleyebiliriz. Somutlaştırmak gerekirse *Casa de Las Américas*'ın Latin Amerika sanatına kattıklarını hatırlayabiliriz.

Toplumsal sorunların Latin Amerika müziğine yansıması pek çok farklı isimle gerçekleşti. Ortak yan, başta geçmişten aldıkları kaynakların yansımalarıydı. Bir diğer birleştirici unsur elbette ortak bir düşmana karşı aynı mücadelenin sesi olmalarından geliyordu. Kıtada yayılan Marksist düşünce, doğrudan ya da dolaylı olarak yoksul kitlelerin oligarklara ve emperyalistlere karşı sesinde kendine çok sağlam bir yer buldu. Üstelik kendi kültürel kimliği, oldukça farklı bir örneğin yaratılmasına neden oldu.

Bunu anlatabilmek için bir isim üzerinden gidelim. Kübalı bestekâr ve söz yazarı Silvio Rodríguez'in hem eserleri hem de yaşamı, söz konusu dönem için güzel bir tablo sunuyor. Hatta ipin ucunu biraz olsun salıp, daha iddialı bir cümle kurmak istersek şunu diyebiliriz. Latin Amerika'ya dair ne varsa kazanda kaynatılıp bir öz elde edebilseydik, bu Silvio Rodríguez'e benzerdi. Yazdığı şarkılarda büyülü gerçekçilik, mücadele ve duygular hâkimdir. Bunlar kıtanın beslendiği kültürel köklerle oldukça ilişkili noktalardır. Sözgelimi Afrika'dan gelen köleler dinlerini ve kültürlerini getirmeseydi ve burada Avrupalıların edebiyatıyla karışmasaydı "Büyülü Gerçekçilik" diye bir edebi anlayış Latin Amerika'da bunca izi bırakabilir miydi? Aynı şey müzik için de geçerli.

Müziğinde de Rodríguez, Küba'nın müzik kültürünün "milli marşı" sayabileceğimiz *Trova* müziğini bambaşka bir şekilde ele almış, böylece *Nueva Trova*'nın oluşmasında büyük bir rol oynamıştır. Elbette devrimin coşkusu ile…

Hayatına gelecek olursak; gençliği devrimin ilk yıllarında geçen sanatçı, bu dönemin yenilikçi rüzgârlarını içinde hisseden ilk jenerasyondandır. Ergenlik yıllarında bir komünist gençlik gazetesinde çalışmaya başlar. Burada edebiyata ve sanata ilgisi geli-

> **Fusil Contra Fusil**
> *(Tüfeğe karşı tüfek)*
>
> Rodríguez'in müziğini en iyi anlatan şarkılardandır. Rodríguez bu şarkıyı, 1967'de ölen Che Guevara'nın anısına saygı için bestelemiştir. Şarkı, *Casa de Las Américas*'ın 1971 tarihli *Hasta la victoria siempre, Che querido* adlı albümde yer almıştır. Küba Devrimi'nin yarattığı yankı, şarkıda şu sözlerle karşılığını bulmuştur:
>
> "Dağın sessizliği / vedasını hazırlamakta, / söylenecek olan söz / anısına patlama olacak. / Bu yüzyılın adamı orada kayboldu / onun adı ve soyadı: / tüfeğe karşı tüfek! / Güneye doğru esen rüzgârın kabuğu kırıldı / ve çarmıhın üzerinde / gerçek uyandı. (…)"

şir, kendi deyimiyle "tüm bu süreç kaçınılmaz bir şekilde şarkılarını şekillendirecektir." İlk akorlarını askeriyede öğrenir. Geceleri kışlada herkes uyuduğunda gitarını alıp, kilometrelerce uzağa gider. Ertesi sabah uykusunu alamayıp çekeceği cefaya rağmen orada saatlerce tek başına çalar, söyler. Sonrasında kendi kendine devam eder.

Vicente Feliú ve Pablo Milanés gibi isimlerle birlikte *Nueva Trova*'ya öncülük eden isimlerden olan Rodríguez, geleneksel'in aksine söze daha fazla anlam biçer. Bunu Küba Devrimi'nin kendisi için en önemli başarılarını tanımlarken de okuyabiliriz: Okuryazarlık oranının arttırılması ve kültür üzerine yoğunlaşan bir politika. Nitekim bir röportajında "Ne olduysak –kişisel karakter anlamında da– bu atmosfer sayesindedir," diyor.[1] *Nueva Trova*'ya gelecek olursak Rodríguez başka bir röportajında daha net bir tanımlama yapıyor: "*Nueva Trova*'nın işi, dışarıdan ülkemize uygulanan ekonomik ve kültürel engellemeye karşı savaşmak. Küba Devrimi'nin ruhunu yaymak için çalışıyoruz ve işbirliği yapıyoruz. İçerideki iş olarak da biz kültürün işçileriyiz. Bir siper gibi kullandığımız gitarımız var ve böylece sosyalizmin inşasına katılıyoruz."[2]

Yer yer doğaçlamanın da kullanıldığı geleneksel *Trova* müziğine kıyasla *Nueva Trova* sanatçıları söze bir şair gibi yaklaşır. Bu sanatçılar geçmişlerinde edebiyatla içli dışlı olmuştur. Örneğin Rodríguez orduya girmeden önce bir komünist gençlik gazetesinde çalışmaktadır. Edebiyata ve sanata ilgisi komünist yayın organlarında kaleme aldıkları yazılarla birlikte gelişir ve kaçınılmaz bir şekilde tüm bunlar şarkılarını şekillendirir.

Nueva Trova sanatçıları, başkanlığını Alfredo Guevara'nın yaptığı Küba Sanat ve Sinematografi Endüstrisi Enstitüsü (ICAIC) içinde yer alır. Bu kurumun bir de müzik grubu vardır: *Grupo de Experimentación Sonora del ICAIC*. 1969'da kurulan grubun amacı, geleneksel şarkıların içinden çıkan sesleri yeni seslerle birleştirerek özgün seslere ulaşmaktır. Küba'da oldukça popüler olan geleneksel müzik için oldukça devrimci bir hamledir bu. Fidel Castro ve yoldaşlarını Küba'ya getiren ve adadaki devrimci sürecin sembolü olan *Granma* gemisinin ismini taşıyan bir şarkı [albüm: *Grupo De Experimentación Sonora Del ICAIC*, 1974], oldukça sıra dışı bir şekilde yorumlanır. Elektronik izler, –her ne kadar kalıcı izler bırakamasa da– Küba müziğini bambaşka bir aşamaya getirmeye çabalamaktadır. Rodríguez'in müziğinde normalde elektronik seslere rastlamıyoruz. Ancak bu deneyimin deneysellik açısından sanatçıya neler kattığını düşünmemiz gerekiyor. Aynı zamanda yeni dönemin "devrimci ruhunu" da böylece algılayabiliriz.

Şimdi gelelim Rodríguez'in Angola macerasına. 1970'li yıllarda Küba, Angola'da Güney Afrika'nın apartheid yönetimi ve onların yerli işbirlikçilerine karşı savaşan sosyalistlere, yani Angola'nın Bağımsızlığı için Halk Hareketi'ne (*Movimento Popular de Libertação de Angola*/MPLA) yardım için oldukça büyük bir as-

---

[1] "Otra Vuelta de Tuerka - Pablo Iglesias con Silvio Rodríguez", https://youtu.be/c8z5mJNAfUg

[2] "Silvio Rodríguez: 'La Nueva Trova Cubana es un movimiento musical e ideológico'", *El País*, 6 Temmuz 1978, https://elpais.com/diario/1978/07/06/cultura/268524006_850215.html

> **El Necio sözleri [Şarkının bulunduğu albüm: Silvio, 1992]**
>
> "İkonumu (simgemi) parçalamamak için / Eşsiz ve tuhaflar arasından kendimi kurtarmak için / Parnaso'sunda bulunacak yerimden feragat etmek için / Bana sunaklarında bir köşe vermek için / Beni pişman olmaya davet etmeye geliyorlar / Beni kaybetmemeye davet etmeye geliyorlar / Beni kendimi tanımlamamaya davet etmeye geliyorlar / Beni türlü türlü boktanlıklara davet etmeye geliyorlar / Yolun sonunu bilmiyorum / Yürürken ben ne olduysam oldum / Orada ilahi olacak tanrı / Yaşadığım gibi ölüyorum / Kaybedileni oynamaya devam etmek istiyorum / Sağlak olmaktansa solak olmak istiyorum / Birleşik bir kongre toplamak istiyorum / Derinden gelen bir şekilde "bizden olan bir oğlana" dua etmek istiyorum / Deliliğin modasının geçtiğini söyleyecekler / İnsanların kötü olduklarını ve hiçbir şeyi hak etmediklerini söyleyecekler / Ama ben bu yaramazlıkları düşlemeye devam edeceğim (belki de ekmekleri ve balıkları çoğaltacağım) / (...) Beni kayalıkların üzerinden sürükleyeceklerini söylüyorlar / Devrimin batacağı zaman / Ağzımı ve ellerimi ezeceklerini söylüyorlar / Gözlerimi ve dilimi sökeceklerini / Belki de budalalığın gebe kalmasıyla / bu gün ahmakça olanlar meyve verdi benimle / Düşmanın karşısına çıkma ahmaklığı / Ödüllendirilmeden yaşamanın ahmaklığı / Yolun sonunu bilmiyorum / Yürürken ben ne olduysam oldum / Orada ilahi olacak tanrı / Yaşadığım gibi ölüyorum / Yaşadığım gibi ölüyorum" (Çeviri: Arjen İletmiş).

kerî destek gönderir. Bu yardım, o dönem daha yumuşak bir dış politika sergileyen Sovyetler Birliği için bile şaşırtıcıdır. Castro (1975) kendi rollerine dair şöyle diyordu: "Bazı emperyalistler bize soruyor: 'Neden Angolalılara destek oluyorsunuz?', 'Sizin orada ne gibi çıkarlarınız var?' diye. Onlar alışmışlar ki eğer bir ülke bir şey yaparsa kesin petrol, kömür, bakır her neyse doğal kaynak arayışındadır. Hayır. Bizim hiçbir maddeye dair çıkarlarımız yok ve bunu anlayamıyorlar. Çünkü onlar, şovenizm, milliyetçilik ve bencillik rehberliğinde hareket etmekte. Oysa biz Angola'ya yardım ederken enternasyonalist bir ödevin gerekliliğini uyguluyoruz."

Küba Devrimi'nin ısrarla anlattığı Üçüncü Dünya Enternasyonalizmi ile yetişen gençlerden biri olan Rodríguez de bu olaydan etkilenir ve ICAIC'in başındaki Alfredo Guevara'ya, Angola'ya savaşçı olarak gitmek için talepte bulunur: "Savaşçı olarak gitmek isterim ama sanırım böyle bir karar vermezsiniz... Metin yazımında –tabii ki müzik ve şarkılarda– yararlı olabilirim. Bu kararımla ilgili elimden gelenin en iyisini yapacağımı size bildiriyorum. Bu yol, benim açımdan yoğun bir şekilde düşünülerek, huzur içinde, romantizmden uzak seçilmiştir."

Milanés ve Feliú gibi Rodríguez'in de talebi kabul edilir ve belinde silahı, elinde gitarıyla okyanusun karşı kıyılarına doğru yola çıkar. Beş ay boyunca Angolalı ve Kübalı askerlere cephede şarkılar söyler. Burada gördükleri hakkında *Angola es Una* (Angola birdir) şarkısını yazar: "Aynı sefalet evi / Kirli ve yamalı tahta / Bu kurak kıyafet / Tüm dünyamı süsleyen / Ve okulsuz masumiyet / Oyuncaksız aynı bez / Beni bir kırbaçla cezalandırıyor... Seven ve kavga eden aynı halk / Aynı kükreyen orman / Ne yapacağım ben." [albüm: *Silvio en Angola*, 1976]

Başta bahsettiğimiz üzere büyülü gerçekçilik de yer yer bize Rodríguez'in şarkılarında göz kırpar. Nitekim Rodríguez'in İspanya'daki Podemos'un lideri Pablo Iglesias ile yaptığı röportajda yaptığı "İnsan aklı, hayal gücünden yapılmıştır" tanımlamasını hatırlayabiliriz. Latin Amerika edebiyatıyla özdeşleştirdiğimiz bu tarzın yolu sık sık, toplumsal mücadele tarihiyle –ya da farklı bir ifadeyle "tüfeğe karşı tüfekle"– kesişir. Örnek vermek gerekirse El Salvadorlu şair ve gerilla Roque Dalton'un mirasının, Rodríguez'in *Unicornio Azul* yani "Mavi Tek Boynuzlu At" şarkısında [albüm: *Unicornio*, 1982] mitolojik bir canlıyla bütünleştiğini görüyoruz. Aynı ismi taşıyan 1982 tarihli albüm hakkında şunları söyler Kübalı sanatçı: "Her şey, sahip olduğum en değerli arkadaşlarımdan biriyle başladı, Roque Dalton isminde bir El Salvadorlu. Büyüleyici bir şair olmasının yanı sıra, büyük bir devrimciydi, yaptığı anlaşma kaçak bir savaşçıyken hayatını kaybetmesine neden oldu. Durum şu ki, Roque'nin birkaç çocuğu vardı; aralarından Roquito –uzun zamandır esir olan ve şans nedir bilmeyen– ve Juan José, yaralandı, yakalandı ve işkence gördü. Ve benim yakın bir zaman önce tanıştığım bu sonuncusu bana şunu anlattı, orada, El Salvador dağlarında yoksulların cesur birlikleri yürürken tek boynuzlu bir mavi at koştururmuş."

Söz konusu şarkının sözleriyse şöyle: "Dün mavi tek boynuzlu atımı kaybettim / Onu otlatmaya bıraktım ve aniden ortadan kayboldu / Onun nerelerde olduğu hakkında / Her türlü bilgiyi cömertçe ödüllendireceğim. / Geride bıraktığı çiçekler, / benimle hâlâ konuşmak istemiyorlar. / Dün mavi tek boynuzlu atımı kaybettim / Kaçtı mı bilmiyorum / Kayıp mı oldu bilmiyorum / Ve benim hiçbir şeyim yok / Mavi bir tek boynuzlu attan başka bir şey yok / (...) / Tek boynuzlu atım ve ben bir arkadaşlık kurduk / Biraz sevgiye, biraz gerçeğe dayalı / Çivit mavisi boynuzu ile şarkılar yakalardı. / Onları başkalarıyla nasıl paylaşacağını biliyordu. / Yeteneği buydu. / (...)"

Toplumsal mücadelelere dair şarkıları küçümsemek isteyenler sıklıkla bireyin önemsizleştirilmesinden yakınır. Bu sığ yoruma dair en sağlam yanıtlardan biri aslında Rodríguez'in müziğidir. Çünkü onun şarkılarında bireysel duygular, hisler; sorunlar toplumsal mücadeleyle iç içe geçmiştir. Kavga, olduğu haliyle ve vazgeçilmez bir şekilde *Nueva Trova*'da kendine yer bulur. Rodríguez, *La Maza* şarkısında [albüm: *Unicornio*, 1982] mücadele ve inanç olmadan kendisinin de tamamlanamayacağını çok güzel bir şekilde açıklıyor: "Eğer inanmasaydım bu çılgınlığa / Eğer inanmasaydım bu umuda / Eğer inanmasaydım yaptığım şeye / Eğer inanmasaydım yoluma / Eğer inanmasaydım sesime / Eğer inanmasaydım sessizliğime / ne olurdu?"

Rodríguez, tüm bu hisleri, şarkılarında ustalıkla aktarırken Latin Amerika'nın tüm kültürel pınarlarından beslenir. Kavga, sadece Latin Amerika'nın değil, tüm dünyanın bir kültür kaynağıdır. Ancak Latin Amerika'nın pınarlarıyla buluşunca daha farklı bir ekol doğar. Rodríguez gibiler yaşamın inceliklerine bu birikimle dokunduğu zaman müzik de büyüleyici bir şekle bürünür. Cesaret verir, inanç verir, ama bunu dışarıdan değil, Latin Amerikalıların basit ama en gerçek duygularıyla başarır. Bugün İspanyolca konuşan dünyanın en güçlü seslerinden birinin Rodríguez oluşu da başka türlü açıklanamaz.

Sonuç yerine

Bugün, rahatça "Latin Amerika müziği" başlığı atıp, kendimizce bir çalma listesi yaratabiliyoruz. Hata mı yapıyoruz? Biraz evet, biraz hayır. Fakat baktığımızda bunun bilimsel bir tespitini yapmak, milyonlarca insanın aynı şarkılardan etkilenmesinden daha değerli midir? Latin Amerika insanının kendi kültürel kaynaklarıyla donanmış duygular, yine aynı insanların karşılaştıkları zorbalıklara karşı mücadeleyle kaçınılmaz olarak buluşur. Tıpkı farklı kültürlerin bir füzyon oluşturmayıp çatışarak kıtaya rengini vermesi gibi, duygular da toplumun gerçekleri ile birleşmek yerine çatışır. Her halkın kültürel ve duygusal pınarları birbirini ayırır. Ama bu buluşmanın nasıl gerçekleştiği asıl ayrımı ve özgünlüğü yaratır. Latin Amerika müziği çatışmanın müziğidir ve bu müzik, aynı kavganın savaşçılarına dokuna dokuna bugün dahi doğuda Büyük Okyanus, batıdaysa Pasifik Okyanusu'nun ötelerine kadar yol almaktadır...

KAYNAKÇA

Castro, F. (1975), "Clausura del I Congreso del Partido Comunista de Cuba", 22 Aralık, http://www.granma.cu/file/pdf/PCC/1congreso/DISCURSO-DE-FIDEL-EN-LA-CLAUSURA-DEL-PRIMER-CONGRESO-DEL-PARTIDO-COMUNISTA-DE-CUBA-CELEBRADO-EN-LA-PLAZA-DE-LA-REV.pdf

Gott, R. (2009), *Latin Amerika'da Gerilla Hareketleri I: Guatemala/Venezuela*, I. Erman (çev.), Ankara: İlkeriş Yayıncılık.

Hobsbawm, E. J. (2018), *Yaşasın Devrim: Latin Amerika Üzerine Yazılar*, S. Nilüfer (çev.), İstanbul: İletişim Yayıncılık.

Yirmi Beşinci Bölüm

LATİN AMERİKA'DA FUTBOL: BİR OYUNDAN FAZLASI

İLHAN ÖZGEN

> İçinizde, işi hastalık derecesine vardıranların da bulunduğu malum... Boş yere mi bağırıyorlar maç günleri: "Hastaneye! Hastaneye!" diye dolmuşçular. Ama bu, dünyanın her yerinde böyle. Özellikle Güney Amerika'da futbol hastaları sürüyle. Bu hastalara *Torsido* diyorlar. Bizimkilerle aralarındaki farkı kısaca anlatmak gerekirse bizimkiler nezleyse onlar tüberküloz. Oralarda hayretler içinde izlemiştim *Torsido*ların her cinsini. Tuttukları takım gol yiyince başlarını duvarlara çarpıp yaralananlar mı istersiniz, düşüp düşüp bayılanlar mı. Takımları kazanınca da basit tenekelerle, bidonlarla müzik yapıp sabahlara kadar sokaklarda çılgınca samba, ça ça ça oynayanlar mı...
>
> – Gündüz Kılıç, 23 Ekim 1970 (Kunt, 2008: 332)

8 Temmuz 2014, São Paulo... Rua Aspicuelta'da barların sıralandığı sokaklara girdiğimde olanlar olmuştu. Maçın yarım saati henüz bitmemişti ki Brezilya, Almanya karşısında 5-0 geriye düşmüştü. Öfke, küfür, hayal kırıklığı, üzüntü... Her şey "Baba" Gündüz'ün 44 yıl önce tasvir ettiği şekildeydi. Maç bittiğinde ise sadece oradaki Brezilyalıları değil, tüm dünyayı şoka sokan bir sonuç vardı: Brezilya 1 - Almanya 7. Fakat 2014 modeli *Torsido*lar kafalarını pek duvarlara vurmuyordu. Bir marş söylemeye başladılar. Neşeli olmaları garipti. Birlikte maç izlediğim Belçikalı çifte döndüm. Beyefendi, uzun süredir Brezilya'da çalışıyordu ve kültüre, normal olarak da Portekizceye hâkimdi. "Arjantin'e laf atıyorlar," dedi ve ekledi: "Sonunda da Maradona'nın kötü alışkanlıklarından bahsedip Pele'nin ondan büyük olduğunu söylüyorlar."

Otele vardığımda, bir gün sonraki Arjantin-Hollanda maçı için orada olan Arjantin taraftarlarında final heyecanı başlamıştı bile. Zaten Brezilya'nın yenilmesi onları finale çıkmış kadar sevindiriyordu. Seyahatim boyunca sürekli bana yardım eden resepsiyondaki hanımefendiye Brezilya adına üzgün olduğumu belirttim. Sadece şunu söyledi: "Umarım Arjantin Dünya Kupası'nı kazanmaz."

Ertesi gün, Corinthians Arena'da oynanacak olan Arjantin-Hollanda maçı için metroya bindiğim andan itibaren bir gece önceki ezgileri duymaya başlamıştım. Bu sefer İspanyolca söyleniyordu tezahürat. Yine Arjantin-Brezilya rekabetine gönderme yapılıyor, Messi'nin kupayı kazanacağı öngörülüyordu. En sonunda da rekabeti ete kemiğe bürüdükleri tartışmayı kendi bakış açılarıyla noktalıyorlardı: "Maradona, Pele'den büyüktür!"

Arjantin, o gece Hollanda'yı geçerek finale kaldı ama Arjantinliler –benim duyduğum kadarıyla– Hollanda ile pek uğraşmadı. Tek amaçları, Brezilya'da, en büyük rakiplerinin evinde kupayı almaktı. Finalde Almanya'ya yenilip hasreti noktalayamasalar da kendi adıma bu rekabetin içinde birkaç gün geçirmek büyük bir deneyimdi. Tutku, müzik, kaos, zafer... Belki *Torsido*lar stillerini değiştirmişti ama Güney Amerika'da futbolun denklemi hâlâ aynıydı...

La Garra Charrua

> Diğer ülkelerin tarihi vardır, Uruguay'ın ise futbolu...
> – Ondino Viera

> Onlar sadece top cambazı değil. Güzel bir futbol yarattılar, zarif ama aynı zamanda çeşitliliği olan, hızlı, güçlü, etkili..
> – Campomar, 2015: 102

İlerleyen yıllarda Avrupa futbolunun önemli fikir adamlarından olacak Gabriel Hanot, *Les Miroir des Sports*'taki yazısında, 1924 Olimpiyat Oyunları'nda altın madalyayı kazanan Uruguay takımını bu sözlerle övüyordu: Uruguay, Güney Amerika futbolunu dünyaya tanıtan ilk ülkeydi. 19. yüzyılın sonlarında İngilizlerden öğrendiği oyunu 20. yüzyılda üst seviyeye taşıyan bir takıma sahiplerdi. 1924'te Olimpiyat Oyunları'nda kazandıkları şampiyonluk dışında oynadıkları futbolla, onları izleyen birçok Avrupalıya ilham verdiler. Döneme göre pas oyunu ve tempo açısından birçok takımın önünde oldukları söyleniyor. Fakat onları sadece saha içindeki bu yetenekleri ile tanımlamak yeterli değil.

"*La Garra Charrua* bizim mizacımız. Sadece futbolcular değil bütün Uruguay bu mizaca sahiptir. Her zaman ilerlemek ve birinci olmak için kendimizi zorlarız. Zorlu meydan okumaları severiz ve futbol da zorlu bir meydan okumadır." 1976-1981 arasında Uruguay Milli Takımı formasını giyen Waldemar Victorino, *History of Football South American Superpowers* belgeselinde ülkesini bu terimle özetliyordu. *La Garra Charrua* (Charrua Pençesi), Uruguay'ın yerlileri *Charrua*lardan gelen bir terim ve ülke futbolunun çıkış noktası olarak tanımlanıyor. Milli takımın lakaplarından biri de *Los Charruas*. Bu ruh, ülke futboluna o kadar işlemiş ki geçtiğimiz sene Arsenal'e transfer olan Lucas Torreira'nın, kulübün resmî sitesinde Rob Kelly'ye verdiği röportaj tamamen Garra

Charrua ruhu üzerine kurulmuş. Torriera, "Bütün Uruguaylıların içinde Garra Charrua vardır. Açıklaması biraz zor," diyerek sözlerine başlıyor ve azim, kararlılık, inatçılık üzerinden bu ruhu açıklıyor. *Golazo!: A History of Latin American Football* kitabının Uruguaylı yazarı Andreas Campomar ise 1892'de soykırımla ülkeden uzaklaştırılan yerliler ile kendilerini bağdaştırmanın utanç verici olduğunu düşünse de bu ruhun hâlâ Uruguay futbolunun içinde olduğunu kabulleniyor (Campomar, 2015: 1).

La Nuestra

Komşu Arjantin'in topla tanışmasına vesile olanlar da Britanyalılardı. Spora gönül veren bir eğitimci olan Alexander Watson Hutton, 25 Şubat 1882'de Arjantin'e ayak bastı. Elindeki deri toplara gümrükte pek anlam verilmemişti. Bir görevli şunları söyledi: "Çılgın İngilizlerin işi..." (Campomar, 2015: 37). Arjantin toprakları, rugby ve futbolu İngilizler sayesinde tanıdı. 1870'li yıllarda kulüpler kuruldu ama futbol kuralları, rugbi kuralları paralelinde geliştirildi. İşleri yoluna koyan Hutton, ülkenin futbol kimliğini belirleyen ise bir spor dergisi oldu...

Birinci Dünya Savaşı sonrasında ülkede yaşanan sıkıntılar, ortaya "Arjantinlilik" kavramını ve öze dönüş fikrini çıkarmıştı. *Gaucho* (Güney Amerika kovboyu) figürü ve Arjantin'de doğmasına rağmen İspanyol ya da İtalyan köklere sahip, ikinci sınıf muamelesi gören kreol toplumu ön plana çıkarılmaya başlanmıştı. İngiliz spor yazarı Jonathan Wilson, bu ortamın futbola yansımalarını şöyle anlatıyordu:

> Kargaşanın iki nedeni vardı: Bir yandan en yoksulların umutsuzluğu diğer yandan demokrasinin tam anlamıyla benimsenmemesi ve elde ettikleri gücün belirginleşmesiyle kendine güveni gittikçe artan işçi sınıfı. Bu da merkezinde futbol olan canlı bir kültürün doğmasını sağladı. *Gaucho* ideallerine kendilerini adamış olanlar bile romantik ideallerinin 1920'lerin hızla gelişen metropolünün gerçekleriyle uyuşmadığını kabul etmek zorundaydı. Hem daha ulaşılabilir, hemen el altında bulunabilecek kahramanlara hem de milliyetçiliğin merkezinde yer alacak temel ilkelere ihtiyaç vardı. Boşluğu doldurabilecek genel beğeniye sahip bir tek kültür unsuru vardı: 19. yüzyılda *gaucho*ların doldurduğu alan daha sonra futbolcular tarafından doldurulmuştu (Wilson, 2017: 65-67).

Tam da burada sahneye *El Grafico* dergisi çıktı. 1919'da erkeklere yönelik bir yaşam dergisi olarak yayın hayatına başlayan *El Grafico*, iki yıl sonunda hedefini spor, özellikle de futbol olarak belirledi. Dergi, kısa süre içerisinde "Güney Amerika Sporunun İncili" olarak nam saldı (Campomar, 2015: 92). Dergide sadece maç sonuçları ya da spor haberleri yer almıyordu. Özellikle İngiliz etkisinden kurtulmak ve özüne dönmek isteyen Arjantinlilerin futbol oynama şekilleri de yazılara konu oluyordu. Arjantin, Britanya stilini mi korumalıydı yoksa kendine has bir oyun mu ortaya koymalıydı? Bu tartışmayı belirleyen belki de en önemli fikir insanı "Borocoto" lakabıyla tanınan *El Grafico*'nun genel yayın yönetmeni Ricardo Lorenzo Rodríguez'di. Borocoto, aslen Uruguaylıydı ama dönemin "Arjantinlilik" şartlarına uygun kreol futbolunun reçetesini köşesinde kaleme alıyordu. *Viveza* (kurnazlık), *gambetta* (*dripling*) ve tangoyu harmanlayan futbolcuları sahada görmek istiyordu. Bir yazısında şunları söylüyordu:

> Kreol insanının takım sporu futbol, dansı tangodur. Ana unsuru *barrios* (gecekondu mahalleleri) ve küçük kulüplerle ilişkili estetik gücü ise de... Bazı tensel boyutlarıyla birlikte kesinlikle duygusal bir yönü de vardı. Tango karşısında başka müzik türlerinin durumu neyse, futbol karşısında diğer başka spor dalları da oydu. Tango ve futbol, Arjantin'in tutkuları olduğu içindir ki bazı insanların ilgisini çekebilir, kitlelerin değil (Wilson, 2017: 73).

Henüz tam anlamıyla Britanya etkisinden kurtulamamış olan Arjantin sahalarında Borocoto'nun görüşüne karşı çıkanlar da vardı. İskoç köklere sahip, Alumni ve Arjantin Milli Takımı formaları ile 1900'lü yılların başlarında sahaya çıkan Jorge Brown, 1921'de tercihinin İngiliz stilinden yana olduğunu açıklıyor ve güç ile enerjinin sahadaki önemine dikkat çekiyordu. Fakat kreol futbolu, sokaktan aldığı güçle kabul görmeye başlamıştı. Arjantinlilerin *La Nuestra* (Bizimki) dediği oyun tarzı yavaş yavaş oturmaya başlıyordu. Bu stilin belki de en olmazsa olmaz özelliği *gambetta* idi yani top kontrolü ve topla sahayı kat etme becerisi. İş, El Grafico yazarı Borocoto tarafından bir adım daha ileri götürüldü. 1928'de top sürmeyi icat eden futbolcunun heykelinin dikilmesi gerektiğini köşesine taşımış ve heykeli; kirli yüzlü, uzun saçlı, kıyafetleri yırtık, çaputtan bir top süren bir *pibe* (çocuk ya da velet) olarak tasvir etmişti. Yazısını, "Bu anıt bir gün dikilirse, pek çoğumuz kilisedeymiş gibi ona şapka çıkarıp saygılarımızı sunarız" diyerek noktalamıştı. Borocoto'nun tasvirini, geniş bir şekilde kitabına taşıyan Jonathan Wilson, şunları söylüyordu: "En şaşırtıcı olanı ise Borocoto'nun en büyük Arjantinli futbolcu Diego Maradona'nın portresini neredeyse yarım yüzyıl öncesinden olağanüstü bir ayrıntıyla çizmiş olmasıydı..." (2017: 73-74)

Arjantinlileşme rüzgârlarının estiği 1920'ler milli takım için de ilk uluslararası başarıların sağlandığı döneme tekabül etti. Arjantin, 1921'de ilk kez Güney Amerika şampiyonasını kazandı. 1925'te ve 1929'da da başarılarını tekrarladılar. Kıta dışında adlarını duyurmaya en çok 1928 yazında yaklaştılar. Henüz ortada Dünya Kupası yoktu ve Olimpiyat Oyunları'nda kazanılan altın madalya bir nevi dünya şampiyonluğu anlamına geliyordu. Uruguay, 1924'te bu başarıyı yakaladığında Arjantin ikiye bölünmüştü. Komşunun başarısıyla gurur duyanlar, kıtalarının iyi temsil edildiğini düşünenler bir taraftaydı. Karşılarında ise "Arjantin orada olsa madalyayı kazanırdı," diyenler vardı. Mevzu, Uruguay'a meydan okumaya kadar ilerlemişti. 1928'de Amsterdam'da düzenlenen Olimpiyat Oyunları'nda Arjantin de yerini aldı. İlk maçlarında ABD'ye 11, çeyrek finalde Belçika'ya, yarı finalde de Mısır'a altışar gol atarak adlarını finale yazdırdılar. Ama finalde Uruguay'a mağlup olmaktan kurtulamadılar. Dahası, maçtan sonra aynı trende yolculuk yapan futbolcular, tango şarkıcısı Carlos Gardel'in davetlisi olarak katıldıkları eğlencede birbirlerine girerek belki de "savaşı" resmîleştirdi. (*El Grafico*, 3 Nisan 2019).¹

Birkaç yıl önce dostane havada oynanan Arjantin-Uruguay maçları artık büyük bir rekabete dönüşmüştü. 1930'da ilk kez düzenlenen Dünya Kupası'nda bir kez daha finalde karşı karşıya geldiler... Uruguay geriye düştüğü maçı *Garra Charrua* ruhu ile lehine çevirdi ve 4-2'lik skorla kupanın ilk şampiyonu oldu. Maç, tıpkı Amsterdam'daki gibi sert geçmişti. Fakat maçtan sonra yaşananlar, 1928'deki tren kavgasından biraz fazlaydı. Arjantin'deki Uruguay Büyükelçiliği saldırıya uğradı, Plaza del Mayo'da balkondan Uruguay bayrağı sallayan kadın taş yağmuruna tutuldu, Arjantin Amatör Futbol Federasyonu, Uruguay ile ilişkilerini kestiklerini açıkladı (Wilson, 2017: 95). Bugün bile sık sık tekrarlanan "Güney Amerika'nın esas rekabeti Arjantin-Uruguay arasındadır" kalıbının temelleri böylece "sağlamlaştırılmıştı".

1910'lu yıllarda futbol kariyerini sürdüren ve İngiliz stiline saygı duyan Alberto J. Olivari, 1930'da bir karşılaşmayı yorumlarken, "Benim dönemimdeki futbol bu değildi," diyordu. Sahadaki futbolcuların güç yönünden noksanları olduğunu söyleyip, onları tenis oynayan kızlara benzetse de (Campomar, 2014: 69) Kreol Futbolu, yavaş yavaş İngiliz stiline üstünlük sağlamıştı. Borocoto'nun onlara taktığı *La Maquina* sıfatıyla önce ülkeyi sonra da tüm kıtayı etkisi altına alan River Plate takımı, *El Grafico*'nun "stilini" başarıyla uyguladı ve Arjantin futbolunu iyiden iyiye dünyaya duyurdu. 1940'lar aynı zamanda yeni bir rakibin doğuşuna da sahne olacaktı...

> ### Hollandalı
> Güney Amerika'da ülkeler genellikle Britanyalıların vasıtasıyla futbolla tanıştı ve onlara "Futbolun Babası" unvanını verdi. Paraguay'da ise durum biraz farklı. 1894'te henüz 18 yaşındayken ailesiyle Paraguay'a göç eden William Paats, ilerleyen yıllarda bir eğitmen olarak Paraguay'da görev yaptı. Bir Arjantin seyahatinden sonra futbol topu ile ülkeye geldi ve öğrencileri arasında bu oyun oynanmaya başladı. Ülkenin ilk futbol kulübü *Club Olimpia*'nın kuruluşunda da onun katkısı vardı.

Ginga

> – Bu ne Charles?
> – Diplomam.
> – Ne?
> – Evet, oğlun futboldan mezun oldu (Campomar, 2014: 53).

Brezilya'da "futbolun babası" olarak anılan İskoç kökenli Charles Miller, verdiği bir röportajda Brezilya'ya futbol topunu getirdiği günü böyle anlatıyordu. Fakat *Golazo!: A History of Latin American Football* kitabının yazarı Andreas Campomar, Miller'ın anlattığı bu hikâyede bazı boşluklar olduğunu savunuyor. Babasının olaydan sekiz yıl önce vefat ettiğini kaleme alan Campomar, 1894'ten önce

---

1 https://www.elgrafico.com.ar/articulo/1088/33524/anecdotario-orsi-gardel-y-el-stradivarius

ülkede futbol ve benzer top oyunlarının oynandığını savunuyor. Ama Miller'ın işi resmiyete dökme açısından katkılarını yadsımıyor da...

Güney Amerika ülkelerinin birçoğu gibi Brezilya da futbolla Britanyalılar sayesinde tanıştı. Ama "ekol" olmayı başaran diğer Güney Amerikalılar gibi oyuna kendi özlerinden parçalar ekleyerek stillerini yarattılar. Ülkenin yetiştirdiği en büyük futbolculardan olan Socrates, Alex Bellos'la yaptığı söyleşide Brezilya'yı şöyle tanımlıyordu: "Brezilya kültürü, ırkların karışması, bu dünyayı ve hayatı görme biçimi, muhtemelen bizim en büyük doğal kaynağımız. Çünkü o neşeli bir kültür, ayrımcı değil, özgürlükçü..." (Bellos, 2003: 396)

Brezilya, bugün toprakları ile özdeşleşen *Ginga*, *Futebol Arte* ya da *Joga Bonito* stilini bu çok kültürlülüğün yardımıyla yeşil sahalara aktardı. En büyük ilham kaynağı ise Afrika kökenli siyahların yaşam biçimiydi. Uruguay'daki *Charrua*, Arjantin'deki *Gaucho* ya da kreolün rolünü, Brezilya'da *favela* (gecekondu mahallesi) ve *Malandro* alıyordu. Hollandalı gazeteci Simon Kuper, Brezilya folkloruna ait, atalarının köle olduğunun tahmin edildiği *Malandro* figürünü, "Brezilya'da kölelik 1888'de kaldırıldı. Fakat Malandro ruhen tamamen özgür olmuş. Disiplinin sıradan insanlar için iyi bir şey olduğuna inanıyor ama 'Malandro'nun disiplin altına girmesi mümkün değil. O bir dolandırıcı, bir düzenbaz. Tek başına çalışır ve hiçbir kurala uymaz. Yoksuldur ama yine de iyi giyinir, en iyi yerlerde yemek yer ve güzel kadınları büyüler. O, ulusal karakteri temsil eder," sözleriyle tasvir ediyor ve ekliyor: "Klasik anlamda 'Malandro', siyahtır ve siyahların ata sporu Capoeira'da ustalaşmıştır" (Kuper, 2003: 347-348) sözleriyle anlatıyordu.

Birçoklarına göre dünya futbol tarihinin en büyüğü olan Pele de Mayıs 2016'da Jack Holmes'a verdiği röportajda, *Malandro*, Capoeira ve Samba kültürünün Brezilya futbolu *Ginga* üzerindeki etkisine değiniyordu:

> Benim bakış açıma göre sporda güzel olan şey, taktiksel açıdan çok fazla bir bilgiye sahip olmamaktır. Eğer bir şey sana güzel geliyorsa, onun uzmanı olman gerekmez. Bale gibi... Oyuna *ginga* denmesi normaldi. O zamanlar Avrupa'dan birtakıma karşı oynarken –şimdi biraz değişti tabii ama o zamanlarda– Avrupalılar sert ve güçlüydü. İri oyuncular vardı ve katı savunma yaparlardı. Futbolu icat eden İngilizler bile en başlarda böyleydi. Brezilya'da ise kendi futbol kültürümüzü ortaya çıkarmamız gerektiğini düşünen birkaç kişi vardı. Şunu dedik: "Biz dans etmek, *ginga* yapmak istiyoruz. Futbol, ölümüne savaşmak değildir."

Pele'nin değindiği "futbol dansının" temelinde siyahi futbolcular vardı. Fakat onların ülkedeki kabul görme süreci sahadaki kadar keyif veren bir tempoda ilerlemedi. 20. yüzyılın başında Brezilya'daki futbol sahalarında ırkçılık normal karşılanan bir tavırdı. Ülkenin ilk siyahi futbol yıldızlarından Arthur Friedenreich, bu sorunla en çok karşı karşıya kalan ve onunla savaşan isimlerden biriydi. Babası bir Alman göçmen, annesi ise siyahi bir kölenin kızıydı. Kariyeri boyunca milli takım dâhil olmak üzere birçok kulüpten dışlandı. Yine de ülke futbolunda önemli bir iz bırakmayı başarmıştı. Bir diğer ırkçılık mağduru futbolcu da

Carlos Alberto'ydu. 1910'lu yıllarda Fluminese'de top koşturan Alberto, aslında *mulatto* olarak bilinen melezlerdendi ama koyu ten rengi nedeniyle baskı görüyordu. Çözümü, maçlardan önce yüzüne pudra sürmekte bulmuştu. Top koşturduğu *Fluminense* ile özdeşleşen bu olay, etkisini günümüze kadar sürdürdü ve takımın lakaplarından biri de "Beyaz Pudra" olarak kaldı.

1930'lar siyahi futbolcuların yavaş yavaş sahneyi aldığı dönem oldu. İlk büyük siyahi futbol ikonu olan Leonidas sahalarda kendini göstermeye başlamıştı. 1938'de Fransa'da düzenlenen Dünya Kupası'nda gol kralı olmayı başaran Leonidas, Fransız futbol seyircisini büyülemiş ve "Kara Elmas" lakabını almıştı. Bu etki, kupa dönüşünde Brezilya'ya da taşınacaktı... *Lacta* firması, *Diamante Negro* (Kara Elmas) adını taşıyan bir çikolatacı dükkânı açtı ve bugün de hizmet veren Brezilya'nın büyük çikolata markalarından birini yarattı. Uruguaylı yazar Eduardo Galeano, 1910'larda yavaş yavaş başlayan "eşitlik" dönemini şöyle anlatıyordu:

> Yoksullar, futbolu hem zenginleştiriyorlar hem de topluma mal ediyorlardı. Bu yabancı spor, oyunu kopya ederek oynamaya çalışan birkaç varlıklı gencin ayrıcalığı olmaktan çıkıp, Brezilya'ya mal olmaya başlamıştı. Böylelikle onu keşfeden topluluğun enerji ve yaratıcılığıyla gittikçe daha verimli bir hal alıyordu. Büyük kentlerin varoşlarındaki dans meraklılarının ve zenci kölelerin savaş danslarının hareketlerinin sıkça kullanıldığı dünyanın en güzel futbolu da böylece doğmuş oldu (Galeano, 2008: 52).

– Bu güzel futbol kültürü nereden geliyor?
– Plajdan çıplak ayakla futbol oynayan çocuklardan, sokaklardan...

Pele, 2014'te İngiliz eski futbolcu Gary Lineker'in BBC için hazırladığı programda sırlarını böyle veriyordu. Özellikle 1920'li yıllarda büyük bir "futbol koluna" dönüşmeye başlayan plaj futbolu ile plajlar, bir nevi fakir halkın kendi imkânlarına uyum sağlayarak ortaya çıkardığı futbol sahalarına dönüştü. Çığ o kadar büyümüştü ki o dönemde plaj futbolunu yasaklayan Rio de Janeiro Belediye Başkanı Henrique Dodsworth, elli bin imzalı bir itiraz dilekçesiyle karşılaşınca kararını geri çekmek zorunda kalmıştı (Bellos, 2003: 179).

Kültürün tohumlarını atmaya başlayan Brezilya, hasadı 1940'larda yapmaya başladı. Bugün bile devam eden Arjantin rekabetinin temelleri de bu dönemde atıldı. 10 Şubat 1946 tarihli Güney Amerika Şampiyonası Finali'nde Brezilyalı futbolcu Jair Rosa Pinto, Arjantin kaptanı Jose Solomons'un bacağını kırdı ve sahada çıkan olaylar polis müdahalesi ile ancak sona erdi. Arjantin, 2-0'la kupaya uzansa da fitil ateşlenmişti... Bütün bunlara rağmen Brezilya henüz uluslararası seviyede hiçbir kupa kazanmamıştı; ta ki 1949'a kadar. Yedi maçta tam 39 gol atarak Güney Amerika şampiyonu olduklarında, tartışmasız kıtanın en iyi takımıydılar. Bir sene sonra ülkelerinde düzenlenecek Dünya Kupası'nda, İkinci Dünya Savaşı'ndan çıkmış Avrupalı rakipleri karşısında da kesin favori olarak görülüyorlardı.

Kendi evlerinde rahat bir şekilde dörtlü final grubuna kadar yükselen Brezilya, önce İsveç'i 7-1, ardından da İspanya'yı 6-1 yenerek gösterisine devam etti. Son maçtaki rakipleri Uruguay ise 2-2'lik İspanya beraberliği ile final grubuna başlamış, ikinci maçlarında da zorlanarak İsveç'i 3-2 yenmişti. Beraberlik hâlinde bile Jules Rimet Kupası'na ulaşacak olan Brezilyalılar kendilerinden emindi. Öyle ki 16 Haziran 1950'deki finalden bir gün önce yayımlanan *O Mundo* gazetesinin manşetinde "İşte Dünya Şampiyonları!" başlığıyla Brezilya 11'i vardı. Fakat *Garra Charrua* bu kez Maracana'da canlandı. Savaştan çıkan Avrupalılara güç gösterisi yapmak için inşa edilen 200 bin kapasiteli Maracana Stadı'nı dolduran Brezilyalılar, hayatlarının en büyük şoklarından birini o gün yaşadılar. 1-0 öne geçseler de maçın son yarım saatinde yedikleri iki golle kupayı Uruguay'a kaptırdılar. Uruguay'ın galibiyet golünü atan Alcides Ghiggia, "Sadece üç insan Maracana'yı susturabilirdi: Frank Sinatra, Papa ve ben..." diyordu. Brezilyalılar, hezimete *Maracanazo* (Maracana Darbesi) adını taktı ve uzun süre kâbustan uyanamadılar. Etki o kadar büyüktü ki, Brezilya'nın o güne kadar giydiği mavi yakalı beyaz formalar uğursuz addedildi ve bugünkü tasarımın ortaya çıkacağı, ülke genelinde bir forma tasarım yarışması dahi yapıldı. Yazar Nelson Rodriguez durumu "Bizim Hiroşima'mız" olarak adlandıracaktı. Yediği son golde hatalı bulunan kaleci Moacir Barbosa 2000 yılında verdiği röportajda şunları söylüyordu: "Brezilya'da en ağır ceza 30 yıldır, benim hapsim 50 yıldır devam ediyor." Barbosa haklıydı. Etki, 2000'lerde dahi devam ediyordu. Zaferi getiren Ghiggia, o maçın ellinci yıldönümü için Brezilya'ya davet edildiğinde havaalanında pasaportunu kontrol eden genç kızla göz göze geldi. Aralarında şöyle bir konuşma geçti:

– Bir sorun mu var?
– Siz, o Ghiggia mısınız?
– Evet benim. 1950'ler çok eskilerde kaldı.
– Brezilya'da o günü her gün yüreğimizde hissediyoruz (Bellos, 2003: 78).

Modern futbolun temellerinin atılmaya başladığı savaş sonrası döneme büyük bir şokla başlayan Brezilya'da, *Ginga* ya da *Joga Bonito* olarak adlandırılan tarz sorgulanmaya başlamıştı (Pele'nin hayatını konu alan 2016 yapımı *Pele: Bir Efsanenin Doğuşu* filminde de bu "stil tartışması" sık sık geçer) ama Brezilya'nın kendi özünden kopması o kadar kolay olmadı. Bunun en büyük nedeni, 1958'de *Ginga* mantalitesi ile sahaya çıkan 17 yaşındaki Pele ve görüntüsü itibariyle bir sporcudan çok uzak olan Garrincha'ydı. Bu ikilinin etkisi Brezilya'dan dünyaya taştı. Öyle ki Brezilyalı yazar Mario Filho, Brezilya'da 1950'lerde dahi devam eden ırkçılığın Pele'nin 1958 zaferiyle ortadan kalktığını söylüyor ve ekliyordu: "Prenses Isabel'in köleliği kaldırma misyonunu tamamladı" (Campomar, 2014: 79).

Pele, bir futbol ikonuna dönüşmüş, günümüzün sporcu prototipini oluşturan isimlerden biri olmuştu. Her ne kadar sokak futbolundan yetişse de fiziksel özellikleri, kas yapısı, antrenman devamlılığı ve profesyonellik anlayışı günümüze ışık tuttu. Garrincha ise tam tersiydi. Kuper'in *Malandro* tanımıyla kusursuz bir uyum sağlıyordu. Pele, dünya çapında saygı görse de Brezilyalıların gönlü Garrincha'dan yanaydı. Brezilya Milli Takımı'nda uzun yıllar forma giyen Leonardo, bu tercihi şöyle açıklıyordu: "Garrincha'yı Pele'den daha fazla severler. Çünkü Garrincha gerçek Brezilyalıdır; çılgın, dağınık... Maçtan iki gün önce 100 km öteye balık tutmaya gider..."

1966'da Garrincha'nın 1970'te de Pele'nin başrollerinde olduğu takımlarla iki Dünya Kupası daha kazanan Brezilya, savaş sonrası dönemin en görkemli futbol ülkesi olmayı başarmıştı. Fakat 1982 ve 1986'da Ginga ruhunu taşıyan takımlarla hayal kırıklıkları yaşadılar ve yavaş yavaş stillerinden uzaklaştılar. Bunda, erken yaşta kültürlerinden ayrılan futbolcuların da payı vardı. Leonardo, BBC'nin Brezilya futbolu belgeselinde durumu şu sözlerle özetliyordu: "Her maça giderken otobüste şarkı söylerdik. Bugün futbolcular genç yaşta o kültürden kopmuş oluyorlar. Yine şarkı söylüyorlar ama o ruh yok."

> **Jorge Ben**
>
> Jorge Ben Jor, futbolcu olmak isteyen milyonlarca Brezilyalı çocuktan biriydi ama onun hayatını değiştiren müzik oldu. Ülkenin en önemli müzisyenlerinden Jorge Ben, futbolla ve Flamenko ile bağını hiç koparmadı. Futbola ya da futbolculara adanan; Umbabarauma, Zaguiero, Camisa 10 da Gavea ve Falcao gibi şarkıların altında Jorge Ben imzası var.

Rütbeli katiller

1970'lere girilirken dünya üzerindeki etkisi büyüyen futbol oyununun en görkemli ülkesi Brezilya'ydı... Bunda 1970'teki şampiyonluğun payı büyüktü. Dünya Kupası finalini, Avrupa şampiyonu İtalya karşısında aldıkları 4-1'lik galibiyetle kazanan Brezilya, oynadığı futbolla çağının ötesine geçmeyi başarmıştı. Zaferden sonra aslan payı, takımın yıldızı Pele ve antrenör Mario Zagallo'ya verildi. Ama perde arkasında bir komutan vardı...

Brezilya, 1964'teki darbeyle ordunun yönetimi altına girmişti. 1969'da diktatörlüğün üçüncü başkanı olarak göreve gelen Emílio Garrastazu Médici'yi ondan önceki iki "rütbeli" başkandan ayıran özelliklerden biri futbola olan ilgisiydi. Médici'nin göreve geldiği sene, Brezilya Milli Takımı'nın direksiyonuna ise "komünist" olarak bilinen antrenör João Saldanha geçmişti. Saldanha ile Médici arasındaki ilk gerginlik, diktatör Médici'nin, antrenörü bir yemeğe davet etmesinden sonra yaşandı. Saldanha, antrenmanları bahane gösterdi ve davete katılmadı. Kısa süre sonra ise basının çıkardığı bir tartışma ortalığı iyice karıştırdı. Médici'nin en sevdiği oyuncu olan Dario'yu, "Ondan daha iyi forvetlerim var," diyerek milli takıma almayan Saldanha, gazeteciler tarafından Médici'nin bu oyuncuya olan sevgisi hatırlatılınca şunları söyledi: "Ben nasıl onun bakanları seçmesine karışmıyorsam, o da benim forvet hattımı kimlerden seçeceğime karışamaz" (Kuper, 2003: 352).

Saldanha, 1970 yazında oynanacak Dünya Kupası'ndan birkaç ay önce görevinden uzaklaştırıldı. Takımın başına, eski futbolcu Mario Zagallo geçti. Zagallo kararı, birçokları tarafından politik bir sonuç olarak kabul gördü. Hatta muhaliflerin milli takımın karşısında olduğu da söylentiler arasındaydı... Ama dünya futbol tarihine geçen bir performansla kupaya uzanan Brezilya, ülkeye döndüğünde muhaliflerin de içinde olduğu büyük bir coşku seliyle karşılandı. (Cao Hamburger'in 2008'de vizyona giren *O Ano em Que Meus Pais Saíram de Férias* (*Annemler Tatilde*) filminde bu durum, muhalif öğrenci yurdu sahnesiyle beyazperdeye taşınmıştı. Çekoslovakya'yı destekleyen sol görüşlü öğrenciler, Brezilya'nın oynadığı futbol ve atılan goller sonunda taraf değiştiriyordu.)

"Halkımızın vatanseverlik duygusu yoğun neşesini görmekten büyük mutluluk duyuyorum. İyi sporcuların dostluğu ile kazanılmış bu zaferi, ulusal kalkınma için yaptığımız mücadeleyle eşdeğer görüyorum." General Médici, başkent Brasilia'daki hükümet binasını, 1964'ten beri ilk kez halka açmış ve o kutlamalarda bu konuşmayı yapmıştı. Kupayla fotoğraflar çektirdi, takımın yıldızı Pele'nin görüntüleri, "Breziya'yı kimse durduramaz" sloganıyla televizyonlarda gösterildi, milli takımın tezahüratı *Pra Frente Brasil!* (Brezilya ileri!) cuntanın sloganı oldu. Her bir futbolcuya 18 bin dolar prim verilmesi de cabasıydı... (Arbena, 1988: 93)

Brezilya'da spora müdahil olan ilk politikacı Médici değildi. 1930'da yine darbeyle başa gelen Getulio Vargas da 1938 Dünya Kupası'ndaki masrafların karşılanmasına destek olacağını duyurmuş ve kızını da ilgili delegasyonun başına getirmişti (Bellos, 2003: 13). Fakat Médici döneminde futbol büyük bir silah olarak kullanıldı. Özellikle 1970'li yıllarda şehirlerin "gurur kaynağı" olarak lanse edilen mega stadyumlar yapıldı. 1978 itibariyle dünyanın 10 büyük stadının yedisi Brezilya'daydı. 45 bin ve üstü kapasiteye sahip 27 stadyum vardı. 100 binden fazla seyirci alabilen stadyum sayısı ise beşti... (Bellos, 2003: 151) Alex Bellos, durumun sadece stadyumlarla kalmadığını, Brezilya'da uzun yıllar tartışma konusu olan ulusal ligin işleyişinde de politikanın rol oynadığını şöyle anlatıyordu:

> 1971'e kadar (ki o tarihe kadar Brezilya üç kez Dünya Kupası'nı müzesine götürmüştü) ulusal çapta bir kulüp ligi yoktu. Ülkeyi futbol vasıtasıyla bir araya getiren yarışma, askerî rejimin ulusal entegrasyonu amaçlayan stratejik ve ideolojik hedefleriyle uyum içindeydi. Ligde yer almak siyasal pazarlıklar açısından güçlü bir araç haline gelmişti. İlk Brezilya Ligi'nde yirmi takım vardı. Sonra bu sayı sürekli arttırıldı ve 1979'da kırk dokuz kulübe ulaştı. Halk arasındaki yaygın inanışa göre, hükümetin işleri ne zaman ters gitse bir yerel takım, ulusal lige çıkarılmaktaydı (Bellos, 2003: 319).

Corinthians demokrasisi

Médici, 1974'te görevden ayrılsa da milli takımdaki işleyiş benzer şekilde devam etti. Zagallo'dan sonra göreve, Claudio Coutinho getirildi; o da bir ordu mensubuydu. ABD'de çalışmalar yapmış ve ABD Ordusu'nda kullanılan Cooper Tes-

> **Futbol savaşı**
>
> El Salvador ve Honduras, 1970 Dünya Kupası elemesinde karşı karşıya geldiklerinde, mücadelenin saha dışına çıkacağı tahmin edilebiliyordu. Toprak ağalarının baskısı nedeniyle Honduras'a göçen El Salvadorlular ile Honduraslı köylüler arasında büyüyen gerginlik, futbol bahane edilerek daha da çıkmaz bir yola girdi. El Salvador'un kaybettiği ilk maç sonunda 18 yaşındaki El Salvadorlu bir genç kızın intihar etmesi gerginliği arttırdı. İkinci maçı El Salvador kazandı ama iki ülke arasındaki bağlar tamamen kopmuştu... Kupaya giden takımı belirleyecek üçüncü maç, 26 Haziran 1969'da Meksika'da tarafsız bir sahada oynandı. El Salvador, 3-2 kazanarak Dünya Kupası biletini aldı. Ama olaylar bitmedi ve 14 Temmuz'da savaş çıktı. 100 saat süren ve "Futbol Savaşı" olarak tarihe geçen kaosun sonunda 3 bine yakın insan öldü.

ti'ni futbola adapte etmişti. 1970'te milli takımda kondisyoner olarak işe başlayan Coutinho, 1978'de Dünya Kupası'na gidecek Brezilya'nın başındaydı. Spordan sorumlu bakan Heleno Nunes'in de ricasını kırmadı ve onun favori futbolcusu Roberto Dinamite'yi milli takıma aldı. Ama Coutinho, Brezilya'yı mutlu sona ulaştıramadı... Üstelik oynadıkları futbol, sekiz yıl evvelki *Ginga* ruhundan çok uzaktı. Coutinho'nun "Avrupa tarzı futbol" idealleri suya düşmüştü. Ondan sonra milli takımın başına geçen Tele Santana, *Joga Bonito* ruhunu tekrar canlandırdı ve 1982 ile 1986 Dünya Kupaları'nda turnuvanın en keyif veren takımlarından olan Brezilya'yı ortaya çıkardı. Takımın yıldızlarından, kaptan Socrates'in ise Brezilya futboluna kattıkları, zarafetten fazlasıydı...

"Kitabın ne olduğunu bilmiyorum, sadece Rus Devrimi'yle ilgili olduğunu sezdim ama beni derinden etkileyen şey yapılanın kendisiydi" (Bellos, 2003: 390). Socrates, 1964'te darbenin yapıldığı gün babasının yaktığı o kitabı ve olayın onun üzerindeki etkisini böyle anlatıyordu. Tıp fakültesinde eğitim gören futbolcu, öğrencilik yıllarında cunta rejiminin baskısını daha net hissettiğini anlatıyordu. Askerî kurallar, ülke futboluna 1970'lerde iyice işlemeye başlamıştı. Socrates'in bu sistemle sorunu da 1970'lerin sonunda transfer olduğu ve adını dünyaya duyurmaya başladığı Corinthians kariyerinde başladı. Takım arkadaşı Vladimir ile birlikte Corinthians Demokrasisi'nin önderliğini yaptı. Futbolcular, kendilerini ilgilendiren kararları kendileri alıyorlardı. Ülkedeki diğer kulüpler ise bu kararları tamamen yöneticilerine bırakmıştı.

Bir diğer karşıt oldukları mefhum da *Concentração* (Türkiye'de de hâla gördüğümüz, kamp sistemi olarak adlandırabileceğimiz uygulama) idi. Futbolcuların, maçlardan birkaç gün önce bir otele kapatılıp, hayatla bağlantılarının kesilmesi ve her şeylerine müdahil olunma durumu, Socrates'in tepki verdiği bir alışkanlıktı. Üstelik *Concentração* terimi de askerî bir terimdi. Altı aylarını alsa da en azından Corinthians takımında bu uygulamaya son vermeyi başardılar. Corinthians Demokrasisi, sadece takım içi durumlarda isteklerini dile getiren bir oluşum olmaktan çıkmıştı. 15 Kasım 1982'de yapılan ve Federal temsilciler, senatörler, valiler ve belediye başkanları için yapılacak seçimden (bu seçim, cunta rejimin sona ermesinin ilk adımlarından biri olarak görülüyor) önce Corinthians takımının formasında şu cümle yazıyordu: "15'inde sandık başına!" (Bellos, 2003: 391)

Socrates'in en ikonik politik hamlelerinden biri ise 1984'te gerçekleşti. Bağımsız başkanlık seçimleri için anayasa değişikliği öneren referandum öncesinde bir milyonu aşkın insanın katıldığı bir mitingde konuşma yapan Socrates, sonucun olumlu çıkması halinde İtalya'dan gelen transfer teklifini geri çevireceğini söyledi. Fakat seçimde Socrates'in beklediği karar çıkmadı ve "Doktor" da Fiorentina'nın yolunu tuttu. 1980'lerin sonuna doğru Güney Amerika topraklarında başka bir futbolcu da bir başka diktatörü indirmek için çorbaya tuzunu serpmekten imtina etmedi.

No!

11 Eylül 1973... Şili'nin sosyalist lideri Salvador Allende'nin öldürülerek devrildiği darbenin sonucunda ülkenin başına darbenin başrolündeki Augusto Pinochet geçmişti. Ardından kaybolan ve öldürülen karşıt görüşteki insanların sayısı artmaya başladı. İşkence ve infazların merkezi Nacional Stadı'ydı. Ülkenin en önemli spor alanlarından biri olan stadyum, darbeden iki ay sonra bu sefer sportif bir utanca sahne oldu. 1974 Dünya Kupası elemesinde Sovyetler Birliği ile eşleşen Şili, 26 Eylül 1973'te deplasmanda oynanan ilk maçta 0-0'lık avantajlı bir skorla sahadan ayrıldı. 21 Kasım 1973'teki rövanş öncesinde ise durum karmaşık bir hal aldı. Pinochet'nin darbesi ve sonrasında yaşananlar yavaş yavaş dünyada duyulmaya başlamıştı. SSCB Milli Takımı, diktatörlüğü protesto etmek için Şili'deki rövanşa gitmeme kararı aldı. İstekleri, maçın tarafsız bir sahada oynanmasıydı ama kabul görmedi. Siyasi mahkûmlardan "arındırılan" Nacional Stadı, 21 Kasım 1973'teki maça hazırdı. Şili takımı, karşısında hiçbir rakip oyuncunun olmadığı çimlere çıktı ve simgesel bir gol atarak maçı bitirdi. Karşılaşma, Şili'nin 2-0'lık hükmen galibiyeti ile kayıtlara geçti ve Batı Almanya'daki kupa için bileti aldılar.

O gün sahaya çıkmak istemeyen Şilili bir futbolcu vardı: Carlos Cazsely. Ülkenin en iyi takımı olan Colo-Colo'da top koşturan Cazsely, Allende'nin fikirlerine olan bağlılığıyla tanınıyordu ve Allende'nin de en sevdiği futbolcuydu. Sahaya çıktı ama baskı üzerindeydi. Pinochet ile arasındaki gerginlik ise Dünya Kupası seyahatinden önce ayyuka çıktı. Takımı ziyaret eden diktatörün elini sıkmayı reddettiği söylentileri kulaktan kulağa yayılmaya başlamıştı. Şili, Federal Almanya'ya ayak bastıktan birkaç gün sonra ise Cazsely'nin annesi kaçırıldı ve işkence gördü. Cazsely, kupanın ilk maçında Federal Almanya karşısında kırmızı kart görerek kupa tarihinin kırmızı kart gören ilk oyuncusu olduğunda, Şili'deki rejim yanlılarının bazıları Pinochet'ye mesaj verdiğini düşünüyor, bazıları da "yoldaş" Demokratik Almanya'ya karşı oynamak istemediği için bunu yaptığını yazıyordu. Carlos Cazsely, düşüncelerinden geri adım atmadı. 1978'e kadar İspanya'da top koşturdu, 1982'de Colo-Colo'ya geri döndü. Üstelik Colo-

Colo'nun tüm yetkileri Pinochet'nin üzerindeydi... Futbolu bıraktıktan kısa süre sonra, 1988 Referandumu'nda bir kez daha sahneye çıktı. Pinochet'nin görev süresini sekiz yıl daha uzatıp uzatmayacağının kararını verecek olan halk oylamasında, "No!" (Hayır) kampanyasına destek verenlerden biriydi. Yaşlı bir hanımefendi olan Olga Garrido, kampanyanın reklamlarından birinde 1974'te başından geçenleri anlatıyor, işkence ve tacizleri halkına bir kez daha hatırlatıyordu. Kaydın sonunda ekranda Cazsely beliriyordu:

"Bu yüzden ben de 'Hayır!' diyorum. Çünkü onun mutluluğu, benim mutluluğum. Çünkü onun duyguları, benim duygularım. Çünkü yarın özgür, sağlıklı bir demokrasi içinde yaşayabiliriz. Çünkü bu güzel hanımefendi benim annem!" Referandumdan % 56 "Hayır" oyu çıkacaktı.

Kirli zafer

"Pinochet bir melek sayılır, çünkü o, insanları 'sadece' kurşuna dizdiriyor ya da idam ettiriyordu" (Kuper, 2003: 309). Tarihçi ve yönetmen Osvaldo Bayer, Simon Kuper'e bu ironi dolu cümleyi kurarken, konu Bayer'in memleketindeki Jorge Rafael Videla dönemi ve Dünya Kupası karşıtlarına uygulanan ceza yöntemleriydi. 1970'te, sekiz sene sonraki Dünya Kupası'na ev sahipliği yapacağı kesinleşen Arjantin, 1976'da ülkenin "alışık" olduğu darbelerden birini yaşadı. Muhaliflerin öldürülmesi, hapishanelere atılması, işkenceler... O dönemin Güney Amerikası'nın alışılmış haberleriydi artık. Cuntanın başındaki Videla'nın önüne konan dosyalardan biri de Dünya Kupası'ydı. Videla, futbola çok sıcak bakan bir lider değildi. Üstelik kupa için harcanacak para da gözünü korkutuyordu ama bu durumu "Arjantin'de hayat normal" mesajını verebileceği bir fırsat olarak görenler onun aklını çeldi. *Ente Autarquico Mundial* (EAM) adıyla yeni bir organizasyon komitesi kuruldu ve başına General Carlos Omar Actis geçirildi. Actis, 26 Temmuz 1976'da arabasına konan bir bombayla öldürüldü ve organizasyon merkezi bombalandı. Saldırıdan "yıkıcı unsurlar" sorumlu tutulduysa da suikastın, Actis'in ardından EAM'ın başına geçen ve sonrasında Dünya Kupası fonlarından zimmetine milyonlar geçirdiği öne sürülen Amiral Carlos Alberto Lacoste tarafından planlandığına dair yaygın şüpheler vardı (Wilson, 2017: 326). Olayın hemen sonrasında on bir bin Arjantinli "kayboldu", kamplara atıldı ya da öldürüldü. Cinayet yöntemlerinden birinin de River Plate Stadı'nda uçaktan atılmak olduğu söylentiler arasındaydı.

Futbol, henüz daha Arjantin'de popüler olmaya başladığında politikacılar tarafından kullanılmaya başlamıştı. 1900'lerin başında José Figueroa Alcorta döneminden *década infame* (yüz kızartıcı on yıl) olarak tarihe geçen 1930'lardaki döneme, sonrasında da Juan Perón'lu yıllara kadar uzanan bir süreçti bu. Özellikle Perón döneminde büyük stadyumlar yapıldı, Perón maçlarda boy göstermeye başladı. Hatta eşi Evita Perón adına Evita Turnuvası dahi düzenleniyordu. "Perón sporu destekliyor" sloganı da bu dönemde ortaya çıkmıştı (Wilson, 2017: 143).

Fakat hiçbir devlet başkanı, Videla gibi bir fırsatı eline geçirmemişti. Arjantin henüz bir Dünya Kupası kazanamamıştı ve bunu kendi evlerinde yaşamaları, yıllarca futbol ile "uyutulan" ulusa hükmeden Videla için büyük bir rüyaydı. Galeano'nun Güney Amerikalı diktatörleri genelleyerek söylediği şu sözler, sözde futbol karşıtı Videla için de geçerliydi: "Futbol demek halk demekti, o halde bütün güç futboldaydı ve diktatörler de 'Ben halkım' sloganını kullanmaktan vazgeçmiyorlardı" (Galeano, 2008: 193).

Arjantin, 1978 yazındaki turnuvayı 700 milyon dolarlık (belirtilen rakam) masrafla düzenledi. Finale çıkmayı hatta şampiyon olmayı da başardılar. Ama kupa, tarihin en kirli kupalarından biri olarak tarihe geçecekti. İlk grubu aşan Arjantin, final grubunda Brezilya ile çekişiyordu. Son maçlara girilirken eşit puandaydılar. Brezilya, Polonya'yı 3-1 yendi ve avantajlı duruma geçti. Arjantin'in, Brezilya'nın +5 gollük averajını geçmesi için Peru'yu en az 4-0 yenmesi gerekiyordu. İlk grupta Hollanda ile berabere kalan ve güçlü İskoçya'yı 3-1 yenen Perulu oyuncular, 21 Haziran'daki maça çıktıklarında önceki performanslarından çok uzaktaydılar. 90 dakika tamamlandığında şu skor vardı: Arjantin 6-Peru 0.

Dünya futbol tarihinin en mide bulandırıcı maçlarından biri olarak tarihe geçen maç ile ilgili birçok söylenti var. Simon Kuper, cunta yönetimindeki Peru'nun ekonomik sıkıntılar çektiğini, Arjantin'in Peru'ya 35 bin ton bedava tahıl ve büyük olasılıkla silah verdiğini kaleme almış ve şöyle devam etmişti: "Bu arada Arjantin Merkez Bankası da dondurulmuş 50 milyon dolarlık krediyi Peru'ya ödemek için serbest bırakmıştı" (Simon, 2003: 312).

2012'de Channel 4'tan Keme Nzerem'e konuşan eski Perulu senatör Genaro Ledesma ise Perulu siyasi suçluların Arjantin'e gönderilip, orada ortadan "kaybolmaları" için bir anlaşma yapıldığını ileri sürüyordu. Aynı haberde görüş bildiren ve o maçta sahada olan iki Perulu futbolcu; kaptan Hector Chumpitaz ile José Velásquez ise ABD'nin karanlık dış politika silahı Henry Kissinger ile Videla'nın onları soyunma odasında ziyaret ettiğini ve "İyi bir maç olmasını diliyoruz," dediklerini iddia ediyorlardı. Daha da kötüsü vardı: Dördüncü golden sonra kupadaki harcamaları eleştiren rejimin maliye bakanı Roberto Alemann'ın evinde bir bomba patlamıştı (Galeano, 2008: 218). Karşılaşmadaki sır perdesi hiçbir zaman çözülmedi ya da bir karara bağlanamadı. Arjantin, finalde Hollanda'yı 3-1 yenerek şampiyon oldu. Kayıplar, ölen insanlar ve hapishanedekiler birçok Arjantinli tarafından unutuldu. Hatta mahkûmların "Kazandık, kazandık!" çığlıkları attığı hikâyesi, anlatılmaya devam ediyor. Mart 1978'de hapishaneden kaçan, Almagro'nun kalesini koruyan ve ilerleyen yıllarda *Pase libre: la fuga de la Mansión Seré* kitabını yazacak olan Claudio Tamburrini, "zaferi" şöyle özetliyordu: "Sporun, işkenceciler ile işkence görenlerin milli takımın attığı gollerden sonra birbirlerine sarılmalarını sağlayan bu büyüleyiciliği nedir? 1978 Dünya Kupası sırasında, –ben dâhil– Arjantinliler eleştirel politik düşüncelerin yerine spor çılgınlığını koydu. Diktatörlükle yönetilen bir ülkenin milli takımını desteklemek yüksek maliyetli bir mantıksızlık örneğidir" (Wilson, 2017: 270).

Futbol ve politikanın yolu, Videla sonrasında da kesişti. Nisan 1982'de cuntanın başında olan Leopoldo Galtieri'nin kararıyla İngiltere'ye ait Falkland Adası işgal edildiğinde milli takım da Dünya Kupası hazırlıkları yapıyordu. Tıpkı Médici döneminde Brezilya'da olduğu gibi Arjantin Milli Takımı için söylenen *Vamos Argentina, Vamos a Ganar* (Hadi Arjantin, kazanacağız!) sloganı, orduya uyarlanmıştı. Arjantin, o savaştan kısa sürede mağlup ayrıldı. Yönetimin propagandası nedeniyle ülkelerinde gerçekleri öğrenemeyen futbolcular, kupa için İspanya'ya indiklerinde gelişmelerden haberdar oldular. 1978'in yıldızı Mario Kempes, şunları söylüyordu: "1978'dekinden daha iyi bir takımımız vardı ama savaş her şeyi altüst etti. Macaristan maçından önce Ardiles'in kuzeninin savaşta öldüğünü öğrendik. Arjantin'de kamp yaparken, gazetelerde 50-0 galip olduğumuz yazıyordu ama İspanya'ya geldiğimizde gerçeği öğrendik; Falkland'daki savaşta 100-0 mağluptuk. Kaybettiğimizin ve savaşın şiddetinin farkına varmıştık."

Falkland'ın etkileri, dört yıl sonrasına da taşınacaktı. 1986 Dünya Kupası Çeyrek Finali'nde karşılaşan Arjantin ile İngiltere maçına damga vuran Diego Armando Maradona, eliyle attığı ve "Tanrı'nın Eli" olarak futbol tarihine geçen golle Falkland'ın intikamını aldığını söylüyordu: "O, Tanrının değil Diego'nun eliydi. Bu golle 1982'de İngilizlere yenildiğimiz Falkland Savaşı'nın intikamını aldım." Maradona ne kadar anlam yüklemeye çalışsa da bu onun oyuna ilk ve tek "elle müdahalesi" değildi. Yaptığı sadece kusursuz bir *viveza* örneğiydi.

Rütbesiz katiller

1990'lara girilirken bir Kolombiyalı siyasetçi de futbolu, ulusun prestiji için kullanıyordu. Fakat bu, diktatörlerinkinden daha masum bir çabaydı. 1990'da Kolombiya'da cumhurbaşkanı seçilen Cesar Gaviria, potansiyeli yüksek Kolombiya Milli Takımı'nı ülkenin imajını sağlamlaştırmak için en büyük güç olarak gördü. Fakat işin içinde bir paradoks vardı; takımı oluşturan oyuncuların birçoğu, 1980'lerden itibaren uyuşturucu kartellerinin desteklediği takımlarda parlamışlardı.

Bu desteklerin en büyüğü Pablo Escobar tarafından Atletico Nacional'e veriliyordu. Escobar, 1980'li yıllarda kirli dünyada adını duyurmaya başladığı andan itibaren Medellín'in fakir mahallelerinde futbol sahaları inşa etmeye başladı. Futbola olan ilgisi, oyunu fakirlikten kurtulmak için tek çıkar yol olarak gören fakir kesim tarafından bir nevi "Robin Hood" muamelesi görmesine neden olmuştu. Medellín takımına verdiği desteğin yanı sıra ülkenin en güçlü takımlarından Atletico Nacional'in de en büyük maddi kaynağıydı. Üstelik uyuşturucu patronlarının elinde olan tek kulüp Nacional değildi. Millonarios ve America de Cali de benzer gelirlerle yönetiliyordu. Fakat Escobar'ın Nacional'i her açıdan en çok öne çıkan takımdı. Oyuncularına yüksek paralar verip elinde tutuyor ve kadrolarını korumayı başarıyorlardı. Bununla birlikte futbol bahisleri de aynı güruhun kontrolü altındaydı. 2010'da yayınlanan ESPN'nin *Two Escobars* belgeseli Kolombiya'nın "Narco Futbol" dönemini gözler önüne seren en iyi örnekti... Oyuncular tehdit ediliyor, maçta hata yaptığı düşünülen hakemler öldürülebiliyordu...

Nacional, 1989'da kıtanın kulüpler düzeyindeki en büyük kupası olan Libertadores'i kazandı. Kolombiya Milli Takımı da tarihinin en iyi oyuncu grubunu yakalamıştı. 1990'da cumhurbaşkanı seçilen César Gaviria, Pablo Escobar ile en çetin mücadeleyi veren politikacı olarak tarihe geçerken, ülke futbolunu da kartellerin elinden kurtarmaya çalıştı. 1994 Dünya Kupası elemelerinde çoğu kez takımla seyahat etti ve büyük başarılar kazanan takımı, ülkenin reklam yüzü yapmaya gayret etti. Bu süreçte Pablo Escobar hapishanedeydi. Ama kısa süre sonra oyuncuların onu ziyaret ettiği ortaya çıktı. Hatta *La Catedral* adlı hapishaneye bir futbol sahası yaptırmış ve milli takım oyuncuları ile o sahada futbol bile oynamıştı.

Gaviria'nın çabalarına rağmen özellikle de kıtadaki yargılarını kırılması zordu. 5 Eylül 1993'te elemelerin son maçı için Arjantin'de sahaya çıktıklarında, Arjantinli taraftarlar Kolombiya için şu tezahüratı yapıyorlardı: "Uyuşturucu satıcıları!" Kolombiya, deplasmandan 5-0'lık büyük bir zaferle ayrıldı ve lider olarak Dünya Kupası biletini aldı. Pablo Escobar, La Catedral'den kaçmış ve 2 Kasım 1993'te bir çatışmada öldürülmüştü. Yine de takıma etkisi devam ediyordu. Kaleci Rene Higuita, Escobar ziyaretlerinin birinde basın tarafından görüntülendiği için milli takımın kupa kadrosundan çıkartıldı.

Kolombiya, 1994 yazında ABD'ye gizli favorilerden biri olarak gitmişti ama "Narco Futbol" takımın yakasını bırakmadı. Takım, kupa boyunca tehditler aldı ve başarısız sonuçlarla kupaya veda etti. 2 Temmuz 1994'te tüm dünya basınında yer alan bir haber ise şartlar gereği Kolombiya'daki yaşama çok da hâkim olmayan uzak kıtadaki futbolseverlerin kanını donduracaktı. ABD maçında kendi kalesine gol atan Nacional'in savunma oyuncusu Andrés Escobar, bir bar çıkışında vurularak öldürüldü. Onu öldürenlerin son cümlesi şu olmuştu: "Attığın gol için teşekkürler!" Cinayeti, Gallon Kardeşler'in adamı Humberto Castro Muñoz'un işlediği ortaya çıktı. İşin daha da acı veren tarafı, yıllar sonra dahi insanların şu yorumu yapıyor olmasıydı: "Pablo Escobar yaşasaydı, Andrés Escobar öldürülmezdi."

Sorular, sorunlar...

Como el Uruguay no hay (Uruguay gibi bir yer yok!) sloganı ile anılan ya da 1951'de *New York Times*'da "Amerika'nın İsviçresi" (Campomar, 2014: 3) olarak tasvir edilen Uruguay, 1973'teki darbeyle birlikte huzurunu kaybetti. İlginçtir, diğer futbol ülkeleri cunta rejiminde futbol başarıları yaşasa da "huzura" alışık Uruguay, o yıldan itibaren gerilemeye başladı. 1983'te demokrasinin temellerini bir kez daha attılar ve yavaş yavaş kupalara katılmaya başladılar. 2000'li yıllara gelindiğinde ise belki eskisi gibi Dünya Kupası'nda şampiyonluğa ulaşamasalar da gerek bireysel olarak gerekse de aldıkları sonuçlarla kupalara renk katan takım oldular. Burada enteresan bir paralellik daha karşımıza çıkıyor. 2010'da ülkenin başına geçen José (Pepe) Mujica, "huzurun ve tevazünün" yöneticisi olarak uluslararası bir şöhrete kavuştu, dünyanın en fakir devlet başkanı olarak tanındı. Türkiye'deki sıkıntılar sonrasında bile "Uruguay'a gitmek" başlıkları sosyal medyada görüldü. Huzur Uruguay Milli Takımı'na yaradı. 2010'da tam 40 yıl sonra Dünya Kupası'nda yarı finale çıktılar, bir yıl sonra da Copa America'yı kazanarak kıtanın en büyüğü oldular...

Arjantin de 1980'li yıllarda dikta rejiminden kendini kurtardı. Ama kirli eller hâlâ futbol topuna dokunmaya devam ediyor. *Barra Brava* olarak bilinen taraftar grupları, tribünleri dolduran normal futbolseverler değil. 1980'lerin sonlarından itibaren yönetimlerden destek alarak oyuncular üzerinde etki kuran *Barra*lar; haraç kesme, tehdit ve şiddet gibi birçok suça karışmış durumda. Bu grupları en iyi tanıyanlardan *Muerta en la Cancha* kitabının yazarı Amilcar Romero, yönetici ve holiganların bağlantısını şöyle açıklıyor: "Futbolda üç önemli faktör var: Şiddet, bilgi ve para. Şiddet ve bilgi çetelerde var. Para yöneticilerde..." (Kuper, 2003: 336)

Arjantin futbolu bugünlerde dahi *Barra*ların etkisinden kurtulmuş değil. Üstelik tribün liderleri, futbolseverlerin geneli tarafından saygı görüyor. Boca Juniors *Barra*ları üzerine bir kitap yazan gazeteci Gustavo Grabia, 2011'de *New York Times*'a şu görüşü belirtmiş: "Çocukların, kendilerini idol futbolcularla bağdaştırdığı bir zamanda değiliz. Onlar da futbolcular yerine *Barra*larla kendilerini tanımlıyorlar." Arjantin futbolu, Bosman Kuralları ve ekonomik sıkıntılar nedeniyle genç yaşta Avrupa'ya transfer olan yetenekli futbolcuların kendini gösterme sahnesi olmuş durumda. Bu durum, Garabia'nın eleştirdiği nokta kadar saha içindeki başarıları da etkiliyor. Birçokları tarafından dünyanın en iyi oyuncusu olarak görülen Lionel Messi'ye sahip olmalarına rağmen, Arjantin'in uluslararası organizasyonlarında başarılarını görmek neredeyse imkânsız bir hal aldı. Bugün Arjantin Milli Takımı'nı izlerken değil *La Nuestra*'dan, vasat bir takımdan bile izler bulmak zor.

Kimlik savaşı, tıpkı Arjantin gibi Brezilya'da da yaşanıyor. Leonardo'nun "otobüsteki şarkı söyleme" örneği üzerinden açıkladığı durum, saha içine de yansımış durumda. Socrates, 2010 Dünya Kupası'ndan önce *The Guardian*'da Alex Bellos'a verdiği röportajda antrenör Dunga'yı sadece defansif, markaj yapan ve koşan oyuncuları seçtiği için eleştiriyor ve "Bence bu takım çok da Brezilyalı değil," diyordu.[2]

Aynı söyleşide Bellos'un 2014 Dünya Kupası için "Brezilya'da işin idari tarafı gelişme gösterdi mi sorusuna?" şu cevabı veriyordu: "Hayır! Sorumlu kişilerin isimleri bile değişmedi. Bu açıdan, hiçbir şey değişmedi. Şüphesiz altyapı problemleri olacak; insanların ceplerinde kaybolan kamu paraları girecek. Stadyumlar inşa edilecek ve orada hiç kullanılmadan ömür boyu kalacaklar. Bunun hepsi parayla alakalı. Yapmamız gereken, altyapı, ulaştırma, kanalizasyon sistemini geliştirmek için kamuoyu baskısını korumak. Ancak bunun zor olacağını düşünüyorum."

2011 yazında göreve gelen Brezilya Başkanı Dilma Rousseff, 1970'li yıllarda dikta rejiminin sert muhaliflerindendi. Fakat o da Socrates'in çekincelerini bastırmak için bir adım atmadı. 2013 ve 2014 yıllarında aylarca süren "Dünya Ku-

---

2 https://www.theguardian.com/theobserver/2010/jun/13/socrates-brazil-football-world-cup

pası değil, hastane istiyoruz" minvalinde sloganlar atılan gösterileri görmezden geldi, işlerin yolunda gideceğini tekrarladı. Kupada kullanılan 12 stadyumun yedisi kupa için inşa edilmiş, kalan beş stadyum ise yenilenmişti. Daha önceki iki kupada Almanya 1,6 milyar dolar, Güney Afrika ise 1,5 milyar dolar harcama yaparken Brezilya'nın toplam harcaması 15 milyar dolar civarı olarak belirlendi. Eski futbolcu, dönemin politikacılarından Romario ise harcanan paranın daha büyük meblağlar olduğunu savunuyor ve organizasyonu, "Tarihin en büyük hırsızlığı" olarak niteliyordu.

Socrates, 4 Aralık 2011'de vefat ettiğinde, saha içinde bıraktığı izler kadar politik duruşuyla da ne kadar büyük bir etki bıraktığını kanıtladı. Dünya Kupası döneminde özellikle de kupa esnasında dahi devam eden São Paulo'daki protestolarda "Eğer yaşasa ne yapardı?" sorusu São Paulo'da bulunduğum o birkaç gün içerisinde sürekli aklımdaydı. Fakat "Tam da Socrates'lik" diyeceğimiz oyun, geçtiğimiz yıl sahnelendi. Aralarında Ronaldo, Rivaldo ve Kaka gibi büyük yıldızların olduğu bir grup futbolcu, faşist başkan adayı Jair Bolsonaro'yu destekleyen açıklamalar ve sosyal medya paylaşımları yaptı. Eşcinsellik ve tecavüz hususlarında "saçmalık" boyutunda sözleri olan Bolsonaro'ya futbol camiasından verilen bu destek, oyunun içinden çok az Brezilyalıyı rahatsız etti. *El País*'e "Onu destekleyen futbolcuları görünce üzülüyorum," diyen Juninho, Socrates'in kemiklerini sızlatmayan isimlerin başında geliyordu. *Reuters*'a konuşan ülkenin önemli spor yazarlarından Juca Kfouri ise şunları söylüyordu: "Suya sabuna dokunmayan eski futbolcuları eleştiriyorsak, bugün fikirlerini söylediler diye eleştiremeyiz. Ama bunlar da bir aydınlanma da değil, cehalet!"

Latin Amerika topraklarında futbol, hâlâ politikayla içe içe, hâlâ yeteneklerin hangi stilde kullanılması gerektiği tartışması devam ediyor ve hâlâ *Torsido*ları içinde bulunduruyor. Dışarıdan bakan bizler de tam karar vermiş değiliz aslında. Bir futbolsever olarak; Meksikalı efsane golcü Hugo Sanchez'in dediği gibi "Futbolu kim icat etmişse, ona Tanrı gibi tapılmalıdır!" tarafında mı olmalıyız yoksa Jorge Luis Borges'in şu eleştirisine karşı şapkayı önümüze mi koymalıyız: "Futbol popüler çünkü aptallık popüler!"

KAYNAKÇA

Arbena, J. L. (1988), *Sport and Society in Latin America: Diffusion, Dependency, and the Rise of Mass Culture*, Praeger.

Bellos, A. (2003), *Futebol, Brezilya Tarzı Yaşam*, Ç. Özüer (çev.), İstanbul: Literatür Yayınları.

Campomar, A. (2015), *Golazo!: A History of Latin American Football*, Quercus Publishing.

Galeano, E. (2008), *Gölgede ve Güneşte Futbol*, E. Önalp (çev.), İstanbul: Can Yayınları.

Kunt, M. E. (2008), *Galatasaray ve Türk Futbolundan Geçen Bir Dev: Baba Gündüz, Futbolseverlere Açık Mektup*, İstanbul: Mavi Ağaç.

Kuper, S. (2003), *Football Against the Enemy*, Orion.

—, (2014), *Futbol Sadece Futbol Değildir*, S. Gürtunca (çev.), İstanbul: İthaki.

Wilson, J. (2017), *Kirli Yüzlü Melekler: Arjantin Futbol Tarihi*, T. Esmer (çev.), İstanbul: İthaki.

Yirmi Altıncı Bölüm

LATİN AMERİKA'DA SİYASAL KÜLTÜR VE DİN ÜZERİNE İZLENİMLER

METİN YEĞİN

Nikaragua'da yoksul bir gecekondu mahallesiydi. Kilisenin kapılarından dışarı taşıyordu insanlar. Kilise dediğim, büyük bir salondu sadece ve bir sahne, bir metre kadar yukarıda. Bu kiliseyi bir tiyatro salonundan ayıran, sahnenin arkasında, çarmıha gerilmiş bir İsa heykeliydi. Sahnede olanlar da bildiğimiz dinsel bir ayin gibi değildi. Bir çocuğun içinden şeytan çıkartıyorlardı. Elinde mikrofonuyla bir papaz, dua ediyordu. İnsanlar ona katılıyordu bazen. Salon bazen coşkulu ama sürekli bir nevrotik hava içerisinde dans ediyor gibiydi.

Dışarıdan bakan birisi için Latin Amerika'da da çok rastlanır bir şey değildir "şeytan çıkarma töreni."[1] Ama Latin Amerika'da dinin kompleks yapısını vurgulamak için, bunu anlatarak başladım. İlk bakışta kıtaya hâkim olan Hıristiyanlığın hemen yanında, hatta içinde, kıtanın gerçek sahiplerinin, İnka, Maya, Aztek, Mapuche ve diğer yerlilerin dinleri vardır Latin Amerika'da. Dahası zorla köle yapılan Afrikalıların birlikte taşıdıkları inançları, yerli şamanlardan Karayip'in gizemli vudu ayinlerine kadar farklı kültürlerin zengin inançları vardır. Yani aslında birçok şeyde olduğu gibi sadece "Latin" değildir Latin Amerika...

Latin Amerika tarihi, daha doğru bir deyişle işgal tarihi, "kutsal" seferlerle başladı ve din her zaman, hayatın temel unsurlarından biri oldu. Birkaç yüz "savaşçı/saldırgan/fatih/işgalci" ile başlayan Hıristiyan seferiyle sınırlı bir dinsel öykü de değildi bu. Kıta yerlilerinin inançlarının zengin yapısı, işgalcilerin kı-

---

[1] Şeytan çıkarma, Hıristiyanlık dışı bir doğrudan pagan etkisi olarak yorumlanmamalı. Katolikler için Vatikan'ın buna ilişkin özel bir sertifika verdiğini de not düşmeliyiz. Bkz. Övgü Pınar, "Vatikan üç katına çıkan 'şeytan çıkarma' taleplerine yetişemiyor", *BBC Türkçe*, 23 Şubat 2018, https://www.bbc.com/turkce/haberler-dunya-43170473

lıçlarına ve daha da önemlisi, korunmasız kaldıkları basit hastalıklarının ölümcül salgınlarına yenildiklerinde tamamen ortadan kalkmadı. Aksine Hıristiyanlık, uyguladığı şiddet ile değil, yerli dinlerin unsurlarını benimsediği esnekliği ile daha çok yer edindi. İktidarın şiddeti, yağmanın dehşetli hali, yıkımın toz bulutu içinde başkaya evrilen Hıristiyanlık, çeşitli halleriyle karşımıza çıkarken, günlük hayat içerisinde bütünüyle ve her şekliyle yer alır. Bu yüzden Latin Amerika'da din sadece inançların öyküsü değil, bütün olarak politik ve toplumsal bir tarih ve hatta yaşam demektir.

Ayrıca bu kompleks yapı, sadece dinsel alanla da sınırlı değildir. Özellikle siyasal alanla dinin doğrudan ilişkisi, geleneksel toplumsal yapının "Latinleştirilmesi" ile de doğrudan iktidarın bir aygıtı, aparatı ve kendisi haline gelmiştir. Yani siyaset ile din ilişkisi karşılıklı bir matematiksel ilişkidir. Domino gibidir, hatta biri diğerini etkileyen, yıkan ve yeniden harekete geçiren, mesela 21-22-23-24... 249 gibi doğrudan sayısal bağlantıların toplam halidir. Bu nedenle bu bölüm sadece bir dinsel yapı anlatımı gibi değil, Latin Amerika iktidar halinin ve isyanlarının bu perspektiften anlatımıdır. Aynı zamanda bunu klasik bir anlatım dışında, bir Maya tarihi perspektifi gibi yapmak istedim: Köklerini birbirlerinden alan ama düz ilerlemeyen, döngüsel ancak doğrudan diğerini kesmeyen, horizontal bir tarih bakışı niyetinde, Zapatista çağrışımıyla bir "Salyangoz" anlatımı bu. Eğer size sorunlu gelirse, kabahati bende değil, üstümüze bulaşmış çizgisel tarihte bulmanız dileğiyle...

Kıtanın güneyinde, bugün kullanılan, genel adlarıyla İnkalar'da döngüsel anlayış, sadece düşünsel bir temelde yer almakla kalmıyor, dinin doğayla olan doğrudan ilişkisi aynı yoğunlukta devam ediyordu. Bu yüzden din-insan ilişkisi sadece sayılı dinsel ritüellerle değil, günlük hayatın her tarafında karşımıza çıkıyordu. Yerliler herhangi bir şeyi içmeden önce birazını toprağa döküyor, "Para Pachamama," diyorlar önce, "Tanrı'ya" yani *Pachamama*'ya (Toprak ana) sunuyorlardı. *Pachamama* yerli tanrısı, binlerce yıllık işgale ve asimilasyona rağmen yaşıyordu. Bu bir yandan hâlâ doğaya olan saygılarının iziyken, öte yandan reddedilemez bir gerçekliği, özellikle bugün ekolojik bir krizin içindeyken, kendi, ilerlemeci çizgisel tarihimizi de sorgulayan binlerce yıllık ritüelleridir de. Çünkü siz *Pachamama*'ya içtiğiniz suyu, şarabı, şerbeti sunarsanız toprak size yeniden meyve verir, ağaç verir ya da mısır verir ama siz toprağı betonla kaplar, petrole boğar, parçalarsanız kanser verir, sizi hasta yapar ya da yok olur dünya...

Pachamama'yı savunmak

Bolivya Devlet Başkanı Evo Morales ile seçilmeden bir gün önce evinde konuşuyorduk. Şöyle diyordu:

> Bolivya şu anda kesinlikle bir *indígena* (yerli) mücadelesi içindedir. Bolivya'nın % 70'inden fazlası orijinal olarak *indígena*dır. Aslında bir yurt mücadelesidir bu. Çoğunluğunu Kecua, Aymara ve Guaranilerin meydana getirdiği 30'dan fazla ulusun oluşturduğu bir topluluktur. Bu bir kültürel devrim mücadelesidir. Bir Bolivya yaratma mücadelesi, üretici bir Bolivya... Bu mücadele, halkın selameti için, yaşamı sürdürmek için ve en önemlisi de kimliğimiz içindir. Bu kimlik mücadelesi aynı zamanda bir eşitliği bulma mücadelesi, adaleti bulma mücadelesidir. Aynı zamanda eski İspanyol sömürgeciliğinin devamı olan düzene karşı ve kolonyal düzenin devamı oligarşiye karşı bir normu yapılandırmanın mücadelesidir. Bir bütün olarak ekonomik politikayı, ekonomik rejimi kesinlikle 'natürelleştirmeye' dönüştüren bir yapılandırma. Her şeyi natürel hale getireceğiz. Madenleri, doğalgazı, ormanları... Beş yüz yıldan daha fazla bir zamandır her şeyimiz çalınıyor. Doğalgazın satışında yine hiçbir payı olmayan bir ülkeye dönüşüyoruz. Bolivya dışarıya hammadde satan bir ülkedir. Fakat öyle bir ülke ki hiçbir hammaddesini işleyecek endüstriye sahip değil. Bunun nedeni, uluslararası şirketlerin kötü etkileridir. İşte burada *indígena*lar, toprağı kesinlikle yeniden bağımsızlaştıran bir inşa süreci yaratmalıdırlar, Bolivya için. Bağımsızlığı yeniden inşa etmek, natürel bir Bolivya'yı inşa etmek, bütün kardeşlerimiz için, Bolivya devletinin halkın kontrolüne geçmesi için. Ayrımcılığın ortadan kalktığı, adaletli, üretici, marjinallikten kurtulmuş bir Bolivya. Biz Bolivya için unutulmayan bir politik ilkeler bütünü inşa etmek istiyoruz. Biz yeni bir yaşam ligi kurmak için herkesle birleşmeyi istiyoruz. *Indígena*lar ayrımcılığın olmadığı, marjinal olarak görülmedikleri bir düzen istiyorlar. Şu anda Bolivya, beş yüz yıldan fazla bir zamandan beri süren bu düzenin değişmesi için yaptığı mücadelede, bütün insanlık için yeni bir kültürün oluşturulması, demokratik bir uzlaşma sağlamak ve neoliberal politikanın değişmesi için savaşıyor. Neoliberalizm, kapitalizmin yeniden yapılandırılmasıdır ki bu bizim kardeşlerimiz için felaket bir durumdur. Ve insanlık için ve özellikle de Bolivya'daki yerliler için. Bu nedenle eşitlik mücadelesi aynı zamanda yaşamak için bir mücadele, insanlık için mücadeledir ve toprağı, *Pachamama*'yı savunmak içindir, ki bu aynı zamanda insanlığı ve dünyayı savunmak için birleşmek demektir. Toprak ana için mutlaka her şeyi 'natüralize' etmek gerekir. Natüralizasyon demek toprak ananın yaşamını sürdürmesi demektir. Bu nedenle natüralize etmek *Pachamama*'dan söz etmek, aynı zamanda dünyayı ve insanlığı savunmak demektir. Çünkü bu bir kültür yapılanması demektir. Batı'nın kültürüne karşı, ölümün kültürüne karşı *indígena* kültürünü, ya-

şam kültürünü biz inşa edeceğiz. *Indígena* hareketi kapitalizmle birleşmek istemiyor. Yaşamak istiyor. Sorumlulukla dayanışma ilişkileri içerisinde yaşamak istiyor. Eşitlik istiyor ki bu insanlığın temelidir bizce.

Bolivya'nın ilk *indígena* başkanı Evo Morales, başkanlık "sarayına" yerli tanrısı *Pachamama*'nın sözleri ve düşüncesiyle girmişti. Bundan 13 yıl sonra, bir askerî darbeyle sürgüne gitmesinin ardından, onun yerine saraya giren darbecilerin başında, Evo Morales'in kamulaştırdığı doğalgaz-petrol şirketlerinin eski sahiplerinin oğlu Luis Fernando Camacho da vardı. Saraya bir elinde İncil diğerinde Bolivya bayrağıyla giren Camacho, "Pachamama bir daha bu saraya giremeyecek, bu saray İsa'nındır. Tanrı yeniden Bolivya'ya geri dönüyor," dedi. Latin Amerika'da dinî anlatırken iktidarı, devleti ve isyanı anlatmamız gerektiğini söylememiz tam da bundandı.

"Öteki" din: Kurtuluş Teolojisi

"Hangi İncil?" diye soruyordu, Kurtuluş teoloğu, devrimci Hıristiyan, papaz, Nikaragua Devrimi eski kültür bakanı, şair Ernesto Cardenal. Şöyle devam ediyordu:

> Vatikan'ın Hıristiyanlığa bakışı karşısında devrimci Hıristiyanlığı savunuyoruz. Tepkisel tavırdır bu. Kurtuluş Teolojisi yoksullar içindir. Yoksullar için bir dindir ve yoksul insanları devrimci bir tavra yöneltmiştir... Hıristiyanlık ile Marksizm Latin Amerika'da birçok yerde birliktedir. Çünkü Marksizm sosyal olarak Hıristiyanlık ile birçok ortak değeri paylaşır. Bir sosyal adalet uygulamasıdır. Sosyalizm kapitalizme karşı bir çıkış yoludur. Kapitalizm ile sosyalizm arasındaki temel fark, herkes için üretmekle kişiye özel üretmek arasındaki farktır. Orijinal Hıristiyanlık herkes için üretimi savunur, komünal üretimi. Kapitalizm egoizmdir sosyalizm ise dayanışma.

Hıristiyanlığın isyankâr hali kıtada sadece Nikaragua devrimi için ön planda değildi. Kolombiya'da Camilo Torres, Peru'da Gustavo Gutiérrez, Brezilya'da Leonardo Boff, Haiti'de Jean-Bertrand Aristide, Paraguay'da Fernando Lugo, El Salvador'da Óscar Arnulfo Romero, Meksika'da Sergio Méndez Arceo'yı her zaman yoksulların yanında yer alan Hıristiyan din adamları olarak sayabilirdik. *Marksizm ve Din: Kurtuluş Teolojisi Meydan Okuyor* (Belge Yayınları, 1996) kitabının yazarı Michael Löwy ile konuşurken bize şöyle anlatıyordu:

> Aslında Kurtuluş Teolojisi (*Teología de la Liberación*), ya da bundan daha geniş bir tanım olan Özgürlükçü Hıristiyanlık mevcut. Bu teoloji, kilise taban örgütlenmelerini, kilise topraklarını vs. bütün bu ağın hepsini içeriyor. Bu hareket, kapitalizmin kötülükleri ve yoksulları örgütleme ihtiyacı konusunda bilinçlenen koca bir eylemciler kuşağının gelişimine katkıda bulundu. Bunlar Kurtuluş Teolojisi'ndeki temel başlıklardır. Kapitalizm, ahlâkî ve toplumsal anlamda, kötü, yıkıcı bir sistemdir. İnsanlar da mücadele etmek için örgütlenmelidirler. Bunlar ge-

liştirilen temel fikirlerdi. Kilise taban örgütlenmelerinde, kiliseye ait topraklarda, bütün bu örgütlenmelerde, ilerici piskoposların desteğiyle çok sayıda eylemci örgütlendi. Özellikle de Brezilya'da. Yüzbinlerce insan bu fikirler ve bu pratik içinde eğitildiler. Kurtuluş Teolojisi'nin temel fikri, yoksulların kendi kurtuluşlarının öznesi haline gelmesidir. Çünkü Kilise geleneksel olarak "yoksullara yardım etmeliyiz," demiştir. Yani hayır işi, yoksullara acınır ve sadaka verilir, hayır yapılır. Kurtuluş Teolojisi ise yeni bir fikir ileri sürdü. Bu fikir, yoksulların kendi kendilerine yardım etmek zorunda olduklarıdır. Yoksullar örgütlenmeli ve kendi kendilerini kurtarmak için mücadele etmelidirler. Elbette bu, Marksizm'in eski bir düşüncesidir. Yani burada Marksizm'le bir yakınlaşma var. Böylece Kurtuluş Teologları yoksulların öz örgütlenmesini teşvik ettiler. Özellikle de köylülerin. Brezilya'da olan şey bu... Toprağın dinî otoritesi köylüleri örgütlemeye, onları eğitmeye, hareketleri örgütlemeye başladı, onlara örgütlenmeniz gerekiyor demeye çalıştı. Köylüler de günün birinde, "Evet, örgütlenmemiz gerekiyor," demeye başladılar ve Topraksız İşçiler Hareketi'ni kurdular. Ve hareket, kiliseden bağımsız bir nitelikte oldu, özerk bir hareket oldu. Kilisedeki bazıları bundan çok mutlu olmadılar ama kabul ettiler. Çünkü istedikleri şey de buydu, insanların örgütlenmeleriydi. MST özerk bir hareket haline geldi, dinî olmayan bir harekettir, Hıristiyan bir hareket değildir, herkese açıktır. Ama hareketteki pek çok eylemcinin kültürünün, toplumsal kültürünün kökenleri Kurtuluş Teolojisi'ne uzanır.[2]

Kurtuluş Teolojisi ve Topraksızlar

Brezilya'da Topraksızlarla birlikte yürüyordum. 275 kilometre yürüyecektik. 12 bin 807 delege vardı. Bu yürüyüşün aylarca süren örgütlenmesi sırasında ülkenin her yanındaki Topraksızların yerleşim yerlerinden seçilerek gelmişlerdi. MST (Topraksız Kır İşçileri Hareketi), büyük toprak sahiplerinin topraklarını işgal ediyor, hep birlikte üretiyorlardı. "Toprak işleyenindir," diyorlardı. Her gün yirmi kilometre kadar yürüyorduk. Çok iyi örgütlenmiş bir yürüyüştü. Yürüyüş konvoyunun ortasında bir TIR vardı. Üstünde halkın müzik grupları konser veriyorlardı. TIR'ın içinde *Marcha FM* (Yürüyüş Radyosu) kuruluydu. Konserleri, sloganları ve konuşmaları yayınlıyordu. Bin kadar el radyosu dağıtılmıştı. Radyodan "reforma agraria (toprak reformu)" diye haykırıldığında "Ja-Ja-Ja-Şimdi-Şimdi-Şimdi" diye cevaplanıyordu. Kortejin boyu 5 kilometreyi buluyordu. Bu radyodan konuştu Leonardo Boff, Hıristiyan devrimci, Kurtuluş teoloğu, papaz, profesör, "Tanrı'nın suyu satılamaz," diyordu. Bir gün ve 20 kilometre sonra konuştuk Leonardo Boff'la. Bizle beraber yürüyordu. O esnada genç sayılırdı. 68 yaşındaydı. Bizimle birlikte 275 kilometreyi de yürüyen 91 yaşında biri vardı. Her kilometreyi yürüdü. Neden MST ile yürüdüğünü sorduk. Şöyle dedi:

---

2 Latin Amerika'da dinî anlatırken bu makalede sözünü ettiğimiz, kıtanın çarpıcı "öteki" din yapısıdır. Yoksa sadece bundan yola çıkarak, bütün kıtada kurumsal olarak dinin yoksullarla birlikte hareket ettiği sonucuna ulaşmamak gerekir. Yoksa Arjantin'de, Şili'de ve birçok Latin Amerika ülkesinde iktidarlarla birlikte hareket eden kiliseler ve din görevlileri oldukça fazladır.

MST mücadele ediyor. Tarım reformu için mücadele ediyor. Başka bir tip sosyal yapı için ve toprağı kapitalist sistemin dışında başka türlü işlemek için mücadele ediyor. Ekolojik olarak ve doğrudan insanların yararına işlemek için mücadele ediyor. Ve (biz buradayız) çünkü Brezilya Katolik Kilisesi, çoğunluktaki kiliseler, her zaman tarım reformunu desteklemişlerdir. Doğrudan köylülerin bu mücadelesine destek vermişlerdir. MST bunun en önemli unsurlarındandır. Ayrıca MST Kurtuluş Teolojisi'nin içinden doğan bir harekettir. Zaten doğallığında Hıristiyanlık, toprak reformundan ve topraktan ayrı düşünülemez. Biz hepimiz, din adamları, kadınları, teologlar, papazlar, Brezilya Dinsel Konferansı, her zaman MST'yi destekledik. Çünkü bu mücadele Brezilya Katolik Kilisesi için çok özel. Etik anlamda, halka etkisi anlamında, sosyal olarak birçok anlamı var. MST için diğer önemli unsursa, MST'nin mücadelesinin halkın İncili'nde de var olmasıdır. Ona tamamıyla uygundur. Bu yürüyüşte halkın İncili her zaman onların yanındaydı. Bu yürüyüş halkın İncili'nin ne olduğunu göstermesi açısından çok iyi bir örnektir. Bu ulusal yürüyüşte, halkın yaşayan İncili tercih ettiğini bir kez daha görüyoruz. Köylülerin çoğunluğu Katolik'tir.

Yani yaşamın bir sayfası ile İncil'in bir sayfası burada gerçekle yan yana geliyor. Köylülerin büyük bir çoğunluğu kendisini saran bir çember olarak dine sahiptir. Ve bu doğal olarak böyledir. Mistik etkilerden dolayı böyledir, nasıl bir araya gelebilir ki kapitalist metalaşmayla! Hıristiyan inanışı, yoksullar için ve onların sosyal dönüşüm mücadelesi içindir. Ve şimdi yerleşim sorunu için yaptıkları mücadele, yaşamı sürdürmek için yaptıkları mücadele. Ve şimdi yine direniş mücadelesi, hareket için bir mücadele ve özgürlük için mücadele. Halkın İncili bunu bir sürü yerde özgürlükçü perspektiften söyler. Milyonlarca grup, insan hakları grupları ve Brezilya'nın yoksul grupları, milyonlarca insan. Bunun anlamı insanlığın çoğunluğudur. Köylüler, MST ya da diğer gruplarda toprak için mücadele verenler, insan hakları için mücadele verenler, evsizler, siyahlar, çingeneler... Hepsi. Halkın çok büyük bir kısmı, bütün bu halk hareketlerinin, Hıristiyanlıktaki özgürlük perspektifiyle, Kurtuluş Teolojisi ile bir bağı vardır.

Latin Amerika'da din, sadece ruhani bir tarafta hareket etmez. Baştan beri doğrudan anlattığımız örneklerde göreceğiniz gibi, günlük hayatın, iktidarın, hegemonyanın ve bunu kırmanın, isyanın bir parçasıdır. Bu sadece iktidar ile teorik bir beddua etme, vaaz verme ilişkisi de değildir. Doğrudan hayatı etkiler, hatta dünyayı etkiler. Bunlardan biri Brezilya'da Ekolojist hareketin öncülerinden Chico Mendes'in durumuydu. Chico Mendes'i ekolojist yazar ve düşünür Michael Löwy bize şöyle anlatıyordu:

> Elbette bütün mücadeleler yerel ve somut konulardan başlar. Köylülerin bir bölgedeki, bir alandaki, kentteki somut mücadeleleri olmadan hiçbir şey olmaz. Bu mücadelelerden bazıları birdenbire küresel bir önem kazanırlar. Bir örnek vereyim. Amazon bölgesindeki köylülerin ve yerli topluluklarının, ağaçları kesmek isteyen çokuluslu şirketlere karşı ormanları savunmak için bir mücadelesi var-

dı. Bu hareketin lideri Brezilya'da çok tanınan birisi: Chico Mendes. O da Kurtuluş Teolojisi'nden gelen bir sosyalist. Önce, ağaçlardan özsuyu toplayarak yaşayan köylüleri örgütledi. Sonra yerli cemaatlerini örgütledi ve ormanda yaşayan halkın bir ittifakını kurdu. Ormanları çokuluslulara, *latifundia* sahiplerine ve toprak sahiplerine karşı savunmak için. Çok da başarılı oldu, öylesine başarılı oldu ki toprak sahipleri onu lanetlediler. Ama bu hareket dünya çapında etki yarattı. Birleşmiş Milletler'den de bu mücadelesi nedeniyle bir ödül kazandı. Amazon ormanlarını koruma mücadelesi küresel bir insanlık çıkarıdır. Çünkü insanlık Amazon ormanları olmadan yaşayamaz. Dolayısıyla, bu yerel hareketlerden bazıları birdenbire küresel bir önem kazanırlar. Diğer hareketler ise sadece yerel niteliktedir, ancak bu hareketleri yürütenler neoliberalizme karşı mücadele ve alternatif bir yaşam biçimi gibi genel konularla nasıl bağ kurulabileceğini biliyorlarsa, bu küresel hareketin bir parçası haline gelebilirler.

Ancak aynı zamanda bu direniş, Chico Mendes'in büyük toprak sahipleri tarafından katledilmesine yol açtı.

Yerlilerin öğrettiği

Latin Amerika'nın işgal öncesi ya da bir başka tanımla "Hıristiyanlık" öncesi inanç yapısındaki çeşitlilik dikkat çekicidir. Resmî tarihte yok sayılmalarına rağmen kıtada hâlâ yaşamlarını sürdürebilen yerli halkların folklorik inançlarında geçmişin izlerini incelediğimizde bunun yansımasını görebiliriz.

Latin Amerika'nın miladından, yani İsa'nın işgalcilerle kıtaya gelmesinden önce yazılı bir şey pek yoktu. Hatta yazı bile yoktu denilebilir. Bunu hemen bugünün hegemonik modernist bakışıyla mahkûm etmeden önce yazılı tarihin aslında temelde bir mülkiyet tarihi olduğunu hatırlatarak devam edelim. Hatta bir "yazar" olarak, "yazı"ya biraz torpil de yaparak diyebilirim ki "yazılı" ya da "sözlü" tarih, sadece iki farklı tarih bakışından başka bir şey değildir. Kıtada Hıristiyanlar gelmeden önce, İnka konfederasyonu gibi daha otonom, yani daha özgür, kesinlikle daha barışçıl ve sorunların çözümü konusunda diplomatik-uzlaşmacı davranan yönetimler vardı. İplerin üstüne, düğümlerle yaptıkları gelişmiş bir matematik sistemleri ve muhtemel buna bağlı olarak çok gelişkin mimari biçimleri[3] olmasına rağmen yazıları yoktu, daha doğrusu, yazıya "itibar" etmiyorlardı. Bu yüzden son İnka kralı Atahualpa, işgalcilere yenildiğinde, kutsal kitap olarak eline verilen İncil'i kulağına götürüp, "Bunun Tanrı'nın kitabı olduğunu söylüyorsunuz ama hiç sesi çıkmıyor," diyordu.

Mayalar için tarih, çizgisel ya da döngüsel değildir. Sürekli dışa doğru açılan, çemberler gibidir. Yani yaşanmış olanlar yeniden yaşanmaz ama yaşanacak olanlar bu yaşanmışlıklarının kökünden türer. Dünya defalarca yıkılmış, yeniden kurulmuştur ama her kuruluş bir öncekinden taşır bilgisini. Bu, doğa-

---

3 *Motosiklet Günlüğü* (2004) filminde Perulu-İnka çocuklarının olduğu bir sahne vardı. Birbirine mükemmel bir uyumla oturmuş yontulmuş taşlardan bir İnka yapısının duvarını gösteriyordu çocuklar. Sonra da yeni yerleri işaret ediyorlardı. "Bunu İnkalar yapmış, bunu da sizinkiler" diyorlardı.

nın doğrudan kendi yaşadığıdır. Zapatista hareketinin lideri Komutan Yardımcısı Marcos, orada bizim komünde, bizim kulübede bize Mayaları anlatıyordu. Bir mum yaktık. Silahını bacaklarının üstüne koymuştu. Bir elinde piposu vardı. Öbür elinde ses cihazını ağzına yakın tutuyordu. Soracaksınız zaten, ben hemen söylemeliyim, tabii ki maskesi vardı. Konuşmaya başladı. Bir süre sonra "Ses kaydedicisini yere koysan ya," dedik. Dağdaydık. Koydu. Rahat rahat pipo içerken bir yandan konuşuyordu:[4]

> Şöyle açıklamaya çalışayım; biz aslında cevaplara sahip değiliz. Dünyanın her yerinden gelip bize sorular soruyorlar ama bizim cevaplarımız yok. Biz bir soru hareketiyiz. Bir soru soruyoruz, onun cevabını alıyoruz ve tekrar soru soruyoruz. Yani bir cevap bizi başka bir soruya taşıyor. Bu komünü anlayabilmek için bu dünyayı anlamak lazım. Çünkü burası bir Zapatista dünyası. Size nasıl başladığımızı anlatayım önce. Aslında bugünler benim doğum günüm, 15 yıl önce bu vakitler silahlı mücadeleye girişmek için dağlara çıktık ve ben bugünlerde doğdum. Biz burada yerlileri örgütlemeyi amaçlıyorduk ancak ilk geldiğimizde sadece karnımızı doyurmaya çalışıyorduk, avlanıyorduk, CIA'in silahların nasıl kullanılacağı hakkındaki kitaplarını okuyorduk. Yalnızdık ve hiç kontağımız yoktu; kimse yoktu, sadece 15 kişiydik. Hatta onlar dağlarda nasıl yürüneceğini bilmediğim için benimle alay ediyorlardı. Sonra buradaki insanlarla karşılaştık ve her şeyi bu insanlardan öğrenmemiz gerektiğini anladık. Onların dillerini, ama sadece dillerini değil, onların ifade biçimini de.

Zapatista hareketinin doğuşu ve gelişiminde de Hıristiyan Devrimcilerin, Kurtuluş Teolojisi'nin etkisi vardı. Bu yüzden hükümetle olan görüşmelerde de arabulucular arasında her zaman yer aldılar. 18 Ocak 1994'te Mexico City'nin eski Belediye Başkanı Manuel Camacho Solis'in hükümetle yapılacak pazarlıklarda hükümet temsilcisi olarak Zapatistalar tarafından tanınmasıyla, Federal hükümetle ilk doğrudan diyalog, üç gün sonra San Cristóbal piskoposu Samuel Ruiz García'nın iki tarafı da ılımlı olmaya davet etmesiyle San Cristóbal de Las Casas Katedrali'nde başladı. Bu arada zaten Samuel Ruiz, egemenler tarafından "kızıl papaz" olarak adlandırılıyordu. Kilisesine gelen Mayalardan, yoksullardan yana olduğu için bu adı takmışlardı.

Sömürgecilik döneminde isyancı din adamları

Din adamlarının isyancılarla anılması, sadece son yüzyılın ya da 19. yüzyılın bir parçası değildir. Aslında Meksika'daki halkların mücadelesi, İspanyolların 16. yüzyılda Meksika kıyılarını ve Yucatán'ı istila ettikleri tarihte başladı. Hernández de Córdoba ve Hernán Cortés, büyük Aztek ve Maya uygarlıklarının topraklarının fethedilmesi için görevli İspanyollardı. 1521'de iki yıl süren kanlı bir savaştan sonra Tenochtitlan (şimdiki Mexico City) Cortés'e teslim oldu ve

---

[4] Konuşmanın tamamı için bkz. Yeğin, M. (2015), *Marcos'la 10 Gün: Adları ve Yüzleri Olmayanlar*, İstanbul, Öteki Yayınları.

1525'ten itibaren Francisco Montejo, Mayaları egemenliği altına aldı. 1540'lardan itibaren neredeyse tüm Kuzey Meksika, İspanyol yönetimindeydi. 1541'deki ilk büyük çaptaki *indígena* isyanı bastırıldı ve daha sonraki üç yüzyıl, İspanyol kolonisi olarak varlığını devam ettiren Meksika'da *indígena*ların askerî ve dinî baskı altında tutulmasıyla geçti. İspanyol işgalciler bu süre içerisinde Meksika'nın doğal kaynaklarını çalıp Avrupa'ya nakletme konusunda bir hayli yol kat ettiler. Buğday ve şeker kamışı yetiştirmek için muazzam büyük çiftlikler kurup, yerlileri kölelik şartlarında çalıştırdılar. 17. yüzyılda "Yeni İspanya" olarak anılan Meksika'nın ekonomisi çöktü. Hastalıklar ve aşırı çalışma, 1520'lerde on iki milyon olan *indígena* nüfusunu 1720'lerde bir milyona indirdi fakat İspanyol yönetimine karşı asıl tehditlerin baş göstermesi 19. yüzyılı buldu.

İlk isyan, 1810'da bir semt papazı olan, *Grito de Dolores* adlı kitabında İspanyol egemenliğine son verilmesi, toprağın yeniden dağıtılması ve halkın egemenliği çağrısında bulunan Miguel Hidalgo y Costilla'nın liderliğinde patlak verdi. Costilla ve yandaşları tutuklanarak hapse atıldı. Bunun ardından, 1814'te José María Morales liderliğindeki ayaklanma da yenilgiyle sonuçlandı ve ayrılıp dağılan özgürlük hareketleri bir gerilla savaşına dönüştü. İspanya ile sürdürülen koloninin bağımsızlık mücadelesi 1823'teki bir askerî isyanla kazanıldı, kongre seçildi ve Meksika bir cumhuriyet oldu. Yani Meksika Cumhuriyeti'nin temelinde de isyancı din adamlarının doğrudan etkisi vardı.

El Salvadorlu bir monsenyör

Din adamlarının yoksulların yanında yer alması ve iktidarlara karşı savaşması, diğer Latin Amerika ülkelerinde de çoğu zaman önemli gelişmelerin dinamiği idi. Mesela El Salvador'da Monsenyör Óscar Arnulfo Romero da bunlardan biriydi. Romero, Salvador halkı için sosyal adaletin bir simgesiydi. Kiliseyi yoksullar dolduruyordu. Ülkenin bütün zenginliği oligarşinin elindeydi. Oligarşi, "iktidarda bir avuç zorbaydı", sadece 14 aileydi. Milyonlarca yoksul vardı. Monsenyör Romero bunun ortadan kalkmasını istiyor, ülkenin demokratikleşmesi için diyaloğa geçilmesini savunuyordu. Oligarşi buna tahammül edemedi. Nikaragua diktatörü Somoza'nın ölüm mangalarından, yani ulusal muhafız subaylarından Roberto D'Aubuisson'ı görevlendirdi. Uygun bir katildi. Yine kendisi gibi uygun katillerle birlikte kilisede herkesin gözü önünde Monsenyör Romeo'yu öldürdü. Mayıs ayında tutuklandı. Genellikle her yerde olduğu gibi oldu. Kimin emir verdiği ısrarla soruşturmak istenilmedi. Robert White, onun ve bütün paramiliterlerin oligarşi tarafından ABD'den doğru finanse edildiklerini ortaya çıkardı. Ayrıca bunu söyleyen Robert White, bir komünist de değildi. ABD Büyükelçisiydi.

Marta Valladares yani Kumandan Nídia Diaz, El Salvadorlu kadın gerilla komutanı, Gerilla hareketi FMLN'yi meydana getiren beş gerilla hareketinden biri olan PTRC'nin (Orta Amerika Devrimci İşçi Partisi) önderlerinden biriydi. Barış anlaşmasının imzacılarındandı aynı zamanda. Şu anda da bizim Avrupa Konseyi benzeri bir kurum olan Orta Amerika Parlamentosu'nun El Salvador parlamenteriydi. Savaş sırasında esir alınıp, tutsak düşmüştü. FMLN gerillaları bir restoranı basıp devlet başkanının kızını kaçırdılar. Kumandan Nídia onunla takas edildi. Hapisten kurtuldu. Romero'nun öldürülüşünü bize şöyle anlatıyordu:

> El Salvador'un iç savaş sırasındaki kaosun nedeni politik baskı, askerî diktatörlük, sosyal ve ekonomik adaletsizlik ve Orta Amerika'nın genel durumuydu. Birçok kez diktatörlükle ilgili anlaşmazlık üzerine konuştum. Askeriyenin baskısından bahsetmek gerekir çünkü El Salvador'daki barış anlaşması bunu da içeriyor. 1991 Eylül'ün 11'indeki ulusal kongrede durumu belirlediğimiz gibi El Salvador'da savaş kilitlenmişti. Kimsenin üstünlük elde edemeyeceği bir durumdu. Askeriyede ekonomik ve sosyal olarak bu durumu aşabilme pozisyonu yoktu ve açılmaya da korkuyordu. Bizim cephemizde ise 29 yıl önce biz bir konsey oluşturduk. Politik ve diplomatik olarak bu diyaloğu zorladık ancak buna karşı sağcılar hiçbir zaman buna yanaşmadı. Askeriye, cinayetler ve katliamlarla buna cevap verdi. Senyör Romeo'yu katlettiler, demokratik devrimci cephenin sözcüsünü öldürdüler. Yarın katledilişinin 29. yılı. Demokratik mücadelenin liderlerini öldürdüler. Bu şekilde diyalog şansını ortadan kaldırdılar. Bunun üzerine cephe, özellikle silahlı mücadele sürdüren milislerle ancak bu duruma karşı durabiliyordu. Sonra cephe, büyük atak düzenleyerek durumu bir üst duruma taşıdı. Ocak 1980'de genel bir saldırı düzenlendi. Tabii bu büyük bir hızla olmadı, bir hafta, bir ay, iki ay devam etti. Ve bu savaş 12 yıl sürdü. Birçok kez askeriye ile kısa diyaloglar kurulsa da bu durumda devam etti iç savaş. Çünkü oligarşi, politik olarak barışçıl mücadele edebilme şansı tanımıyordu. Bu nedenle politik mücadelenin başka türlü sürdürülmesi gerekiyordu. Aslında mücadele, politik ve diplomatik bir bütündür. İşçi mücadelesi, toplumsal mücadeleler, bütün bunların birlikte mücadelesi ancak zafere ulaştırabilir ve bu mücadeleler silahlı mücadeleye de avantaj tanır.

Yükselen evanjelizm

Latin Amerika'da dinin ya da din adamlarının isyancı oldukları ve sürekli isyancıların yanında yer aldıkları anlaşılmasın. Özellikle kıta Avrupası'nda daha çok iktidarların yanında yer alan dinlerin, ayrıksı bir kısmını, horizontal bir tarihsel bakışla anlatmaya çalışıyoruz. Yani pek dokunulmayan ve anlatılmayanın hikâyesine yer veriyoruz. Tabii ki her şey bundan ibaret değil. Özellikle son yıllarda ABD merkezli, Evanjelist hareketin, Brezilya başta olmak üzere peş peşe iktidara gelmesi, "sivil" paramiliter güçler olarak başta Arjantin olmak üzere birçok Güney Amerika ülkesinde örgütlenmesi ve Orta Amerika'da doğrudan iktidarlarla iş birliği yapmasıyla, Latin Amerika'da din ve iktidar meselesi başka bir konuma ulaştı. Michael Löwy ile konuştuğunuzda bu durumu şöyle anlatıyordu:

> Evanjelist hareket, birçok Latin Amerika ülkesinde aşırı bir akım olarak gündeme geldi. Özellikle Brezilya'da. Bu son 30 yıl içinde çok gelişti. Onlar aşırı muhafazakâr, özellikle kadın hakları, eşcinselliğe ilişkin. Onlar kapitalist ideoloji-

ye, *business* ideolojisine sahip ve başka dinsel görüşlerin etkisine de açıklar. Çok olumsuz bir gelişme bu. Bununla birlikte çok da oportünistler, her türlü hükümetle iş birliği yapabiliyorlar. Bazen ortanın solu Lula ile işbirliği yapıyorlar, bazen Bolsonaro ile – ki aralarında çok mesafe var. Bu, endişe uyandıran bir gelişme. Diğer açıdan çoğu Katolik ve bazı Protestanların da olduğu solcu Hıristiyan hareketler de var. Bu hareketler, Katolik cemaatler, Katolik çalışma grupları, Bolsonaro'ya karşı, muhtemelen onlar direneceklerdir.

Direnen değerler

Guatemala'da meclis binasında, Mayaların temsilcilerinden bir URNG (*Unidad Revolucionaria Nacional Guatemalteca*/Guetamala Ulusal Devrimci Birliği) Parlamenteri Walter Félix anlatıyordu:

> Aslında gerçekte işçiler, köylüler, halk hareketleri, *indígena*lar savaş sırasındaki gibi devletin politik baskısı altında değil ama güvenlik sorunu daha da fazla şu anda. Bu, benzer bir düşünceden kaynaklanıyor. Çünkü polislerin bu kesimleri korumak gibi bir dertleri de yok. Aynı zamanda bu saydıklarım yani halkın büyük bir kısmı ekonomik krizden doğrudan etkilenen kesimi oluşturuyor. Çünkü kentteki güvenlik krizi aslında çok fazla işsizliğin, açlığın ve yoksulluğun üzerinden doğuyor. Bu aynı zamanda Guatemala'nın birçok yerinde, birçok hammaddenin bulunamaması durumunu yaratıyor. Ayrıca hükümetin bir politikası da yok ve problemin üstüne yeterince gitmiyor.

Dışarıdan davul ve zil sesleri geliyordu. Karnaval giysileriyle 40-50 kadar kişi yürüyordu. Muhtemel bir aziz günü ya da bir festival çağrısıydı. Üstüne Hıristiyanlık çökmüş küçük bir Maya geçidi gibiydi. Şaman bir İsa'ydı. Guatemala, hâlâ Maya yurduydu. Mayalar klasik-öncesi dönemden itibaren olağanüstü yapılar inşa ettiler. Nakbé, Mirador, San Bartolo, Cival gibi büyük kentler kurdular. Dünya mirası listesinde olan Tikal, Quiriguá kentleri dışında Palenque, Copán, Río Azul, Calakmul, Ceibal, Cancuén, Machaquilá, Dos Pilas, Uaxactún, Altún Ha, Piedras Negras kentleri bugün ulaşılması imkânsız bir organik kent yapılarına sahipti. Bu kentlerde Maya uygarlığının en dikkat çekici eserleri piramitler, dikili taşlardı. Üstlerine dokunduğunda o zamana dönüyor gibi hissediyordunuz. "Keşfedilmemiş hiçbir yer kalmadı. Keşfedilmemiş zaman var," diyordu Huxley. Mısır, tuz, kakao, obsidyen ve yeşim ticari mallarıydı. Parayı ve sefaleti İspanyol sömürgeciler getirdi buraya. Daha önce takas sistemi uygulanıyordu. Bazen kakao meyvesi kullanılıyordu. "Değerler döneme göre az çok değişmiş olsa da, bir tavşanın değeri 10 kakao meyvesiydi. Para sistemine İspanyol işgali döneminde bir *Virreinato de la Nueva España*'nın emriyle 17 Haziran 1555'te geçildi ve İspanyol reali kullanıldı. 1575'te bir real 100 kakao meyvesi değerindeydi."

Patikalar ve büyük yollarla kentler birbirine bağlanıyordu. Mayalar, taş bloklarla düzeltilmiş ve üstü sıvanarak bozulması engellenmiş bu büyük "beyaz yollara" *sacbe* ismini vermişti. Cobá'yı Yaxuná'ya bağlayan böyle bir *sacbe*, 100 kilometre uzunluğundadır. Bu yolların yapılmış olması sadece ticari nedenlere dayanmıyordu. Dinsel, kültürel ve konfederal yurttaşlığa ilişkin, komünal idari bağlantı yollarıydı bunlar. Diğer uygarlıkların çoğunda görülen, yük hayvanlarının çektiği tekerlekli arabaları Mayalar kullanmıyordu. Halbuki tekerleği biliyorlardı ama bunu sadece oyuncaklarında uyguladılar. Bunun nedeni ticaretin tekelleşmesini engellemekti. Alman köylü komünlerinde ya da Türkmen boylarında "artık değer"in yok edilişine yakın bir gerekçe olmalı. Alman komünlerinde o yılın fazla ürünün mesela buğdayın yakılarak yok edilmesinin nedeni gelecek yıl o fazla ürüne sahip olanın, elinde bulunduranı, "mal sahibi" haline getirmeyi engellemek içindi. Türkmenlerde de Dede Korkut hikâyesinde bahsedilen şenliklerden sonra her şeyi yok etmenin nedeni buydu.

Kuzey Arjantin'de yerliler lama besliyorlardı. Lamaların etinden, sütünden ve yününden yararlanıyordu. Yüksek platolarda çöl iklimi vardı ve çok kısıtlı su. Ayrıca "özgür lamalar" da buralarda dolaşıyordu. Hiç kimse bu özgür lamalara dokunmuyordu. Çünkü inanışlarına göre, eğer özgür lamaları öldürürseniz "Lama Tanrı" gelip intikamını alırdı. Çölde bütün ekosistemi ayakta tutan, bir yerden bir yere tohumları taşıyan, kısıtlı su ortamında bitkilerin döllenebilmesinin ve yaşayabilmesinin tek şanslarıydı özgür lamalar. Yani ister inanın ister inanmayın özgür lamaları öldürürseniz, bütün ekosistemi öldürüyordunuz ve bu yüzden sizin orada yaşama şansınız kalmıyordu.

Komutan Yardımcısı Marcos'un bizle konuşurken söyledikleriyle bitirmek isteriz bu horizontal din tarihi (!) anlatımını...

> Sonra buradaki insanlarla karşılaştık ve her şeyi bu insanlardan öğrenmemiz gerektiğini anladık. Onların dillerini ve sadece dillerini değil onların ifade biçimini de. Mayalar karınları ağrıdığında 'öleceğim' derler. Çünkü karınları ağrıdığında bunun kalpleriyle ilgili bir şey olduğunu düşünürler ve 'kalbim ağrıyor ben öleceğim' derler. Siz eğer bunu bilmiyorsanız o zaman kalbi sıkıştı diye müdahale etmeye çalışırsınız...

SÖZLÜK

A
Abya Yala: Cuna yerlilerinin dilinde "olgun toprak" anlamına gelen, "Latin Amerika" olarak anılan siyasi coğrafyayı tanımlamak için kullanılan ibare. "Latin Amerika"nın sömürgeci çağrışımına karşın Abya Yala, alternatif bir tarihyazımına imkân sunduğu için de tercih edilmektedir.
Acuartelamiento: Şili'de, Aralık 1990'da Pinochet'nin orduyu kışlalara davet ettiği ve diktatörlük döneminden sonra seçimle gelen ilk sivil hükümeti tehdit ettiği olayın adıdır.
Albertistas: Peru'da Keiko Fujimori taraftarlarından (*Keikistas*) farklı olarak Alberto Fujimori'nin adıyla anılan ve baba Fujimori'ye sadık grup.
Audiencia: Sömürgecilik döneminde idari işlevleri olan kraliyet meclisleri.
AMLO: Meksika Devlet Başkanı Andrés Manuel López Obrador'un, adının baş harfleri yan yana getirilerek oluşturulan, halk dilindeki kısa adı.
Amparo: Latin Amerika anayasa hukukunun bir parçası olan, anayasal denetim mekanizması.
Argentinazo: 2001-2002'de Arjantin'de ülke geneline yayılan büyük halk ayaklanması.
Auto-golpe: Kendine karşı darbe. Peru'da Fujimori'nin parlamentoyu feshederek despotik bir yönetim kurmasının ardından geliştirilen bir kavramdır.
Aymara: Bolivya'nın dağlık bölgesinde yaşayan, adlarını koka üretimine karşı ABD'nin sınırlama getirmesine karşı ortaya koydukları direnişle duyuran yerli halk.

B
Bandeirantes: Brezilya'da sömürgecilik döneminde kaçak kölelerin peşinde çete faaliyeti yürüten ve altın arayan yerleşimciler.
Barra Brava: Arjantin'de 1980'li yıllarda taraftar grupları olarak bilinen ancak askerî yönetimlerden destek alarak futbolcular üzerinde etki kuran gruplar.
Barrio: Yoksul mahalle.

Barrio Adentro: Chávez hükümetinin uyguladığı, toplumun sağlık hizmetinden yararlanamayan kesimlerine hizmet için Kübalı sağlık personelinin Venezuela'ya getirilmesini sağlayan sağlık programı.

Bazuco: Kolombiya'da 1980'lerin ortasında icat edilen, Amerika kıtasında yeni bir uyuşturucu kültürü yaratan uyuşturucu.

Bogotazo: 1950'lerde Kolombiya'nın başkenti Bogota'ya yayılan büyük şiddet dalgası.

Boinazo: Mayıs 1993'te Şili'de, Başkan Aylwin yurtdışı gezisindeyken üst düzey ordu generallerinin başkanlık sarayının tam karşısında toplantı yapması. Bu olaya *El Boinazo* denmesinin nedeni, toplantıyı, Şili ordusunun özel siyah bere (*boina*) giymiş elit bir gücünün korumasıdır.

Bolsa-Escola: Brezilya'da, yedi ve on dört yaş arasında okula giden çocukları olan yoksul ailelere nakit yardımı yapan sosyal program.

Bolsa Família: Brezilya'da 2004'te Lula da Silva hükümeti tarafından uygulamaya konan ve düşük gelirli ailelere yapılan düzenli ödemelerin yanı sıra asgari ücretin artırılması ve çalışma şartlarının iyileştirilmesi gibi önceliklere de sahip olan şartlı nakit transferi programı.

C

Cabildo: Sömürgecilik döneminde kreollerden oluşan kent meclisleri.

Cacique: Sömürgecilik döneminde yerli şeflere verilen ad. Zamanla anlamı genişlemiş ve bir topluluk üzerinde büyük güç sahibi olan siyasi liderleri tanımlamak için kullanılmıştır. *Cacique* yönetiminde gelişen siyasi sistem de *caciquismo* kavramıyla tanımlanmıştır. 20. yüzyılda devrimin ardından önemli bir toplumsal dönüşüm geçiren Meksika siyasi sisteminin içinde *caciquismo*nun rolü merkezidir. Bu süreçte sendikalardan çiftçilere kadar birçok grup içerisinde (sağ ya da sol) farklı *cacique*ler ortaya çıkmıştır. *Caudillo* ile karıştırılmamalıdır. *Cacique*, yerel ya da bölgesel gücü olan liderleri tanımlarken, *caudillo*lar ulusal ölçekte hükmedebilen devlet liderleri için kullanılmaktadır.

Café com leite: Sütlü kahve. Brezilya'da 1930'a kadar süren Birinci Cumhuriyet'te, Minas Gerais eyaletine hâkim mandıra çiftçileriyle São Paulo'lu kahve üreticilerinin başını çektiği tarım oligarşisinin iktidarını tanımlamak için kullanılır.

Campamento: Şili'de gecekondu mahallelerine verilen isimlerden biri.

Candomblé: Kandomble. Kelime anlamı "Tanrıların onuruna dans"tır. Kökenleri Afrika'ya dayanan, bugün Brezilya başta olmak üzere Latin Amerika genelinde 2 milyon takipçisi olan inancın adı.

Capoeira: Kökleri, Brezilya'da köle ticaretinin başladığı zamanlara dayanan, aynı anda hem dövüş hem dans hem de bir oyun olan sanat dalı.

Carabinero: Şili'de ulusal düzeyde yetkili polis gücü.

Caracazo: Venezuela'da 1989'da başkent Caracas'ta yaşanan halk ayaklanması.

Casa de Las Américas: Küba'da, devrimden hemen dört ay sonra, diğer Latin Amerika ülkeleri ve Karayipler'le kültürel bağı güçlendirmek için kurulan ve bugün Küba'nın en bilinen, en prestijli kültür kurumu olan merkez.

Caserolazo: Tencere, tava anlamına gelen *caserola* kelimesinden türetilen, Arjantin'de 2001'de tencere ve tava çalınarak yapılan eylemlere verilen isim.

Caudillo: Latin Amerika'da Bağımsızlık savaşı sonrası güçlenen bölgesel ordu generalleri. *Caudillo*, başlangıçta ülkesini savunan "güçlü liderleri" tanımlamak için kullanılan, olumlu anlama sahip bir kavramdı. Ancak *caudillo*lar, sömürgecilik döneminin ardından bütün gücü kendi ellerinde topladılar ve gittikçe otoriterleştiler. Günümüzde Latin Amerika diktatörlerini (ve otoriter liderlerini) tanımlamak için kullanılmaktadır.

Caudillismo: 19. yüzyıl boyunca *caudillo* iktidarlarında ortaya çıkan anarşik yapı ve düzen.

Chavismo: Chávezcilik.
Chavista: *Chavismo* yanlısı, Chávez taraftarı.
Cholitas: Başlarındaki melon şapka ve geniş, kabarık, pileli etekleriyle bilinen, Bolivya'da Aymara ve Quechua yerli kadınlarına verilen isim.
Cine piqueteros: 1990'larda Arjantin'de hayata geçen, Üçüncü Sinema'nınkine benzer belgesel film anlayışı.
Cinema Novo: Yeni Sinema. Brezilya'da 1960'ların başlarından itibaren sinemacıların köylü, işçi ve gecekondu sakinlerinin hayatlarına odaklanmalarıyla gelişen devrimci sinema hareketi.
Cocaleros: Bolivya'da kokainin hammaddesi olan koka yaprağı ekimi yapan çiftçiler.
Comandante: Komutan. Che Guevara'nın lakabıdır, devrimci liderleri anmak için de kullanılır.
Concertación: Kelime anlamı koalisyondur. Şili'de Hıristiyan demokrat ve merkez sol partilerin oluşturduğu ittifakın adıdır. Tam adı Demokrasi için Partiler Koalisyonu'dur. Pinochet sonrası dönemde, yirmi yıl boyunca Şili'yi *Concertación* hükümetleri (1990-2010) yönetmiştir.
Conquista: İspanyolca fetih, işgal anlamındadır. "Amerika'nın keşfi"ni tanımlamak için kullanılır.
Conquistador: Kristof Kolomb'un "Amerika'yı keşfi"nin ardından, büyük servetler biriktirme hırsıyla İspanya ve Portekiz'den Yeni Dünya'ya giden fetihçiler.
Continuismo: İktidardaki başkanın, yasal sınırları aşarak, yasayı değiştirerek yeniden başkan seçilmesi girişimini anlatan bir terimdir.
Contra: Nikaragua'da 1979 Sandinista Devrimi'ne karşı örgütlenen, ABD destekli karşı-devrimci güçler.
Coordinadora: Bolivya'da suyun özelleştirilmesine karşı 2000 sonrasında başlayan mücadelelerde eylemcileri aynı çatı altında toplayan toplumsal hareket örgütü.
Corregidor: Sömürgecilik döneminde yerel bölgeleri yönetmek için belli başlı sömürge kentlerinde ikamet eden ve valiye bağlı çalışan memurlara verilen isim.
Coyote: Orta Amerika'da göçmen kaçakçılarına verilen isim. Orta Amerika'dan ABD'ye göç, kaçırılma, gasp, yaralanma, tecavüz ve hatta ölüm riskiyle tehlikeli bir yolculukla mümkün olmakta, göçmenler göç yolunu daha kısa sürede ve güvenle tamamlamak için *coyote*lere binlerce dolar ödemek zorunda kalmaktadır.
Cosmovisión: Yerli halkların dünya görüşünü tanımlamak için kullanılan kavram. Ancak "kozmik-görüş" daha yerinde bir çeviri olabilir. Latin Amerika yerli halklarının varoluş algılarının temeli, aynı zamanda yerli mücadelelerinde de oldukça temel bir öğedir.
Creole/Criollo: Kreol. İberya kökenli olup Amerika'daki sömürgelerde doğmuş beyaz elitler. Kıtaya yerleşmiş İberyalı sömürgecilerin torunları. Kıtanın zengin, toprak sahibi üst sınıfı *kreol* ailelerden meydana gelmektedir.

D
Décade infame: Yüz kızartıcı on yıl. Arjantin'de Peron-öncesi ve özellikle 1930-43 arası döneme verilen ad.
Década perdida: Kayıp on yıl. Latin Amerika'da arka arkaya patlak veren borç krizleriyle geçen 1980'li yıllara verilen ad.

E
El Chino: Çinli. Peru'da ve Latin Amerika'da birçok yerde Doğu Asyalıların tamamına verilen isim. Peru'da 1990 seçimlerinde aday olan ünlü yazar Mario Vargas Llosa, Alberto Fujimori'yi aşağılamak için bu lakabı kullanmıştır. Ancak Fujimori'nin bizzat bu kav-

ramı kullanarak kendisine mal etmesinin ardından dışlanmışları kapsayan bir sembolik ifade olarak olumlu anlamda da kullanılmıştır.

Ejido: Meksika'da yerlilerin ortak olarak kullandıkları topraklara verilen ad. Kökeni, Aztek uygarlığı zamanında kullanılan toprak sistemine dayanmaktadır.

Encomienda: "Emanet etmek" anlamına gelen *encomendar* fiilinden türetilmiştir. İspanyol Kralı'nın sömürgecilere yerlileri çalıştırmak ve onlardan vergi almak için geliştirdiği yasal sistemin adıdır. İspanyol sömürgeciliğinin dayandığı temel mekanizmadır.

Encomendero: Belli sayıda yerliden vergi alma ve onları çalıştırma hakkını eline geçiren sömürgeci, "emanet edilmiş kişi."

Escuálido: Zayıf kişilikli anlamına gelir. Venezuela'da Chávez'in muhalifleri tanımlamak için bu sıfatı kullanmasının ardından muhalifler, tepki olarak bu tanımlamaya sahip çıkarak kendilerini *escuálidos* olarak tanımlamaya başlamışlardır.

Estado Novo: "Yeni Devlet" anlamına gelir. Brezilya'da Getúlio Vargas'ın 1937-1945 arasını kapsayan ikinci döneminin adıdır. Otoriter-korporatist bir dönemdir.

F

Favela: Brezilya'da gecekondu mahallerine verilen ad.

Feminicídio: Kadınlara yönelik toplu katliam/kırım.

Fujimorismo: Fujimorizm. Peru'da Alberto Fujimori'nin devlet başkanlığı boyunca (1990-2000) uyguladığı politikalar bütününü, politik programlarını ve yarattığı rejimi tanımlamak için kullanılan ifade.

Fujimorista: Fujimori taraftarı, *Fujimorismo* yanlısı.

G

Garra Charrua: Charrua Pençesi. Uruguay'ın yerlileri olan Charrua yerlilerinden gelen bir terimdir ve ülke futbolunun çıkış noktası olarak tanımlanmaktadır.

Gatillo facíl: Latin Amerika'daki metropollerin en önemli sorunlarından biri olan, özellikle çeteler arasında çok yaygın olan keyfi silah kullanımı.

Gaucho: Güney Amerikalı kovboylara ve onların yaşam biçimiyle şekillenen, 18. yüzyıl ortalarından bugüne uzanan kültüre verilen ad. Arjantin ve Uruguay'da önemli bir ulusal semboldür.

Ginga: Brezilyalılara özgü futbol tarzına verilen ad.

Gremialistas: Katolik öğretiye dayalı, bir tür korporatizm denebilecek bir ideolojinin taraftarları. *Gremialismonun* fikir babası Jaime Jorge Guzmán, Pinochet'ye danışmanlık yapmıştır.

Guarimba: Venezuela'da Chávez'in ölümünün ardından, Leopoldo Lopéz gibi muhalif liderlerin kışkırtmalarıyla ortaya çıkan şiddetli sokak çatışmaları.

Gran Colombia: Büyük Kolombiya Cumhuriyeti (1819-1831). Bağımsızlık mücadeleleri sürecinde Simón Bolívar'ın Güney Amerika'nın siyasi birliği hayaline dayanarak kurduğu, bugünkü Kolombiya, Panama, Venezuela ve Ekvador'dan oluşan cumhuriyet.

Granma: Fidel Castro ve yoldaşlarını Meksika'dan Küba'ya getiren ve adadaki devrimci sürecin sembolü olan geminin adı.

Gringo: Latin Amerika'da ABD'liler başta olmak üzere beyaz yabancılara verilen ad.

H

Hacendado: *Hacienda* sahibi.

Hacienda: Sömürgecilik döneminde kurulan malikâne sistemi. *Hacienda*lar, farklı amaçlara hizmet edebiliyordu. Bölgesel bir iç pazar için üretim yapan *hacienda*larda tarım, ticaret ve madencilik gibi faaliyetler yürütülüyordu.

I
Indígena: Yerli. Latin Amerika'nın otokton halklarını tanımlamak için kullanılan kavram.

K
Katarismo: Adını 18. yüzyıl yerli lideri olan Tupac Katari'den alan, Bolivya'daki Aymara yerlilerin maruz kaldıkları etnik ve ekonomik baskılara karşı 1970'lerde başlattıkları siyasal hareket.

L
Libertador: Kurtarıcı, özgürleştirici. Símon Bolívar'ın lakabıdır.
La Nuestra: "Bizimki" anlamına gelen, Arjantinlilere özgü futbol tarzına verilen ad.
La Violencia: Kolombiya'da yaklaşık 300 bin kişinin hayatını kaybettiği 10 yıllık (1948-1958) İç Savaş'a verilen ad.
Latifundia: Genellikle tek bir kişinin mülkiyeti altında olan büyük arazilere verilen isim. Sömürgecilik döneminde *latifundia*lar üzerinde plantasyonlar ve *hacienda*lar kurulmuştur. Plantasyonlar tek ürün yetiştiriciliğine dayalı (muz, şeker ve kahve plantasyonları gibi), büyük ölçeklerde dünya pazarına üretim yapan yapılarken *hacienda*lar daha küçük ölçekli, yerel pazara üretim yapan ve tarım dışında madencilik gibi alanlarda da hizmet veren yapılardı. Plantasyonlarda Afrikalı köleler, *hacienda*larda ise çoğunlukla yarı-serf niteliğindeki yerliler çalıştırılmıştır.
Latifundista: *Latifundia* sahibi.
Lava Jato: "Araba yıkama" anlamına gelir. Dünyanın en büyük yolsuzluk operasyonlarından biri olan, 2014'te Brezilya'da başlayıp tüm Latin Amerika'ya yayılan yolsuzluk soruşturması, bir araba yıkama dükkânında gerçekleşen para aklama faaliyetinin ortaya çıkmasıyla başladığı için bu isimle anılmaktadır.
Lulismo: Brezilya Devlet Başkanı Lula da Silva'nın siyasi anlayışını tanımlamak için siyaset bilimci André Singer tarafından geliştirilen kavram. Buna göre Lulismo, iki ayaktan oluşmaktadır: tedrici reformculuk ve muhafazakârlarla pakt.

M
Macondo: Bantu dilinde "muz" anlamına gelen, Gabriel García Márquez'in *Yüzyıllık Yalnızlık* adlı romanında geçen kurmaca şehir.
Machismo: "Erkek adam" ahlâkına dayalı bütün sistem.
Malandro: Kötü çocuk, serseri, düzenbaz. Dikkat edilmesi gereken, bu özelliklerin otorite dışı ve karşıtı, olumlu bir imge taşıyor olması. Bütün bu küçük suçlar, dezavantajlı sosyal konumun avantaja dönüştürülmesi, gündelik haksızlıklara karşı bir strateji olarak görülmelidir. Brezilya ulusal kimliğinin bir öğesidir ve dolayısıyla Brezilya futbolu *malandro* ile özdeşleştirilir.
Maquila/Maquiladora: Ucuz emeğe dayalı ve ihracata dönük üretim yapan, genellikle gümrüksüz ithal edilen parçaların montajını yapan imalat fabrikalarına verilen ad. İlk olarak 1960'larda ABD-Meksika sınırındaki sanayi bölgelerinde kurulan bu fabrikalar, 20. yüzyılın sonlarına doğru birçok Latin Amerika ve Asya ülkesine yayılmıştır.
Mara: Göç edenlerin ABD'de (esas olarak Los Angeles'ta) oluşturduğu, daha sonra yeniden Orta Amerika toplumlarında örgütlenen, ulusaşırı çetelere verilen isim. Yeni bir çete örgütlenmesi olması nedeniyle, konvansiyonel çeteler olan *pandilla*lardan farklıdır ve birçok ülkede onların yerini almıştır.
Marero: Orta Amerika'da çete üyelerine verilen isim. Konuşma dilinde yakın arkadaş grubundan söz ederken kullanılan *la mara*'dan türetilmiştir ki bu da "böcek sürüsü" anlamına gelen *marabunta*'dan gelmektedir.

Mensalão: Portekizcede aylık anlamına gelen *mensal*'e büyütme eki eklenerek uydurulan kelime. Brezilya'da PT döneminin ilk yolsuzluk skandalını tanımlamak için kullanılmıştır. Skandal, vekillere Kongre'de oy desteği karşılığı masa altından aylık ödeme yapıldığının ortaya çıkmasıyla gelişmiştir.

Merengue: Dominik Cumhuriyeti'nde çiftçilerin yaptığı bir müzik ve dans türü.

Mestizaje: 1850'lerde Kolombiya'da Afrikalı ve yerlilerin dışlandığı bir "tek Tanrı, tek ırk, tek dil" ideali etrafında ulusal bir kimlik inşa etme girişimi.

Mestizo: Yerli-beyaz melezi.

Mirá cómo nos ponemos: Bak Nasıl da Kalkıyoruz. Arjantinli aktris Thelma Fardín'in 16 yaşındayken kendisine tecavüz ettiği gerekçesiyle aktör Juan Darthés'i suçlamasıyla önce aktrisler arasında başlayan, zamanla daha geniş bir toplumsal isyana dönüşen hareket.

Misiones: Misyonlar. Venezuela'da Chávez hükümetinin sosyal hizmetlerini sunduğu ana mekanizma.

Mita: *Encomienda* sisteminin Peru'daki adı

Montoneros: Arjantin'de sol Peronist gerilla örgütü. Özellikle 1970'lerde aktif olan örgütün birçok üyesi Kirli Savaş döneminde kaybedilmiştir. Eski *Montonero* üyelerinin bir kısmı, Néstor Kirchner'in başkanlık döneminde hükümette yer almıştır.

Mulatto: Siyah-beyaz melezi.

N

Ni Una Menos: Bir kadın bile eksilmeyeceğiz. Arjantin'de kadın hareketinin gücünü ve etkisini gösteren, kadın cinayetlerine karşı yüz binlerce kadını protesto eylemlerinde buluşturan kampanya. Kampanya Arjantin'le sınırlı kalmamış, diğer Latin Amerika ülkelerine de yayılarak kıta ölçeğinde bir harekete dönüşmüştür.

Nuestra América: Bizim Amerikamız. Kübalı şair José Martí'nin bir şiirine dayanarak geliştirilen ve ALBA gibi Bolivarcı girişimlerde "Latin Amerika" yerine kullanılan ifade.

Nunca Más: Bir Daha Asla. Arjantin'de 1983'te kurulan CONADEP (Kişilerin Kaybolması hakkında Ulusal Komisyon) tarafından, Kirli Savaş döneminde ordu tarafından zorla kaybedilenler için hazırlanan rapor.

P

Pachakutik: Quechua yerlilerinin dilinde *pacha*, zaman ya da toprak anlamına, *kutik*, dönüş anlamına gelmektedir. Dolayısıyla *pachakutik*, değişim, dönüşüm, yeniden doğuş anlamına gelmekte, yerli hareketinin dilinde yeni bir dönemin, yeni bir dünyanın başlangıcı anlamında kullanılmaktadır. Ekvador'da yerli hareketinin seçim platformunun adıdır.

Pachamama: Toprak ana. And bölgesindeki yerlilerin inanışlarına göre hem maddi hem de manevi değerlerin bütününü koruyan ve insanın doğayla uyum içinde yaşamasını sağlayan tanrıçadır.

Pandilla: Orta Amerika ülkelerinde, kökleri ve tarihi yerel olan çete örgütlenmeleri. ABD'ye göç edenlerin orada kurup daha sonra Orta Amerika ülkelerinde de örgütlediği yeni çete formu *mara*lardan farklıdır.

Partido Justicialista: 1946'da Juan Perón tarafından kurulmuş partidir. Peronist hareketin en büyük örgütüdür. Parti, 2015'te kaybettiği başkanlık seçimini 2019'da yeniden kazanmıştır.

Partidocracia: Partilerin yönetimi. Yurttaş katılımını dışlayan, iktidarın parti elitleri arasında sınırlı bir rekabetle belirlendiği demokratik olmayan bir biçimi anlatan kavramdır.

Peninsular: Sömürgede (Latin Amerika'da) doğan beyaz İspanyolları anlatmak için kullanılan kreolden farklı olarak, İspanya'da doğan ve sonradan yönetici olarak sömürgeye atanan İspanyolları ifade eden terim.

Peon: Sömürgecilik dönemindeki gündelik işçi ya da vasıfsız tarım işçilerine verilen ad.

Peronismo: Peronizm. Arjantin'de Juan Perón'un, iktidarı boyunca (1946-55, 1973-74) uyguladığı politikalar bütününü, politik programlarını ve yarattığı rejimi tanımlar. Bununla birlikte, Peronizm, Latin Amerikalı diğer devlet başkanlarının rejimlerinden farklı olarak çok güçlü kurumsal ve ideolojik bir miras bırakmıştır.

Peronista: Perón taraftarı, *Peronismo* yanlısı.

Petista: Brezilya'da İşçi Partisi (PT) taraftarlarına verilen isim.

Pinochetista: Augusto Pinochet destekçisi.

Piqueteros: Arjantin'de 2001'deki halk ayaklanmasında yol kesme eylemleriyle dikkat çeken, bugün hâlâ önemli ulusal ya da uluslararası önemli yolları keserek seslerini duyurmaya çalışan işsizler hareketi.

Plan Jefes y Jefas de Hogar Desocupados: 2001 krizi sonrasında 2002'de Arjantin'de uygulanan, çocuklu, engelli üyesi olan aileler ve hamilelere öncelik veren, bunun yanı sıra çocuğu olmayan işsiz gençleri ve altmış yaş üstü yaşlıları da kapsayan, kadın ya da erkek işsiz hanehalkı reislerini hedefleyen bir istihdam programı.

Plaza de Mayo: Mayıs Meydanı. Buenos Aires'te bulunan ve Türkiye'de Cumartesi Anneleri'ne de ilham veren, darbe döneminde kaybedilmiş çocuklarının izlerini arayan annelerin eylemleriyle özdeşleşen meydan.

Población callampa: Mantar kent anlamına gelir, Şili'de gecekondu mahallerine verilen isimlerden biridir. Kısaca *población* olarak da kullanılır.

Povão: Portekizcede halk anlamına gelen *povo*'ya büyütme eki eklenerek oluşturulan aşağılayıcı tabir, Türkçeye ayak takımı olarak çevrilebilir. Brezilya'da Lula'yı destekleyen, bizzat Lula'nın da ait olduğu, en yoksul ve en eğitimsiz kesimi tanımlamak için kullanılmaktadır.

Punto Fijo: Venezuela'da 31 Ekim 1958'de, üç siyasi partinin, AD, COPEI ve URD'nin liderleri arasında imzalanan paktın adı. Pakt, COPEI lideri Rafael Caldera'nın özel rezidansının yer aldığı Quinta de Punto Fijo'da imzalandığı için bu adı almıştır. Paktın amacı, paktı imzalayan partiler arasında geniş bir koalisyon hükümeti kurarak siyasi istikrar sağlamak ve böylelikle askerî darbeleri önlemekti. URD'nin dışlanmasının ardından AD ve COPEI'nin iktidarını 40 yıl boyunca sürdürmesini sağlayan pakt, Latin Amerika'ya "örnek demokrasi modeli" olarak gösterilen *Punto Fijo* düzeninin (*Puntofijismo*) temelini oluşturdu.

R

Reconquista: Yeniden fetih. İspanyolların, Endülüs'ü Emeviler'den geri almasını ifade etmek için kullanılır.

Regionalismo protector: Korumacı Bölgeselleşme. Latin Amerika'da 1950'lerin sonundan itibaren bölge içinde ortaya çıkan bölgesel entegrasyon dinamiği.

Repartimiento: Sömürgecilik döneminde uygulanan, yerlilere çalışma zorunluluğu getiren artık değer çekme yöntemi. *Repartimiento* isteyen sömürgeciler, *audiencia*lara başvurarak işgücü talebini dile getirirdi.

Repartimiento de mercancías: Sömürgecilik döneminde yerli köylerine getirilen, bölge valisinden belli bir miktarda mal alma zorunluluğu.

Resguardo: Kolombiya'da yerlilerin komünal topraklarına verilen ad.

S

Sacbe: Mayaların taş bloklarla düzeltilmiş ve üstü sıvanarak bozulması engellenmiş büyük beyaz yollara verdikleri isim.

Sandinista: Nikaragua'da Somoza diktatörlüğünü devirerek 1979'da iktidara gelen Marksist hareket.

Sertaõ: Brezilya'nın kuzeydoğusunda yer alan bereketsiz topraklara verilen ad.

Subcomandante: Komutan yardımcısı. EZLN sözcüsü Marcos'un lakabıdır. Kısaca "El Sub" olarak da kullanılır.

T

Tenentes: 1920'lerde Brezilya'da çıkan ve orta sınıfın da desteğini kazanan genç teğmen ayaklanmaları.

Tercer Cine: Üçüncü Sinema. Arjantinli yönetmenler Fernando Solanas ve Octavio Getino'nun "Üçüncü Bir Sinemaya Doğru" (1969) başlıklı manifestolarıyla birlikte şekillenen ve "kültürün sömürgeleştirilmesine son verilmesini" amaçlayan sinema anlayışıdır.

Toma: İşgal anlamına gelir. Son dönemde Latin Amerika'da giderek yaygınlaşan bir eylem pratiği olan işgal eylemlerini tanımlamak için kullanılır.

Travesticidio: Politik trans cinayeti.

Trova: Küba müziğinde kökenleri 19. yüzyıla dayanan bir türdür. Gitar eşliğinde söylenir ve sözlerinde yer yer "atışmalar" da taşır. Küba Devrimi'nin ardından, devrim ruhuyla yeniden yorumlanmış haline Yeni Trova (*Nueva Trova*) adı verilmiştir.

U

Unidad Popular: Halkın Birliği. 1970'da Şili'de sosyalist lider Salvador Allende'nin seçimleri kazanmasıyla kurulan, radikal bir toplumsal ve siyasal dönüşüm gerçekleştirmeyi hedefleyen ancak 1973'te ABD destekli askerî darbeyle devrilen koalisyon hükümeti.

V

Viveza: Kurnazlık. Brezilya'daki malandro kültürüne benzer biçimde, özellikle Arjantin'de yaygın, ortak ahlâki normları, kuralları yok sayma, sorumluluk almama kültürü.

Z

Zambo: Siyah-yerli melezi.

Zapatista: Adını, yerli halklar için toprak ve özgürlük mücadelesi veren Meksika Devrimi'nin önderlerinden Emiliano Zapata'dan alan, 1994'te Meksika'nın Chiapas eyaletindeki ayaklanma ile başlayan ve bugün hem ülke siyasetinin en önemli aktörlerinden biri haline gelen hem de ortaya koyduğu özgün direnişle dünyadaki tüm mücadelelere ilham veren hareket.

YAZARLAR

ESRA AKGEMCİ 1984 Antakya doğumlu. Hacettepe Üniversitesi İngilizce İktisat Bölümü mezunu. Ankara Üniversitesi Siyasal Bilgiler Fakültesi Uluslararası İlişkiler Anabilim Dalı'nda "Chávez Döneminde Venezuela'nın ABD'ye Yönelik Dış Politikası" başlıklı teziyle yüksek lisansını, "Brezilya Endüstriyel Tarım Sektöründe Ulusaşırı Kapitalist Sınıf Oluşumu ve Güney-Güney İşbirliğine Etkisi" başlıklı teziyle doktorasını tamamladı. ABD'de University of Florida Center for Latin American Studies, Meksika'da Universidad Nacional Autónoma de México (UNAM), Brezilya'da Universidade Federal Fluminense ve Şili'de BM Latin Amerika ve Karayipler Ekonomik Komisyonu'nda (CEPAL) misafir araştırmacı olarak lisansüstü araştırmalarda bulundu. Latin Amerika'da sol, sınıf mücadelesi, toplumsal hareketler ve eleştirel politik ekonomi, akademik ilgi alanları arasında yer alıyor. Bu alanlarda yazdığı makaleler muhtelif dergilerde yayınlandı. Selçuk Üniversitesi Uluslararası İlişkiler Bölümü'nde doktor araştırma görevlisi olarak çalışmaktadır.

KARABEKİR AKKOYUNLU 1983 İstanbul doğumlu. Liseyi Üsküdar Amerikan Lisesi'nde okudu. ABD'nin Brown Üniversitesi'nde modern Doğu Avrupa ve Ortadoğu tarihi ve uluslararası ilişkiler üzerine çift lisans yaptı. Cambridge Üniversitesi'nde yazdığı Türkiye ve Endonezya'daki sivil-asker ilişkilerini ele alan master tezi 2007'de basıldı. London School of Economics'te, İran ve Türkiye'nin siyasi ve kurumsal dönüşümü üzerine hazırladığı doktora tezini 2014'te savundu. İsfahan Üniversitesi'nde Farsça eğitimi aldı. LSE'de Ortadoğu tarihi ve demokrasi teorileri üzerine dersler verdi. Oxford Üniversitesi Güneydoğu Avrupa Araştırmaları merkezinde (SEESOX) Arap ayaklanmaları bağlamında Türkiye-Batı ilişkileri, Graz Üniversitesi Güneydoğu Avrupa Araştırmaları Merkezi'nde ise modern Türkiye araştırmaları üzerine çalıştı. São Paulo Üniversitesi Uluslararası İlişkiler Enstitüsü'nde misafir öğretim üyesi olarak görev yapmaktadır.

KAVEL ALPASLAN 1995 İzmir doğumlu. İzmir Saint Joseph Fransız Lisesi mezunu. İstanbul Üniversitesi İletişim Fakültesi, Gazetecilik Bölümü öğrencisi. İlk olarak kısa bir süre *Agos*'ta, ardından *Gelecek Gazetesi*'nde çalıştı. 2016'dan itibaren *Gazete Duvar*'da yazmaktadır. Çoğunlukla Marksist dünya tarihi, toplumsal mücadelede kültür ve dünyadaki güncel toplumsal hareketler üzerine çalışmaktadır. Özgürüz Radyo'da da "Yeryüzünden Sesler" ve "Öteki Dünya" gibi programları sunmaktadır.

MERT ARSLANALP Lisans derecesini Boğaziçi Üniversitesi Siyaset Bilimi ve Uluslararası İlişkiler Bölümü'nden 2006 yılında aldıktan sonra Northwestern Üniversitesi'nde Siyaset Bilimi alanında doktora çalışmalarını "Claiming Rights, Negotiating Exceptions: Politics of Urban Citizenship in Istanbul and Buenos Aires" (Hakları Talep Etmek, İstisnaları Müzakere Etmek: İstanbul ve Buenos Aires'te Kentsel Yurttaşlığın Siyaseti) başlıklı tezi ile 2015 yılında tamamlamıştır. 2016 yılından beri Boğaziçi Üniversitesi Siyaset Bilimi ve Uluslararası İlişkiler Bölümü'nde doktor öğretim üyesi olarak çalışmaktadır. Araştırma alanları Türkiye ve Latin Amerika'da karşılaştırmalı kentsel siyaset, demokratikleşme ve toplumsal hareketlerdir. Mexico City'deki El Colegio de Mexico ve Buenos Aires'te Universidad Torcuato di Tella ve Universidad General Sarmiento üniversitelerinde kentsel siyaset üzerine araştırma yapmak üzere misafir araştırmacı olarak bulunmuştur. *Democratization*, *South European Society and Politics* ve *Comparative Sociology* dergilerinde akademik makaleleri yayımlanmıştır.

KÂZIM ATEŞ Orta Doğu Teknik Üniversitesi Şehir ve Bölge Planlama Bölümü mezunudur. Yüksek lisansını ve doktorasını Ankara Üniversitesi Siyasal Bilgiler Fakültesi'nde Siyaset Bilimi Bölümü'nde tamamlamıştır. Doktora tezi "Yurttaşlığın Kıyısında Aleviler" adıyla Phoenix Yayınevi tarafından basılmıştır. Halen AÜ Siyasal Bilgiler Fakültesi Siyaset Bilimi ve Kamu Yönetimi Bölümü Karşılaştırmalı Siyaset Anabilim Dalı'nda öğretim görevlisidir. Karşılaştırmalı siyaset yanı sıra siyaset teorisi, psikanaliz, siyaset psikolojisi üzerine de düşünmeye ve yazmaya çalışmaktadır. Özel olarak "popülizm kuramı" üzerine çalışmakta ve bu alanda yıllardır lisansüstü düzeyde ders vermektedir. Ayrıca, lisans düzeyinde karşılaştırmalı siyaset derslerinin yanı sıra Latin Amerika siyaseti üzerine seminer derslerine de devam etmektedir.

SERDAL BAHÇE ODTÜ Bilgisayar Mühendisliği'nden mezun olduktan sonra ODTÜ İktisat Bölümü'nde önce yüksek lisansını sonra da doktorasını tamamlamıştır. Bu arada ODTÜ İktisat Bölümü'nde araştırma görevliliği de yapmıştır. Daha sonra doktora sonrası araştırma için gittiği İsveç'te yaklaşık iki yıl çalışmalarını sürdürdükten sonra Mekteb-i Mülkiye'de göreve başlamıştır. Halen aynı yerde çalışmayı sürdürmektedir. Basılmış bir miktar makalesi ve yazısı mevcuttur. Genel olarak siyasal iktisat, gelir dağılımı, yoksulluk ve emperyalizm konularına özel bir ilgi duymaktadır.

DİLAN BOZGAN ODTÜ İktisat Bölümü'nden mezun. Ankara Üniversitesi Kadın Çalışmaları Yüksek Lisans Bölümünde okudu. Türkiye'de Kürdistan Kadın Özgürlük Hareketi Üzerine çalışmalar yürüttü. 2010-2013 yılları arasında DİSA'nın (Diyarbakır Siyasal ve Sosyal Araştırmalar Enstitüsü) koordinatörlüğünü yaptı. Arjantin'de UNSAM'da (Universidad Nacional de San Martín) Sosyal Antropoloji alanında doktorasını yapıyor. Kadın hareketleri, yerli hareketleri, etnisite ve ırk, sömürgecilik (postkolonyalizm ve dekolonyalizm), şiddet, mağduriyet ve maduniyet konularında çalışmalarına devam ediyor. 2013 yılından bu yana Arjantin'de yaşıyor.

GÜNEŞ DAŞLI Almanya'da Jena Üniversitesi'ne bağlı Uzlaşma Araştırmaları Merkezi'nde "Aşağıdan Geçiş Dönemi Adaleti Mekanizmaları: Kürt Çatışması" adlı doktora araştırmasını yürütmektedir. Ankara Üniversitesi'nde siyaset bilimi yüksek lisans programını "Toplu Mezarlar ve Kolektif Hafıza: İspanya ve Türkiye Deneyimleri" adlı teziyle 2017 yılında tamamlamıştır. Güneş Daşlı, kurucusu olduğu DEMOS Araştırma Merkezi'nde 2018 yılında yayınlanan "Barış ve Toplumsal Cinsiyet: Kolombiya Deneyimi" adlı araştırma projesini yürüttü. Türkiye'de 2013'te TBMM altında kurulan "Çözüm Komisyonu"nda siyasi danışman olarak görev aldı. 2014 yılında kadınların müzakere masasına dahil edilmesini hedefleyen informal bir komisyon olan "Kadın Özgürlük Meclisi"nin kurulmasında aktif olarak yer aldı. Eleştirel geçiş dönemi adaleti, kolektif hafıza, toplumsal cinsiyet, faillik, barış-inşası akademik ilgi alanına giren temel konulardır.

ELİF TUĞBA DOĞAN Ankara Üniversitesi, Siyasal Bilgiler Fakültesi, Çalışma Ekonomisi ve Endüstri İlişkileri (2001) ile Dil ve Tarih-Coğrafya Fakültesi, Antropoloji (2007) bölümlerinde lisans eğitimi almıştır. Ankara Üniversitesi Sosyal Bilimler Enstitüsü, ÇEEİ Anabilim Dalı'nda 2004 yılında yüksek lisans ve 2011 yılında doktora eğitimini tamamlamıştır. Ekim 2016-Ocak 2018 döneminde Meksika Zacatecas Otonom Üniversitesi, Kalkınma Çalışmaları programında (Universidad Autónoma de Zacatecas-UAZ, Estudios del Desarrollo), "Transit Göç Ülkesi Olarak Türkiye ve Meksika: Göç Politikaları ve Göçmenlerin İşgücü Piyasasındaki Konumları" başlıklı çalışmayı Prof. Dr. Raúl Delgado Wise danışmanlığında doktora sonrası araştırmacı olarak yürütmüştür. 2003'ten bu yana Mülkiye'de (ÇEEİ bölümünde) görev yapmakta ve "Sosyal Düşünceler Tarihi", "Uluslararası Emek Göçü", "Çalışma Antropolojisi", "Kültürlerarası Perspektiften Emek" ile "Latin Amerika'da Sosyoekonomik Dinamikler ve Emek" derslerini/seminerlerini yürütmektedir. Çalışma alanı, işgücü piyasasında ayrımcılık, toplumsal cinsiyet, uluslararası emek göçü ve çalışma antropolojisidir.

FIRAT DURUŞAN Ankara Üniversitesi Siyasal Bilgiler Fakültesi Siyaset Bilimi ve Kamu Yönetimi Anabilim Dalı'nda doktora adayıdır. Geç kapitalistleşen ülkelerde yoksullukla mücadele politikaları, özellikle nakit transferleri üzerine çalışmaktadır. Lisans (2005) ve yüksek lisans (2008) derecelerini Orta Doğu Teknik Üniversitesi Siyaset Bilimi ve Kamu Yönetimi Bölümü'nden almıştır. 2014-15 döneminde Buenos Aires, Arjantin'de Facultad Laninoamericana de Ciencias Sociales okulunda misafir araştırmacı olarak bulunmuştur. 2018'den beri Koç Üniversitesi bünyesinde yürütülen European Research Council (ERC) destekli, Emerging Markets Welfare (emw.ku.edu.tr) projesinde araştırmacı olarak çalışmaktadır. Küresel Güney'de sosyal politikalar, devlet kuramı, eleştirel politik ekonomi, sivil toplum kuramları ve toplumsal hareketler akademik ilgi alanları arasındadır.

ERTAN EROL 1984 İzmir doğumlu. Yıldız Teknik Üniversitesi Siyaset Bilimi ve Uluslararası İlişkiler Bölümü'nde lisans, Nottingham Üniversitesi'nde yüksek lisans ve doktora eğitimini tamamlamıştır. Haziran 2013'ten beri İstanbul Üniversitesi Siyasal Bilgiler Fakültesi'nde öğretim üyesi olarak çalışmaktadır. *Tanrı'ya Uzak Merkeze Yakın: Meksika ve Türkiye'de Çevre Kapitalizminin Tarihsel Sosyolojisi* kitabının yazarıdır.

ESRA ÇEVİKER GÜRAKAR Yükseköğrenimini Türkiye ve İngiltere'de tamamladı. Yüksek lisansını School of Oriental and African Studies'de (SOAS) kalkınma ekonomisi üzerine yapıp, Marmara Üniversitesi İngilizce İktisat Bölümü'nden doktorasını aldıktan sonra 2011/2012 ve 2012/2013 akademik yıllarında doktora sonrası araştırmalarını sürdürmek amacıyla ABD'de Illionis Üniversitesi (UIUC) ve Harvard Üniversitesi'nde bulundu. 2012-2017 yılları arasında Okan Üniversitesi İktisadi ve İdari Bilimler Fakültesi bünyesinde Yardımcı Doçent olarak görev yapmış olan Esra Çeviker Gürakar, 2015/2016 akademik yılında Peru'da PUCP La Pontificia Universidad Católica del Perú'da misafir araştırmacı olarak bulunmuştur. 2017/2018 akademik yılında İspanya Granada Üniversitesi'nde Latin Amerika Çalışmaları alanında dersler alan Gürakar, bağımsız araştırmacı olarak ulusal ve uluslararası STK'lar ile projeler yürütmeye ve akademik çalışmalarına devam etmektedir. 2019/20 akademik yılında İspanya Granada'da misafir araştırmacı olarak bulunmakta olan Gürakar'ın kitap ve makaleleri Palgrave Macmillan, Oxford University Press, Routledge, Taylor&Francis ve İletişim Yayınları gibi yayınevlerince basılmıştır.

TOLGA GÜRAKAR İstanbul Üniversitesi İktisat Fakültesi'nde lisans eğitimini tamamladı. Yüksek lisansını Yeditepe Üniversitesi'nde Cumhuriyet Tarihi ve Granada Üniversitesi'nde Latin Amerika Çalışmaları üzerine yaptı. Doktorasını Maltepe Üniversitesi Sosyoloji Bölümü'nden alan Gürakar bu süreçte bir akademik yıl Lima'da yaşadı, La Pontificia Universidad Católica del Perú'da (PUCP) misafir araştırmacı olarak bulundu. Uzmanlık alanları siyaset sosyolojisi, toplumsal hareketler sosyolojisi ve tarihsel sosyoloji olan Gürakar çalışmalarında ağırlıkla Türkiye, Latin Amerika ve İran üzerine yoğunlaşmaktadır. *Türkiye ve İran: Gelenek, Çağdaşlaşma, Devrim ve Aydınlık Hareketi: Küreselleşme Çağında Ulusalcı Tarz-ı Siyaset* adlı kitapların yazarı, *En Uzun Gece: 15 Temmuz ve Türkiye'nin Soğuk Savaş Düzeni: Ordu, Sermaye, ABD, İslâmizasyon* adlı kitapların da editörüdür. 2019 Eylül'ünden beri Granada Üniversitesi bünyesinde "Endülüs'te İslam'ın Farklı Tahayyül ve Temsilleri: Granada'da Yaşayan Mühtediler Üzerine Bir İnceleme" adlı projenin yürütücülüğünü yapmaktadır.

ÖZGE KEMAHLIOĞLU Sabancı Üniversitesi Siyaset Bilimi programında doçent doktor olarak görev yapmaktadır. 2006 yılında Columbia Üniversitesi'nden doktora derecesini aldıktan sonra Florida State Üniversitesi'nde ve ziyaretçi olarak Rice Üniversitesi'nde çalışmıştır. Siyasi partiler, yerel hükümetlerin siyasi ekonomisi, kaynak dağılımının siyaseti ve seçimler ilgi alanlarını oluşturmaktadır. Bu konulardaki tek yazarlı ve ortak çalışmaları *Comparative Politics, Journal of Politics, Journal of Theoretical Politics, Latin American Politics and Society, South European Politics and Society* ve *Public Choice* dergilerinde yayınlanmıştır. 2012'de ECPR Yayınevi tarafından yayınlanan *Agents or Bosses? Patronage and Intra-party Politics in Argentina and Turkey* isimli kitabın yazarıdır. 2015 BAGEP ve 2015 Üstün Ergüder Araştırma ödüllerinin sahibidir.

CELAL ORAL ÖZDEMİR 1988 İstanbul doğumlu. Lisans eğitimini 2010 yılında Kocaeli Üniversitesi Siyaset Bilimi ve Kamu Yönetimi Bölümü'nde, yüksek lisans çalışmasını ise 2014 yılında Ankara Üniversitesi Sosyal Bilimler Enstitüsü Siyaset Bilimi Anabilim Dalı'nda tamamladı. Halen sürdürmekte olduğu doktora çalışmasında, toplumsal hareketler ile siyasal partiler arasındaki ilişkileri İspanya (Podemos örneği) ve Bolivya (MAS örneği) örnekleri üzerinden incelemektedir. Akademik ilgi alanları arasında Latin Amerika ve İspanya siyasetinde toplumsal hareketler, siyasi partiler, seçim sistemleri ve sol siyaset bulunmaktadır.

İLHAN ÖZGEN 1986'da doğdu. 1991'de futbol izlemeye, 2012'de ise yazmaya başladı. Önce Toprak Saha adlı sitede yazmaya başlamıştır. 2015'ten bu yana, Socrates Dergi'de futbol tarihi üzerine yazılar yazmakta ve röportajlar yapmaktadır.

BARIŞ ÖZKUL 1984 doğumlu. İstanbul Üniversitesi İngiliz Dili ve Edebiyatı Bölümü'nde doktorasını tamamladı. *Birikim* dergisinde editör olarak görev yapıyor. Çeşitli dergilerde yayınlanmış yazıları ve kitap çevirileri var. Türk ve dünya edebiyatı, eleştirel teori ve edebiyat sosyolojisi üzerine çalışıyor.

GÖZDE SOMEL ODTÜ Siyaset Bilimi ve Kamu Yönetimi Bölümü'nü bitirdikten sonra lisansüstü eğitimini ODTÜ Tarih Bölümü'ne yaptı. Türkiye-Sovyetler Birliği ilişkileri tarihinin yanı sıra Latin Amerika tarihi üzerine çalışmalar yapmaktadır. Zonguldak Bülent Ecevit Üniversitesinde öğretim üyesidir ve ODTÜ Latin ve Kuzey Amerika Çalışmaları programında yüksek lisans dersleri yürütmektedir.

AYLİN TOPAL ODTÜ Siyaset Bilimi ve Kamu Yönetimi Bölümü'nde doçent doktor olarak görev yapmaktadır. 2010-2019 arasında aynı üniversitenin Latin ve Kuzey Amerika Çalışmaları programının anabilim dalı başkanı olarak görev yapmıştır. 2015'te Harvard Üniversitesi Sosyoloji Bölümü'nde ve Pittsburgh Üniversitesi Avrupa Çalışmaları Merkezi'nde misafir araştırmacı olarak bulunmuştur. Doktorasını New School for Social Research'te Siyaset Bilimi alanında yapan Aylin Topal'ın akademik ilgi alanları, kalkınma ve tarımsal değişimin ekonomi politiği üzerinedir. Türkiye'de neoliberal dönemde devlet-sermaye-emek ilişkileri ve Meksika'da kentsel, kırsal ve bölgesel kalkınma üzerine birçok makale ve kitap bölümü bulunmaktadır. Makaleleri *Journal of Urban Affairs, Critical Sociology, International Journal of Urban and Regional Research, Climate and Development, Women's Studies International Forum* gibi SSCI indeksli dergilerde yayınlanmıştır. *Boosting Competitiveness through Decentralization: A Subnational Comparison of Local Development in Mexico*, (Ashgate Publishing, 2012; Routledge 2016) kitabının yazarı ve *Latin Amerika'yı Anlamak: Neoliberalizm, Direniş ve Sol* (Yordam: 2016) kitabının editörüdür. Devam etmekte olan araştırma projeleri arasında Türkiye ve Brezilya'da devlet-sermaye ilişkileri üzerine çeşitli makaleler ve Meksika'da kırsal kalkınmanın mikro-finansallaşması üzerine bir kitap bulunmaktadır. Halen Oxford Üniversitesi Latin Amerika Merkezi'nde misafir araştırmacı olarak çalışmaktadır.

NEJAT ULUSAY Ankara Üniversitesi Siyasal Bilgiler Fakültesi, Basın Yayın Yüksek Okulu mezunu. Yüksek lisansını Ankara Üniversitesi Sosyal Bilimler Enstitüsü İletişim Anabilim Dalı'nda gerçekleştirdi. Doktorasını İngiltere'de, Warwick Üniversitesi Film ve Televizyon Çalışmaları Bölümü'nde yaptı. Ankara Üniversitesi İletişim Fakültesi Radyo Televizyon Sinema Bölümü, Sinema Anabilim Dalı'nda öğretim üyesi olarak görev yaptıktan sonra, 2017 yılında emekli oldu.

MARIA L. URBINA Wolverhampton Üniversitesi'nde School of Media'da doçent doktor olarak görev yapmaktadır. Doktorasını Nottingham Üniversitesi'nde "Şili Sosyalist Partisi'nin siyasal kültürü ve 2005'teki devlet başkanlığı seçimlerinde Michelle Bachelet'nin adaylığı üzerindeki etkisi" başlıklı teziyle tamamlamıştır. Şili'de göç ve medya söylemlerinin yanı sıra, Augusto Pinochet ve Margaret Thatcher'in ulusal yenilenme söylemleri üzerine yayınları bulunmaktadır. 2011-2015 arasında Latin Amerikalı iş dergisi *America Economia* (www.americaecomia.com) için Avrupa ekonomisi üzerine yazılar yazmıştır. Makalelerinden biri CAF-Development Bank of Latin America tarafından verilen Ekonomi Gazeteciliği Ödülü'nü kazanmıştır. Küresel Güney'de neoliberal söylem ve medya üzerine çalışmalarını sürdürmektedir.

SİBEL UTAR 2012'de Dokuz Eylül Üniversitesi İktisadi ve İdari Bilimler Fakültesi Kamu Yönetimi Bölümü'nden mezun oldu. Ankara Üniversitesi Sosyal Bilimler Enstitüsü Siyaset Bilimi ABD'deki yüksek lisans eğitimini "Latin Amerika'da Toplumsal Hareketler ve Siyaset: Toplumsal Hareketlerin Siyasal Olanı Belirlemedeki Rolünün Brezilya'da Topraksız Kır İşçileri Hareketi Üzerinden İncelenmesi" isimli teziyle 2015'te tamamladı. Siyaset Bilimi alanındaki doktora eğitimini yine aynı üniversitede sürdürüyor. 2014-18 arasında Ankara Üniversitesi SBF'de araştırma görevlisi olarak çalıştı. 2018'den beri Kütahya Dumlupınar Üniversitesi Kamu Yönetimi Bölümü'nde araştırma görevlisi olarak çalışıyor.

OYA YEĞEN Sabancı Üniversitesi Sanat ve Sosyal Bilimler Fakültesi Siyaset Bilimi programında doktor öğretim üyesi olarak görev yapmaktadır. Siyaset bilimi alanındaki doktorasını Şili ve Türkiye'deki anayasal değişimin siyasetini incelediği teziyle 2016'da Boston Üniversitesi'nden almıştır. Sabancı Üniversitesi'ndeki görevinden önce Okan Üniversitesi, Simmons College ve Boston Üniversitesi'nde çalışmıştır. Araştırma alanları anayasa yapım süreçleri, anayasal yargı ve karşılaştırmalı anayasal değişimdir. 2015 yılında Dr. Yavuz Abadan Anayasa Hukuku Ödülü'nü kazanmıştır.

METİN YEĞİN 1963'te İstanbul'da doğdu. İ.Ü. Hukuk Fakültesi'ni bitirdi. Cambridge Üniversitesi'nde sinema eğitimi aldı. Hiçbir zaman sınıf başkanı olamadı. 12 Eylül'ü cezaevinde karşıladı. Dünyanın birçok ülkesinde avukatlık, bulaşıkçılık, taksi şoförlüğü, sandviççilik yaptı. Meksika'da Chiapas'da uluslararası insan hakları gözlemcisi, Ekvador'da bambu evlerin yapımında işçi, Guatemala yerli hakları kongresinde katılımcı, Nikaragua'da karides avcısıydı. Chipas'da Subkumandan Marcos'la, Venezuela'da devlet başkanı Chavez'le, Arjantin'de uluslararası terörizm cezaevi hücresinde Leonardo Bertulazzi ile görüştü. Yaptığı filmler 55 ülkenin festivallerinde oynarken, her festivalde, otel ve kahvaltı karşılığında o ülkelerin filmlerini yapmaya devam etti. İtalya'da *Il Manifesto*'ya, İngiltere'de *Nerve*'e, Arjantin'de *Pais*'e yazdı. Türkiye'de ve dünyada birçok gazete ve dergiye, ayrıca duvarlara yazı yazmaya devam ediyor. Türkiye'de NTV'ye, Polonya ve Arjantin televizyonlarına belgesel yaptı. Filmleri Rize Çay Kongresi'nde, Arjantin işgal fabrikalarında, Liverpool üniversitelerinde, sokaklarda gösterildi. Açık Radyo'da "İki Maceraperestin İnanılabilir Serüvenleri", "Yeryüzünün Lanetlileri" ve hâlâ sürmekte olan "Dünyanın Sokakları" programlarını yaptı. Bazı filmleri: Likya Yolu (2000), Üç Kıtada Devriâlem (2001), F (2001), After (2001), Güzel Günler Göreceğiz (2003), Para Pachamama (2003), Topraksızlar (2003). Bazı Kitapları: *Marcos'la On gün* (2000), *Firari İstanbul* (2001).

DİZİN

19 Nisan Hareketi 319
21. yüzyıl sosyalizmi 243, 245-247, 262
26 Temmuz Hareketi 225-227
#Yosoy 132, 269

Abya Yala 204, 431
açık bölgeselleşme 108-110, 113
AD 168, 239, 240, 244, 437
Akbaba Operasyonu 63
ALADI 106
ALALC (LAFTA) 105, 106
ALBA 69, 84, 110-112, 232, 243, 262, 436
Alfonsín, Raúl 96, 124, 129
Allende, Salvador 30, 62, 63, 81, 94, 144, 206, 293, 374, 379-382, 387, 412, 438
Alvarez, Julia 61
Amerikalar Okulu 222
And Paktı (PA) 105, 106
Áñez, Jeanine 72, 204, 205, 264, 265
Angola 370, 396, 397
APRA 78, 143, 193, 304, 306
Aracataca 363, 364, 367
Árbenz Guzmán, Jacobo 60, 298
Arce, Luis 264
ARENA 142, 297
Arjantin 19-22, 26, 28-30, 37, 41, 44, 47, 48, 58, 62-64, 66, 71, 76, 77, 79-84, 92, 94-98, 100, 105, 109, 112, 117, 121, 124, 125, 128, 129, 138, 139, 141, 145-147, 156-162, 164-166, 169, 170, 173, 190, 191, 193-199, 207, 208, 211-215, 222, 237, 262, 264, 265, 293-298, 300, 303, 311, 320, 329, 336, 337, 339-346, 373, 374, 379, 381-384, 386-388, 401-407, 413-417, 423, 428, 430-438
arka bahçe 25, 54, 56, 60, 235, 393
askeri otoriter rejimler 139-141
askeri kişisel otoriter rejimler 139-141
Asturias, Miguel Ángel 60
Asunción Anlaşması 109
Atlantik Ticaret Üçgeni 42
Austral Planı 96
Aydınlık Yol 68, 305
Aylwin, Patricio 149, 150, 432
Aztek 36-38, 392, 419, 426, 434

Bachelet, Michelle 292, 294
BACRIM 318
Bağımlılık Okulu 77-79, 146
Barış Gönüllüleri 59
Barra Brava 417, 431
Barrera Tyszka, Alberto 244
Batı Hint Adaları Federasyonu 106
Batista 58, 59, 221, 222, 226-228
BBB grubu 287
BCIE 105
Belaúnde, Fernando 143, 304-306
Belli, Gioconda 64
Ben, Jorge 409
Benacerraf, Margot 375
Benedetti, Mario 23
Betancourt, Rómulo 239, 240
BID 109, 112
Bin Gün Savaşı 366, 367, 371
Birleşik Ulusal Cephe 299
Birlikte Tarih Yazacağız 267, 268, 270
Bishop, Maurice 65
BNDES 285
Bogota 191, 365, 368-371, 432
Bogota Paktı 58
Bogotazo 368, 432
Boli-burjuvazi 247, 249, 251
Bolívar, Simón 47, 48, 75, 243, 244, 246, 249
Bolivarcılık 27, 71, 84, 110, 111, 232, 237, 238, 242-251, 262, 283, 436
Bolivya 19-22, 27, 36, 40, 53, 62, 63, 68, 70, 72, 73, 77, 80, 82, 84, 92, 98, 100, 106, 111, 112, 118, 122, 124-126, 129, 131, 138, 139, 166, 169, 170, 174, 198, 204, 205, 212, 225, 227, 253-265, 303, 370, 373, 374, 379, 421, 422, 431, 433, 435
Bolsa Família 284, 342, 343, 432
Bolsonaro, Jair 28, 50, 138, 170, 184, 204, 264, 283, 287-289, 291, 295, 297, 299, 418, 429
Borocoto 403-405
Brady Planı 96, 97
Bretton Woods 97
Brezilya 19-22, 28-30, 36-38, 41-44, 46-48, 50, 61, 63, 66, 68, 71, 76, 77, 79-81, 82, 84, 87, 92, 94, 96-98, 100, 105, 106, 109, 112, 117, 121-124, 127-129, 138, 139, 141, 142, 145, 146, 156, 162, 166, 170, 173, 182-184, 188-191,

445

193-197, 199, 204, 207, 210, 211, 213, 222, 223, 229, 237, 262, 281-291, 293-295, 297-300, 311, 336, 337, 339-346, 370, 374, 377-379, 382, 383, 393, 401, 402, 405-411, 414, 415, 417, 418, 422-425, 428, 431-438
Bush Doktrini 66, 68
Büyük Itiş Modeli 77
Büyük Kolombiya Cumhuriyeti 47, 48, 364, 434

Cádiz Anayasası 119, 120
Caldera, Rafael 168, 239, 244, 437
Calderón, Felipe 269
Camacho, Luis Fernando 264, 422, 426
Cambiemos 298
CAN 105, 106, 109, 111, 112
Caracazo 27, 168, 241-243, 251, 432
Cardenal, Ernesto 422
Cárdenas, Lázaro 80, 92, 156, 177, 268, 272, 274
Cardoso, Fernando Henrique 79, 183, 283, 297, 340
CARICOM 105, 107
CARIFTA 107
Carrasco, Daniela 212
Cartegena Anlaşması 106
Casa de Las Américas 394, 395, 432
Cáseres, Berta 209
Castro, Fidel 58-60, 66, 222-228, 232, 233, 368-371, 376, 383, 396, 397, 434
Castro, Raúl 59, 70, 221
Cazsely, Carlos 412, 413
CC-Ari 298
CEPAL (ECLAC) 50, 77, 79, 80, 83, 98, 100, 104, 105, 107, 109
Cerezo, Vinicio 299
Chaguarama Anlaşması 107
Chávez, Hugo 26, 27, 50, 68, 69, 71, 82-84, 100, 111, 127, 156, 163, 165-169, 199, 232, 237, 242-251, 262, 283, 312, 432-434, 436
Che Guevara 21, 70, 161, 222, 233, 257, 383-385, 395, 433
Chiapas 276, 438
Chicago Oğlanları 81, 95, 144
CIA 59, 60, 62-64, 67, 68, 222, 426
CIDOB 255
Cine piquetero 388, 433
Cinema novo 377, 378, 385, 433
CNMH 317, 325-328
COB 256
Cochabamba 259, 260, 264
Collor de Mello, Fernando 81, 109, 129
CONADEP 145, 436
CONAIE 26, 174, 179-183, 185
COPEI 168, 239, 240, 244, 437
COPIHN 209, 210

Corinthians Demokrasisi 411
Correa, Rafael 22, 82, 118, 130, 180, 181
Cortés, Hernán 19, 36, 426
Criollo 433
Cruzado Planı 96

DACA 357
Darío, Rubén 64
De la Madrid, Miguel 96, 274, 275
Değişim Için Koalisyon 296
DINA 63
Díaz, Junot 61
Diaz, Porforio 55, 190, 270, 272
dolar diplomasisi 56
Dominik Cumhuriyeti 20, 21, 38, 56, 60, 61, 77, 92, 124, 129, 139, 294, 436
Domuzlar Körfezi Çıkarması 21, 59, 60, 227
Dugue, Iván 330

Ekvador 19, 22, 26, 36, 48, 50, 76, 82, 84, 100, 105, 106, 111, 112, 117-119, 121, 122, 124-126, 128-130, 132, 138, 140, 156, 162, 166, 170, 174, 179-184, 310, 370, 434, 436
El Salvador 20, 29, 63-65, 77, 80, 92, 105, 124, 128, 140, 222, 294, 299, 350-354, 357, 398, 411, 422, 427, 428
ELN 319, 366, 370
Escobar, Pablo 30, 370, 371, 415, 416
evanjelizm 428
Evópoli 296
EZLN 174, 276, 438

Falkland 21, 58, 164, 415
FAR 299
FARC 68, 173, 318-320, 330, 370
FDN 268
Fırınların Saati 379, 383-386
FMLN 63, 427, 428
FONCODES 307
Franco, Marielle 210
Frank, André Gunder 80, 91
Frondizi, Arturo 298
FSTMB 256
FTAA (ALCA) 22, 108, 109, 111
Fubelt Projesi 62
Fuerza Popular 314, 315
Fujimori, Alberto 28, 81, 117, 129, 162, 165, 196, 294, 304-315, 431, 433, 434
Fujimori, Keiko 313-315, 431
Futbol Savaşı 411
Füze Krizi 59

Gaitán, Jorge Eliécer 20, 156, 368, 369
Galeano, Eduardo 36, 38, 40, 41, 256, 354, 407, 414
García, Alan 304, 312, 315

geçiş dönemi adaleti 317, 319-326, 328-332
General Velasco 304, 305
General Videla 94, 142
geri çağırma referandumu 126
Getino, Octavio 379, 382-386, 438
Gómez, Sara 375
Goulart, João 94, 142, 282, 283
Guadalupe Hidalgo Antlaşması 54
Guaidó, Juan 22, 71, 250
Guantánamo 55, 67
Guatemala 20, 21, 28, 29, 36, 59, 60, 64, 71, 77, 80, 105, 124, 129, 130, 140, 204, 213, 292, 293, 296, 298-300, 320, 329, 330, 350-352, 354, 355, 357, 373, 429
Guzmán, Abimael 310
Guzman, Jacobo Arbenz 60, 298
Guzmán, Patricio 379-382, 387, 388

Haiti 19-21, 38, 47, 56, 57, 61, 66, 67, 73, 120, 124, 184, 349, 422
Hakikat Komisyonu, Kolombiya 317, 319, 326, 329-332
Halkın Birliği (*Unidad Popular*) 62, 94, 380, 381, 387, 438
Havana Sözleşmesi 20, 58
Haya de la Torre, Victor Raúl 78, 143, 156, 161
Helms-Burton Yasası 66
Hint Kraliyet ve Yüksek Konseyi 43
Hispaniola 38
Honduras 20, 22, 28, 29, 50, 64, 69, 71, 80, 92, 105, 111, 117, 124, 128, 131, 184, 204, 209, 291, 293, 296, 298-300, 350-357, 411
Honduras Liberal Partisi 299
Humala, Ollanta 312-315

ICAIC 375, 376, 381, 396, 397
IMF 82, 84, 94-97, 100, 111, 112, 181, 182, 195, 198, 238, 259, 274, 282, 283, 304-306, 313
Inter-Amerikan Kalkınma Bankası 109

Iberya 35-37, 42-46, 49, 75, 393, 394, 433
iç savaş 29, 120, 317, 328, 351, 367, 368, 435
Ilerleme için Ittifak 59
Inka 19, 36-38, 44, 419, 420, 425
Irangate Skandalı 67
Ispanyol-Amerikan Savaşı 20, 55
ithal ikameci sanayileşme 50, 79, 92, 104, 105, 107, 122, 146, 147, 177, 191, 274
Iyi Komşuluk Politikası 20

Jiménez, Pérez 239
Johnson Doktrini 21
Juárez 207, 208

kahve pası 354
kalın sopa politikası 56, 57
Kandomble 393, 394, 432
karma göç 350
Kast, José Antonio 295-297
Katarismo 255, 435
katılımcı bütçe 188, 189
kayıp on yıl 81, 96, 164, 351, 433
Kennedy Doktrini 21, 59
Kennedy, John F. 59, 60
Kerry, John 68, 69
Kırklar Komitesi 62
Kirchner, Cristina Fernández de 22, 170, 211, 237, 345
Kirchner, Néstor 22, 82, 83, 100, 198, 436
Kissinger, Henry 62, 414
kişisel otoriter rejimler 139-141
klientelizm 189, 192
koka 174, 257-260, 370, 431, 433
Kolomb, Kristof 36, 37
Kolombiya 20, 21, 28, 29, 36, 37, 44, 47, 48, 56, 66, 68, 69, 71, 76, 77, 79, 80, 84, 100, 105, 106, 110, 117, 118, 124-128, 131, 132, 138, 140, 156, 170, 173, 204, 212, 213, 222, 292, 295, 303, 317-319, 321, 324-332, 363-372, 375, 381, 415, 416, 422, 432, 434-437
Kolombiya Planı 68, 69
Kontra Savaşı 64, 65
korporatizm 271, 273, 278, 434
korumacı bölgeselleşme 105, 107, 113, 437
Kosta Rika 20, 71, 77, 105, 108, 117, 122, 124, 137, 140, 303, 340, 350, 351
kreol 43-49, 75, 119, 223, 255, 403-406, 432, 433, 437
Kuczynski, Pedro Pablo 129, 314, 315
Kurtuluş Teolojisi 30, 195, 294, 422-426
Kuzey Üçgeni 29, 350, 352, 356, 358
Küba 20, 21, 27, 29, 30, 47, 54-67, 69, 70, 77, 80, 92, 108, 111, 118, 124, 139, 221-235, 257, 318, 319, 349, 364, 369-371, 374-376, 381, 383, 384, 393-398, 432, 434, 436, 438
Küba Devrimi 21, 59, 61, 221-223, 225, 226, 228, 233, 319, 373, 374, 384, 394-397, 438

Lagos, Ricardo 292, 294
Las Casas, Bartolomé de 19, 39
LasTesis 205-208
latifundia 61, 86, 173, 270, 271, 425, 435
Lava Jato 285-288, 435
Lima Grubu 71
Llosa, Mario Vargas 61, 166, 305, 306, 433

López Obrador, Andrés Manuel (AMLO) 22, 27, 170, 267-270, 276, 277, 355, 375, 431
López, Leopoldo 71, 249, 250, 434
Lula da Silva, Luiz Inácio 22, 28, 68, 82, 138, 183, 281, 343, 432, 435
Lulismo 283, 285, 289, 435

M-18 353
Macondo 363, 367, 435
Macri, Mauricio 22, 170, 237, 293, 298
Maduro, Nicolás 22, 27, 53, 70, 71, 118, 127, 237, 248-251, 263
Malvinas 58, 142
Managua Anlaşması 105
Mapuche 419
Maradona, Diego Armando 161, 401, 402, 404, 415
Marcos, Komutan Yardımcısı 276, 426, 430, 438, 444
Mariátegui, José Carlos 78
Marquéz, Gabriel García 29, 47, 363-372, 381, 435
Martí, José 383
Martínez de Hoz, José Alfredo 95, 142
MAS 27, 131, 204, 253, 256, 258, 260-262, 264, 265, 442
Maya 19, 36, 37, 168, 169, 351, 419, 420, 425-427, 429, 430, 438
Maydanoz Katliamı 61
MBR 200 242-244
MCCA 105, 106
Medellín 365, 370, 371, 415
Meksika 19, 20, 22, 27, 36, 37, 40, 41, 44, 45, 47, 54, 55, 66, 69, 70, 76, 77, 79, 80, 82, 84, 92, 95-98, 100, 105, 109, 110, 117, 120-122, 124, 126, 128, 130, 138-140, 156, 162, 170, 173, 188-193, 196, 204, 207, 208, 212, 222, 224, 226, 238, 264, 265, 267-270, 272-278, 292, 303, 349-351, 353-357, 364, 368-370, 387, 389, 411, 418, 422, 426, 427, 431, 432, 434, 435, 438
Meksika Baharı 269
Meksika Devrimi 20, 121, 268, 270, 271, 368, 438
Mendes, Chico 424, 425
Menem, Carlos 26, 81, 109, 124, 162, 164, 165, 196-198, 294, 298, 311, 342, 387
Mensalão 284, 436
Mercosur 22, 84, 108, 109, 112
Mérida Girişimi 69
Mesa, Carlos 129, 260, 263, 264
Mezoamerika Projesi 110
minifundia 272
Mirabal kardeşler 61
MNR 255, 256
MOI 197
Monroe Doktrini 20, 25, 53-59, 65, 68, 70-72

Montevideo Anlaşması 105, 106
Morales-Bermúdez, Francisco 95
Morales, Evo 22, 27, 53, 72, 82, 100, 131, 138, 170, 204, 205, 253, 255, 258, 260-265, 421, 422
Morales, Jimmy 296, 299
MORENA 267, 268, 270, 277
Moreno, Lenin 112, 119, 132, 170, 181, 182, 277
Moro, Sérgio 287, 288
MPLA 396
MRTA 305
MS-13 353
MST 21, 26, 173, 179, 182-185, 336, 345, 423, 424
MTP 165
Muhafazakâr Ulusal Parti 299
Mujica, José (Pepe) 22, 416
Muz Grevi 363
Muz Katliamı 29, 363, 364, 368, 371
Muz Savaşları 20, 55, 56, 65
MVR 244

Nacional Stadı 412
NAFTA 21, 109, 269, 275, 276
neoliberalizm 24, 25, 27, 29, 81-83, 89-91, 94-101, 111, 156, 162-164, 170, 173, 174, 179, 180, 182-185, 189, 196, 199, 237, 242, 250, 251, 262, 283, 294, 295, 297, 304, 307, 308, 311-313, 324, 350, 387, 389, 421, 425
Neves, Aecio 286
Nikaragua 20-22, 56-58, 63-65, 77, 82, 92, 105, 111, 124, 125, 131, 140, 222, 223, 299, 350, 351, 422, 427, 433, 438
Nikaragua Davası 65
Noriega, Manuel 67
Núñez, Rafael 366

OAS 20, 58, 68, 69, 104, 109, 222, 287
Odebrecht Skandalı 118, 315
ODECA 21, 105
Olivos Anlaşması 124
onarıcı adalet 321
OPEC 95, 240, 245
Orta Amerika 19, 21, 29, 37, 45, 47, 54, 56, 63, 64, 69, 70, 76, 79, 105, 106, 110, 137, 224, 225, 293, 299, 349-351, 353-358, 392, 427, 428, 433, 435, 436
Ortega, Daniel 22, 63, 64, 131

pachamama 126, 213, 420-422, 436
Pachón, Maruja 371
Pacto de Solidaridad Económica 97
PAN 269, 276, 277
Pan-Amerikancılık 54, 58, 65
Panama 21, 44, 56, 66, 67, 71, 77, 117, 124, 128, 140, 204, 292, 350, 365, 367, 434

447

Panama Kanalı 20, 56, 67
Paraguay 20, 22, 63, 68, 71, 77, 82, 100, 105, 109, 122, 124, 125, 128-130, 138, 140, 142, 291, 295, 405, 422
Partido Justicialista 159, 298, 436
patrimonyalizm 37
PBSUCCESS 60
PCC 227-229, 231, 233, 235
PCM 273
PDS 297
PdVSA 241, 242
pembe dalga 22, 27, 28, 68, 69, 99-101, 156, 165, 237, 242, 251, 262, 283, 289, 291-293, 295, 300, 337
Peña Nieto, Enrique 269
Pérez, Carlos Andrés 129, 162, 168, 241, 243
Perón, Eva 21, 26, 160, 161, 164, 165, 413
Perón, Isabel 21, 94, 141, 382, 383
Perón, Juan 20, 21, 30, 80, 94, 141, 156, 159-162, 164, 165, 177, 188, 298, 373, 383, 384, 386, 413, 433, 436, 437
Peronizm 94, 141, 156-162, 164, 169, 213, 383, 384, 386, 437
  sağ Peronizm 160
  sol Peronizm 94, 160, 170
Petroamérica 111
Petrobras 285, 287
Piñera, Sebastián 22, 170, 206, 212, 291-293, 296-298
Pinochet, Augusto 21, 30, 63, 73, 81, 94, 123, 132, 144, 148-151, 212, 291, 292, 296, 303, 387, 389, 412, 413, 431, 433, 434, 437
Piquetero 173, 198, 336, 345, 437
Pizarro, Francisco 19, 36
Plan Puebla Panamá 110
plantasyon 37, 41, 43, 60, 223, 339, 350, 351, 393, 435
Platt Yasası 20, 55, 57, 224
Plaza de Mayo Anneleri 213, 214
PMDB 284, 286, 287
PNR 20, 268, 271
popülizm 24, 26, 28, 72, 80, 81, 155-168, 170, 184, 189, 203, 243, 289, 304, 307, 311
  klasik popülizm 156, 162, 164, 168
  neoliberal popülizm 156, 162, 163
  neopopülizm 156, 163, 164, 168
  radikal popülizm 156, 166
  sol popülizm 156, 167, 170, 203
Porto Alegre 184, 188, 189, 200
post-neoliberalizm 83, 237, 242
PPS 246, 247
PRD 268-270, 277
Prebisch, Raúl 77, 79, 98
PRI 20, 192, 268, 269, 272, 273, 277

PRO 298
PSDB 183, 286
PSOL 210
PSUV 248
PT 146, 183, 267, 270, 281, 283-287, 289, 297, 436, 437
Punto Fijo 21, 27, 168, 239-242, 244, 437

Reagan Doktrini 59, 64
Reagan, Ronald 64, 65, 67, 95, 230, 258, 297, 304
refah devleti 337-342
Rio Paktı 20, 58
RN 49, 296
Rodríguez, Marta 375
Rodríguez, Silvio 30, 394-399
Romero, Óscar Arnulfo 422, 427, 428
Roosevelt Corollary 55
Roosevelt, Franklin D. 20, 57
Roosevelt, Theodore 20, 55-57, 367
Rousseff, Dilma 22, 28, 128, 129, 138, 237, 262, 283, 288, 297, 417

Sacayán, Diana 211
San Martín, José de 48, 75, 89
Sandinista Devrimi 21, 64, 433
Sandino, Augusto C. 64, 223
Sarney, José 96
Segato, Rita 206-209
Singer, Hans Wolfang 79
Socrates 406, 411, 412, 417, 418
Solanas, Fernando 379, 382-388, 438
Somoza 58, 63, 64, 122, 427, 438
sosyal anayasacılık 122
sosyal güvenlik 121, 340-342, 344
Su Savaşları 22, 259
suistimalci anayasal değişim 130

Şartlı Nakit Transferi (ŞNT) 341, 342, 344, 345
Şili 20-22, 26, 28, 29, 36, 41, 48, 50, 62, 63, 71, 76, 77, 79-81, 92, 94-96, 98, 100, 105, 106, 109, 112, 117, 120, 122-124, 126, 138, 141, 144-146, 148-151, 166, 170, 184, 185, 190, 191, 193-195, 204, 206, 211-213, 262, 291-298, 300, 303, 312, 320, 340, 374, 379-382, 387, 389, 394, 412, 423, 431-433, 437, 438
Şili Savaşı 379-382
şok terapi 97, 99, 100, 241, 298

Taquinás, Cristina Bautista 212
tek parti otoriter rejimler 137
tekno-bürokratlar 312, 313
TeleSUR 111
Temer, Michel 286, 287
Toledo, Alejandro 312, 315
Tordesillas Anlaşması 36
Torres García, Joaquín 23

Torres, Camilo 366, 422
Trujillo, Rafael 20, 58, 61
Trump, Donald 22, 29, 53, 70-72, 250, 265, 277, 287, 349, 357

Ubico, Jorge 60
UCR 298
UDI 296
UNASUR 84, 110, 112
United Fruit Şirketi 60, 350, 363, 364, 367, 371
Uribe, Álvaro 68, 131, 326-328, 332, 366
Uribe, Miguel 68
URNG 299, 429
Uruguay 20-23, 30, 36, 37, 77, 81, 94-96, 100, 105, 109, 112, 117, 122, 124, 141, 146, 166, 171, 195, 199, 222, 340, 383, 394, 402-408, 416, 417, 434
USAID 68, 72

Üçüncü Sinema 30, 376, 385, 387, 388, 433, 438

Valparaíso 206
Vargas Llosa, Mario 305, 306, 433
Vargas, Getúlio 20, 61, 80, 92, 142, 156, 282, 410, 434
Végh Villegas, Alejandro 95
Velasco Alvarado, Juan 95
Venezuela 22, 26, 27, 36, 37, 39, 43, 44, 47, 48, 50, 53, 56, 68, 70-73, 76, 77, 80, 82-84, 92, 95, 98, 100, 106, 110-112, 118, 121, 124-126, 128-132, 139, 141, 151, 156, 162, 165-170, 199, 232, 237-251, 263, 283, 289, 303, 319, 364, 367, 369, 370, 375, 394, 432, 434, 436, 437
Videla, Jorge Rafael 30, 94, 142, 413, 414
Vizcarra, Martin 119, 315

Waisman Komisyonu 311
Whipala 264

Yapısalcı Okul 77
yeni anayasacılık 119, 125, 126, 132
yeni-ekstraktivizm 83, 85
Yeni Latin Amerika Sineması 29, 30, 373-377, 379, 387-389
Yeni Mücevher Hareketi 65
Yeni Sinema 29, 377-379, 385, 433
yüz kızartıcı on yıl 160, 164, 413

Zapata, Emiliano 20, 270, 271, 438
Zapatista 21, 173, 174, 268, 275-278, 420, 426, 438
Zelaya, Manuel 22, 69, 131, 291, 299
Zetas Karteli 355